ಸೆಕ್ಯುಲರಿಸಮ್

ಏಕು ವಿಚಾರು

ಬರಯ್ತಲೊ : ಡಾ. ಮೋಹನ ಗೋಪಾಲ ಶೆಣೈ

ಸೆಕ್ಯುಲರಿಸಮ್ ಹೋಽಏಕವಿಚಾರು ಆತ್ತಂಚೆ ಕಾಳಾಂತು ಆಮ್ಗೆಲೆ ಭಾರತಾಂತು ಪ್ರಮುಖುವಿಷಯು ಜಾವ್ನುಆಸ್ಸಜಾಲ್ಲೆಲೆ ನಿಮಿತ್ತ ಸಕ್ಕಡ ಜಽಣ ಚಿಂತನೆಕೊರೋಽಂತಿ ಮ್ಹೊಣು ಲೇಽಖಕಾನ ಹೇಽ ಪುಸ್ತಕ ಬರಯಿಲಾಂ.

ಪೈಲೆಂ ಮುದ್ರಣ — ವೈಶಾಖ 15 ಎಪ್ರಿಲ್ 2015

ಪ್ರಕಾಶಕು — ಅಡ್ಯಾರ ಗೋಽಪಾಳ ಪರಿವಾರ
ಬೆಂಗ್ಳೂರ

ಸಂಪರ್ಕ ವ್ಯಕ್ತಿ — ಡಾ. ಮೋಽಹನ ಗೋಽಪಾಲ ಶೆಣ್ಯೆ
13/ಡಿ 6ಚೊ ಆಡಮಾರ್ಗು
ರಾಧಾಕೃಷ್ಣ ಲೇಽಔಟು
ಪದ್ಮನಾಭನಗರ ಬೆಂಗ್ಳೂರ
ಪಿನ್ ಕೋಽಡು 560070, ಭಾರತ.

ಸಂಪರ್ಕು (ಮೊಬೈಲ್) — 91 – 9845855787
email: shenoylab@hotmail.com

ಮೋಽಲ — ಭಾರತಾಂತು ರು. 1500
ಪರದೇಶಾಂತು USD $14.99

ಮೆಗ್ಗೆಲೊ ದೋಸ್ತು ಪರೇಶಾಕ ಸಮರ್ಪಿತ

ವಿಷಯ ಸೂಚಿ

ವಿಷಯ ಸೂಚಿ (ಸತತ)

ವಿಷಯ ಸೂಚಿ (ಸತತ)

ವಿಷಯ ಸೂಚಿ (ಸತತ)

ವಿಷಯ ಸೂಚಿ (ಸತತ)

ವಿಷಯ ಸೂಚಿ (ಸತತ)

ಸುರ್ವೆಚೆಂ ದೋನಿ ಉತ್ರಂ

ಸೆಕ್ಯುಲರಿಸಮ್ ಮ್ಹಳ್ಯಾರಿ ಏಕು ಧರ್ಮುವೆಂ? ಏಕು ಮಃತುವೇ? ಸೆಕ್ಯುಲರಿಸಮ್ ಮ್ಹಳ್ಯಾರಿ ಏಕು ಧರ್ಮು ಮ್ಹೊಣುಂಕ ಜಾಯ್ನಾ. ಸೆಕ್ಯುಲರಿಸಮ್ಮಾಂಕ ಸಕ್ಕಡ ಧರ್ಮ ದೂರ. ಸೆಕ್ಯುಲರಿಸಮ್ಮಾಂತು ಸರ್ವ ಜಣಾಂಕ ಸುಖಾರಿ ಜೀವನ ಕೊರೂಂಕ ಅಗತ್ಯ ಆಶ್ಶೀಲೆ ಮಾರ್ಗದರ್ಶನ ಆಸ್ಸ.

ಚಡಾವತ ಕೊಂಕಣಿ ಉಲ್ಲೈತಲೆ ಜಣ ಸಕ್ಕಡ ಹಿಂದು ಜಣ. ಗೌಡ ಸಾರಸ್ವತ ಬ್ರಾಹ್ಮಣ ಲೋಕು ಸಕ್ಕಡ ಹಿಂದು ಲೋಕು. ಹಾಂಕಾ ಆಪ್ಣ್ಯಾಲೆ ಜೀವನಾಂತು ಸೆಕ್ಯಲರಿಸಮ್ ಕಶ್ಶಿ ಕಾರ್ಯಗತ ಕೋರ್ಕಾ ಮ್ಹೊಣು ಚಿಂತನೆ ಕೋರ್ಕಾಜಾತ್ತಾ. ಆಮ್ಗೆಲೊ ಹಿಂದೂಧರ್ಮು ಸೋಣಾನಾತ್ತಿಲೆ ಆಮ್ಮಿ ಸೆಕ್ಯುಲರ್ ಕಶ್ಶಿಜಾವ್ಯೇತ ಮ್ಹೊಣು ಕೊಣಯಿ ಏಕ ಮನುಷ್ಯಾನ ಆಮ್ಕಾ ವಾಟದಾಕ್ಕೊಕಾಕಿ ನಾಕ್ಕಾ? ಹಾಂವೆ ಹೇ ಪುಸ್ತಕಾಂತು ಸೆಕ್ಯುಲರಿಸಮ್ಮಾಂಚಿ ವಾಟ ಕಸ್ಸಲೀ ಮ್ಹೊಣು ಏಕು ಮೆಗ್ಗೆಲೊ ವಿಚಾರು ವಾಜ್ಜಿತಲೆ ಜನಾಲೆ ಮುಕಾರಿ ದವ್ವೊರ್ಚೊ ಪ್ರಯಾಸು ಕೆಲ್ಲಾ.

ಹೇಂ ಪುಸ್ತಕ ಕೊಂಕಣಿ ಭಾಷೇಂತು ಕನ್ನಡ ಲಿಪೀನ ಬರಯಿಲೆ ಪುಸ್ತಕ. ಕನ್ನಡಭಾಸ ವಾಜ್ಜಿತಲೆ ಲೋಕಾಂಕ ಮ್ಹೊಣೂಚಿ ಬರ್ರೈಲಾ. ಕೊಂಕಣಿ ಪುಸ್ತಕ ದೇವನಾಗರೀ ಲಿಪೀನಯಿ ಬರ್ರೈತಾತಿ. ಗೌಡ ಸಾರಸ್ವತ ಬ್ರಾಹ್ಮಣ ಜಃಣ ಕರ್ನಾಟಕ ರಾಜ್ಯಾಂತು ಉಲ್ಲೋಚಿ ಕೊಂಕಣಿಭಾಷೇರೀಚಿ ಹೇಂ ಪುಸ್ತಕ ಹಾಂವೆ ಬರ್ರೈಲಾ. ಕನ್ನಡ ಲಿಪಿ ವಾಜ್ಜೂಂಕ ಗೊತ್ತು ನಾತ್ತಿಲೆ ಕೊಂಕಣಿ ಲೋಕಾಂಕ ಹೇಂ ಕೊಂಕಣಿ ಭಾಷೇಚೆ ಪುಸ್ತಕ ವಾಜ್ಜೂಂಕ ಜಾಯ್ನಾನವ್ಹೇ ಮ್ಹೊಣು ಮಾಕ್ಕಾ ಖೇದು ಆಸ್ಸ.

ಸೆಕ್ಯುಲರಿಸಮ್ ಪಾಲನ ಕೊರ್ಚೆಂ ಮ್ಹಳ್ಯಾರಿ ದೇಶಾಚೊ ಕಾನೂನು ಪಾಲನಕೊರ್ಚೆಂ. ಆಮ್ಗೆಲೆ ದೇಶಾಂತು ಸರಕಾರಾನ ಆಮ್ಕಾ ವಿವಿಧ ಕಾನೂನು ಕೋರ್ನು ದವ್ವರ್ಲ್ಯಾಂತಿ. ಉದಾಹರಣೇಂಕ ಲೈಸನ್ಸ್ ನಾತ್ತಿಲೆಂ ಕಾರ ಸೋಡೂಂಕ ನಜ್ಜಮ್ಹೊಣು ಏಕು ಕಾನೂನು ಆಸ್ಸ. ಘಟ್ಟಿ ಮಾರೂಂಕ ನಜ್ಜ. ಆಮ್ಮಿ ಕೋಣಾಂಕಯೀ ಸೊವ್ವಾಕ ನಜ್ಜ. ಕೋಣಾಂಕಯೀ ಜಿವ್ವಿಮಾರೂಂಕ ನಜ್ಜ. ಮೋಸು ಕೋರೂಂಕ ನಜ್ಜ. ಉಶೀಣೆ ಫೇವ್ನು ಪಾವ್ಯೆನಾತ್ತಿಲೆ ರಾಬ್ಬುಂಕ ನಜ್ಜ ಮ್ಹೊಣು ಘೂರಾ ಕಾನೂನು ಆಸ್ಸ ಕೀ ನಾ? ಆಮ್ಮಿ ಹೇ ಸಕ್ಕಡ ಕಾನೂನು ಪಾಲನ ಕೊರ್ಚೆಂಚಿ ಸೆಕ್ಯುಲರಿಸಮ್ ಪಾಲನಕೊರ್ಚೆ ಮ್ಹೊಣು ಮೆಗ್ಗೆಲೊ ಅಭಿಪ್ರಾಯು.

ಸೆಕ್ಯುಲರಿಸಮ್ ಏಕು ಇಂಗ್ಲೀಷ ಶಬ್ದು. ಸಂಸ್ಕೃತಾಂತು ಹೇ ಶಬ್ಧಾಕ ಧರ್ಮನಿರ್ಪೇಕ್ಷತಾ ಮ್ಹೊಣು ಭಾಷಾಂತರ ಕೆಲ್ಲಾಂ. ಧರ್ಮನಿರ್ಪೇಕ್ಷ ಕರ್ತನಾ ಖಂಚೊ ಧರ್ಮು ಆಮ್ಮಿ ನಿರಪೇಕ್ಷ ಕೋರ್ಕಾ? ಧರ್ಮನಿರ್ಪೇಕ್ಷತಾ ಮ್ಹಳ್ಯಾರಿ ಧರ್ಮು ಪಾಲನ ಕೊರುಂಕ ನಜ್ಜ ಮ್ಹೊಣು ಅರ್ಥುಜಾಯ್ನಾ. ಭಾರತಾಂತುಲೆ ಸಕ್ಕಡ ಧರ್ಮು ಏಕಸಮಾನ ಮ್ಹೊಣು ಆಮ್ಗೆಲೆ ಸಂವಿಧಾನಾಂತು ಸಾಂಗ್ಲಾಂ.

ಆಮ್ಮಿ ಹಿಂದುಲೋಕು ಸಕ್ಕಡ ಸೆಕ್ಯುಲರ್ ಜಃಣ ಜಾವ್ನಾಸ್ಸತಿ ಜಾಲ್ಯಾರಿ ಆಮ್ಮಿ ಧರ್ಮನಿರ್ಪೇಕ್ಷ ಕರ್ತಾತಿ ಮ್ಹಳ್ಯಾರಿ ಅರ್ಥು ಕಸ್ಸಲೊ? ಹಿಂದು ಜಣಾನಿ ಕಶ್ಶಿ ಧರ್ಮನಿರ್ಪೇಕ್ಷ ಜಾವ್ಯೇತ? ಆಮ್ಗೆಲೊ ಧರ್ಮು ಸೋಣಾನಾತ್ತಿಲೆ ಆಮ್ಮಿ ಸೆಕ್ಯುಲರ್ ಕಶ್ಶಿಜಾವ್ಯೇತ ಮ್ಹಳ್ಳೆಲೆ ಆಯ್ಚೆ ದಿವಸಾಂತು ವಿಚಾರ ಕೊರೂಂಕ ಯೋಗ್ಯ ವಿಷಯು ಜಾವ್ನುಆಸ್ಸ. ಆತ್ತಂ ಹಿಂದುಸ್ಥಾನಾಂತು ಸಕ್ಕಡ ಜಃಣ ಹಿಂದೂ ನ್ಹಂಯಿ. ಹೇ ದೇಶಾಂತು ವಿಂಗಡ ಧರ್ಮಾಂಚೆ ಜಃಣಾಯಿ ಆಸ್ಸತಿ. ಪರದೇಶಾಂತು ವಾಸಕೋರ್ನು ಆಶ್ಶಿಲೆ ಹಿಂದೂ ಜಃಣ ಸ್ವಲ್ಪ ಲೋಕು ಮಾಂತ್ರ ಅನಿವಾಸೀ ಭಾರತೀಯ ಜಾವ್ನುಆಸ್ಸತಿ. ವರ್ಲೆಲೆ ಸಕ್ಕಡ ಪರದೇಶಾಂತು ವಾಸಕೋರ್ನು ಆಶ್ಶಿಲೆ ಹಿಂದೂ ಜಃಣ ತೇ ಪರದೇಶಾಚೆ ನಾಗರೀಕ ಜಾವ್ನು ಆಸ್ಸತಿ. ಭಾರತೀಯಾಂಕ ಇಂಡಿಯನ್ ಮ್ಹಣ್ತಾತಿ. ಇಂಡಿಯನ್‌ಹಿಂದೂ, ಇಂಡಿಯನ್‌ಮುಸ್ಲಿಂ, ಇಂಡಿಯನ್ ಕ್ರಿಶ್ಚನ್ ಅಶ್ಶೀ ಮಸ್ತ ನಮೂನ್ಯಾಂಚೆ ಇಂಡಿಯನ್ ಆಸ್ಸತಿ.

ಕೊಂಕಣಿಭಾಸ ಗೊಂಯ್ಚಿ ಭಾಸ. ಗೊಂಯ್ಚೆ ಉತ್ತರದಿಕ್ಕಾಂತು ಆಶ್ಶೀಲೆ ಕೊಂಕಣಿಲೋಕು ತಾಂಗೆಲೆ ಕೊಂಕಣಿಭಾಸೇಂತು ಅನೇಕ ಮರಾಠಿ ಶಬ್ಧ ಉಪಯೋಗು ಕರ್ತಾತಿ. ಗೊಂಯ್ಚೆ ಪೂರ್ವಾಕ ಆನಿ ದಕ್ಷಿಣಾಂಕ ವಾಸುಕರ್ತಲೊ ಕೊಂಕಣಿಲೋಕು ತಾಂಗೆಲೆ ಕೊಂಕಣಿಭಾಸೇಂತು ಅನೇಕ ಕನ್ನಡಶಬ್ಧ ಉಪಯೋಗುಕರ್ತಾತಿ. ಆಮ್ಮಿ ಮಂಗಳೂರ್ಚೆ ಗೌಡಸಾರಸ್ವತ ಬ್ರಾಹ್ಮಣ (ಗೌಸಾಬ್ರಾ) ಲೋಕಾನಿ ಉಲ್ಲೋಚೆ ಕೊಂಕಣಿ ಮಸ್ತನಮೂನ್ಯಾರಿ ಗೊಂಯ್ಚೆ ಕೊಂಕಣೀಭಾಷೇಕ ಭಿನ್ನಜಾವ್ನಾಸ್ಸ.

ಆಮ್ಚೆಗೆಲಿ ಕೊಂಕಣಿ ಭಾಷೇಕ ಕಸ್ಸಲೆಂ ಜಾಲ್ಲಾಂ?

ಹೀ ನಿದ್ದೊನು ಆಸ್ಸ ಇತ್ತ್ಯಾಕ? ಹಿಕ್ಕಾ ಆಮ್ಮಿ ಕಶ್ಶಿ ಜಾಗೋಚೆ? ಹಿಕ್ಕಾ ಆಮ್ಮಿ ಕಶ್ಶಿ ಉಟ್ಕಾರಾನು ಬೊಸೋಚೆ ಆನಿ ರಾಬ್ಬೋಚೆ? ಆಮ್ಗೆಲೆ ಪ್ರಾಚೀನ ಕಾಳಾಚೆ ಜನಾಲೆಲಾಗ್ಗಿ ಕಿತೆಂಲ್ಲ ಕೊಂಕಣೀ ಸಾಹಿತ್ಯ ಆಶ್ಶಿಲೆ ಮ್ಹೊಣು ಅಂದಾಜೊ ಕೋರುಂಕಜಾಯ್ನಾ.

ದೇವಳಾಂತು ಆಶ್ಶಿಲೆ ಸಾಹಿತ್ಯ ಸಕ್ಕಡ ಸಂಸ್ಕೃತಾಂತು ಆಶ್ಶಿಲೆ ಮ್ಹೊಣು ಮೆಗ್ಗೆಲೊ ಅಂದಾಜೊ ಇತ್ಯಾ ಮ್ಹಳ್ಳ್ಯಾರಿ ತೇ ವೇಳಾರಿ ಚಡಾವತ ಜಾವ್ನು ಸಕ್ಕಡ ಬೊರೋಚೆ ಧಾರ್ಮಿಕ ಸಾಹಿತ್ಯ ಜಾವ್ನು ಆಶ್ಶಿಲೆಂ. ಕೊಂಕಣಿ ಭಾಷೆನ ಬರಯಿಲೆ ಕಾಣ್ಯೊ, ಪದಂ, ಗಾದಿಯೊ. ಪ್ರಾರ್ಥನಾ ಇತ್ಯಾದಿ ಕಾಂಯಿ ಪುಣೀ ಏಕ ರಾಶಿ ಆಶ್ಶಿಲೆಂಕೀ ಇತ್ತಿ. ತೇ ಸಕ್ಕಡ ಪೊರ್ತುಗೀಸ ಸೈನ್ಯಾನ ಉಜ್ಜೊ ದೀವ್ನು ಗೊಬ್ಬೊರು ಕೆಲ್ಲೊ. ಕ್ರಿ. ಶ. 1500 ಇಸ್ವೆಕಯಿ ಫೂಡೆ ಆಶ್ಶಿಲೆ ಕೊಂಕಣಿ ಸಾಹಿತ್ಯ ಆತ್ತ ಖಂಯೀ ಮೇಳ್ನಾ ಮ್ಹಳ್ಳೆಲೆ ನಿಜಜಾವ್ನುಆಸ್ಸುಕಾ. ಆಮ್ಗೇಲೆ ಘುಳ್ಳೆಂ ಇತಿಹಾಸ ಪಳೈಲ್ಯಾರಿ ಗೊಂಯಚೆ ಶಿಲಹಾರ ಮ್ಹಳ್ಳೆಲೆ ವಂಶಾಚೆ ರಾಯ ಕ್ರಿ. ಶ. 1187 ಇಸ್ವೇಕಯಿ ಫೂಡೆ ಕೊಂಕಣೀನ ಶಾಸನ ಚಲೈತ ಆಶ್ಶಿಲೆ ಕಂಯಿ. ಕ್ರಿ. ಶ. 1187 ಇಸ್ವೆಂತು ದೊನ್ನಿಂಚೊ

ಅಪರಾಜಿತ ರಾಯ್ಯಾನ ದಿಲ್ಲೆಲೆ ಏಕ ಶಿಲಾಶಾಸನಾಂತು ಕೊಂಕಣಿ ಭಾಷೆಚೆ ಬರಪ ಆಸ್ಸಕಯಿಂ. ಮರಾಠಿ ಭಾಷೆಚೆ ಶಿಲಾಶಾಸನ ಕ್ರಿ. ಶ. 1200 ಇಸ್ವೆಚೆ ನಂತರ ಪೊಳೋಚಾ ದಿಸ್ತಾ. ಶಿಲಹರಾಂಕ ಸೊಳ್ಯಾರಿ ಗೊಂಯ್ಚೆ ಬಾಕಿ ಸಕ್ಕಡ ರಾಯ ಕನ್ನಡ, ಫಾರ್ಸಿ, ಮರಾಠಿ ಭಾಷೆಕ ಉತ್ತೇಜನ ದಿತ್ತಾ ಆಶ್ಶಿಲೆ ವಿನಃ ಕೊಂಕಣೀಕ ಹೇಕಡೆ ಚೋವ್ನು ಸಮೇತ ಪಳಯಿನಾಂತಿ ಆಶ್ಶಿಲೆ. ಗೋವಾ ರಾಜ್ಯಾಚೆ ಜನ ಮಾಂತ್ರ ಘರಕಡೆ ಕೊಂಕಣೀಭಾಸ ಉಲ್ಲೈತಾ ಆಶ್ಶಿಲೆ. ಜನಾಲಿ ಭಾಸ ಕೊಂಕಣೀಚಿ ಜಾವ್ನು ಆಶ್ಶಿಲಿ. ವ್ಯಾಪಾರು ವ್ಹೈವಾಟು ಕೊಂಕಣೀಂತುಚಿ ಚಲ್ತಲೊ.

ಕೊಂಕಣಿಭಾಸ ಮರಾಠಿಕಯಿ ಘುಳ್ಳಿ ಭಾಸ. ಮರಾಠಿ ಭಾಸೇಚೆ ಉಪಯೋಗು ಕ್ರಿ. ಶ. 1500 ಇಸ್ವೆಚೆ ನಂತರ ಚಽಡ ಜಾಲ್ಲೆ. ತೇ ವೇಳಾರಿ ಕೊಂಕಣಿ ಮಾಕ್ಷಿ ಪಳ್ಳಿ. ಶಿವಾಜಿ ಮಹಾರಾಜಾಲೆ ರಾಜ್ಯ ಆನಿ ತಾಗ್ಗೇಲೆ ಮಾಗ್ಗಿರಿ ಪೇಶ್ವೇಲೆ ರಾಜ್ಯ ಆಯ್ಲೆ ಮಾಗ್ಗಿರಿ ಸಕ್ಕಡಾನಿ ಮರಾಠಿಭಾಸ ಉಪಯೋಗುಕೆಲ್ಲಿ. ಸಂತ ಜ್ಞಾನೇಶ್ವರಾನಿ ಆನಿ ನಾಮ್ದೇವಾನಿ ತಾಂಗೇಲೆ ಅಭಂಗಾಂತು ಮರಾಠಿ ಭರ್ಶಿಲೆಲಿ ಕೊಂಕಣಿ ಉಪಯೋಗು ಕೆಲ್ಲಿ. ಜಾಲ್ಯಾರಿ ಕನ್ನಡ ರಾಯ್ಯಾಲೆ ರಾಜ್ಯಭಾರಾ ವೇಳಾರಿ ಆಮ್ಮಿ ಕೊಂಕಣಿ ಲೋಕು ಕನ್ನಡ ರಾಯ್ಯಾಂಕ ಸಂತೋಷು ಕೋರುಂಕ ಕನ್ನಡ ಬಾಷೇನಽಚಿ ಉಲ್ಲೋಚೆ ಬೊರೋಚೆ ಕೋರ್ನು ಕೊಂಕಣಿ ಆಮ್ಗೆಲಿ ಘರಾಚಿ ಮಾತ್ರ ಭಾಸ ಮ್ಹೋಣು ದೊವ್ರೋನ್ರು ಘೆತ್ಲಿ. ವಿಜಯನಗರ ರಾಯ್ಯಾಲೆ ಕಾಳಾರಿ ಕೊಂಕಣಿ ಭಾಸ ಆನಕಯೀ ಮಾಕ್ಷಿ ಪಳ್ಳಿ. ಪೊರ್ತುಗೀಸ ಗೋರೆ ಲೋಕಾನಿ ತಾಂಗೆಲಿ ಭಾಸ ಪ್ರಚಾರ ಜಾವ್ಕಾ ಮ್ಹೋಣು ಕೊಂಕಣಿ ಜನಾಂಚೆವಯ್ರಿ ದಬ್ಬಾಳಿಕೆ ಕೆಲ್ಲಿ. ಗೋಯಾಂತು ಶ್ರೀಮಂತ ಲೋಕಾನಿ ಆನಿ ಅನೇಕ ಬ್ರಾಹ್ಮಣಾಂನಿ ಪೊರ್ತುಗೀಸ ಭಾಷೇಚೊ ಉಪಯೊಗು ಸರಕಾರೀ ವ್ಯವಹಾರಾಂತು ಆನಿ ಕೋರ್ಟಾಂತು ಕೆಲ್ಲೊ. ಗೊಂಯ್ಚೆ ಭಾಯ್ರ ಆಶ್ಶಿಲೆ ಇಂಗ್ಲೀಷ ರಾಜ್ಯಾಂತು ಕೊಂಕಣಿಭಾಷೇಕ ಪ್ರೋತ್ಸಾಹನ ಮೇಳ್ಳಿ. ಇಂಗ್ಲೀಷ ಪ್ರದೇಶಾಂತು ಗೌಸಾಬ್ರಾ ಜನಾಂಕ ಕನ್ನಡ ಆನಿ ಇಂಗ್ಲೀಷ ಭಾಷೇಚೊ ಉಪಯೋಗು ಕೋರ್ಕಾ ಜಾಲ್ಲೊ.

ಕ್ರಿ. ಶ. 1763 ಇಸ್ವೇಂತು ಹೈದರಾಲಿನ ಕೆಲಾಡಿ ರಾಯ್ಯಾಂಕ ಸಲ್ವಾಯಿಲೆ. ಕೆಲಾಡಿ ರಾಯು ಸಗ್ಳೇ ಕೆನರಾ (ಕನ್ನಡ) ಆಳ್ವಿತಾಆಶ್ಶೀಲೊ. ತಾಕ್ಕಾ ಸಲ್ವಾನು ಹೈದರಾಲೀನ ಸಗ್ಳೇ ಕೆನರಾ ತಾಗ್ಗೇಲೆ ಹಾತ್ಮುಳಾಂತು ಕೋರ್ನುಘೆತ್ಲೆಂ. ಹೈದರಾಲೀನ ಕೆನರಾ ಪ್ರದೇಶಾಂತು ಇಸ್ಲಾಂ ಧರ್ಮು ಆನಿ ಫಾರ್ಸಿಭಾಸ ಮುಕಾರಿಹಾಳ್ಳಿ. ಹೈದರಾಲೀನ ತಾಜ್ಜೆ ಮುಕಾರ್ಚೆವರ್ಸ ಸೋಂಡಾ (ಗೋವಾ) ರಾಯ್ಯಾಕ ಸಲ್ವಾಯಿಲೆ. 1765 ಇಸ್ವೇಂತು ಪೇಶ್ವಾ ಮಾಧವರಾವಾನ ಹೈದರಾಲೀಕ ಸಲ್ವಾನು ಸಗ್ಳೇ ಕೆನರಾ ಮರಾಠೀ ಆಡಳಿತಾಚೆ ಹಾತ್ಮುಳಾಂತು ಕೋರ್ನುಘೆತ್ಲೆಂ. ಪೇಶ್ವೇನ ವೈಶ್ಣವಧರ್ಮು ಆನಿ ಮರಾಠಿಭಾಸ ಮುಕಾರಿಹಾಳ್ಳಿ. ಮಾಗ್ಗಿರಿ ಹೈದರಾಲೀಲೊ ಪೂತು ಟಿಪ್ಪುಸುಲ್ತಾನಾನ ಸಗ್ಳೇ ಕೆನರಾ ಪ್ರದೇಶಾಕ ವೊಪಾಸ ವಽಶ ಕೋರ್ನುಘೇವ್ನು ಪುನಃ ಇಸ್ಲಾಂ ಧರ್ಮು ಆನಿ ಫಾರ್ಸಿಭಾಸ

ಪ್ರಚಾರಕೆಲ್ಲಿ. ಮಲಬಾರ ಆನಿ ತಾಜ್ಜೇ ದಕ್ಷಿಣಾಕ ಆಶ್ಶೀಲೆ ಸಮೃದ್ಧ ಪ್ರದೇಶಾಂತು ಅಧಿಕಾರು ಚಲಾಯಿಸಿಲೊ. ಬಲತ್ಕಾರಾನ ಪ್ರತೀಏಕ್ಕಡೆ ಸಾಮಾನ್ಯ ಜನಾಂಕ ಇಸ್ಲಾಂ ಧರ್ಮಾಕ ಮತಾಂತರ ಕರಯಿಲೆಂ. ಅನೇಕ ಕ್ರಿಸ್ತಾಮಾಂಚಾಂಕ ಬಂಧಿಕೋರ್ನು ಹೋರ್ನು ತಾಂಕಾ ಜುಲೂಮಾನ ಧರ್ಮಾಂತರ ಕೆಲ್ಲೆಂ.

ಪ್ರಾಚೀನ ಗೋಯಾಂತು ಮಸ್ತ ಕಸ್ಸಲೇಂಯೀ ದುಡ್ಡು ಭಾಂಗರ ಆಶ್ಶೀಲೆಂಕಿ ನಾಃಶ್ಶಿಲೆ? ಗೋವಾ ಏಕಿ ಪೊರ್ತುಗೀಸಾಲಿ ಕೊಲೊನಿ ಜಾವ್ನೊತಾಂಯಿ ಗೊಂಯ್ಚೆ ರಾಯ ಪ್ರತಿ ವರ್ಸ ಬಿಜಾಪುರಾಚೆ ಸುಲ್ತಾನಾಂಕ, ಏಕಯಿ ಮರಾಠಾ ಪೇಶ್ವೇಂಕ, ಏಕಯಿ ವಿಜಯನಗರ ರಾಯ್ಯಾಂಕ ಕಪ್ಪಕಾಣಿಕಾ ದಿತ್ತಾಆಶ್ಶೀಲಿಂತಿ. ಗೋಯಾಂತು ಆರ್ಥಿಕ ಉತ್ಪನ್ನ ಅಲ್ಪಸ್ವಲ್ಪ ಜಾತ್ತಾಶ್ಶೀಲೆಂ. ಪ್ರಾಚೀನ ಗೋವಾ ಏಕ ಸಮುದ್ರಾಚೆ ಅತಿಗುಂಡಿ ಬಂದರ ಜಾವ್ನುಆಶ್ಶೀಲೆ ನಿಮಿತ್ತ ಹೊಳ್ಳೆಹೊಳ್ಳೆ ಸ್ಟೀಮರ್ ಧಢಾಲಾಗ್ಗೀಚಿ ಲಂಗರ್ ಘಾಲ್ನು ರಾಬ್ಬೋಚಾ ಜಾತ್ತಾಆಶ್ಶೀಲೆಂ. ವರ್ಸ ವರ್ಸ ಸಮಃಂಚಿ ಪಾವ್ಸು ಯೇವ್ನು ಭೂಂಯಿ ಸಸ್ಯಶಾಲಿನೀ ಜಾಲ್ಲಿಮ್ಹೋಣು ಜಾಲ್ಲ್ಯಾರಿ ಜನಾಲೆಲಾಗ್ಗಿ ಥೋಡೋ ದುಡ್ಡು ವರ್ತಾಆಶ್ಶೀಲೊ. ಆಮ್ಮಿ ದುರ್ಬಳೆ ಜೇಣ ಆಮ್ಗೆಲ್ಯಾಗ್ಗಿ ಮಸ್ತ ಬದಿಕ ನಾಃಶ್ಶಿಲೆ. ಜಾಲ್ಲ್ಯಾರಿ ಭಾಂಗ್ರಾಚಿ, ರುಪ್ಯಾಚಿ, ಪಿತ್ಲೇಚಿ ವಿವಿಧ ಚೆರ್ಣಿಕೇಚಿ ದೇವಾ ಮೂರ್ತಿ ಆಯ್ದನ ಇತ್ಲೆಂ ಸಕ್ಕಡ ಆಶ್ಶೀಲೀಂತಿ.

ಆಮ್ಗೆಲೆ ಕೊಂಕಣೀ ಭಾಷೇಕ ಕೊಣಯಿ ಸಾಥದಿತ್ತಲೆನಾಂತಿಜಾಲ್ಲೆ. ತೇ ನಂತಾ ಪೊರ್ತುಗೀಸಾಂನಿ ತಾಂಗೆಲೆ 300ವರ್ಸಾಚೆ ರಾಜ್ಯಭಾರಾಂತು ಕೊಂಕಣಿ ಭಾಸ ವಾಡ್ಡನಾತಶ್ಶಿ ಸತತ ಪ್ರಯತ್ನಕೆಲ್ಲೆಂ. ಕೊಂಕಣಿ ಆಮ್ಗೆಲೆ ಘರಾಂತು ಮಾಂತ್ರ ವರ್ಲಿ.

ಕ್ರಿಶ್ಚನ್ ಮಿಶನರಿಂಕ ಕೊಂಕಣೀಚೆರಿ ಮೋಗು

ಕ್ರಿ. ಶ. 1614 ಇಸ್ವೇಂತು ಫಾದರ ಥೋಮಸ್ ಸ್ಟೀಫೆನ್ಸ್ ಹಾಣೆ ಕೊಂಕಣಿ ಬೈಬಲ್ ಬರ್ರೈಲೆ. ಹೇಂ ಪುಸ್ತಕ ಸನಾತನ ಧರ್ಮಾಚೆ ಗ್ರಂಥಸೇಂ ಆಸ್ಸ. ಬೈಬಲ್ ವ್ಹಯಿವೇ ಮ್ಹೋಣು ಸಂಶಯು ಯೆತ್ತಾ.

"ಓಂ ನಮೋ ವಿಶ್ವ ಭರಿತಾ, ದೇವ ಬಾಪ್ಪಾ ಸರ್ವ ಸಮರ್ಥಾ, ಪರಮೇಶ್ವರಾ ಸತ್ಯವಂತಾ, ಸ್ವರ್ಗ ಪೃಥ್ವೀಚಾ ರಚನಾರಾ" ಮ್ಹೋಣು ಹೇಂ ಬೈಬಲ್ ಸೂರು ಜಾತ್ತಾ.

"ತೂಂ ರಿದ್ಧಿ ಸಿದ್ಧೀಚೊ ದಾತಾರು, ಕೃಪಾ ನಿಧಿ ಕರುಣಾಕರು, ತೂ ಸರ್ವ ಸುಖಾಚಾ ಸಾಗರು, ಆದಿ ಅಂತ ನಾ ತುಕ್ಕಾ" ಹೇಂ ದೊನ್ನಿಂಚೆ ಮಂತ್ರ.

ಅಶ್ಶಿ ಕ್ರಿಶ್ಚನ್ ಮಿಶನರಿನಿ ಮಸ್ತ ಕೊಂಕಣಿ ಪುಸ್ತಕ ಬೊರೋನು ಪ್ರಕಾಶನ ಕೆಲ್ಲಾಂ. ಕ್ರಿ. ಶ. 1800 ಇಸ್ವೆಚೆ ನಂತರ ಭಾರತಾಂತು ಛಾಪಖಾನೆ (ಪ್ರಿಂಟಿಂಗ್ ಪ್ರೆಸ್) ಆಯ್ಲೀಂತಿ. ಪ್ರಿಂಟಿಂಗ್ ಯೆವ್ಚಾಕಯಿ ಘೂಡೆ ಖಂಚೇಯಿಏಕ ಸಾಹಿತೀಕ ಕೊಂಕಣಿಂತು ಬರೋನು ಕಾಂಯೀ ಪ್ರಯೋಜನ ಜಾಯ್ನಿ ಇತ್ಯಾಕ ಮ್ಹಳ್ಳಯಾರಿ ತಸ್ಸಲೆ ಪುಸ್ತಕ

ಹಾತ್ತಾನಿ ಬರಯಿಲೆಂ ಜಾವ್ನು ಆಸ್ತಾತಿ. ತಸ್ಸಲೆ ಪುಸ್ತಕಂ ವಿಂಗಡ ಕೋಣಾಂಕಯಿ ವಾಜ್ಞುಕಾ ಜಾಲ್ಲ್ಯಾರಿ ತಾಜ್ಜಿ ಪ್ರತಿ ಹಾತ್ತಾನಿ ಬೊರೋನು ದೀವ್ಕಾ. ನಂತರ, ಪ್ರಿಂಟಿಂಗ ಸೂರು ಜಾಲ್ಲೆ ಮಾಗ್ಗಿರಿ, ಕೊಂಕಣಿ ಭಾಸ ಪ್ರಿಂಟಿಂಗಾಕ ತಕ್ಕ ಜಾವ್ವೋಮ್ಹೋಣು ಪರಿಷ್ಕೃತ ಕೆಲ್ಲೀ. ಹಾಜ್ಜೆ ಪರಿಣಾಮ ಸ್ವರೂಪ ಗೊಂಯ್ಚಿ ಕೊಂಕಣೀಭಾಷೇಚೆ ಸಾಬ್ಬಾರ ಪುಸ್ತಕಂ ಪ್ರಕಾಶ ಜಾಲ್ಲಿಂತಿ.

ಕ್ರಿ. ಶ. 1835 ಇಸ್ವಿಚಿ ವೇಳಾರಿ ಈಸ್ಟ್ ಇಂಡಿಯಾ ಕಂಪನಿ ಸರಕಾರಾನ ಭಾರತದೇಶಾಂತು ದೇಸೀ ಭಾಷೇಂಕ ಸ್ಕೂಲಾಂತು ಶಿಕೋಚೆ ಸೂರುಕೆಲ್ಲೆಂ. ಕಶ್ಶಿ ಕನ್ನಡ, ತಮಿಳು, ಮಲಯಾಳಿ ತೆಲುಗು, ಹಿಂದಿ, ಮರಾಠಿ ಬಂಗಾಲೀ ಹೇಘೂರಾ ಭಾಸ ಬೊರೋನು ವಾಜ್ಜುನು ಶಿಕೋಚೆ ಕತೀರ ಸಂಶೋಧನೆ ಕೋರ್ನು ಉದ್ಧಾರ ಜಾಲ್ಲೆಂಚಿಕೀ ತಶ್ಶೀಂಚಿ ಕರ್ನಾಟಕ ಕೊಂಕಣಿ ಅಕಾಡೆಮಿ ಇಸ್ಕೂಲಾಂತು ಕೊಂಕಣಿಭಾಸ ಶಿಕ್ಕೋಚೆ ಕತಿರ ಸಂಶೋಧನ ಕರ್ತಾ. ಸಂಶೋಧನ ಭಾರೀಮುಕಾರಿ ಆಯ್ಲಾಂ. ಆತ್ತ ಕೊಂಕಣಿ ವಿವಿಧ ರೂಪೇರಿ ಉಲ್ಲೈತಾತಿ. “ಆಮ್ಚಿಗೆಲಿ,” “ಕ್ರಿಸ್ತಾಂವ,” ಆಣಿ ವೆಗ್ಗೆಗ್ಳೆ ಉಚ್ಚಾರಾಚೆ ಕೊಂಕಣಿಭಾಸ ಆಸ್ಸಮ್ಹೋಣು ಸಮ್ಜೂನು ಕಶ್ಶೀಸಕ್ಕಡ ಕೊಂಕಣಿಲೋಕಾನಿ ಇಷ್ಟ ಜಾವ್ಚೆ ಪುಸ್ತಕಂ ತಯ್ಯಾರಿಕೊರ್ಚೆಂ ಮ್ಹೋಣು ಗೊಂದಲಾಂತು ಪಳ್ಳ್ಯಾಂತಿ.

ಕೊಂಕಣೀ ಸಾಹಿತ್ಯ ಜಗತ್ತು

ಕೊಂಕಣೀ ಸಾರಸ್ವತ ಕವಿ ಆನಿ ಸಾಹಿತಿಲೋಕು ಮಸ್ತ ಆಸ್ಸತಿ. ತುಕಾರಾಂ ಬಾಬಾ ವರ್ದೆ, ಮಹೇಶ್ವರ ಭಟ್ಟ ಸುಕ್ತಂಕರು, ಸೊಇರೊಬಾನಾಥ ಅಂಬಿಯೇ, ನಾಯಕಸ್ವಾಮೀ, ಆಚಾರ್ಯ ಧರ್ಮಾನಂದ ಕೋಸಂಬೀ, ಭಟ್ಕಳ್ ಅಪ್ಪಯ್ಯ, ಕೈಕಿನಿ ಶಿವಯ್ಯ, ನಾಡ್ಕರ ಶಾಂತಿ ಬಾಯಿ, ಹಾನ್ನಿ ಸಕ್ಕಡ ಕೊಂಕಣಿನ ತಾಂಗೆಲೆ ಪುಸ್ತಕ ದೇವನಾಗರಿಲಿಪಿನ ಬರೈಲೆ ಮ್ಹೋಣು ವೆಂಕಟ್ರಾಯ ವಿನಾಯಕ ಕುಡ್ವಾನಿ ತಾಂಗೆಲೆ “ಹಿಸ್ಟರಿ ಆಫ್ ದ ದಕ್ಷಿಣಸಾರಸ್ವತ” ಮ್ಹಳ್ಳೆಲೆ ಪುಸ್ತಕಾಂತು ವಿವರ ದಿಲ್ಲಾಂ. “ವರ್ಧಜ್ಞಾನ ವಿಸ್ತಾರ” ಆಣಿಏಕ ಮಾಸಿಕ “ಮನೋರಂಜನ” ಹೇಂ ದೋನಿ ಕಾಶೀನಾಥ ರಘುನಾಥ ಮಿತ್ರ ಮ್ಹಳ್ಳೆಲೆಏಕ ಆಮ್ಚಿಗೆಲೆ ಕವಿನ ಮರಾಠಿಂತು ಬರೈಲಾ. ಅನೇಕ ಶಿಕ್ಕಿಲೆ ಹೋಡಮನಿಷ ಕೊಂಕಣಿ ಆಮ್ಕಾಂ ನಾಕ್ಕಾ ಬದಲಾಕ ಮರಾಠಿ ಪೂರೊಮ್ಹೋಣು ಬಶ್ಶಿಲೆಆಸ್ಸತಿ. ರಾಮಕೃಷ್ಣ ಗೋಪಾಳ ಭಂಡಾರಕರಾನ ಆಣಿ ಕಾಕಾ ಕಾಲೇಲಕರ ಹಾನ್ನಿ ಮರಾಠೀಚಿ ತಾಂಗೆಲಿ ಭಾಸಮ್ಹೋಣು ಉಪಯೋಗುಕೊರುಂಕ ಶುರು ಕೆಲ್ಲೆ. ಹಾಂವೆ ಮೆಗ್ಗೆಲೆ ಪುಸ್ತಕ “ಅಡ್ಯಾರ ಗೋಪಾಳ ಶಕ್ತಿ ಘಟೊ” ಆನಿ “ರಾಧಾಲೀ ಪದ್ಯಾವಳಿ” ಮ್ಹಳ್ಳೆಲೆ ದೋನಿ ಪುಸ್ತಕ ಕೊಂಕಣಿ ಭಾಷೇನ ಬೊರೊನು ಪಬ್ಲಿಷ್ ಕೆಲ್ಲಾಂ.

ಕವಳೆಮಠಾಚೆ ಸ್ವಾಮೀನ ಮರಾಠೀಂತುಚಿ ರಾಯಸ ಬೊರೊವ್ಚಾಕ ಕೆದ್ನಕೀ ಸುರುಕೆಲ್ಲೆಲೆಂ. ಕಾಶೀ ಮಠಾಚೆ ಸ್ವಾಮ್ಯಾನ ಮಲಯಾಳೀ ಆಣಿ ಕನ್ನಡ ಲಿಪಿರಿ ರಾಯಸ ಬರಯಿಲೆ. ಚಿತ್ರಾಪುರ ಮಠಾಚೆ ಸ್ವಾಮ್ಯಾನಯೀ ಕನ್ನಡ ಲಿಪಿ ಉಪಯೋಗ ಕೆಲ್ಲಿ. ಮಾಗ್ಗಿರಿ 1965 ಇಸ್ವೇಂತು ಗೋವಾ “ಲಿಬರೇಶನ್” ಜಾಲ್ಲೆ

ಮಾಗ್ಗಿರಿ ಕೊಂಕಣಿ ಭಾಷೇಕ ಮೋಲ ಆಯ್ಲೆ. ಆಕಾಶವಾಣಿ ಆಲ್ ಇಂಡಿಯಾ ರೇಡಿಯೋ ಹಾನ್ನಿ ಕೊಂಕಣಿ ಪ್ರೊಗ್ರಾಮ ದಿವ್ಚಾಕ ಸುರು ಕೆಲ್ಲೆ. ಕೊಂಕಣಿ ನಾಟಕ ಬೊಂಬೈಂತು ಆನಿ ಇತರ ಕಡೆನ ಪ್ರದರ್ಶನ ಜಾಲ್ಲೆ. ಮಂಗಳೂರಾಂತು "ಪಂಚ್ಕದಾಯಿ" ಮ್ಹಳ್ಳೆಲೆ ಏಕ ಮಾಸಿಕ ಮೆಗಜೀನ್ ಪಬ್ಲಿಷ್ ಜಾಲ್ಲೆ. ಆತ್ತ ಕ್ರಿಸ್ತಾಂವ ಭಾಷೇಚೆ "ರಾಕ್ಣೊ" ಮ್ಹಳ್ಳೆಲೆ ವೀಕ್ಲೀ ಪಬ್ಲಿಷ್ ಜಾತ್ತಾ. "ಕೊಡಿಯಾಲ್ ಖಬ್ಬರ" ಮಂಗಳೂರಾಂತಾಕ್ಕುನು ಆನಿ "ಸರಸ್ವತಿ ಪ್ರಭಾ" ಹುಬ್ಬಳ್ಳಿ ತಾಕೂನು ಪಬ್ಲಿಷ್ ಜಾತ್ತಾ. ಆಮ್ಗೆಲೆ ದಕ್ಷಿಣ ಕನ್ನಡ ಜಿಲ್ಲೇಂತು ಮಸ್ತ ಆಮ್ಚಿಗೆಲೆ ಲೋಕಾನಿ ಕನ್ನಡ ಆನಿ ಇಂಗ್ಲೀಷಾಂತು ಸಾಬ್ಬಾರ ಪುಸ್ತಕ ಪ್ರಕಾಶ ಕೆಲ್ಲ್ಯಾಂತಿ. ಜಾಲ್ಲ್ಯಾರಿ ಕೊಂಕಣಿ ಭಾಷೆಕ ತಾನ್ನಿ ಪ್ರಾಮುಖ್ಯತಾ ದೀನಿ. ಇತ್ಯಾಕ ಮ್ಹೊಣು ಎಕ್ಕೇಕ್ಕೆ ಎಕ್ಕೇಕ ರೀತಿರಿ ವಿವರ್ಸಿತಾತಿ.

ಆತ್ತಂಚೆ ಕೇರಳಾಚೆ ಕಾಸರಗೋಡಾಂತು ಕನ್ನಡಭಾಸ ಆಸ್ಸ. ಜಾಲ್ಯಾರಿ ಕನ್ನಡ ಮಾತೃಭಾಷೇಚೊ ಘರಾಂತು ಕನ್ನಡ ಉಲ್ಲೈತಲೆ ಲೋಕು ಮಸ್ತ ನಾಂತಿ. ಕಾಸರಗೋಡಾಚೆ ಚಡ್ತೇಂ ಜನ ಘರಾಂತು ಕೊಂಕಣಿ ಉಲ್ಲೈತಲೆ ಆನಿ ತುಳು ಉಲ್ಲೈತಲೆ ಜಽನ ಆಸ್ಸತಿ. ಹಾಂಕಾ ತಾಂಗೆಲೆ ಮಾತೃಭಾಷೇಚೆ ವೈರಿ ಮೋಗು ನಾಶ್ಶಿಲೊ ಮ್ಹೊಣು ಮ್ಹೊಣೂಂಕ ಜಾಯ್ನಾ. ಮಂಜೇಶ್ವರ ಗೋವಿಂದ ಪೈ ಮಾಮ್ಮಾನ ಕಿತ್ಲೆ ಕೊಂಕಣಿ ಸಾಹಿತ್ಯ ಬರಯ್ಲಾ? ಸಕ್ಕಡ ಗೌಸಾಬ್ರಾ ಜಾತೀಚೆ ಸಾಹಿತಿ ಲೋಕಾನಿ ಖಂಚೆ ಭಾಷೇನ ತಾಂಗೆಲೆ ಸಾಯಿತ್ಯ ಬರಯಿಲಾ? ಕೊಂಕಣಿಭಾಷೇಂತು ಕಿತ್ಲೆಜನಾನಿ ಬರಯಿಲಾ? ಮಾಕ್ಕಾ ಗೊತ್ತಾಶ್ಶೀಲೆ ಮಟ್ಟಾಕ ಗೌಸಾಬ್ರಾ ಜಾತೀಚೆ ಸಾಹಿತ್ಯಕಾರಾನಿ ಕನ್ನಡ ಅಥವಾ ಇಂಗ್ಲೀಷ ಭಾಷೇಂತು ತಾಂಗೆಲೆ ಗದ್ಯ/ ಪದ್ಯ ಬರ್ರೈಲ್ಯಾಂತಿ. ಆತ್ತ ಕೇರಳ ಸರಕಾರಾನ ತುಳು ಆನಿ ಕೊಂಕಣಿ ಸಾಹಿತ್ಯ ಅಕಾಡೆಮಿ ಸ್ಥಾಪನೆ ಕೋರ್ನು ಕನ್ನಡಾಕ ಮಾಕ್ಷಿ ಘಾಲ್ಲಾಂ.

ಕೊಂಕಣೀ ಭಾಷೇಚೆ ಬರಪಾಕ ಖಂಚೊ ಶಬ್ಧು ಉಪಯೋಗ ಕೋರ್ಕಾ? ಮ್ಹಳ್ಳ್ಯಾರಿ–ಮ್ಹಳ್ಳೇರಿ–ಮಳ್ಳೇರಿ–ಮಳಾರಿ, ವಾಂವ್ಪ–ವಾವ್ರ ಉಡ್ಗಾಸು–ಉಗ್ಡಾಸು, ದಾಲೆಲಿ–ಜಾಲ್ಲೆಲಿ, ಮಾನೆಸ್ತ–ಮನಿಷು, ಗರಜಕೀ–ಅಗತ್ಯ, ಖಂಚೊ? ಆಮ್ಚಿಗೇಲಿಭಾಸ–ಮಾಯಭಾಸ–ಆವಯಿಭಾಸ, ಕರಚೆಕಿ–ಕೊರ್ಚೆ, ಠರಯಲಾಂ–ನಿಶ್ಚಯಕೆಲ್ಲಾಂ, ಸಾಂದೊ–ಅಧಿಕಾರಿ, ವಾಪರ್ಚೆ–ಉಪಯೋಗುಕೊರ್ಚೆ, ಸಕ್ಕಡ–ಸಗಳೇ–ಸಗ್ಗೆ, ಇತ್ಯಾದಿ.

ಖಂಚಿ ಲೀಪಿ ಸಕ್ಡಾಂಕಯೀ ಉಪಯೋಗ ಕೊರ್ಚೆಕತಿರ ದೊವ್ವೋರ್ನು ಘೇವ್ಕಾ ಮ್ಹಳ್ಳೆಲೆ ಪ್ರಶ್ನೆ ಘೂರಾಕಡೇನ ಉದ್ದೇಲಾ. ಕನ್ನಡಕೀ, ದೇವನಾಗರಿಕೀ, ಮಲಯಾಳೀಕೀ ಖಂಚಿ ಜಾಯ್ತು? ಹೇ ಪ್ರಶ್ನಾಂಕ ಸಮಾಧಾನ ಕೊರುಂಕ ಕೊಂಕಣಿ ಅಕಾಡೆಮಿ ಪ್ರಯತ್ನ ಕರ್ತ ಆಸ್ಸ.

ಶೆಣೈ ಗೋಂಯಬಾಬಾನ ಕನ್ನಡ ಲಿಪಿ ಉಪಯೋಗ ಕರ್ನಿ. ಶೆಣೈ ಗೊಂಯಬಾಬ ಮ್ಹಳ್ಳ್ಯಾರಿ ಕೋಣ? ತಾಗ್ಗೇಲೆ ಪೂರ್ತಿನಾಂವ ವಾಮನ

ರಘುನಾಥರಾವ ವರ್ಧೆ ವಾಲವಾಲೀಕರ. ತೋ ಏಕು ಕೊಂಕಣಿ ವ್ಯಕ್ತಿ. ಕ್ರಿ. ಶ. 1877 ಇಸ್ವಿಂತು ಜನ್ಮಾ ಆಯ್ಯಿಲೊ ಹೋ ವ್ಯಕ್ತಿ ಕೊಂಕಣಿ ಭಾಷೇಚೋ ಅಭಿಮಾನಿ ಜಾವ್ನಾಶ್ಶಿಲೊ. ಹಾಣೆ ಕೊಂಕಣೀಂತು ಪುಸ್ತಕ ಬರ್ರೈಲಾ. ತೇಪೈಕಿ "ಜೈತ" ಮ್ಹಳ್ಳೆಲೆ ಪುಸ್ತಕ ಮಹತ್ವಾಚೆ ಜಾವ್ನು ಆಸ್ಸ.

ಶೆಣ್ಯೈ ಗೋಂಯಬಾಬಾನ ತೇರಾ (13) ಶೆಕ್ಸಪಿಯರಾಲೆ ನಾಟಕ ಕೊಂಕಣೀಂತು ಭಾಷಾಂತರ ಕೆಲ್ಲಾ. ರೋಮೀಲಿಪಿ (ರೋಮನ್) ಮ್ಹೋಣು ಏಕ ಇಂಗ್ಲೀಷ ಲಿಪಿವರೀಚಿ ಆಸ್ಸಕಯಿ. ಶೆಣ್ಯೈ ಗೋಂಯಬಾಬಾಲೆ ಶೇಕ್ಸಪಿಯರಾಲೆ ನಾಟಕ ಸಕ್ಕಡ ರೋಮೀ ಲಿಪಿರಿಚಿ ಆಸ್ಸ. ತಾಣೆ 27 ಇತರ ಬರಪ ಗದ್ಯ/ಪದ್ಯ ಸಕ್ಕಡ ದೇವನಾಗರಿ ಲಿಪಿಂತು ಬರ್ರೈಲ್ಯಾಂತಿ.

ಬಂಟ್ವಾಳ ವಾಮನ ಬಾಳೊ

ಕೊಂಕಣಿ ಭಾಷೇಚೆ ನಮ್ರ ಸೇವಕು ಬಂಟ್ವಾಳ ವಾಮನ ಬಾಳೊ ಪಂಚ್ಕದಾಯಿ ಮ್ಹಳ್ಳೇಲಿ ಏಕಿ ಮಾಸಿಕಪತ್ರಿಕಾ ಕಾಣುಘೇವ್ನು ಆಶ್ಶೀಲೊ ಮ್ಹೋಣು ಸಕ್ಕಡ ಗೌಸಾಬ್ರಾ ಜನಾಂಕ ಗೊತ್ತಾಶ್ಶೀಲೊ ವಿಷಯು. 1950 ಇಸ್ವೇಕಯಿ ಘೂಡೆ ಹೀ ಮಾಸಪತ್ರಿಕಾ ಪ್ರಕಟ ಜಾತ್ತಾಆಶ್ಶೀಲಿ ಮ್ಹೋಣು ಮೆಗ್ಗೆಲೊ ಅಂದಾಜೊ. ಇತ್ಯಾಕ ಮ್ಹಳ್ಯಾರಿ ಮೆಗ್ಗೆಲಿ ಆಮ್ಮಾ ರಾಧಾ ಗೋ. ಶೆಣ್ಯೈ ತೇಂ ಮಾಸಿಕಪತ್ರಿಕೇಚಿ ಏಕಿ ವರ್ಗಣೀದಾರ ಜಾವ್ನು ಆಶ್ಶೀಲಿ. ಆಜೀಕಯಿ 2015 ಇಸ್ವೇಂತು ಪಂಚ್ಕದಾಯಿ ಮಾಸಪತ್ರಿಕಾ ಪ್ರಕಾಶಿತ ಜಾತ್ತs ಆಸ್ಸ. ಬಾಳೊಮಾಮ್ಮಾನ ಸ್ವತಃ ಅನೇಕ ಗದ್ಯ ಆನಿ ಪದ್ಯ ಸಾಹಿತ್ಯ ಬರಯಿಲಾಂ. ತೇನಂತಾ ತಾಣೆ ಅನೇಕ ಕೊಂಕಣಿ ಸಾಹಿತೀಂಕ ಕೊಂಕಣಿಭಾಷೇನ ಗದ್ಯ ಆನಿ ಪದ್ಯ ಬರೋಚಾಕ ಉತ್ತೇಜನ ದಿಲ್ಲಾಂ. ತಾಂಗೆಲೆ ಪೈಕಿ ರತ್ನಾಕರ ಆನಂದ ಶೆಣ್ಯೈ ಎಕ್ಲೊ. ರತ್ನಾಕರ ಆನಂದ ಶೆಣ್ಯೈನ ಬರಯಿಲೆ ದೋನಿ ಪುಸ್ತಕಂ ಮೆಗ್ಗೆಲೆಲಾಗ್ಗಿ ಆಸ್ಸತಿ. ಏಕ 'ಜೀವನ ಸಂಗೀತ' 1983 ಇಸ್ವೇಂತು ಪ್ರಕಾಶಿತ ಜಾಲ್ಲೆಲೆಂ. ಹೇ ಪುಸ್ತಕಾಂತು 'ಜೀವನಾಂತುಲ್ಯಾ ಕೋಡ ಗೋಡ ಅನುಭವಾಂಕsಚೆ ಸ್ವರು ದೀವ್ನು ಗಾಂತಲ್ಯಾ 34 ಕವನಾಂಚೊ ಸಂಗ್ರಹು' ಆಸ್ಸ. 'ಕೊಂಕಣಿ ಭಾಷೇಚೆ ತಾತ್ತಾವಳಿ ವಾಪುರ್ಚೆ ನಾವೆ ಖಂಯಿಪುಣಿ ವಾಪುರ್ಚೆ ಶಬ್ದ ಉತ್ರಂ ವೆಂಚುನು ಪ್ರಾಸಾರಿ ಗಾಂತಿಲೆ; ತ್ರಾಸಾರಿ ಗಾಂತಿಲೆ ಘುಲ್ಲಾ ಹಾರ; ಘುಲ್ಲಾ ಫಾಡ್ಡೆ ಜಾವ್ನು ಆಸ್ಸ. ಪ್ರತಿ ಏಕ ಕವನ ಹೇಂ ಕೊಂಕಣಿ ಭಾಷಾ ಪ್ರೇತಿ (ಪ್ರೇತಿ ಕಿ ಪ್ರೀತಿ?); ಕೊಂಕಣಿ ವಾಚಕ ವೃಂದಾಕ ಅರ್ಪಣ ಕರ್ತಾ' ಮ್ಹೋಣು ರತ್ನಾಕರ ಆನಂದ ಶೆಣ್ಯೈ ಮಾಮ್ಮಾನ 'ಜೀವನ ಸಂಗೀತ' ಪುಸ್ತಕಾಚೆ 'ದೋನಿ ಉತ್ರಂ' ಪರಿಚ್ಛೇದಾಂತು ಬರಯಿಲಾ.

ರತ್ನಾಕರ ಆನಂದ ಶೆಣ್ಯೈ ಮಾಮ್ಮಾನ ಬರಯಿಲೆ ದೊನ್ನೀಂಚೆ ಪುಸ್ತಕ 'ಅನಂತ ಧನ'. 1984 ಇಸ್ವೇಂತು ಪ್ರಕಟ ಜಾಲ್ಲೆಂ. 'ಭಕ್ತಿ ಭಾವನ ಪೂರ್ಣ

ಕೊಂಕಣಿ ಕವನ ಸಂಗ್ರಹ' ಮ್ಹೋಣು ಹೇ ಪುಸ್ತಕಾಚೊ ಪರಿಚಯು ಮಾಮ್ಮಾನ ಕೆಲ್ಲಾ. ಹೇ ಪುಸ್ತಕಾಂತು 'ಎಕ್ಕಾ ಉತ್ತರ' ಮ್ಹಳ್ಳೇಲೆ ಕವನಾಂಚೊ ಸುರ್ವೇಚಿ ಪಂಕ್ತಿ ಸಕಲ ದಿತ್ತಾಂ.

ಮನ್ನಾಲಿ ಅಸ್ಸಲಿ ಮ್ಹಣ್ತಾ ಸಂಗತಿ ರಾಬ್ಲ್ಯಾ
ಆಜಿ ಕಾಲಿ ಮೆಳ್ಳಿ ಕಷ್ಟ ಘುರ್ಸತಿ ರಾಬ್ಲ್ಯಾ.

ಪ್ರಭಾ ಸುರೇಶ ಶೆಣೈ

ಹುಬ್ಬಳ್ಳೀಚಿ ಪ್ರಭಾ ಸುರೇಶ ಶೆಣೈ ಏಕಿ ಭಾರೀ ಬುದ್ಧಿವಂತಿ ಬಾಯ್ಲು ಮನೀಷಿ. ತೀಣೆ ಕೊಂಕಣಿ ಭಾಷೇಂತು ಏಕ ಇತ್ಲೆ ಚಂದ ಪುಸ್ತಕ 'ಗೊಡ್ಡಿ ಗೊಡಶೆಂ' ಆನಿ 'ತಾನ್ನಿಕ' ಮ್ಹಳ್ಳೇಲಿ ಕೃತಿ ಕೆಲ್ಲ್ಯಾ ಹೇಂ ಪುಸ್ತಕ ತಿಗ್ಗೆಲೊ ಬಾಮ್ಮೊಣು ಸುರೇಶ ಶೆಣೈ ಮಾಮ್ಮಾನ 'ಸರಸ್ವತಿ ಪ್ರಭಾ' ನಾಂವಾರಿ ಎಕ್ಕಟಚಿ ಪುಸ್ತಕಾಂತು ಆಯ್ಲೆ ಆನಿ ಪೆಲ್ಲೆ ದಿಕಡೆ ಕೋರ್ನು ಪ್ರಕಾಶಿತ ಕೆಲ್ಲಾಂ.

'ಸರಸ್ವತಿ ಪ್ರಭಾ' ಪ್ರಕಾಶಕಾನಿ ನವಿಮುಂಬಯೀಚಿ ವೀಣಾ ಜೋಯಿಸ್ ಹೀಣೆ ಬರಯಿಲೆ 'ಕೊಂಕಣಿ ನಾಟಕಾಂಚೆ ಗೊಂಚೊ' 'ವೈದ್ಯೋ ನಾರಾಯಣೋ ಹರಿಃ ಮ್ಹಳ್ಳೇಲೆ ಪುಸ್ತಕ 2011 ಇಸ್ವೇಂತು ಪ್ರಕಾಶಿತ ಕೆಲ್ಲೆಲೆಂ.

ಆರ್ಗೋಡು ಸುರೇಶ ಶೆಣೈ ಮಾಮ್ಮಾನ ಅನೇಕ ಪುಸ್ತಕಂ ಬರಯಿಲ್ಯಾಂತಿ. ತಾಂತುಲೆಪೈಕಿ 'ರೀಣ ಕೋರ್ನು ಜಾಲ್ಲ್ಯಾರಿಚಿ ತ್ಹೂಪ ಖಾವಕಾವೇ?' ಧಾ (10) ಚೆರ್ಡುವಾಲೀ ಕಾಣ್ಯೋ ಮ್ಹಳ್ಳೆಲೆ ಪುಸ್ತಕ ವರೇಕ 2011 ಇಸ್ವೇಂತು ಪ್ರಕಾಶಿತ ಕೆಲ್ಲೆಲೆಂ.

ರಾಮಚಂದ್ರ ಎಂ. ಶೇಟ್ ಮಾಮ್ಮಾನ 'ವಕ್ದಾ ಝಾಡ್ಡ' ಮ್ಹಳ್ಳೇಲೆ 'ಕೊಂಕಣಿಂತು ವಕ್ದಾ ಝಾಡ್ಡಾ ಮಾಹಿತಿಚೆ ಪುಸ್ತಕ 2011 ಇಸ್ವೇಂತು ಸರಸ್ವತಿ ಪ್ರಭಾ ತರ್ಪೇನ ಪ್ರಕಾಶಿತ ಕೆಲ್ಲೆಲೆಂ.

ಜಯಶ್ರೀ ನಾರಾಯಣ ನಾಯಕ ಎಕ್ಕಂಬಿ ಹೀಣೆ 'ಕೊಂಕಣಿ ಜಾನಪದ,' ಏಕ ಕೊಂಕಣಿ ಲೋಕವೇದ ಸಂಗ್ರಹ ಮ್ಹಳ್ಳೇಲೆ ಪುಸ್ತಕ 2011 ಇಸ್ವೇಂತು ಸರಸ್ವತಿ ಪ್ರಭಾ ತರ್ಪೇನ ಪ್ರಕಾಶಿತ ಕೆಲ್ಲೆಲೆಂ. ಜಯಶ್ರೀ ಮಾಂಯ್ಯೇನ ತಿಗ್ಗೇಲೆ ಹೇ 'ಕೊಂಕಣಿ ಜಾನಪದ' ಪುಸ್ತಕಾಂತು ಕೊಂಕಣಿ ಭಾಷೇಬದ್ದಲ ಕಸ್ಸಲೆಂ ಬರಯಿಲಾ ಪೊಳೋಯಾಂ. 'ಹಾಂವೆ ಸಾಂಗ್ಚೆ ಇತ್ಲೇಂಚಿ. ಕೊಂಕಣಿ ಭಾಷಾ ಏಕಿ ಸಮೃಧ ಭಾಷಾ....

'ಹಂತು ಜಾನಪದ ಸಾಹಿತ್ಯ ಭರಪೂರ ಆಸ್ಸ. ಹೇಂ ಜಾನಪದ ಸಾಹಿತ್ಯಚಿ ಕೊಂಕಣಿ ಭಾಷೇಚೆ ಜೀವನಾಡಿ ಮ್ಹಣಚಾಕ ಅಡ್ಡಿನಾ. ಹೇ ಸಾಹಿತ್ಯ ನಿಮಿತ್ತ ಕೊಂಕಣಿ ಭಾಸ ಹಜ್ಜಾರ ವರ್ಷ ಧೋರ್ನು ವಾಂಚುನು ಆಸ್ಸ. ಹಾಕ್ಕಾ ಜನಾಲೊ ಅಭಿಮಾನು ಪ್ರೀತಿ ಕಾರಣ.. ...."

ಡಾ. ರೋಹಿಣಿ ನಾಗೇಶ ಪ್ರಭು

ಹುಬ್ಬಳ್ಳಿ ಗಾಂವ್ಚಿ ಡಾಕ್ಟರ್ಣಿ ರೋಹಿಣಿ ನಾಗೇಶ ಪ್ರಭು ಹೀಣೆ ಅನೇಕ ಕೊಂಕಣಿ ಪುಸ್ತಕಂ ಬೊರೋನು ಪ್ರಕಾಶಿತ ಕೆಲ್ಲ್ಯಾಂತಿ. ಹಿಕ್ಕಾ ನಾಟಕಾಂತು ಅಭಿರುಚಿ. ಹೀಣೇ ಕೊಂಕಣಿ ನಾಟಕ ರೇಡಿಯೋಂತು ವಿತರಣ ಕೆಲ್ಲಾಂ. 1995 ಇಸ್ವೇಂತು ಪ್ರಕಾಶಿತ ಜಾಲ್ಲೇಲೆ 'ನಾಟ್ಕಾ ಗೊಂಚೊ' ಮ್ಹಳ್ಳೇಲೆ ಹಿಗ್ಗೇಲೆ ಪುಸ್ತಕಾಂತು 13 ಸಾನಸಾನ ನಾಟಕಂ ಆಸ್ಸತಿ. 'ಭಾಷಾ ಗೊಂದೊಳು' 'ಮಾಂಯ್ಗೆಲೊ ಸಂಪು,' 'ಭಾಂಗ್ರಾ ಕರ್ಡೊ,' 'ಜಾತ್ಕಾಫಲ,' ಯಾಂತ್ರಿಕ ಮನುಷ್ಯ,' 'ಘೋರೇನ್ ಚೆ ಪಿಶ್ಶೆಂ,' 'ರಾಂದಯಿಕಾಯಿ' ಆನಿ 'ತಕರಾರು' ಇತ್ಯಾದಿ ಆನಿಕಯೀ ಲೇಕ ನಾತ್ತಿಲೆ ತಿತ್ಲೆ ಸಾಯಿತ್ಯ ಡಾ. ರೋಹಿಣಿ ನಾಗೇಶ ಪ್ರಭುಲೆ ವ್ಹಂಟೀಂತು ಮೆಳ್ತಾತಿ.

1950 ಆನಿ 1960 ದಶಕಾಂತು ನಾಂವ ಪಾವಿಲೊ ಮಂಗಳೂರಾಚೊ ಡಾಕ್ಟರು **ವಾಸುದೇವ ರಾಘವೇಂದ್ರ ಭಟ್** (ವ್ಹಿ. ಆರ್. ಭಟ್) ಹಾಣೆ ಅನೇಕ ನಾಟಕ ಆನಿ ಕಾಣ್ಯೊ ಕನ್ನಡ ಆನಿ ಕೊಂಕಣಿ ಭಾಷೇಂತು ಬರಯಿಲಾ.

ಭಾಸ ಆನಿ ಏಕಚಾರ (ಏಕತಾ)

ಆಮ್ಮಿ ಗೌಸಾಬ್ರಾ ಲೋಕು ಏಕಚಾರು ಆಸ್ಸವೇ? ಆಮ್ಗೆಲೆ ಜನಾಂತು ಏಕತಾ ಆಸ್ಸವೇ? ಆಸ್ಸಜಾಲ್ಯಾರಿ ತೇಂ ಆಮ್ಗೆಲೆ ಭಾಷೆನಿಮ್ತಿ ಆನಿ ಧರ್ಮಾನಿಮ್ತಿ, ಮ್ಹೊಣು ಮಾಕ್ಕಾ ದಿಸ್ತಾ. ಆತ್ತ ಕೊಂಕಣಿ ಭಾಸ ಗೋವಾ ರಾಜ್ಯಾಚಿ ರಾಜ್ಯಭಾಸ ಜಾಲ್ಲ್ಯಾ. ಜಾಲ್ಲ್ಯಾರಿ ಗೋವಾಂತು ಮರಾಠಿ ಉಲ್ಲೈತಲೊ ಲೋಕು ಮಸ್ತ ಆಸ್ಸತಿ. ಕೊಂಕಣಿ ಲೋಕಾನಿ ಘೂಡೆದೋರ್ನು ಕರ್ನಾಟಕಾಂತು ಕನ್ನಡ ಭಾಸ ರಾಜ್ಯಭಾಸ ಮ್ಹೊಣು ಅಂಗೀಕಾರ್ಲ್ಲಾಂ. ಏಕ ಭಾಷೇಚಿ ಅಭಿವೃದ್ಧಿ ಜಾವ್ಕಾ ಜಾಲ್ಲ್ಯಾರಿ ತೇ ಭಾಷೆಂತು ಚೆರ್ಡುವಾಂಕ ವಿದ್ಯಾಭ್ಯಾಸ ಕೋರ್ಕಾ. ಶಾಳೇಂತು ಚೆರ್ಡುವಾಂಕ ತೀ ಭಾಸ ಶಿಕೋಕಾ. ತೀ ಭಾಸ ಶಿಕ್ಷಣಮಾಧ್ಯಮ ಭಾಸ ಜಾವ್ಕಾ. ತೀ ಭಾಸ ಶಿಕ್ಕಿಲ್ಯಾಂಕ ನೌಕರಿ ಮೇಳ್ಕಾ. ಕೊಂಕಣಿ ಭಾಷೇಕ ಇತ್ಲೆ ಸೌಭಾಗ್ಯ ಮುಕಾರಿ ಮೇಳ್ತಾ ಮ್ಹೊಣು ಆಶೆ ಕೋರೂಂಕ ಜಾಯ್ನಾ. ಆಮ್ಮಿ ಕೊಂಕಣಿಚಿ ಅಭಿವೃದ್ಧಿ ಕೊರೂಂಕ ವೊಚ್ಚೂನು ಶಿಕ್ಷಣ ಮಾಧ್ಯಮ ಕೊರೂಂಕ ವೊಚ್ಚೂನು ವಿಜಯೀ ಜಾವ್ನೆ ಖಾಲಿ ಏಕ ಸ್ವಪ್ನಸೇಂ ದಿಸ್ತಾ. ಕರ್ನಾಟಕಾಂತು ಕನ್ನಡ, ಕೇರಳಾಂತು ಮಲಯಾಳಂ ಆನಿ ಗೋವಾ ರಾಜ್ಯಾಂತು ಕೊಂಕಣಿ ಆಮ್ಗೆಲಿ ಉಪಜಾವು ಭಾಸ ಮ್ಹೊಣು ನುತ್ತsಚಿ ಬೊಸ್ಚೆ ಚಾಂಗಮ್ಹೊಣು ಮಾಕ್ಕಾ ದಿಸ್ತಾ. ಕೊಂಕಣಿ ಅಲ್ಪಸಂಖ್ಯಕಾಲಿ ಭಾಸ ಜಾವ್ನು ಕಿತ್ಲಿ ಅಭಿವೃದ್ಧೀ ಪಾವ್ಚಾಕ ಸಾಧ್ಯಕೀ ತಿತ್ಲಿ ಪಾವ್ಲೊ. ಆಮ್ಮಿ ತಾಂತೂಂಚಿ ಸಂತೋಷು ಪಾವ್ಯಾಂ. ಘರಕಡೆ ಕೊಂಕಣೀಂತು ಉಲ್ಲೋಚೆ ಮಾಂತ್ರ ಸೋಡೂಂಕ ನಜ್ಜ.

ಕೊಂಕಣಿ ಭಾಷೇಕ ಸಂಸ್ಕೃತ ಸಂಬಂಧು

ಕೊಂಕಣಿಭಾಸ ಸಂಸ್ಕೃತಾಕ ಲಾಗ್ಗಿಚಿ ಭಾಸ. ಆಮ್ಚಿಗೆಲಿ ಭಾಸ ಸಂಸ್ಕೃತಾಂತಾಕ್ಕುನ ಸುರು ಜಾಲ್ಲೆಲಿ ಭಾಸ. ಗುಜರಾತಿ, ಮರಾಠಿ, ಹಿಂದಿ, ಸಿಂಧಿ ಭಾಷೇಚೆ ಮ್ಹಣ್ಕೆಚಿ ಕೊಂಕಣಿಭಾಸ ಸರೂತ ಸಂಸ್ಕೃತಾಚೇಚಿ ತದ್ಭವ ಭಾಸ. ಸಂಸ್ಕೃತಾಂತು ನಾಮಪದ ಪ್ರಥಮ, ಮಧ್ಯಮ ಆನಿ ಉತ್ತಮ ಆಸ್ಸತಿ. ಕನ್ನಡಾಂತುಯೀ ಆಸ್ಸತಿ. ಹೇಂ ನಾಂವ ಏಕ ವಚನ, ದ್ವಿವಚನ ಆನಿ ಬಹುವಚನ ಮ್ಹೋಣು ಆಸ್ಸತಿ. ಪುಲ್ಲಿಂಗ, ಸ್ತ್ರೀಲಿಂಗ ಆನಿ ನಪುಂಸಕ ಲಿಂಗ ಮ್ಹೋಣು ಆಸ್ಸತಿ. "ತ್ವಂ ಪಠಸಿ" ತೂಂ ವಾಜ್ಜಿತಾ. "ಭವಾನ್ ಪಠಸಿ" ಮ್ಹೋಣ್ಯೇತ ಹಿಂದಿಭಾಸೇನ "ಆಪ" ಮ್ಹಳ್ಳೆಮ್ಹಣ್ಕೆ. ಜಾಲ್ಲ್ಯಾರಿ "ಯೂಯಂ ಪಠಸಿ" ಮ್ಹಣ್ತಾಂತಿ. ಆಮ್ಚಿಗೆಲೆ ಭಾಷೇಂತು "ಯೋಗಾ," "ವಸ್ಸಾ," "ಯೋಗೋ," "ವಸ್ಗೋ," ಮ್ಹಣ್ತಾತಿ. ಕಿತ್ಲೋಯಿ ವ್ಹೋಡು ಮನಿಷು ಜಾವ್ನೊ, ತಾಕ್ಕಾ "ಮಾಮ್ಮಾ, ತು ಯೋಗಾ" ಮ್ಹಣ್ತಾತಿ. ಕಿತ್ಲೀಯಿ ಹೋಡಿ ಬಾಯ್ಲಮನಿಷಿ ಜಾವ್ನೊ ತಿಕ್ಕಾ "ಮಾಯ್ಯೇ, ತೂ ಯೋಗೇ" ಮ್ಹಣ್ತಾತಿ. ಹೊನ್ನಾವರ ಅಂಕೋಲಾಚೆ ತೆಕಡೆ "ತುಮ್ಮಿ ಯೆಯ್ಯಾ" ಮ್ಹೋಣು "ತುಮ್ಮಿ ಬೈಸಾ" ಮ್ಹೋಣು ಆಪ್ಣ್ಯಾಲ್ಲಾಕಯಿ ಹೋಡ್ಡ ಮನ್ಷಾಂಕ ಸಾಂಗ್ತಾತಿ. ಬಾಮ್ಣಾಂಕ, ಭಾಯ್ಯಾಂಕ, ಮಾಂಯ್ಕು, ಮಾವಾಂಕ ಭಟ್–ಮಾಮ್ಮಾಂಕ, ಸ್ವಾಮೇಂಕ, ಇತ್ಯಾದೀಂಕ ತುಮ್ಮಿ ಮ್ಹಣತಾತಿ. ಜಾಲ್ಯಾರಿ ಆಮ್ಚಿಗೆಲೆ ಭಾಷೆಂತು ತುಮ್ಮಿ ಮ್ಹೋಣ್ಚಾಕಯಿ ತೂಂ ಮ್ಹೊಣಚೆ ಸಾಮಾನ್ಯ.

ಹಿಂದಿ ಆನಿ ಅನ್ಯ ಉತ್ತರ ಭಾರತ ಭಾಷೇಂತು "ಆಪ" ಮ್ಹೋಣ್ಚೆ ಸಾಮಾನ್ಯ. "ಆಯಿಯೇಗಾ," "ಕೀಜಿಯೇಗಾ" ಮ್ಹೊಣ್ಚೆ ಸಾಮಾನ್ಯ. ಇಂಗ್ಲೀಷಾಂತು "ದೌ" ಆನಿ "ಯೂ" ಮ್ಹೋಣು ಆಸ್ಸ. ಜಾಲ್ಲ್ಯಾರಿ ತೇಂ "ತುಮ್ಮಿ" ಮ್ಹಳ್ಳೇಲೆ ಮ್ಹಣಕೆ ಬಹುವಚನ ಸಮಾನ ನ್ಹಯಿಂ. ಹೇಂ ಹಾಂವ ಕಸ್ಸಲ್ಯಾಕ ಸಾಂಗ್ತಾ ಮ್ಹಳ್ಳ್ಯಾರಿ ಆಮ್ಚಿಗೆಲಿ ಭಾಸ ಸಂಸ್ಕೃತಾಚೆ ತದ್ಭವ ಭಾಸ ಮ್ಹೋಣು ಧೃಡ ಕೋರುಂಕ.

ಕೊಂಕಣಿಕ ಆನಿ ಸಂಸ್ಕೃತಾಕ ಏಕು ಮುಖ್ಯು ವ್ಯತ್ಯಾಸು ಕೊಂಕಣೀಚೊ ನಾಸಿಕ ಅಕ್ಷರ. ನಾಂಕಾಚೊ ಸೋರು. 'ಆಶ್ಶೀಲೆಂ' ಏಕಯಿ 'ಆಶ್ಶೀಲೆ ॱ' ಹಾಂತು ಲೆ ಅಕ್ಷರಾಂತು ನಾಸಿಕ ಉಚ್ಚಾರು ಯೆತ್ತಾ. 'ಹಾಂವ,' 'ಹಾॱವ,' 'ಕಿತ್ಲೆ°,' 'ಕಿತ್ಲೆಂ' ದೋನಿ ನಮೂನ್ಯಾರಿ ಬರೋಯೇತ. ಸಂಸ್ಕೃತಾಚೊ ಶಬ್ದು 'ವಾಮನಃ' ಏಕಯಿ 'ವಾಮನೋ' ಕೊಂಕಣೀಂತು 'ವಾಮನು' ಜಾತ್ತಾ. ನಾಸಿಕ ಉಚ್ಚಾರು ಆಶ್ಶೀಲೆನಿಮ್ಮಿತ್ತಿ ಕೊಂಕಣಿ ಪುಸ್ತಕ ವಾಜ್ಜಿತಲ್ಯಾಂಕ ಏಕ ಆಹವಾನ 'ಯೋಗಾ, ಮಾಕ್ಕಾ ವಾಜಿಗಾ' ಮ್ಹೋಣು ದಿಸ್ತಾ. ಅಶ್ಶಿ ಲಿಪೀಂತು ಆನಿ ಉಚ್ಚಾರಾಂತು ವ್ಯತ್ಯಾಸು ಸಂಸ್ಕೃತಭಾಷೇಂತು ನಾ. ಜಾಲ್ಲ್ಯಾರಿ ಇಂಗ್ಲೀಷ, ಫ್ರೆಂಚ, ಸ್ಪಾನಿಷ್,

ಇತ್ಯಾದಿ ಭಾಷೇಂತು ಭರಪೂರ ಆಸ್ಸ. ಇಂಗ್ಲೀಷಾಂತು 'u' ಅಕ್ಷರ 'cut' ಕಟ್ ಶಬ್ಧಾಂತು 'ಅ' ಜಾತ್ತಾ ಆನಿ 'put' ಪುಟ್ ಶಬ್ದಾಂತು 'ಉ' ಜಾಯ್ನಾವೆಂ?

ಆತ್ತಂ ಕರ್ನಾಟಕ ಕೊಂಕಣಿ ಅಕಾಡೆಮಿ ಜಾಲ್ಲೆಲೆ ನಿಮಿತ್ತ ಕೊಂಕಣಿ ಮಾಂಯ್ಯೆಕ ಕಿತ್ಲೆ ಚಂದ ಕೋರ್ನು ಆಮ್ಮಿ ಸಿಂಗಾರ್ತಾತಿ ಆನಿ ಪೂಜಾ ಕರ್ತಾತಿ ಮ್ಹೋಣು ಪೊಳೋಕಾ. ಎದ್ದೋಳುತಾಂಯಿ ಆಮ್ಮಿ ಕನ್ನಡಭಾಷೆಕ ಲಾಂಬ್ತಾತಿ ಆಶ್ಶಿಲೀಂತಿ.

ಗೊಂಯಚೆ ಬರಪಾಕ ಆನಿ ಗೌಸಾಬ್ರಾ ಬರಪಾಕ ವ್ಯತ್ಯಾಸ

ಗೌಸಾಬ್ರಾ ಕೊಂಕಣಿಭಾಸೇಚೆಂ ಬರಪ ಆನಿ ಗೊಂಯ್ಚೆ ಕೊಂಕಣಿಭಾಸೇಚೆಂ ಬರಪಾಂತು ಮಸ್ತ ಭೇಧುನಾ. ಉಲ್ಲೈತನಾ ಮಾಂತ್ರ ಹೇ ದೋನಿ ಭಾಸೇಚೆ ಧಾಟಿ ಏಕಲೇಕನಾ. ಗೊಂಯಚೆ ಕೊಂಕಣಿ ಬರಪಾಕ ಆನಿ ಗೌಸಾಬ್ರಾ ಹಾಂಗೇಲಿ ಬರಪಾಕ ಕಿತ್ಲೆಂ ವ್ಯತ್ಯಾಸಆಸ್ಸಮ್ಹೋಣು ದಾಕ್ಕೋಚಾಕ ಹಾಂವ ಹಾಂಗಾ ಏಕ ಗೊಂಯ್ಚೆ ಕೊಂಕಣಿ ಲೇಖಕಾನ ತಾಗ್ಗೇಲೆ ಪುಸ್ತಕಾಂತು ದೇವನಾಗರಿ ಲಿಪೀಂತು ಬರಯಿಲೊ ಏಕು ಪಾರಾಗ್ರಾಫು (ವಾಕ್ಯಪರಿಚ್ಛೇದ) ಉಲ್ಲೇಖ ಕರ್ತಾಂ. ಆನಿ ತೋಚಿ ಪಾರಾಗ್ರಾಫು ಹಾಂವ ಆಮ್ಗೆಲೆ ಗೌಸಾಬ್ರಾಲಿ ಕೊಂಕಣೀನ ಬರೈತಾ.

ಗೊಂಯ್ಚಿ ಕೊಂಕಣಿಭಾಸ:

> 1968 ವರ್ಸಾಂ ರವೀಂದ್ರಬಾಬಾನ ಕೆಲ್ಲೀ ಜಪಾನ ಭೋಂವಡೇಚೆ ಹೇಂ ವರ್ಣನ. ಜ್ಯಾಂಚಾ ಸಂಗಾತ್ಯಾಂತ ತಾಂಣಿ ಹೀ ಭೋಂವಡೀ ಕೆಲ್ಲೀ ತೆ ಮೌ. ಕಾಕಾ ಕಾಲೇಲಕರ ಮೂಳ ಮರಾಠೀ ಪುಸ್ತಕಾಚೆ ಆಪ್ಣಾಲೆ ಪ್ರಸ್ತಾವನೇಂತ ಬರಯತಾತ, 'ಜಪಾನ ಪಳೊವನ ಜೀ ಖೋಸ ಜಾಲೀ, ಜೆಂ ಅಜಾಪ ಜಾಲೇಂ, ಜೀ ಧನ್ಯತಾಯ ಅಣಮವಲೀ ತೀ ಸಗಲೀ ರವೀಂದ್ರಾನ ಮೆಕಳ್ಯಾ ಮನಾನ, ಉಮೇದೀನ ಭರಿಲ್ಲೇ ಭಾಶೇಂತ ಆಮ್ಚೆ ಮುಖಾರ ದವರಲ್ಯಾ .... " (ರಾಜಹೌಂಸ ವಿತರಣ ಹಾಂಗೇಲೆ ರವೀಂದ್ರ ಕೇಳೇಕಾರಾನ ದೇವನಾಗರಿ ಲಿಪೀಂತು ಬರಯಿಲೆ ಕೊಂಕಣಿಭಾಸೇಚೆ ಪುಸ್ತಕ 'ಜಪಾನ ಪಳೊವನ ಆಯ್ಲೊಂ' ಹಾಜ್ಜೆ ಮಾಕ್ಷೀಚೆ ಕವರಾಂತುಲೆ ಪರಿಚ್ಛೇದ).

ಗೌಸಾಬ್ರಾ ಕೊಂಕಣಿಭಾಸ:

> 1968 ಇಸ್ವೇಂತು ರವೀಂದ್ರಮಾಮ್ಮಾನ ಕೆಲ್ಲೇಲಿ ಜಪಾನ ಯಾತ್ರೇಚೆ ಹೇಂ ವರ್ಣನ. ಕೊಣಾಲೆ ಒಟ್ಟೂ ತಾಣೆ ಹೀ ಯಾತ್ರಾ ಕೆಲ್ಲೀಕಿ ತೊ ಮೌ. ಕಾಕಾ ಕಾಲೇಲಕಾರ ಹಾಣೆ ಮೂಲಮರಾಠಿ ಪುಸ್ತಕಾಚೆ ಪ್ರಸ್ತಾವನೇಂತು ಬರಯಿತಾ, 'ಜಪಾನ ಪೋಳೋನು

ಕಶ್ಶಿ ಜೀವು ಖುಶ್ ಜಾಲ್ಲೊಕಿ, ಕಶ್ಶಿ ಆಶ್ಚರ್ಯ ಜಾಲ್ಲೆಂ, ಖಂಚಿ ಧನ್ಯತಾಚೊ ಅನುಭವು ಜಾಲ್ಲೊ, ತೇಂಸಕ್ಕಡ ರವೀಂದ್ರಾನ ಮುಕ್ತಮನಾನ ಉಮೇದಿಭರ್ಲ್ಲೇಲೆ ಭಾಸೇನ ಆಮ್ಗೆಲೆ ಮುಕಾರಿ ದವ್ವರ್ಲಾ ... "

ಹೇ ದೊನ್ನೀಂತು ಉಲ್ಲೋಚೆ ಉಚ್ಚಾರಾಂತು ಭೇಧುದಿಸ್ತಾ. ಗೊಂಯ್ಚೆ ಜನಾನಿ ಕೊಂಕಣೀನ ಉಲ್ಲೈಲ್ಯಾರಿ ತಾನ್ನಿ ಉಲ್ಲೈಯಿಲಿ ಭಾಸ ದಕ್ಷಿಣಕನ್ನಡಾಚೆ ಅನ್ಯ ಕೊಂಕಣಿಜನಾಂನಿ ಉಲ್ಲೈಯಿಲಿ ಭಾಸೇಚೆ ಮ್ಹಣ್ಕೆ ಆಯ್ಕತಾ. ಗೌಸಾಬ್ರಾಲೋಕು ಜನಸಂಖ್ಯೇಂತು ಕಾಂಯೀಂ ಊಣೆನಾಂತಿ. ಆಮ್ಮಿ ಲಕ್ಷಕಟ್ಲ್ಯಾನಿ ಆಸ್ಸತಿ. ತಶ್ಶಿಜಾವ್ನು ಹಾಂವೆ ಹೇಂ ಪುಸ್ತಕ ಗೌಸಾಬ್ರಾ ಜನಾನಿ ಉಲ್ಲೋಚೆ ಕೊಂಕಣೀಂತು ಕನ್ನಡ ಲಿಪೀಂತು ಬರೈಲಾ. ಗೌಸಾಬ್ರಾಲೋಕಾಂಕ ಹೇಂ ಪುಸ್ತಕ ಇಷ್ಟಜಾತ್ತಲೆಂ.

ಹೆಂ ಪುಸ್ತಕ ಬೊರೋಚಾಕ ಹಾಂವೆ ಅನೇಕ ಪುಸ್ತಕಾಂತು ಆಶ್ಶಿಲೊ ವಿಚಾರುಘೂರಾ ಉಪಯೋಗುಕೆಲ್ಲಾ. ಸಂವಿಧಾನಾಂಚೆ ವಿಷಯಾಚೆ ಅನೇಕ ಪುಸ್ತಕ ವಾಚ್ಲಾಂತಿ. ಹೇ ಪುಸ್ತಕಾಂತು ಆಶ್ಶಿಲೊ ಅಭಿಪ್ರಾಯುಸಕ್ಕಡ ಮೆಗ್ಗೆಲೋಚಿ. ಹಾಕ್ಕಾ ಕೋಣಯಿ ಜವಾಬ್ದಾರಿ ಜಾಯ್ನಾಂತಿ. ಅಧಿಕತರ ಪ್ರಮುಖಜಾವ್ನು ಹಾಂವೆ ಕೊಣಕೋಣಾಲೆ ಪುಸ್ತಕಾಂತಾಕ್ಕುನು ಮಾಹಿತಿ ಕಾಣುಘೆತ್ಲ್ಯಾ ಮ್ಹೊಣು ಬಿಬ್ಲಿಯೋಗ್ರಾಫಿಂತು ಆಖ್ಯೆರಿದಿಲ್ಲಾಂ. ತಾಂಕಾ ಸಕ್ಕಡಾಂಕ ಆನಿ ಹೇಂ ಪುಸ್ತಕ ಸೆಲ್ಫ-ಪಬ್ಲಿಷ್ ಕೋರೂಂಕ ಅನುಕೂಲ ಕೆಲ್ಲೇಲೆ "ಕ್ರಿಯೇಟ್ ಸ್ಪೇಸ್" ಹಾಂಕಾಂಯೀ ಹಾಂವ ಆಭಾರಿ ಜಾವ್ನು ಆಸ್ಸ. ಶುಭಂ.
ಬೆಂಗ್ಳೂರ 15–04–2015.

ಆಯ್ಚೊ ದೀಸು ಶಾಲಿವಾಹನ ಶಕ 1938 ಏಕ ಹಜಾರ ನವ್ಶೆ ಅಡತೀಸ, ವಸಂತಋತು, ವೈಶಾಖಮಾಸ ಉತ್ತರಾಯಣ ಶುಕ್ಲಪಕ್ಷ ಏಕಾದಶೀ ಬುಧವಾರು ಮ್ಹೊಣು ಸಾಂಗುಕಾ ಜಾಲ್ಯಾರಿ ತಾಜ್ಯಾಪಶಿ 15–04–2015 ಬುಧವಾರು ಮ್ಹೊಣ್ಚೆ ಸುಲಭ. ನ್ಹಯ್ವೇ?

ಬೆಂಗ್ಳೂರ 15–ಎಪ್ರಿಲ್–2015.

ಡಾ. ಮೋಹನ ಶೆಣ್ಯೈ

ಸೆಕ್ಯುಲರಿಸಮ್

ಅಧ್ಯಾಯು 1

ಪ್ರಸ್ತಾಪು

ಸೆಕ್ಯುಲರಿಸಮ್ ಮ್ಹಳ್ಯಾರಿ ಕಸ್ಸಲೇಂ? ಸೆಕ್ಯುಲರ್ ದೇಶ ಮ್ಹಳ್ಯಾರಿ ಕಸ್ಸಲ್ ನಮೂನ್ಯಾಚೆ ದೇಶ? ಸೆಕ್ಯುಲರ್ ರಿಲೀಜನ್ ಮ್ಹೊಣು ಆಸ್ಸವೇ?

ಸೆಕ್ಯುಲರಿಸಮ್ ಮ್ಹಳ್ಯಾರಿ ತೋ ಏಕು ವಿಚಾರು. ಸೆಕ್ಯುಲರಿಸಮ್ ಏಕ ವಿಜ್ಞಾನ ಆನಿ ವಿಚಾರಾಚೆ ಸತ್ಯ. ದೋಳ್ಯಾಂಕ ದಿಶ್ಟೆ ಸತ್ಯ. ಆಮ್ಗೆಲೆ ಏದ್ರಾಕ ಚೊಳ್ಚೆ ಆನಿ ಜಾವ್ಚಿ ಸಂಗತೀಚಿ ಸತ್ಯ.

ಸತ್ಯ ಮ್ಹಳ್ಯಾರಿ ಬುದ್ಧಿ. ಆಮ್ಗೆಲೊ ಅಭಿಪ್ರಾಯು, ಭಾವನೆ, ಚಿಂತನೆ ಆನಿ ನಂಬಿಗಾ ಸತ್ಯ ಆಸ್ಸೂಂಪೂರೊ ಏಕಯಿ ಘಟ್ಟಿ ಆಸ್ಸೂಪೂರೊ. ಆಮ್ಗೆಲಿ ಬುದ್ಧಿ ಆಮ್ಮಿ ಶಿಕ್ಕೀಲಿ ಸಂಗತಿ. ಜಾಲ್ಲೇಲಿ ಸಂಗತಿ. ಸತ್ಯ ಮ್ಹಳ್ಯಾರಿ ಹೇ ಕ್ಷಣಾಂತು ಜಾವ್ಚೆ ಆನಿ ಏದ್ದೋಳು ಜಾಲ್ಲೇಲಿ ನಿಜ ಸಂಗತಿ.

ಹೇ ಕ್ಷಣಾಂಕಯಿ ಮುಕಾರಿ ಜಾವ್ಚೆ ಕಸ್ಸಲೆಂ ಮ್ಹೊಣು ಆಮ್ಕಾ ಮನಾಂತು ಅಂದಾಜೊ ಯೆತ್ತಾ ಜಾಲ್ಯಾರಿಯೀ ಆಮ್ಮಿ ಲೆಕ್ಕೀಲೆತಶ್ಶೀಂಚಿ ಏಕೇಕಪಟಿ ಜಾಯ್ನಾ ಆನಿ ಏಕೇಕಪಟಿ ಜಾತ್ತಾ. ಆಮ್ಮಿ ಲೆಕ್ಕಿಲೆತಶ್ಶಿಂಚಿ ಜಾಲ್ಲೆಂಜಾಲ್ಯಾರಿ ತೇಂ ಸತ್ಯ. ಆನಿ ಜಾಯ್ನಿಜಾಲ್ಯಾರಿ ತೇಂ ಮಿಥ್ಯ.

ಆಮ್ಗೆಲಿ ಭಾವನೆ, ಚಿಂತನೆ ಆನಿ ನಂಬಿಗೇಚೆ ಪ್ರಕಾರ ಖಂಚೇಯಿ ಚಲ್ಲೇಂಮ್ಹೊಣು ಜಾಲ್ಲ್ಯಾರಿ ತೇಂ ಸತ್ಯ. ಜಾಲ್ಲೊಲೊ ವಿಷಯು ಆಮ್ಮಿ ಪೋಳೋನು ಆನಿ ಆಯ್ಕುನು ಹೇಂ ಸತ್ಯ ಮ್ಹೊಣು ಆಮ್ಮಿ ಧರ್ತಾತಿ. ಖಂಡಿತ ಜಾತ್ತಾಕಿ ತೇಂ ಸತ್ಯ. ಜೆವ್ಲ್ಯಾರಿ ಪೋಟಭರ್ತಾ ಮ್ಹಳ್ಳೇಲೆ ಸತ್ಯ. ತೋಚಿ ಸೆಕ್ಯಲರ್ ವಿಚಾರು. ಪ್ರಾಪಂಚಿಕ ಸತ್ಯ ಆನಿ ಪ್ರಾಪಂಚಿಕ ವಿಜ್ಞಾನ ಸೆಕ್ಯಲರ್ ವಿಚಾರು.

ಸೆಕ್ಯುಲರ್ ವಿಚಾರಾಂತು ದೇವಾಲೊ ಪ್ರಸ್ತಾಪು ಯೇನಾ. ಆತ್ಮಾಂಚೊ ಪ್ರಸ್ತಾಪು ಯೇನಾ. ಫಲಜ್ಯೋತಿಷ್ಯ ಯೇನಾ. ನಕ್ಷತ್ರಫಲ, ರಾಶಿಫಲ, ಇತ್ಯಾದಿ ಯೇನಾಂತಿ. ಪಂಚಾಂಗ ಆಸ್ಸ. ಆಕಾಶಾರಿ ಗ್ರಹ, ನಕ್ಷತ್ರ, ಇತ್ಯಾದಿ ಆಸ್ಸತಿ. ಸೂರ್ಯಾನ ಉದ್ದೇಚೆ, ಚಂದ್ರಾನ ಸಾನ ಹೋಡ ಜಾವ್ಚೆ, ಸೂರ್ಯ ಗ್ರಾಣ, ಚಂದ್ರ ಗ್ರಾಣ ಇತ್ಯಾದಿ ಸಕ್ಕಡ ಆಸ್ಸ. ಅಮಾಸ, ಪುನ್ನವ, ತಿಥಿ, ಸೂರ್ಯೋದಯ, ಸೂರ್ಯಾಸ್ತಮಾನ ಇತ್ಯಾದಿ ಸಕ್ಕಡ ಸೆಕ್ಯುಲರ್ ವಿಚಾರಾಂತು ಮೇಳ್ಳಾಂ. ಪ್ರತ್ಯಕ್ಷ ಜಗ ಕಸ್ಸಂಲ್ಕೀ ತೇಂಚಿ ಸೆಕ್ಯುಲರ್.

ಧರ್ಮಾಂತು ಜ್ಯೋತಿಷ್ಯ, ಗಣಿತ, ಲೆಕ್ಕ, ಸಂಸ್ಕೃತ ಭಾಸ, ಇತ್ಯಾದಿ ವ್ಯಾವಹಾರಿಕ ಆನಿ ಸೆಕ್ಯುಲರ್ ವಿಷಯು ಯೇವ್ನುಮೆಳ್ತಾ. ಧಾರ್ಮಿಕ

ಶಿಕ್ಷಣಾಂತು ಸೆಕ್ಯುಲರ್ ಸಂಗತಿಸಕ್ಕಡ ಮೆಳ್ಟಾಂ. ಸೆಕ್ಯುಲರಿಸಂಮಾಂತು ಧರ್ಮು ನಾಜಾಯ್ಯಾ. ಧರ್ಮು ವಿಂಗಡ ಜಾತ್ತಾ. ನಿಪ್ಪುವ್ನು ಆಸ್ತಾ.

ಸೆಕ್ಯುಲರ್ ವಿಚಾರಾಕ ವಿಜ್ಞಾನ ಆನಿ ಸತ್ಯ ಹೇಂ ದೋನಿ ಆಧಾರು. ವಿಚಾರಾಕ ಭಾಸ ಆಸ್ಸ. ಸತ್ಯಾಕ ಭಾಸ ಆಸ್ಸ. ಧರ್ಮಾಂಕ ಭಾಸ ಆಸ್ಸ. ಭಾಸ ಆನಿ ಧರ್ಮು ದೊನ್ನೀಂಯಿ ಎಕ್ಕಾವ್ಯೆರಿ ಏಕ ನಿರ್ಭರಜಾವ್ನು ಆಸ್ಸತಿ. ಭಾಷೇಂತ್ತಾಕ್ಕೂನು ಧರ್ಮು ಏಕಯಿ ಸೆಕ್ಯುಲರಿಸಮ್ ವಿಂಗಡಕೊರ್ಚೆ ಕಷ್ಟ.

ಸೆಕ್ಯುಲರಿಸಮ್, ಧರ್ಮು ಆನಿ ಭಾಸ

ಸೆಕ್ಯುಲರ್ ವಿಚಾರು ವ್ಯಕ್ತ ಕೊರ್ಚಿ ಭಾಸಸಮೇತ ಧರ್ಮಾಂಕ ಉಪಯೋಗು ಕೊರ್ಚೀಚಿ ಭಾಸ. ಸೆಕ್ಯುಲರ್ ವಿಚಾರು ಸಂಸ್ಕೃತಿರಿ ಹೋಂದೂನು ಆಸ್ಸ. ಸಂಸ್ಕೃತಿ ಧರ್ಮಾರಿ ಹೊಂದ್ಣೂನು ಆಸ್ಸ. ತಶ್ಶಿಜಾವ್ನು ಜೀವನಾಂತು ಸೆಕ್ಯುಲರಿಸಂ, ಧರ್ಮು ಆನಿ ಸಂಸ್ಕೃತಿ ತಿನ್ನೀಯಿ ಒಟ್ಟೂಚಿ ಆಸ್ತಾತಿ. ಸೆಕ್ಯುಲರಿಸಮ್ ವಿವರಿಸಿತನಾ ಧರ್ಮಾಂಚೆ ಶಬ್ಧ ಉಪಯೋಗ ಕೊರೂಂಕನಜ್ಜ. ದೇವಾಲೆ ನಾಂವ ಕಾಡುನಜ್ಜ. ದೇವು ಆಸ್ಸ ಮ್ಹೋಣುಯೇತ. ತಾಗ್ಗೇಲೆ ನಾಂವ ಕಾಡೂಂಕನಜ್ಜ. ಶ್ರೀರಾಮು, ಶ್ರೀಕೃಷ್ಣು, ವಿಷ್ಣು, ಶೀವು, ಅಲ್ಲಾ, ಯೇಸು, ಇತ್ಯಾದಿ ನಾಂವ ಕಾಡೂಂಕನಜ್ಜ. ಸಕ್ಕಡ ಧರ್ಮಾಂತು ದೇವು ಆಶ್ಶೀಲೆನಿಮಿತ್ತ ತಾಗ್ಗೆಲೆ ಅಮ್ಕೇನಾಂವ ಕಾಣಾನಾತ್ತೀಲೆಂ 'ಆಮ್ಮಿ ದೇವಾಕ ಉಡ್ಗಾಸು ಕರ್ತಾತಿ' ಇತ್ಯಾದಿ ಮ್ಹೋಣ್ಯೇತ.

ಪರಸ್ಪರ ಸಂಪರ್ಕಾಕ ಭಾಸ ಜಾಯಿ. ಜನಾಲಿ ಭಾಸ ಕೆದ್ನಾಯಿ ಪ್ರಮುಖ ಜಾವ್ನುಆಸ್ತಾ. ಸತ್ಯ ವ್ಯಕ್ತಕೋರೂಂಕ ಭಾಸ ಜಾಯಿ. ಘೂಡೆಧೋರ್ನು ಜನಾಂಕ ಭಾಸಽಚೀ ಪ್ರಮುಖ ಜಾವ್ನುಆಶ್ಶೀಲಿ. ಉಲ್ಲೋಚೆ ಉತ್ರಾರೀಚಿ ಸಕ್ಕಡ ಕಾಮ ಜಾತ್ತಾಶ್ಶೀಲೀಂತಿ. ಮಾಗ್ಗಿರಿ ಬರಪ ಆಯ್ಲೆಂ. ತೆದ್ದನಾ ಜನಾನಿ ತಾಂಗೆತಾಂಗೆಲೊ ವಿಚಾರು ಬೊರೋನು ವ್ಯಕ್ತ ಕೆಲ್ಲೊ.

ಜಗತ್ಯಾಚೆ ವಿಂಗವಿಂಗಡ ಜಽಣ ವಿಂಗವಿಂಗಡ ಭಾಸ ಉಲ್ಲೈತಲೀಂತಿ. ಭಾರತಾಂತು ಪ್ರಾಕೃತ ಆನಿ ಹಿಂದೀ ಬಾಸ ಉಲ್ಲೋಚೆ ಜಽನ ಅತ್ಯಧಿಕ ಸಂಖ್ಯೇಚೆ ಆಶ್ಶೀಲೆ. ಬಂಗಾಲೀ ಭಾಸ, ಅಸ್ಸಾಮೀ ಭಾಸ, ನೇಪಾಳೀ, ಒಡೀಸಾ, ತಮಿಳ, ಮಲಯಾಳೀ, ಕನ್ನಡ, ತುಳು, ಕೊಂಕಣಿ, ಮರಾಠೀ, ಗುಜರಾತಿ, ಸಿಂಧೀ, ಪಂಜಾಬೀ, ಕಾಶ್ಮೀರೀ ಭಾಸ ಇತ್ಯಾದಿ ವಿಂಗವಿಂಗಡ ಬಾಸೇಚೆಪ್ರಕಾರ ಜನಾಲೊ ಗುರ್ತು ಧರ್ತಾಽಶ್ಶೀಲೀಂತಿ. ರಾಯ್ಯಾಲಿ ಭಾಸ ಆನಿ ಪ್ರಜೇಲಿ ಭಾಸ ಏಕ್ಕೀಚಿ ಜಾವ್ಕಾಮ್ಹೋಣುನಾಽಶ್ಶೀಲೆ. ರಾಯ್ಯಾಲಿ ಭಾಸ ವಿಂಗಡಿ ಆನಿ ಪ್ರಜೇಲಿ ಭಾಸ ವಿಂಗಡಿ ಜಾವ್ನು ಆಸ್ಲ್ಯಾರಿ ಕಾಂಯಿೀ ಕಷ್ಟ ನಾಽಶ್ಶೀಲೆಂ. ಏಕ್ಕಽಚಿ ರಾಜ್ಯಾಂತು ವಿಂಗವಿಂಗಡ ಭಾಸ ಉಲ್ಲೈತಲೊ ಲೋಕು ವಾಸುಕೋರ್ನು ಆಸ್ತಾಆಶ್ಶೀಲೀಂತಿ.

ಹಿಂದೂಸ್ಥಾನಾಂತು ಘಽರ ಕೋರ್ನು ಆನಿ ವಾಸು ಕೋರ್ನು ಆಶ್ಶೀಲೆ ಜನಾಂಚೆಪೈಕಿ ಶೆಂಬರಿಂತು ಐಂಶಿ (ಶೇಕಡಾ 80) ಜಽಣ ಆಪ್ಣಾಲೊ ಧರ್ಮು ಹಿಂದೂಧರ್ಮು ಮ್ಹೋಣು ಸಾಂಗ್ತಾತಿ.

"ಆಮ್ಗೆಲೆ ಬಾಪ್ಸುಲೊ ಮತೂಚಿ ಆಮ್ಗೆಲೊ ಮಃತು. ಮಃತು ವಿಂಗಡ ಆನಿ ಧರ್ಮು ವಿಂಗಡ ಜಾಯ್ನಾ. ಹಿಂದೂ ಮತಾಚೊ ಲೋಕುಸಕ್ಕಡ ಹಿಂದೂ ಧರ್ಮಾಂಚೇಚಿ ಸದಸ್ಯ ಜಾವ್ನಾಸ್ತಾತಿ."

ಮಃತು ಮ್ಹಳ್ಯಾರಿ ರಿಲೀಜನ್. ಆಮ್ಗೆಲೆ ಬಾಪ್ಸುಲೀಚಿ ಜಾತಿ ಆಮ್ಗೆಲಿ ಜಾತಿ. ಆಮ್ಗೆಲೆ ಬಾಪ್ಸುಲೊಚಿ ಧರ್ಮು ಆಮ್ಗೆಲೊ ಧರ್ಮು. ಬಾಪ್ಸುಲೆಂಚಿ ರಿಲೀಜನ್ ತಾಗ್ಗೆಲೆ ಚೆರ್ಡುವಾಂಲೆಂ ರಿಲೀಜನ್. ಕೋಣಾಂಕಯೀ ಏಕ ವ್ಯಕ್ತೀಕ ಆಪ್ಣ್ಯಾಲೊ ಬಾಪ್ಪೂಸು ಕೋಣಮ್ಹೊಣು ಗೊತ್ನಾಜಾಲ್ಯಾರಿ ತಾಣೆ ತಾಗ್ಗೇಲೆ ಆವ್ಸೂಕ ನಿಮ್ಗುಕಾ. ತೇ ವ್ಯಕ್ತೀಲೆ ಆವ್ಸೂಲೋ ಮಃತು, ಜಾತಿ, ಧರ್ಮು ಇತ್ಯಾದಿ ತೇ ವ್ಯಕ್ತೀಲೆ ಜಾತಿ, ಧರ್ಮು ಇತ್ಯಾದಿ ಜಾತ್ತಾ. ಕೋಣಯಿ ಎಕ್ಳ್ಯಾನ ಏಕಯಿ ಎಕ್ಳೇನ ತಾಗ್ಗೇಲೆ ಏಕಯೀ ತಿಗ್ಗೇಲೆ ರಿಲೀಜನ್ ಸೋಣು ವಿಂಗಡ ರಿಲೀಜನ್ನಾಂತು ಮೇಳ್ಕಾ ಜಾಲ್ಯಾರಿ ಕಾನೂನ ಪ್ರಕಾರ ಮೇಳ್ಯೆತ.

ಸಾಮಾನ್ಯ ಜಾವ್ನು ಹಿಂದೂ ಲೋಕಾಂಕ ಅಶ್ಶಿ ರಿಲೀಜನ್ ಬದಲ್ಸುಚೆ ಅಗತ್ಯ ಆಸ್ಸನಾ. ಸರಕಾರಾಚೆ ಕಸ್ಸಲೇಂಯಿ ಕಾಮ ಆಸ್ಸ ಜಾಲ್ಯಾರಿ ಮಾಂತ್ರ ರಿಲೀಜನ್ ಬದಲ್ಸಿಲೆಲ್ಯಾನ ದಾಖಲೆ ಕೋರ್ನುಘೇವ್ಕಾ. ಆಮ್ಗೆಲೊ ಹಿಂದೂ ರಿಲೀಜನ್ ಕಾಂಯಿ ಕಷ್ಟಾಚೆ ರಿಲೀಜನ್ ನ್ಹಯಿಂ. ಹಿಂದೂ ರಿಲೀಜನ್ ಏಕ ಸುಲಭ ರಿಲೀಜನ್. ಹಿಂದೂ ಧರ್ಮು ಏಕು ಸುಲಭು ಧರ್ಮು. ಏಕ ಧಾರ್ಮಿಕ ಸೆಕ್ಯುಲರ್ ರಿಲೀಜನ್. ಆಮ್ಮಿ ವಿಂಗಡ ರಿಲೀಜನ್ ಖಂಡನೆ ಕಃರ್ನಾಂತಿ. ವಿಂಗಡ ರಿಲೀಜನ್ನಾಲೆ ದೇವಾಂಕ ತಪ್ಪು ಮ್ಹಣಾಂತಿ. ತಾಂಗೆಲೆ ರಿಲೀಜನ್ ಖಂಚೇಯಿ ಆಸ್ಸೋ ತಾನ್ನಿಸಕ್ಕಡ ಜನಾನಿ ಸುಖಾರಿ ಆಸ್ಸೂಕಾ.

ಸೆಕ್ಯುಲರಿಸಮ್ ಆನಿ ಸಂಸ್ಕೃತಿ

ಪುರಾತನ ಕಾಲಾಂತು ಕ್ರಿ. ಪೂ. ೩೦೦೦ ವರ್ಸಾಕಯಿ ಘೂಡೆ ಸೆಕ್ಯುಲರ್ ವಿಚಾರು ಮ್ಹೊಣು ನಾಃಶ್ಶೀಲೊ. ಪ್ರಾಪಂಚಿಕ ವ್ಯವಹಾರು ಸೆಕ್ಯುಲರ್ ವಿಷಯು ಜಾವ್ನು ಆಶ್ಶೀಲೊ. ಶಿಕ್ಷಣ ಪದ್ಧತಿ ಧಾರ್ಮಿಕ ಆನಿ ವ್ಯಾವಹಾರಿಕ ಮ್ಹೊಣು ವಿಂಗವಿಂಗಡ ಆಶ್ಶೀಲೆಂ ಜಾಲ್ಯಾರಿಯಿ ಸಂಸ್ಕೃತೀಚಿ ಧಾರ್ಮಿಕ ಪ್ರವೃತ್ತಿ ಜಾವ್ನು ಆಶ್ಶೀಲಿ.

ಪುರಾತನ ಲೋಕು ಸಂಸ್ಕೃತೀಕ ಧರ್ಮಾಂತುತಾಕ್ಕೂನು ವಿಂಗಡ ಕೊರ್ಚಾಕ ಜಾಯ್ನಾ ವ್ಹಣ್ತಾಲೀಂತಿ. ಸಂಪ್ರದಾಯು, ವ್ಯವಹಾರು ಆನಿ ಧರ್ಮು ಒಟ್ಟೊ ಆಶ್ಶೀಲೀಂತಿ. ವ್ಯವಹಾರಾಕ ಧರ್ಮು ಅಗತ್ಯ ಆಶ್ಶೀಲೊ. ತೇ ವೇಳಾರಿ ಸಕ್ಕಡಾಂಕ ದೇವು ಎಕ್ಕೂಚಿ ಮ್ಹೊಣು ಗೊತ್ತಾಶ್ಶೀಲೆಂ. ಜಾಲ್ಯಾರಿ ತಾಕ್ಕಾ ವಿಂಗವಿಂಗಡ ಜಃನ ವಿಂಗವಿಂಗಡ ನಾಂವಾನ ಆಪ್ಪೈತಾತಿ ಮ್ಹಣ್ತಾಲೀಂತಿ. ಪ್ರಾಪಂಚಿಕ ವ್ಯವಹಾರು ಸಕ್ಕಡಾಂಕ ಎಕ್ಕೂಚಿ ಆಶ್ಶೀಲೊ.

ಧಾರ್ಮಿಕ ಶಿಕ್ಷಣ ದಿತ್ತಲೆ ಗೂರು ಆಶ್ಶೀಲೆಂತಿ. ಸ್ವಲ್ಪ ಗೂರುಲೋಕು ತಾಂಗೆಲೇಂಚಿ ಸಿದ್ಧಾಂತ ಶಿಕ್ಕೈತಾಲೀಂತಿ. ಎಕ್ಕೇಕ ಗುರೂಲೊ ವಿಚಾರು ಆನ್ನೇಕ ಗುರೂಲೆ ವಿಚಾರಾವರೀಚಿ ನಾಶ್ಶೀಲೆಂ. ದೇವು ಎಕ್ಕೂಚಿಕಿ ನ್ಹಃಯೀ ಮ್ಹೊಣು ಚರ್ಚೆ ಜಾತ್ತಾಶ್ಶೀಲೆ. ದೇವಾಲೊ ಗುಣಸ್ವಭಾವು ಕಸ್ಸಲೊ ಮ್ಹೊಣುಯಿ ಅನೇಕು ಅಭಿಪ್ರಾಯು ಆಸ್ತಾಶ್ಶೀಲೆ.

ವೇದ ಜಾವ್ನೊ ಉಪನಿಷದ್ ಜಾವ್ನೊ ಪ್ರತಿ ಏಕ ಗ್ರಂಥಾಕ ಆನಿ ಶಾಸ್ತ್ರಾಕ ವಿಂಗವಿಂಗಡ ಅರ್ಥು ಕರ್ತಾತಾಶ್ಶೀಲಿಂತಿ. ರಾಯ್ಯಾಂಕ ಖಂಚೋಯಿ ಏಕು ದೇವು ತಾಂಗೆಲೊ ಕುಲದೇವು ಮ್ಹೋಣು ಆಸ್ತಾಶ್ಶಿಲೊ. ತಾಂಗೆಲೆ ರಾಜ್ಯಾಂತುಲೆ ಪ್ರಜೇಂಕ ರಾಯ್ಯಾಲೋಚಿ ದೇವು ತೋಚಿ ದೇವು ಮುಖ್ಯದೇವು ಜಾತ್ತಾಶ್ಶಿಲೊ. ಪ್ರಜೇಂಕ ರಾಯ್ಯಾನ ಸಾಂಗಿಲೇಂಚಿ ಸತ್ಯ ಮ್ಹೋಣು ಘೆವ್ಚೆ ನಿಯಮು ಆಶ್ಶೀಲೊ. ಸಾಮಾನ್ಯಜಾವ್ನು ಪ್ರಜೇಂಕ ತಾಂಗೆಲೋಚಿ ಸ್ವಂತ ಅಭಿಪ್ರಾಯು ದೊವ್ರೊನ್ಸುಘೆವ್ಚೆ ಅಸಾಧ್ಯ ಆಶ್ಶೀಲೆಂ.

ಏಕಕ ಕಡೇನ ರಾಯ್ಯಾಕಽಚಿ ದೇವು ಮ್ಹೋಣು ಸಕ್ಕಡ ಜಽನ ನಂಮ್ಹಗತಾ ಆಶ್ಶೀಲಿಂತಿ. ಖಂಚೇಯಿ ಏಕ ರಾಯ್ಯಾನ ಆಪ್ಪಽಣ ದೇವಾಕ ನಮ್ಹಽನಾ ಮ್ಹೋಣ್ಚೆಯಿ ಆಶ್ಶೀಲೆಂ. ಸ್ವಲ್ಪ ಕಡೇನ ರಾಯ್ಯಾಕ ಅಶ್ಶಿ ನಾಸ್ತಿಕ ಜಾವ್ಚಾಕ ಪ್ರಜೇಲೊ ವಿರೋಧು ಆಶ್ಶೀಲೊ. ಸ್ವಲ್ಪ ರಾಜ್ಯಾಂತು ರಾಯು ಸ್ವತಃ ಆಪ್ಣ್ಯಾಕ ದೇವು ಮ್ಹೋಣು ಸಾಂಗೂನುಘೆತ್ತಾಽಶ್ಶೀಲೊ.

ಸಾಮಾನ್ಯ ಜನಾಂಕ ದೇವಾಲೆ ವಿಷಯಾಂತು ಮಸ್ತ ಭೇಧುಭಾವು ನಾಶ್ಶಿಲೊ. ತಾಂಕಾ ಸಕ್ಕಡಾಂಕ ತಾಂಗೇಲೆ ಪೋಟ ಭೊರ್ಚೆಂಚಿ ಏಕು ಧರ್ಮು ಜಾವ್ನು ಆಶ್ಶೀಲೊ. ಖಂಚೆ ದೇವಾಕ ನಮ್ಹಲ್ಯಾರಿ ತಾಗ್ಗೆಲೆ ಪೋಟ ಬೋರುಂಕ ಅಡ್ಡಿನಾಆಶ್ಶೀಲಿಕಿ ತೋಚಿ ತಾಗ್ಗೇಲೊ ದೇವು ಜಾಲ್ಲೊಲೊ.

ಚಾರ್ವಾಕ, ಏಕು ಸೆಕ್ಯುಲರ್ ನಾಸ್ತಿಕ ವಿಚಾರು

ಚಡಾವತ ಜಽಣ ದೇವಾಕ ನಂಮ್ಹಗತಾಽಶ್ಶೀಲಿಂತಿ. ಕೆಲವು ಜಽಣ ನಮ್ಹನಾಂತಿಆಶ್ಶಿಲಿಂತಿ. ಚಾರ್ವಾಕ ಮ್ಹಳ್ಳೋಲೊ ಏಕು ನಾಸ್ತಿಕ ಪಂಡಿತು ಪ್ರಸಿದ್ಧ ಜಾಲ್ಲೊ. ಚಾರ್ವಾಕಾಲೊ ನಾಸ್ತಿಕ ವಿಚಾರು ಸ್ವಲ್ಪ ಕಡೇನ ಭಾರಿ ಪ್ರಬಲ ಜಾವ್ನು ಆಶ್ಶೀಲೊ. "ದೇವು ಆಸ್ಸ ಮ್ಹೋಣು ಮೋಸು ಪೊಚ್ಚೊನಾಕ್ಕಾತಿ," ಮ್ಹೋಣು ನಾಸ್ತಿಕ ಜಽಣ ಪ್ರಚಾರು ಕರ್ತಾಶ್ಶೀಲಿಂತಿ. ತೇಂಚಿ ತಾಂಗೇಲೆಂ ಶಿಕ್ವಣ. ತಾಂಗೆಲೊ ಉಪದೇಶು. ಅಸ್ಸಲೇ ಲೋಕಾಂಕ ನಾಸ್ತಿಕ ಸೆಕ್ಯೂಲರ್ ಪ್ರವೃತ್ತಿ ಚಽಡ ಜಾಲ್ಲಿ. ಹೇ ಚಾರ್ವಾಕ ವಿಚಾರಾಚೆ ನಾಸ್ತಿಕ ಲೋಕಾನಿ ದೇವಾಲಿ ಪೂಜಾ ಇತ್ಯಾದಿ ಖಂಡನೆ ಕೆಲ್ಲೆಂ. ಶಾಂತರೀತಿರಿ ಕೆಲ್ಲೆಂ. ನಾಸ್ತಿಕಾಂಕ ಆನಿ ಆಸ್ತಿಕಾಂಕ ಯುದ್ಧ ಜಾಯ್ನಿ. ಗಲಾಟೊ ಜಾಯ್ನಿ. ನಾಸ್ತಿಕ ಜನಾನಿ ದೇವಾಕ ನಂಮ್ಹಗತಲೆ ಇತರ ಲೋಕಾಂಕ ಮೋಸು ಕರ್ನಿ. ಅತ್ಯಾಚಾರು ಕರ್ನಿ. ಜಿವ್ವಿ ಮಾರ್ನಿ. ಜನಾನಿ ದೇವಾಕ ನಮ್ಹೂಚೆ ಏಕಯಿ ಸೊಡ್ಚೆ ತಾಂಗೇಲೆ ಸ್ವಂತ ವೈಯಕ್ತಿಕ ವಿಚಾರು ಮ್ಹೋಣು ಸ್ವಾತಂತ್ರ ದಿಲ್ಲೆಂ. ಸೆಕ್ಯುಲರಿಸಮ್ ಸಿದ್ಧಾಂತ ಚಾರ್ವಾಕ ಸಿದ್ಧಾಂತಾವರಿ ನ್ಹಽಯಿ. ಸೆಕ್ಯುಲರಿಸಮ್ ದೇವು ನಾ ಮ್ಹಣಾ.

ಚಾರ್ವಾಕ ಆನಿ ನಾಸ್ತಿಕ ವಿಚಾರು ಸಾಬ್ಬಾರ ದಿವಸು ಚಽಲ್ನಿ. ಮುಕಾರಿ ಶೆಂಭರಿ ದೊನ್ಶೆ ವರ್ಸ ಮಾಂತ್ರ ಚೋಲ್ಲು ನಂತರ ಬಲಹೀನ ಜಾಲ್ಲೊ. ಧಾರ್ಮಿಕ ವ್ಯವಸ್ಥಾ ಬಽಲಜಾಲ್ಲಿ. ಪ್ರತೀ ರಾಜ್ಯಾಂತು ಪ್ರಜೇಲೆ ಜೀವನಾಂತು ದೇವಾಲೊ ಆವಶ್ಯಕತೆ ಚಳ್ಳಿ. ತಾಂಗೇಲೆ ದೇವಾಕ ಕೋಣಯಿ ನಿಂದನೆ ಕೆಲ್ಯಾರಿ ತಾಂಕಾ ಸಹಿಸುಚಾ ಜಾಯ್ನಾಜಾಲ್ಲೆ. ಜನಾಂಕ ತಾಂಗೇಲೆ ದೇವಾಲೇನಾವಾರಿ ಪ್ರತೀಏಕ ಕಾರ್ಯ ಚೊಲೋಚೊ ಅಭ್ಯಾಸುಜಾಲ್ಲೊ.

ಸೆಕ್ಯುಲರಿಸಮ್ ಆನಿ ಜೀವನವೃತ್ತಿ

ಜೀವನವೃತ್ತಿ ಕೋರೂಂಕ ಜಾವ್ನಾಕಾಜಾಲ್ಲೇಲೆಂ ಶಿಕ್ಷಣ ಘರ್ಕಡೇಚಿ ದಿತ್ತಾಶ್ಶೀಲಿಂತಿ. ಘರಬಾಂದಪ, ಶೇತಉಗ್ಗೂಚೆ, ಭಾತಕಾಂಡೂಚೆ, ಅಶ್ವಪಾಲನ, ಪಶುಪಾಲನ ಪಶು ಸಂಗೋಪನ ವ್ಯವಸ್ಥಾ, ದೇವಸ್ಥಾನ, ರಾವ್ಹಾರ ಇತ್ಯಾದಿ ಬಾಂದಪ, ನ್ಹಂಯ್ಯಿಂತು ಆನಿ ತಳ್ಯಾಂತು ಉದ್ದಾಕ ವೊರೋಚೆ ಪ್ರಬಂಧ ಕೊರ್ಚೆ, ಗಂವು, ಭಾತ, ಧಾನ್ಯ, ಧವಸ ಬೇಳೇಂ ಬೇಳ್ಳೂಚೆ ಇತ್ಯಾದಿ ಸಕ್ಕಡ ಕಾಮ ಸೆಕ್ಯುಲರ್ ಪ್ರಾಪಂಚಿಕ ಮ್ಹೋಣು ಚಲ್ತಾಶ್ಶೀಲೆಂ. ಸಾಮಾನು ದೀವ್ನೆಘೆವ್ನೆ ಅದಲ್‌ಬದಲ್ ಕೊರ್ಚೆ ವ್ಯವಸ್ಥಾ ಆಶ್ಶೀಲಿ. ರಾಯ್ಯಾಕ ಆಯಕರ, ಉತ್ಪತ್ತಿಕರ, ಸರಕು ಆಮದು ಆನಿ ರಫ್ತು ಶುಲ್ಕ ದಿತ್ತಾಂಶ್ಶೀಲಿಂತಿ. ಹೇಂಚಿ ಸೆಕ್ಯುಲರ್ ವಿಭಾಗ ಜಾವ್ನಾಶ್ಶೀಲೆಂ.

ಅತಿವೃಷ್ಟಿ ಏಕಯೀ ಅನಾವೃಷ್ಟಿ ಜಾಲ್ಲೇಲೆ ತವಳಿ ಜನಾಂಕ ದೇವಾಲೊ ಉಡ್ಗಾಸು ಯೆತ್ತಾಶ್ಶೀಲೊ. ವಾರೆಂಪಾವ್ಸು ಆನಿ ಉವ್ವಾರು ಆಯ್ಲ್ಯಾರಿ ಏಕಯಿ ಚಂಡಮಾರುತ ಯೇವ್ನು ಘಂರದಾರ ನಾಶ ಜಾಲ್ಲೆಲೆ ವೇಳಾರಿ ದೇವಾಲೊ ಉಡ್ಗಾಸು ಯೆತ್ತಲೊ. ರೋಗರುಜಿನ, ಕ್ಷಯ ಕುಷ್ಟ ಮಹಾಮಾರಿ ಇತ್ಯಾದಿ ಆಯ್ಲ್ಯಾರಿಯಿ ದೇವಾಕ ಕೋಪು ಆಯ್ಲಾ ಮ್ಹೋಣು, ವಾಜ್ಜೀಲೆಶಿಕ್ಕೀಲೆ ಬುದ್ಧಿವಂತಾನಿ ಸಾಂಗ್ಚೆ ಸಾಮಾನ್ಯ ಜಾವ್ನು ಆಶ್ಶೀಲೆ.

ತೇ ವೇಳೇರಿ ವಿಂಗವಿಂಗಡ ದೇವಾಂಕ ಪೂಜಾ ಆನಿ ಯಾಗು ಯಜ್ಞ ಕೊರ್ಕಾ ಮ್ಹೋಣು ವಾಜ್ಜೀಲೆಶಿಕ್ಕೀಲೆ ಬುದ್ಧಿವಂತಲೋಕು ಜನಾಂಕ ಪ್ರೇರೇಪಣೆ ದಿತ್ತಾಲಿಂತಿ. ಜನಾಲೆ ಕಷ್ಟ ಅನೇಕ ಆಶ್ಶೀಲೆಂ. ಎಕ್ಕೇಕ ಕಷ್ಟಾಕ ಎಕ್ಕೇಕ ದೇವು ಕಾರಣ ಜಾವ್ನುಆಶ್ಶೀಲೊ. ಕಷ್ಟ ನಿವಾರಣೆ ಕೊರೂಂಕ ತೇಚಿ ದೇವಾಕ ಪೂಜಾ ಪ್ರಾರ್ಥನಾ ಕೊರ್ಚೆ ಸಾಮಾನ್ಯ ಜಾವ್ನಾಶ್ಶೀಲೆಂ.

ಪಾವ್ಸು ಯೇನಾ ಜಾಲ್ಯಾರಿ ಇಂದ್ರಾಕ ಆನಿ ಚಂಡಮಾರುತ ಆಯ್ಲ್ಯಾರಿ ವರುಣಾಂಕ ಹೋಮು ಹವನ ಆನಿ ಯಾಗು ಯಜ್ಞ ಕರ್ತಾಲಿಂತಿ. ಜೀವಮಾನ ಪರ್ಯಂತ ಏಕನ್ನಯಿಜಾಲ್ಲ್ಯಾರಿ ಏಕ ಕಷ್ಟ ಯೆತ್ತಾಶ್ಶೀಲಿಂತಿ ಜಾಲ್ಲೇಲೆ ನಿಮಿತ್ತ ಪ್ರತಿದೀಸ ದೇವಾಂಕ ಪೂಜಾ ಪ್ರಾರ್ಥನಾ ಕೊರ್ಚೆ ಅಗತ್ಯಜಾಲ್ಲೆಂ.

ಧಾರ್ಮಿಕ ಮನೋವೃತ್ತಿ ವಾಢ್ಢೀಲೆ ತಶ್ಶೀಂಚಿ ಪ್ರಾಪಂಚಿಕ ವಿಷಯು ಧರ್ಮಾಂತು ವಿಲೀನ ಜಾಲ್ಲೊ. ಪ್ರತೀ ಏಕ ಕಾಮ ಸೂರು ಕೊರ್ಚೆ ಘೂಡೆ, ಗಣಪತಿದೇವಾಕ ಪ್ರಾರ್ಥನೆ ಕೋರ್ನು ಸೂರು ಕೊರ್ಚೊ ಕ್ರಮು ಏಕು ಸರ್ವೇಸಾಮಾನ್ಯ ಕ್ರಮು ಜಾಲ್ಲೊ. ದೇವು ಆನಿ ಧರ್ಮು ಏಕ್ಕೂಚಿ ಜಾಲ್ಲೊ. ದೇವಾಲೆ ವಿನಃ ವಿಂಗಡ ಖಾಲಿ ಪ್ರಾಪಂಚಿಕ ಸೆಕ್ಯುಲರ್ ವ್ಯವಸ್ಥಾ ವಂರ್ನಿ. ಪ್ರಾಪಂಚಿಕ ವ್ಯವಸ್ಥೇಂತು ನಾಸ್ತಿಕ ಜಾವ್ನೆ, ದೇವು ನಾ ಮ್ಹೋಣ್ಚೆ ಆನಿ ದೇವಾಕ ಸೋಣು ಜೀವನ ಕೊರ್ಚೆ ಅಸಾಧ್ಯಜಾಲ್ಲೆಂ.

ಭಾರತವರ್ಷಾಂತು ರಾಜ್ಯ ಆನಿ ರಾಯ

ಆಮ್ಗೆಲೆ ಹೇಂ ಹಿಂದೂಸ್ಥಾನಾಂತು ಘೂಡೆಥೋರ್ನು ಅನೇಕ ರಾಜ್ಯ ಆಶ್ಶೀಲೀಂತಿ. ಪ್ರತೀ ರಾಜ್ಯಾಕ ಏಕು ರಾಯು ಆಶ್ಶೀಲೊ. ಹೇ ಜಂಬೂದ್ವೀಪಾಂತು ಅನೇಕ ಸಾನ ಸಾನ ವಿಭಾಗ ಆಶ್ಶೀಲೀಂತಿ. ಪ್ರತೀ ಏಕ ವಿಭಾಗಾಕ ಅಮ್ಕೇರಾಜ್ಯ ಮ್ಹೊಣು ನಾಂವಆಶ್ಶೀಲೆಂ. ಪ್ರತೀಏಕ ರಾಜ್ಯಾಕ ತಾಜ್ಜೇಂಚಿ ವಿಂಗಡ ನಾಂವ ಆಶ್ಶೀಲೆ. ಏಕ ರಾಯ್ಯಾನ ಆನಿಏಕ ರಾಯ್ಯಾವೈರಿ ಯುದ್ಧಕೊರ್ಚೆ ಸಾಮಾನ್ಯ ಜಾವ್ನುಆಶ್ಶೀಲೆಂ. ಏಕ ದೋನಿ ವರ್ಸಾಂತು ಏಕಪಟಿ ಪುಣಿ ಖಯ್ಯೀಂಪುಣಿ ಯುದ್ಧ ಜಾತ್ತಾಶ್ಶೀಲೆಂ. ಯುದ್ಧಾಂತು ಮೆಲ್ಲೇಲೆ ಯೋಧಾಕ ವೀರಗತಿ ಮೆಳ್ತಾಮ್ಹೊಣು ನಂಮ್ಗತಾಆಶ್ಶೀಲೀಂತಿ.

ವೇದ ಆನಿ ಉಪನಿಷದ್ ಶಾಸ್ತ್ರ ಪ್ರತೀ ಏಕ ರಾಯ್ಯಾಂಕ ಆನಿ ಸಕ್ಕಡ ಜನಾಂಕ ಮಾರ್ಗದರ್ಶನ ಕರ್ತಾಃಶ್ಶೀಲೀಂತಿ. ಹೇಂನಂತಾ ಬ್ರಾಹ್ಮಣಗ್ರಂಥ ಆನಿ ಅರಣ್ಯಕಶಾಸ್ತ್ರ ಜನಾಂಕ ಮಾರ್ಗದರ್ಶಕ ಜಾವ್ನುಆಶ್ಶೀಲೀಂತಿ. ನಂತರ ಪುರಾಣ, ರಾಮಾಯಣ ಆನಿ ಮಹಾಭಾರತ ಗ್ರಂಥ ಜನಾಂಕ ಮಾರ್ಗದರ್ಶನ ಕರ್ತಾಃಶ್ಶೀಲೀಂತಿ.

ದೇವಾಕ ಅನೇಕ ನಾಂವ್ವ ಆಶ್ಶೀಲೀಂತಿ. ಇಂದ್ರು, ವರುಣು, ಅಗ್ನಿ, ಸೋಮು, ಸೂರ್ಯು, ಬ್ರಹ್ಮ, ವಿಷ್ಣು ಮಹೇಶ್ವರು, ಗಣಪತಿ ಇತ್ಯಾದಿ. ಪಾರ್ವತಿ, ಲಕ್ಷ್ಮೀ, ಶಾರದಾ, ದುರ್ಗಾ, ಕಾಳಿ, ಭೈರವಿ ಇತ್ಯಾದಿ ನಾವ್ವಾಚೆ ಅನೇಕ ದೇವೀಂಕ ಆರಾಧನಾ ಕರ್ತಾಲೀಂತಿ. ದೇವು ಏಕಯಿ ದೇವಿ ಜಗತ್‌ಪಾಲಕು ಮ್ಹೊಣು ಸಾಂಗ್ತಾಃಶ್ಶೀಲೀಂತಿ. ಜನಾಲೆ ಪ್ರತೀ ಏಕ ಕಾಮಾಂತು ಕ್ರಿಯೇಂತು ದೇವಾಕ ಸೋಣು ವಿಚಾರು ಯೇನಾ ಆಶ್ಶೀಲೊ. ಹೋ ಸಂಸಾರು ದೇವಾಲೆ ಶಿವಾಯಿ ಚಃಲ್ನಾ ಮ್ಹೊಣು ಸಕ್ಕಡ ಜಃಣ ನಮ್ಗತಾ ಆಶ್ಶೀಲೀಂತಿ.

ತೇ ವೇಳೇರಿ ವಿಂಗವಿಂಗಡ ದೇವಾಂಕ ಪೂಜಾ ಆನಿ ಯಾಗು ಯಜ್ಞು ಕೊರ್ಕಾ ಮ್ಹೊಣು ವಾಜ್ಜೀಲೆಶಿಕ್ಕೀಲೆ ಬುದ್ಧಿವಂತಲೋಕು ಜನಾಂಕ ಪ್ರೇರೇಪಣೆ ದಿತ್ತಾಲೀಂತಿ. ಜನಾಲೆ ಕಷ್ಟ ಅನೇಕ ಆಶ್ಶೀಲೆಂ. ಎಕ್ಕೇಕ ಕಷ್ಟಾಕ ಎಕ್ಕೇಕ ದೇವು ಕಾರಣ ಜಾವ್ನುಆಶ್ಶೀಲೊ. ಕಷ್ಟ ನಿವಾರಣೆ ಕೊರೂಂಕ ತೇಚಿ ದೇವಾಕ ಪೂಜಾ ಪ್ರಾರ್ಥನಾ ಕೊರ್ಚೆ ಸಾಮಾನ್ಯ ಜಾವ್ನಾಶ್ಶೀಲೆಂ.

ಭಾರತೀಯ ಪ್ರಾಚೀನ ಚರಿತ್ರೆಂತು ದೇಶಾಡಳಿತ ವ್ಯವಸ್ಥಾ

ಭಾರತಾಂತು ಅತೀ ಪ್ರಾಚೀನ ದೇಶಾಡಳಿತಾಚಿ ವ್ಯವಸ್ಥಾ ಅಥರ್ವ ವೇದಾಂತು, ಶುಕ್ರ ನೀತಿ, ಮಹಾಭಾರತ ಆನಿ ಮನುಸ್ಮೃತಿಂತು ದಿಲ್ಲಾಂ. ಹೇ ವಿವಿಧ ಗ್ರಂಥಾಂತು ದಿಲ್ಲೇಲಿ ವರ್ಣನೆ ಸ್ವಾಮೀ ದಯಾನಂದ ಸರಸ್ವತೀನ ತಾಂಗೆಲೆ 'ಸತ್ಯಾರ್ಥ ಪ್ರಕಾಶ' ಪುಸ್ತಕಾಂತು ದಿಲ್ಲಾಂ. ತಾನ್ನಿ ದಿಲ್ಲೊಲೊ ವಿಷಯು ಸಂಕ್ಷಿಪ್ತ ಜಾವ್ನು ಹಾಂವ ಹಾಂಗಾ ದಿತ್ತಾಂ. ಹೀ ಪದ್ಧತಿ ಆರ್ಯ ಲೋಕಾಂಕ ಮ್ಹೊಣು ಸಾಂಗೂನು ತಯ್ಯಾರ ಕೆಲ್ಲೇಲಿ ಪದ್ಧತಿ. ಕ್ರಮೇಣ ಪ್ರತಿ ಏಕ ರಾಯ್ಯಾನ ಹೀ ಪದ್ಧತಿ ಒಪ್ಪುವೂನು ಘೆಲ್ಲಿ. ಹೀಚಿ ಪದ್ಧತಿ ಪ್ರತಿ ಏಕ ರಾಜ್ಯಾಂತು ತಾಂಗೇಲೆ ಆಡಳಿತವ್ಯವಸ್ಥೇಂತು ಲಾಗು ಕೆಲ್ಲಿ. ಆಮ್ಗೇಲೆ

ದೇಶಾಂತು ಸಕ್ಕಡ ಕಡೇನ ಆನಿ ಸಕ್ಕಡ ಜನಾಂಗಾಂತು ಹೀಚಿ ಪದ್ಧತಿ ಚಾಲು ಜಾಲ್ಲಿ. ಸಮಗ್ರ ಉತ್ತರ ಭಾರತಾಂತು ಸುರುವೇಕ ಚಾಲು ಜಾಲ್ಲಿ. ಕ್ರಮೇಣ ದಕ್ಷಿಣ ಭಾರತಾಂತೂಯಿ ಅನುಷ್ಠಾನಾಂಕ ಆಯ್ಲಿ. ಸನಾತನ ಧರ್ಮಾಂಚೆ ಸಕ್ಕಡ ರಾಯ್ಯಾನಿ ಹೀ ಪದ್ಧತಿ ಸಗ್ಳೇ ಭಾರತ ವರ್ಷಾಂತು ಲಾಗು ಕೆಲ್ಲಿ.

ಹೇ ಪದ್ಧತೀಚೆ ಪ್ರಕಾರ ಏಕ ದೇಶಾಕ ಏಕು ರಾಯು ಆಸ್ತಾ. ಹೇ ರಾಯ್ಯಾಕ ಆಪ್ಪಣ ರಾಯು ಜಾವ್ಚಾಕ ಅನೇಕ ರೀತೀರಿ ಯೋಗು ಯೆತ್ತಾ. ತಾಂತು ಏಕಿ ರೀತಿ ಯುದ್ಧಾಂತು ಜಿಂಕೂನು ಮೆಳ್ಳೊ ಯೋಗು. ಆನ್ನೇಕ ರೀತಿ ತೇ ದೇಶಾಚೆ ರಾಜಸಭೇಚೆ ಸದಸ್ಯಾನಿ, ವಿಂಗವಿಂಗಡ ಮುಖಂಡಾನಿ ಆನಿ ಪ್ರಭಾವೀ ಪ್ರಜೇನ ಒಪ್ಪಿಗಾ ದೀವ್ನು ವೆಂಚೂನು ರಾಯು ಮ್ಹೋಣು ಸಿಂಹಾಸನಾರಿ ಬೋಸೋಚೊ ಯೋಗು. ಅಶ್ಶಿ ವೆಂಚೂನು ಆಯ್ಯಿಲೊ ರಾಯು ಪ್ರಶಂಸನೀಯ ಗುಣಕರ್ಮಸ್ವಭಾವಾಚೊ ಜಾವ್ಕಾ ಮ್ಹೋಣು ನಿಯಮು ಆಸ್ಸ.

ಪ್ರತೀ ಏಕ ರಾಯ್ಯಾನ ಆಪ್ಪಃಣ ರಾಜಧರ್ಮ ಪಾಲನ ಕರ್ತಾಂ ಮ್ಹೋಣು ಸಂಕಲ್ಪ ಕೋರ್ಕಾ ಆಶ್ಶೀಲೆಂ. ರಾಯು ಕೆದ್ನಾಯಿ ಪಕ್ಷಪಾತರಹಿತು, ಪೂರ್ಣವಿದ್ವಾನ್, ವಿನಯಯುಕ್ತ, ಸರ್ವಾಲೊ ಮಿತ್ರು ಜಾವ್ನು ಆಸ್ಸೂಕಾ ಮ್ಹೋಣು ಹಾರೈಸಿತಾಲೀಂತಿ. ಅಜ್ಞಾನಿ ಲೋಕು ಕಿತ್ಲೋಯಿ ಜಾವ್ನೊ, ಹಜ್ಞಾರ ಕಟ್ಲ್ಯಾನಿ, ಲಕ್ಷಕಟ್ಲ್ಯಾನಿ ಏಕಯಿ ಕೋಟಿಕಟ್ಲ್ಯಾನಿ ಜನಾನಿ ಜಾಲ್ಯಾರಿ ಖಂಚೀಯಿ ಏಕಿ ವಾಯ್ಟ ವ್ಯವಸ್ಥೆ ಕೆಲ್ಯಾರಿ ತೀ ವ್ಯವಸ್ಥಾ ಸಭೇಚೆ ಸದಸ್ಯಾನಿ ಲಾಗು ಕೊರೂಂಕ ಒಪ್ಪವೂಂಕ ನಜ್ಜ ಮ್ಹೋಣು ನಿಯಮು ಆಶ್ಶೀಲೊ.

ವಿದ್ವಾಂಸಾನಿ ಬುದ್ಧಿವಂತಾನಿ ಪಕ್ಷಪಾತ ಕರ್ನಾನಾತ್ತಿಲೆ ನಿಸ್ವಾರ್ಥಿ ಸಭಾಸದಾನಿ ಕೆಲ್ಲೇಲಿ ವ್ಯವಸ್ಥಾ ಮಾಂತ್ರ ರಾಯ್ಯಾನ ತಾಗ್ಗೇಲೆ ಆಡಳಿತಾಕ ವಾಪರೂಂಕ ಒಪ್ಪವೂಕಾ ಆಶ್ಶೀಲೆಂ.

ಅತೀ ಪ್ರಾಚೀನ ಭಾರತೀಯ ದೇಶಾಡಳಿತಾಚಿ ವ್ಯವಸ್ಥೇಚೆ ಪ್ರಕಾರ ರಾಯ್ಯಾಲೆಂ ಸಿಂಹಾಸನಾರೋಹಣ ಜಾಲ್ಲೆ ಮಾಗ್ಗಿರಿ ತಾಣೆ ಆಪ್ಣ್ಯಾಲೆ ರಾಜ್ಯಾಚೆ ಆಡಳಿತ ವ್ಯವಸ್ಥೇಕ ಉಣೇ ಮ್ಹಳ್ಯಾರಿ ತೀನಿ ಸಃಭೆ ಸಿದ್ಧ ಕೋರ್ಕಾ ಆಶ್ಶೀಲೆಂ. ವಿದ್ಯಾಸಭಾ, ಧರ್ಮಸಭಾ ಆನಿ ರಾಜಸಭಾ ಮ್ಹೋಣು ಹೇ ತೀನಿ ಸಭೇಂಚೆ ನಾಂವ ಆಶ್ಶೀಲೆಂ. ತಿನ್ನೀಂಕಯಿ ಚಃಡ ಸಃಭೆ ಆಸ್ಸೂಕಾ ಮ್ಹೋಣು ಜಾಲ್ಯಾರಿ ಕಿತ್ಲೀಜಾಯಿತಿತ್ಲೀ ಕೋರ್ನು ಘೇವ್ಯೇತ ಆಶ್ಶೀಲೆಂ. ಪ್ರತೀ ಸಭೇಂತು ಉಣೇ ಮ್ಹಳ್ಯಾರಿ ಧಾ (10) ಜಃಣ ಸದಸ್ಯ ಆಸ್ಸೂಕಾತೀಚಿ.

ಹೇ ಸಭೇಚೆ ಸದಸ್ಯ (ಸಭಾಸದ) ಸಕ್ಕಡ ತೇ ಪ್ರದೇಶಾಚೆ ಪ್ರಜೇಂತು ತಾಕ್ಕೂನು ವೆಂಚುನು ಆಯ್ಯಿಲೆ ವರಿಷ್ಠ ಜಃಣ ಜಾವ್ನು ಆಸ್ಸೂಕಾ ಆಶ್ಶೀಲೆಂ. ಸಭಾಸದಾಂಕ ವೆಂಚೂಂಕ ಅದೃಷ್ಟ ಮತದಾನ ವ್ಯವಸ್ಥೆ ಕೋರ್ಕಾ. ಸಭಾಸದ ಜಾವ್ಚಾಕ ಯೋಗ್ಯ ಆಶ್ಶೀಲೇಚಿ ವಿದ್ವಾಂಸ, ಸುಶಿಕ್ಷಿತ, ನ್ಯಾಯವಾದಿ ಇತ್ಯಾದಿ ಚಾಂಗ ಗುಣಾಂಚೆ ಜನಾಂಕ ವೆಂಚೂಕಾ. ಅಶ್ಶಿ ವೆಂಚುನು ಆಯ್ಯಿಲೆ ಸಭಾಸದಾನಿ ತಾಂಗೆಲೆ ಪೈಕಿ ಎಕ್ಕ್ಯಾಕ ಮುಖ್ಯ ಸಭಾಸದು ಮ್ಹೋಣು ವೆಂಚೂನು ಘೇವ್ಕಾ ಆಶ್ಶೀಲೆಂ.

ಹೇ ಪದ್ಧತೀಚೊ ಅಭಿಪ್ರಾಯು ಕಸ್ಸಲೊ ಮ್ಹಳ್ಯಾರಿ ಎಕ್ಕಽ ಮನುಷ್ಯಾಕ ಘೂರಾ ಅಧಿಕಾರು ದಿವ್ಚಾಕ ನಜ್ಜ ಮ್ಹೊಣು. ಅಶ್ಶಿ ಪ್ರಜೇಚೊ ಅಧೀನು ರಾಯು ಆನಿ ರಾಯ್ಯಾಲೆ ಅಧೀನ ರಾಜಸಭಾ ಜಾವ್ನು ಆಸ್ತಾತಿ. ರಾಜಸಭಾ ಪ್ರಜೇಚೆ ಅಧೀನ ಜಾವ್ನು ಆಸ್ತಾ.

ಅತೀ ಪ್ರಾಚೀನ ಭಾರತೀಯ ದೇಶಾಡಳಿತಾಚಿ ವ್ಯವಸ್ಥೇಚೆ ಪ್ರಕಾರ ರಾಯ್ಯಾನ ಕೆಲವು ಜನಾಂಕ ಮಂತ್ರಿ ಮ್ಹೊಣು ನಿಯುಕ್ತ ಕೋರ್ಕಾ ಆಶ್ಶೀಲೆಂ. ಪ್ರತಿ ಗ್ರಾಮಾಂತು ಏಕ ಗ್ರಾಮ ಪಂಚಾಯತ ಆಸ್ಸೂಕಾ. ಪಂಚ ಲೋಕಾಂಕ ಏಕು ಸರಪಂಚು ಆಸ್ಸೂಕಾ ಆಶ್ಶೀಲೊ. ಧಾ (10) ಗ್ರಾಮಾಂಕ ಏಕ ಗ್ರಾಮಸಭಾ ಆಸ್ಸೂಕಾ. ಪ್ರತೀ ಗ್ರಾಮಸಭಾಕ ಏಕು ಸಭಾಧ್ಯಕ್ಷು ಆಸ್ಸೂಕಾ. ಧಾ (10) ಗ್ರಾಮಸಭೇಕ ಏಕ ಹೋಬಳಿ, ಧಾ ಹೋಬಳೀಂಕ ಏಕ ತಾಲೂಕು ಮ್ಹೊಣು ಕೋರ್ಕಾ.

ಧಾ (10) ತಾಲೂಕು ಮೇಳ್ನು ಏಕ ಜಿಲ್ಲೆ ಜಾತ್ತಾ. ಪ್ರತೀ ತಾಲೂಕಾಕ ಏಕಿ ತಾಲೂಕ ಸಭಾ ಆನಿ ಪ್ರತೀ ಜಿಲ್ಲೇಕ ಏಕಿ ಜಿಲ್ಲಾಸಭಾ ಆಸ್ಸೂಕಾ. ಸಾಧ್ಯ ಜಾಲ್ಲೇಲೆ ತಿತ್ಲೆಂ ಚಾಂಗ ಜನಾಂಕ ಪಂಚ, ಸರಪಂಚ, ಸಭಾಧ್ಯಕ್ಷ ಇತ್ಯಾದಿ ಹುದ್ದೇಕ ನೇಮಿಸೂಕಾ.

ಪವಿತ್ರಾತ್ಮು, ಬುದ್ಧಿಶಾಲಿ, ನಿಶ್ಚಿತಬುದ್ಧಿ, ಪದಾರ್ಥ ಸಂಗ್ರಹ ಕೊರ್ಚ್ಯಾಂತು ಚತುರು ಆನಿ ಸುಪರೀಕ್ಷಿತ ಜನಾಂಕ ಮಂತ್ರಿಪದವಿ ಆನಿ ಇತರ ಪದವಿ ರಾಜ್ಯಸಭೇನ ದೀವ್ಕಾ ಆಶ್ಶೀಲೆಂ. ಹಾಂತು ಮೋಸು ಕರ್ತಾಲೆ ಲೋಕಾಂಕ ದಂಡ ದೀವ್ನು ಬುದ್ಧಿ ಶಿಕೋಕಾ ಆಶ್ಶೀಲೆಂ.

'ಸತ್ಯಾರ್ಥ ಪ್ರಕಾಶ' ಪುಸ್ತಕಾಂತು ಸ್ವಾಮೀ ದಯಾನಂದ ಸರಸ್ವತೀನ ಬರಯಿಲೆ ಪ್ರಕಾರ ಪ್ರತೀ ಗ್ರಾಮಾಂತು ರಾಜಾಡಳಿತಾ ಖಾತಿರ ಏಕ ದೋನಿ ಭವನ ಬಾಂದೂಕಾ. ಗ್ರಾಮಸಭೇಕ ವಿಂಗಡ ಭವನ ಆಸ್ಸೂಕಾ. ಹೋಬಳಿಚೆ ಆಡಳಿತಾಕ ವಿಂಗಡ ಭವನ, ತಾಲ್ಲೂಕಾಚೆ ಸಭೇಕ ಭವನ, ಜಿಲ್ಲೇಚೆ ವಿಂಗಡ ಭವನ ಇತ್ಯಾದಿ ಜನಾನಿ ಮೇಳ್ನು ಚರ್ಚೆ, ಮಂತ್ರಾಲೋಚನೆ ಇತ್ಯಾದಿ ಕೊರೂಂಕ ಜಾಯಿತಿತ್ಲೊ ಜಾಗೊ ದಿವ್ಚೆಖಾತಿರ ಭವನ ಬಾಂದೂನು ಘೇವ್ಕಾ. ನ್ಯಾಯಗ್ರಹ ಬಾಂದೂಕಾ. ನ್ಯಾಯವಾದಿ ಆನಿ ನ್ಯಾಯಾಧೀಶಾಂಕ ಶಿಕ್ಷಣ ದೀವ್ನು, ತರಬೇತಿ ದೀವ್ನು ತಾಂಗೇಲೆ ಕಾಮ ನ್ಯಾಯ ಪ್ರಕಾರ ಜಾವ್ಚಾಕ ಸಕ್ಕಡ ಸವಲತ್ತು ತಾಂಕಾ ಮೆಳ್ಚೆತಶ್ಶಿ ಕೋರ್ಕಾ. ಖಂಖಯಿ ಜಾಯಿಕೀ ಥಂಥಯಿ ನ್ಯಾಯನಿಲಯ ಸ್ಥಾಪನೆ ಕೋರ್ಕಾ. ಸೈನ್ಯಾಂಕ ವಾಸ ಕೋರೂಂಕ ಜಾಯಿಜಾಲ್ಲೇಲೆ ವಿಶೇಷ ವ್ಯವಸ್ಥೆ ಕೋರ್ಕಾ. ತಾಂಕಾಂಚಿ ಮ್ಹೊಣು ಏಕ ಪಾಂಯಿಶಿಂ (500) ಏಕರೆ ವಿಸ್ತೀರ್ಣ ಜಾಗೊ ಸಮತಟ್ಟು ಕೋರ್ನು ತಾಂತು ಜಾಯಿಜಾಲ್ಲೆಲೆ ತಿತ್ಲೆ ಭವನಂ ಬಾಂದೋಕಾ.

ವ್ಹಾರ್ಡಿಕ ಜಾಲ್ಲೇಲೆ ಸೈನಿಕ ಅಧಿಕಾರೀಂಕ ರಾಬ್ಬೊಂಕ ಘಽರ ಬಾಂದೋನು ದೀವ್ಕಾ.

ಸೈನಿಕಾಂಕ ಶಿಬಿರ ಬಾಂದೋನು ದೀವ್ಕಾ. ತಾಂಗೇಲೆ ಶಸ್ತ್ರಾಸ್ತ್ರ ದೊವ್ವೋರ್ಚ್ಯಾಕ ಆಯುಧಶಾಲಾ ಬಾಂದೋಕಾ. ಕುಸ್ತಿ, ವ್ಯಾಯಾಮು ಇತ್ಯಾದಿ

ಕೊರೂಂಕ ತಾಂಕಾ ತರಬೇತಿ ದಿವ್ಚಾಕ ವಿವಿಧ ಸವಲತ್ತು ಕೋರ್ನು ದೀವ್ಕಾ ಮ್ಹೋಣು ಬರಯಿಲಾ.

ಜನಾಂಕ ಶಿಕ್ಷಣ ದಿವ್ಚೆಖಾತಿರ ಪ್ರತಿ ಗ್ರಾಮಾಂತು ಶಿಕ್ಷಕಾಕ ರಾಬ್ಬೊಂಕ ಜಾಗೊ ದಿವ್ಚೆ ಪ್ರಯತ್ನ ಕೋರ್ಕಾ. ತಾಂಕಾ ಘಃರ ಬಾಂದೋನು ದೀವ್ಕಾ. ಜನಾಂಕ ಸಂಗೀತ, ನೃತ್ಯ, ಇತ್ಯಾದಿ ಕಃಲೆ ಶಿಕ್ಕೊಂಕ ಆನಿ ಶಿಕೋಚಾಕ ವ್ಯವಸ್ಥೆ ಕೋರ್ಕಾ. ವಯೋವೃದ್ಧಾಂಕ ಆರ್ಥಿಕ ಸಹಾಯು, ಪರಿಪೂರ್ಣ ಆಹಾರು ಇತ್ಯಾದಿ ಮೇಳೋನು ದೀವ್ಕಾ ಮ್ಹೋಣು ಬರಯಿಲಾ.

ರಾಯ್ಯಾನ ತಾಗ್ಗೇಲೆ ಪ್ರಜೇಲಾಗ್ಗಿ ತೆರಿಗೆ ವಸೂಲಿ ಕೋರ್ಕಾ. ತೆರಿಗೆ ಕಿತ್ಲೀ ಮ್ಹೋಣು ನ್ಯಾಯಯುತ ಜಾವ್ನು ರಾಜಸಭೇನ ನಿರ್ಣಯ ಕೋರ್ಕಾ. ಸಭೇನ ನಿರ್ಣಯ ಕೆಲ್ಲೇಲಿ ಕಃರ ರಾಯ್ಯಾನ ವಸೂಲಿ ಕೋರ್ಕಾ. ತೆರಿಗೆ ಕಿತ್ಲೀ ಮ್ಹೋಣು ರಾಯ್ಯಾನ ನಿರ್ಣಯ ಕೋರೂಂಕ ನಜ್ಜ. ಜಾಲ್ಲೆ ತಿತ್ಲೆ ಸುಲಭ ರೀತೀರಿ ಆನಿ ಜನಾಂಕ ಹಿಂಸೆಜಾಯ್ನಾತಶ್ಶೀ ತೆರಿಗೆ ವಸೂಲಿ ಕೋರ್ಕಾ.

ಜನಾಲೊ ವ್ಯವಹಾರು ಆನಿ ತಾಂಗೇಲೆ ಸುಃಕ ದೊನ್ನೀಯಿ ವಿಚ್ಛೇಧ ಜಾಯ್ನಾ ತಶ್ಶಿ ತೆರಿಗೆಚೆ ನಿರ್ಣಯ ಕೋರ್ನು ವಸೂಲಿ ಕೋರ್ಕಾ. ದುಷ್ಟ ಲೋಕಾಂಕ ತೀಕ್ಷ್ಣ ರೀತೀರಿ ಬುದ್ಧಿ ಶಿಕೋಕಾ ಆನಿ ಶಿಷ್ಟ ಲೋಕಾಂಕ ಕೋಮಲ ರೀತೀರಿ ಪೊಳೋನು ಘೇವ್ಕಾ ಮ್ಹೋಣು ಬರಯಿಲಾ.

ಪ್ರತೀ ಘರಾಂತುಲೊ ಏಕು ಯುವಕು ಸೈನ್ಯಾಂತು ಮೆಳ್ಚೆ ತಶ್ಶಿ ವ್ಯವಸ್ಥೆ ಕೋರ್ಕಾ. ಕೆದ್ನಾಯಿ ಯುದ್ಧ ಜಾವ್ಚಾ ಘಾವ ಆಸ್ಸ ಜಾಲ್ಲೇಲೆ ನಿಮಿತ್ತ ರಾಯ್ಯಾನ ಯುದ್ಧ ಕೊರೂಂಕ ಜಾಯಿ ಜಾಲ್ಲೇಲೆ ತಿತ್ಲೆ ಸೈನ್ಯ ಸದಾ ಸಿದ್ಧ ಆಸ್ಚೆತಶ್ಶಿ ಪೊಳೋಕಾ. ಸೈನ್ಯಾಕ ನವ್ವೇ ನವ್ವೇ ಶಸ್ತ್ರಾಸ್ತ್ರ ಉಪಲಬ್ಧ ಕೋರ್ನು ದೀವ್ಕಾ. ಪ್ರತೀ ದಿವಸು ಸೈನ್ಯಾನ ಯುದ್ಧ ಕೊರೂಂಕ ಸನ್ನದ್ಧ ಜಾವ್ನು ಆಸ್ಸೊಕಾ.

ಕೆದ್ನಾಜಾಲ್ಯಾರಿ ಲೆಕ್ಕನಾತ್ತಿಲೆ ವೇಳೇರಿ ಯುದ್ಧ ಜಾವ್ಚಾಪೂರೊ ಮ್ಹೋಣು ಮನಾಂತುದೊವ್ರೋರ್ನು ರಾಯ್ಯಾಲೆ ಸೈನ್ಯಾನ ಯುದ್ಧಾಕ ಸದಾ ಸನ್ನದ್ಧ ಜಾವ್ನು ಆಸ್ಸೊಕಾ.

ಜೈನ ಆನಿ ಭೌಧ ಧರ್ಮ

ಹೇಚಿ ವೇಳಾರಿ ಕ್ರಿ. ಪೂ. 540 ಇಸ್ವೇಂತು ವರ್ಧಮಾನ ಮ್ಹಳ್ಳೇಲೆ ಏಕ ಯುವರಾಯ್ಯಾನ ವೈಶಾಲಿ ಮ್ಹಳ್ಳೇಲೆ ಗಾಂವಾಂತು ನವೋಚಿ ಏಕು ಧರ್ಮು ಸ್ಥಾಪನಕೆಲ್ಲೊ. ವರ್ಧಮಾನಾನ ಪಾರ್ಶ್ವನಾಥ ಮ್ಹಳ್ಳೇಲೆ ಏಕ ಋಷೀಲೊ ವಿಚಾರು ಸ್ವೀಕಾರಕೆಲ್ಲೊ. ಹೇ ಧರ್ಮಾಂತು ದೇವಾಲೊ ವಿಚಾರು ಯೇನಾ. ಹೋ ಧರ್ಮು ಏಕರೀತೀರಿ ನಾಸ್ತಿಕ ಧರ್ಮು. ಮನುಷ್ಯಾನ ಚಾಂಗ ರೀತೀರಿ ಚೋಲ್ಕಾಮ್ಹೋಣು ಜೈನಧರ್ಮಾಂಚೊ ಮರ್ಮು. ಮನುಷ್ಯಾನ ದೇವಾಲೆಲಾಗ್ಗಿ ಕಾಂಯೀ ಮಾಗ್ಗೊಕಾ ಮ್ಹೋಣು ನಾ.

ಪಾರ್ಶ್ವನಾಥಾಲೆ ವಿಚಾರಾಚೆ ಪ್ರಕಾರ ಋಷೀನ ಆನಿ ಮುನೀನ ನಾಗ್ಡೇ ಭೋಂವ್ಕಾ. ಖಂಚೇಯಿ ವಸ್ತ್ರ ನೆಸ್ಸೊಂಕನಜ್ಜ. ಆಮ್ಮಿ ವಸ್ತ್ರ ನ್ಹೆಸ್ಸೊನು ಆಮ್ಗೆಲಿ ಲಜ್ಜಿ ಮುಚ್ಚೂನು ಘೆತ್ತಾತಿ. ವ್ಹಯಿ ಕಿ ನ್ಹಯಿ? ವಸ್ತ್ರ ನ್ಹೆಸ್ಸಃನಿಜಾಲ್ಯಾರಿ

ಲಜ್ಜಿಯೆತ್ತಾ. ದಾರ್ಲೆಮನುಷ್ಯಾಕ ಆಪ್ಣ್ಯಾಲೆ ಕಾಮವಾಸನಾ ನಿಪ್ಪೋನು ದೊವ್ರೊರೂಂಕ ವಸ್ತ್ರ ಉಪಯೋಗು ಜಾತ್ತಾ. ವಸ್ತ್ರ ನ್ಹೆಶ್ಶೀಲೆ ಖಂಚೇಯಿ ಮನುಷ್ಯಾಲಿ ಕಾಮವಾಸನಾ ಉಠಾಯಿಲ್ಯಾಕಿ ನಾಮ್ಹೋಣು ಇತರಾಂಕ ದಿಸ್ಸಃನಾ. ಉಠಾಯಿಲಿ ಜಾಲ್ಯಾರಿ ತೀ ದಿಸ್ಸನಾ. ಮುಚ್ಚೂನು ದೊವ್ರೋರುಂಕ ಜಾತ್ತಾ. ವಸ್ತ್ರಾಚೆ ಮಾಕ್ಷೀ ಕಾಮವಾಸನಾ ನಿಪ್ಪೋನು ದೊವ್ರೋರ್ಯೆತ. ವಸ್ತ್ರ ನ್ಹೆಸ್ಸನಾತ್ತಿಲೊ ತೊ ಕೋಣ ಕಾಮವಾಸನೇಂತು ಪಃಣಾಂಕಿ ತೋಚಿ ವಿರಕ್ತು ಆನಿ ಪ್ರಾಮಾಣಿಕ ವೈರಾಗಿ ಮ್ಹೋಣು ಸಿದ್ಧ ಜಾಲ್ಲೆಂ.

ವೈರಾಗಿ ಲೋಕಾಂಪೈಕಿ ವಸ್ತ್ರ ನ್ಹೆಸ್ಸನಾತ್ತಿಲ್ಯಾಂಕ "ಜಿನ" ಮ್ಹಣ್ತಾತಿ. "ಜಿನ" ಲೋಕಾಲೊ ಧರ್ಮು ಜೈನಧರ್ಮು ಜಾಲ್ಲೊ. ಮಹಾವೀರಾನಯಿ ವಸ್ತ್ರ ನ್ಹೆಸ್ಸಃನಿ. ಕ್ರಿ. ಪೂ. 540 ಇಸ್ವೇಂತು ಆತ್ತಂಚೆ ಬಿಹಾರ ರಾಜ್ಯಾಂತು ಮಗಧ, ಆಂಗ, ಮಿಥಿಲಾ ಆನಿ ಕೋಸಲ ಮ್ಹೋಣು ಚಾರಿ ರಾಜ್ಯ ಆಶ್ಶೀಲೀಂತಿ, ಹೇಪ್ರದೇಶಾಂತು ಮಹಾವೀರು ಸಂಪೂರ್ಣ ನಾಗ್ಡೊಜಾವ್ನು ಭೋಂವ್ತಲೊ.

ಕಡೇರಿ ಬಾಹುಬಲಿ ಮ್ಹಳ್ಳೇಲೆ ಏಕ ರಾಯ್ಯಾ ಪುತ್ತಾನ ಜೈನ ಧರ್ಮು ಸ್ವೀಕಾರು ಕೋರ್ನು ತೋ "ಜಿನ" ಜಾಲ್ಲೊ. ಜೈನ ಮುನಿ ಜಾಲ್ಲೊ. ತೊ ನಾಗ್ಡೊ ಜಾಲ್ಲೊ. ನಾಗ್ಡೆ ಬಾಹುಬಲೀನ ತಪಸ್ಯ ಸೂರುಕೆಲ್ಲೆಂ. ಬಾಹುಬಲೀಕ ಗೋಮಟೇಶ್ವರು ಮ್ಹೋಣು ನಾಂವ ಆಯ್ಲೆ. ಗೊಮ್ಮಟ ಶಿಲಾಕೃತಿ ಶ್ರವಣಬೆಳಗೊಳಾಂತು, ಕಾರ್ಕಳಾಂತು ಆನಿ ವೇಣೂರಾಂತು ಸ್ಥಾಪನ ಕೆಲ್ಲ್ಯಾ. ಅನೇಕ ವಿಂಗಡ ಜಾಗ್ಯಾರೀಯಿ ಗುಮ್ಮಟಾಲಿ ಶಿಲಾಕೃತಿ ಸ್ಥಾಪನೆ ಕೆಲ್ಲ್ಯಾ.

ಜೈನ ಧರ್ಮಾಂಚೆ ಸ್ಥಾಪನೆ ಜಾಲ್ಲೆಲೆ ಥೋಡೇ ದಿವಸಾನಿ ಸಿದ್ಧಾರ್ಥ ಮ್ಹಳ್ಳೆಲೆ ರಾಯ್ಯಾಪುತ್ತಾನ ವಿಂಗಡಏಕು ನವೋಚಿ ಧರ್ಮು ಸ್ಥಾಪನೆಕೆಲ್ಲೊ. ಸಿದ್ಧಾರ್ಥಾಕ ಜ್ಞಾನ ಆಯ್ಯಿಲೆ ಮಾಗ್ಗಿರಿ "ಗೌತಮ ಬುದ್ಧ" ಮ್ಹೋಣು ನಾಂವ ಆಯ್ಲೆ. ಗೌತಮ ಬುದ್ಧಾನ "ಭೌಧಧರ್ಮು" ಸ್ಥಾಪನ ಕೆಲ್ಲೊ. ಭೌಧಧರ್ಮಾಂತು ಜೈನಧರ್ಮಾಮ್ಹಣ್ಕೇಚಿ ದೇವಾಲೊ ಪ್ರಸ್ತಾಪು ಯೇನಾ. ಹೋ ಧರ್ಮು ಏಕರೀತಿರಿ ನಾಸ್ತಿಕ ಧರ್ಮು. ಮನುಷ್ಯಾನ ಚಾಂಗ ರೀತಿರಿ ಚೋಲ್ಕಾಮ್ಹೋಣು ಭೌಧಧರ್ಮಾಂಚೊ ಮರ್ಮು. ಮನುಷ್ಯಾನ ದೇವಾಲೆಲಾಗ್ಗಿ ಕಾಂಯಿ ಮಾಗ್ಗೂಕಾ ಮ್ಹೋಣು ನಾ.

ಜೈನ ಆನಿ ಭೌಧ ದೊನ್ನೀಯಿ ಧರ್ಮ ನಾಸ್ತಿಕ ಸೆಕ್ಯುಲರ್ ಧರ್ಮ. ಭಾರತಾಚೆ ಸಂವಿಧಾನ ಬರಯಿಲೆ ಡಾ. ಭೀಮರಾವ ಆಂಬೇಡ್ಕರಾನ ತಾಗ್ಗೇಲೊ ಧರ್ಮು ಬದಲ್ಲೂನುಘೆತ್ಲೊ. ಡಾ. ಅಂಬೇಡ್ಕರು ಹಿಂದೂಧರ್ಮು ಸೋಣು ಭೌಧಧರ್ಮಾಂತು ಮೆಳ್ಳೊ. ಥೋಡೆವರ್ಸನಂತರ ಖಂಚೆಕೀಏಕ ಕಾರಣಾನ ತಾಣೆ ವಾಪಸ ಹಿಂದೂಧರ್ಮು ಸ್ವೀಕಾರಕೆಲ್ಲೊ. ಜಾತಿಭೇಧ ನಾತ್ತಿಲೊ ಧರ್ಮು ಭೌಧಧರ್ಮು ಮ್ಹೋಣು ಅಂಬೇಡ್ಕರ್ ಮಾಮು ತಾಂತು ಮೆಳ್ಳೋಲೊ.

ಅಧ್ಯಾಯು 2

ಹಜ಼ಾರ ವರ್ಸಾಂಚೆ ಸುಖ-ದುಃಖ

ಹಾಂವೆ ಬೊರೋಚೊ ಹೋ ವಿಷಯು ಖಂಚೇಯಿ ವಿಂಗಡ ಲೇಖಕಾಲೆ ಪುಸ್ತಕಾಂತು ಮೇಳಶ್ಶೀನಾ. ಖಂಚೇಯಿ ಲೇಖಕಾಕ ಸತಃ ಅನುಭವು ತಾಗ್ಗೇಲೇ ಜೀವಮಾನಾಂತು ಜಾಲ್ಲೋಲೊ ಚಡ್ಡ ಮ್ಹಳ್ಯಾರಿ ಪನ್ನಾಸ-ಸಾಠಿ ವರ್ಸಾಂಚಿ ಸುದ್ದಿ ಬೊರೋಯೇತ. ಜಾಲ್ಲ್ಯಾರಿ ಹಾಂವ ಹಾಂಗಾ ಏಕ ಹಜ಼ಾರ ವರ್ಸಾಂಚಿ ಕಾಣಿ ಬೊರೋಚಾ ಭಾಯ್ರಸರಲಾಂ. ತರಿ ಹಾಂವೆ ಹೀ ಕಾಣಿ ಕಟ್ಟುಕಥೆ ಕೋರ್ನು ಬರಯಿಲಿವೆ ಮ್ಹೋಣು ಸಂಶಯು ಯೆತ್ತಾ. ಜಾಲ್ಲ್ಯಾರಿ ಹೀ ಕಾಣಿ ಕಟ್ಟುಕಥೆ ನ್ಹಯಿ. ವಿಂಗಡ ಲೇಖಕಾನ ಬರಯಿಲಿ ಕಾಣಿಯೇಚಿ ಪ್ರತಿ (ಕಾಪಿ) ನ್ಹಂಯಿ. ಹೀ ಕಾಣಿ ಹಾಂವೆ ಇತ್ಲೆ ವರ್ಸ ಮೆಗ್ಗೆಲೆ ಜೀವನಾಂತು ಮಸ್ತ ಪುಸ್ತಕಂ ವಾಜ್ಜೂನು, ವಾಜ್ಜೀಲೆ ಸಕ್ಕಡ ಸಮ್ಜೂನು, ಸಮ್ಜೆಲೆ ವಿಷಯಾರಿ ಆಲೋಚನ ಕೋರ್ನು ನಂತರ ಹಾಂವೆ ಪಾವಿಲೆ ಜ್ಞಾನ ಪುಸ್ತಕರೂಪಾರಿ ಬರಯಿಲಾ. ಆಮ್ಗೆಲಿ ಭಾಸ ಮೆಗ್ಗೆಲಿ ಭಾಸ ಗೌಸಾಬ್ರಾಲಿ ಕೊಂಕಣಿ ಭಾಸ. ಹೇ ಭಾಷೇನ ಬರಯಿಲಿ ಕಾಣಿ. ಏಕ ವಿಚಾರವಾದೀ ಪ್ರಬಂಧ ಹೇಂ.

ಹಾಂವೆ ಬೊರೋಕಾ ಜಾಲ್ಲೋಲೊ ವಿಷಯು ಸೆಕ್ಯುಲರಿಸಮ್ ಜಾವ್ನುಆಶ್ಶೀಲೆನಿಮಿತ್ತ ಆನಿ ಹೋ ವಿಷಯು ಥೋಡೆಂಪುಣಿ ರಾಜಕೀಯಾಕ ಸಂಬಂಧು ಪಾವಿಲೊದೋರ್ನು ಮಾಕ್ಕಾ ಭಾರತಾಚೆ ಘುಳ್ಳೆ ಹಜ಼ಾರ ವರ್ಸಾಂತು ಮ್ಹಳ್ಯಾರಿ ಕ್ರಿ. ಶ. 876ಥೋರ್ನು 1876ತಾಂಯಿ ಭಾರತವಾಸಿ ಜನಾಂನಿ ಅನುಭವು ಕೆಲ್ಲೆಲೆ ಸುಖ ಆನಿ ದುಃಖಾಚೆ ಬಗ್ಗೆ ಬೊರೋಕಾಜಾಲ್ಲಾಂ.

ಸುಖಾಚೆ ಆನಿ ದುಃಖಾಚೆ ಕಾರಣ

ಕ್ರಿ. ಶ. 876 (ನವ್ವಾಚೆ ಶತಮಾನ) ಇಸ್ವೇಂತು ಸಾಮಾನ್ಯ ವಿಜ್ಞಾನ ಆತ್ತಂಚೆ ಆಧುನಿಕ ವಿಜ್ಞಾನಾವರಿ ಮಸ್ತ ವಿಕಾಸ ಜಾಲ್ಲೇಂಲೆಕೀ ನಾ ಮ್ಹೋಣು ಸಾಂಗ್ಚೆ ಕಷ್ಟ. ಜಾಲ್ಲೇಂಲೆ ಜಾಲ್ಲ್ಯಾರಿ ತಾಜ್ಜೊ ದಾಖಲೆ ಜಾಯ್ನಿ. ತೇವೇಳಾರಿ ಜನಾಂಲೆ ಸುಖ ಆನಿ ದುಃಖ ದೇವಾಲೆ ಹಾತ್ತಾಂತಆಸ್ಸಮ್ಹಣ್ತಲೇ ಧಾರ್ಮಿಕ ಜಣ ಚಡ್ಡ ಆಶ್ಶೀಲಿಂತಿ. ಕ್ರಿ. ಶ. 876 ಇಸ್ವೇಂತು ಭಾರತಾಂತು ಧಾರ್ಮಿಕ ಲೋಕ ಬಹುಸಂಖ್ಯಾತ ಜಾವ್ನುಆಶ್ಶೀಲಿಂತಿ. ದೇವಾನ ಮಣನಕೆಲ್ಯಾರಿ ತಾಕ್ಕಾ ನಮ್ಗತಲ್ಯಾಂಕ ಕೆದ್ನಾಯಿ ದುಃಖ ಯೇನಾತಶ್ಶಿ ತೋ ಪೊಳೋನುಘೆತ್ತಾ ಮ್ಹೋಣು ಭಾರಿ ಮನಸ್ಪೂರ್ವಕ ನಮ್ಗತಾಆಶ್ಶೀಲಿಂತಿ.

ಭೌಧ ಆನಿ ಜೈನ ಮಣತು ಆಪ್ಣಾಯಿಲೊ ಖಂಚೋಯಿ ರಾಯು ದೇವಾಕ ಲೆಕ್ಕಾಕ ಘೆನಾಆಶ್ಶೀಲೊ. ಮನುಷ್ಯಾಕ ಸುಖ ಮೆಳ್ಕಾಜಾಲ್ಯಾರಿ

ತಾಣಿ ಚಾಂಗ ಚಲನವಲನಾರಿ ಜೀವನ ಕೋರ್ಕಾ ಮ್ಹೊಣು ತಾಕ್ಕಾ ನಂಬಿಗಾ ಆಶ್ಶೀಲಿ. ತಸ್ಸಲೊ ಭೌಧ ಧರ್ಮಾಂಕ ಎಕಯಿ ಜೈನ ಧರ್ಮಾಂಕ ಪರಿವರ್ತಿತ ರಾಯು ಸೆಕ್ಯುಲರ್ ಸಿದ್ಧಾಂತ ಪಾಲನೆ ಕರ್ತಲೊ ಮ್ಹೊಣು ಲೆಕ್ಕೂಯೇತ.

ತೇ ವೇಳಾರಿ ಶಂಕರಾಚಾರ್ಯಾನ ಸನಾತನ ಧರ್ಮು ಪುನಸ್ಚೇತನ ಕೋರ್ನು 'ತೇ ಸಮ ನ್ಹಯೀ. ಭೌಧ ಆನಿ ಜೈನ ವಿಚಾರು ಸಮ ನಾ. ಹೇ ಜಗತ್ಯಾಂತು ಸುಖ ಆನಿ ದುಃಖ ಆಮ್ಗೆಲೆ ಅಜ್ಞಾನಾಚೆ ಲಕ್ಷಣ. ಹೇ ಜಗ ಏಕಿ ಮಾಯೆ. ಆಮ್ಮಿ ಮಾಯಾಜಾಲಾಂತು ಪಳ್ಯಾಂತಿ. ಆಮ್ಗೆಲೊ ಆತ್ಮೂಂಚಿ ದೇವು. ಆಮ್ಗೆಲೆ ಅಜ್ಞಾನ ನಾಶ ಜಾಲ್ಯಾರಿ ಆಮ್ಗೆಲೆ ಸುತ್ತು ಆಶ್ಶೀಲಿ ಮಾಯಾ ನಾಜಾತ್ತಾ ಆನಿ ಆಮ್ಮಿ ದೇವಾಲೆಂ ಸ್ಥಾನಾರಿ ಪಾವ್ತಾತಿ ಎಕಯೀ ಆಮ್ಮೀಂಚಿ ದೇವು ಜಾತ್ತಾತಿ' ಮ್ಹೊಣು ಶಂಕರಾಚಾರ್ಯಾನ ಉಪದೇಶು ದಿಲ್ಲೊ. ಹಾಕ್ಕಾ ಅದ್ವೈತ ಸಿದ್ಧಾಂತ ಮ್ಹೊಣು ತಾಣೆ ಭಾರಿ ಪ್ರಚಾರ ಕೆಲ್ಲೊ. ತೇ ವೇಳಾರಿ ಭಾರತವರ್ಷಾಂತು ರಾಜ್ಯಕೋರ್ನು ಆಶ್ಶೀಲೆ ರಾಜಾ ವಿಕ್ರಮಾದಿತ್ಯ ಆನಿ ವಿಂಗಡ ಸಕ್ಕಡ ರಾಯ್ಯಾಂಕ ಭೌಧ ಆನಿ ಜೈನ ಮತಾಂತುತಾಕ್ಕೂನು ಶಂಕರಾಚಾರ್ಯಾನ ಸೊಡ್ವಾಯಿಲೆಂ. ತೇ ರಾಯ್ಯಾಂಕ ಪುನಃ ಸನಾತನ ಧರ್ಮಾಂತು ಮೇಳೂಂಕ ಕಾಂಯೀ ಕಷ್ಟಜಾಯ್ನಿ. ಕಷ್ಟಾ ಬದಲಾಕ ತಾಂಕಾ ಸಂತೋಷು ಜಾಲ್ಲೊ ಇತ್ಯಾಕ ಮ್ಹಳ್ಯಾರಿ ಭೌಧ ಆನಿ ಜೈನ ಮತಾಂತು ಅನೇಕ ಕಠಿಣ ನಿರ್ಭಂಧs ಆಶ್ಶೀಲೀಂತಿ. ಭೌಧ ಆನಿ ಜೈನ ಮತಾಂತು ಸಾಂಗೀಲೆಂ ನಿರ್ಭಂಧಾಪ್ಯೈಕಿ ಐಶ್ವರ್ಯ, ಸ್ಥಿರಾಸ್ತಿ, ವಜ್ರವೈಡೂರ್ಯ, ಭಾಂಗರ, ಸಿಲ್ಕಾ ಕಾಪ್ಪಡ, ಪಾಯ್ಯಾಕ ವ್ಹಾಣ, ಪಾಂಗುರ್ಚಾಕ ಕಾಂಬಳಿ ಇತ್ಯಾದಿ ಉಪಯೋಗ ಕೋರೂಂಕನಜ್ಜ ಮ್ಹೊಣು ಶಿಸ್ತು ಪಾಲನ ಕೊರ್ಚೆ ರಾಯ್ಯಾಂಕ ಆನಿ ರಾಣ್ಯೇಂಕ ಕಠಿಣಜಾಲ್ಲೆಂ. ಜನಾಂಕಯೀ ತಸ್ಸಲೆ ಚೆಪ್ಪೆ ಜೀವನ ಕೊರ್ಚೆ ಮ್ಹನ ನಾಆಶ್ಶೀಲೆ. ಸನಾತನ ಧರ್ಮಾಂತು ದೇವಾಲಿ ಭಕ್ತಿ ಕೆಲ್ಯಾರಿ ಪೂರೊ. ಗಣೇಶಾಕ ಪೂಜಾ ಕೆಲ್ಯಾರಿ ಪೂರೊ. ಚಾಂಗ ಕಾಮು ಜಾವ್ಪೀ ಚಾಂಗ ವರ್ತನೆ ಜಾವ್ಪೀ ಲೆಕ್ಕಾಕ ಯೇನಿ.

ಆಧುನಿಕ ವಿಜ್ಞಾನ ಆನಿ ಸುಖದುಃಖ

ಆತ್ತಂಚೆ ಆಧುನಿಕ ವೈಜ್ಞಾನಿಕ ಲೋಕು ಸೆಕ್ಯುಲರ್ ಲೋಕು. ವೈಜ್ಞಾನಿ ಲೋಕು ದೇವಾಕ ನಮ್ಗತಲೆ ಆನಿ ನಮ್ಗನಾತ್ತೀಲೆ ಮ್ಹೊಣು ದೋನಿ ಸಂಘಾಂತು ಮೆಳ್ತಾತಿ: ಆಸ್ತಿಕ ಸಂಘು ಆನಿ ನಾಸ್ತಿಕ ಸಂಘು. ಆಸ್ತಿಕ ಸಂಘಾಚೆ ಆಧುನಿಕ ವಿಜ್ಞಾನಿಸಮೇತ ಜನಾಂಲೆ ಸುಖ ಆನಿ ದುಃಖ ದೇವಾನ ದಿವ್ಚೆ ಮ್ಹೊಣು ಲೆಕ್ಕನಾಂತಿ. ನಾಸ್ತಿಕ ಸಂಘಾಚೆ ವಿಜ್ಞಾನಿತರಿ ಜನಾಂಲೆ ಸುಖ ಆನಿ ದುಃಖ ದೇವಾನ ದಿವ್ಚೆ ಮ್ಹೊಣು ಖಂಡಿತ ಲೆಕ್ಕನಾಂತಿ.

ಸುಖ ಆನಿ ದುಃಖ ಮನುಷ್ಯಾನ ಜೀವನಾಂತು ಅನುಭವು ಕೊರ್ಚೆ ತಾಗ್ಗೇಲೆ ಮನಾಂಚೆಮೂಲಕ. ಸುಖಾಚೊ ಆನಿ ದುಃಖಾಚೊ ಅನುಭವು ಆಮ್ಮಿ ಪ್ರಕೃತೀಂಚೆಲಟ್ಟು ಸಂಪರ್ಕಾರಿಯೇವ್ನು ಜಾತ್ತಾ. ಪ್ರಕೃತಿ ಮ್ಹಳ್ಯಾರಿ ಆಮ್ಗೆಲೆ ಸುತ್ತೂ ಆಸ್ಸೂಚೆ ವಾರೆಂ, ಉಝ್ವಾಡು, ಉಜ್ಜೊ, ನೆಂಲ, ಉದ್ಕಾಕ, ಮಾಂತ್ರ ನ್ಹಯಿ. ಪ್ರಕೃತೀಂತು ಅಣು ರೇಣು ತೃಣ ಕಾಷ್ಟ ಹೇಂ ಸಕ್ಕಡ ಆಮ್ಗೆಲೆ ರಹಣ–

ಸಹಣಾಂತು ದಾಖಲ ಜಾತ್ತಾತಿ. ಮೂಂಯಿ, ಮಾಜ್ಜರ, ಸರೋಪು, ಸೂಣೆ. ಕೀರು, ಕಾಯ್ಳೊ, ಗಾಯಿ, ಮ್ಹಁಶಿ, ಇತ್ಯಾದಿ ಜೀವಂತ ಪ್ರಾಣಿಯೊಂ; ತಁಣ, ಝಾಢ, ಮಾಡ್ಡೊ, ರೂಕು, ಇತ್ಯಾದಿ ಜೀವಂತ ತಟಸ್ಥ ಸಸ್ಯ; ಮಾತ್ತಿ, ಮೇಣಮಾತ್ತಿ, ರ್‍ಯಾಂವ, ಚುನ್ನೊ, ಶೇಡಿ, ಫಾತ್ತೋರು, ಶಿಁಲೆ ಇತ್ಯಾದಿ ಜಡವಸ್ತು; ಹೇಂ ಸಕ್ಕಡ ಪ್ರಕೃತೀಂತು ಸಮಾವೂನು (ಮೇಳ್ನು) ಆಸ್ಸಁತಿ. ಆಮ್ಮೀ ಜೀವಂತ ಆಸ್ಸೋತಾಂಯಿ ಆಮ್ಗೆಲ ದೇಹ ಪ್ರಕೃತೀಚೆ ಸಂಪರ್ಕಾರಿ ಪ್ರತಿಕ್ಷಣಆಸ್ತಾ. ಆಮ್ಗೆಲೆ ದೇಹ ಏಕ ಸೆಕಂಡಯೀ ಪ್ರಕೃತಿಚೆ ಸಂಪರ್ಕಾಂತು ತಾಕ್ಕೂನು ಚುಕ್ಕಁನಾ.

ಹೀ ಪ್ರಕೃತಿ ಆಮ್ಗೆಲ ದೇಹಾಂತು ಆಶ್ಶೀಲೆ ವಿವಿಧ ಇಂದ್ರಿಯಾಂಚೆವ್ಯೆರಿ ಪರಿಣಾಮು ಕರ್ತಾ. ಹೇಂ ಆಮ್ಗೇಲೆಂ ದೇಹ ಜೀವಂತ ಆಶ್ಶೀಲೆನಿಮಿತ್ತ ಆಮ್ಗೆಲೆ ಇಂದ್ರಿಯಾನಿ ಅನುಭವ ಕೆಲ್ಲೆಲೆ ಸಂವೇದನ ಆಮ್ಗೆಲೆ ಮನಾಂತು ಆಶ್ಶೀಲೆ ಏಕ ಕೇಂದ್ರಾಂತು ವೊಚ್ಚೂನು ಥಁಯಿಂ ದಾಖಲುಜಾತ್ತಾ. ಮನಾಂಕ ಜಾವ್ಚೊ ಅನುಭವು ಜಾಂಗು ಏಕಯಿ ವಾಯಿಟು ಮ್ಹೊಣು ಆಮ್ಗೆಲೆ ಚಿತ್ತ, ಬುದ್ಧಿ ಆನಿ ವಿವೇಕ ಆಮ್ಕಾ ಸೂಚನೆ ದಿತ್ತಾ.

ಉದಾಹರಣೇಂಕ ಹಾತ್ತಾಚೆ ಚರ್ಮಾಂಕ ಹೂನು ಕಾಯಿಲತೊ ಲಾಯಿಲ್ಯಾರಿ ಚರ್ಮಾಂತು ಆಶ್ಶೀಲೊ ಹುನ್ನಾಂಚೊ ಕಁಳೊ ತಾಕ್ಕಾ ಜಾಲ್ಲೇಲೆ ಸಂವೇದನ ತಕ್ಷಣ ಸೆನ್ಸರೀ ನರಾಂಚೆಮೂಲಕ ಮಸ್ತಿಷ್ಕಾಂತು ಆಶ್ಶೀಲೆ ವಿಶೇಷ ಘುಲ್ಲಾಕ ತಿಳ್ಸೀತಾ. ತೇಂ ಘೂಲ ಹುನ್ನಾಕ ಆನಿ ಥಂಡೀಕ ಪ್ರತಿಸಂವೇದನ ಕೊರ್ಚೆ ಘೂಲ. ತಾಜ್ಜಿ ಪ್ರತಿಸಂವೇದನಾ ಮನಾಂತು ಪೀಡಾ (ಪೀಡೇಚೊ ಅನುಭವು) ಜಾವ್ನೊಅಶ್ಶಿಕರ್‍ಯೆತಾ. ಕೂಡ್ಲೆ ಮನಾಂತಾಕ್ಕೂನ ಆಜ್ಞೆ ವತ್ತಾ - ಹಾತು ಮಾಕ್ಷಿ ತಾಂಡೂಂಕ - ಸಗ್ಗೇ ಹಾತ್ತಾಚೆ ಮಾಂಸಖಂಡಾಂಕ ವಿಂಗಡಁ ಮೋಟರ್ ನರಾಂಚೆಮೂಲಕ ಹೀ ಆಜ್ಞೆ ವತ್ತಾ. ಸಗ್ಗೇ ಹಾತ್ತಾಚೆ ಮಾಂಸಖಂಡ ಕಾಮಕೋರೂಂಕ ಲಾಗ್ತಾತಿ ಆನಿ ಹಾತು ಮಾಕ್ಷಿ ಯೆತ್ತಾ.

ಆಮ್ಗೇಲೆ ಹೇಂ ದೇಹ ಅಶ್ಶೀ ಪ್ರಕೃತೀಕ ಕಿತ್ಲೆಂ ಅನುಕೂಲ ಜಾವ್ನು ಬಾಂದ್ಲಾಂಕಿ - ಆಮ್ಮೀ ಅನೇಕ ವರ್ಸ ವಾಂಚೂನು ವೋರೂಂಕ ಸಾಧ್ಯ ಕೆಲ್ಲಾಂ. ಪ್ರಕೃತೀಕ ವಿಪರೀತಜಾವ್ನು ಆನಿ ಪ್ರಕೃತೀಂತು ಆಸ್ಸೂನು ಜೀವಂತ ವೊರೂಂಕ ಜಾಯ್ನಾಜಾಲ್ಯಾರಿ ಆಮ್ಮಿ ಮರ್ತಾತಿ. ಆಮ್ಗೆಲೆ ದೇಹ ಕುಸ್ಸೂನು ವತ್ತಾ. ಆಮ್ಮಾಲೆ ಗರ್ಭಕೋಶಾಂತು ಭ್ರೂಣ ತಯ್ಯಾರಿ ಜಾತ್ತಁನಾಂಚಿ ಪ್ರಕೃತೀಚೆಬಟ್ಟು ಆಮ್ಗೇಲಿ ಒಡಂಬಡಿಕೆ ಜಾವ್ನು ಆಸ್ತಾ.

'ಪಳೇ, ತೂಂ ಆಮ್ಮಾಲೆ ಪೊಟ್ಟಾಂತಾಕ್ಕೂನು ಭಾಯ್ರಪೋಣು ಜನ್ಮಾ ಯೆತ್ತಕೀ-ನಾ! ತಕ್ಷಣ ತೂಂ ಶ್ವಾಸು ಘೇ ಆನಿ ಜೋರಾನ ರಁಡ. ತುಕ್ಕಾ ತುಗ್ಗೇಲಿ ಆಮ್ಮಾ ಪಿವ್ಚಾಕ ಚಿಂವೇಂಚೆದೂಧ ದಿತ್ತಾ. ತೇಂ ದೂಧ ತೂಂ ಪೀ ಆನಿ ಮಸ್ತವರ್ಸ ವಾಂಚೂನು ವಁರ' ಮ್ಹೊಣು ಪ್ರಕೃತೀನ ತಾಕೀತ ಕೆಲ್ಲಾಂಕೀ ಮ್ಹೊಣು ಲೆಕ್ಕೂಕಾ.

ಆಮ್ಮೀ ಆನಿ ಸೂರ್ಯು

ಸೂರ್ಯಾಚೇರಿ ಆಮ್ಗೇಲೊ ಸಂಬಂಧು ಕಸ್ಸಲೋ ಮ್ಹೋಣು ಆಮ್ಮೀ ಪ್ರಕೃತಿಕ ಕಿತ್ಲೆ ಹೊಂದೂನು ಆಸ್ಸತಿ ಮ್ಹೋಣು ಚರ್ಚೆಕೋರ್ಯಾಂ. ಸೂರ್ಯಾಲೊ ತಾಪು ಭೂಯಿಂಚೆವ್ಯೆರಿ ಪಡ್ತಾ. ಭೂಯಿಂಕ ಆನಿ ಸೂರ್ಯಾಕ ಆಸ್ಸೂಚೆ ಅಂತರ ಕೆದ್ನಾಯಿ ಚಡ್ಡೂಣೆ ಜಾಯ್ನಾ. ಸೂರ್ಯಾಚೊ ತಾಪು ಕಿಂಚಿತ್ ಚಳ್ಯಾರಿ ಏಕಯಿ ಊಣೆ ಜಾಲ್ಯಾರಿ ಮನುಷ್ಯಾಂಕ ವಾಂಚೂಂಕ ಅಸಾಧ್ಯಜಾತ್ತಾ. ದೇಹಾಚೆ ಉಷ್ಣ ಭಾರೀ ಸಂವೇದನಶೀಲ ವಿಷಯು.

ಆತಾ 200-300 ವರ್ಸಾಧೋನ್ನು ಆಮ್ಮಿ ಆಮ್ಗೇಲೆ ದೇಹಾಚೊ ತಾಪು (ಉಷ್ಣ) ಆಧುನಿಕ ವಿಜ್ಞಾನಾನ ವಿಕಸನ ಕೆಲ್ಲೇಲೆ ಥರ್ಮಾಮೀಟರಾನ ಮೆಜ್ಜೂಯೇತ. ಫರನ್ಹಾಯಿಟ ಮ್ಹಳ್ಳೊಲೊ ಏಕು ವಿಜ್ಞಾನಿ ಆಶ್ಶೀಲೊ. ತಾಣೆ ಹೇಂ ತಾಪು ಮೆಜ್ಜೂಚೆ ಮೀಟರ್ ಸೊದ್ದೂನುಕಾಳ್ಳೆಂ. ಆನಿಏಕ ವಿಜ್ಞಾನೀನ ಶತಪ್ರಮಾಣ (ಸೆಂಟಿಗ್ರೇಡ್) ಮ್ಹಳ್ಳೇಲೆ ಸುಲಭ ಉಷ್ಣಮಾಪಕ (ಮೀಟರ್) ಸೊದ್ದೂನುಕಾಳ್ಳೆಂ. ತೇ ಸಾಧನಾಂಕ ಥರ್ಮಾಮೀಟರ್ ಮ್ಹೋಣು ನಾಂವದಿಲ್ಲೆಂ.

ಹೇಂ ಉಷ್ಣಮಾಪಕ ಸಾಧನ ಏಕಿ ಕಾನ್ನಡೀಚಿ ನಳ್ಳಿ. ಹೇ ನಳಿಯೇಂತು ಪಾದರಸ ಭರಲಾಂ. ಹೇ ನಳಿಯೇವ್ಯೆರಿ ತಾಪು ಮೆಜ್ಜೂಂಕ ಏಕಿ ಅಳತೆಪಟ್ಟಿ (ಮೀಟರ್) ಗುರ್ತುಕೆಲ್ಲ್ಯಾ. ಹೀ ಅಳತೆಪಟ್ಟಿ ಪ್ರಕಾರ ಆಮ್ಗೇಲೆ ದೇಹಾಚೆ ಉಷ್ಣ 37.6 ಡಿಗ್ರೀ ಆಸ್ಸೂಕಾ. ಏಕುದೀಸು ಹೇ ವಿಜ್ಞಾನೀನ ಹೀಮ (ಐಸ್) ಆನಿ ಉದ್ದಾಕ ಪರೀಕ್ಷೆ ಕೆಲ್ಲೆಂ. ಹೀಮಾಂಚೆ ಉಷ್ಣ ಆನಿ ಖತ್ಖತೊ ಆಯ್ಯೀಲೆ ಉದಕಾಚೆ ಉಷ್ಣ ಪಳಯಿಲೆ. ಉದ್ದಾಕ ಥಂಡ ಜಾಲ್ಲ್ಯಾರಿ ಹೀಮ (ಐಸ್) ಜಾತ್ತಾ. ಉದ್ದಾಕ ಖತ್ಖತೊ ಯೇವ್ನು ಆಟ್ಟತಾ. ಆಟ್ಟೂನು ಆವಿ ಜಾತ್ತಾ. ಐಸಾಚೆ ಉಷ್ಣ 0(ಪುಜ್ಯ) ಮ್ಹೋಣು ಧರ್ಲೆಂ. ಖತ್ಖತೊಆಯ್ಯಿಲೆ ಉದಕಾಚೆ ಉಷ್ಣ 100(ಶೆಂಬರಿ) ಮ್ಹೋಣು ಧರ್ಲೆಂ.

ತೇ ವಿಜ್ಞಾನಿನ ಸುರ್ವೇಕ ಕಾನ್ನಡೇಚೆ ನಳೀಂತು ಪಾದರಸ ಭರ್ಲೇಂಲೆ ನ್ಹಯಿ. ತಾಗ್ಗೇಲೆ ಪ್ರಥಮ ಪ್ರಯೋಗಾಂತು ತಾಣಿ ಉದ್ದಾಕ ಉಪಯೋಗು ಕೆಲ್ಲೊಲೊ. ಏಕಿ ಕಾನ್ನಡೇಚಿ (ಗ್ಲಾಸಾಚಿ) ನಳ್ಳಿ ತಯ್ಯಾರಿ ಕೋರ್ನು ತಾಂತು ಥೋಡೇಂಚಿ ಉದ್ದಾಕ ಭರ್ಲೆಂ ಆನಿ ನಳಿಯೇಚೆ ಏಕದಿಕಡ್ಚೆ ತೋಂಡ ಬಂದಕೆಲ್ಲೆಂ. ಆನ್ನಿಏಕ ದಿಕಡ್ಚೆ ತೋಂಡ ಉಗಡೆ ದವ್ವರ್ಲೆಂ. ನಳ್ಳಿ ಐಸಾಂತು ದವ್ವರ್ಲಿ. ನಳಿಯೇಂತುಲೆ ಉದ್ದಾಕ ಘಟ್ಟಿಜಾವ್ನು ಐಸ್ ಜಾಲ್ಲೆಂ. ಐಸಾಚೆ ಮಟ್ಟಾರಿ ಗುರ್ತುಕೆಲ್ಲೊ. ನಂತರ ನಳಿಯೇಕ ಖತ್ಖತೊ ಆಯ್ಯೀಲೆ ಉದಕಾಂತು ದವ್ವರ್ಲೆ. ಉದ್ದಾಕ ಘುಗ್ಗೂನು ವ್ಯೆರಿವ್ಯೆರಿ ಗೆಲ್ಲೆಂ. ಉದಕಾಚೆ ವ್ಯೆಲೆ ಮಟ್ಟಾರಿ ಗುರ್ತುಕೆಲ್ಲೊ. ಉದ್ದಾಕ ಐಸ್ ಜಾವ್ಚೊ ಮಟ್ಟು ಶೂನ್ಯ (ಪುಜ್ಯ) ಆನಿ ಖತ್ಖತೊಯೆವ್ಚೊ ಮಟ್ಟು ಶೆಂಬರಿ ಮ್ಹೋಣು ಕೆಲ್ಲೆಂ. ಮಾಗ್ಗೀರಿ ಅನೇಕ ದ್ರವ ಪರೀಕ್ಷೆಕೋರ್ನು ಪಾದರಸ ದ್ರವ ಹೇ ಮೀಟರ್ ತಯ್ಯಾರಿ ಕೊರೂಂಕ ಅತ್ಯುತ್ತಮ ಮ್ಹೋಣು ಸೊದ್ದೂನು ಕಾಳ್ಳೆಂ. ಪಾದರಸ ಭೂಂಯ್ಚೆ ವಾಯುಮಂಡಲಾಂತು ಘುಗ್ಗನಾ ಜಾಲ್ಲೇಲೆನಿಮಿತ್ತ ನಳಿಯೇಂತು ಖಾಲಿಜಾಗ್ಯಾರಿ ಉದಕಾವರಿ ಭಡ್ನಾ.

ಹೇ ವಿಜ್ಞಾನೀನ ತಾಗ್ಗೇಲೆ ಪ್ರಯೋಗಶಾಳೇಂತು ಏಕಿ ಸಪೂರ ಕಾನ್ನಡೀಚೆ ನಳಿಯೇಭಿತ್ತರಿ ಪಾದರಸ ಘಾಲ್ಲೆಂ. ನಳಿಯೇಚೆ ದೋನಿಕಡೇನಯಿ ಮುಚ್ಚಿಗಘಾಲ್ಲಿ. ಪಾದರಸಾಚೆ ನಳಿಯೇರಿ 0 ಗೇಯರೊ ಆನಿ 100ಚೆ ಗೇಯರಾ ಗುರ್ತುಕೋರ್ನು ತಾಂಚೆ ಮಧ್ಯೇಚೆ ಅಂತರ 100 ವಾಂಟೊಕೋರ್ನು ಹೇಂ ಮೀಟರ್ (ಅಳತೆಪಟ್ಟಿ) ಕೆಲ್ಲ್ಯಾ. ಏಕು ವಾಂಟೊ ಮ್ಹಳ್ಯಾರಿ ಏಕ ಅಂಕ (ಯೂನಿಟ್). ಹೇ ಅಂಕಾಕ ಡಿಗ್ರೀ ಮ್ಹೊಣು ನಾಂವದಿಲ್ಲೆಂ.

ಮನುಷ್ಯಾಲೆ ದೇಹಾಚೆ ಉಷ್ಣ 37 ಆನಿ 38 ಡಿಗ್ರೀತಾಂಯಿ ಚಡ್ಡೂಣೆ ಜಾವ್ಯೇತ. 45ಕಯೀ ಚಡ್ಡ ಜಾಲ್ಲ್ಯಾರಿ ಮನುಷ್ಯು ಮರ್ತಾ. ಆಮ್ಮಿ ಜೀವಂತ ವೋರ್ಕಾಜಾಲ್ಲ್ಯಾರಿ ಕಶ್ಶಿ ಆಮ್ಮಿ ಪ್ರಕೃತೀಕ ಹೊಂದೂನು ಆಸ್ಸತಿಮ್ಹೊಣು ದೇಹಉಷ್ಣತೆಚೆ ಮಾಮಲೇಚೇರಿ ಅಂದಾಜೊ ಕೋರ್ಯೆತ.

ದೇವಾಲಿ ಪ್ರಾರ್ಥನಾ

ಆತ್ತಂಚೆ ಕಾಲಾಂತು ಕ್ರಿ. ಶ. 2015 ಇಸ್ವೇಂತು ಸಮೇತ ದೇವಾಲಿ ಪ್ರಾರ್ಥನಾ ಅಶ್ಶಿ ಆಸ್ಸ. ಹಾಂವ ಸಂಸ್ಕೃತ ವಿದ್ವಾನ್ ನ್ಹಯಿಂ. ಜಾಲ್ಲ್ಯಾರಿಯೀ ಹಾಜ್ಜೊ ಅರ್ಥು ದಿವ್ಚಾಕ ಪ್ರಯತ್ನ ಕರ್ತಾಂ.

ಓಂ ಸ್ವಸ್ತಿಃ
ಪ್ರಜಾಭ್ಯಃ ಪರಿಪಾಲಯಂತಾಂ ನ್ಯಾಯೇಣ ಮಾರ್ಗೇಣ
ಮಹೀಂ ಮಹೀಶಾಂ।
ಗೋಬ್ರಾಹ್ಮಣೇಭ್ಯಃ ಶುಭಮಸ್ತು ನಿತ್ಯಂ।
ಲೋಕಾ ಸಮಸ್ತಾಃ ಸುಖಿನೋ ಭವಂತು॥
ಕಾಲೇ ವರ್ಷತು ಪರ್ಜನ್ಯಃ ಪ್ರಥಿವೀಂ ಸಸ್ಯಶಾಲಿನೀಂ।
ದೇಶೋಽಯಂ ಕ್ಷೋಭರಹಿತಃ। ಸಜ್ಜನಾಃ ಸಂತು ನಿರ್ಭಯಾಃ॥
ಅಪುತ್ರಾ ಪುತ್ರಿಣಃ ಸಂತು। ಪುತ್ರಿಣಃ ಸಂತು ಪೌತ್ರಿಣಃ।
ಅಧನಾಃ ಸಧನಾಃ ಸಂತು। ಜೀವಂತು ಶರದಾಂ ಶತಂ।
ಸರ್ವೇ ಸಂತು ಸುಖಿನಃ। ಸರ್ವೇ ಸಂತು ನಿರಾಮಯಾಃ।
ಸರ್ವೇ ಭಧ್ರಾನಿ ಪಶ್ಯಂತು। ಮಾಕಶ್ಚಿದ್ ದುಃಖಭಾಗ್ಭವೇತ್॥

ಪ್ರತಿಏಕ ಮಂತ್ರಾಕ ಓಂ ಮ್ಹೊಣು ಪ್ರಾರಂಭ ಕೊರ್ಚೊ ಏಕು ಕ್ರಽಮು ಅನಾದಿಕಾಲಾಂತುದೋರ್ನು ಚೋಲ್ಲು ಆಯ್ಲಾಂ. ಹೋ ಕ್ರಽಮು ಜನಾಲೆ ಮನಾಂತು ದೇವಾಲೊ ಉಡ್ಗಾಸು ಕಿತ್ಲೊ ಹೋಡು ಆನಿ ಮುಖ್ಯ ಮ್ಹೊಣು ದಾಕ್ಕೈತಾ. ಸ್ವಸ್ತಿ ಮ್ಹಳ್ಯಾರಿ ಸು–ಅಸ್ತಿ. ಘೂರಾ ಸಮ ಆಸ್ಸ ಮ್ಹೊಣು.

ಮಹೀಂ – ಮಹಾನ್ ಜಽನ, ಮಹೀಶಾಂ – ಮ್ಹಶೀಮ್ಹಣ್ಕೆ ಹೋಳ್ಳೇ ಜಽನ, ನ್ಯಾಯೇನ ಮಾರ್ಗೇನ – ನ್ಯಾಯಾಚೆ ಮಾರ್ಗಾರಿ, ಪ್ರಜಾಭ್ಯಃ ಪರಿಪಾಲಯಂತಾಂ – ಸಕ್ಕಡ ಪ್ರಜೇಂಕ ಪರಿಪಾಲನೆ ಕೋರೋತಿ.

ಗೋ ಬ್ರಾಹ್ಮಣೇಭ್ಯಃ ಶುಭಮಸ್ತು ನಿತ್ಯಂ – ಗೊವಾಂಕ ಆನಿ ಬ್ರಾಹ್ಮಣಾಂಕ ನಿತ್ಯಽಚಿ ಶುಭ = ಶೋಭಾಯಮಾನ – ಪೊಳೋಚಾಕ ಅನಿ ಅನುಭವ ಕೊರೂಂಕ ಚಂದ, ಅಸ್ತು – ಜಾವ್ವೊ, ಆಶೀರ್ವಾದು ಆಸ್ಸೊ.

ಲೋಕಾ ಸಮಸ್ತಾ ಸುಖಿನೋ ಭವಂತು – ಬ್ರಾಹ್ಮಣ ಮಾಂತ್ರ ನ್ಹಯಿ; ಸಕ್ಕಡ ಲೋಕು ಸುಖೀ ಜಾವ್ವೋಂತಿ.

ಕಾಲೇ ವರ್ಷತು ಪರ್ಜನ್ಯಃ – ವೆಳೇರಿ ಮೋಡ ಪಾವ್ಸು ರೊಕೊವ್ವೊ, ಪೃಥಿವೀ ಸಸ್ಯಶಾಲಿನೀಂ, ದೇಶೋಽಯಂ ಕ್ಷೋಭರಹಿತಃ – ಭೂಯಿಂಚೇರಿ ಸಸ್ಯ ಸಮೃದ್ಧ ಜಾವ್ವೊ, ಹೇಂ ದೇಶ ದಂಗೊ–ಹಲ್ಲೆ ಚಳುವಳಿ ಮುಕ್ತ ಜಾವ್ವೊ.

ಸಜ್ಜನಾಃ ಸಂತು ನಿರ್ಭಯಾಃ – ಸಜ್ಜನ – ನೈತಿಕ ಮಾರ್ಗಾರಿ ಚೊಲ್ಚೊ ಲೋಕು, ಭೀನಾನಾತ್ತಿಲೆಂ ಜೀವನಕೊರೋಂತಿ. ಅಪುತ್ರಾ = ಪುತ್ರಂ ನಾತ್ತಿಲ್ಯಾಂಕ – ಪುತ್ರಿಣಃ ಪುತ್ರಿಂ, ಸಂತು – ಪ್ರಾಪ್ತಜಾವ್ವೊ, ಪೌತ್ರಿಣಃ – ಬಾಯ್ಲೆನಾತ್ರಂ, ಪೊಣ್ತ್ರು..

ಅಧನಾಃ ಸಧನಾಃ ಸಂತು। ಜೀವಂತು ಶರದಾಂ ಶತಂ – ಧನ ನಾತ್ತಿಲ್ಯಾಲ್ಯಾ ಧನ ಆಸ್ಸೊಜಾವ್ವೊ, ಶರದಾಂ ಶತಂ – ಶೆಂಬರಿ ವರ್ಸ ವಾಂಚೋತಿ.

ಸರ್ವೇ ಸಂತು ಸುಖಿನಃ – ಸಕ್ಕಡಲೋಕು ಸುಖೀ ಜಾವ್ವೋತಿ, ಸರ್ವೇ ಸಂತು ನಿರಾಮಯಾಃ – ಆಮಯ (ರೋಗು, ಚಿಂತಾ) ನಾತ್ತಿಲೆಂ ಜಾವ್ವೊತಿ, ಸರ್ವೇ ಭದ್ರಾಣಿ ಪಶ್ಯಂತು – ಸಕ್ಕಡಲೋಕು ಭದ್ರ ಆಶ್ಶಿಲೆಂ ದೃಶ್ಯ (ಪೋಳೋನು ಮನಾಂಕ ದುಷ್ಪರಿಣಾಮ ಜಾಯ್ನಾನಾತ್ತಿಲೆಂ ದೃಶ್ಯ) ಪೊಳೋವೋತಿ. ಮಾಕಶ್ಚಿದ್ – ಕೆದ್ನಾಯಿ ಜಾವ್ಚಾನಜ್ಜ – ದುಃಖಭಾಗ್ಭವೇತ್ – ದುಃಖಾಂತು ಪೋಡೂಂಕ. ಕೋಣಯಿ ಕೆದ್ನಾಯಿ ದುಃಖಾಂತು ಪೋಡೂಂಕ ನಜ್ಜ.

ಹೇ ಶ್ಲೋಕಾಂತು ಓಂ ಅಕ್ಷರ ಸೊಡ್ಯಾರಿ ವಿಂಗಡ ಖಂಚೇಯಿ ಶಬ್ಧ ದೇವಾಲೆ ಬಗ್ಗೆ ಪ್ರಸ್ತಾಪುಕಾಣಾ. ಹೇ ಏಕ ಸೆಕ್ಯೂಲರ್ ಶ್ಲೋಕ. ಪ್ರತಿಏಕ ಜಾತೀಚೆ, ಧರ್ಮಾಂಚೆ, ಮತಾಚೆ, ರಾಜ್ಯಾಚೆ ಲೋಕಾಂಕ ಶೂಭ ಜಾವ್ವೋ ಮ್ಹೋಣು ಆಶೀರ್ವಾದು ದಿವ್ಚೆ ಶ್ಲೋಕ.

ಹೇ ಶ್ಲೋಕಾಚೆ ಪ್ರಕಾರ ಜನಾಂಕ ಸೂಖಸಮೃದ್ಧಿ ಮೇಳ್ಕಾ ಜಾಲ್ಯಾರಿ (1)ತಾಂಕಾ ರಾಯ್ನಾನಿ, ಶ್ರೀಮಂತಾಂನಿ ನ್ಯಾಯಾರಿ ಪರಿಪಾಲನ ಕೋರ್ಕಾ. (2) ಗೊರ್ವಾಂಕ ಆನಿ ಬ್ರಾಹ್ಮಣ ಜನಾಂಕ ನಿತ್ಯ ಶೂಭ ಜಾವ್ಚೆಖತಿರ ತೇತಕೀತ ವ್ಯವಸ್ಥಾ ಕೋರ್ಕಾ. (3) ಬ್ರಾಹ್ಮಣ ಮಾಂತ್ರ ನ್ಹಯಿ; ಸಕ್ಕಡ ಲೋಕು ಸುಖೀ ಜಾವ್ಚೆಖತಿರ ವ್ಯವಸ್ಥಾ ಕೋರ್ಕಾ. (4) ವೇಳೇರಿ ಪಾವ್ಸು ಪೋಡ್ಕಾ. ಪಾವ್ಸಾ ನಿಮ್ತಿ ಸಸ್ಯರಾಶಿ ವಾಡ್ಡೂಕಾ. (5) ದೇಶಾಂತು ಕ್ಷೋಭೆ, ದಂಗೊ, ಹಲ್ಲೆ, ಯುದ್ಧ, ಹಿಂಸೆ ಇತ್ಯಾದಿ ಜಾವ್ಚಾಕನಜ್ಜ. ಜನಾಂಕ ಭೀನಾನಾತ್ತಿಲೆ ಜೀವನ ಕೊರೂಂಕ ಅಡ್ಡಿ ಯೆವ್ಚಾಕ ನಜ್ಜ. (6) ಚೆರ್ಡುವಂ ನಾತ್ತಿಲ್ಯಾಂಕ ಚೆಲ್ಯೋ, ನಾಽತಿ, ಪೊಣ್ತಿ ಇತ್ಯಾದಿ ಜಾವ್ವೋತಿ. (7) ಸಕ್ಕಡಾಂ ಲಾಗ್ಗೀ ಧಽನ ಒಟ್ಟುಜಾವ್ವೊ. (8) ಸಕ್ಕಡಾಲೆ ಆಯುಷ್ಯ 100 ವರ್ಸ ಜಾವ್ವೊ.

ನ್ಯಾಯ ಮೇಳ್ನಾಜಾಲ್ಯಾರಿ ದುಃಖ, ವೆಳೇರಿ ಪಾವ್ಸು ಪಽಣಾಜಾಲ್ಯಾರಿ ದುಃಖ, ದೇಶಾಂತು ಕ್ಷೋಭೆ, ದಂಗೊ, ಹಲ್ಲೆ, ಯುದ್ಧ, ಹಿಂಸೆ ಇತ್ಯಾದಿ ಜಾಲ್ಯಾರಿ ದುಃಖ, ಚೆರ್ಡುವಂ ಜಾಯ್ನಾ ಜಾಲ್ಯಾರಿ ದುಃಖ ಆನಿ ಜನಾಲೆಲಾಗ್ಗಿ ಧಽನ ನಾಜಾಲ್ಯಾರಿ ದುಃಖ.

ನ್ಯಾಯ ಮೇಳ್ನಾಜಾಲ್ಲ್ಯಾರಿ ದುಃಖ

ನ್ಯಾಯ ಆನಿ ಅನ್ಯಾಯು ದೊನ್ನೀಯಿ ಒಟ್ಟೂಚಿ ಚರ್ಚೆಕೋರ್ಕಾ. ಅನ್ಯಾಯು ನಾಜಾಲ್ಲ್ಯಾರಿ ನ್ಯಾಯು ಆಪಾಪಿ ಯೆತ್ತಾ. ಆಮ್ಕಾ ನ್ಯಾಯು ಮೇಳ್ಕಾ ಜಾಲ್ಲ್ಯಾರಿ ಆಮ್ಮಿ ಬಲಾಢ್ಯ, ಧನವಾನ ಸಜ್ಜನ ಜಾವ್ನು ಆಸ್ಸೂಕಾ. ಸಾಮಾಜಿಕ ಅನ್ಯಾಯು ನಿರ್ಮೂಲಕೊರ್ಚೆ ಕಷ್ಟ. ಸಾಮಾಜಿಕ ಅನ್ಯಾಯು ಆಮ್ಗೇಲೆ ಭಾರತಾಂತು ಘೂಢೆಧೋನ್ರ್ಯು ಚಲ್ಲಾ. ಸಾಮಾಜಿಕ ಸಮಾನತೆ ನಾಜಾಲ್ಲ್ಯಾರಿ ಜನಾಂಕ ಅನ್ಯಾಯು ಜಾತ್ತಾ. ಹೇ ಜಗತ್ಯಾಂತು ಆಶ್ಶೀಲೆ ಪ್ರತಿಏಕು ಸೊತ್ತು ಆಮ್ಗೇಲೊ ಸಕ್ಕಡಾಂಲೊ ಮ್ಹೊಣು ಕೋಣ ಲೆಕ್ತಕೀ ತೋ ವಿಂಗಡಾಂಕ ಅನ್ಯಾಯು ಕರ್ನಾ.

ಆರೋಗ್ಯ ಏಕ ಸೌಭಾಗ್ಯ

ಆರೋಗ್ಯ ಆಶ್ಶೀಲೊ ಮನುಷ್ಯಾಕ ತಾಣೆ ಆಸ್ತಿ, ಸಂಪತ್ತು, ಐಶ್ವರ್ಯ ಇತ್ಯಾದಿ ಸಂಪಾದನೆ ಕೋರ್ಯೇತ. ದೇಶಾಂತು ಅತಿವೃಷ್ಟಿ ಆನಿ ಅನಾವೃಷ್ಟಿ ಘೊಡೇ ಸಮಯಾಕ ಜಾಲ್ಲಿಜಾಲ್ಲ್ಯಾರಿ ತಾಂಚೆ ಪರಿಣಾಮ ಆಮ್ಗೆಲೆಲಾಗ್ಗಿ ಆಸ್ಸೂಚೆ ಧವಸಧಾನ್ಯಾಚೆ ದಾಸ್ತಾನಾನ ಊಣೆ ಕೋರ್ಯೇತ. ಆಮ್ಗೆಲೆಲಾಗ್ಗಿ ಭರಪೂರ ದುಡ್ಡು ಶೇಖರಣ ಆಸ್ಸಮ್ಹೊಣು ಜಾಲ್ಲ್ಯಾರಿ ಏಕದೋನಿ ವರ್ಸಾಚೊ ಕ್ಷಾಮು ಕಶ್ಶೀಂತರಿ ದಾಂಟ್ಟೂಂಯೇತ. ಕ್ಷಾಮಪರಿಸ್ಥಿತಿ ತೀನಿ ವರ್ಸಾಕಯೀ ಚಡ ಸಮಯಾಚಿ ಮ್ಹೊಣು ಜಾಲ್ಲ್ಯಾರಿ ತಾಂತುತಾಕ್ಕೂನು ಪಾರಜಾವ್ಚೆ ಕಷ್ಟ ಜಾತ್ತಾ. ಆರೋಗ್ಯ ಆಸ್ಸಜಾಲ್ಲ್ಯಾರಿ ಮಾಂತ್ರ ಮನುಷ್ಯಾಕ ಕಷ್ಟ ಪರಿಹಾರು ಕೋರ್ನ್ಯುಫೆವ್ಚಾಕ ಸಾಧ್ಯಾಸ್ಸ. ಚೆರ್ಡುವಾಂಲೆ ಆನಿ ಅಯ್ಯ್ಯಪಣಾಚೆ ಬಾಯ್ಲುಮನ್ಶಾಲೆ ದೇಹಾರೋಗ್ಯ ಚಾಂಗ ಆಸ್ಸೂಕಾ ಜಾಲ್ಲ್ಯಾರಿ ತಾಂಗೆಲೆ ಖಾಣಜೇವಣ ಉತ್ತಮ ಆಸ್ಸೂಕಾ. ದುರ್ಬಳೆ ಲೋಕಾಂಕ ಖಾಣ ಮೇಳ್ನಾಶೇ ತಾನ್ನಿ ಅನಾರೋಗ್ಯಪೀಡಿತ ಜಾತ್ತಾತಿ. ಕ್ರಿ. ಶ. 976ದೋನ್ರ್ಯು 1776ವರೇಕ ಭಾರತಾಂತು ದುರ್ಬಳೆಪಣಾನಿ ಖಾಣಜೇವಣ ಸಮಂಚಿ ಮೇಳ್ನಾನಾತ್ತಿಲೆಂ ದೇಹಾರೋಗ್ಯ ಖೋಳ್ನುಫೆವ್ಚೆ ಸರ್ವೇಸಾಮಾನ್ಯ ಜಾವ್ನು ಆಶ್ಶಿಲೆಂ. ದೇಹಾರೋಗ್ಯ ನಾಜಾಲ್ಲ್ಯಾರಿ ಮನುಷ್ಯಾಕ ಕಾಮಕೋರ್ನ್ಯು ತಾಗ್ಗೇಲಿ ರೋಜೀರೋಟೀ ಕಮಯಕೊರೂಂಕ ಸಾಧ್ಯಜಾಯ್ನಾ.

ಸಾಮಾನ್ಯ ಜನಾಲೆ ಸುಖ–ದುಃಖ

ಕ್ರಿ. ಶ. ನವ್ವಾಚೆ ಶತಮಾನಾಂಕಯೀ ಘೂಢೆಧೋನ್ರ್ಯು ಸಿಂಧೂ ನದೀಚೆ ಸುತ್ತು ಪಂಜಾಬ, ಮುಲತಾನ, ನಗರಕೋಟ, ಥಾನೇಶ್ವರ ಮ್ಹೊಣು ವೈದಿಕ, ಭೌಧ, ಜೈನ ಆನಿ ಸನಾತನ ಧರ್ಮು ಪಾಲನೆಕೊರ್ಚೆ ರಾಜ್ಯ ಆಶ್ಶೀಲೆಂ. ಪಂಜಾಬಾಚೆ ಉತ್ತರ ದಿಕ್ಕಾಂತು ಅನೇಕ ಹಿಂದೂ ಆನಿ ಭೌಧ ರಾಜ್ಯ ಶಾಹ ವಂಶಾಚೆ ರಾಜ್ಯಕೋರ್ನ್ಯು ಆಶ್ಶೀಲೆ. ಥಾನೇಶ್ವರ ರಾಜ್ಯಾಚೆ ದಕ್ಷಿಣ ದಿಕ್ಕಾಂತು ಮಥುರಾ, ಖನೌಜ್ ಆನಿ ಬುಂದೇಲಖಂಡ ರಾಜ್ಯ ವೈದಿಕ, ಸನಾತನ ಏಕಯಿ ಭೌಧ ಧರ್ಮಾಚೆ ರಾಜ್ಯ ಆಶ್ಶೀಲೀಂತಿ. ಹೇ ಸಕ್ಕಡ

ರಾಜ್ಯಾಂತು ವೈದಿಕ ಆನಿ ಭೌಧ ಮತಾಚೆ ಸಾಮಾನ್ಯ ಜಽನ ಕಶ್ಶಿ ಜೀವನ ಕರ್ತಾಲೀಂತಿ? ರಾಯ್ಯಾಕ ಆನಿ ಬ್ರಾಹ್ಮಣಾಂಕ ನಿಕಟ ಸ್ನೇಹ ಆಶ್ಶೀಲೆಂ. ರಾಜ್ಯಾಂತು ಶಾಂತಿ ರಾಕ್ಕೂಂಕ ಬ್ರಾಹ್ಮಣಲೋಕು ಘಾವ ಆಸ್ಸಽತಿ ಮ್ಹೊಣು ಸಕ್ಕಡ ರಾಯ್ಯಾಲೆ ಅಭಿಪ್ರಾಯು ಆಶ್ಶೀಲೊ. ಬ್ರಾಹ್ಮಣಾಂಕ ಜಾಗೀರಭೂಂಯಿ ವಾಂಟೂನು ದಿಲ್ಲಿ. ಸಾಮಾನ್ಯ ಜಽನ ಸಕ್ಕಡ ಬ್ರಾಹ್ಮಣಾನ ಸಾಂಗೀಲೆ ತಶ್ಶಿ ಆಯ್ಕಽಲೀಂತಿ. ಬ್ರಾಹ್ಮಣಾಂಕ ಜಾಗೀರದಾರ ಮ್ಹೊಣು ನಾಂವ ದಿಲ್ಲೆಂ. ಬ್ರಾಹ್ಮಣಾನಿ ಜಾಗೀರಾಂತು ಶೂದ್ರಾಂಕರಾನ ಶೇತಕರೀ ಕೊರ್ಕಾ. ಶೇತಾಂತು ಜಾಲ್ಲೇಲೆ ಉತ್ಪನ್ನ ಒಟ್ಟುಕೋರ್ನು ಏಕು ವಾಂಟು ರಾಯ್ಯಾಕ ಪೇಟೋನು ವರ್ಲೊಲೊ ಭಾಗು ಸಮಪಾಲ ಕೋರ್ನು ಪ್ರತಿಏಕ ವ್ಯಕ್ತೀಕ ಏಕು ವಾಂಟು ದೀವ್ಕಾ. ವೈಶ್ಯಾನಿ ಗ್ರಹವಸ್ತು, ಧವಸಧಾನ್ಯ ಬ್ರಾಹ್ಮಣಾಲೆಲಾಗ್ಗಿ ಮೊಲ್ಲಾ ಘೇವ್ನು ಜನಾಂಕ ಸಂತೇಂತು ವಿಕ್ಕೂಕಾ. ಭಾಯಿಲೆ ರಾಜ್ಯಾಚೆ ವ್ಯಾಪಾರೀನಿ ಮ್ಹಾಲು ಮೊಲ್ಲಾಕ ಘೇವ್ಚಾಕ ಆಯ್ಲ್ಯಾರಿ ತಾಂಕಾ ರಾಯ್ಯಾಲೆ ತರ್ಪಿನ ಉತ್ಪನ್ನ ವಿಕ್ಕೂಯೇತ. ರಾಜ್ಯಾಂತು ಕ್ಷಾಮ ಪಳ್ಳ್ಯಾರಿಭಾಯ್ಲೆ ರಾಜ್ಯಾಕ ವೊಚ್ಚೂನು ಮ್ಹಾಲು ಹಾಣು ಆಪ್ಣ್ಯಾಲೆ ಗಾವಾಂತು ವಿಕ್ಕೂಯೇತ.

ವರ್ಸಗೆಲ್ಲೇಲೆತಶ್ಶೀಂಚಿ ಬ್ರಾಹ್ಮಣ ಜಾಗೀರದಾರಾನಿ ತಾಂಗೆಲೆ ನಾಂವಾಂಕ ತಕೀತ ಚಾಂಗು ಬ್ರಾಹ್ಮಣಯೋಗ್ಯ ಗುಣಸ್ವಭಾವು ರಾಕ್ಕೂನುಘೇನಿ. ಬ್ರಾಹ್ಮಣಪಽಣ ದೊವ್ರೋರ್ನುಘೇನಿ. ತಾನ್ನಿ ತಾಂಗೆಲೆ ಭಿತ್ತರೀಚಿ ಝೊಗೊಡ್ಚಾ ಸೂರು ಕೆಲ್ಲೆಂ. ಕ್ಷುಲ್ಲಕ ಕಾರಣಾಂಕ ಏಕ ಜಾಗೀರದಾರು ಆನಿಏಕ ಜಾಗೀರದಾರಾಲೆ ವಿರುದ್ಧ ಝುಗಳ್ಳೀಂತಿ. ಝುಗಡೊ ಚಳ್ಳೇಲೆ ತಶ್ಶೀಂಚೆ ತಾಂಗೆಲೊ ಸ್ವಂತ ಖರ್ಚು ವಿಪರೀತ ಚಳ್ಳೊ. ಜಾಗೀರಾಚೊ ಖಜಾನೆ ಖಾಲಿ ಜಾವ್ಚೆ ಸಾಮಾನ್ಯ ವಿಷಯು ಜಾಲ್ಲೊ. ತಾಂಗೆಲೆ ಜಾಗೀರಾಂತು ಘೊಳ್ತಲೆ ಶೇತಕರೀ ಜನಾಂಕ ವೇಳೇರಿ ಶೆತ್ತಾಚೊ ವಾಂಟು ದಿವ್ಚಾಂತು ಅನ್ಯಾಯು ಕೋರೂಂಕ ಸೂರು ಕೆಲ್ಲೆಂ. ರಾಯ್ಯಾಲೆ ಅಧಿಕಾರಾಕ ಆನಿ ಆಜ್ಞೇಂಕ ನಿರ್ಲಕ್ಷ ಕೆಲ್ಲೆಂ. ಪ್ರತಿ ಏಕ ಜಾಗೀರದಾರಾನ ತಾಗ್ಗೇಲೇಂಚಿ ಏಕ ಸೈನ್ಯ ದೊವ್ರೋರ್ನು ಘೆತ್ಲೆಂ. ರಾಯ್ಯಾಲೆ ಯುದ್ಧಾಂತು ಜಾಗೀರದಾರಾಲೆ ಸೈನ್ಯಾನ ಭಾಗುಘೆತ್ಲೊ. ರಾಯ್ಯಾಲೆ ರಾಜ್ಯ ವಿಸ್ತಾರ ಜಾವ್ಕಾ ಜಾಲ್ಯಾರಿ ತಾಗ್ಗೇಲೆ ಜಾಗೀರದಾರಾಂಲೆ ಸೈನ್ಯ ಶಕ್ತಿಶಾಲೀ ಜಾವ್ನು ಆಸ್ಸೂಕಾಆಶ್ಶೀಲೆಂ. ಜಾಗೀರದಾರಾಲೆ ಸೇನಾಧಿಪತಿ ರಾಯ್ಯಾಲೆ ಖಂಚೇಯಿ ಯುದ್ಧಾಂತು ಲಡಾಯೇಕ ವತ್ತಾಶ್ಶೀಲೊ.

ಜಾಗೀರದಾರಾನಿ ಆಪ್ಣ್ಯಾಲೆನಂತರ ಆನಿ ಆಪ್ಣ್ಯಾನ ಮೆಲ್ಲೆಮಾಗ್ಗೀರಿ ಆಪ್ಣ್ಯಾಲೆ ಚೆರ್ಡುವಾಂಕ ಮಾಂತ್ರ ರಾಯ್ಯಾನ ತಾಗ್ಗೇಲೆ ಜಾಗೀರ ದೀವ್ಕಾ ಮ್ಹೊಣು ಕ್ರಽಮು ಸೂರುಕೆಲ್ಲೊ. ಜಾಗೀರದಾರಾಕ ಸ್ವಂತ ಚೆರ್ಡುವಂ ನಾಜಾಲ್ಯಾರಿ ತಾಣೆ ದತ್ತುಪುತ್ರ ಘೇವ್ಯೆತ ಮ್ಹೊಣು ಜಾಲ್ಲೆಂ. ವಂಶಾನುವಂಶ ಏಕು ಜಾಗೀರು ತೇಚಿ ಕುಟುಂಬಾಕ ಹಸ್ತಾಂತರ ಜಾಲ್ಲೊ. ಜಾಗೀರದಾರಾಕ ಚೆರ್ಡುವಂ ಆಶ್ಶೀಲೆತಿತ್ಲೆ ತಾಗ್ಗೇಲೊ ಜಾಗೀರು ವಾಂಟೊ ಜಾವ್ನು ಸಾನಸಾನ ಜಾಗೀರ ಜಾಲ್ಲೀಂತಿ. ಜಾಗೀರದಾರಾಲೆ ಘರಕಡೆ ನ್ಯಾಯಲಯ ದೊವ್ರೋರ್ನು ಜನಾಂಕ ನ್ಯಾಯ ದಿವ್ಚೆಂಆಶ್ಶೀಲೆಂ.

ಜಾಗೀರದಾರಾಲೆಂ ಝುಗಡೆ ಸಾಮಾನ್ಯ ಜನಾಂಕ ಭಾರೀ ಕಷ್ಟಕಾರಕ ಜಾಲ್ಲೀಂತಿ. ತಾಂಕಾ ಖಾಣಾಕ-ಜೇವಣಾಕ ಧವಸಧಾನ್ಯ ಮೆಳ್ಚೆ ಕಷ್ಟಜಾಲ್ಲೆಂ. ಜಾಗೀರದಾರಾಲೆ ಸೈನ್ಯಾನ ಶೇತಕರೀ ಆನಿ ಇತರ ವೃತ್ತೀನ ಜೀವನ ಕರ್ತಲೆ ಜನಾಂಚೆವೈರಿ ದಬ್ಬಾಳಿಕೆ ಸೂರು ಕೆಲ್ಲಿ. ಗಾಂವಾಂತು ಜನಾನಿ ಗಲಾಟೊ ಕರ್ನಾತಶ್ಶಿ ದರೋಗಾ ಪಡೆ ನಿಯುಕ್ತಕೆಲ್ಲೆಂ. ದರೋಗಾನಿ ಗಾವಾಂಕ ರಾಕ್ಚೆ ಬದಲಾಕ ಗಾವಾಂಚೆ ಜನಾಂಚೆವೈರಿ ಅತ್ಯಾಚಾರು ಕೆಲ್ಲೊ. ದೇಶಾಂತು ಅನ್ಯಾಯು ಚಳ್ಳೊ. ಪೊಟ್ಟಾನಾತ್ತೀಲೆ ಭೂಖೇನ ತಡಪ್ತಲ್ಯಾಂಕ ಕಸ್ಸಲೆಕೊರ್ಚೆ ಮ್ಹೊಣು ಕಳ್ಳಿ. ಅನೇಕ ಲೋಕಾನಿ ಚೋರಣೀಕೇಕ ಹಾತುಘಾಲ್ಲೊ. ಏಕು ಪಾವು ಧಾನ್ಯ ಚೊರ್ಲೆಂ ಜಾಲ್ಯಾರಿ ತಾಕ್ಕಾ ಗಾಂವಾಚೆ ದರೋಗಾನ ಶಿಕ್ಷಿ ದಿಲ್ಲಿ. ಶಿಕ್ಷಾ ಮ್ಹೊಣುಸಾಂಗೂನು ಕಟುಕಾಚೆ ಕರಾನ ತೇ ಮನುಷ್ಯಾಲೊ ಹಾತೂಚಿ ಕಾತ್ತರ್ಲೊ. ತಾಗ್ಗೇಲಿ ಬಾಯ್ಲ ರಾತುದೀಸು ರಳ್ಳಿ ಆನಿ ಕಡೇರಿ ತಳ್ಯಾಂತು ಉಡ್ಕಿ ಮಾರ್ನು ತೀಣೆ ಆತ್ಮ ಹತ್ಯೆ ಕೋರ್ನು ಘೆತ್ಲೆಂ.

ಅನೇಕ ಪಟಿ ಗಾಂವಾಂತು ಪಾವ್ಸು ಸಮः ಯೇನಾನಾತ್ತೀಲೆ ಆಹಾರ ಧವಸಧಾನ್ಯ ಉತ್ಪನ್ನಕೊರ್ಚೆ ಶೇತಕರಿಲೋಕಾಂಕ ನಷ್ಟ ಜಾಲ್ಲೆಂ. ಉಷಿಣೆ ದಿತ್ತಲೆ ವ್ಯಾಪಾರಿಲೋಕಾನಿ ವಿಪರೀತ ವಾಡ್ಡಿಯೇರಿ ತಾಂಗೆಲೆ ಶೇತ್ತಾಕ ಆನಿ ಮುಕಾರಿ ಜಾವ್ಚೆ ಬೇಳ್ಯಾಕ ಅಡವುದೊವ್ವೋನ್ನು ಉಷೀಣೆ ದಿಲ್ಲೆಂ. ಬೇಳೇಂ ಜಾಯ್ನಿ ಜಾಲ್ಯಾರಿ ತೇ ಶೇತಕರಾಕ ಉಷೀಣೆ ತೀರ್ರೂಚಾಕ ಜಾಯ್ನಿ. ತಾಗ್ಗೇಲೆ ಶೇತ ವ್ಯಾಪಾರೀಕ ಉಣೇ ಮೊಲ್ಲಾರಿ ವಿಕ್ಕೂನು ಉಷಿಣೆ ಚುಕ್ಕೈಲೆಂ. ಅಶ್ಶೀ ವರ್ಸ ಗೆಲ್ಲೇಲೆತಶ್ಶೀಂಚಿ ಭಾರತಾಂತು ಸಾಮಾನ್ಯ ಜನಾಂಲೆ ಕಷ್ಟ ಸ್ಥೈಸೂಚಾಕ ಜಾಯ್ನಾತಿತ್ಲೆಂ ಭಾರೀ ಚಃಡಜಾಲ್ಲೆ. ಘೂಡೆ ಬ್ರಾಹ್ಮಣಮಾಂತ್ರ ಜಾಗೀರದಾರ ಹುದ್ದೇಕ ನೇಮುಕ ಕರ್ತಾಆಶ್ಶೀಲೊ ರಾಯು. ಜಾಲ್ಯಾರಿ ನಂತರ ಕ್ಷತ್ರಿಯ ಲೋಕು ಹೇ ಸ್ಥಾನಾಂತು ನೇಮಿತ ಜಾಲ್ಲೇತಿ. ಥೋಡೇ ಬ್ರಾಹ್ಮಣ ಆಪ್ಪಣ ಕ್ಷತ್ರಿಯ ಮ್ಹೊಣು ಸಾಂಗೂಲಾಗ್ಲೆ. ಆನಿ ಥೋಡೇ ಕ್ಷತ್ರಿಯಾಂನಿ ಆಪ್ಪಣ್ಯಾಂಕ ಬ್ರಾಹ್ಮಣ ಮ್ಹೊಣೋನುಘೆತ್ಲೆಂ. ಕಡೇರಿ ಸಕ್ಕಡ ಜಾಗೀರದಾರ ಕ್ಷತ್ರಿಯ ಮಾಂತ್ರ ಜಾಲ್ಲೀಂತಿ.

ಅನಾದಿಕಾಲದೋನ್ನು ಭಾರತಾಂತು ಸಕ್ಕಡ ಕಡೇನ ವಿವಿಧ ಸಾಂಸ್ಕೃತಿಕ ಸಮಾರಂಭ ಜಾತ್ತಾಆಶ್ಶೀಲೆ. ಬ್ರಹ್ಮ, ವಿಷ್ಣು, ಮಹೇಶ್ವರು, ಕಾರ್ತಿಕೇಯು, ಗಣೇಶು, ಕಾಳೀ, ದುರ್ಗಿ, ಇತ್ಯಾದಿ ದೇವದೇವತೇಂಕ ಹೊಳ್ಳೆ ಹೊಳ್ಳೆ ದೇವಸ್ಥಾನ, ಆನಿ ಮಂದಿರ ಆಶ್ಶೀಲೀಂತಿ. ಪ್ರತಿಏಕ ಗಾಂವಾಂತು ಭಟ್ಟಃ, ಜ್ಯೋತಿಷ್ಯೀ, ಪಾಠಶಾಳಾ, ಘಟಿಕಶಾಳಾ (ವಿದ್ಯಾರ್ಥಿಂಕ ಪರೀಕ್ಷಾ ಕೋರ್ನು ಉತ್ತೀರ್ಣ ಜಾಲ್ಯಾಲಾಂಕ ದೀಕ್ಷೆ ಪ್ರದಾನ ಕೊರ್ಚೆ ಕೇಂದ್ರ), ಶಿಲ್ಪಕಲಾ, ಕಾಷ್ಟಕಲಾ (ರುಕ್ಕಾಚೆಕಾಮಾಂಚೆ), ಗೊರ್ವಾಂಕ ಪೊಳೋನು ಘೆತ್ತಲೆ ಗಾಂವ್ಡೆಲೋಕು, ಗೊರ್ವಾಂಕ ಆನಿ ಮನುಷ್ಯಾಂಕ ಅನಾರೋಗ್ಯ ಜಾಲ್ಯಾರಿ ತಾಂಕಾ ಪರೀಕ್ಷೆ ಕೋರ್ನು ವಕ್ಕದ ದೀವ್ನು ಪೊಳೋನು ಘೆತ್ತಲೆ ವೈದ್ಯ ಆನಿ ಪಶುವೈದ್ಯ, ತೆಲ್ಲಾಚೊ ಗಾಣೊ ಘುವಂಡಾಯಿತಲೆ ಗಾಣಿಗಃ, ಚರ್ಮಾಂಚೆ ವಸ್ತು ಕರ್ತಲೆ ಚಮ್ಮಾರಃ, ಲೊಖಂಡಾಕ ಉಜ್ಜಾಂತು ಮೋವುಕೋರ್ನು ವಿವಿಧ ಆಯುಧ, ಕೊಯ್ತಿ, ಕಾತ್ತರೀ, ಪೆಸ್ಕಾತಿ, ಆಡ್ಡೋಳಿ,

ಮೋಳೆ, ಸರಿಯೊ, ಕಟ್ಬೋಳೆ ತಯ್ಯಾರಿ ಕರ್ತಃಲೆ ಲೋಹಾರಃ, ಕಾಪ್ಪಡ, ಕಾಂಬಳಿ, ಆವಂಗಲೆ ಇತ್ಯಾದಿ ಉಂಬಳ್ತಲೆ ಆನಿ ಧುತ್ತಲೆ ಧೋಭೀ, ಇತ್ಯಾದಿ ಸಕ್ಕಡ ನಮೂನ್ಯಾಚೆ ಜೀವನವೃತ್ತಿಚೊ ಲೋಕು ಜೀವನಕೋರ್ನು ಆಶ್ಶಿಲೆ. ಖಂಚೆಯಿ ಏಕ ಸಂವತ್ಸರಾಂತು ಪಾವ್ಸು ಸಮಃಂಚಿ ಆಯ್ಲೊಕೀ ತೇ ವರ್ಸಾಂತು ಬೇಂಳೇಂ ಸಮೃದ್ಧ ಜಾವ್ನು ಜನಾಂಕ ಖಾಣಾಂಕಜೆವಣಾಂಕ ಊಣೆ ಜಾಯ್ನಿ. ಅನಾವೃಷ್ಟಿ ಜಾಲ್ಲೇಲೆ ವರ್ಸಾಂತು ಜನಾಂಕ ದುಃಖ ಶಿವಾಯಿ ಆನಿಕಾಂಯೀ ನಾಜಾಲ್ಲೆಂ. ತಾಂಗೇಲೆ ಜಾಗೀರದಾರಾಂಕ ಅನಾವೃಷ್ಟೀಚೆ ಸಮಯಾರಿ ಕಶ್ಶಿ ಗಾಂವಾಂತು ಕ್ಷಾಮಪರಿಹಾರು ಕೋರ್ಯೇತ ಮ್ಹೊಣು ಆಲೋಚನ ಊಣೆ ಆಶ್ಶೀಲಿ. ಅನಾವೃಷ್ಟೀನ ಜನಾಲೆ ಮನೋಭಂಗ ಜಾಲ್ಲೆಂ.

ಘಜನಿ ಮಹಮ್ಮೂದಾಲೆ ಸೌಭಾಗ್ಯ

ಭಾರತಾಂತು ಅನ್ಯಾಯಾಚೊ ವೇಳು ಘಜನೀ ಮಹಮ್ಮೂದಾಲೆ ಸೈನ್ಯಾನ ಸಿಂಧೂ ನ್ಹಯೀ ದಾಂಟ್ಲೂನು ಆಯ್ಯೆಲೆ ದೀಸುದೋರ್ನು ಕ್ರಿ. ಶ. 1000ದೋರ್ನು ಸೂರು ಜಾಲ್ಲೊಲೊ. ತಾಜ್ಜಾ ಘೂಡೆ ಹಿಂದೂ ಧರ್ಮಾವ್ಹೈರಿ ಆಕ್ರಮಣ ಜಾಯ್ನಿಆಶ್ಶೀಲೆಂ.

ಘಜನಿ ಮಹಮ್ಮೂದಾನ ಭಾರತವರ್ಷಾವ್ಹೈರಿ ದಾಳಿ ಕ್ರಿ.ಶ.1000 ಇಸ್ವಿ ದೋರ್ನು 1027 ಇಸ್ವಿತಾಂಯಿ 17 ಪಟಿ ಕೆಲ್ಲಿ. ಪ್ರತೀಪಟಿ ಅಪಾರ ದ್ರವ್ಯ, ದುಡ್ಡು, ಭಾಂಗರ, ಬಾಯ್ಲೊ, ಚೆರ್ಡುವಂ ಘೇವ್ನು ಗೆಲ್ಲೊ. ದಾರ್ಲೆ ಮನುಷ್ಯಾಂಕ ಜಿವ್ನಿಮಾರ್ಲೆಂ. ಹೇ ಪ್ರದೇಶಾಂತು ಸಕ್ಕಡ ಕಡೇನ ಘಜನಿ ಮಹಮ್ಮೂದಾನ ಆನಿ ತಾಗ್ಗೇಲೆ ಸೈನ್ಯಾನ ದಾಳಿ ಕೋರ್ನು ಸಾಮಾನ್ಯ ಜನಾಂಕ ದುಃಖ ದಿಲ್ಲೆಂ.

ತುರ್ಕಾಂಚೊ ಘಜನಿ ಮಹಮ್ಮೂದಾನ ಸಿಂಧ ಆನಿ ಗುಜರಾತ ಪ್ರಾಂತಾಂತು ದಾಳಿ ಕರ್ತಃನಾ ಭಾರತಾಚೆ ರಾಯ ಸಕ್ಕಡ ಬಲಹೀನ ಜಾವ್ನು ಆಶ್ಶೀಲೆತಿ. ರಾಯ್ಯಾಲೆ ಸೈನ್ಯಾಂತು ಒಗ್ಗಟ್ಟು ನಾಆಶ್ಶೀಲೊ. ಸೈನಿಕಾಂಕ ಲಾಯಿಕ ತರಬೇತಿ ದೀನಿಆಶ್ಶೀಲಿ. ಘಜನಿ ಸೈನ್ಯಾನ ಭಾರತಾಚೆ ಸೈನಿಕಾಂಕ ಸುಲಭೇರಿ ಕಾತ್ತೋರ್ನು ಘಾಲ್ಲೆಂ. ದೇವಳಾಂಕ ಆನಿ ಮಂದಿರಾಂಕ ನಷ್ಟಕೆಲ್ಲೆಂ ಆನಿ ಘಃರಾಂಕ, ಹೋಡಸಾನ ವಸತಿಗ್ರಹಾಂಕ, ಗುಡಿಸಲಾಂಕ ಉಜ್ಜೊದೀವ್ನು ತಾಂತು ವಾಸಕೋರ್ನು ಆಶ್ಶೀಲೆ ದಾರ್ಲೆಮನುಷ್ಯಾಂಕ ಆನಿ ಮ್ಹಾಂತಾರೆ ಲೋಕಾಂಕ ಗಃಳೊ ಕಾತ್ತೋರ್ನು ಜಿವ್ನಿಮಾರ್ಲೆಂ. ಬಾಯ್ಲಮನ್ಶಾಂಕ ವ್ಹಾರ್ಡಿಕ ಜಾಲ್ಲೇಲೆ ಆನಿ ಜಾಯ್ಯಾನಾತ್ತೀಲೆ ಮ್ಹೊಣು ವಿಂಗವಿಂಗಡ ಕೆಲ್ಲೆಂ. ವ್ಹಾರ್ಡಿಕ ಜಾಯ್ಯಾನಾತ್ತೀಲೆ ಜೆಲ್ಲ್ಯಾಂಕ ಬಾಯ್ಲ ಕೋರ್ನು ಘೆತ್ಲೆಂ. ವ್ಹಾರ್ಡಿಕ ಜಾಲ್ಲೆಲೆ ಬಾಯ್ಲಮನ್ಶಾಂಕ ಹೀನ ಆನಿ ಗಲೀಜ್ ಕಾಮಕೋರೂಂಕ ದೊವ್ರೋರ್ನುಘೆತ್ಲೆ. ಪ್ರತಿಏಕ ಘಜನೀಸ್ಸೈನಿಕಾಕ ಏಕಿ ಬಾಯ್ಲ ಆನಿ ಏಕಿ ಕಾಮಾಂಚಿ ಮೆಳ್ಳಿಂತಿ. ದೇವಳಾಂತು, ರಾವ್ಳಾರಾಂತು, ಘರಾಂತು, ಭಾಂಡಾರಾಂತು (ಆಂಗಡೀಂತು) ಭಾಂಡಸಾಳೇಂತು ಆಶ್ಶೀಲೊ ಸಕ್ಕಡ ಸಾಮಾನು ಆನಿ ಪ್ರತಿಏಕು ಮೊಲ್ಲಾಚೊ ವಸ್ತು ತಾನ್ನಿ ಒಟ್ಟುಕೋರ್ನು ತಾಂಗೇಲೆ ತುರ್ಕಿಸ್ಥಾನಾಂಕ ಘೇವ್ನುಗೆಲ್ಲೀಂತಿ.

ವೈರಾಗು ದುಃಖಾಚೊ ಪರಿಣಾಮು

ಘಜನಿ ಮಹಮ್ಮೂದಾಲಿ ದಾಳಿ ಜಾವ್ನೆ ಘೂಡೇಚಿ ಭಾರತಾಂತು ಸಾಮಾಜಿಕ ನ್ಯಾಯ ನಾಜಾಲ್ಲೇಲೆ. ಸಾಮಾನ್ಯ ಜನಾಂಕ ನ್ಯಾಯು ಮೆಳ್ಚೆ ಕಷ್ಟ ಜಾಲ್ಲೇಲೆ. ತಾಂಕಾ ಕಷ್ಟಾಂತುತಾಕ್ಕೂನು ಪಾರಜಾವ್ಚಾಕ ಉಪಾಯ ದಿಸ್ಸಃನಿ. ಘಜನೀಲಿ ದಾಳಿ ಜಾಲ್ಲೆಮಾಗ್ಗೀರಿ ಭಾರತಾಂತು ಜನಾಂಕ ವೈರಾಗು ಭಾರಿ ಆಯ್ಲೊ. ಮನೋಭಂಗ ಚಃಡ ಜಾಲ್ಲೆಂ. ಮನುಷ್ಯಾಕ ದುಃಖಾಚೆ ದೃಶ್ಯ ಪಳಯಿಲ್ಯಾರಿ ಮನಾಂತು ವೈರಾಗು ಯೆತ್ತಾ. ರಾಜಕುಮಾರ ಸಿದ್ಧಾರ್ಥಾಕ ದುಃಖಾಚೆ ಅನೇಕ ದೃಶ್ಯ ಪೊಳೋನು ವೈರಾಗ ಆಯ್ಲೆಂ ಮ್ಹೋಣು ಆಮ್ಮೀ ತಾಗ್ಗೇಲೆ ಚರಿತ್ರೇಂತು ವಾಜ್ಜೀತಾತಿ. ದುಃಖಾಂತು ಪಳ್ಳೋಲೊ ಮನೀಶು ಖಿನ್ನ ಜಾತ್ತಾ ಆನಿ ಗಾಂವು ಸೋಣು ವತ್ತಾ. ಮನುಷ್ಯಾಕ ಆಸ್ತಿ, ಸಂಪತ್ತು, ಐಶ್ವರ್ಯ ಇತ್ಯಾದಿ ಆಸ್ಸಜಾಲ್ಲ್ಯಾರೀಯಿ ನಾಜಾಲ್ಲ್ಯಾರಿಯಿ ತಾಕ್ಕಾ ಸ್ವಂತಾಕ ದುಃಖ ಯೆನಾಮ್ಹೋಣು ನಾ. ದುಃಖ ಯೇವ್ಕಾ ಜಾಲ್ಲ್ಯಾರಿ ಅನೇಕ ಕಾರಣ ಆಸ್ಸಃತಿ. ಮೋಹ, ಲೋಭ, ಮತ್ಸರ ಮ್ಹಳ್ಳೇಲೆ ತೀನಿ ಗುಣಾನ ಶ್ರೀಮಂತೂಯಿ ದುಃಖಿ ಜಾವ್ಚಾಕ ಸಾಧ್ಯಆಸ್ಸ.

ರಾಯ ಬದಲ್ಸಲೆ (ಜಾಲ್ಲ್ಯಾರಿ ಜನಾಲೆ ಕಷ್ಟ ಪರಿಹಾರ ಜಾಯ್ನಿ)

ಕ್ರಿ. ಶ. 876ದೋನ್ಸುರ್ 1876ವರೇಕ ಭಾರತಾಂತು ದುರ್ಬಳೆ ಲೋಕಾಲಿ ಪರಿಸ್ಥಿತಿ ತಾಜ್ಜೆ ಘೂಡೆ ಆಶ್ಶೀಲೆವರೀಚಿ ವರ್ಲೆಲಿ. ಹಿಂದು ರಾಯ್ಯಾಲೆ ಆಳ್ವಿಕೇಚೆ ವೇಳಾರಿ ಪುಣಿ ಆಮ್ಗೆಲೊ ಧರ್ಮು ಖಂಚೊ ಮ್ಹೋಣು ಕೋಣಯಿ ನಿಮ್ಗಿನಾಂತಿಆಶ್ಶೀಲೀಂತಿ. ಮುಸ್ಲಿಂರಾಯ್ಯಾನಿ ಆಯ್ಲೆ ಮಾಗ್ಗೀರಿ ಹಿಂದುಸ್ಥಾನಾಂತು 'ತುಗ್ಗೆಲೊ ಧರ್ಮು ಖಂಚೊ?' ಮ್ಹೋಣು ರಾಯ್ಯಾಲೆ ಅಧಿಕಾರೀನ ನಿಮ್ಗೂಚಾಕ ಸೂರುಕೆಲ್ಲೆಂ. 'ತೂಂ ಮುಸಲ್ಮಾನು ಜಾಲ್ಲೊವೇ ವಾಂಚ್ಲೊ. ಮುಸಲ್ಮಾನು ಜಾಯ್ನಿ ಜಾಲ್ಲ್ಯಾರಿ ತೂಂ ಮನೀಶು ನ್ಹಂಯಿ. ತೂಂ ಕಾಫೀರು,' ಮ್ಹಣಾಲೀಂತಿ. ಬಲವಂತಕೋನ್ಸುರ್ ಅನೇಕ ಹಿಂದೂಂಕ ಇಸ್ಲಾಂ ಧರ್ಮಾಂತು ಭರ್ತಿಕೆಲ್ಲೆಂ. ತಾಂಚೆಕರಾನ ಗಾಯ್ಚೆ ಮಾಸ ಖಾವೈಶಿಕರ್ರೈಲೆಂ.

ಆಮ್ಗೆಲೆ ದುಃಖಾಕ ಆಮ್ಗೆಲೊ ಧರ್ಮು ಕಾರಣ ಜಾಲ್ಲೊ. ಆಮ್ಮಿ ಖಂಚೇಯಿ ಜಾತೀಕ ಮೆಳ್ಳೇಲೆಜಾಲ್ಲ್ಯಾರಿ ಇತ್ತೇಂ? ಆಮ್ಮಿ ಸಕ್ಕಡ ಮನುಷ್ಯಜಾತೀಚೆ ಜಾವ್ನು ಆಸ್ಸತಿ. ಆಮ್ಕಾ ಸ್ವಾಭೀಮಾನ ಆಸ್ಸ. ನಂತಾ ಆಮ್ಮಿ ಗಾಯ್ಚೆ ಮಾಸ ಖಾಯ್ನಾಂತಿ.

ಘೂರ್ ಮುಹಮ್ಮದಾಲೆಂ ಅಟ್ಟಹಾಸ

ಕಿ. ಶ. 1027 ಇಸ್ವೇಚಿ ಕಡೇಚಿ ಘಜನಿ ಮಹಮ್ಮೂದಾಲಿ ದಾಳಿ ಜಾಲ್ಲೆಮಾಗ್ಗೀರಿ ಭಾರತಾಚೆ ವಾಯವ್ಯ (ಪಶ್ಚಿಮೋತ್ತರ) ಪ್ರದೇಶಾಂತು ಆನ್ನಿ ಕಸ್ಸಲೇಂಯಿ ಲೂಟಿ ಕೊರೂಂಕ ವರ್ನಿ. ತಶ್ಶಿಜಾವ್ನು ತುರ್ಕಾಂಚಾನಿ 1191 ಇಸ್ವೇವರೇಕ ಭಾರತಾಚೆ ವಾಯವ್ಯಾಂತು ಆಶ್ಶಿಲೆ ಹಿಂದೂ ಶಾಹೀ ರಾಯ್ಯಾಂಕ ತೊಂದ್ರೆ ದಿಲ್ಲೆಂ ಮಾಂತ್ರ. ಸಿಂಧೂ ನದೀಚೆ ಪೂರ್ವಾಕ ದಾಳಿ

ಕರ್ನಿ. ಕ್ರಿ. ಶ. 1191 ಇಸ್ವೇಂತು ತುರ್ಕಾಂಚೊ ರಾಯು ಘೂರ ಮುಹಮ್ಮದಾನ ಸಿಂಧೂ ನ್ಹಂಯ್ಚೆ ಪಶ್ಚಿಮಾಂತು ಆಶ್ಶೀಲೆ ಸಕ್ಕಡ ರಾಯ್ಯಾಂಕ (ತಾಂತು ಥೋಡೇ ಮುಸ್ಲಿಂ ರಾಯ ಆಶ್ಶೀಲೀಂತಿ), ಸಲ್ವಾನು ದಿಲ್ಲೀಚೆ ಪೃಥ್ವೀರಾಜ ಚೌಹಾನ ನಾಂವಾಂಚೆ ರಾಯ್ಯಾಲೆಬಟ್ಟು ಯುದ್ಧಕೆಲ್ಲೆಂ. ಘೂರ ಮುಹಮ್ಮದು ಸಲ್ವಲೊ ಆನಿ ಪೃಥ್ವೀರಾಜಾನ ತಾಕ್ಕಾ ಹೇಡಿ ಮ್ಹೊಣು ಮಾಫಿಕೋರ್ನು ವಾಪಸ ತಾಗ್ಗೇಲೆ ರಾಜ್ಯಾಕ ಧಾವ್ನುವೊಚ್ಚಾಕ ಸೋಣುದಿಲ್ಲೆಂ. ಪೃಥ್ವೀರಾಜಾನ ಘೂರ್ ಮುಹಮ್ಮದಾಕ ಮಾಫಿಕೋರ್ನು ಕಸ್ಸಲ್ಯಾಕ ಸೋಣು ದಿಲ್ಲೆಂ ಮ್ಹೊಣು ಅರ್ಥು ಜಾಯ್ನಾ.

ತೇಚಿ ಘೂರ್ ಮುಹಮ್ಮದು 1192 ಇಸ್ವೇಂತು ವೋಪಾಸ ದಿಲ್ಲೀಚೆವೈರಿ ಸೈನ್ಯಘೇವ್ನು ಆಯ್ಲೊ. ಪೃಥ್ವೀರಾಜಾನ ದಿಲ್ಲೀತಾಕ್ಕೂನು 100 ಕಿಲೊಮೀಟರ್ ಧೂರ ಪಶ್ಚಿಮಾಕ ಆಸ್ಸೂಚೆ ತರೈನ ಮ್ಹಳ್ಳೇಲೆ ಗಾಂವಾಂತು ಯೇವ್ನು ಘೂರ್ ಮುಹಮ್ಮದಾಲೆಬಟ್ಟು ಯುದ್ಧ ಕೆಲ್ಲೆಂ. ಹೇ ಯುದ್ಧಾಂತು ಪೃಥ್ವೀರಾಜು ಸಲ್ವಲೊ ಅನಿ ಕಡೇರಿ ಬಂಧಿಖಾನೇಂತು ಮೆಲ್ಲೊ.

ತಾಜ್ಜೆಮಾಗ್ಗೀರಿ ಹಿಂದುಸ್ಥಾನಾಂಚೆ ಸಾಮಾನ್ಯಜನಾಂಕ ಅತ್ಯಂತ ದುಃಖಾಚೆ ದೀಸ ಆಯ್ಲೀಂತಿ. ಮುಸ್ಲಿಂ ಲೋಕು ಹಿಂಡುಹಿಂಡು ಜಾವ್ನು ವಾಯವ್ಯ ದಿಕ್ಕಾನ ಭಾರತಾಂತು ರಿಗ್ಲೀಂತಿ. ತಾಂಕಾ ತಡಸೀತಲೊ ರಾಯು ಎಕ್ಕೂಯಿ ಮುಕಾರಿ ಯೇನಿ. ಭಾರತಾಕ ಆಯ್ಯೀಲೆ ಮುಸ್ಲಿಂ ಲೋಕಾಂತು ಸಕ್ಕಡ ದಾರ್ಲೆ ಮಾಂತ್ರ ಆಶ್ಶೀಲೀಂತಿ. ತೇ ಸಕ್ಕಡ ಚೋರ, ಖೂನಿ, ಲುಟೇರೆ, ಘಟೀಂಗ ಜಾವ್ನು ಆಶ್ಶೀಲೀಂತಿ. ತಾನ್ನಿ ಮುಸಲ್ಮಾನ ಜಾಲ್ಯಾರಿಯಿ ತಾಂಗೇಲಿ ಬುದ್ಧಿ ಅತ್ಯಂತ ನೀಚ ಜಾವ್ನು ಆಶ್ಶೀಲಿ. ಅಸ್ಸಲೊ ಲೋಕು ಭಾರತಾಕ ಆಯ್ಲೀಂತಿ. ದಿಲ್ಲೀಚೆ ರಾಯ್ಯಾಂಕ ಜಾವ್ವೊ ಇತರ ರಾಜ್ಯಾಚೆ ರಾಯ್ಯಾಂಕ ಜಾವ್ವೊ ತುರ್ಕಿಚೆ ಜಾವ್ವೊ ಅಫ್ಘಾನಿಸ್ಥಾನಾಚೆ ಜಾವ್ವೊ ಹೆ ಆಕ್ರಮಣಕಾರಾಂಕ ಭಾರತಾಂತು ಭಿತ್ತರಿ ಯೇನಾತಶ್ಶಿ ತಡ್ಡೂಚಾಕ ಜಾಯ್ನಿ.

ಕ್ರಿ. ಶ. 1200 ಇಸ್ವೇಚೆ ನಂತರ ಉತ್ತರ ಭಾರತಾಂತು ಆನಿ ದಿಲ್ಲೀಂತು ಖಿಲ್ಜಿ ವಂಶಾಚೆ ಸುಲ್ತಾನಾನಿ ರಾಜ್ಯ ಕೆಲ್ಲೆಂ. ಖಿಲ್ಜೀ ಸುಲ್ತಾನಾನಿ ಹಿಂದೂಂಕ ಅನೇಕ ಕಷ್ಟ ದೀವ್ನು ಮುಸಲ್ಮಾನ ಧರ್ಮಾಂಕ ಪರಿವರ್ತನ ಕೋರೂಂಕ ಪ್ರಯತ್ನ ಕೆಲ್ಲೆಂ. ಹಿಂದೂನಿ ಜಿಜಿಯಾ ಮ್ಹಳ್ಳೇಲೆ ಶುಲ್ಕ ದೀವ್ಕಾಜಾಲ್ಲೆಂ. ಖಿಲ್ಜೀಲೆ ಆಜ್ಞೇರಿ ತಾಗ್ಗೇಲೆ ಅಧಿಕಾರೀನಿ ಅನೇಕ ದೇವಳ ಆನಿ ಮಂದಿರ ಪಾಡಯ್ಲೆಂ. ದೇವಳ ಆಶ್ಶೀಲೆಜಾಗ್ಯಾರಿ ಮಸೀದಿ ಬಾಂದ್ಯೆಲಿ. ಹಿಂದೂ ಮತಾಚೆ ಶಾಸ್ತ್ರಾಚೆ ಪುಸ್ತಕಂ ಉಜ್ಜೊದೀವ್ನು ಭಸ್ಮಕೆಲ್ಲೆಂ. ಚಂದಚಂದ ಚಿರಣಿಕೇಚೆ ವಸ್ತೂಂಕ ಸುತ್ತಿಯೇನ ಧಾಥಾನು ಪುಡ್ಡಿಕೋರ್ನು ನಾಶ ಕೆಲ್ಲೆಂ. ಹಿಂದು ಬಾಯ್ಲಮನ್ಶಾಂಕ ಚೋರ್ನುವ್ಹೋರ್ನು ಹಿಂಸೆದೀವ್ನು ಇಸ್ಲಾಂ ಧರ್ಮಾಂತು ಮೇಳೋನು ವ್ಹಾರ್ಡಿಕಕೋರ್ನುಘೆತ್ಲಿ. ವ್ಹಾರ್ಡಿಕ ಜಾಲ್ಲೇಲೆ ಏಕ ದೋನಿ ವಾರ ಭಿತ್ತರಿ ತಾಂಕಾ ತಲಾಕ (ಡಿವೋರ್ಸ್) ದೀವ್ನು ಮಾರ್ಗಾರಿ ಭೀಕ ಮಾಗ್ಗೂಂಕ ಸೊಳ್ಳೀಂತಿ. ಥೋಡೇ ಬಾಯ್ಲಮನ್ಶ ವೇಶ್ಯಾವೃತ್ತೀಂತು ಮೆಳ್ಳೀಂತಿ. ಮ್ಹಾಂತಾರೀಂಕ ಮಾಗ್ಗೂನು ಖಾವ್ಚಿವಾಟ ಮಾಂತ್ರ ಎದ್ರಾ ದಿಸ್ಲಿ. ಮಸೀದಿ ಎದ್ರಾಕ ವಾಜ್ಜಪ ಘುಂಕ್ಲೆಮ್ಹೊಣು ವಾಜ್ಯಾಂಕ ಆನಿ

ಮೆರವಣಿಗೇಂತು ಭಾಗಘೆತ್ತೀಲೆ ಸಕ್ಕಡಾಂಕ ಪೆಸ್ಕಾತಿ ಘಾಲ್ನು ಜಿವ್ಚಿಮಾರ್ಲ್ಲೆಂ. ಸ್ವಲ್ಪ ಜಽಣ ತೀವ್ರ ಘಾಯಿು ಜಾವ್ನು ಕೆಲವು ದಿವಸನಂತರ ಮೆಲ್ಲೀಂತಿ.

ಮಽತು ಖಂಚೊ ಜಾಲ್ಲ್ಯಾರಿ ಇತ್ತೇಂ

ತುರ್ಕೀಂಚೆ ಆನಿ ಆಫ್ಘಾನಿಸ್ಥಾನಾಂಚೆ ಗೋರೆ ಮುಸಲ್ಮಾನಾನಿ ಇಸ್ಲಾಂಧರ್ಮಾಂತು ಪರಿವರ್ತನ ಜಾಲ್ಲೇಲೆ ಹಿಂದುಸ್ಥಾನೀ ಮುಸ್ಲಿಂ ಲೋಕಾಂಕ ಅನಿರ್ಬಂಧ ಸ್ವೀಕಾರ ಕಽರ್ನಿ. ಭಾರತಾಚೆ ಪ್ರತಿಏಕ ನಾಗರೀಕ ಚಿಕೇಚಿ ಕಾಳೆ ವರ್ಣಾಚೆ ಜಾಲ್ಲೇಲೆ ನಿಮಿತ್ತ ಪರದೇಶೀ ಮುಸ್ಲಿಮಾನಿ ಭಾರತೀಯಾಂಕ ದೂರದವ್ವರ್ಲೆ. ತಾಂಗೆಲೆ ಸಭೇಂತು ಆನಿ ಮಸೀದೀಂತು ನಮಾಜ್ಹಾಚೆ ವೇಳಾರಿ ತಾಂಗೆಲೆಮಧ್ಯೆ ಹಿಂದುಸ್ಥಾನೀ ಮುಸಲ್ಮಾನಾಂಕ ಯೇವ್ನುಮೇಳೂಂಕ ಸೋಣಿ. ತಾನ್ನಿ ವರ್ಣಭೇಧು ಆಚರಣೆಕೆಲ್ಲೆಂ.

ಕ್ರಿ. ಶ. 1320ತಾಂಯಿ ಖಿಲ್ಜಿವಂಶಾಚೆ ರಾಯ್ಯಾನಿ ದಿಲ್ಲೀಂತು ರಾಜ್ಯ ಕೆಲ್ಲೆಂ. ಹೇ 120ವರ್ಸಾಚೆ ಮುಸ್ಲಿಂ ಆಡಳಿತೇಚೆ ಸಮಯಾಂತು ಸನಾತನ ಧರ್ಮು ಕ್ಷೀಣಜಾಲ್ಲೊ. ಭಾರತಾಂತು ಹಿಂದು, ಭೌಧ ಆನಿ ಜೈನಧರ್ಮಾಂಕ ವಿಪರೀತ ಜಾವ್ನು ಆಶ್ಶೀಲೊ ಇಸ್ಲಾಂಧರ್ಮು ಜನಾಂಕ ಏಕ ಸಮಸ್ಯೆಜಾವ್ನು ಉಠಾನುರಾಬ್ಲೊ.

ಮುಖ್ಯಜಾವ್ನು ಮುಸಲ್ಮಾನಾನಿ ಗಾಯ್ಕ ಕಾತ್ತೋರ್ಚೆ ಆನಿ ಗಾಯ್ಚೆ ಮಾಸ ಖಾವ್ಚೆ ಭಾರತಾಚೆ ಖಂಚೇಯಿ ಜಾತೀಚೆ ಹಿಂದೂಕ ಬಿಲ್ಕುಲ್ ಸಽಮ ಪಽಣಿ. ಭೌಧ ಆನಿ ಜೈನಧರ್ಮಾನಿ ಹಿಂದೂಧರ್ಮಾಂಚೆ ಜನಾವೈರಿ ಗಾಯ್ಕ ಮಾರ್ಚೆ ವಿಷಯಾಂತು ಏಕ ಹಜ್ಹಾರ ವರ್ಸಧೋರ್ನು ಕಿತ್ಲೊ ಪರಿಣಾಮು ಕೆಲ್ಲೊಲೊ ಮ್ಹಳ್ಯಾರಿ ಗಾಯ್ಕ ಆನಿ ಪಾಡ್ಡ್ಯಾಂಕ ದೈವಸಮಾನ ಪೂಜಾ ಕರ್ತಾಆಶ್ಶೀಲೀಂತಿ. ಪಾಡ್ಡೊ ನಂದಿ ಮ್ಹೊಣು, ಶಿವಾಲೊ ವಾಹನು ಮ್ಹೊಣು ಪ್ರತಿಏಕ ದೇವಸ್ಥಾನಾಂಚೆ ಆಂಗಣಾಂತು ಶಿಲೇಂತು ಕೆತ್ಸೂನು ನಂದೀಲಿ ಪ್ರತಿಮಾ ಸ್ಥಾಪನಕರ್ತಾಆಶ್ಶೀಲೀಂತಿ.

ಹಿಂದೂಧರ್ಮಾಂತು ಪುನಃಪರಿವರ್ತನಾ ವರ್ಜ್ಯ

ಇಸ್ಲಾಂ ಆನಿ ಕ್ರಿಶ್ಚನ್ ಧರ್ಮಾಂತು ವಿಂಗಡ ಧರ್ಮಾಂತು ಜನ್ಮಾ ಆಯ್ಯೀಲೆ ಮನುಷ್ಯಾಂಕ ಮುಸ್ಲಿಂ ಕೋರ್ನು ಘೆತ್ತಾತಿ. ಮುಸ್ಲಿಂ ಜಾತ್ತಲೆ ವ್ಯಕ್ತೀಕ ಶರಿಯಾ ಕಾನೂನಾಂಚೆ ಪ್ರಕಾರ ನಮುನಮುನ್ಯಾಚೆ ಕರ್ಮಕೋರ್ನು ತೇ ವ್ಯಕ್ತೀಕ ಮುಸ್ಲಿಂ ನಾಂವ ದೀವ್ನು ತಾಂಗೆಲೆ ಮಧ್ಯೆ ಸೇರಿಸೂನುಘೆತ್ತಾತಿ. ಜಾಲ್ಲ್ಯಾರಿ ಮುಸ್ಲಿಂ ರಾಯ್ಯಾಂಕ ಹಿಂದೂಂಕ ಮುಸ್ಲಿಂ ಕೋರ್ನು ಲಾಭ ಜಾಯ್ನಿ. ಹಿಂದೂ ಲೋಕಾನ ಮುಸ್ಲಿಂ ಜಾಲ್ಲ್ಯಾರಿ ತಾಂಗೇಲೆ ಆರ್ಥಿಕ ಬಽಲ ಆನಿ ವ್ಯಾಪಾರೀ ಶಿಸ್ತು ಕಮ್ಮಿ ಜಾತ್ತಾಆಶ್ಶೀಲೆಂ. ಸಕ್ಕಡ ಮುಸ್ಲಿಂ ರಾಯ್ಯಾನಿ ತಾಂಗೆಲೆ ರಾಜ್ಯಾಂತು ಆಶ್ಶೀಲೆ ಹಿಂದೂ ಜಾಗೀರದಾರಾಂಕ ಪದಚ್ಯುತ ಕೆಲ್ಲೆಂ ಆನಿ ತುರ್ಕಿ, ಪಠಾಣ ಆನಿ ಘಾರ್ಸೀ ಲೋಕಾಂಕ ಜಾಗೀರದಾರ ಹುದ್ದೇರಿ ನಿಯುಕ್ತ ಕೆಲ್ಲೆಂ. ತೆದ್ನಾ ಮುಸ್ಲಿಂ ರಾಯ್ಯಾಂಕ ಹಿಂದೂ ಪ್ರಜೇಚೆ ವೈರಿ ಅಂಕುಶ ದೊವ್ವೋರ್ಚಾಕ ಸುಲಭ

ಜಾಲ್ಲೆಂ. ಹಿಂದೂಲೋಕು ಹಿಂದುಸ್ಥಾನಾಂತು ಗುಲಾಮ ಜಾಲ್ಲೇತಿ. ತಾಂಗೇಲೊ ಸೆಕ್ಯುಲರ್ ಧರ್ಮು ನಾಶ ಜಾವ್ನು ಕಟ್ಟರ ಅಲ್ಲಾವಾದೀ ಇಸ್ಲಾಂ ಧರ್ಮು ಶಾಶ್ವತಜಾವ್ನು ಸ್ಥಾಪಿತಜಾಲ್ಲೊ.

ದಿಲ್ಲೀಂತು ಕ್ರಿ. ಶ. 1320 ಇಸ್ವೇಂತು ಖಿಲ್ಜೀ ಸುಲ್ತಾನಾಲೆ ಮಾಕ್ಷೀಚಿ ತುಘ್ಲಕ್ ಸುಲ್ತಾನು ಸಿಂಹಾಸನಾರಿ ಚಳ್ಳೊ.. ಭಾರತಾಚೆ ಹಿಂದೂ ರಾಯ ಹೇ ವೇಳಾರಿ ದಕ್ಷಿಣಾಂತು ಆನಿ ಪೂರ್ವ ಜಂಬೂದ್ವೀಪಾಂತು ರಾಜ್ಯಕೋರ್ನು ಆಶ್ಶಿಲೆ. 1342 ಇಸ್ವೇಂತು ದಕ್ಷಿಣಭಾರತಾಂತು ಮದುರೈ ರಾಜ್ಯ ಮುಸ್ಲಿ ರಾಯ್ಯಾಲೆ ಅಧೀನ ಜಾಲ್ಲೆಂ. ಕ್ರಿ. ಶ. 1336 ಇಸ್ವೇಂತು ಸಂಗಮ ವಂಶಾಚೆ ಹರಿಹರ (ಹುಕ್ಕಾ) ಆನಿ ಬುಕ್ಕಾ ಮ್ಹಳ್ಳೇಲೆ ದೋನಿ ಹಿಂದೂ ಸೇನಾಪತೀನಿ ವಿಜಯನಗರ ಮ್ಹೋಣು ಹಿಂದೂಲೆ ರಾಜ್ಯ ಸ್ಥಾಪನೆ ಕೆಲ್ಲೆಂ. ಹೇಂ ಸಾಮ್ರಾಜ್ಯ 1564 ಇಸ್ವೇಚೆವರೇಕ ಆಶ್ಶಿಲೆಂ.

1347 ಇಸ್ವೇಂತು ಅಲ್ಲಾವುದ್ದೀನ ಹಸನ ಬಹಮನ ಶಾ ಮ್ಹಳ್ಳೋಲೊ ಸುಲ್ತಾನು ಕಲಬುರ್ಗೀ ಗಾಂವಾಂತು ಬಹಮನೀ ಸುಲ್ತಾನ ಜಾಲ್ಲೊ. ತೇವರ್ಸಥೋರ್ನು ದಕ್ಷಿಣ ಹಿಂದೂಂಕ ತಾಂಗೇಲೊ ಜೀವೂಚಿ ನಾಕ್ಕಾ ಜಾಲ್ಲೊ. ಯವನ (ಹಿಂದೂನಿ ಮುಸ್ಲಿಮಾಂಕ ದಿಲ್ಲೇಲೆ ನಾಂವ) ಲೋಕಾಂಕ ರಾಯ್ಯಾಲೆ ಆಸ್ಥಾನಾಂತು ಆನಿ ಜಾಗೀರದಾರಾಲೆ ಘರಾಂತು ಮುಕ್ತ ರೀಗ ಆಶ್ಶಿಲಿ. ಮುಸ್ಲಿಂ ಲೋಕು ಹಿಂದೂಂಕ ಕೊಯ್ರಾಕಯಿ ತುಚ್ಛ ರೀತೀರಿ ಪಳಯಿತಾಆಶ್ಶೀಲೀಂತಿ. ಕ್ಷುಲ್ಲಕ ಕಾರಣಾರಿ ಹಿಂದೂಲೆ ಘರ, ಆಂಗಡಿ, ಬೇಳೇಂ, ಗುಡಿ, ಮಂದಿರ, ದೇವಳ, ಪಾಠಶಾಳಾ, ಮಠು, ಆನಿ ಬಾಂಯಿ, ತಳೇಂ, ಇತ್ಯಾದಿ ನಷ್ಟ ಕರ್ತಾತಿಆಶ್ಶೀಲೀಂತಿ.

ಆಲ್ಲಾವುದ್ದೀನಾನ ಕೊಂಕಣ ಸಮುದ್ರತಟಾರಿ ಆಶ್ಶೀಲೆಂ ದಾಭೋಲ ತಾಕ್ಕೂನು ಆಂಧ್ರಪ್ರದೇಶಾಚೆ ನಲಗೊಂದಾಚೆಲಾಗ್ಗಿ ಆಶ್ಶಿಲೆ ಭೋಂಗೀರ ವರೇಕ ತಾಗ್ಗೆಲೆ ರಾಜ್ಯಾಚೊ ವಿಸ್ತಾರು ಕೆಲ್ಲೊ. ದಿಲ್ಲೀಂತು 1451 ಇಸ್ವೇಂತು ಬಹಲೂಲ್ ಲೋದೀ ಮ್ಹಳ್ಳೇಲೆ ಏಕ ಅಫ್ಘಾನ ಸೇನಾಪತೀನ ತುಘಲಕ್ ವಂಶಾಚೆ ಘಾಟೀಕ ರಾಯು ಜಾವ್ನು ಆಶ್ಶಿಲೆ ಸಯಿದ್ ವಂಶಾಚೆ ರಾಯ್ಯಾಕ ಪದಚ್ಯುತಿ ಕೋರ್ನು ಸಿಂಹಾಸನ ತಾಗ್ಗೆಲೆ ಹಸ್ತಗತ ಕೆಲ್ಲೆಂ. 1497 ವರೇಕ ಬಹಮನಿ ಸುಲ್ತನತ್ತಾಕ ಕೋಣಯಿ ಯುದ್ಧಾಂತು ಸಲ್ವಾಯಿನಿ. 1505 ಇಸ್ವೇಂತು ಕರ್ನಾಟಕಾಚೆ ಬಿಜಾಪುರ ಗಾಂವಾಂತು ಯೂಸುಫ ಅದಿಲಖಾನ ಮ್ಹಳ್ಳೋಲೊ ಎಕ್ಲೊ ಮುಸ್ಲಿಂ ಜಾಗೀರದಾರಾನ ಆಪ್ಪಣ ರಾಯು ಮ್ಹೋಣು ಘೋಷಣೆ ಕೆಲ್ಲೆಂ. ತಾಗ್ಗೇಲೆ ವಂಶಾಕ ಅದಿಲಶಾಹೀ ವಂಶು ಮ್ಹಣ್ತಾತಿ.

ಲೋದೀ ವಂಶಾಚೆ ರಾಯ 1526 ಇಸ್ವೇವರೇಕ ದಿಲ್ಲೀಚೆ ಸುಲ್ತಾನಜಾವ್ನು ಆಶ್ಶಿಲೆ. ಹೇ ವರ್ಸ ಮುಘಲ್ ಸೇನಾಪತಿ ಜ಼ಹೀರುದ್ದೀನ ಮುಹಮ್ಮದ ಬಾಬರ್ ಮ್ಹಳ್ಳೊಲೊ ಇಬ್ರಾಹಿಂ ಲೋದೀಕ ಯುದ್ಧಾಂತು ಸಲ್ವಾನು ದಿಲ್ಲೀಚೊ ಸುಲ್ತಾನುಜಾಲ್ಲೊ. 1526 ಇಸ್ವೇಥೋರ್ನು ಮುಘಲ್ ವಂಶಾಚೆ ಮುಸ್ಲಿಂರಾಯ್ಯಾನಿ 1857 ವರೇಕ ದಿಲ್ಲಿಂತಾಕ್ಕೂನು ಹಿಂದುಸ್ಥಾನ ಆಳ್ವೀಲೆಂ. ಬಾಬರಾಲೆ ನಂತರ ತಾಗ್ಗೇಲೊ ಪೂತು ಹುಮಾಯೂನು 1531 ಇಸ್ವೇಂತು ದಿಲ್ಲೀಚೊ ಬಾದಶಾಹ್ ಜಾಲ್ಲೊ. ಹುಮಾಯೂನು ಸೂರ್ ವಂಶಾಚೆ

ಶೇರ್ ಖಾನ್ ಮ್ಹಳ್ಳೇಲೆ ತಾಗ್ಗೇಲೇಚಿ ಸೇನಾಪತಿಲೆ ಹಾತ್ತಾಂತು 1540 ಇಸ್ವೇಂತು ಸೋಲು ಖಾವ್ಕಾಜಾಲ್ಲೆಂ. ಸೂರ್ ವಂಶಾಚೆ ರಾಯ 1555 ವರೇಕ ದಿಲ್ಲೀಂತು ಸುಲ್ತಾನ್ ಜಾವ್ನು ಆಸ್ಸೀಲೀಂತಿ. 1556 ಇಸ್ವೇಂತು ಹುಮಾಯೂನ್ ವೋಪಾಸ ದಿಲ್ಲೀಕ ಆಯ್ಲೊ ಆನಿ ಸೂರ್ ಖಾನಾಕ ಪದಚ್ಯುತಿ ಕೆಲ್ಲಿ. ತೇಚಿವರ್ಸ ತೋ ಮೆಲ್ಲೊ. ತಾಗ್ಗೇಲೊ ಪೂತು ಅಕ್ಬರ್ ದಿಲ್ಲೀಚೊ ರಾಯು ಜಾಲ್ಲೊ. ಅಕ್ಬರಾನ 1556ಥೋನ್ನು 1605 ವರೇಕ ದಿಲ್ಲೀಚೆ ರಾಜ್ಯ ಚಲಾಯಿಸೀಲೆಂ.

ಕ್ರಿ. ಶ. 1564 ಇಸ್ವೇಚೆ ಪುಶ್ಯ ಮ್ಹೈನ್ಯಾಂತು ಪಾಂಚ ಮುಸ್ಲಿಂ ಸುಲ್ತಾನಾನಿ ಒಟ್ಟು ಮೆಳ್ನು ವಿಜಯನಗರ ರಾಯ್ಯಾಕ ಯುದ್ಧಾಂತು ಸಲ್ವಾನು ಹಿಂದೂರಾಜ್ಯಾಚೆವ್ಹೈರಿ ಘಡ್ಢೊಘಾಲ್ಲೊ. ಬಾದಶಾಹ ಅಕ್ಬರಾಕಯೀ ಹಿಂದುಸ್ಥಾನಾಂಚೆ ಸಕ್ಕಡ ಜನಾಂಕ ಇಸ್ಲಾಂಧರ್ಮಾಂಕ ಮೇಳೋಚಾಕ ಜಾಯ್ನಿ. ತಾಕ್ಕಾ ಮುಖ್ಯ ಕಾರಣ ಭಾರತಾಚಿ ಜಾತಿ ವ್ಯವಸ್ಥಾ. ಸಮಾಜಾಚಿ ವೈಲಿ ಸಾಯೀಕ ಮಾಂತ್ರ ತಾನ್ನಿ ಉಚ್ಚ ಮುಸ್ಲಿಂಲೋಕಾಂಕ ತಾಂಗೇಲೆ ಮಸೀದೀಂತು ಆನಿ ಘರಾಂತು ರಿಗ್ಗೂಂಕ ಸೊಡ್ತಾತಿಆಶ್ಶೀಲೀಂತಿ.

1100 ಇಸ್ವೀಚೆ ಘಜನಿ ಥೋನ್ನು ಮುಘಲ್ ಬಾದಶಾಹ ಅಕ್ಬರಾಲೆ ಕಡೇಚೆ ಸಮಯು 1625 ವರೇಕ ಪಾಂಯಿಶಿ ವರ್ಸ ಹಿಂದೂಸ್ಥಾನಾಂತು ಆರ್ಥಿಕ ಆನಿ ಸಾಮಾಜಿಕ ಅವನತೀಚೆ ಎಕ್ಕೇಕ ಮೆಟ್ಟಂ ದೆವ್ಲೀಂತಿ. ಧವಸಧಾನ್ಯ, ಭಾಂಗರ, ವಜ್ರ ವೈಡೂರ್ಯ ತರಿ ನಾಶ ಜಾಲ್ಲೇಂಚಿ. ತಾಜ್ಜಾಕಯಿ ಚಡು ಲುಕ್ಸಾನ ಭಾರತೀಯ ಸಂಸ್ಕೃತೀಕ ಜಾಲ್ಲೆಂ. ಹಿಂದೂಜನಾಲೆ ಆರೋಗ್ಯ ವಾಯಿಟ ಜಾಲ್ಲೆಂ. ಭೂಂಯಿ ಬಂಜರ ಪಳ್ಳಿ. ಸಮಾಜಾಂತು ಅಧರ್ಮು ವಾಢ್ಲೊ. ರಾನ್ನಾಂತು ವಾಸಕರ್ತಲೆ ಚೋರ ಪಟ್ಟಣಾಂಕ ತತ್ತವಳಿ ಯೇವ್ನು ದುಡ್ಡುಬದೀಕ ಚೋನ್ನು ಘೇವ್ನುಗೆಲ್ಲೀಂತಿ. ಅನೇಕ ಗಡತಿನಾತ್ತಿಲೆ ಬಾಯ್ಲುಮನ್ಶಾಂಕ ವೇಶ್ಯಾವೃತ್ತಿ ಘೇವ್ಕಾ ಜಾಲ್ಲಿ.

ಭಾರತಾಂತು ಶ್ರೀಮಂತ ಹಿಂದೂನ ಆನಿ ಮುಸಲ್ಮಾನಾನಿ ತಾಂಗೆಲೆ ಘರಕಡೆ ಏಕಿ ಧಾರ್ಮಿಕರೀತೀರಿ ವ್ಹಾರ್ಡಿಕಕೋನ್ನುಘೆತ್ತಿಲಿ ಪತ್ನಿ(ಬಾಯ್ಲಿ) ಆಸ್ಸೂನುಂಯಿ ಭಾಯ್ರ ಏಕ ಬಾಯ್ಲುಮನ್ಶೇಕ ರಾಬ್ಬೋನುಘೆವ್ಚೆ ಪರಂಪರೊ ಸೂರುಜಾಲ್ಲೊ. ರಾಯ್ಯಾನಿ ಆನಿ ಜಾಗೀರದಾರಾನಿ ತಾಂಗೆಲೆ ಆಡಳಿತೇಂತು ಆಶ್ಶೀಲೆ ಪ್ರದೇಶಾಂತು ಕೋಣಯಿ ಚಂದ ತರುಣಿಯೋಂ ದಿಸ್ಲೀಮ್ಹೋಣು ಜಾಲ್ಯಾರಿ ತೇ ತರುಣೀಲೆ ವಾರಿಸ್ದಾರಾಂಕ ರಾಯಸ ಧಾಣು ಆಪ್ಪೋನು ಹಾಡೋಚೆಂ ಆನಿ ತೇ ತರುಣೀಂಕ ಆಪ್ಣ್ಯಾಂಕ ವ್ಹಾರ್ಡಿಕ ಕೋನ್ನು ದೀವ್ಕಾ ಮ್ಹೋಣ್ಚೆಂ. ವಾರಿಸ್ದಾರಾಂಕ ಬಕ್ಷೀಸ್ ದಿವ್ಚೆಂ ಆನಿ ತೇ ತರುಣೀಕ ವ್ಹಾರ್ಡಿಕ ಕೋನ್ನುಘೇವ್ನು ಜ಼ನಾನಾಂತು ದೊವ್ರೋಚೆಂ. ಅಶ್ಶಿ ರಾಯ್ಯಾಂಕ ಶೆಂಬರಿಕಯಿ ಚಡ ಬಾಯ್ಲೊ ರಾಣಿ ಜಾವ್ನು ಆಸ್ತಾಆಶ್ಶೀಲೀಂತಿ. ರಾಯ್ಯಾನ ಮೆಲ್ಯಾರಿ ಏಕಯಿ ಯುದ್ಧಜಾವ್ನು ತಾಗ್ಗೇಲೆ ರಾಜ್ಯ ಹಾತ್ತಾಂತಾಕ್ಕೂನು ಚುಕ್ಕೂನು ಗೆಲ್ಯಾರಿ ತೀ ರಾಣಿಂ ಮಾರ್ಗಾರಿ ಪಡ್ತಾಶ್ಶೀಲೀಂತಿ. ಕೆಲವು ರಾಣಿಯೊ ವೇಶ್ಯೇ ಜಾತ್ತಾಆಶ್ಶೀಲೀಂತಿ.

ಕ್ರಿ. ಶ. 1605 ಇಸ್ವೇಂತು ದಿಲ್ಲೀಂತು ಅಕ್ಬರಾಲೊ ಪೂತು ಜಹಾಂಗೀರು ಬಾದಶಾಹ ಜಾಲ್ಲೊ. ದಿಲ್ಲೀಚೆ ಸುತ್ತೂ ಆಶ್ಶಿಲೆ ಸಾನಸಾನ ರಾಜ್ಯಾಚೆ ಹಿಂದುರಾಯ ಸಕ್ಕಡ ಮುಘಲ್ ಬಾದಶಾಹಾಲೇ ಸಾಮಂತಪಣಾರಿ ರಾಜ್ಯ ಕರ್ತಾಲಿಂತಿ. ಮುಘಲ್ ಬಾದಶಾಹಕ ನೆಲಾರಿನಿದ್ದೋನು ಸಲಾಮು ಕರ್ತಾಆಶ್ಶಿಲಿಂತಿ. ಬಾದಶಾಹಾಕ ವರ್ಸವರ್ಸ ಕಪ್ಪಕಾಣಿಕಾ ಹೋರ್ನು ದಿತ್ತಾಆಶ್ಶಿಲಿಂತಿ. ಹೇ ವೇಳಾರಿ ಯುರೋಪತಾಕ್ಕೂನು ವ್ಯಾಪಾರೀಲೋಕು ಭಾರತಾಕ ಆಯ್ಲಿಂತಿ. 1498 ಇಸ್ವೇಂತು ಪೊರ್ತುಗೀಸ್ ಆಯ್ಲೇತಿ. ನಂತರ ಡಚ್ (ಹೊಲ್ಲೇಂಡಾಚೆ), ಫ್ರೆಂಚ್, ಜರ್ಮನ್ ಆಯ್ಲಿಂತಿ. ಕಡೇರಿ ಇಂಗ್ಲೀಷ್ ಕ್ರಿ. ಶ. 1616 ಇಸ್ವೇಂತು ದಿಲ್ಲೀಕ ಬಾದಶಾಹಕ ಮೇಳೂಂಕ ಆಯ್ಲಿಂತಿ.

ಕ್ರಿ. ಶ. 1628 ಇಸ್ವೇಂತು ದಿಲ್ಲೀಂತು ಜಹಾಂಗೀರಾಲೊ ಪೂತು ಶಹಾಜಹಾನ ಬಾದಶಾಹ ಜಾಲ್ಲೊ. ಶಾಹಜಹಾನಾಲೊ ಪೂತು ಔರಂಗಜ಼ೇಬ್ 1659 ಇಸ್ವೇಂತು ದಿಲ್ಲೀಚೆ ಸಿಂಹಾಸನಾರಿ ಚಳ್ಳೊ.

1646 ಇಸ್ವೇಂತು ಶಾಜಿ ಮ್ಹಳ್ಳೊಲೊ ಏಕು ಮರಾಠಾ ಹಿಂದೂ ಸೇನಾಪತಿ ಆಶ್ಶಿಲೊ. ತಾಗ್ಗೆಲೆ ಪುತ್ತಾಲೆಂ ನಾಂವ ಶಿವಾಜಿ. ಶಿವಾಜೀನ ಕರ್ನಾಟಕಾಚೆ ತೋರಣಗಲ್ಲು ಮ್ಹಳ್ಳೇಲೆ ಬಹಮನಿ ಸುಲ್ತಾನಾಲೆಂ ಏಕ ಕೋಟೇವ್ವೈರಿ ದಾಳಿ ಕೋರ್ನು ಆಪ್ಪಣ ರಾಯು ಮ್ಹೋಣುಘೋಷಣೆಕೆಲ್ಲೆಂ. ರಾಜಪುತಾನಾಂತುಯೀ ಅನೇಕ ಹಿಂದೂರಾಯ ಸುರ್ವೇಕ ಖಿಲ್ಜೀ, ತುಘ್ಲಕ್ ಆನಿ ಲೋದೀ ರಾಯ್ಯಾಂಕ ಆನಿ ಮಾಗ್ಗೀರಿ ಮುಘಲ್ ವಂಶಾಚೆ ದಿಲ್ಲೀಚೆ ಸುಲ್ತಾನಾಲೆವಿರೋಧ ಲಢಾಯಿ ಕೋರ್ನುಕೋರ್ನು ಮುಸ್ಲಿಂರಾಯ್ಯಾಂಕ ಸುಲಃಭೇರಿ ಹಿಂದುಸ್ಥಾನಾಂತು ರಾಜ್ಯಕೋರೂಂಕ ಸೋಣಿ. ಔರಂಗಜ಼ೇಬು 1707 ಇಸ್ವೇಂತು ಮೆಲ್ಲೊ. ಮಾಗ್ಗೀರಿ 1857 ಇಸ್ವೇಂತು ಸಿಪಾಯೀದಂಗೊ ಜಾಲ್ಲೇಲೆ ವೇಳಾರಿ ಮುಘಲ್ ವಂಶಾಚೊ ಬಹದ್ದೂರಶಾಹ ಜ಼ಾಫರ್ ದಿಲ್ಲೀಚೊ ಬಾದಶಾಹ ಜಾವ್ನು ಆಶ್ಶಿಲೊ. ಕ್ರಿ. ಶ. 1857 ವರೇಕ ಮುಘಲ್ ಸುಲ್ತಾನಾಂನಿ ದಿಲ್ಲೀಂತು ರಾಜ್ಯಭಾರ ಸಾಂಭಾಳ್ಳೆಂ. ಜಾಲ್ಯಾರಿ ಹಿಂದುಸ್ಥಾನ ಸಗ್ಗೇಂಚಿ ಬ್ರಿಟಿಷಾಲೆ ಹಾತ್ಮೂಳಾಂತು ಆಯ್ಯಿಲೆಂ. ಕ್ರಿ. ಶ. 1876 ಇಸ್ವೇಂತು ಇಂಗ್ಲೀಷ್ ಆಳ್ವಿಕೆ ಸಗ್ಗೇ ಭಾರತಾಂತು ಆಯ್ಲೆನಂತರ ಹಿಂದುಸ್ಥಾನಾಂಚೆ ಜನಾಲೆ ಜೀವನಾಂತು ಪರಿವರ್ತನ ಆಯ್ಲೆಂ.

ಅಧ್ಯಾಯು ३

ಭಾರತಾಂತು ಧಾರ್ಮಿಕ ವಿಸ್ತಾರ

ಜಂಬುದ್ವೀಪಾಚೆ ಪೂರ್ವೋತ್ತರ ದಿಕ್ಕಾರಿ ದ್ವೀಪಾಚೆ ಭಾಯ್ರ ಆಶ್ಶೀಲೆ ಲೋಕಾಂನಿ ಸಿಂಧೂನ್ದಿಂಯ್ಚೆ ಪೂರ್ವಧಡಾಚೆ ಆಯ್ಲೆಕಡೆಆಶ್ಶೀಲೆ ಪ್ರದೇಶಾಕ 'ಸಿಂಧೂಸ್ಥಾನ' ಏಕಯೀ ಹಿಂದೂಸ್ಥಾನ ಮ್ಹೋಣು ನಾಂವ ದಿಲ್ಲೇಲೆಂ. ಜಂಬೂದ್ವೀಪಾಚೆ ಲೋಕಾಂಕ ಹಿಂದು (ಹಿಂದ್) ಮ್ಹೋಣು ನಾಂವ ದಿಲ್ಲೇಲೇಂ. ತಾಜ್ಜೆ ಘೂಡೆ ಆಮ್ಗೆಲೆ ದೇಶಾಕ ಭಾರತವರ್ಷ ಮ್ಹೋಣು ನಾಂವ ಆಶ್ಶೀಲೆಂ. ಆತ್ತ ಆಮ್ಕಾಂ ಸ್ವಾತಂತ್ರ್ಯ ಮೆಳ್ಳೆ ಮಾಗ್ಗಿರಿ ಆಮ್ಗೆಲೆ ದೇಶಾಚೆ ನಾಂವ ಜಾಲ್ಲೆಂ ಭಾರತ. ಕ್ರಿ. ಶ. ೮೦೦-೧೦೦೦ ವರೇಕ ಹಿಂದೂಸ್ಥಾನಾಂತು ಸನಾತನು ಧರ್ಮು, ಜೈನ ಧರ್ಮು ಆನಿ ಭೌಧ ಧರ್ಮು ಹೇ ತೀನಿ ಧರ್ಮಾಂಚೆ ಶಿವಾಯಿ ವಿಂಗಡು ಹೋಡು ಧರ್ಮು ಚಾಲುಜಾಯ್ನಿ.

ಹೇ ತೀನಿ ಹೋಡ ಧರ್ಮಾಂಚೆ ಆಧಾರಾರಿ ಅನೇಕ ಪಕ್ಷ ಆನಿ ವಿಚಾರು ಪ್ರಕಟಜಾಲ್ಲೇಂತಿ ಆನಿ ಅನೇಕ ಸಾನಸಾನ ಉಪಧರ್ಮ ಉದ್ದೇಲೇಂತಿ. ಹೇ ಸಕ್ಕಡ ಉಪಧರ್ಮಾಂಕ ಆನಿ ವಿಚಾರಾಂಕ ಸಂಸ್ಕೃತಭಾಸ ನಂತಾ ಸಂಸ್ಕೃತಭಾಸೇಚೆ ಸುಲಭರೂಪಾಚೆ ಅನೇಕ ತದ್ರೂಪ ಭಾಸ, ಉದಾಹರಣೆಂಕ ಪ್ರಾಕೃತ, ನೇಪಾಳೀ, ಕಾಶ್ಮೀರಿ, ಸಿಂಧೀ, ಕೊಂಕಣಿ, ಗುಜರಾತಿ, ಹಿಂದೀ, ಬಂಗಾಲೀ, ಒಢಿಯಾ, ಇತ್ಯಾದಿ ಭಾಸ ಉಪಯೋಗಜಾಲ್ಲೇಂತಿ ಆನಿ ಸುಲಭೇರಿ ತಾಂಚೊ ಪ್ರಚಾರುಜಾಲ್ಲೊ. ದಕ್ಷಿಣ ಭಾರತಾಂತು ಸನಾತನ ಧರ್ಮು, ಭೌಧ ಧರ್ಮು ಆನಿ ಜೈನ ದರ್ಮು ನಂತಾ ವಿಂಗಡ ಸಾನಸಾನ ಉಪಧರ್ಮ ಉದ್ಭವ್ಲೀಂತಿ. ಹೇ ಸಕ್ಕಡ ಧರ್ಮಾಂಚೆ ಪ್ರತಿ ಏಕ ವಿಚಾರು ದಕ್ಷಿಣಭಾರತಾಚೆ ವಿಂಗವಿಂಗಡ ಭಾಷೇಂತು ಪ್ರಚಾರ ಜಾಲ್ಲೊ. ಕನ್ನಡ, ತಮಿಳು, ಮಲಯಾಳಂ, ತೆಲುಗು ಆನಿ ಮರಾಠಿ ಭಾಷೇಂತು ಅನೇಕ ಸಂತ, ಸ್ವಾಮೀ, ಸನ್ಯಾಸೀ, ಕಃವಿ ಸಾಹಿತ್ಯಕಾರ, ಇತ್ಯಾದಿ ಜನಾನಿ ಧರ್ಮು ಪ್ರಚಾರಕೆಲ್ಲೊ.

ಹಾಜ್ಜೆಘೂಡೆ ಸಗ್ಳೇ ಭಾರತಾಂತು ಅನೇಕ ನಮೂನ್ಯಾಂಚೆ ಸೂರ್ಯಪೂಜನ, ಪಶುಪೂಜನ, ಭೂತಾರಾಧನಾ, ನಾಗಾರಾಧನಾ, ಮಂತ್ರವಾದೀ ಭಕ್ತಿ, ತಂತ್ರವಾದೀ ಭಕ್ತಿ, ಇತ್ಯಾದಿ ಜನಾಲೆಮಧ್ಯೆ ಪ್ರಚಲಿತ ಜಾವ್ನುಆಶ್ಶೀಲೀಂತಿ. ಹೇಂ ಸಕ್ಕಡ ನಮೂನ್ಯಾಂಚೆ ದೈವಾರಾಧನಾ ಧರ್ಮಾಂಕ, ಸಂಸ್ಕೃತೀಕ ಆನಿ ಸಂಪ್ರದಾಯಾಕ ಒಟ್ಟುಮೆಳೋನು ಚಲ್ತಾಆಶ್ಶೀಲಿ ಶಿವಾಯ ಬರೀ ವ್ಯಾವಹಾರಿಕ ಉದ್ದೇಶಾನ ಜಾಯ್ನಾಆಶ್ಶೀಲಿ. ಅಸ್ಸಲೀ ದೈವಾರಾಧನಾ ದಕ್ಷಿಣ ಭಾರತಾಂತು ಚಃಡ ಪ್ರಚಲಿತ ಆಶ್ಶೀಲಿ. ತೇವೇಳಾರಿ ನಾಸ್ತಿಕ ಲೋಕೂಯಿ ಆಶ್ಶೀಲೀಂತಿ. ಹಗೂರಹಗೂರ ಸುರ್ವೇಕ ಸನಾತನಧರ್ಮು ಆನಿ ನಂತರ ಜೈನ, ಭೌಧ ಧರ್ಮುಯಿ ದಕ್ಷಿಣ ಭಾರತಾಂತೂಯಿ ಪ್ರಚಾರ

ಜಾಲ್ಲೀಂತಿ. ಆತ್ತಯಿಲಂ ಸಗ್ಳೇ ಭಾರತಾಂತು ಪಂಚಭೂತಾಂಕ ದೇವಾಲೆಂ ಸ್ಥಾನ ದೀವ್ನು ದೈವಾರಾಧನಾ ಅನೇಕ ಕಡೇನ ಪ್ರಚಲಿತ ಜಾವ್ನು ಆಸ್ಸ.

ಕ್ರಿಸ್ತಾಂವ್ ಆನಿ ಇಸ್ಲಾಂ ಧರ್ಮ

ಕ್ರಿ. ಶ. 60–100 ಇಸ್ವೇಂತು ಯೇಸು ಕ್ರಿಸ್ತಾಲೊ ಕ್ರಿಸ್ತಾಂವ್ ಧರ್ಮು ದಕ್ಷಿಣ ಭಾರತಾಂತು ಆತ್ತಂಚೆ ಕೇರಳಾರಾಜ್ಯಾಂತು ಸ್ಥಾಪನೆಜಾಲ್ಲೊ. ಅರಬ್ಬೀ ಸಮುದ್ರಾಚೆ ಪೆಲ್ತಡಿತಾಕ್ಕೂನು ಆಯ್ಯಿಲೆ ಸೀರಿಯಾದೇಶಾಚೆ ನಿರಾಶ್ರಿತ ಜನಾಂನಿ ಹೋ ನವ್ಹೋ ಧರ್ಮು ಭಾರತಾಕ ಹಾಳ್ಳೋ. ತಾನ್ನಿ ಸಮುದ್ರಾಚೆ ವಾಟ್ಟೇನಯೇವ್ನು ಭಾರತಾಚೆ ಪಶ್ಚಿಮಕರಾವಳೀಂತು ಆಶ್ರಯುಘೆತ್ಲೊ. ತಾಂಗೆಲೆ ಹೇ ಧರ್ಮಾಂಕ ಪಶ್ಚಿಮ ಕರಾವಳೀಚೆ ಜನಾಂನಿ ಸ್ವಾಗತಕೆಲ್ಲೆಂ. ಹೇ ನಿರಾಶ್ರಿತ ಸೀರಿಯಾಚೆ ಜನಾಂನಿ ಆನಿ ನಂತರ ಇತರ ಯುರೋಪಿ ಜನಾಂನಿ ಭಾರತಾಂತು ಕ್ರಿಶ್ಚನ್ ಧರ್ಮು ಪ್ರಚಾರು ಕೆಲ್ಲೊ. ಹಿಂದುಸ್ಥಾನಾಂಚೆ ಹಿಂದು ಜನಾಲಿ ಧರ್ಮಸಹಿಷ್ಣುತಾ ಹೇ ಪ್ರಕರಣಾಂತು ಪ್ರತ್ಯಕ್ಷಜಾಲ್ಲಿ.

ಕ್ರಿ. ಶ. 630 ಇಸ್ವೇಂತು ಅರೇಬಿಯಾಂತು ಮಹಮ್ಮದ್ ಪೈಗಂಬರಾನ ಇಸ್ಲಾಂ ಧರ್ಮು ಸ್ಥಾಪನೆ ಕೆಲ್ಲೊ. ಇಸ್ಲಾಂ ಧರ್ಮು ಪಾಲನೆ ಕರ್ತಲ್ಯಾಂಕ ಮುಸ್ಲಿಂ ಮ್ಹೋಣು ನಾಂವದಿಲ್ಲೆಂ. ಮಾಗ್ಗೀರಿ ಮೆಡಿಟರೇನಿಯನ್ ಸಮುದ್ರಾಚೆ ಆನಿ ರೆಡ್ ಸೀಚೆ (ಸಮುದ್ರಾಚೆ) ಸುತ್ತು ಆಶ್ಶೀಲೆ ಸಕ್ಕಡ ಪ್ರದೇಶಾಚೆ ಜನಾಂಚೇರಿ ಪೈಗಂಬರಾಲೆ ಜನಾಂನಿ ಇಸ್ಲಾಂ ಧರ್ಮು ದಾಬ್ಲೊ. ಕ್ರಿ. ಶ. 660 ಇಸ್ವೇನಂತರ ತಾನ್ನೀ ಸಕ್ಕಡಾನಿ ವಗ್ಗೀವಗ್ಗೀ ಇಸ್ಲಾಂಧರ್ಮು ಆಪ್ಣಾಯಿಲೊ.

ಹೇ ದೋನಿ ಸಮುದ್ರಾಚೆ ಸಕಲಆಶ್ಶೀಲೆ ಮೊರೊಕ್ಕೊ, ಆಲ್ಜೀರಿಯಾ, ಟ್ಯುನೀಶಿಯಾ, ಲಿಬ್ಯಾ, ಈಜಿಪ್ಟ್, ಸುಡಾನ್, ಇಥಿಯೋಪಿಯಾ ಆನಿ ಸೊಮಾಲಿಯಾ ಹೇ ಸಕ್ಕಡ ಪ್ರದೇಶಾಚೆ ಜಽನ ಮುಸ್ಲಿಂ ಜಾಲ್ಲೀಂತಿ. ಹೇ ದೋನಿ ಸಮುದ್ರಾಚೆ ವೈರಿ ಆಶ್ಶೀಲೆ ಸ್ಪೈನ, ಫ್ರಾನ್ಸ್, ಇಟಲಿ, ಸ್ಲೊವಾಕಿಯಾ, ಜೇಕ್‌ದೇಶ, ಸರ್ಬಿಯಾ, ಗ್ರೀಸ್, ತುರಕೀ, ಸೀರಿಯಾ, ಇರಾಕ್, ಲೆಬೆನಾನ್, ಜೋರ್ಡಾನ್, ಪೆಲೇಸ್ತೈನ್, ಸೌದಿ ಅರೇಬಿಯಾ, ಕುವೈಟ್, ಯೆಮೆನ್ ಆನಿ ಸಕ್ಕಡ ಅರಬ್ ಎಮಿರೇಟ್ಸ್ ದೇಶಾಂತು ಇಸ್ಲಾಂ ಧರ್ಮು ಕ್ರಿ. ಶ. 800–900 ಇಸ್ವೇಂತು ಪ್ರಚಾರ ಜಾವ್ನು ಸ್ಥಾಪನೆಜಾಲ್ಲೊ. ಹಾಂಗಾಚೆ ಸಕ್ಕಡ ಜಽಣ ಮುಸ್ಲಿಂ ಜಾಲ್ಲೀಂತಿ.

ಇಸ್ಲಾಂ ಧರ್ಮಾಂಕ ಕುರಾನ್ ಮ್ಹಳ್ಳೇಲೆ ಧರ್ಮಗ್ರಂಥ ಆನಿ ಕ್ರಿಶ್ಚನ್ ಧರ್ಮಾಂಕ ಬೈಬಲ್ ಮ್ಹಳ್ಳೇಲೆ ಧರ್ಮಗ್ರಂಥ ಜಾವ್ನುಆಸ್ಸತಿ. ಬೈಬಲ್ ಸುರ್ವೇಕ ಹಿಬ್ರೂ ಮ್ಹಳ್ಯಾರಿ ಪೆಲೆಸ್ತೈನ್ ಜನಾಲೆ ಭಾಷೇಂತು ಬರಯಿಲೆಂ. ಕುರಾನ ಅರಬ್ಬೀಭಾಸೇರಿ ಬರ್ರೈಲಾ.

ಕುರಾನ ಧರ್ಮಗ್ರಂಥಾಕ ಅರಬ್ಬೀಭಾಸ ಸೋಣು ವಿಂಗಡ ಭಾಷೇಂತು ಭಾಷಾಂತರ ಕೊರ್ಚೆ ಮುಸ್ಲಿಮಾನಿ ವಿರೋಧು ಕೆಲ್ಲೊ. ಕುರಾನ ಗ್ರಂಥ ಸಂಸ್ಕೃತ ಭಾಷೇಕ ಭಾಷಾಂತರ ಕಽರ್ನಿ. ಕುರಾನ ಗ್ರಂಥ

ಸಂಸ್ಕೃತಭಾಷೇಕ ಭಾಷಾಂತರ ಕೆಲ್ಲೇಲೆ ಜಾಲ್ಯಾರಿ ಇಸ್ಲಾಂಧರ್ಮು ವಗ್ಗಿ ಆನೀಂಕಯಿ ಸುಲಭೇರಿ ಆಮ್ಗೆಲೆ ಭಾರತಾಂತು ಚಾಲುಜಾತ್ತಾಶ್ಶಿಲೊ.

ಜಾಲ್ಯಾರಿ ಬೈಬಲ್ಲಾಕ ಕ್ರಿಶ್ಚನ್ ಲೋಕಾನಿ ಹಿಂದುಸ್ಥಾನಾಂಚೆ ವಿಂಗಡ ಸಕ್ಕಡ ಭಾಷೇಂತು ಭಾಷಾಂತರ ಕೋರ್ನು ಸಂಸ್ಕೃತಭಾಷೇಕ ಸಮೇತ ಭಾಷಾಂತರ ಕೆಲ್ಲೆಂ. ಜಾಲ್ಯಾರಿ ಇಸ್ಲಾಂ ಧರ್ಮು ಪ್ರಚಾರ ಜಾಲ್ಲೇಲೆತಿತ್ಲೆಂ ಕ್ರಿಶ್ಚನ್ ಧರ್ಮು ಭಾರತಾಂತು ಪ್ರಚಾರ ಜಾಯ್ನಿ. ಕ್ರಿ. ಶ. 1000 ಇಸ್ವೇಂತು ತುರ್ಕಿ ರಾಯ್ಯಾಂನಿ ಪರ್ಶಿಯಾದೇಶಾಚೆ ರಾಯ್ಯಾಕ ಸಲ್ವಾಯ್ಲೆ ಆನಿ ಪರ್ಶಿಯಾ ದೇಶಾಂತುಲೆ ಜನಾಂಕ ಇಸ್ಲಾಂಧರ್ಮು ಪಾಲನೆಕೋರೂಂಕ ವತ್ತಾಯುಕೆಲ್ಲೊ, ತಾಜ್ಜೆಮಾಗ್ಗಿರಿ ತುರ್ಕಿಸೈನ್ಯಾನ ಸಿಂಧೂನ್ದಂಯಿ ದಾಂಟ್ನೂನು ಯೇವ್ನು ಹಿಂದೂಸ್ಥಾನಾಂಚೆ ರಾಯ್ಯಾಂಕ ಸಲ್ವಾನು ಹಿಂದುಸ್ಥಾನಾಂತುಂಯೀ ಅನೇಕ ಜನಾಂಕ ಮುಸ್ಲಿಂ ಕೆಲ್ಲೆಂ..

ಫಾರ್ಸಿಧರ್ಮು

ಜಂಬೂ ದ್ವೀಪಾಚೆ ಪೂರ್ವೋತ್ತರ ದಿಕ್ಕಾರಿ ಅನೇಕ ಸಾನ ಸಾನ ರಾಜ್ಯ ತುರ್ಕಿ ದೇಶಾಚೆ ಸುತ್ತು ಆಶ್ಶೀಲೀಂತಿ. ಹೇ ಪ್ರದೇಶಾಂತು ಅನಾದಿ ಕಾಲಧೋರ್ನು ಕ್ರಿ. ಶ. 650 ಇಸ್ವೀತಾಂಯಿ ಫಾರ್ಸಿ ಧರ್ಮು ಚಾಲು ಆಶ್ಶೀಲೊ. ಕೆಲವು ಫಾರ್ಸಿ ರಾಯ್ಯಾನೀ ಜಂಬೂದ್ವೀಪಾಚೆ ವೈರಿ ಸೀಮೋಲ್ಲಂಘನ ಕೋರ್ನು ಯುದ್ಧ ಕೆಲ್ಲಾಂ. ಜಾಲ್ಲೆಲೆತಿತ್ಲೆ ಹಿಂದೂಸ್ಥಾನಾಚೆ ಭಾಗ ತಾಂಗೇಲೆ ರಾಜ್ಯಾಂತು ಸೇರ್ಲ್ವಾಕಾ ಮ್ಹೋಣು ಪ್ರಯತ್ನ ಕೆಲ್ಲಾಂ. ಏಕ ಪಟಿ ತಾಂಗೆಲೊ ಸಿಕಂದರ್ ಮ್ಹಳ್ಳೇಲೆ ಏಕ ರಾಯ್ಯಾನ ಜಂಬೂದ್ವೀಪಾಚೆ ಮ್ಹಳ್ಯಾರಿ ಹಿಂದೂಸ್ಥಾನಾಂಚೆ ರಾಯ್ಯಾಂಕ ಸಲ್ವಾಯಿಲಾ ಸಮೇತ. ಜಾಲ್ಯಾರಿ ಖಂಚೇಯಿ ಫಾರ್ಸಿ ರಾಯ್ಯಾನ ಹಿಂದೂಸ್ಥಾನಾಂತು ರಾಜ್ಯ ಕೆಲ್ಲೇಲೆಂ ನಾ. ಫಾರ್ಸಿಧರ್ಮು ದಂಗೊ, ಲೂಟಿ, ಖೂನಿ, ಗಲಾಟೊ ಇತ್ಯಾದಿ ಕೊರೂಂಕನಜ್ಜ ಮ್ಹೋಣು ತಾಕೀತ್ ಕೊರ್ಚೊ ಶಾಂತಿಯುತ ಅಹಿಂಸಕ ಧರ್ಮು.

ಪರ್ಶಿಯಾ ಜನಾಲೊ ಫಾರ್ಸಿಧರ್ಮು ಕ್ರಿ. ಪೂ. 1000-900 ಇಸ್ವೇತಾಕ್ಕೂನು ಸೀರಿಯಾ, ಇರಾಕ್, ಲೆಬೆನಾನ್, ಜೋರ್ಡಾನ್, ಪೆಲೇಸ್ತೈನ್, ಸೌದಿ ಅರೇಬಿಯಾ, ಕುವೈಟ್, ಯೆಮೆನ್ ಆನಿ ಸಕ್ಕಡ ಅರಬ್ ಎಮಿರೇಟ್ಸ್ ದೇಶಾಂತು ಅಫ್ಘಾನಿಸ್ಥಾನ, ಬ್ಯಾಕ್ಟ್ರಿಯಾ ದೇಶಾಂತೂಯಿ ಪಸರಿಲೋಲೊ ಜಾಲ್ಯಾರಿ ಕ್ರಿ. ಶ. 650 ಇಸ್ವೇಚೆ ನಂತರ ಇಸ್ಲಾಂಧರ್ಮು ಆಯ್ಲೆಮಾಗ್ಗಿರಿ ಫಾರ್ಸಿಧರ್ಮು ಸಾಭಾರ ನಾಶಜಾಲ್ಲೊ. ಹೇ ಸಕ್ಕಡ ಕಡೇನ ಫಾರ್ಸಿ ಧರ್ಮಾಂಚೆ ಜಾಗ್ಯಾರಿ ಇಸ್ಲಾಂಧರ್ಮು ಯೇವ್ನು ಬಸ್ಲೊ.

ಭಾರತವರ್ಷಾಚೊ ಧರ್ಮು

ಘೂಡೆಧೋರ್ನು ಚೋಲ್ಲು ಆಯ್ಯಿಲೊ ಭಾರತಾಚೊ ಧರ್ಮು ವೈದಿಕ ಧರ್ಮು. ಧಾವೀಸ ಹಜ್ಜಾರ ವರ್ಸಫೂಢೆ ಸನತ್ ಕುಮಾರ ಮ್ಹಳ್ಳೇಲೆ ಏಕ ರಾಯ್ಯಾನ ವೈದಿಕ ಧರ್ಮು ಜೋರಾನ ಪ್ರಚಾರಕೆಲ್ಲೊ. ಸನತ್ ಕುಮಾರಾನ ವೈದಿಕ ಧರ್ಮಾಂತು ಏಕದೋನಿ ಸುಧಾರಣೆ ಹಾಳ್ಳೇಲೆ ನಿಮಿತ್ತ ತೇ ನವೇ

ವೈದಿಕಧರ್ಮಾಕ ಸನತ್ಕುಮಾರಾಲೊ ಧರ್ಮು ಮ್ಹೋಣು ನಾಂವ ಆಯ್ಲೆಂ. ಸನತ್ಕುಮಾರಾಲೊ ಧರ್ಮು ಕ್ರಮೇಣ ಸನಾತನ ಧರ್ಮು ಮ್ಹೋಣು ನಾಂವ ಪಾವ್ಲೊ. ಕ್ರಮೇಣ ಸನಾತನ ಧರ್ಮು ಮ್ಹೋಣು ನಾಂವ ಶಾಶ್ವತ ಜಾಲ್ಲೆಂ. (ಹೀ ಕಾಣಿ ಬದ್ದಕೀಘಟ್ಟಿ ಮ್ಹೋಣು ವಾಜ್ಜಿತಲ್ಯಾನಿ ನಿರ್ಣಯಕೋರ್ಕಾ).

ಹಿಂದುಸ್ಥಾನಾಂತೂಂಚಿ ಉದ್ದೇನು ಆಯ್ಯಿಲೊ ಸಕ್ಕಡ ಜನಾಲೊ ಪ್ರೀತೀಚೊ ಧರ್ಮು ಸನಾತನ ಧರ್ಮು. ಶೆಂಬರಿ ದೆಡ್ಶೆ ವರ್ಸ ಧೋರ್ನು ಹೇ ಧರ್ಮಾಂಕ ಹಿಂದೂ ಧರ್ಮು ಮ್ಹೋಣು ನಾಂವ ದಿಲ್ಲಾಂ. ಆಮ್ಗೆಲೆ ಹಿಂದೂ ಧರ್ಮಾಂಕ ಸಂವಿಧಾನಾಂತು ಸನಾತನ ಧರ್ಮು ಮ್ಹೋಣು ನಾಂವ ದೀನಿ. ಸನಾತನ ಧರ್ಮು ಏಕು ಹಿಂದೂ ಧರ್ಮಾಂತು ಮೆಳ್ಳೋಲೊ ಧರ್ಮು ಮ್ಹೋಣು ಆಮ್ಮಿ ಲೆಕ್ಕೂಕಾ. ಸನಾತನ ಧರ್ಮಾವರೀಚಿ ಪೌರಾಣಿಕ ಧರ್ಮು, ವೈದಿಕ ಧರ್ಮು, ವೀರಶೈವ ಧರ್ಮು ಇತ್ಯಾದಿ ಧರ್ಮ ಘೂರಾ ಹಿಂದೂ ಧರ್ಮಾಂತು ಮೆಳ್ಳೇಲೆ ವಿಂಗವಿಂಗಡ ಧರ್ಮ ಜಾವ್ನಾಸ್ಸತಿ.

ಯುರೋಪ್ ಜನಾಲೆ ಆಗಮನ

1498 ಇಸ್ವೇಂತು ಪೋರ್ಚುಗೀಸ್ ನಾವಿಕು ವಾಸ್ಕೋಡಗಾಮಾ ಭಾರತಾಚೆ ಪಶ್ಚಿಮ ಸಮುದ್ರತಟಾಕ ತಾಗ್ಗೇಲೆ ಮಚ್ವೇರಿ (ಹೋಡದೋಣೀರಿ) ವ್ಯಾಪಾರೀಲೆ ವೇಷಾರಿ ಆಧುನಿಕ ಶಸ್ತ್ರಾಸ್ತ್ರ ಮ್ಹಳ್ಯಾರಿ ಬಂದೂಕ, ತೋಪು, ಫಿರಂಗಿ ಇತ್ಯಾದೀನ ಸುಸಜ್ಜಿತ ಸೈನ್ಯ ಘೇವ್ನು ಆಯ್ಯಿಲೊ. ತೆದ್ನಾಧೋರ್ನು ಆಮ್ಗೆಲೆ ಹೇ ಭಾರತವರ್ಷಾಂತು ರಾಜ್ಯ ಕೋರ್ನು ಆಶ್ಶಿಲೆ ಅನೇಕ ರಾಯ ಯುರೋಪಾಚೆ ಸೈನ್ಯಾಲೆ ವಿರುದ್ಧ ಯುದ್ಧ ಕರ್ತಃ ಆನಿ ಗೆಲ್ವತಸಲ್ವತಃ ಆಯ್ಲೀಲೀಂತಿ. ಪೋರ್ಚುಗೀಸಾಲೆ ನಂತರ ಇಂಗ್ಲೀಷ ಲೋಕು ವ್ಯಾಪಾರೀ ವೇಷಾರಿ ಈಸ್ಟ್ ಇಂಡಿಯಾ ಕಂಪನಿ ನಾವ್ವಾರಿ ಆಯ್ಲೀಲೀಂತಿ. ಇಂಗ್ಲೀಷಾನಿ ಆಮ್ಗೆಲೆ ಸ್ವಲ್ಪ ರಾಯ್ಯಾಂಕ ಮಾತ್ತ್ಯಾವೈಲ್ಯಾನ ಹಾತುಕಾಣು ಏಕಯಿ ಯುದ್ಧಾಂತು ಸಲ್ವಾನು ಹಳೂ ಹಳೂ ತಾಂಗೆಲೆ ಬ್ರಿಟಿಷ್ ರಾಜ್ಯ ಸ್ಥಾಪನ ಕೆಲ್ಲೆಂ. ಫ್ರಾನ್ಸ್ ದೇಶಾಚೆ ಸೈನಿಕ ಆಯ್ಲೀಲೀಂತಿ. ಡಚ್ ದೇಶಾಚೆ ಆಯ್ಲೀಂತಿ. ಜರ್ಮನ್ ಲೋಕು ಆಯ್ಲೀಲೀಂತಿ. ಕಡೇರಿ ಇಂಗ್ಲೀಷ ದೇಶಾಚೇಚಿ ಸೈನ್ಯ ಫ್ರಾಂಸ, ಡಚ್, ಜರ್ಮನ್ ಸೈನ್ಯಾಂಕ ಮಾಕ್ಷಿಸೋಣು ವೈರಿಪಳ್ಳೆಂ.

ಇಂಗ್ಲೀಷಾನಿ ಜಿಂಕ್ವಲೆಲೆ ರಾಜ್ಯ ಸಕ್ಕಡ ಏಕ ವಿಶಾಲ ಬ್ರಿಟಿಷ್ಇಂಡಿಯಾ ದೇಶ ಜಾಲ್ಲೆಂ. ಇಂಗ್ಲೀಷ ಈಸ್ಟ್ ಇಂಡಿಯಾ ಕಂಪನೀಂಕ ಆಮ್ಗೆಲೆ ಹೇ ದೇಶಾಕ ಏಕೈಕ ಹೊಳ್ಳೆ ದೇಶ ಜಾವ್ನು ಒಟ್ಟು ಕೋರೂಂಕ ಸಾಧ್ಯ ಜಾಲ್ಲೆ. ಸಾನಸಾನ ರಾಯ ಸಕ್ಕಡ ಇಂಗ್ಲೇಂಡ್ ದೇಶಾಚೆ ರಾಣಿಯೇಲೆ ಸಾಮಂತ ಜಾಲ್ಲೀಂತಿ.

ಗೋವಾ, ಡಿಯೂ ಆನಿ ದಮನ ಇತ್ಯಾದಿ ಪೋರ್ತುಗೀಸಾಲೆ ಕೋಲೋನಿ ಜಾವ್ನು ಆಶ್ಶೀಲಿಂತಿ. ತೀಂ ತಶೀಂಚಿ ವಲ್ಲೀಂತಿ. 1965 ಇಸ್ವೇಂತು ತಾಂಗೇಲೆ ಲಿಬರೇಶನ್ ಜಾಲ್ಲೆಂ. ಫ್ರಾನ್ಸಾಲಿ ಪುದುಚೆರ್ರಿ, ಚಂದ್ರನಾಗೋರ್ ಇತ್ಯಾದಿ ಸಾನಸಾನ ಕೋಲೋನಿ ಆಶ್ಶೀಲಿಂತಿ. ಬ್ರಿಟಿಷಾನಿ ಇಂಡಿಯಾ ಸೋಣು ಗೆಲ್ಲೆಮಾಗ್ಗಿರಿ 1949 ಇಸ್ವೇಂತು ತಾಂಕಾ ಸಕ್ಕಡಾಂಕ

ಭಾರತಾಂತು ಮೇಳೋನು ಫ್ರೆಂಚ್ ಸರಕಾರ ಶಾಂತೀರಿ ಭಾರತ ಸೋಣು ಗೆಲ್ಲೇಂತಿ. ಡಚ್ಚ ಸರಕಾರಾನಯಿ ತಾಂಗೇಲಿ ಕೊಲೋನಿ ಸೋಣು ದಿಲ್ಲಿ. ಸುರ್ವೇಕ ಆಶ್ಶಿಲಿ ಡಚ್ ಕೊಲೋನಿ ಖಂಚೀಯಿ ಮಾಗ್ಗಿರಿ ವಸರ್ನಿ. ಇಂಗ್ಲೀಷ್ ಮಾಂತ್ರ ಸಗ್ಗೇ ಹಿಂದುಸ್ಥಾನಾಂಕ ಕಬ್ಜಾಕೋರ್ನು ತಾಂಗೆಲೆ ರಾಜ್ಯ ಸ್ಥಾಪನ ಕೊರೂಂಕ ಫಾವಜಾಲ್ಲೇಲೀಂತಿ.

ಯುರೋಪಾಂತು ಫ್ರಾಂಸ, ಹೋಲ್ಲ್ಯಾಂಡ್ (ಡಚ್), ಪೊರ್ತುಗೀಸ್ ಇತ್ಯಾದಿ ರಾಜ್ಯಾಂಮಧ್ಯೆ ತತ್ತವಳಿ ಯುದ್ಧಜಾತ್ತಾಶ್ಶಿಲೆಂ. ಯುರೋಪಾಂತು ಯುದ್ಧಜಾವ್ನು ಸಂಧಾನ ಜಾಲ್ಲೇಲೆತಶ್ಶೀಚಿ ಇಂಡಿಯಾಂತು ಫ್ರಾಂಸ, ಹೋಲ್ಲ್ಯಾಂಡ್ (ಡಚ್), ಪೊರ್ತುಗೀಸ್ ಕೊಲೊನಿಚೆ ಸೈನ್ಯಾಂಚೆ ಆನಿ ಬ್ರಿಟಿಷ್ ಸೈನ್ಯಾಂಚೆ ಮಧ್ಯೆ ಸಂಧಾನ ಆನಿ ಪರಸ್ಪರ ಒಪ್ಪಂದ ಜಾತ್ತಾಶ್ಶಿಲೆಂ. ತ್ಯಾನಿಮಿತ್ತ ಫ್ರೆಂಚ್, ಡಚ್ ಆನಿ ಪೊರ್ತುಗೀಸ್ ಹಾಂಗೆಲೆ ಹಾತ್ತಾಂತು ಆಶ್ಶಿಲೆ ಸಾನಸಾನ ಭೂಭಾಗಾಂಕ ಇಂಗ್ಲೀಷಾನಿ ಆಕ್ರಮಣ ಕರ್ನಿ. ಏಕ ಒಪ್ಪಂದಾಚೆಪ್ರಕಾರ ಹೀ ಕೊಲೊನಿ ಸಕ್ಕಡ ಕಡೇರಿತಾಂಯಿ ಬ್ರಿಟಿಷ್ ಇಂಡಿಯಾಲೆ ಬಗ್ಲೇಂತೂಂಚಿ ಶಾಂತಿಸೌಹಾರ್ದಾನ ಆಶ್ಶಿಲೀಂತಿ.

ಹಿಂದುಸ್ಥಾನ ಯಾನೆ ಇಂಡಿಯಾ

ಕ್ರಿ. ಶ. 1700 ಇಸ್ವೇಚೆ ನಂತರ ಬ್ರಿಟಿಷಾನಿ ತಾಂಗೇಲೆ ದಾಖಲೇಂತು ಭಾರತವರ್ಷಾಕ ಘೂಡೆಧೋರ್ನು ಚೋಲ್ಲು ಆಯ್ಯೇಲೆ ನಾಂವ ಖಂಚೆ ಆಶ್ಶಿಲೆಂಕೀ ತೇಂಚಿ ನಾಂವ ದೊವ್ರೋರ್ನು ಫೆಲ್ಲಂ. ತೇ ನಾಂವ ದಿಲ್ಲೀಂತು ಹಿಂದುಸ್ಥಾನ ಏಕಯಿ ಯುರೋಪಾಂತು ಇಂಡಿಯಾ ಮ್ಹೊಣು ಆಶ್ಶಿಲೆಂ. ಭಾರತೀಯ ನಾಗರಿಕಾಂಕ ಘೂಡೆಧೋರ್ನು ಚೋಲ್ಲು ಆಯ್ಯೇಲೆ ನಾಂವ ದಿಲ್ಲೀಂತು ಹಿಂದುಸ್ಥಾನೀ ಆನಿ ಯುರೋಪಾಂತು ಇಂಡಿಯನ್ ಮ್ಹೊಣು ತೇಂಚಿ ನಾಂವ ಬ್ರಿಟಿಷಾನಿ ತಾಂಗೇಲೆ ದಾಖಲೇಂತು ದೊವ್ರೋರ್ನು ಫೆಲ್ಲಂ. ಇಂಡಿಯನ್ ಶಬ್ಧ ಇಂಗ್ಲೇಂಡ, ಫ್ರಾಂಸ, ಇಟಲೀ, ಜರ್ಮನಿ, ಸ್ಪೇಯಿನ್, ಪೋರ್ತುಗಲ್ ಇತ್ಯಾದಿ ದೇಶಾಚೆ ಭಾಷೇಚೊ ಶಬ್ಧ. ಇಂಗ್ಲೀಷ್ ಭಾಷೇಚೊ ಶಬ್ಧ. ತೋ ಏಕು ಸೆಕ್ಯುಲರ್ ಶಬ್ಧ. ಇಂಡಿಯನ್ ಮ್ಹಳ್ಯಾರಿ ಹಿಂದೂ ಮ್ಹೊಣು ಜಾಯ್ನಾ. ಮುಸ್ಲಿಂ ಮ್ಹೊಣು ಜಾಯ್ನಾ. ಇಂಡಿಯನ್ ಮ್ಹಳ್ಯಾರಿ ಏಕ ಪ್ರಾಪಂಚಿಕ ನಾಂವ. ಸಮೂಹ ನಾಂವ. ಜನಾಂಗಾಚೆ ನಾಂವ. ಧರ್ಮಾಂಚೆ ನಾಂವ ನ್ಹಯಿ. ದಿಲ್ಲೀಂತು ಉರ್ದು, ಫಾರ್ಸೀ, ಅರಬ್ಬೀ, ತುರ್ಕೀ ಆನಿ ಹಿಂದೀ ಭಾಷೇಂತು ಇಂಡಿಯನ್ ಶಬ್ಧ ಹಿಂದುಸ್ಥಾನೀ ಜಾಲ್ಲೊ. ಇಂಡಿಯನ್‌ಹಿಂದು ಯಾನೆ ಹಿಂದುಸ್ಥಾನೀಹಿಂದು, ಇಂಡಿಯನ್ ಮುಸಲ್ಮಾನ್ ಯಾನೆ ಹಿಂದುಸ್ಥಾನೀಮುಸಲ್ಮಾನು, ಇಂಡಿಯನ್ ಕ್ರಿಶ್ಚನ್ ಯಾನೆ ಹಿಂದುಸ್ಥಾನೀಕ್ರಿಶ್ಚನ್ ಇತ್ಯಾದಿ ನಾಂವಾಂಚೆ ವಿಂಗವಿಂಗಡ ಹಿಂದುಸ್ಥಾನಿ ನಾಗರೀಕ ಜಾಲ್ಲೇತಿ.

ಇಂಗ್ಲೀಷ ಭಾಸ ದೇಶಭಸರೀ ಚಾಲು ಜಾಲ್ಲೇಲೆ ತಶ್ಶೀಂಚಿ ಭಾರತ ವರ್ಷಾಕ ಯಾನೆ ಹಿಂದುಸ್ಥಾನಾಂಕ ಇಂಡಿಯಾ ಮ್ಹೊಣು ಆನಿ ಭಾರತೀಯಾಂಕ ಇಂಡಿಯನ್ ಮ್ಹೊಣು ನಾಂವ ಫಟ್ಟಿ ಜಾಲ್ಲೆಂ.

ಇಂಡಿಯಾಚೆ ಪ್ರಾಚೀನ ಇತಿಹಾಸಾಂತು ಪ್ರತೀ ಏಕ ಉಲ್ಲೇಖಾಂತು ಆಮ್ಗೇಲೆ ದೇಶಾಕ ಭಾರತವರ್ಷ ಮ್ಹೊಣು ನಾಂವ ಆಸ್ಸ. ಭಾರತವರ್ಷ ವಿದೇಶಾಂತು ಹಿಂದೂದೇಶ ಮ್ಹೊಣೂಂಚಿ ನಾಂವ ಪಾವ್ವಿಲೆಂ.

ಆತ್ತಂಚೆ ಸ್ಕೂಲಾಚೆ ಆನಿ ಕಾಲೇಜಾಚೆ ಚರಿತ್ರೆ ಪುಸ್ತಕಾಂತು ಪ್ರಾಚೀನ ಚರಿತ್ರೇಚೆ ವಿವರಣ ಚಿಕೇಚಿ ವಿಂಗಡ ಜಾವ್ನು ಆಸ್ಸ. ಹೇ ಪುಸ್ತಕಾಂತು ರಾಜ್ಯಾಕ ರಾಷ್ಟ್ರ ಮ್ಹೊಣು ನಾಂವ ದಿಲ್ಲಾಂ. ರಾಯ್ಯಾಕ ರಾಜಾ ಮ್ಹೊಣು ನಾಂವ ದಿಲ್ಲಾ. ಗಾಂವಾಂತು ವಾಸಕೋರ್ನು ಆಶ್ಶಿಲೆ ಗ್ರಹಸ್ಥಾಂಕ ಕುಲ ಮ್ಹೊಣು ಆನಿ ಘರಾಚೆ ಯಜಮಾನಾಂಕ ಕುಲಪತಿ ಮ್ಹಳ್ಳಾಂ. ಗ್ರಾಮಾಂಚೆ ಮುಖಿಯಾಕ ಗ್ರಾಮನಿ ಮ್ಹಳ್ಳಾಂ. ವೀಸ ಗ್ರಾಮ ಒಟ್ಟು ಜಾಲ್ಯಾರಿ ತೇ ಪ್ರದೇಶಾಕ ವೀಸ ಮ್ಹೊಣು ನಾಂವ ದಿಲ್ಲಾಂ. ಏಕ ವಿಸಾಚೊ ಮುಖ್ಯಸ್ಥ ವೀಸ್ಪತಿ ಜಾವ್ನಾಶ್ಶಿಲೊ. ಅನೇಕ ವೀಸ ಮೇಳ್ನು ಏಕ ಜನ ಮ್ಹಳ್ಳೇಲೆ ವಿಭಾಗ ಕೆಲ್ಲೇಲೆ. ಅನೇಕ ಜನ ಮೇಳ್ನು ಏಕ ರಾಷ್ಟ್ರ ಜಾತ್ತಾಶ್ಶಿಲೆ.

ಸ್ಕೂಲಾಚೆ ಆನಿ ಕಾಲೇಜಾಚೆ ಚರಿತ್ರೆ ಪುಸ್ತಕಾಂತು ವಿವರಣ ದಿಲ್ಲೇಲೆ ಪ್ರಕಾರ ಪ್ರಾಚೀನ ಭಾರತವರ್ಷಾಂತು ರಾಯ್ಯಾಕ ಪ್ರಜೇನಂಚಿ ನಿಯುಕ್ತ ಕೊರ್ತಾಶ್ಶಿಲೆಂ. ರಾಯ್ಯಾನ ಪ್ರಜೇಲೆ ಸಂರಕ್ಷಣೆ ಕೊರ್ಚೆ, ಪ್ರಜೇಲಿ ಸಂಪತ್ತಿ ರಾಕ್ಚೆ, ತಪ್ಪು ಕೆಲ್ಲೇಲ್ಯಾಂಕ ಶಿಕ್ಷಿ ದೆವ್ಚೆ, ಚಾಂಗ ಗುಣಕರ್ಮಸ್ವಭಾವ ಆಶ್ಶಿಲ್ಯಾಂಕ ರಕ್ಷಣೆ ಕೊರ್ಚೆ ಇತ್ಯಾದಿ ರಾಜಧರ್ಮು ಪಾಲನ ಕೋರ್ಕಾ ಆಶ್ಶಿಲೆಂ. ರಾಯ್ಯಾಲೊ ಪುರೋಹಿತು ಏಕು ಪ್ರಮುಖ ಅಧಿಕಾರಿ ಜಾವ್ನು ಆಶ್ಶಿಲೊ. ಸೇನಾಪತಿಕಯೀ ರಾಯು ಮಸ್ತ ಮರ್ಯಾದಿ ದಿತ್ತಾಶ್ಶಿಲೊ. ಸಭೇಚೊ ಆನಿ ಸಮಿತಿಚೊ ಅಧ್ಯಕ್ಷ ಪದವಿ ಪ್ರಮುಖ ಹುದ್ದೆ ಜಾವ್ನಾಶ್ಶಿಲೆ ನಿಮಿತ್ತ ರಾಯು ತೇ ಹುದ್ದೇಕ ಪಕ್ಷಪಾತರಹಿತ ಜ್ಞಾನೀಂಕ ಮ್ಹಳ್ಯಾರಿ ರಾಜಕೀಯಾಂತು ಅನುಭವೀ ವ್ಯಕ್ತೀಕ ನಾಮಾಂಕಣ ಕರ್ತಾಶ್ಶೀಲೊ.

ದಿಲ್ಲೀಂತು ಕ್ರಿ. ಶ. ಬಾರಾಚೆ ಶತಮಾನಾಂತು ಮುಸ್ಲಿಂ ರಾಜ್ಯ ಸ್ಥಾಪನೆ ಜಾಯ್ತಘೋರ್ನು ಭಾರತವರ್ಷಾಕ ಹಿಂದೂದೇಶ ಯಾನೆ ಹಿಂದುಸ್ಥಾನ ಮ್ಹೊಣೂಂಚಿ ಆಪ್ಪೈತಾಶ್ಶಿಲೀಂತಿ. ಬ್ರಿಟಿಷಾನಿ ಸಮೇತ ಭಾರತವರ್ಷಾಕ ಹಿಂದುಸ್ಥಾನ ಮ್ಹೊಣು ನಾಂವ ಖಾಯಂಕೆಲ್ಲೆಲೆಂ. ಬ್ರಿಟಿಷ್ ಆನಿ ಇತರ ಯುರೋಪಿಯನ್ ಜಣ 1498 ಇಸ್ವೇಂತು ವಾಸ್ಕೋಡಗಾಮಾಲೆ ಘಾಟೀಕಚಿ ತಾಗ್ಗೇಲೆ ಮಾಕ್ಷೀಚಿ ಭಾರತಾಕ ಆಯ್ಯೀಲಿಂತಿ.

ತೆದ್ದೋಳು ಥೋರ್ನು ಹೇ ವಿಲಾಯತಿ ಆಕ್ರಮಣಕಾರಾನಿ ಸಕ್ಕಡಾನಿ ಭಾರತಾಂತು ಆಶ್ಶೀಲೆ ಸಕ್ಕಡ ಲೋಕಾಂಕ (ಹಿಂದುಸ್ಥಾನಾಂತು ವಾಸಕೋರ್ನು ಆಶ್ಶಿಲೆ ಸಕ್ಕಡ ಧರ್ಮಾಂಚೆ ಲೋಕಾಂಕ) ಹಿಂದುಸ್ಥಾನಿ ಮ್ಹೊಣೂಂಚಿ ಆಪ್ಪೈತಾಶ್ಶಿಲಿಂತಿ.

ಭಾರತಾಂತು ಆಶ್ಶೀಲೆ ಲೋಕಾಂಕ ವಿಲಾಯತಿ ಆಕ್ರಮಣಕಾರಾನಿ ಸಕ್ಕಡಾನಿ ಇಂಡಿಯನ್, ಹಿಂದೀ ಯಾನೆ ಹಿಂದೂ ಜಣ ಮ್ಹೊಣು ಆಪ್ಪೈತಾಶ್ಶೀಲೀಂತಿ. ದಿಲ್ಲೀಂತು ರಾಯು ಜಾವ್ನು ಆಶ್ಶೀಲೆ ಮುಸ್ಲಿಂ ರಾಯ್ಯಾಂಕ ಸಮೇತ ತಾನ್ನಿ ಭಾರತವರ್ಷಾಚೆ ರಾಯ ಮ್ಹೊಣು ಮ್ಹಣಿ. ತಾಂಕಾ ಹಿಂದುಸ್ಥಾನಾಂಚೆ ರಾಯ ಮ್ಹಣಾಲೀಂತಿ. ಇಂಡಿಯನ್ ರಾಯ ಮ್ಹಣಾಲೀಂತಿ.

ಹಿಂದುಸ್ಥಾನಾಂಚೆ ಮುಸ್ಲಿಂ ರಾಯ ಮ್ಹಣಾಲೀಂತಿ. ತಾಂಗೇಲೆ ಆಧೀನಾಂತು ಆಶ್ಶೀಲೆ ಭಾರತೀಯ ರಾಯ್ಯಾಂಕ ಹಿಂದು ರಾಯ ಮ್ಹೊಣು ನಾಮಕರಣಕೆಲ್ಲೆಂ.

ಇಂಡಿಯನ್ ಕ್ರಿಶ್ಚನ್ ಯಾನೆ ಹಿಂದುಸ್ಥಾನೀಕ್ರಿಶ್ಚನ್ ಇತ್ಯಾದಿ ನಾಂವಾಂಚೆ ವಿಂಗವಿಂಗಡ ಹಿಂದುಸ್ಥಾನಿ ನಾಗರೀಕ ಜಾಲ್ಲೇತಿ. ಇಂಗ್ಲೀಷ ಭಾಸ ದೇಶಭಃರೀ ಚಾಲು ಜಾಲ್ಲೆಲೆ ತಶ್ಶೀಂಚಿ ಭಾರತ ವರ್ಷಾಕ ಯಾನೆ ಹಿಂದುಸ್ಥಾನಾಂಕ ಇಂಡಿಯಾ ಮ್ಹೊಣು ಆನಿ ಭಾರತೀಯಾಂಕ ಇಂಡಿಯನ್ ಮ್ಹೊಣು ನಾಂವ ಘಟ್ಟಿ ಜಾಲ್ಲೆಂ.

ಮುಸ್ಲಿಂ ಇಂಡಿಯಾ

ಇಂಗ್ಲೀಷ್ ವ್ಯಾಪಾರಿಲೋಕು ಹಿಂದುಸ್ಥಾನಾಂತು ಕ್ರಿ. ಶ. 1600 ಇಸ್ವೇಚೆನಂತರ ಆಯ್ಯಿಲೆವೇಳಾರಿ ತಾಂಕಾ ಮದ್ರಾಸಾಂತು, ಕಲ್ಕತ್ತಾಂತು ಆನಿ ಸೂರತ್ತಾಂತು ವ್ಯಾಪಾರಾಕ ಭಂಡಸಾಳ ಮಾಂಡೋಕಾಜಾಲ್ಲೆಂ. ತೇವೇಳಾರಿ ಹೇ ರಾಜ್ಯಾಂತು ಆಡಳಿತ ಕೋರ್ನುಆಶ್ಶೀಲೆ ರಾಯ ಘೂರಾ ಮುಸ್ಲಿಂರಾಯ ಜಾವ್ನುಆಶ್ಶೀಲೇತಿ. ತಶ್ಶಿಜಾವ್ನು ಇಂಗ್ಲೀಷ್ ವ್ಯಾಪಾರಿ ಲೋಕಾಂಕ ಹಿಂದುಸ್ಥಾನ ಏಕ ಮುಸ್ಲಿಂದೇಶ ಮ್ಹೊಣುದಿಸ್ಲೆಂ. ವಿಂಗಡ ಸಾನಸಾನ ರಾಯ ಹಿಂದುಧರ್ಮಾಂಚೆ ಜಾಲ್ಲ್ಯಾರಿಯೀ ತೇ ರಾಯ ಘೂರಾ ಮುಸ್ಲಿಂರಾಯ್ಯಾಲೆ ಸಾಮಂತರಾಯ ಜಾವ್ನು ಆಶ್ಶೀಲೀಂತಿ. ಹಿಂದುಸ್ಥಾನಾಂತು ಸಕ್ಕಡ ಜಾತೀಚೆ ಲೋಕು ವಾಸಕೋರ್ನು ಆಶ್ಶೀಲೊ ಜಾಲ್ಲ್ಯಾರಿಯಿ ಇಂಗ್ಲೀಷಾಂಕ ಮುಸ್ಲಿಂರಾಯ್ಯಾಲೆ ಸಂಪರ್ಕ ಮಾಂತ್ರ ಮುಖ್ಯ ಆಶ್ಶೀಲೆ. ತಾಂಗೇಲಿ ವ್ಯಾಪಾರಾಚಿ ಭಂಡಸಾಳ ಮಾಂಡೋಚಾಕ ತಾಂಕಾ ಅನುಮತಿ ದಿಲ್ಲೇಲಿ ಮುಸ್ಲಿಂರಾಯ್ಯಾನಿ.

ಕ್ರಿ. ಶ. 1700 ಇಸ್ವೇನಂತರ ಇಂಗ್ಲೀಷ್ ಲೋಕಾಂಕ ಹಿಂದುಸ್ಥಾನಾಂತು ಆಶ್ಶೀಲೆ ಲೋಕು ಸಕ್ಕಡ ಹಿಂದುನ್ವಯಿ ಮ್ಹೊಣು ಕಳಿತಾಆಯ್ಲೆಂ. ಇಂಡಿಯಾಂತುಲೆ ಲೋಕಾಂಚೆ ಪೈಕಿ ಕುರಾನ್ ನಮ್ಮತಲೆ ಆನಿ ಅಲ್ಲಾಹಕ ದೇವು ಮ್ಹೊಣು ಸಾಂಗ್ತಲೆ ನಾಗರೀಕ ಸಕ್ಕಡ ಮುಸಲ್ಮಾನ್ ಮ್ಹೊಣು ಕಳಿತಾಆಯ್ಲೆ. ಬ್ರಿಟಿಷ ಸರಕಾರಾನ ಇಂಡಿಯಾಂತು ವಿಂಗವಿಂಗಡ ಧರ್ಮಾಂತುಲೇ ಜನಾಂಕ ಭೇಧಭಾವಾರಿ ಪೋಳೋನು ತೇತಕೀತ ವ್ಯವಹಾರುಕೆಲ್ಲೊ.

ಇಂಗ್ಲೀಷ್ ಲೋಕಾಂನಿ ಮುಸಲ್ಮಾನಾಂಕ ವಿಂಗಃಡ ದೃಷ್ಟೀನ, ಕ್ರಿಸ್ತಮಾಂಚಾಕ, ಸಿಕ್ಖಾಂಕ, ಫಾರ್ಸೀಂಕ ಆನಿ ಹಿಂದೂಂಕ ವಿಂಗಡ ದೃಷ್ಟೀನ ಪಳೈಲೆ. ಮುಸಲ್ಮಾನಾಂಕ ರಾಯ್ಯಾಲೆ ಜಾತೀಚೆ ಮ್ಹೊಣು ಸಾಂಗೂನು ತಾಂಕಾ ಚಃಡ ಮರ್ಯಾದಿ ದಿತ್ತಾಆಶ್ಶೀಲೀಂತಿ. ಮುಸಲ್ಮಾನಾಂಕ ಇಂಗ್ಲೀಷ್ ಲೋಕಾಲೆಬಟ್ಟು ಚಃಡಿ ಮೈತ್ರಿ ಆಶ್ಶೀಲಿ. ಹಿಂದೂಂಕ ಹಿಂದುಸ್ಥಾನಾಂತೂಚಿ ಆಶ್ಶೀಲೆ ಕಾಶೀ, ಮಥುರಾ ಆನಿ ದ್ವಾರಕಾ ಯಾತ್ರಾಸ್ಥಳ ಜಾಲ್ಲ್ಯಾರಿ ಮುಸಲ್ಮಾನಾಂಕ ಹಿಂದುಸ್ಥಾನಾಂಚೆ ಭಾಯ್ರ ಆಸ್ಸೂಚೆ ಮಕ್ಕಾ ಆನಿ ಮದೀನಾ ಯಾತ್ರಾ ಸ್ಥಳ ಮ್ಹೊಣು ಬ್ರಿಟಿಷಾಂಕ ಸಮುಃಂಚಿ ಮನಾಂಗೆಲ್ಲೆಂ.

ಮುಸಲ್ಮಾನಾಂಕ ಖತಿಣ ಪರಿಸ್ಥಿತೀಂತು ತುರ್ಕಿ ಆನಿ ಪರ್ಸಿಯಾ ದೇಶ ಸಹಾಯಾಕ ಎತ್ತಾತಿಮ್ಹಣು ಇಂಗ್ಲೀಷಾಂಕ ಗೊತ್ತಾಶ್ಶೀಲೆಂ. ಹಿಂದೂಂಕ ಖತಿಣ ಪರಿಸ್ಥಿತೀಂತು ಖಂಚೇಯಿ ಭಾಯ್ಲೆಗಾಂವಾಂಕ ವೊಚ್ಚೂನು ರಾಬ್ಬೂಂಕ ಸವಲತ್ತು ನಾಆಶ್ಶೀಲೊ.

ಯೇಸು ಕ್ರಿಸ್ತಾಕ ನಮ್ಗತಲೆ ಲೋಕಾಂಕ ತರಿ ಕ್ರಿಶ್ಚನ್ ಮ್ಹಣು ನಾಂವ ಆಶ್ಶೀಲೆ. ಇಂಗ್ಲೀಷಾಂನಿ ಹಿಂದುಸ್ಥಾನಾಂಕ ಕ್ರಿ. ಶ. 1600 ಇಸ್ವೇಂತು ಆಯ್ಯಿಲೆ ವೇಳಾರಿ ಕ್ರಿಶ್ಚನ್ ಲೋಕು ದಕ್ಷಿಣಭಾರತಾಚೆ ಪಶ್ಚಿಮ ಕರಾವಳೀಂತು ಮಲಬಾರ ಆನಿ ಕೊಚ್ಚಿ ಪ್ರದೇಶಾಂತು ಮಾಂತ್ರ ಭೆಟ್ಟೂಂಕಮೆಳ್ತಾಆಶ್ಶೀಲೀಂತಿ. ಸುರ್ವೇಕ ಇಂಗ್ಲೀಷ್ ಆನಿ ಇತರ ಯುರೋಪಿ ಲೋಕಾನಿ ತಾಂಕಾ ದೇವಾಲಿ ಪ್ರಾರ್ಥನಾ ಕೊರೂಂಕ ಚರ್ಚ ಬಾಂದೂಂಕ ಜಾಗೊ ದೀವ್ಕಾ ಮ್ಹಣು ಹಿಂದುಸ್ಥಾನಾಂಚೆ ಮುಸ್ಲಿಂ ರಾಯ್ಯಾಲ್ಲಾಗ್ಗಿ ವಿನಮ್ರ ವಿನಂತಿ ಕೆಲ್ಲಿ. ಮಾಗ್ಗಿರಿ ಚರ್ಚಾಂತು ದೇವಾಲಿ ಪೂಜಾ ಕೋರೂಂಕ ಜಾಯಿ ಮ್ಹಣು ಪಾದ್ರೀಂಕ ತೇ ಜಾಗಾರಿ ವಾಸುಕೊರೂಂಕ ಅನುಮತಿ ಘೆತ್ಲಿ. ಹೇ ಪಾದ್ರಿ ಲೋಕಾನಿ ತಾಂಗೆಲೊ ಕ್ರಿಶ್ಚನ್ ಧರ್ಮು ತಾನ್ನಿ ಆಶ್ಶೀಲೆ ಪ್ರದೇಶಾಚೆ ಹಿಂದು ಜನಾಂಕ ಶಿಕೋನುದಿಲ್ಲೊ. ತಾಂಕಾ ಗಳ್ಯಾಕ ಶಿಲುಬೆ ಬಾಂದೂನು ಕ್ರಿಶ್ಚನ್ ಧರ್ಮಾಂತು ಮೇಳ್ಯೆಲೆ. ಕ್ರಿಶ್ಚನ್ ಧರ್ಮಾಂತು ಮೆಳ್ಳೇಲೆ ಲೋಕಾಂಕ ಇಂಗ್ಲೀಷ್ ಸರಕಾರಾನ ಭೂಂಯಿ ಇನಾಮ್ ದಿಲ್ಲಿ. ದುಡ್ಡು ದಿಲ್ಲೊ. ಘಽರ ಬಾಂದೂನು ದೆಲ್ಲೆಂ. ಕ್ರಿಶ್ಚನ್ ಧರ್ಮಾಂಚ್ಯಾಂಕ ಇಂಗ್ಲೀಷ್ ಸರಕಾರಾಂತು ಹೊಳ್ಳೆಹೊಳ್ಳೆ ನೌಕರಿ ದಿಲ್ಲಿ.

ಇಂಗ್ಲೀಷ್ ಸೈನ್ಯಾನ ಮುಸ್ಲಿಂರಾಯ್ಯಾಂಕ ರಕ್ಷಣೆ ದಿವ್ಚೆ ನೆವ್ನಾರಿ ರಾಯ್ಯಾಲೆ ರಾವ್ಳಾರಾಂತು ಪ್ರವೇಶು ಕೆಲ್ಲೊ. ಕಡೇರಿ ಮುಸ್ಲಿಂರಾಯ್ಯಾಲೆ ರಾಜ್ಯಾಂತು ಹಜ್ಜಾರಕಟ್ಲೆ ಪಾದ್ರಿಲೋಕು ಆಯ್ಲೀಂತಿ. ತಾನ್ನಿ ಇಂಗ್ಲೀಷ್ ಶಿಕೋಚಿ ಪಾಠಶಾಳಾ ಮಾಂಡ್ಲಿ. ಅನೇಕ ಜಾಗ್ಯಾರಿ ಇಂಗ್ಲೀಷ್ ಪಾಠಶಾಳಾ ಹಿಂದುಸ್ಥಾನಾಂಚೆ ಚೆರ್ಡುವಾಂಕ ಮ್ಹಣು ಉಘಡ್ಲೆಂ. ಪಾಠಶಾಳೇಂತು ಹಿಂದೀ ತಮಿಳ್, ಕನ್ನಡ, ಉರ್ದು ಇತ್ಯಾದಿ ಶಿಕೋಚಾಕ ಅನುಕೂಲತೆಕೆಲ್ಲಿ. ಶಿಕೋಚೆ ಖತಿರ ವಿವಿಧ ಭಾಷೇಂಚೆ ಪುಸ್ತಕಽಂ ಛಾಪ್ಪೂನುಘಾಲ್ಲೆಂ. ಹಿಂದುಸ್ಥಾನಾಂತು ಲಕ್ಷ ಲಕ್ಷ ಜಽಣ ಕ್ರಿಶ್ಚನ್ ಜಾಲ್ಲೀಂತಿ. ಹಿಂದೂ ರಾಯ್ಯಾಲೆ ಪ್ರಿನ್ಸ್ಲೀಸ್ಟೇಟ್ಸಾಂತು ಸಮೇತ ಇಂಗ್ಲೀಷ್ ಸೈನ್ಯಾನಿ ರಾಜ್ಯಾಚೆ ಮುಲ್ಲೊಮುಲ್ಲ್ಯಾಂತು ಚರ್ಚ ಬಾಂಧ್ಲೀಂತಿ ಆನಿ ಪಾದ್ರಿಲೋಕಾಂಕ ರಾಬ್ಬೂಂಕ ಆನಿ ಕ್ರಿಶ್ಚನ್ ಧರ್ಮು ಪ್ರಚಾರ ಕೋರೂಂಕ ಜಾಗೊದಿಲ್ಲೊ. ಇಂಗ್ಲೀಷ್ ಸೈನ್ಯಾಂಚೆ ಸ್ವಂತ ಆಡಳಿತಾಂತು ಆಶ್ಶೀಲೆ ಪ್ರದೇಶಾಂತೂಯಿ ಅಶ್ಶೀಂಚಿ ಕ್ರಿಶ್ಚನ್ ಧರ್ಮು ಘೂರಾಕಡೇನ ಪಾವ್ನೊ ಮ್ಹಣು ಜಾಲ್ಲೆತಿತ್ಲೆ ಪ್ರಯತ್ನ ಕೆಲ್ಲೆಂ.

ಫಾರ್ಸಿ ಧರ್ಮಾಂಚಾಂಕ ಫಾರ್ಸಿ ಮ್ಹಣು ನಾಂವ. ಫಾರ್ಸಿ ಜಽಣಾನಿ ತಾಂಗೆಲೆ ಜನಸಂಖ್ಯೆ ಚಽಡ ಜಾವ್ಕಾ ಮ್ಹಣು ವಿಂಗಡ ಧರ್ಮಾಂಚೆ ಜನಾಂಕ ಧರ್ಮಪರಿವರ್ತನೆ ಕೊರ್ಚೊ ಕ್ರಮು ದೊವ್ರೋನ್ರು ಘೇನಿ. ಹಿಂದುಸ್ಥಾನಾಂತು ಫಾರ್ಸಿ ಜನಸಂಖ್ಯೆ ಅತ್ಯಧಿಕ ಜಾಯ್ನಾ.

ಬ್ರಿಟಿಷಾನಿ ಹಿಂದುಸ್ಥಾನಾಂಚೆ ವರ್ಲೆಲೆ ಸಕ್ಕಡ ನಾಗರೀಕಾಂಕ ಹಿಂದೂ ಮ್ಹೊಣು ಎಕ್ಕಟಿಚಿ ಪಂಗಡಾಂತು ಮೇಳ್ಳೆಲೆ. ಹಿಂದೂ ಲೋಕಾಂತು ಸನಾತನ ಧರ್ಮು, ವೈದಿಕ ಧರ್ಮು, ವೀರಶೈವ ಇತ್ಯಾದಿ ಧರ್ಮು ಪಾಲನ ಕರ್ತಾಲೆ, ಬ್ರಾಹ್ಮಣ, ಕ್ಷತ್ರಿಯ, ವೈಶ್ಯ, ಶೂದ್ರ, ದಲಿತ, ಇತರ ಜಾತೀಂಚೆ, ಆದಿವಾಸಿ ಲೋಕು, ಅಸ್ಪ್ರಶ್ಯ ಲೋಕು, ಆರ್ಯಸಮಾಜೀ, ಆನಂದಮಾರ್ಗೀ, ಬ್ರಹ್ಮಸಮಾಜೀ, ಪ್ರಾರ್ಥನಾಸಮಾಜೀ, ಸಿಖ್, ಬುದ್ಧ, ಜೈನ ಧರ್ಮಾಂಚೆ, ಇತ್ಯಾದಿ ಸಕ್ಕಡ ನಮೂನೇಂಚೆ ನ-ಮುಸಲ್ಮಾನ, ನ-ಕ್ರಿಶ್ಚನ್, ಆನಿ ನ-ಫಾರ್ಸಿ ನಾಗರೀಕಾಂಕ ಒಟ್ಟು ಮೇಳೋನು ತಾಂಕಾ ಸಕ್ಕಡಾಂಕಯೀ ಹಿಂದು ಮತಾಚೆ ಮ್ಹೊಣು ಸಾಮಾನ್ಯ ನಾಂವ ದಿಲ್ಲೆಂ.

ಈಸ್ಟ್ ಇಂಡಿಯಾ ಕಂಪನೀಚೆಂ ವಿಜಯ

ಕ್ರಿ. ಶ. 1700 ಇಸ್ವೇಚೆ ನಂತರ ದಿಲ್ಲೀಂತು ರಾಜ್ಯಕೋರ್ನು ಆಶ್ಶಿಲೊ ಮೊಗಲ್ ಬಾದಶಾಹ್ ಬಲಹೀನ ಜಾಲ್ಲೊ. ಕಾಶ್ಮೀರದೋರ್ನು ಕನ್ಯಾಕುಮಾರಿತಾಂಯಿ ವಿಂಗವಿಂಗಡ ರಾಯ್ಯಾಲೆಸಕಲ ಪ್ರಜೆ ಮ್ಹೊಣುಘೆತ್ತಲೆ ಭಾರತೀಯ ವ್ಯಾಪಾರಿಲೋಕು, ಬ್ರಾಹ್ಮಣಲೋಕು, ರೈತಶೇತಕರಿಲೋಕು, ಸಾನಸಾನ ಲೋಹಾರ, ಚಮ್ಮಾರ, ದೂಕಾನದಾರ, ಝುಳ್ಕೆಧರ್ತಲೆ ಮೊಗ್ರಾಂಚೆ, ಸಾಂತೇಂತು ಸಾಮಾನು ವಿಕ್ತಲೆ ಹಳ್ಳೇಚೆ ಜಣ ಇತ್ಯಾದಿ ಅನೇಕತರಾಚೆ ನಾಗರೀಕಲೋಕು ರಾಯ್ಯಾಲೆಮೂಳಾಂತು ವಿನಮ್ರರೀತೀರಿ ಜೀವನಕರ್ತಲೆ ಹೇ ಸಕ್ಕಡ ಜಣ ಸತ್ರಾ ಶತಮಾನಾಂತು ಧೋರ್ನು (1700) ಕಂಪನಿ ಸರಕಾರಾಚೆ ಪ್ರಜೆ ಜಾಲ್ಲೀಂತಿ.

ಹಳೂಹಳೂ ರಾಯ್ಯಾಲೆ ಸೈನ್ಯ ಮ್ಹೊಣು ಕಾಂಯಿವಣ್ಣಿ. ತಾಂಗೆಲೆ ಬದ್ಲಾಕ ಕಂಪನಿ ಸೈನ್ಯ ಪ್ರತೀಏಕ ರಾಜ್ಯಾಂತು ಬ್ರಿಟಿಷ್ ಅಧಿಕಾರೀಂಕ ರಾಕ್ಕೂಂಕ ಆನಿ ಶಾಂತಿ ರಾಕ್ಕೊಂಕ ಭಾರಸರ್ಲೆಂತಿ. ಮಸ್ತಜಣ ಭಾರತೀಯಾಂಕ ಕಂಪನಿಚೆ ಗೋರೆ ಅಧಿಕಾರಿಲೆಸಕಲ ಆಫೀಸಾಂತು ಆನಿ ಸೈನ್ಯಾಂತು ಕಾಮಮೆಳ್ಳೆಂ. ಇಂಗ್ಲೀಷ್ ಜಣ ಅತ್ಯಂತ ಗೋರೆಜಾವ್ನು ಧವೇಬಣ್ಣಾಚೆ ಯುರೋಪಿಯನ್ ಜಣ. ತಾನ್ನಿ ಭಾರತಾಕ ಯೆತ್ತನಾ ಭಾರತ ಕುಡ್ಕೆಕುಡ್ಕೆ ಜಾವ್ನು ಹಜ್ಜಾರಕಟ್ಲೆ ಸಾನಹೋಡ ರಾಜ್ಯ ಜಾವ್ನು ಆಶ್ಶಿಲೆಂ. ಭಾರತಾಂತುಲೆ ರಾಜ್ಯಸಕ್ಕಡ ಎಕ್ಕೇಕಜಾವ್ನು ಈಸ್ಟ್ ಇಂಡಿಯಾ ಕಂಪನಿಚೆ ಆಡಳಿತಾಚೆಸಕಲ ಕ್ರಿ. ಶ. 1880 ಇಸ್ವೇಂತು ಒಟ್ಟೂಚಿ ಎಕ್ಕಟಿಚಿ ಕೊಲೋನಿ ಬ್ರಿಟಿಷ್ ಇಂಡಿಯಾ ಜಾವ್ನುಮೆಳ್ಳೆಂ. ಜಂಬೂದ್ವೀಪಾಂತು ಭಾರತವರ್ಷ ಪುನರಪಿ ಸ್ಥಾಪನಜಾಲ್ಲೆಂ.

ಇಂಡಿಯಾಚೆ ಏಕೀಕರಣ

ಕ್ರಿ. ಶ. 1774ಧೋರ್ನು 1885ವರೇಕ ಭಾರತಾಂತು ಈಸ್ಟ್ ಇಂಡಿಯಾ ಕಂಪನೀಚೆ ಸೈನ್ಯಾನ ಹಳೂಹಳೂ ಸಕ್ಕಡ ರಾಜ್ಯ ತಾಂಗೆಲೆ ವಶ ಕೋರ್ನುಘೆತ್ಲೆಂ. ಹೇ ಶೆಂಬರಿ ವರ್ಸಾಂತು ಜಾಲ್ಲೇಲೆ ಬದಲಾವಣೆಂಚೆ ನಿಮಿತ್ತ ಭಾರತ ಪುನಃ ಜಂಬೂದ್ವೀಪಾಚೆ ಅಧಿಕತಮ ಭೂಮೀರಿ ಭೋರ್ನುಆಯ್ಲೆಂ.

ಪೂರ್ವಾಂತು ಏಕು ಕುಡ್ಕೊ ಆನಿ ಪಶ್ಚಿಮಾಂತು ಏಕು ಕೊಡ್ಕೊ ಸೊಳ್ಯಾರಿ ವರ್ಲೆಲೆ ಸಗ್ಳೇಂಚಿ ಜಂಬೂದ್ವೀಪ ಪುನಃ ಭಾರತವರ್ಷ ಜಾಲ್ಲೆಂ.

ಕ್ರಿ. ಶ. 1600 ಇಸ್ವೇಂತು ಭಾರತಾಕ ಆಯ್ಯಿಲೆ ಬ್ರಿಟಿಷ್ ವ್ಯಾಪಾರಿ ಲೋಕಾನಿ ಹಳುಹಳು ಆಕ್ರಮಣ ಕೋರ್ನು ಆಮ್ಗೇಲೆ ರಾಯ್ಯಾಂಕ ಸಲ್ವಾನು ಕಡೇರಿ ಸಗ್ಳೇಂ ಹಿಂದುಸ್ಥಾನ ತಾಂಗೆಲೆ ಕೊಲೊನಿ ಕೋರ್ನುಘೆತ್ಲಿ. ಸುರ್ವೇಕ ಸತ್ರಾ ಶತಮಾನಾಂತು (ಕ್ರಿ. ಶ. 1700–1800) ಮದ್ರಾಸ್ (ಆತ್ತಂಚಿ ಚೆನ್ನೈ ಪಟ್ಟಣ) ತಾಂಗೆಲೆ ಸ್ವಾಧೀನ ಜಾಲ್ಲೆಂ. ಮಾಗ್ಗಿರಿ ಕಲ್ಕತ್ತಾ (ಆತ್ತಂಚೆ ಕೊಲ್ಕಾತ್ತಾ) ತಾಂಗೆಲೆ ಹಾತ್ತಾಂತು ಆಯ್ಲೆಂ. ನಂತರ ಆತ್ರಾ ಶತಮಾನಾಂತು (ಕ್ರಿ. ಶ. 1800–1900) ಮೈಸೂರ, ಹೈದರಾಬಾದ, ಮಹಾರಾಷ್ಟ್ರ, ಇತ್ಯಾದಿ ರಾಜ್ಯ ಇಂಗ್ಲೀಷ್ ಈಸ್ಟ್ ಇಂಡಿಯಾ ಕಂಪನೀಚೆ ಸೈನ್ಯಾಲೆ ಆಧಿಪತ್ಯಾಂತು ಆಯ್ಲಿಲೆಂತಿ. ಹಾಜ್ಜೆಮಾಗ್ಗೀರಿ ವಗ್ಗಿವಗ್ಗಿ ಸಗ್ಳೇಂ ಉತ್ತರಭಾರತ, ನೇಪಾಳ, ಪಂಜಾಬ, ಸಿಂಧಪ್ರದೇಶ, ಕಾಶ್ಮೀರ, ನಾರ್ಥವೆಸ್ಟ ಫ್ರಾಂಟಿಯರ್ ಪ್ರಾಂತ ಇತ್ಯಾದಿ ರಾಜ್ಯ ಸಕ್ಕಡ ಮಸ್ತಪಟಿ ಆನಿ ಮಸ್ತಕಡೇನ ಯುದ್ಧ ಜಾವ್ನು ಯುದ್ಧಾಂತು ಸಲ್ವೂನು ಇಂಗ್ಲೀಷ್ ಆಡಳಿತೇಕ ಮೆಳ್ಳೀಂತಿ.

ಹಾಜ್ಜೆಘೂಡೆ ಇಂಡಿಯಾವ್ಯೆರಿ ದಾಳಿಕೋರ್ನು ವಾಯವ್ಯದಿಕ್ಕಾನ ಆಯ್ಯೀಲೆ ಅನೇಕ ವಿದೇಶಿರಾಯ್ಯಾನಿ ಸುಲಿಗೆಲೂಟಿ ಹತ್ಯೆಹಿಂಸೆ ಇತ್ಯಾದಿ ಕೋರ್ನು ಕಡೇರಿ ಸಕ್ಕಡಕಡೇನ ಉಜ್ಜೊಲಾವ್ನು ಘೂರಾ ನಾಶಕೋರ್ನು ಸೋಣುಗೆಲ್ಲೆಲಿ ಚರಿತ್ರೆ ಆಸ್ಸ. ಘಜನೀ ಮಹಮ್ಮದ್ ಆನಿ ಗೋರಿ ಮ್ಹಳ್ಳೇಲೆ ಮುಸ್ಲಿಂ ರಾಯ್ಯಾಂನಿ ತಶ್ಶಿ ಕೆಲ್ಲಾ. ನಾಸೀರುದ್ದೀನ ಶಾ ಆನಿ ದುರ್‍ರಾನಿ ಮ್ಹಳ್ಳೆಲೆ ರಾಯ್ಯಾನಿ ತಶ್ಶಿ ಕೆಲ್ಲಾ. ಜಾಲ್ಯಾರಿ ತಾನ್ನಿ ಮಸ್ತಕಾಳ ಭಾರತಾಂತು ಆಡಳಿತ ಕೞರ್ನಿ. ಮೊಗಲ್ ವಂಶಾಚೆ, ಲೋಧಿ ವಂಶಾಚೆ ಆನಿ ಬಹಮನಿ ವಂಶಾಚೆ ರಾಯ್ಯಾನಿ ಭಾರತಾಂತು ಯೇವ್ನು ಹಾಂಗಾಚಿ ರಾಬ್ಬೂನು ಆಡಳಿತ ಕೆಲ್ಲೆಂ ಜಾಲ್ಯಾರಿ ತಾನ್ನಿ ಬಾಂದಿಲೆ ರಾಜ್ಯ ಕೊಲೊನಿ ರಾಜ್ಯ ನ್ಹಯಿ. ಬ್ರಿಟಿಷ್‌ಲೋಕು ಹಾಂಗಾಯೇವ್ನು ಶಾಶ್ವತ ಬಿಡಾರಕೋರ್ನು ಕೆದ್ನಾಂಯಿ ರಾಬ್ಬನೀಂತಿ. ತಾನ್ನಿ ಆಯ್ಲಿಲೆಂತಿ ಆನಿ ಥೋಡೆದೀಸ ರಾಬ್ಲಿಂತಿ. ತಾಂಗೆಲೆ ಜಾಗ್ಯಾರಿ ಆನೆಕ್ಕೊ ಇಂಗ್ಲೀಷ್ಮನ್ ಆಯ್ಲೊ ಆನಿ ತಾಣೆ ವಹಿವಾಟು ಚಲಾಯ್ಸಿಲೊ. ತಶ್ಶಿಜಾವ್ನು ತಾನ್ನಿ ಇಂಡಿಯಾಕ ಕೊಲೊನೀಶಿ ಪೊಳೋನುಘೆತ್ಲೆಂ.

ವೀಸಾಚೆ ಶತಮಾನ (ಕ್ರಿ. ಶ. 1900) ಸೂರು ಜಾವ್ಕಾಜಾಲ್ಯಾರಿ ಛತ್ರಪತಿ ಶಿವಾಜೀಲೆ ವಂಶಾಚೆ ಮರಾಠಿ ದೇಶ ಸಂಪೂರ್ಣ ನಾಶ ಜಾಲ್ಲೆ. ಟಿಪ್ಪು ಸುಲ್ತಾನಾಲೆಂ ಕೆನರಾ ಆನಿ ಮಲಬಾರ ಕ್ರಿ. ಶ. 1800ಹಾಂತು ನಾಶ ಜಾಲ್ಲೆ, ರಾಣಿ ಚೆನ್ನಮ್ಮಾಲೆ ಕಿತ್ತೂರ ನಾಶ ಜಾಲ್ಲೆಂ. ಅಸ್ಸಲೆ ವಿಂಗವಿಂಗಡ ರಾಜ್ಯಾಚೆ ವಿಶಾಲ ಭೂಮಿ ಸಕ್ಕಡ ಇಂಗ್ಲೀಷಾಲೆ ಸರಕಾರೞಚಿ ಚೋಲೋನು ಘೇವ್ನು ಆಯ್ಲಿಲೆಂತಿ. ಹೀ ಭೂಮಿ ಘೂರಾ ಇಂಗ್ಲೇಂಡ ಸರಕಾರಾನ ವಿಂಗವಿಂಗಡ ಪ್ರಾಂತ ಕೋರ್ನು ಆಳ್ವೀಲೆ. ಮದರಾಸ ಪ್ರಾಂತಾಂತು ಅನೇಕ ತಮಿಳ ರಾಜ್ಯ ಮೆಳ್ಳೀಂತಿ. ತೆಲುಗು ಆನಿ ಕನ್ನಡ ಭೂಮಿ ಸಮೇತ ಮೇಳ್ನು ಮದರಾಸ ಪ್ರಾಂತ ಸ್ಥಾಪನೆ ಜಾಲ್ಲೆಂ. ಬೊಂಬೈ ಪ್ರಾಂತಾಂತು ಗುಜರಾತಿ ಮರಾಠಿ ಆನಿ ಕನ್ನಡ ತೀನಿ ಜನಾಂಗಯೀ ಆಶ್ಶೀಲೀಂತಿ. ಸೆಂಟ್ರಲ್ ಪ್ರಾಂತ,

ನಾರ್ದರ್ನ ಪ್ರಾಂತ, ನಾರ್ತಿರ್ಷ್ಟರ್ನ ಪ್ರಾಂತ, ಬಂಗಾಲ ಪ್ರಾಂತ, ಪಂಜಾಬ ಪ್ರಾಂತ ನಾರ್ತವೆಸ್ಟರ್ನ ಪ್ರಾಂತ ಮ್ಹೋಣು ಅನೇಕ ಪ್ರಾಂತ ಸ್ಥಾಪನೆ ಕೋರ್ನು ಇಂಗ್ಲೀಷ ಇಂಡಿಯಾ ಏಕ ಮಹಾನ್ 35 ಕೋಟಿ ಜನಸಂಖ್ಯೆ ಆಶ್ಶಿಲೆ ದೇಶ ಜಾವ್ನು ಬ್ರಿಟಿಷ್ ರಾಣಿಯೇಲೆ ಕೋಲೋನಿ ಜಾವ್ನು ಪರಿವರ್ತನ ಜಾಲ್ಲೆಂ.

ಈಸ್ಟ್ ಇಂಡಿಯಾ ಕಂಪನೀಂಚೆ ಆಧಿಪತ್ಯಾಚೆ ಪರಿಣಾಮ

ಕ್ರಿ. ಶ. 1760 ಇಸ್ವೇಚೆವೇಳಾರಿ ಈಸ್ಟ್ ಇಂಡಿಯಾ ಕಂಪನಿನ ವಿವಿಧ ರಾಜ್ಯಾಂತು ಆಶ್ಶಿಲೆ ಜನಸಂಪರ್ಕಾಚಿ ರೀತಿ ಬದಲ್ಸಲಿ. ತೆದ್ದೋಳುತಾಂಯಿ ರಾಯ್ಯಾಲಿ ಘುಳ್ಳಿ ಗೂಢಚಾರ ಪದ್ಧತೀನ ಎಕ್ಕೆತಾಕ್ಕೂನ ಆನ್ನೆಕ್ಕೆ ಸುದ್ದಿಸಮಾಚಾರು ದಿವ್ಹೋಚೆವ್ಹೊ ರೀತಿ ಆಶ್ಶಿಲಿ. ಕಂಪನೀನ ಗೂಢಚಾರ ವಿಭಾಗ ಆನಿ ಮುಕ್ತ ಸಂಪರ್ಕ ವಿಭಾಗ ವಿಂಗವಿಂಗಡ ಕೆಲ್ಲೆಂ. ಸರಕಾರಾಚೆ ಆನಿ ಪ್ರಜೇಲೆಮಧ್ಯೆ ಸಂಪರ್ಕು ವಾಡ್ಹೋಚೆಖತೀರ ನವೇನಮೂನ್ಯಾಚೊ ಟಪ್ಪಾಲು ವ್ಯವಸ್ಥಾ ಸ್ಥಾಪನಕೆಲ್ಲಿ. ಸಾಮಾನ್ಯ ಜನಾನೀಯಿ ವ್ಯಾಪಾರವ್ಯವಹಾರಾಖತೀರ ಪತ್ರವ್ಯವಹಾರು ಕೋರೂಂಕ ಅನುಕೂಲ ಕೆಲ್ಲೆಂ. ರಾಯ್ಯಾಲಿ ಘುಳ್ಳೆ ಗೂಢಚಾರ ಪದ್ಧತಿ ಊಣೆ ಜಾಲ್ಲಿ ಆನಿ ಕಡೇರಿ ಸಂಪೂರ್ಣ ಮೋರ್ನುಗೆಲ್ಲಿ. ಕಂಪನೀಚೆ ಆಡಳಿತ ಆಶ್ಶಿಲೆ ಸಕ್ಕಡಕಡೇನ ಪೋಸ್ಟ್ ಮ್ಹೋಣು ನವೇಂಚಿ ಟಪ್ಪಾಲವ್ಯವಸ್ಥಾ ಆಯ್ಲಿ. ಮದ್ರಾಸಾಂತುತಾಕ್ಕೂನು ಕಲ್ಕತ್ತಾಕ ಆನಿ ಮೈಸೂರಾಕ ಪೋಸ್ಟ್ ಸೂರುಜಾಲ್ಲೆಂ. ನಂತರ ಮದ್ರಾಸಾತಕ್ಕೂನು, ಆಂಧ್ರ ಹೈದರಾಬಾದ, ಒಡಿಸ್ಸಾ, ಕಲ್ಕತ್ತಾ, ಡಿಲ್ಲೀ, ಆಗ್ರಾ, ಜೈಪುರ, ಅಹಮದಾಬಾದ, ಬೊಂಬೈ, ಇತ್ಯಾದಿಕಡೆ ಪೋಸ್ಟ ವ್ಯವಸ್ಥಾ ಸೂರುಜಾಲ್ಲಿ. ಜನಾಂಕ ಸಂಪರ್ಕುಕೊರೂಂಕ ಭಾರೀ ಅನುಕೂಲಜಾಲ್ಲೆಂ. ಹಾಜ್ಜೆನಿಮಿತ್ತ ವಿವಿಧ ರಾಜ್ಯಾಂತು ಆಶ್ಶಿಲೆ ನಾಗರಿಕಾಂಕ ಎಕ್ಕಃಚಿನಮೂನ್ಯಾಂಚೆ ಪೋಸ್ಟಕಾರ್ಡ, ಲಕೋಟೊ, ಪಾರ್ಸೆಲ್ ಯೆವ್ಹಾ ಆನಿ ಪೆಟೋಚಾಕ ಸೂರುಜಾಲ್ಲೆಂ. ಹಾಜ್ಜೆನಿಮಿತ್ತ ವ್ಯಾರು ಚಳ್ಳೊ.

ಈಸ್ಟ್ ಇಂಡಿಯಾ ಕಂಪನಿಚಿ ಉಪಲಬ್ಧಿ

ಕ್ರಿ. ಶ. 1857 ಇಸ್ವೇಂತು ಜಾಲ್ಲೇಲೆ ಸೀಪಾಯಿಕ್ರಾಂತಿಚೆ ನಿಮಿತ್ತ ಇಂಗ್ಲೇಂಡ್ ರಾಣಿಯೇನ ಈಸ್ಟ್ ಇಂಡಿಯಾ ಕಂಪನೀಚೆಬದ್ಲಾಕ ಭಾರತಾಕ ಸರೂತ ಬ್ರಿಟಿಷ್ ಸರಕಾರಾಚೆ ಆಡಳಿತಾಚೆಸಕಲ ಹಾಡೋನುಘೆತ್ಲೆ ಮ್ಹೋಣು ಘುಡೇಚಿ ಸಾಂಗ್ಲಾಂ. ರಾಣಿಯೇನ ಕಂಪನೀ ಕವ್ವಃಳಿ ಆನಿ ಭಾರತಾಕ ಏಕ ಬ್ರಿಟಿಷ್ ಕೋಲೋನಿ ಮ್ಹೋಣು ನಿರ್ಧಾರ್ಲೆಂ. ಈಸ್ಟ್ ಇಂಡಿಯಾ ಕಂಪನೀನ ಇಂಡಿಯಾಚೆ ರಾಜ್ಯಭಾರು ಇಂಗ್ಲೇಂಡಾಚೆ ರಾಣ್ಯೇಕ ಸೋಣು ದಿಲ್ಲೆಂ. ತೇ ವೇಳಾರಿ ಇಂಗ್ಲೇಂಡಾಚೆ ಪಾರ್ಲಿಮೆಂಟಾನ ಬ್ರಿಟಿಷ್ ಇಂಡಿಯಾಕ ಬ್ರಿಟಿಷ್ ಕೋಲೋನಿ ಮ್ಹೋಣು ಕೋರ್ನು ಏಕು ಕಾನೂನು ಜಾರಿ ಕೆಲ್ಲೊ. ತೇ ಕಾನೂನಾಂಚೆ ಪ್ರಕಾರ ಇಂಗ್ಲೇಂಡಾಚೆ ಅನೇಕ ಕಾನೂನ ಇಂಡಿಯಾಂತೂಯಿ ಲಾಗು ಜಾಲ್ಲೀಂತಿ. ಬ್ರಿಟಿಷ್ ಇಂಡಿಯಾಚೆ ಸಮಸ್ತ ಕಾನೂನ ಇಂಗ್ಲೇಂಡಾಚೆ ಪಾರ್ಲಿಮೆಂಟಾನಃಚಿ ಜಾರಿ ಕೆಲ್ಲೆಲೀಂತಿ.

ಕ್ರಿ. ಶ. 1870 ದಶಕಾಂತು ಬ್ರಿಟಿಷಾಲೆಂ ಯುನೈಟೆಡ್ ಕಿಂಗ್ಡಂ ಮ್ಹೋಣು ಜಾಗತಿಕ ಚಕ್ರಾಧಿಪತ್ಯ ಸ್ಥಾಪನೆಜಾಲ್ಲೆಂ. ಹೇ ಕಿಂಗ್ಡಂಮಾಂತು ಇಂಡಿಯಾನಂತಾ ಆಯರ್ಲ್ಯಾಂಡ್, ಸೈಪ್ರಸ್, ಸೌತ್ ಆಫ್ರಿಕಾ, ಅಫಘಾನಿಸ್ಥಾನ, ಇರಾನ, ಈಜಿಪ್ಟ್, ಮೆಸೊಪೊಟೇಮಿಯಾ, ಕೆನಡಾ, ಆಸ್ಟ್ರೇಲಿಯಾ, ಬರ್ಮಾ, ಮಲಯಾ, ಸಿಲೋನ್ (ಆತ್ತಂಚೆ ಶ್ರೀಲಂಕಾ) ಇತ್ಯಾದಿ ಅನೇಕ ರಾಜ್ಯ ಮೆಳ್ಳೇಲಿಂತಿ. ಇಂಗ್ಲೇಂಡಾಂತು ಕಾಪಡಾ ಮಿಲ್ಲಂ ಬಾಂದ್ಲಿಂತಿ. ವಿಂಗಡ ಅನೇಕತರಾಂಚೆ ಕೈಗಾರಿಕಾ ಮಿಲ್ಲಂ ಸೂರುಕೆಲ್ಲಿಂತಿ. ಹೇ ಮಿಲ್ಲಾಂತು ಉತ್ಪಾದನೆ ಕೆಲ್ಲೆಲೆ ಕಾಪ್ಪಡಾಂಕ ಇಂಡಿಯಾಕ ಆನಿ ವಿಂಗಡ ಬ್ರಿಟಿಷ್ ಕೊಲೊನೀಂತು ವಿಕ್ಚೆಖತೀರ ವ್ಯವಸ್ಥೆ ಕೆಲ್ಲಿ.

ಮೂಲಸೌಕರ್ಯ ಅಭಿವೃದ್ಧಿ

ಕಂಪನೀನ ರಸ್ತೊ ಅಭಿವೃದ್ಧಿ ಕೆಲ್ಲಿ. ಆನಿ ರೈಲಸೇವಾ ಸೂರುಕೆಲ್ಲಿ. ಸಗ್ಳೇಂ ಮದ್ರಾಸಪ್ರಾಂತ, ಮೈಸೂರ ಆನಿ ಮರಾಠಾ ರಾಜ್ಯ ಸಕ್ಕಡ ಕಂಪನಿ ಸರಕಾರಾಚೆ ಮೂಳಾಂತು ಎಕ್ಕs ಸರಕಾರಾಚೆ ಆಧಿಪತ್ಯಾಂತು ಆಶ್ಶಿಲೆನಿಮಿತ್ತ ವಿಂಗವಿಂಗಡ ರಾಜ್ಯಾಂತು ಆಶ್ಶಿಲೆಜನಾಂಕ ಖಂಚೆ ಗಾವಾಂತು ಜಾಲ್ಯಾರಿ ವೊಚ್ಚೂನು ಧಂಧೊಕೀ, ವಸತಿಕೀ ಕೋರೂಂಕ ಅನುಮತಿ ಮೆಳೂಂಕ ಸುಲಭಜಾಲ್ಲೆಂ. ಮದ್ರಾಸಿಲೋಕು ಬೊಂಬೈಂತು ಯೇವ್ನು ಆರಾಮೇರಿ ಘsರಕೋರ್ನು ರಾಬ್ಬೂಂಕ ಸಾಧ್ಯಜಾಲ್ಲೆಂ. ಸಗ್ಳೇ ಹಿಂದುಸ್ಥಾನಾಂತು ಏಕಕಡೇನತಾಕ್ಕೂನು ಆನಿಎಕ್ಕಡೆ ವಲಸೆವೊಚ್ಚೂನು ಕಾಮಧಂಧೊ ಕೊರೂಂಕ ಭಾರತಾಚೆ ಸಕ್ಕಡ ಜನಾಂಕ ಏಕರೀತಿರಿ ಅನುಕೂಲಜಾಲ್ಲೆಂ.

ಕಂಪನಿ ಸರಕಾರಾಚೆ ಮೂಳಾಂತು ಆಯ್ಯಿಲೆ ಸಕ್ಕಡ ರಾಜ್ಯಾಂತು ಶಾಂತಿ ಖಾಯಂಜಾಲ್ಲಿ. ಏಕ ರಾಯ್ಯಾನ ಆನಿಏಕ ರಾಯ್ಯಾಲೆಒಟ್ಟು ಯುದ್ಧಕೊರ್ಚೆ ಅವಕಾಶು ನಾಜಾಲ್ಲೆಂ. ಖಂಚೇಯಿ ಏಕ ರಾಯ್ಯಾನ ಯುದ್ಧ ಕೆಲ್ಲ್ಯಾರಿ ತಾಗ್ಗೇಲೆ ವಿರುದ್ಧ ಕಂಪನೀಂಚೆ ಸೈನ್ಯ ಪ್ರತಿಆಕ್ರಮಣ ಕೋರೂಂಕ ಭಾರ್ಯಸರ್ತಾಶ್ಶೀಲಿ. ಕಂಪನಿ ಸರಕಾರಾಚೆ ಮೂಳಾಂತು ಆಯ್ಯಿಲೆ ಭೂಮೀಂಚೆ ಗಾತ್ರ ಜಾಸ್ತಿಜಾಲ್ಲೇಲೆ ತಶ್ಶೀಂಚೆ ಕಂಪನಿ ಸರಕಾರಾನ ಹಿಂದುಸ್ಥಾನಾಂಚೆ ಪ್ರಜೇಂಕ ಸೈನ್ಯಾಂತು ಮೇಳೂಂಕ ಅವಕಾಶುದಿಲ್ಲೊ.

ಭೂಮಿ ಹೋಡಿ ಜಾಲ್ಲೇಲೆ ತಶ್ಶೀಂಚಿ ಕಂಪನಿಚೆ ಆಡಳಿತಾಂತು ಆಯ್ಯೀಲೆ ಜನಸಂಖ್ಯೆ ವಾಡ್ಲೀ. ತೇನಿಮಿತ್ತ ದೇಶಾಂತು ಸಕ್ಕಡಕಡೇನ ಶಾಂತಿ ರಾಕ್ಕೂಂಕ ಕಂಪನೀನ ತಾಂಗೇಲಿ ಮಿಲಿಟರಿಸೈನ್ಯ ವಿಂಗಡ ದವ್ವರ್ಲೆಂ ಆನಿ ಸಾಮಾಜಿಕ ರಕ್ಷಣೇಂಕ ಪೋಲೀಸಪಡೆ ಮ್ಹೋಣು ಏಕ ನವೇಂಚಿ ವಿಂಗsಡ ವ್ಯವಧಾನ ಕೆಲ್ಲೆಂ. ಯುದ್ಧಾಂತು ಭಾಗುಘೆವ್ವೆ ಸೈನ್ಯಾಂಕ ವಿಂಗಡ ಗುಂಪು ಕೋರ್ನುಘಾಲ್ಲೆಂ. ಕಂಪನಿಚೆ ಹಾತ್ತೂಳಾಂತು ಆಶ್ಶಿಲೆಜನಾಲೆ ಮಧ್ಯೆ ಶಾಂತಿ ರಾಕ್ಕೂಂಕ ಅಲ್ಪಸೈನಿಕ ರೀತೀಚೆ ಏಕ ವಿಂಗsಡ ಪೋಲೀಸಪಡೆ ನಿಯುಕ್ತಕೆಲ್ಲೆಂ. ಕೆಲವು ರಾಜ್ಯಾಂತು ಯುದ್ಧಕೋರ್ನು ಸಲ್ವಲೇಲೆ ರಾಯ್ಯಾಂಕ ಸಾಮಂತ ರಾಯ ಮ್ಹೋಣು ನಾಮಾಂಕಣ ಕೋರ್ನು ತಾಂಗೇಲೆಒಟ್ಟು ಶಾಂತಿಒಪ್ಪಂದ ಕೋರ್ನು ತೇ ರಾಜ್ಯಾಂತು ಏಕು ಬ್ರಿಟಿಷ್

ಆಧಿಕಾರೀಕ ಸಾರ್ವಭೌಮ ಅಧಿಕಾರಿ ಮ್ಹೋಣು ನಿಯುಕ್ತ ಕೆಲ್ಲೆಂ. ರಾಯ್ಯಾಂಕ ಜಾವ್ನೋ ಪ್ರಜೇಂಕ ಜಾವ್ನೋ ಕಂಪನಿಚೆ ಆಧಿಪತ್ಯಾಂತು ಆಶ್ಶೀಲೆ ಪ್ರದೇಶಾಂತು ಅಶಾಂತಿ ಪರಿಸ್ಥಿತಿ ಉತ್ಪನ್ನಕೋರೂಂಕ ಅವಕಾಶುನಾಕೆಲ್ಲೆಂ.

ದೇಶಾಂತು ಶಾಂತಿ ಚಳ್ಳಿ. ಜಾಲ್ಯಾರಿ ಅನೇಕ ಕಡೇನ ಇಂಗ್ಲೀಷ್ ರಾಣಿಯೇಲೆ ವಿರುದ್ಧ ಗುಟ್ಟುಗುಟ್ಟಾರಿ ಚಳುವಳಿ ಪ್ರಾರಂಭ ಜಾಲ್ಲೇಲಿ. ಮಸ್ತಜನಾಂಕ ಪರಕೀಯ ಆಡಳಿತ ಹಿಂದುಸ್ಥಾನಾಂಕ ಜಾಚ್ಚಿ ಅವಮರ್ಯಾದಿ ಮ್ಹೋಣು ದಿಸ್ಲೆಂ. ಕ್ರಿ. ಶ. 1857 ಇಸ್ವೇಂತು ಉತ್ತರಪ್ರಾಂತಾಂತು ಆಶ್ಶೀಲೆ ಮೀರಟ್ ಗಾಂವಾಂತು ಸಿಪಾಯಿದಂಗೊ ಸೂರು ಜಾಲ್ಲೊ.

ಭಾರತಾಂತು ಪ್ರಜಾಪ್ರಭುತ್ವಾಚೊ ಅಂಕುರು

ನಂತರ ಭಾರತಾಂತು ಬ್ರಿಟಿಷ್ ಸರಕಾರಾನ ಇಂಗ್ಲೇಂಡಾಂತು ಆಶ್ಶೀಲೆವರೀಚಿ ಸ್ವಲ್ಪಸ್ವಲ್ಪ ಪ್ರಜಾಧಿಪತ್ಯ ವ್ಯವಸ್ಥೆ ಪ್ರಾರಂಭ ಕೆಲ್ಲೆಂ. ಕಾಶ್ಮೀರತಾಕ್ಕೂನು ಕನ್ಯಾಕುಮಾರಿತಾಂಯಿ ಆನಿ ಬಲೋಚಿಸ್ತಾನ ಧೋರ್ನು ನಾರ್ಥ ಈಸ್ಟ್ ಪ್ರಾವಿನ್ಸ್ (ಅಸ್ಸಮ, ಅರುಣಾಚಲಪ್ರದೇಶ ಇತ್ಯಾದಿ) ವರೇಕ ಸಗ್ಳೇ ಭಾರತ ಆತ್ತs ಎಕ್ಕs ಆಡಳಿತಾಚೆಸಕಲ ಆಯ್ಲೆಂ. ಹಜ್ಹಾರಿಲ್ಲೆ ವಿಂಗವಿಂಗಡ ಸಾನಹೋಡ ರಾಜ್ಯಸಕ್ಕಡ ಘುಳ್ಳೆಕಾಲಾಂತು ಶ್ರೀರಾಮಚಂದ್ರಾಲೆ ರಾಮಾರಾಜ್ಯಾಚೆವರಿಚಿ, ಮಹಾಭಾರತಾಚೆ ಧರ್ಮರಾಯ್ಯಾಲೆ ಭಾರತವರ್ಷವರಿಚಿ, ನಂದಾವಂಶಾಚಿವರಿಚಿ, ಚಂದ್ರಗುಪ್ತ ಮೌರ್ಯ, ಅಶೋಕ ಚಕ್ರವರ್ತಿ, ವಿಕ್ರಮಾದಿತ್ಯರಾಯ್ಯಾಲೆವರಿಚಿ ಏಕ ಬ್ರಟಿಷ್ ರಾಜ್ಯ ಉದ್ದೇನು ಆಯ್ಲೆಂ. ಬ್ರಿಟಿಷ್ ಭಾರತಾಂತು ಆಶ್ಶೀಲೆ ಸಕ್ಕಡ ಜನಾಂಕ ಒಟ್ಟುಮೇಳ್ನು ತಾಂಕಾಜಾವ್ಕಾಜಾಲ್ಲೆಲೆವರಿ ಇಂಗ್ಲೇಂಡಾಚೆ ರಾಣಿಯೇನ ಆಡಳಿತಕೊರೊ ಮ್ಹೋಣು ಸಂಪೂರ್ಣ ಭಾರತಾಚಿ ಮ್ಹೋಣು ಸಾಗ್ಚೆತಶ್ಶಿ ಏಕಿ ಸಂಸ್ಥಾ ಜಾವ್ಕಾಜಾಲ್ಲಿ.

ಶಾಳೇಂತು ಸುಧಾರಣ

ಏಕು ಪ್ರಮುಖ ಬದಲಾವಣೆ ಛಾಪಖಾನಾ ಸೂರುಜಾಲ್ಲೇಲಿ. ಕಾಗದ ಉತ್ಪಾದನೆ ಚsಡಜಾಲ್ಲೆಂ. ಕಾಗದಾರಿ ಪಾಠು ಛಾಪ್ನೂನು ಪುಸ್ತಕ ಕೆಲ್ಲೆಂ. ಹಜ್ಹಾರಕಲ್ಲೆ ಪುಸ್ತಕ ಛಾಪ್ಲೆಂ. ಪ್ರತಿಏಕ ಹೋಡಗಾಂವಾಂತು ಬ್ರಟಿಷಾನಿ ಶಾಳೆ ಪ್ರಾರಂಭಕೆಲ್ಲೇಂತಿ. ಸಾನಗಾಂವಾಂತು ಸ್ವಲ್ಪಕಡೆ ಎಕ್ಕಾ ತರಗತಿಧೋರ್ನು ಪಾಂಚಾ ತರಗತಿತಾಂಯಿ ಶಿಕೋಚೆ ಶಾಳೆ ಕಾಳ್ಳಿ. ಅನೇಕಕಡೆ ಆಠ್ಠಾತರಗತಿತಂಯಿ ಶಿಕೋಚೆ ಶಾಳೆ ಕಾಳ್ಳೀಂತಿ. ಸ್ಲೇಟ ಆನಿ ಸ್ಲೇಟಾಚಿಕಾಡ್ಡಿ ಉಪಯೋಗಕೋರ್ನು ಬರಪ ಶಿಕಯ್ಲೆಂ. ಸೀಸಾಚೆ ಪೆನ್ಸಿಲ ಆನಿ ನಿಬ್ ಆಶ್ಶೀಲೆ ಶಾಯೀಂತು ಬುಡ್ಡೋನು ಬೊರೊವ್ಚೆ ಪೆನ್ ಆಯ್ಲೀಂತಿ. ಫೌಂಟನ್ ಪೆನ್ ಆಯ್ಲೀಂತಿ. ಛಾಪಖಾನೆಂತು ಸಮಾಚಾರಪತ್ರಿಕಾ ಛಾಪ್ನೂನು ಜನಾಂಕ ವಾಜ್ಜೂಂಕ ವಾಂಟೂಚೊ ಕ್ರsಮು ಆಯ್ಲೊ. ಸಮಾಚಾರಾಚೆ ಪತ್ರಿಕೇಕ ಸೌರsಗ ಕೋರ್ನು ಜನಾಂಕ ಊಣೇ ಮೊಲ್ಲಾಕ ದಿವ್ಚೆಕತೀರ ತಾಂತು

ಜಾಹೀರಾತು ಘಾಲ್ನು ದುಡ್ಡು ಸಂಪಾದನೆಕೊರ್ಚೊ ರೀತಿಆಯ್ಲಿ. ಸಮಾಚಾರ ಪತ್ರಿಕೇನ ಸಮಾಜಪರಿವರ್ತನೆ ಕೊರೂಂಕ ಮಸ್ತು ಸಹಾಯು ಕೆಲ್ಲೊ.

ಪ್ರಿನ್ಸ್ಲೀ ಸ್ಟೇಟ್ಸ್

ಮೈಸೂರ ರಾಯು, ಹೈದರಾಬಾದ ನಿಜಾಮು, ಪಾಟಿಯಾಲಾಚೊ ನವಾಬು, ಜುನಾಗಢಾಚೊ ನವಾಬು, ಕಾಶ್ಮೀರ್ ರಾಯು, ಅಶ್ಶಿ ಸಕ್ಕಡ ಸಾಮಂತ ರಾಯ ಇಂಗ್ಲೀಷ ವೈಸರಾಯಾಲೆ ಮೂಳಾಂತು ಸಾಮಂತ ರಾಯ ಜಾವ್ನು ಆಶ್ಶಿಲೇತಿ. ಹಾಂಕಾ ಸಕ್ಡಾಂಕ ಪ್ರಿನ್ಸ್ ಮ್ಹೋಣು ನಾಂವ ದಿಲ್ಲೆ. ತಾಂಕಾ ಕಿಂಗ್ ಮ್ಹೋಣು ನಾಂವ ದೀನಿ. ಹಾಂಗೆಲೊ ಕಿಂಗು/ಕ್ವೀನ್ ಲಂಡನ್ ನಗರಾಂತು ಆಶ್ಶೀಲೆ ಬಕ್ಕಿಂಗ್ ಹ್ಯಾಮ್ ಅರಮನೆಂತು ಆಶ್ಶೀಲೊ.

ಬ್ರಿಟಿಷ್ ಇಂಡಿಯಾಂತು ಮೆಳಯಿಲೆ ಹೇ ಸಾನಸಾನ ಸಾಮಂತ ರಾಜ್ಯಾಂಕ ಪ್ರಿನ್ಸ್ಲೀ ಸ್ಟೇಟ್ ಮ್ಹೋಣು ಗುರ್ತಿಸಿಲೆಂ. ಅಸ್ಸಲೆ ಪ್ರಿನ್ಸ್ಲೀ ಸ್ಟೇಟ ಒಟ್ಟೂಲೇಕ ಕೆಲ್ಯಾರಿ ಸಶ್ಶಿಕಯಿ ಚಕಡ (600) ರಾಜ್ಯ ಆಶ್ಶಿಲಿಂತಿ. ಪ್ರಿನ್ಸ್ಲೀ ಸ್ಟೇಟ್ಸಾಂತು ಆಶ್ಶೀಲೆ ರಾಯ ತಾಂಗೆಲೆ ಧರ್ಮಾಂಕ ಎದ್ರಾ ದೊವ್ವೊನ್ನು ರಾಜ್ಯ ಕರ್ತಾಲೆ. ಹೈದರಾಬಾದ, ಜುನಾಗಢ, ಪಾಟಿಯಾಲಾ ಹೇ ಸಕ್ಕಡ ಮುಸ್ಲಿಂ ರಾಯ್ಯಾಲೆ ಮೂಳಾಂತು ಆಡಳೀತ ಕರ್ತಲೇಜಾಲ್ಲೆಲೆ ನಿಮಿತ್ತ ತೇ ರಾಜ್ಯಾಂತು ಇಸ್ಲಾಂಧರ್ಮು ಮುಕಾರಿಆಯ್ಲೊ. ಮೈಸೂರ, ತಿರುವಾಂಕೂರ ಕೊಚ್ಚಿ ಅಸ್ಸಲೇ ರಾಜ್ಯ ಹಿಂದೂ ಧರ್ಮಾಂತು ಮೆಳ್ಳೀಲೆ ರಾಯ್ಯಾಲೆ ಮೂಳಾಂತು ಆಶ್ಶೀಲೆಜಾವ್ನು ಹಿಂದೂ ಧರ್ಮಾಂಕ ತಾನ್ನಿ ಚಕಡ ಮೋಲದಿಲ್ಲೆಂ. ಇಂಗ್ಲೀಷ ಆಡಳೀತಆಶ್ಶೀಲೆ ಸಕ್ಕಡ ಪ್ರಾಂತಾಂತು ಕ್ರಿಶ್ಚನ್ ಮಿಶನರೀ ಲೋಕಾಂಕ ಕ್ರಿಶ್ಚನ್ ಧರ್ಮು ಪ್ರಚಾರಕೋರೂಂಕ ಅಧಿಕ ಸವಲತ್ತು ದಿಲ್ಲೀಂತಿ ಆನಿ ತಾನ್ನಿ ದುಡ್ವಾಚೆ ಏಕಯೀ ನೌಕರೀಚೆ ಆಮಿಷದಾಕ್ಕೋನು ಧರ್ಮಪರಿವರ್ತನೆ ಕೆಲ್ಲೆಂಶಿವಾಯಿ ಮುಸ್ಲಿಮ್ ರಾಯ್ಯಾನಿ ಬ್ರಿಟಿಷಾನಿ ತಾಂಗೆಲೆ ರಾಜ್ಯ ಸ್ವಾಧೀನಕೊರ್ಚಾಕಯಿ ಘೂಡೆ ಕೆಲ್ಲ್ಯಾವರಿ ಬಲಾತ್ಕಾರನ ಧರ್ಮು ಪರಿವರ್ತನ ಕೊರೂಂಕ ಅವಕಾಶು ದೀನಿ.

1947 ಅಗೋಸ್ತ 15 ತಾರೀಕೆಕ ಬ್ರಿಟಿಷಾನಿ ತಾಂಗೆಲೆ ಇಂಡಿಯಾಕ ಸ್ವಾತಂತ್ರ್ಯ ದಿಲ್ಲೇಲೆವೇಳಾರಿ ಸಕ್ಕಡ ಪ್ರಿನ್ಸ್ಲೀಸ್ಟೇಟ್ಸಾಂಕ ಬ್ರಿಟಿಷಾನಿ ಪಾಕಿಸ್ಥಾನಾಂತು ಏಕಯಿ ಭಾರತಾಂತು ಮೇಳೂಂಕ ಸ್ವಾತಂತ್ರ್ಯ ದಿಲ್ಲೆಂ.

ಅಧ್ಯಾಯು 4

ಬ್ರಿಟಿಷ್ ಇಂಡಿಯಾ

ಇಂಗ್ಲೀಷ ಸಾಹೇಬಾಲೆಂ ರಾಜ್ಯ

ಮನುಷ್ಯಾಂಕ ಉಡ್ಗಾಸು (ಉಗ್ಡಾಸು) ಊಣೆ. ಧಾವೀಸ ವರ್ಸ ಜಾವ್ಕಾಜಾಲ್ಯಾರಿ ಮನುಷ್ಯಾಕ ಘೂಡೆ ಘಡ್ಲೇಂಲಿ ಸಂಗತಿ ಹಳೂಹಳೂ ವಿಸರ್ತಾ. ವಾಯಿಟ ಸಕ್ಕಡ ಉಡ್ಗಾಸು ವರ್ತಾ. ಚಾಂಗ ಸಕ್ಕಡ ವಿಸರ್ತಾ. ಮನುಷ್ಯಾನ ಭೋಗ್ಗಿಲೆಂ ದುಃಖ ಸಕ್ಕಡ ತಾಣೆ ಭೋಗ್ಗಿಲೆ ಸುಖಾಕಯಿ ಚಽಡ ಸಮಯ ತಾಕ್ಕಾ ಉಡ್ಗಾಸು ವರ್ತಾ.

ಏಕ ಮನುಷ್ಯಾನ ಸಾಧಾರಣ 60 ವರ್ಸ ವಾಂಚೂಯೇತ. ತೋ ಜನ್ಮಾಆಯ್ಯೇಲೆ ಥೋನ್ನು ಸುರ್ವೇಚೆ 4-5 ವರ್ಸಾಂತು ತಾಗ್ಗೇಲೆ ಜೀವನಾಂತು ಜಾಲ್ಲೋಲೊ ವಿಷಯು ತಾಕ್ಕಾ ಕಾಂಯಿ ಶೇಕಡಾ 10 (10%) ಉಡ್ಗಾಸು ವರ್ತಾ. ಮಾಗ್ಗೀರಿ 6ವರ್ಸ ಪ್ರಾಯೇರಿಥೋನ್ನು 25 ವರ್ಸ ಪ್ರಾಯ ಜಾವ್ವೋತಾಂಯಿ ತಾಗ್ಗೇಲೆ ಜೀವನಾಂಚೊ 25% ಥೋನ್ನು 75% ಘಟನೆ ತಾಕ್ಕಾ ಉಡ್ಗಾಸು ವೋರೂಂಕಪೂರೊ. ತಾಗ್ಗೇಲಿ ಪ್ರಾಯ 25 ವರ್ಸ ಜಾಲ್ಲೇಮಾಗ್ಗೀರಿ ತಾಕ್ಕಾ 80%ಥೋನ್ನು 100% ಉಡ್ಗಾಸು ವರ್ತಾ ಮ್ಹೋಣು ದಿಸ್ತಾ. ತಾಕ್ಕಾ ಜೀವನಾಂತು ಘಡ್ಲೋಲೊ ವಿಷಯು ಆನ್ನಿಏಕ ಮನುಷ್ಯಾಕ ಸಾಂಗುಕಾ ಮ್ಹೋಣು ದಿಶ್ಟೆಊಣೆ. ಬೊರೋನು ದವ್ವೋಕರ್ಾ ಮ್ಹೋಣು ದಿಶ್ಟೆ ಆನಿಕಯಿ ಊಣೆ.

ಕ್ರಿ. ಶ. 1850 ಇಸ್ವೇಂತು ಮೆಗ್ಗೆಲಿ ಪಿಜ್ಜೇಲಿ ಆವ್ನು ಜನ್ಮಾಆಯ್ಲಿ. ತಿಗ್ಗೆಲೆಂ ಜನ್ಮ ತಾರೀಕ ಗೊತ್ನಾ ಇತ್ಯಾಕ ಮ್ಹಳ್ಯಾರಿ ತಿಗ್ಗೇಲೆ ಜಾತಕ ತಿಗ್ಗೇಲೆ ಒಟ್ಟೂಚಿ ಸರ್ಲೆ. ತೇ ವರ್ಸಾಚೆ ಸಂವತ್ಸರಾಚೆ ನಾಂವ ತೀಣೆ ಜನ್ಮಾ ಆಯ್ಯೇಲೆ ಮಾಸು, ಪಕ್ಷ, ತಿಥಿ ಘಽಡಿ ಇತ್ಯಾದಿ ಸಕ್ಕಡ ತೇಂ ಜಾತಕಾಂತು ಆಶ್ಶೀಲೆಂ. ಜಾಲ್ಯಾರಿ ತಿಗ್ಗೇಲೊ ಜನ್ಮ ಖಂಚೆ ವಾರಾಂತು ಜಾಲ್ಲೊ ಮ್ಹೋಣು ಆಮ್ಮಿ ಘೂಳ್ಳೇ 200 ವರ್ಸಾಚೆ ಪಂಚಾಂಗ ಸಕ್ಕಡ ಪುನಃಪರಿಶೀಲನೆ ಕೋನ್ನು ಸೊದ್ದೂನು ಕಾಡ್ಕಾ.

ಮೆಗ್ಗೇಲೆ ಪಿಜ್ಜೀ ಕ್ರಿ. ಶ. 1865 ಇಸ್ವೇಂತು ಜನ್ಮಾಆಯ್ಲಿ. ತಿಗ್ಗೇಲಿ ವ್ಹಾಡ್ಡಿಕ 1876 ಇಸ್ವೇಂತು ಜಾಲ್ಲಿ. ತೇವರ್ಸ ಟಿಪ್ಪುಸುಲ್ತಾನಾಲೆ ಮೈಸೂರ ರಾಜ್ಯ ಕವ್ವೋಳ್ಳು ಶೆಂಬರಿವರ್ಸ ಜಾಲ್ಲೇಲಿಂತಿ. ಕ್ರಿ. ಶ. 1776 ಇಸ್ವೇಂತು ಟಿಪ್ಪುಸುಲ್ತಾನಾನ ಕೆನರಾ ಪ್ರದೇಶ ಇಂಗ್ಲೀಷ್ ಈಸ್ಟ ಇಂಡಿಯಾ ಕಂಪನೀಕ ಸೋಣುದಿಲ್ಲೇಲೆಂ.

ಸಗ್ಳೇ ಹಿಂದುಸ್ಥಾನಾಂತು ಕ್ರಿ. ಶ. 1880 ಇಸ್ವೇಂತು ಸಾಮಾನ್ಯ ಮನುಷ್ಯಾಂಕ ದೋಳ್ಯಾಂದ್ರಾಕ ದಿಶ್ಚೆಂ ವಿಚಿತ್ರ ಮ್ಹಳ್ಯಾರಿ ಅಪರೂಪಜಾವ್ನು ಖಂಯೀಪುಣಿ ಘೋಡ್ಯಾರಿಬಶ್ಶೀಲೆ ಗೋರೇ ವಿಲಾಯತಿ ಸಾಹೇಬಲೋಕು. ರಾಜಧಾನಿ ದಿಲ್ಲಿಂತು, ಆಗ್ರಾಶಹರಾಂತು, ಮೀರಠ್ ನಗರಾಂತು, ಕಲ್ಕತ್ತಾ, ಬೋಂಬೈ, ಮದ್ರಾಸ, ಮೈಸೂರ ಇತ್ಯಾದಿ ಕಡೇನ ಹೇ ಗೋರೆ ಸಾಹೇಬಲೋಕು ಸಾಮಾನ್ಯ ಜನಾಂಕ ಆಕಾಶಾರಿ ತಾಕ್ಕೂನ ಸಕಲ ಭೂಂಯ್ಚೇರಿ ದೇವಿಲೆ ಮಹಾಮಾನುಷ (ಸುಪರ್ ಮ್ಯಾನ್) ವ್ಯಕ್ತೀಶೆಂ ದಿಶ್ಶೀಲ್ಲೀಂತಿ. ಹೇ ಇಂಗ್ಲೀಷ್ ಅಧಿಕಾರೀಂನಿ ಸಗ್ಳೇ ಹಿಂದುಸ್ಥಾನಾಂತು ರಾಬ್ಬೂನು ಆಶ್ಶೀಲೆ ಲೋಕಾಂಚೆಪೈಕಿ ಕ್ರಿಶ್ಚನ್ ಆನಿ ಮುಸ್ಲಿಂ ಲೋಕಾಂಕ ತಾಂಗೇಲೆ ಕಾಮಾಂತು ಮುಖ್ಯಜಾವ್ನು ಆದ್ಯತೆ ದಿಲ್ಲೆಂ. ತಾಂಕಾ ಮೌಲ್ (ಮರ್ಯಾದಿ) ದಿಲ್ಲೆಂ. ಮುಸ್ಲಿಂ ಕೋಣಕೀ ತೊ ಬಲವಾನು. ತೋ ರಾಯ್ಯಾಲೆ ವರ್ಗಾಚೊ. ಮುಸ್ಲಿಮಾಲೆಲಾಗ್ಗಿ ಖಡ್ಗ ಆಸ್ಸ. ಮುಸ್ಲಿಂ ಮನುಷ್ಯು ಖಂಚೇಯಿ ಮುಲಾಜೊ ನಾತ್ತಿಲೆಂ ಗೋರೆಲೋಕಾಂಕ ತಾಗ್ಗೇಲೆ ಖಡ್ಗಾನಿ ಕಾತ್ತೋರ್ನು ಘಾಲೂಂಕ ಘಾವಾಸ್ಸ ಮ್ಹೊಣು ತಾನ್ನೀ ಮುಸ್ಲಿಮಾಂಕ ಜಾವ್ಕಾ ಜಾಲ್ಲೇಲೆ ಸವಲತ್ತು ದಿಲ್ಲೊ. ಮುಸ್ಲಿಂ-ಹಿಂದೂ ಝುಗ್ಡೊ ಜಾಲ್ಲ್ಯಾರಿ ಇಂಗ್ಲೀಷ್ ಸಾಹೇಬು ಹಿಂದೂಂಕ ಅಪರಾಧೀ ಸ್ಥಾನಾರಿ ಬೋಸೋನು ತಾಂಕಾ ದಂಡ ದಿತ್ತಲೊ.

ಹಿಂದುಲೋಕು ಇಂಗ್ಲೀಷ್ ಅಧಿಕಾರೀಂಕ ಕ್ಷುಲ್ಲಕಅಶ್ಶಿ ದಿಸ್ಲೀಂತಿ. ಹಿಂದುಲೋಕು ಪುಕ್ಕೊ (ಭಿಂವ್ಡೊ) ಲೋಕು. ಲಡಾಯಿ ಕೋರೂಂಕ ಭಿತ್ತಲೆ ಲೋಕು. ದುರ್ಬಳೊ ಲೋಕು. ಕಷ್ಟಿಗ ಕಾರ್ಮಿಕ ಲೋಕು. ಹಾಂತು ಥೋಡೇ ಲೋಕು ಮಾಂತ್ರ ನಿಡ್ಳಾರಿ ನಾಮ ಆನಿ ತೀಳೋ ಲಾವ್ನು ಜಾನ್ನೂಂವೆ ಘಾಲ್ನು ಸಂಸ್ಕೃತ ಮಂತ್ರ ಮ್ಹೊಣು ದೇವಾಲಿ ಪೂಜಾ, ವ್ಹಾರ್ಡಿಕ, ಇತ್ಯಾದಿ ಕೊರ್ಚೆ ಬ್ರಾಹ್ಮಣ ಲೋಕು ಆಸ್ಸತಿ. ತಾನ್ನಿ ವರ್ಲೆಲೆ ಜನಾಲ್ಯಾಕ್ಕಯೀ ಗೋರೆ, ಆನಿ ತಾಂಗೆಲೆ ಬಾಯ್ಲೋ ಪೊಳೋಚಾಕ ಚಂದ ಆಸ್ಸತಿ ಮ್ಹೊಣು ವಿಂಗಡ ದೃಷ್ಟೀನ ಇಂಗ್ಲೀಷ್ ಸಾಹೇಬ ಪಳೈತಾಆಶ್ಶೀಲೀಂತಿ. ಆನಿ ಥೋಡೇ ಲೋಕು ಅಸ್ಪರ್ಶಿತ ಅತೀ ಕಡೇಜಾತಿಚೆ ಲೋಕು ಆಸ್ಸತಿ ಮ್ಹೊಣು ಇಂಗ್ಲೀಷ್ ಜನಾಂಕ ಕಳ್ಳೆಂ. ತಾಂಕಾ ವೈಲೆ ಜಾತೀಚೆ ಇತ್ಯಾಕ ಆಪ್ಪೋಡೂಂಕ ಭಿತ್ತಾತಿ ಮ್ಹೊಣು ಇಂಗ್ಲೀಷ್ ಸಾಹೇಬಾಂಕ ಕಳ್ಳಿ. ಹೀದೂಂತು ಚಾರಿ ನಮೂನ್ಯಾಂಚಿ ಜಾತಿ ಆಸ್ಸ, ಬ್ರಾಹ್ಮಣ, ಕ್ಷತ್ರಿಯ, ವೈಶ್ಯ ಆನಿ ಶೂದ್ರ ಮ್ಹೊಣು ತಾನ್ನಿ ಸಮ್ಜೂನು ಘೆತ್ಲೆಂ. ಅಂತರ್ಜಾತಿ ವಿವಾಹು, ಸಹಭೋಜನ, ಸಮಾನತಾ, ನಾತ್ತಿಲೆ ಹೇ ಚಾರಿ ಜಾತೀಚೊ ಲೋಕು ಮ್ಹೊಣು ತಾಂಕಾ ಮನಾಂತುಗೆಲ್ಲೆಂ.

ಸೆಕ್ಯುಲರಿಸಮ್ ಆನಿ ಚರಿತ್ರೆ

ಆಮ್ಗೆಲೆ ಭಾರತಾಂತು ಪ್ರಾಚೀನ ಲೋಕಾನಿ ಚರಿತ್ರೇಕ ಪ್ರಾಮುಖ್ಯತೆ ದೀನಿ ಮ್ಹೊಣು ಪಾಶ್ಚಾತ್ಯ ಚರಿತ್ರಕಾರಾಂನಿ ಅನುಮಾನು ಕೆಲ್ಲಾ. ಜಾಲ್ಲೆಲೆ ನಿಮಿತ್ತ ಇಂಗ್ಲೀಷ ಆನಿ ಇತರ ಯುರೋಪಿಯನ್ ಚರಿತ್ರಕಾರಾನಿ ಭಾರತಾಚೆ ವಿಂಗವಿಂಗಡ ಪ್ರಾಚೀನ ಗ್ರಂಥ ವಾಜ್ಜೂನು ಭಾರತಾಚಿ ಚರಿತ್ರೆ ಇಂಗ್ಲೀಷ ಆನಿ ಇತರ ಯುರೋಪಿಯನ್ ಭಾಷೇಂತು ಬರಯ್ಲಿ. ಕುಂಬ್ಳೆ ನರಸಿಂಹ ನಾಯಕ

ಹಾನ್ನಿ ಬರಯಿಲೆ "ಕಲ್ಚರಲ್ ರಿಲೆಟಿವ್ಹಿಟಿ" ಮ್ಹಳ್ಳೇಲೆ ಪುಸ್ತಕಾಂತು ದಿಲ್ಲೇಲೆ ಮಾಹಿತಿ ಪ್ರಕಾರ ಚರಿತ್ರೆ ಏಕ ಸಾಂಸ್ಕೃತಿಕ ಉಲ್ಲೇಖು. ಭಾರತೀಯ ಆನಿ ಇತರ ಪೂರ್ವಾತ್ಯ ದೇಶಾಂತು ಮ್ಹಳ್ಯಾರಿ ಚ್ಯೆನಾಂತು, ಜಪಾನಾಂತು ಇತ್ಯಾದಿ ದೇಶಾಂತು ಬೊರೋನು ದವ್ವರ್ಲಲಿ ಚರಿತ್ರೆ ಚಕ್ರಾವರಿ ಘೂಂವ್ಚಿ ಚರಿತ್ರೆ.. ಆಧುನಿಕ ಪಾಶ್ಚಾತ್ಯ ಆನಿ ಕ್ರಿಶ್ಚನ್ ಚರಿತ್ರೆಕಾರಾನಿ ಬರಯಿಲಿ ಚರಿತ್ರೆ ಸರೂತ ರೇಖೇರಿ ಚೊಲ್ಚಿ ಚರಿತ್ರೆ.

ಪ್ರಾಚೀನ ಪಾಶ್ಚಾತ್ಯ ಸಂಸ್ಕೃತಿ ಪ್ರಾಚೀನ ಗ್ರೀಸ್ ದೇಶಾಂತು ಆನಿ ಪ್ರಾಚೀನ ರೋಮ್ ದೇಶಾಂತು ಚಾಲು ಆಶ್ಶಿಲಿ ಸಂಸ್ಕೃತಿ. ಆಧುನಿಕ ಪಾಶ್ಚಾತ್ಯ ಸಂಸ್ಕೃತಿ ಆತ್ತಂ ಕ್ರಿಶ್ಚನ್ ಸಂಸ್ಕೃತಿ ಜಾವ್ನು ಆಸ್ಸ. ಅನಾದಿ ಕಾಲ ಥೋನ್ಮು ಭಾರತಾಂತು ಚೋಲ್ಲ್ಯು ಆಯ್ಯಿಲಿ ಸಂಸ್ಕೃತಿ. ಪ್ರಾಚೀನ ಗ್ರೀಸ್ ಆನಿ ರೋಮ ದೇಶಾಂಚೀಚಿ ಸಂಸ್ಕೃತಿ.

ಪ್ರಾಚೀನ ಗ್ರೀಸ್, ರೋಮ್, ಚ್ಯೆನಾ, ಜಪಾನ್ ಇತ್ಯಾದಿ ದೇಶಾಂತು ಧರ್ಮನಿರಪೇಕ್ಷತಾ ಮ್ಹಳ್ಯಾರಿ ಸೆಕ್ಯುಲರಿಸಮ್ ಚಾಲು ಆಶ್ಶೀಲೆಂ. ಕೋಣಃಯಿ ಖಂಚೇಯಿ ಮತಾಕ ನಮ್ಹೂಯೆ ಆಶ್ಶೀಲೆಂ. ಜಾಲ್ಲ್ಯಾರಿ ತಾಕ್ಕಾ ವರ್ಲೆಲೆ ಸಮಾಜಾಚೆ ಧಾರ್ಮಿಕ ಲೋಕು ಸಹಕಾರು ದೀನಾಜಾಲ್ಲೇಲೆ ನಿಮಿತ್ತ ತಾಣೆ ಗಾಂವಾಂತು ವಾಸುಕೊರ್ಚೆಂ ಖಠೀಣಜಾತ್ತಾಶ್ಶೀಲೆಂ. ರಾಯ್ಯಾನ ಪ್ರತೀಏಕ ಪ್ರಃಜೇಕ ತಾಗ್ಗೇಲೊ ಧರ್ಮುಪರಿಪಾಲನ ಕೋರೂಂಕ ಖಂಡಿತ ಬಾಧಾಹಾಣಿ. ಜಲ್ಲ್ಯಾರಿ ಸಮಾಜಾಂತು ಜೀವನಕೋರೂಂಕ ಗಾಂವಾಂತು ಆಶ್ಶೀಲೆ ಜನಾಲೋ ಧರ್ಮುಪರಿಪಾಲನ ಕೆಲ್ಲ್ಯಾರಿ ಸುಲಭಜಾತ್ತಾಶ್ಶೀಲೆಂ.

ಪ್ರಾಚೀನ ಚರಿತ್ರೆಂತು ಸೆಕ್ಯುಲರ್ ಶಬ್ಧು ಯೇನಿ. ಧರ್ಮನಿರಪೇಕ್ಷ ಮ್ಹೋಣು ಯೇನಿ. ನಾಸ್ತಿಕ ಮ್ಹೋಣು ಆಯ್ಲಾಂ. ನಾಸ್ತಿಕ ಲೋಕು ಸೆಕ್ಯುಲರ್ ಲೋಕು ಮ್ಹೋಣೂಂಕಜಾತ್ತಾ. ಜಾಲ್ಲ್ಯಾರಿ ದೇವಾಕ ನಮ್ಹತಃಲೆ ಆಸ್ತಿಕ ಲೋಕಾಂನೀಯಿ ಅನ್ಯಧರ್ಮಾಂಚಾಕ ಅಡ್ಡಿಕರ್ನಾಜಾಲ್ಲ್ಯಾರಿ ತೇಂಚಿ ತಾಂಗೇಲೆ ಸೆಕ್ಯುಲರಿಸಮ್ ಮ್ಹೋಣು ಲೆಕ್ಕಾಕ ಧೋರ್ಯೆತ.

ಏಬ್ರಹಾಮು ಏಕು ಮೂಲಪುರುಷು

ಪಾಶ್ಚಾತ್ಯ ಧರ್ಮ ಮ್ಹಳ್ಯಾರಿ ಯಹೂದಿಧರ್ಮು, ಯೇಸುಕ್ರಿಸ್ತಾಲೊ ಕ್ರಿಶ್ಚನ್ ಧರ್ಮು, ಇಸ್ಲಾಂಧರ್ಮು ಇತ್ಯಾದಿ ಧರ್ಮ. ಹೇ ಧರ್ಮಾಂಕ ಇಬ್ರಾಹಿಮ್ (ಏಬ್ರಹಾಮ್) ಆದಿಪುರುಷು. ಯಹೂದಿಧರ್ಮಾಂಚೆ ಶಾಸ್ತ್ರಾಂತು, ಬ್ಯೆಬಲ್ಲಾಂತು ಆನಿ ಕುರಾನಾಂತು ಏಬ್ರಹಾಮಾಲೆ ನಾಂವ ಪ್ರಮುಖ ಜಾವ್ನು ದೆಕ್ಕಿಪಡ್ತಾ. ಏಬ್ರಹಾಮಾನ ತಾಗ್ಗೆಲೆ ಪುತ್ತಾಕ ಬಲಿಪಶು ಕೋರ್ನು ದೇವಾಕ ಸೆಕ್ರಿಫ್ಯೆಸ್ (ಆಹುತಿ) ದಿವ್ಚಾಕ ಆಯುಧ ಉಕ್ಕಳೇಲೆವೇಳಾರಿ ತಾಕ್ಕಾ ಏಕು ಆಕಾಶವಾಣಿ ಆವಾಜು ಆಯ್ಕುಯೆತ್ತಾ. 'ರಾಬ, ತೂಂವೆ ತುಗ್ಗೇಲೆ ಅತ್ಯಂತ ಪ್ರೀತೀಚೆ ಪುತ್ತಾಕಃಚಿ ಮಾಕ್ಕಾ ಆಹುತಿ ದಿವ್ಚಾಕ ತಯ್ಯಾರಿಆಶ್ಶೀಲೆಂ ಪೊಳೋನು ಹಾಂವ ಖುಶಪಾವ್ಲೊಂ. ತೂಂವೆ ತುಗ್ಗೇಲೆ ಪುತ್ತಾಕ ಆಹುತಿದಿವ್ಚೀ ನಾಕ್ಕಾ. ತಾಜ್ಜೆಬದಲಾಕ ಏಕ ಬೊಕ್ಡಾಕ ಆಹುತಿ ದೀ, ಪುರೊ," ಅಶ್ಶಿ ತೋ ಆವಾಜು ಮ್ಹಣ್ತಾ. ದೇವಾವ್ಯೆರಿ ಭಕ್ತಿ ಆನಿ ಪ್ರೀತೀಚಿ ಹೇ ಸಕ್ಕಡ

ಪಾಶ್ಚಾತ್ಯ ಧರ್ಮಾಂಚೆ ಮೂಲ ಭೋಧನೆ. "ದೇವು ತಾಗ್ಗೇಲೆ ಭಕ್ತಾಂಕ ಚಾಂಗ ಕರ್ತಾ. ತಾಂಗೇಲೆ ಪಾಪ ಕ್ಷಮೆ ಕರ್ತಾ. ದೇವು ತಾಗ್ಗೇಲೆ ಭಕ್ತಾಂಕ ಅತ್ಯಂತ ದಯಾದೃಷ್ಟೀನ ಪಳೈತಾ. ತೂಂ ಆಮ್ಗೇಲೆ ದೇವಾಕ ನಂಮ್ಲೂಕಾ. ಆಮ್ಗೇಲೆ ದೇವಾಲೊ ಭಕ್ತುಜಾವ್ಕಾ. ತೆದ್ನಾ ತೂಂವೆ ಹೇ ಜಗತ್ಯಾಂತು ಸುಖಾರಿ ಜೀವನಕೋರ್ಯೆತ."

ಅಬ್ರಹಾಮಾಲೆ ಕಾಲಾಕಯೀ ಘೂಡೆಘೋರ್ನು ಗ್ರೀಸ್ ದೇಶಾಂತು ಆನಿ ರೋಮ್ ದೇಶಾಂತು ಪಂಚಭೂತಾರಾಧನೇಂಚೊ ಧರ್ಮು ಚಾಲು ಆಶ್ಶೀಲೊ. ಅನೇಕ ಕಡೇನ ಸೂರ್ಯಾಕ ದೇವು ಮ್ಹೋಣು ನಂಮ್ಲಗತಾ ಆಶ್ಶೀಲೀಂತಿ. ಹೇವೇಳಾರಿ ಮೋಸಸ್ ಮ್ಹಳ್ಳೇಲೆ ಮುಖಂಡಾನ ಯಹೂದಿ ಧರ್ಮು ಪ್ರಚಾರ ಕೋರ್ನು ಬಃಲ ಕೆಲ್ಲೊ. ಯಹೂದಿ ಧರ್ಮಾಂಚೆ "ಓಲ್ಡ ಟೆಸ್ಟಾಮೆಂಟ್" ಮ್ಹಳ್ಳೇಲೆ ಪುಸ್ತಕ ಏಕ ಪ್ರಮುಖ ಧಾರ್ಮಿಕ ಗ್ರಂಥ ಜಾಲ್ಲೆಂ.

ಯೇಸು ಕ್ರಿಸ್ತಾನ ಜನ್ಮಾಯೇವ್ನು ತಾಗ್ಗೇಲೆ ಕ್ರಿಶ್ಚನ್ ಧರ್ಮು ಪ್ರಚಾರಕೆಲ್ಲೆ ಮಾರ್ಗ್ಗಿರಿ ಏಕ ವರ್ಸ ಜಾವ್ಕಾಜಾಲ್ಯಾರಿ ತಾಗ್ಗೆಲೆ ಶಿಶ್ಯಾನಿ "ನ್ಯೂ ಟೆಸ್ಟಾಮೆಂಟ್" ಮ್ಹಳ್ಳೇಲೆ ಪುಸ್ತಕ ಬರ್ಯೆಲೆ. ಆನಿ ಏಕ ವರ್ಸ ಜಾವ್ಕಾಜಾಲ್ಯಾರಿ ಆನಿ ಥೋಡೇ ಶಿಶ್ಯಾನಿ "ಗೋಃಸ್ಪೆಲ್ಸ್" ಮ್ಹಳ್ಳೇಲೆ ಪುಸ್ತಕ ಬರ್ಯೆಲೆ. ಪೊರ್ನೆ ಆನಿ ನವ್ವೇ ಟೆಸ್ಟಾಮೆಂಟ್ ಸೇರವ್ನೂನು "ಬೈಬಲ್" ಮ್ಹಳ್ಳೇಲೆ ಪುಸ್ತಕ ತಯ್ಯಾರಿಕೆಲ್ಲೆಂ. ಯೇಸು ಕ್ರಿಸ್ತಾಲೊ ಧರ್ಮು ಬೈಬಲ್ಲಾಂತು ವಿವರಿಸೀಲಾ. ಯೇಸುಕ್ರಿಸ್ತಾನ ಜನ್ಮಾಆಯ್ಯೀಲೆ ಶೆಂಬರಿವರ್ಸಭಿತ್ತರಿ ಕ್ರಿಶ್ಚನ್ ಧರ್ಮು ಭಾರಿ ಬಃಲ ಜಾಲ್ಲೊ. ರೋಮ್ ದೇಶಾಚೆ ರಾಯ್ಯಾನ ಕ್ರಿಶ್ಚನ್ ಧರ್ಮು ಸ್ವೀಕಾರಕೋರ್ನು ಆಪ್ಣ್ಯಾಲೊ ಭೂತಾರಾಧನಾಚೊ ಧರ್ಮು ಕಾಣೂಉಡ್ಡೋನು ಧರ್ಮಪರಿವರ್ತನ ಕೋರ್ನು ಘೇವ್ನು ತೋ ಕ್ರಿಶ್ಚನ್ ಜಾಲ್ಲೋ. ಕ್ರಿ. ಶ. 400 ಇಸ್ವೇಚೆ ನಂತರ ಸಗ್ಳೇಂ ಯುರೋಪ ಆನಿ ಉತ್ತರ ಆಫ್ರಿಕಾ ದೇಶ ಸಕ್ಕಡ ಕ್ರಿಶ್ಚನ್ ಧರ್ಮಾಂಚೆ ಜಾಲ್ಲೀಂತಿ.

ಕಾಲಚಕ್ರ ಆನಿ ಕ್ರಿಸ್ತ ಶತಮಾನ

ಹೋ ಉಲ್ಲೇಖು ಕಾಲ ಆನಿ ಪ್ರದೇಶ ದೊನ್ನೀಂಕಯೀ ಸಂಬಂಧು ಪಾವಿಲೊ ಜಾವ್ನು ಆಸ್ಸ. ಕಾಲು ಕೆದ್ನಾ ಪ್ರಾರಂಭ ಜಾಲ್ಲೊ ಮ್ಹೋಣು ಅನೇಕ ಸಿದ್ಧಾಂತ ಆಸ್ಸತಿ. ಕಾಲಾಕ ಪ್ರಾರಂಭ ಬಿಂದು ದೀವ್ನು ದೀಸ, ಮ್ಹೈನೆ ಆನಿ ವರ್ಸ ಲೇಃಕ ಕೆಲ್ಯಾರಿ ತಾಕ್ಕಾ ಅಂತ್ಯ ನಾ. ಭಾರತಾಚೆ ಸಿದ್ಧಾಂತಾಚೆ ಪ್ರಕಾರ ಮನುಷ್ಯಾಂಕ ಕಾಲಾಚೊ ಪ್ರಾರಂಭ ಬಿಂದು ಗೊತ್ತು ನಾ. ಆಂತ್ಯಾಚೊ ಬಿಂದೂಯಿ ಗೊತ್ತು ನಾ. ತಶ್ಶಿ ಜಾವ್ನು ಕಾಲು ಏಕ ಚಕ್ರ ಮ್ಹೋಣು ಮ್ಹಣ್ತಾತಿ.

ಕಾಲಚಕ್ರ ಕಸ್ಸಲೆ ಮ್ಹೋಣು ಸಮಝೂನು ಘೆವ್ಚೆ ಸುಲಭ ನಾ. ಚರಿತ್ರೇಂತು ಕಾಲು ಆನಿ ಪ್ರದೇಶು ಮೇಳೋನು ಜಾಲ್ಲೆಲಿ ಘಟನೆ ಸುರ್ವೆ ತಾಕ್ಕೂನಿ ಕಡೇರಿ ತಾಂಯಿ ಸಾಂಗ್ತಾತಿ. ಇಂಗ್ಲೀಷ ಆನಿ ಪಾಶ್ಚಾತ್ಯ ಚರಿತ್ರಕಾರಾಂಕ ಕಾಲ ಏಕ ಚಕ್ರ ನ್ಹಯಿ ಬದ್ಲಾಕ ತೆಂ ಏಕ ಸರೂತ ಗೇಃರೊ. ಏಕಿ ರೇಖಾ. ಏಕ ಲೈನ. ಭಾರತಾಚೆ ವಿಜ್ಞಾನಾಚೆ ಪ್ರಕಾರ ಕಾಲು ಏಕ ಚಕ್ರಾವರಿ ಆಸ್ಸ ಜಾಲ್ಯಾರಿ ಪಾಶ್ಚಾತ್ಯ ವಿಜ್ಞಾನಾಂಕ ಕಾಲು ಏಕ ಸರೂತ ಲೈನ.

ಇಂಗ್ಲೀಷ ಆನಿ ಪಾಶ್ಚಾತ್ಯ ಚರಿತ್ರಕಾರಾಂಕ ಸಮಯಾನುಸಾರ ಘಟನೆ ಸಕ್ಕಡ ಚರಿತ್ರೇಂತು ಬೊರೋಕಾ ಮ್ಹಣು ಮಽನ ಆಸ್ಸ. ಭಾರತೀಯಾಂಕ ಏಕ ವೇಳೆ ಜಾಲ್ಲೇಲಿ ಕಾಣಿ ತಾರೀಕೇಕ ಪ್ರಾಮುಖ್ಯತೆ ದೀನಾ ನಾತ್ತಿಲೆ ಬೊರೋಚೊ ಅಭ್ಯಾಸು. ಸಂಸ್ಕೃತ ಆನಿ ಇತರ ಭಾಷೇಂತು ತಾರೀಕ ಮ್ಹಳ್ಳೊಲೊ ಶಬ್ಧು ನಾ. ತಾರೀಕ ಶಬ್ಧು ಅರೇಬಿಕ ಶಬ್ಧು.

ಭಾರತಾಂತು ಏಕ ವರ್ಸ ಮ್ಹಳ್ಯಾರಿ ಏಕ ಸಂವತ್ಸರ 60 ವರ್ಸಾನಂತರ ಪುನಃ ಯೆತ್ತಾ. ಹೇ 60 ವರ್ಸಾಚೆ ಚಕ್ರ ಘುಂವ್ತಽ ಆಸ್ತಾ. ಏಕು ರಾಯು ಮೋರ್ನು ಗೆಲ್ಲೋ ಮ್ಹಣು ಜಾಲ್ಯಾರಿ ತಾಗ್ಗೆಲೆ ಜಾಗ್ಯಾರಿ ಆನ್ನೇಕು ರಾಯು ಯೆತ್ತಾ. ರಾಯ್ಯಾಲೆ ಕಾರಭಾರ ಬೊರೋನು ದೊವ್ವೋರ್ಚೆ ತಿತ್ಲೆಂ ಮುಖ್ಯ ಜಾಲ್ಯಾರಿ ಮಾಂತ್ರ ತೋ ವಿಷಯು ಶಾಶ್ವತ ಚರಿತ್ರೆ ಜಾವ್ನು ಸದಾಕಾಲ ಉಡ್ಡಾಸು ಕೊರ್ಚೆ ತಶ್ಶಿ ಆಸ್ತಾ. ರಾಮಾಯಣಾಂತು ರಾಮಾಲೆ ಜನ್ಮಾಚಿ ತಾರೀಕ ದೀನಿ. ರಾಮಾನ ಜನ್ಮಾ ಆಯ್ಯಿಲಿ ತಾರೀಕ ಅಗತ್ಯನಾ ಮ್ಹಣೂಂಚಿ ವಾಲ್ಮೀಕೀನ ರಾಮಾಯಣಾಂತು ಖಂಚೀಯಿ ತಾರೀಕ ದೀನಿ.

ಪಂಚಾಂಗಾಂತುಲೆ ವರ್ಸಾಚೆ ಸಂಖ್ಯೆ ವಿಂಗವಿಂಗಡ ಶಕೇರಿ ಹೊಂದೂನು ಆಸ್ಸ. ಶಾಲಿವಾಹನ ಶಕ ಮ್ಹಳ್ಯಾರಿ ಶಾಲಿವಾಹನಾಲೆ ಜನ್ಮಾಂತಾಕ್ಕೂನು ಸೂರುಜಾವ್ಚೆ 'ಶಕ' ವ್ಯವಸ್ಥೆ. ಭಾರತಾಂತು ಶಾಲಿವಾಹನ ಶಕ ಆನಿ ವಿಕ್ರಮ ಶಕ ಮ್ಹಣು ದೋನಿ ತಾರೀಕೇಕ ಸಂಬಂಧು ಪಾವೀಲೆ ಶಕ ವ್ಯವಸ್ಥೆ ಆಸ್ಸ. ಇಸವಿ ಮ್ಹಳ್ಯಾರಿ ಏಕ ಕ್ರಿಸ್ತಶಕ ವ್ಯವಸ್ಥೆ. ಕ್ರಿಶ್ಚನ್ ಧರ್ಮಾಂಕ ಇಸಾಯಿಧರ್ಮು ಮ್ಹಣು ನಾಂವ ಆಸ್ಸ. ಇಸ್ವಿ ಮ್ಹಳ್ಳೊಲೊ ಶಬ್ಧು ಇಸಾಯವೀ ಶಬ್ಧಾಚೊ ತದ್ಭವ ಶಬ್ಧು. 2014 ಇಸ್ವಿ ಮ್ಹಳ್ಯಾರಿ ಯೇಸು ಕ್ರಿಸ್ತಾಲೆ ಜನ್ಮಾಂತಾಕ್ಕೂನು 2014 ವರ್ಸ ಜಾಲ್ಲೀಂತಿ ಮ್ಹಣು ಅರ್ಥು. ಕ್ರಿಸ್ತಪೂರ್ವ (ಕ್ರಿ. ಪೂ.) 200 ಮ್ಹಳ್ಯಾರಿ ಯೇಸುಕ್ರಿಸ್ತಾಲೆ ಜನ್ಮಾಂಕ ಮಾಕ್ಷಿ 200 ವರ್ಸ ಘೂಢೆ ಮ್ಹಣು ಅರ್ಥು. ಕ್ರಿ. ಪೂ. 400 ಮ್ಹಳ್ಯಾರಿ ಯೇಸುಕ್ರಿಸ್ತಾಲೆ ಜನ್ಮಾಂಕ ಮಾಕ್ಷಿ 400 ವರ್ಸ ಘೂಢೆ ಮ್ಹಣು ಅರ್ಥು. ಪಾಶ್ಚಾತ್ಯ ಗ್ರಂಥಕಾರಾನಿ ಬೊರೋಚೆ ನಮೂನ್ಯಾಚಿ ಭಾರತೀಯ ಚರಿತ್ರೆ ಆತ್ತ ಕ್ರಿಸ್ತ ಪೂರ್ವ 1500 ಥೋರ್ನು ಆಸ್ಸ. ಮೊಹೆಂಜದಡೋ ಆನಿ ಹರಪ್ಪಾ ಸಂಸ್ಕೃತಿ ಕ್ರಿ. ಪೂ. 5000 ವರ್ಸಾಚಿ ಘುಳ್ಳಿ ಮ್ಹಣು ಪಾಶ್ಚಾತ್ಯ ಚರಿತ್ರಕಾರ ಸಾಂಗ್ತಾತಿ. ತಾಜ್ಜಾಕಯೀ ಘುಳ್ಳಿ ಚರಿತ್ರೆ ಪುರಾಣಾಂತು, ರಾಮಾಯಣಾಂತು ಆನಿ ಮಹಾಭಾರತಾಂತು ಆಸ್ಸ. ಜಾಲ್ಯಾರಿ ಪಾಶ್ಚಾತ್ಯ ಶಿಕ್ಷಣ ಪಾವೀಲೆ ಭಾರತೀಯ ಚರಿತ್ರಕಾರಾಂಕ ವೇದ, ಉಪನಿಷದ್ ಇತ್ಯಾದಿ ಕ್ರಿ. ಪೂ. 2000 ಇಸ್ವೇಚೆ ನಂತರ ಬರಯಿಲೆಂ ಮ್ಹಣು ಶಿಕಯಿಲಾ. ಆಮ್ಗೆಲೆ ಆತ್ತಂಚೆ ಇಸ್ಕೂಲಾಂತು ಚರಿತ್ರೆಚೆ ತರಗತೀಂತು ವರೇಕ ವೇದ, ಉಪನಿಷದ್, ಪುರಾಣ, ರಾಮಾಯಣ, ಮಹಾಭಾರತ ಇತ್ಯಾದಿ ಕ್ರಿ. ಪೂ. 2000 ಇಸ್ವೇಚೆ ನಂತರ ಬರಯಿಲೆಂ ಮ್ಹಣು ಶಿಕಯಿತಾತಿ.

ಮೆಗ್ಗೇಲೆ ಅಭಿಪ್ರಾಯಾಚೆ ಪ್ರಕಾರ ಭಾರತೀಯ ಶಾಸ್ತ್ರಕಾರಾಂಕ ಸೌರ ಮಂಡಲಾಚೆ ಒಟ್ಟು ಪಳ್ಯೆತನಾ ಮನುಷ್ಯಾಲಿ ಕಾಣಿ ಅನಾದಿ ಆನಿ ಅನಂತ ಮ್ಹಣು ದಿಸ್ಲಿ. ಮನುಷ್ಯಾಲಿ ಕಾಣಿ ಸದಾಕಾಲ ಏಕ್ಕಽಚಿಸೀ ದಿಸ್ಲಿ. ಆಜಿ

ವಾಂಚೂನು ಆಶ್ಶಿಲೆ ಮನುಷ್ಯಾಕ ಆನಿ ಧಾ ಹಜ಼ಾರ ವರ್ಸ ಫೂಡೆ ವಾಂಚೂನು ಆಶ್ಶಿಲೆ ಮನುಷ್ಯಾಕ ಕಾಂಯೀ ಫರಕ ನಾ ಮ್ಹೊಣು ಭಾರತೀಯ ಶಾಸ್ತ್ರಕಾರಾಂಕ ಆನಿ ಚರಿತ್ರಕಾರಾಂಕ ದಿಸ್ಲೆಂ. ತಶ್ಶಿ ಜಾವ್ನು ತಾನ್ನಿ ಚರಿತ್ರೆ ಬೊರೋನು ದೊವ್ರೋಚೆ ಕಾಮಾಂತು ಅಭಿರುಚಿ ದಾಕ್ಕೈನಿ.

ಆನಿಏಕ ಕಾರಣ ಕಸ್ಸಲೆಂ ಮ್ಹಳ್ಯಾರಿ ಘುಳ್ಳೆ ಕಾಲಾಂತು ಬೊರೋಚೊ ಸವಲತ್ತು ಚಾಂಗ ನಾಶ್ಶಿಲೊ. ಚರಿತ್ರೆ ಬೊರೋಚೆ ಏಕ ವ್ಯರ್ಥ ಪ್ರಯಾಸು ಮ್ಹೊಣು ದಿಸ್ತಃಲೆಂ. ಆತ್ತಾ ಆಶ್ಶಿಲೆ ಮ್ಹಣ್ಕೆ ಘುಳ್ಳೆ ಕಾಲಾಂತು ಪೇಪರ ನಾಶ್ಶಿಲೆಂ. ತಾಳೆಪತ್ರಾರಿ ಬೊರೋಕಾ ಆಶ್ಶಿಲೆಂ. ಲೇಖನೀಕ ಶಾಯಿಂತು ಬುಡ್ಡೋನು ಬೊರೋಕಾ ಆಶ್ಶಿಲೆ. ಚರಿತ್ರೆ ಬೊರೋಚೆ ಬದ್ಲಾಕ ಶಾಸ್ತ್ರಕಾರಾನಿ ಕವಿತೆ ಬರಯ್ಲಿ. ಪ್ರಬಂಧ ಬರಯ್ಲೆ. ವಿಕ್ರಮ ಶಕ ಮ್ಹೊಣು ಲೇಃಕ ಘೆತ್ಲ್ಯಾರಿ ಶಾಲಿವಾಹನ ಶಕಾಂಚಾಕ ಬೆಜಾರು ಜಾತ್ತಾ ಮ್ಹೊಣು ದೋನಿ ಶಕಾಂಕಯಿ ನಿರ್ಲಕ್ಷ ಕೆಲ್ಲೆಂ.

ಪಾಶ್ಚಾತ್ಯ ಚರಿತ್ರೆಂತು ಏಕ ಖಂಚೇಯಿ ತಾರೀಕ ಪುನಃ ಯೇನಾ. ಪಾಶ್ಚಾತ್ಯ ಚರಿತ್ರಕಾರ ಜಾವ್ನು ಗೆಲ್ಲೇಲೆ ಸಂಗತೀಂಕ ತಾರೀಕ ದೀವ್ನು ಬೊರೋನು ದವ್ವರ್ತಾತಿ. ಭಾರತೀಯ ವಿದ್ವಾಂಸ ಲೋಕು ಜಗತ್ಯಾಂತು ಜಾವ್ನು ಗೆಲ್ಲೇಲೆ ಘಟನಾ ಕೆದ್ನಜಾಲ್ಲ್ಯಾ ಜಾಲ್ಯಾರೀಯಿ ವ್ಯತ್ಯಾಸು ಜಾಯ್ನಾ ಮ್ಹೊಣು ತೇ ಘಟನೇಂಚಿ ತಾರೀಕ ದಾಖಲೆ ಕರ್ನಾಂತಿ. ಜಾಲ್ಯಾರಿ ರಾಮಾಯಣಾಂಚಿ ಜಾವ್ವೊ ಮಹಾಭಾರತಾಚಿ ಜಾವ್ವೋ ತಾರೀಕ ಖಂಚಿ ಮ್ಹೊಣು ಭಾರತೀಯ ಚರಿತ್ರಕಾರಾನಿ ದಾಖಲೆ ಕಃರ್ನಿ.

ಕಶ್ಶಿ ಇಂಗ್ಲೇಂಡಾಂತು ತಾಂಗೇಲೆ ಸಂವಿಧಾನ ಬೊರೋನು ದವ್ವರ್ನೀಂಕೀ ತಶ್ಶೀಂಚಿ ಭಾರತಾಚಿ ಚರಿತ್ರೆ ಬೊರೋನು ದವ್ವರ್ನಿ.

ಆತ್ತ 2015ಚೆ ವರ್ಸ ಮ್ಹಳ್ಯಾರಿ ಯೇಸು ಕ್ರಿಸ್ತಾನ ಕ್ರಿಶ್ಚನ್ ಧರ್ಮು ಸ್ಥಾಪನೆ ಕೆಲ್ಲೇಲೆ ವರ್ಸಥೋನ್ನು 2015 ವರ್ಸಜಾಲ್ಲೀಂತಿ ಮ್ಹೊಣು ಅರ್ಥು. ಹೇ ನಮೂನ್ಯಾರಿ ವರ್ಸ ಲೇಃಕಕೆಲ್ಲ್ಯಾರಿ ಕ್ರಿಸ್ತ ಶಕಾಚೆ (ಕ್ರಿ. ಶ.) ವರ್ಸ ಮ್ಹೊಣು ಅರ್ಥು. ಹೇ ಶಕಾಚೆ ಪ್ರಥಮ ವರ್ಸ ಯೇಸುಕ್ರಿಸ್ತಾನ ಜನ್ಮಾಆಯ್ಯೀಲೊ ದೀಸು ಮ್ಹೊಣುಸಾಂಗ್ತಾತಿ. ಕ್ರಿಶ್ಚನ್ ಧರ್ಮು ಸ್ಥಾಪನೆ ಜಾಲ್ಲೆ ಮಾಗ್ಗಿರಿ ಹಳುಹಳೂ ರೋಮ್ ರಾಜ್ಯ ಬಃಲಹೀನ ಜಾಲ್ಲೆಂ. ಸಗ್ಳೆಂ ಯುರೋಪ, ಪಶ್ಚಿಮ ಆನಿ ಮಧ್ಯ ಏಶಿಯಾಖಂಡ ಆನಿ ಉತ್ತರ ಆಫ್ರಿಕಾ ದೇಶ ಸಕ್ಕಡ ಕ್ರಿಶ್ಚನ್ ಸಂಸ್ಕೃತೀಂತು ಮೆಳ್ಳೀಂತಿ.

ಆಧುನಿಕ ಪಾಶ್ಚಾತ್ಯ ಸಂಸ್ಕೃತಿ ಆತ್ತ ಕ್ರಿಶ್ಚನ್ ಸಂಸ್ಕೃತಿ ಜಾವ್ನು ಆಸ್ಸ. ಕ್ರಿಶ್ಚನ್ ಧರ್ಮಾಂತು ಅನೇಕ ಉಪವಿಭಾಗ ಜಾಲ್ಲೆಂ. ಪ್ರೊಟೆಸ್ಟೆಂಟ್ ಕ್ರಿಶ್ಚನ್ ಮ್ಹೊಣು ಆನಿ ಆಂಗ್ಲಿಕನ್ ಕ್ರಿಶ್ಚನ್ ಮ್ಹೊಣು ದೋನಿ ಪ್ರಮುಖ ವಿಭಾಗ ಉದ್ದೇಲೀಂತಿ. ರೋಮಾಂತು ಆಶ್ಶಿಲೆ ಪೋಪಾಕ ನಮ್ಗತಲೆ ಕ್ರಿಶ್ಚನ್ ಲೋಕಾಂಕ ರೋಮನ್ ಕೇಥೋಲಿಕ್ ಕ್ರಿಶ್ಚನ್ ಮ್ಹೊಣು ನಾಂವ ಆಯ್ಲೆಂ.

ಪ್ರಾಚೀನ ಗ್ರೀಸಾಚೆ ಆನಿ ರೋಮ್ ದೇಶಾಚೆ ಲೋಕಾನಿ ಪ್ರಾಚೀನ ಭಾರತಾಚೆಲ್ಬಟ್ಟು ಸಂಪರ್ಕ ಕೋರ್ನು ಭಾರತಾಂತಾಕ್ಕೂನು ಜ್ಞಾನ ಆನಿ

ಚಾತುರ್ಯ ಸಂಪಾದನೆಕೆಲ್ಲಾಂ. ಪ್ರಾಚೀನ ಭಾರತೀಯ ಸಂಸ್ಕೃತಿ ವೈದಿಕ ಧರ್ಮಾಚಿ ಸಂಸ್ಕೃತಿ. ವೈದಿಕಧರ್ಮು ಏಕು ಸೆಕ್ಯುಲರ್ ಧರ್ಮು.

ಆಧುನಿಕ ಭಾರತೀಯ ಚರಿತ್ರಕಾರ

ಆಧುನಿಕ ಭಾರತಾಚೆ ಚರಿತ್ರಕಾರಾಂಕ ಪುರಾಣಾಂತು ದಿಲ್ಲೇಲಿ ಕಾಣಿ ಘೂರಾ ಕಟ್ಟುಕಥೆ ಜಾಲ್ಲ್ಯಾಂತಿ. ದೇವಾಲಿ ಕಾಣಿ ನಿಜಃ ಕಾಣಿ ನ್ಹಯಿಂ ಮ್ಹೊಣು ಆಧುನಿಕ ಚರಿತ್ರಕಾರ ಸಾಂಗ್ತಾತಿ. ಈಶ್ವರಾಲಿ ಆನಿ ಪಾರ್ವತೀಲಿ ಕಾಣಿ ಚರಿತ್ರೆ ನ್ಹಯಿ ಮ್ಹೊಣು ಆಮ್ಗೆಲೆ ಆಧುನಿಕ ಚರಿತ್ರೆಕಾರಾನಿ ಸಾಂಗ್ಚೆ. ಸ್ಕೂಲಾಂತು ಆನಿ ಕಾಲೇಜಾಂತು ಪಾರಮಾರ್ಥಿಕ ಕಾಣಿ ಶಿಕಯ್ನಾಂತಿ. ಹೀ ಕಾಣಿ ಚರಿತ್ರೆ ನ್ಹಯಿ ಮ್ಹೊಣು ಶಿಕಯ್ನಾಂತಿ. ಪಾಶ್ಚಾತ್ಯ ಚರಿತ್ರಕಾರಾನಿ ಬೊರೋನು ದವ್ವರ್ಲೆಲಿ ಕಾಣಿ ಮಾಂತ್ರ ನಿಜಃ ಕಾಣಿ ಮ್ಹೊಣು ತೀ ಕಾಣಿ ಸ್ಕೂಲಾಂತು ಆನಿ ಕಾಲೇಜಾಂತು ಶಿಕಯ್ತಾತಿ.

ಕುಂಬ್ಳೆ ನರಸಿಂಹ ನಾಯಕ ಹಾನ್ನಿ ಬರಯಿಲೆ "ಕಲ್ಚರಲ್ ರಿಲೆಟಿವ್ಹಿಟಿ" ಮ್ಹಳ್ಳೇಲೆ ಪುಸ್ತಕಾಂತು ದಿಲ್ಲೇಲೆ ಮಾಹಿತಿ ಪ್ರಕಾರ ಚರಿತ್ರೆ ಜಗತ್ತ್ಯಾಚಿ ಏಕಿ ಕಾಣಿ ಆನಿ ತೀ ಕಾಣಿ ವಿದ್ಯೇಕ ಜ್ಞಾನಾಂಕ ಆನಿ ಸಂಸ್ಕೃತಿಕ ಮೂಲ ಕಾರಣ ಜಾವ್ನು ಆಸ್ಸ. ಹೇ ಜಗತ್ತ್ಯಾಚೆ ಜನಾಲೊ, ಪ್ರಾಣೀಲೊ, ವಸ್ತೂಚೊ ಇತಿಹಾಸು ಹೇ ಕಾಣಿಯೇಂತು ಯೆತ್ತಾ. ಹೀ ಕಾಣಿ ಮನುಷ್ಯಾನಿ ಬೊರೋಚಿ ಜಾಲ್ಲೇಲೆ ನಿಮಿತ್ತ ಹಾಂತು ಆಶ್ಶೀಲೊ ವಿಷಯು ಪೂರಾ ಸತ್ಯ ಮ್ಹೊಣು ಸಾಂಗೂಕ ಜಾಯ್ನಾ. ಪಾಶ್ಚಾತ್ಯ ಚರಿತ್ರಕಾರಾನಿ ತಾಂಗೇಲಿ ಚರಿತ್ರೆ ಅಶ್ಶಿ ಬರೈಲ್ಯಾಕಿ ತಾಂತು ತಾಂಗೆಲೆ ವಾಯಿಟ ಕಾಣಿಯೋ ನಾಂತಿ. ತಾಂಗೇಲೀಚಿ ಸಂಸ್ಕೃತಿ ಅತ್ಯುತ್ತಮ ಸಂಸ್ಕೃತಿ ಮ್ಹೊಣು ದಿಶ್ಚೆ ತಶ್ಶಿ ಬರೈಲಾಂ. ಪಾಶ್ಚಾತ್ಯ ಚರಿತ್ರಕಾರಾನಿ ಭಾರತಾಚಿ ಕಾಣಿ ತಶ್ಶಿ ಚಾಂಗ ರೀತಿರಿ ಬರೈನಿ. ಭಾರತಾಚೆ ಲೋಕು ಸುಸಂಸ್ಕೃತ ಜಾವ್ನು ನಾತ್ತಿಲೆ ಮ್ಹೊಣು ದಿಲ್ಲಾಂ. ಭಾರತಾಕ ಏಕ ಸುಸಂಸ್ಕೃತ ದೇಶ ಮ್ಹೊಣು ಸಾಂಗನಿ. ಭಾರತೀಯ ಸಂಸ್ಕೃತಿ ವಾಯಿಟ ಆಶ್ಶೀಲಿ ಮ್ಹೊಣು ಸಾಂಗ್ಲಾಂ. ಯುರೋಪಾತಾಕ್ಕೂನ ಕ್ರಿಶ್ಚನ್ ಧರ್ಮು ಭಾರತಾಕ ಆಯ್ಯಿಲೆ ನಿಮಿತ್ತ ಭಾರತ ಸುಸಂಸ್ಕೃತ ಜಾಲ್ಲೆಂ ಮ್ಹೊಣು ಬರೈಲಾ.

ಆಧುನಿಕ ಭಾರತಾಚೆ ಚರಿತ್ರೆಕಾರಾನಿ ಮಃನ ಕೋರ್ರು ಆಮ್ಗೇಲಿ ಚರಿತ್ರೆ ಪುನಃ ಬೊರೋಕಾ. ಪಾಶ್ಚಾತ್ಯ ವಿದ್ವಾಂಸಾನಿ ಬರಯಿಲೆ ವಾಯಿಟ ವಿವರು ಕಾಣು ಉಡ್ಡೋಕಾ. ಚಾಂಗು ವಿವರು ಖಂಚೊ ಆಸ್ಸಕೀ ತೋ ವಿವರು ಆಮ್ಗೇಲೆ ಚೆರ್ಡುವಾಂಕ ಶಿಕೋಕಾ. ಪ್ರತಿ ಏಕ ದೇಶಾನ ತಾಂಗತಾಂಗೆಲಿ ಚರಿತ್ರೆ ಪುನಃ ಬರೈಲ್ಯಾ. ವಾಯಿಟ ವಿವರು ಸತ್ಯ ಜಾಲ್ಯಾರಿಯೀ ತೋ ವಿವರು ಚರಿತ್ರೇಂತು ಸಾಂಗೂನಜ್ಜ.

ಇಂಗ್ಲೀಷ್ ಇಸ್ಕೂಲಾಚಿ ಸ್ಥಾಪನಾ

ಕ್ರಿ. ಶ. 1826 ಇಸ್ವೇವರೇಕ ಹಿಂದುಸ್ಥಾನಾಂತು ಸಂಸ್ಕೃತಭಾಸ ವಾಜ್ಜೂಚಾಕ ಆನಿ ಬೊರೋಚಾಕ ಥೋಡೇ ಜನಾಂಕ ಮಾಂತ್ರ ಗೊತ್ತಾಶ್ಶೀಲೆ.

ಕನ್ನಡ, ತಮಿಳ, ಹಿಂದೀ, ಉರ್ದು ಆನಿ ಇತರ ಭಾಸ ಶಿಕ್ಚೆ ಆನಿ ಶಿಕೋಚೆ ಘೋಡೇ ಜನಾಂಕ ಮಾಂತ್ರ ಸಾಧ್ಯ ಆಶ್ಶಿಲೆಂ. ಅಶ್ಶಿಂ ಸಂಸ್ಕೃತ ಆನಿ ಇತರ ಭಾಸ ವಾಜ್ಞೂಂಕ ಆನಿ ಬೊರೋಚಾಕ ಊಂಚಿ ಜಾತೀಚೆ ಚೆಲ್ಲ್ಯಾ ಚೆಡ್ಡುವಾಂಕ (ದಾರ್ಲ್ಗೆ ಚೆಡ್ಡುವಾಂಕ) ಮಾಂತ್ರ ಶಿಕ್ಷಣ ತಾಂಗೆಲೆ ಘರಕಡೆ ಉಪಾಧ್ಯಾಯಾನ ಯೇವ್ನು ಶಿಕೋಚೆಆಶ್ಶಿಲೆಂ. ಲೆಕ್ಕ (ಗಣಿತ), ಜ್ಯೋತಿಷ, ಇತಿಹಾಸ, ಮಂತ್ರ, ಸಾಹಿತ್ಯ ಇತ್ಯಾದಿ ಸಕ್ಕಡಯೀ ತಾಂಗೇಲೆ ಉದ್ಯೋಗಾಕ ಜಾವ್ನಾಜಾಲ್ಲೇಲೆತಿತ್ಲೆಂಚಿ ಶಿಕ್ತಾಆಶ್ಶಿಲಿಂತಿ.

ಭೂಂಯಿಚೊ ಮಾಲೀಕು ಆನಿ ವ್ಯಾಪಾರಿ ಲೋಕು ತಾಂಗೆಲೆ ಚೆಡ್ಡುವಾಂಕ ಸ್ಥಳೀಯ ಭಾಸ, ಲೆಕ್ಕ, ಜ್ಯೋತಿಷ್, ಇತ್ಯಾದಿ ಶಿಕಯಿತಾಆಶ್ಶಿಲಿಂತಿ. ರಾಯ್ಯಾಲೆ ರಾವ್ಳಾರಾಂತು ಕಾಮ ಕೋರ್ಕಾ ಮ್ಹಣು ಇಚ್ಛೆ ಆಶ್ಶಿಲ್ಯಾನ ಜಾಲ್ಲೆತಿತ್ಲೆಂ ವಿದ್ಯೆ ಶಿಕ್ಕೂಕಾ ಮ್ಹಣು ಪ್ರಯತ್ನ ಕರ್ತಾಆಶ್ಶಿಲೊ. ಅಮರಕೋಶ ಸಕ್ಕಡ ಚೆಡ್ಡುವಾಂಕ ಶಿಕ್ಕೂಕಾಆಶ್ಶಿಲೆಂ. ಸಾಮಾನ್ಯ ಕೂಲೀಂಕ ಆನಿ ಇತರ ದುರ್ಬಳೆ ಲೋಕಾಂಕ ಶಿಕ್ವಣ ಮೇಳ್ನಾಆಶ್ಶಿಲಿ.

ಮಂಗಳೂರ ಶಹರ 1778 ವರ್ಸಾನಂತರ ಇಂಗ್ಲೀಷ್ ಈಸ್ಟ್ ಇಂಡಿಯಾ ಕಂಪನೀಚೆ ವಸಾಹತು ಜಾಲ್ಲೆಂ. ನೇತ್ರಾವತೀ ನ್ಹಯಿಂಚೆ ದಡಾವ್ಯೆರಿ ಅಡ್ಡಣೊ ಬಾಂದೂನು ಹೊಳ್ಳೆಹೊಳ್ಳೆ ಮಚ್ವೆ (ದೋಣಿ) ಅಣ್ಯಾಬರೀನ ಯೇವ್ನು ಠಿಕಾಣಿಘಾಲೂಂಕ ಸವಲತ್ತು ಕೋರ್ನುದಿಲ್ಲೆಂ. ಬೊಂಬೈತಾಕ್ಕೂನು ಮಚ್ವೆ ಯೇವ್ನು ಇಂಗ್ಲೇಂಡಾಚೊ ಸಾಮಾನು ದೇವ್ಳೋಂಚೊ ಆನಿ ಮಂಗಳೂರಾಂತು ಆಯ್ಯೀಲೊ ಘಾಟವೈಲೆ ಉತ್ಪನ್ನ ಮಚ್ವ್ಯಾರಿ ಭೋರ್ನು ಬೊಂಬೈಕ ಪೇಟೋಚೊ. ಮಂಗಳೂರಾಂತು ವ್ಯಾಪಾರು ಚಡ್ಡ ಜಾಲ್ಲೇಲೆ ತಶ್ಶೀಂಚಿ ಪಟ್ಟಣಾಂತು ವಾಸಕರ್ತಲ್ಯಾಲೆ ಜನಸಂಖ್ಯೆ ವಾಡ್ಲೆಂ. ಹಳ್ಳೇ ತಾಕ್ಕೂನು ಜಡ್ಡಣ ಯೇವ್ನು ಮಂಗಳೂರ ಪಟ್ಟಣಾಂತು ಘಡ್ಡರ ಕೋರ್ನು ರಾಬ್ಲೀಂತಿ. ತೆದ್ದೋಳತಾಂಯಿ ವ್ಯಾಪಾರ ತೊಂಡಾಉತ್ರಾಚೆ ಬಲಾರಿ ಚಲ್ತಾಶ್ಶೀಲೊ. ಇಂಗ್ಲೀಷ್ ವ್ಯಾಪಾರಿಯಾಂನಿ ವ್ಯಾಪಾರಾಚೆ ಲೇನದೇನ ಕಾಗದಾರಿ ಬೋರೋನು ಘೆವ್ಚೆ ಕ್ರಡ್ಡಮು ಸೂರುಕೆಲ್ಲೊ. ಬರಪ ಶಿಕ್ಕೀಲ್ಯಾಂಕ ವ್ಯಾಪಾರ ವಹಿವಾಟಾಂತು ಕಾಮ ಮೆಳ್ಳೆಂ. ಬರಪ ಶಿಕ್ಕೂಂಕ ಪಟ್ಟಣಾಂತುಲೆ ಚೆಡ್ಡುವಾಂಕ ಇಸ್ಕೂಲ ಜಾವ್ನಾ ಜಾಲ್ಲೆಂ.

ಮಂಗಳೂರಾಂತು ಕಲೆಕ್ಟರ್ ಮ್ಹಣು ಏಕು ಇಂಗ್ಲೀಷ್ ಗೋರೊ ಜಿಲ್ಲಾಧಿಕಾರಿ ಸಗ್ಳೇ ಮಲಬಾರ ಆನಿ ಕೆನರಾ ಪ್ರದೇಶಾಂತು ಕಂದಾಯ ವಸೂಲಿ ಕೊರೂಂಕ ಆನಿ ಇತರ ಮೇಲ್ವಿಚಾರಣೇಂಕ ನಿಯುಕ್ತ ಜಾಲ್ಲೋಲೊ. ತಾಗ್ಗೇಲೆ ಹಾತ್ಮೂಳಾಂತು ಈಸ್ಟ ಇಂಡಿಯಾ ಕಂಪನೀನ ಅನೇಕ ಗೋರೆ, ಮುಸ್ಲಿಂ, ಕ್ರಿಶ್ಚನ್ ಆನಿಕೆಲವು ಹಿಂದೂ ಬ್ರಾಹ್ಮಣ ದಾರ್ಲ್ಗೆಮನ್ಶೆ ಕಾಮಾಂಕ ದೊವ್ರೋರ್ನುಘೆತ್ತಿಲೆಂ. ಕಲೆಕ್ಟರಾಲೆ ಸಕಲ ಅರ್ಧಸೈನ್ಯ ಟುಕಡೀ, ಪೋಲೀಸ್ ಪಡೆ, ಟಪ್ಪಾಲಖಾನಾ, ಇತ್ಯಾದಿ ಮಸ್ತ ಜಡ್ಡಣ ಕಾಮಾಂಕ ಆಶ್ಶಿಲಿಂತಿ.

ಮಂಗಳೂರಾಂತು 1876 ಇಸ್ವೇಕ ಉಮಾಮಹೇಶ್ವರ ದೇವಸ್ಥಾನಾಂತು ಏಕಿ ಪಾಠಶಾಳಾ ಆಶ್ಶೀಲಿ. ಹೇ ಪಾಠಶಾಳೇಂತು ಬ್ರಾಹ್ಮಣ ಚೆರ್ಡುವಾಂಕ ಸಂಸ್ಕೃತ ಭಾಷೇಚೆ ಅಮರಕೋಶ ಶಿಕಯಿತಾ ಆಶ್ಶೀಲೀಂತಿ. ಕನ್ನಡ ಅಕ್ಷರ ಆನಿ ಶಬ್ಧ ಶಿಕಯಿತಾ ಆಶ್ಶೀಲೀಂತಿ. ಮಂಗಳೂರಾಂತು 1870 ಇಸ್ವೇವರೇಕ ಮಿಶನರಿ ನಮೂನ್ಯಾಚೆ ಸ್ಕೂಲ ನಾಆಶ್ಶೀಲೆಂ. 1871 ಇಸ್ವೇಂತು ಬಾಸೆಲ್ ಮಿಶನ್ ಮ್ಹಳ್ಳೇಲೆ ಏಕ ಕ್ರಿಶ್ಚನ್ ಮಿಶನ್ನಾನ ಏಕ ಇಸ್ಕೂಲ ಸೂರುಕೆಲ್ಲೆಂ. ಹೇ ಇಸ್ಕೂಲಾಂತು ಧರ್ಮಾಂಕ (ಫುಕ್ಸಟೆ) ಸಕ್ಕಡ ಧರ್ಮಾಂಚೆ ಚೆರ್ಡುವಾಂಕ ಶಿಕ್ಷಣ ದಿತ್ತಾಆಶ್ಶೀಲಿಂತಿ. ಮುಸ್ಲಿಂ ಚೆರ್ಡುವಾಂಕ ತಾಂಗೇಲೆ ಮಸೀದೀಂತು ಮದರಸಾ ಶಾಳಾ ಚಲೈತಾಲೀಂತಿ. ಮದರಸಾಂತು ಅರಬ್ಬೀ ಭಾಸ ವಾಜ್ಞುಂಕ ಆನಿ ಬೊರೋಚಾಕ ಶಿಕಯಿತಾ ಆಶ್ಶೀಲೀಂತಿ. ಕುರಾನ ಗ್ರಂಥ ಬಾಯಿಪಾಠ ಕೊರೂಂಕ ಪ್ರಾರ್ಥನೆ ಕೊರೂಂಕ ಶಕಯಿತಾ ಆಶ್ಶೀಲೀಂತಿ.

1880 ಇಸ್ವೇಂತು ಉಮಾಮಹೇಶ್ವರ ಪಾಠಾಶಾಳೇಕಽಚಿ ಗಣಪತಿ ಶಾಲೆ ಮ್ಹೊಣು ನಾಂವದೀವ್ನು ಮಿಶನರಿ ಶಾಳೇಚೆವರೀಚಿ ಸಕ್ಕಡ ಜಾತೀಚೆ ಚೆರ್ಡುವಾಂಕ ಮ್ಹೊಣು ಏಂಗಡ ಕಟ್ಟೋಣ (ಕಟ್ಟಡ) ಬಾಂದೂನು ತೇ ಕಟ್ಟೋಣಾಂತು ಎಕ್ಕಾಚೆ, ದೋನ್ನೀಂಚೆ ಆನಿ ತೀನ್ನೀಂಚೆ ದರ್ಜೆ ಸೂರು ಕೆಲ್ಲೀಂತಿ. ಹಾಜ್ಜೆ ಮಾಗ್ಗೀರಿ ಎಕ್ಕಾಮಾಕ್ಷಿಏಕ ಸ್ಕೂಲ ಆನಿ ಏಕ ಕಾಲೇಜ ಮಂಗಳೂರಾಂತು ಆನಿ ಸುತ್ತಮುತ್ತಲು ಆಶ್ಶೀಲೆ ಸಾನಸಾನ ಗಾಂವಾಂತು ಸ್ಥಾಪನೆಜಾಲ್ಲೀಂತಿ.

ಸೆಕ್ಯುಲರಿಸಮ್: ಮರ್ಮ ಆನಿ ಅರ್ಥು

ಸೆಕ್ಯುಲರಿಸಮ್ ಹಾಜ್ಜೆ ಮರ್ಮ ಕಸ್ಸಲೆಂ? ಹೇ ಶಬ್ಧಾಚೊ ಅರ್ಥು ಕಸ್ಸಲೊ? ಆಮ್ಗೆಲೆ ಸಂವಿಧಾನಾಂತು ಭಾರತ ಸೆಕ್ಯುಲರ್ ದೇಶ ಮ್ಹೊಣು ಸಾಂಗ್ಲೆಸತ್ತಾನ ಭಾರತೀಯಾಂನಿ ಧರ್ಮು ಪಾಲನಕೊರುಂಕ ನಜ್ಜ ಮ್ಹೊಣು ಜಾತ್ತವೇ? ನಾ. ಬದ್ಲಾಕ ಪ್ರತ್ಯೇಕ ಭಾರತೀಯಾಂಕ ಧರ್ಮು ಪಾಲನ ಕೊರ್ಚೆಕತಿರ ಸ್ವಾತಂತ್ರ್ಯ ದಿಲ್ಲಾಂ. ಭಾರತೀಯಾಂನಿ ಆಪ್ಣ್ಯಾಂಕ ಖಂಚೋಯಿ ಧರ್ಮು ನಾ ಮ್ಹಳ್ಯಾರಿಯಿ ಜಾತ್ತಾ. ಆಪ್ಣಣ ಧರ್ಮು ಪಾಲನ ಕರ್ನಾಜಾಲ್ಯಾರಿಯಿ ಜಾತ್ತಾ. ಕೋಣಯಿ ಎಕ್ಲೊ ಭಾರತೀಯ ಪ್ರಽಜೆ ಆಪ್ಣ್ಯಾಂಕ ಧರ್ಮು ನಾ ಮ್ಹೊಣು ಸಾಂಗೂಯೇತ. ಧರ್ಮು ನಾತ್ತೀಲೆ ಭಾರತೀಯ ನಾಗರಿಕಾಂಕ ಖಂಚೋಯಿ ಏಕು ನಾಗರೀಕ ಅಧಿಕಾರು ಊಣೆ ಜಾಯ್ನಾ. ತಾಂಗೇಲೊ ನಾಗರೀಕ ಲಾಭ ಆನಿ ಹೀತ ಖಂಚೇಯಿ ಚುಕ್ಕೂನು ವಚ್ಚಽನಾ. ತಾಂಗತಾಂಗೆಲೊ ಧರ್ಮು ತಾನ್ತಾನ್ನಿ ತಾಂಕಾ ಸಽಮ ದಿಶ್ಶಿಲೆವರಿ ಪಾಲನ ಕೊರುಂಕ ಕಾಂಯೀ ಅಡ್ಡಿ ನಾ ಮ್ಹೊಣು ಸಂವಿಧಾನಾಂತು ವಿವರಣ ದಿಲ್ಲಾಂ. ಏಕ ನಾಗರಿಕಾಲೆ, ನಾಂವ, ಜನ್ಮ ತಾರೀಕ, ಆವ್ಸೂಲೆ ನಾಂವ, ಬಾಪ್ಸುಲೆಂ ನಾಂವ, ಖಂಚೆ ಗಾವಾಂತು ಜನ್ಮಲೊಲೊ ಆನಿ ಚೆರ್ಡಾಲೆಂ ಲಿಂಗ, ಇತ್ಲೆಬಽಗ ಸಾಂಗ್ಲ್ಯಾರಿ ಪೂರೊಜಾತ್ತಾ. ಚೆರ್ಡಾಲೊ ಧರ್ಮು ಕಸ್ಸಲೊ ಮ್ಹೊಣು ಸಾಂಗೂಕಾ ಮ್ಹೊಣು ನಿಯಮು ನಾ. ಜನ್ಮಾ ಆಯ್ಯಿಲೆ ಚೆರ್ಡಾಲೊ ಧರ್ಮು

ಖಂಚೊ ಮ್ಹೋಣು ಸಾಂಗ್ಚೆ ಜಾಲ್ಯಾರಿ ತಾಗ್ಗೆಲೆ ಆವ್ಸೂನ ಏಕಯಿ ಬಾಪ್ಸೂನ ಸಾಂಗೂಕಾ. ಸಾಂಗನಾಜಲ್ಯಾರಿಯಿ ಜಾತ್ತಾ.

ಸೆಕ್ಯಲರ್ ಸಂವಿಧಾನ ಮ್ಹಳ್ಯಾರಿ ತೇ ಕಶ್ಶಿ ಆಸ್ತಾ? ಘುಳ್ಳೆ ಕಾಲಾಂತು ಸೆಕ್ಯುಲರ್ ಶಬ್ದಾಕ ಪ್ರಾಪಂಚಿಕ ಮ್ಹೋಣು ಅರ್ಥು ಆಶ್ಶಿಲೊ. ಸೆಕ್ಯಲರ್ ಸಂವಿಧಾನಾಂತು ದೇವಾಕ ಆನಿ ಧರ್ಮಾಂಕ ಮೋಲ ದೀನಾಂತಿ.

ದೈವಾಲೆಂ ರಾಷ್ಟ್ರ

ಥಿಯೋಕ್ರಟಿಕ್ ಮ್ಹಳ್ಳೇರಿ ದೈವಾಲೆಂ (ದೇವಾಲೆಂ) ಆಡಳಿತವ್ಯವಸ್ಥಾ. ಥಿಯೋಕ್ರಟಿಕ್ ರಾಷ್ಟ್ರಾಂತು ಏಕ ಧರ್ಮಾಂಚೊ ದೇವು ಆನಿ ತೇ ಧರ್ಮಾಂಚೆ ಗ್ರಂಥ ಮಾರ್ಗದರ್ಶಿ ಜಾವ್ನಾಸ್ತಾತಿ. ಥಿಯೋಕ್ರಟಿಕ್ ರಾಷ್ಟ್ರ ಸೆಕ್ಯುಲರ್ ಜಾವ್ನಾಸ್ಸನಾ. ಪಾಕಿಸ್ಥಾನ ಏಕ ಥಿಯೋಕ್ರಟಿಕ್ ಮ್ಹಳ್ಯಾರಿ ಧಾರ್ಮಿಕ ಪ್ರಜಾಪ್ರಭುತ್ವ ಜಾಲ್ಲೆಂ. ಪಾಕಿಸ್ಥಾನ ಏಕ ಥಿಯೋಕ್ರಟಿಕ್ ಇಸ್ಲಾಮಿ ರಾಷ್ಟ್ರ ಜಾಲ್ಲೆಂ. ಪಾಕಿಸ್ಥಾನಾಂತು ಇಸ್ಲಾಂ ಧರ್ಮು ರಾಷ್ಟ್ರಾಚೊ ಧರ್ಮು ಜಾಲ್ಲೊ. ಕುರಾನ್ ಗ್ರಂಥ ಮಾರ್ಗದರ್ಶಿ ಗ್ರಂಥ ಜಾಲ್ಲೆಂ. ಪಾಕಿಸ್ಥಾನಾಂಚೆ ಅನೇಕ ಧರ್ಮಗುರೂನಿ ಒಟ್ಟುಮೇಳ್ನು ಕುರಾನಾಂಚೆ ಆಧಾರಾರಿ ಏಕ ಸಂವಿಧಾನ ತಯ್ಯಾರಿಕೆಲ್ಲೆಂ. ಪಾಕಿಸ್ಥಾನಾಂಚೆ ಆಡಳಿತವ್ಯವಸ್ಥಾ ಹೇ ಧಾರ್ಮಿಕ ಸಂವಿಧಾನಾಂಚೆ ಪ್ರಕಾರ ಚೋಲ್ನು ಆಯ್ಲಾ. ಮುಸ್ಲಿಂ ಧರ್ಮಾಂತು 'ಶರಿಯಾ' ಮ್ಹೋಣು ಏಕ ಕಾನೂನಾಂಚೊ ವ್ಯವಸ್ಥೆ ಆಸ್ಸ. 'ಶರಿಯಾ' ಕಾನೂನಾಂತು ಬೊರೋನು ದವ್ವರ್ಲೆಲೆ ರೀತಿರೀಚಿ ಪಾಕಿಸ್ಥಾನಾಂತು ಕಾನೂನಾಂಚಿ ವ್ವವಸ್ಥೆ ಕೆಲ್ಯಾ. ಕ್ರಿ. ಶ. ಸಾತ್ತಾಚೆ ಶತಮಾನಾಂತು ತಯ್ಯಾರಿ ಜಾಲ್ಲೆಲೆ 'ಶರಿಯಾ' ಆಜಿಕಯಿ ಏಕಲೇಕ ತಶ್ಶೀಂಚಿಆಸ್ಸ. ಕಾಲು ಬದಲ್ಸಲಾಜಾಲ್ಯಾರಿ 'ಶರಿಯಾ' ಕಾನೂನು ಬದಲಜಾಯ್ನಿ.

ಡೆಮೋಕ್ರಟಿಕ್ ಮ್ಹಳ್ಯಾರಿ ಪ್ರಜೇಲೆಂ ಆಡಳಿತವ್ಯವಸ್ಥಾ. ಪ್ರಜೇಲೆಂ ರಾಜ್ಯ ಮ್ಹಳ್ಯಾರಿ ಪ್ರಜಾಪ್ರಭುತ್ವ. ಭಾರತ ಏಕ ಸೆಕ್ಯುಲರ್ ಮ್ಹಳ್ಯಾರಿ ಪ್ರಾಪಂಚಿಕ ಪ್ರಜಾಪ್ರಭುತ್ವ ಜಾಲ್ಲೆಂ. ಭಾರತಾಂತು ಹಿಂದೂ ಧರ್ಮು ರಾಷ್ಟ್ರಾಚೊ ಧರ್ಮು ಜಾಯ್ನಿ. ಭಾರತೀಯ ರಾಷ್ಟ್ರಾಕ ಧರ್ಮು ಮ್ಹೋಣು ಪ್ರತ್ಯೇಕ ರಿಲೀಜನ್ ನಾ, ಮ್ಹೋಣು ಸಂವಿಧಾನಾಂತು ಬರ್ಯೆಲಾಂ. ಭಾರತೀಯ ರಾಷ್ಟ್ರಾಚೆ ನಾಗರಿಕಾಂಕ ಸಂವಿಧಾನಾಚೆ ಮೂಲಕ ತಾಂಗೆತಾಂಗೆಲೊ ಧರ್ಮು ಪಾಲನ ಕೊರೂಂಕ ಸ್ವಾತಂತ್ರ್ಯ ಆಸ್ಸ ಮ್ಹೋಣು ವ್ಯಕ್ತ ಕೆಲ್ಲಾಂ. ಭಾರತಾಚೆ ಸಂವಿಧಾನಾಂತು ಧರ್ಮನಿರಪೇಕ್ಷತಾ ಯಾನೆ ಸೆಕ್ಯುಲರಿಸಮ್ ಮಾರ್ಗದರ್ಶೀ ಜಾವ್ನಾಸ್ಸ. ಭಾರತ ಸರಕಾರಾಚಿ ನೀತಿ ಧರ್ಮನಿರಪೇಕ್ಷ ಜಾವ್ನು ಆಸ್ಸ. ತಾಜ್ಜೊ ಅರ್ಥು ಧರ್ಮನಿಷೇಧ ನ್ಹಂಯಿ. ಸಕ್ಕಡ ಧರ್ಮಾಂತು ಆಶ್ಶಿಲೊ ಬರೋ ಉಪದೇಶು ವೆಂಚೂನು ಘೇವ್ನು ಸಂವಿಧಾನಾಂತು ಕೂಡಿಸೀಲಾಂ.

ಅಧ್ಯಾಯು 5

ಅಮೇರಿಕಾ ಆನಿ ಇಂಗ್ಲಂಡ್

ಜಗತ್ತಾಂತು ಕ್ರಿ. ಶ. 1505 ಇಸ್ವೇಕಯಿ ಫುಢೆ ಅಮೇರಿಕಾ ಮ್ಹೊಣು ಖಂಚೋಯಿ ಜಾಗೊ ನಾಆಶ್ಶಿಲೊ. ತೇ ವೇಳಾರಿ ಏಕ ಜರ್ಮನ್ ಸರ್ವೇಯರಾನ ಸೊದ್ದೂನು ಕಾಳ್ಳೆಲೆ ಭೂಖಂಡಾಕ ಅಮೇರಿಕಾ ಮ್ಹೊಣು ನಾಂವ ದಿಲ್ಲೇಲೆ. ಏಕು ಇಟಲೀಚೊ 'ಅಮೇರಿಗೋಸ್' ನಾಂವಾಂಚೊ ನಾವಿಕು ಯುರೋಪಾತಾಕ್ಕೂನು ಅಟ್ಲಾಂಟಿಕ ಸಮುದ್ರಾಂತು ಕ್ರಿ. ಶ. 1505 ಇಸ್ವೇಕ ಪಶ್ಚಿಮ ದಿಕ್ಕಾಕ ಗೆಲ್ಲೋಲೊ. ತೊ ಪ್ರಯಾಣ ಕೊರ್ನು ಖಂಚೆ ಭೂಖಂಡಾಕ ಪಾವ್ಲೊಕೀ ತೇ ಭೂಖಂಡಾಕ ಜರ್ಮನ್ ಸರ್ವೇಯರಾನ ಅಮೇರಿಕಾ ಮ್ಹೊಣು ನಾಂವ ದಿಲ್ಲೆಂ.

ತಾಜ್ಜೆ ಫುಢೆ ಸ್ಪೇಯಿನಾತಾಕ್ಕೂನು ಕ್ರಿಸ್ಟೋಫರ್ ಕೊಲಂಬಸ್ ಮ್ಹಳ್ಳೆಲೆ ನಾಂವಾಚು ಏಕು ನಾವಿಕು ಹೇ ನವೇ ಭೂಖಂಡಾಕ ಪಾವಿಲೊ. ಜಾಲ್ಯಾರಿ ತಾಣೆ ಹೇಂ ನವೇಂ ಭೂಖಂಡ ಇಂಡಿಯಾ ಮ್ಹೊಣೂ ಲೆಕ್ಕಿಲೆ. ತಾಕ್ಕಾ ಹೇಂ ಭೂಖಂಡ ಇಂಡಿಯಾ ನ್ಹಯಿ; ಹೇಂ ಏಕ ವಿಂಗಡsಭೂಖಂಡ ಮ್ಹೊಣು ಕಳ್ಳೆಲೆ ಜಾಲ್ಯಾರಿ ತಾಕ್ಕಾ ವಿಂಗಡ ನಾಂವ ದಿತ್ತಾಆಶ್ಶಿಲೊಕಿಇತ್ತಿ.

ಜರ್ಮನ್ ಸರ್ವೇಯರಾನ ಅಮೇರಿಕಾ ಮ್ಹೊಣು ನಾಂವ ದಿತ್ತsನಾ ಸ್ಪೇಯಿನಾಂಚೆ ನಾವಿಕ ತೇ ನಾಂವಾಕ ಒಪ್ಪವನೀಂತಿ. ಸ್ಪೇಯನಾಂಚಾನ ತೇ ನವೇ ಭೂಖಂಡಾಂತು 'ನ್ಯೂ ಸ್ಪೇಯಿನ್' ಮ್ಹೊಣು ತಾಂಗೇಲೆ ರಾಜ್ಯ ಸ್ಥಾಪನೆ ಕೆಲ್ಲೇಲೆ. ಕಡೇರಿ ತೇಂ ನವೆಂ ಭೂಖಂಡ ಇಂಡಿಯಾ ನ್ಹಯಿ; ತೇಂ ಏಕ ಹೊಳ್ಳೇಂ ಉತ್ತರ ಆನಿ ದಕ್ಷಿಣ ಭಾಗ ಆಶ್ಶಿಲೆಂ ವಿಂಗಡ ಭೂಖಂಡ ಮ್ಹೊಣೂ ಸಕ್ಡಾಂಕಯಿ ಕಳ್ಳೆಂ. ತೇಂ ಭೂಂಯ್ಚೆ ಪಶ್ಚಿಮ ಭೂಭಾಗಾಂತು ಆಸ್ಸೂಚೆ ಭೂಖಂಡ ಮ್ಹೊಣು ತಾಂಗೇಲೆ ಭೂಗೋಲಶಾಸ್ತ್ರಜ್ಞಾನಿ ಸಮಝೂಯಿಶೀಲೆಂ. ಎದ್ದೋಳು ಯುರೋಪಿಯನ್ನಾಂಕ ಗೊತ್ತುನಾತ್ತಿಲೆಂ ಭೂಖಂಡ ಮ್ಹೊಣು ಸಕ್ಕಡ ಒಪ್ಪವಲೀಂತಿ.

ಮಾಗ್ಗೀರಿ ಇಂಗ್ಲೀಷ್ ಆನಿ ಇತರ ಯುರೋಪಿಯನ್ ದೇಶಾಚೆ ನಾವಿಕಾನಿ ಆನಿ ಪ್ರತಿಏಕ ಭೂಗೋಲಶಾಸ್ತ್ರಜ್ಞಾನಿ ಇಂಡಿಯಾ ವಿಂಗಡಕಡೇನ ಆಸ್ಸ ಮ್ಹೊಣು ವಿವರದಿಲ್ಲೆಂ. ತರಿ ಹೇಂ ಭೂಖಂಡ ಇಂಡಿಯಾ ನ್ಹಯಿ ಮ್ಹೊಣು ಸಕ್ಕಡ ಒಪ್ಪವಲೀಂತಿ. ಕ್ರಿ. ಶ. 1558 ಇಸ್ವೇನಂತರ ಹೇ ನವೇ ಭೂಖಂಡಾಕ ಉತ್ತರ ಅಮೇರಿಕಾ ಆನಿ ದಕ್ಷಿಣ ಅಮೇರಿಕಾ ಮ್ಹೊಣು ನಾಂವ ಖಂಡಿತಜಾಲ್ಲೆಂ.

ನಿಜsಸಾಂಗೂಕಾ ಜಾಲ್ಯಾರಿ ಅಮೇರಿಕಾಚೆ ಭೂಖಂಡ ಭಾರತಾಚೆ ನಾವಿಕಾಂಕ ಅನಾದಿ ಕಾಲಧೋರ್ನು ಗೊತ್ತುಆಶ್ಶಿಲೆಂ. ಭಾರತಾಚೆ ಆಧುನಿಕ

ಚರಿತ್ರಕಾರಾಂಕ ಮಾಂತ್ರ ಹೀ ಸಂಗತಿ ಒಪ್ಪಿಗೆ ನಾ. ಭಾರತಾಚೆ ಆಧುನಿಕ ಚರಿತ್ರಕಾರ ಸ್ವಾಮೀ ದಯಾನಂದ ಸರಸ್ವತೀನ 'ಸತ್ಯಾರ್ಥ ಪ್ರಕಾಶ' ಪುಸ್ತಕಾಂತು ಬರ್ರೈಲಾ, ಮಹಾಭಾರತಾಂತುಲೆ ಪಾಂಡವ ಆನಿ ಕೌರವ ರಾಯ್ಯಾಂಕ ಸಗ್ಳೇ ಭೂಮಂಡಲಾಚೆ ರಾಯ ಆದರ ಕರ್ತಾಆಶ್ಶೀಲಿಂತಿ. ಮಹಾರಾಜ ಯುಧಿಷ್ಟಿರಾಲೆ ರಾಜಸೂಯ ಯಾಗಾಕ ಅತಿಥಿಜಾವ್ನು ಆಯ್ಯೀಲಿಂತಿ. ಚೀನಾ ದೇಶಾಚೊ ಭಗದತ್ತು, ಅಮೇರಿಕಾಚೊ ಬಬ್ರುವಾಹನು, ಯುರೋಪಾಚೊ ಬಿಡಲಾಕ್ಷ, ಯೂನಾನ್ ದೇಶಾಚೊ ಯವನ ರಾಯು, ಪರ್ಸಿಯಾಚೊ ಶಲ್ಯ ಇತ್ಯಾದಿ ರಾಯ ಆಯ್ಯೀಲಿಂತಿ ಮ್ಹೊಣು ಮಹಾಭಾರತಾಂತು ದಿಲ್ಲಾಂ.

ಯುರೋಪಾತಾಕ್ಕೂನು ವೈಕಿಂಗ್ ಮ್ಹಳ್ಳೇಲೆ ಸ್ಕಾಂಡಿನೇವಿಯಾಚೆ ನಾವಿಕ ತತ್ತವಳೀ ತಾಂಗೆಲೆ ತಾವರಾರಿ (ಬೋಟೀರಿ, ಶಿಪ್ಪಾರಿ, ಮಚ್ವೇರಿ) ಅಟ್ಲಾಂಟಿಕ ಸಾಗರ ದಾಂಟ್ನೂನು ಅಮೇರಿಕಾಕ ವತ್ತಾತಿಆಶ್ಶೀಲಿಂತಿ ಮ್ಹಳ್ಳೇಲಿ ಕಾಣಿ ಮಾಂತ್ರ ಆತ್ತಂಚೆ ಪಾಶ್ಚಾತ್ಯ ಚರಿತ್ರಕಾರಾನಿ ಕಬೂಲಕೆಲ್ಲಾಂ. ಬಾಕಿಚೆ ಸತ್ಯಾರ್ಥ ಪ್ರಕಾಶಾಂತು ಬರೆಯಿಲಿ ಕಾಣಿ ತಾಂಕಾ ಕಬೂಲಜಾಯ್ನಿ. ಆಮ್ಗೆಲೆ ಆಧುನಿಕ ಚರಿತ್ರಕಾರ ಪಾಶ್ಚಾತ್ಯ ಚರಿತ್ರಕಾರಾಂಲೆ ಭಕ್ತ. ತಾಂಗೆಲೆ ಚೇಲೆ. ಗುರೂಂನ ಸಾಂಗ್ಲೆ ಶಿವಾಯಿ ವಿಂಗಡ ಖಂಚೇಯಿ ಸತ್ಯನ್ನಯಿ ಮ್ಹೊಣು ಹೇ ಭಾರತಾಚೆ ಆಧುನಿಕ ಚರಿತ್ರಕಾರ ಮ್ಹಣ್ತಾತಿ.

ಹೂಣ ಅಟ್ಟಿಲಾಲೊ ಅಟ್ಟಹಾಸು

ಭಾರತಾಂತು ಕ್ರಿ. ಶ. 320 ಇಸ್ವೇಂತು ಗುಪ್ತಾ ವಂಶಾಚೊ ರಾಯು ಚಂದ್ರ ಗುಪ್ತಾ ಮಗಧ ರಾಜ್ಯಾಚೊ ಸಂಸ್ಥಾಪಕು ಜಾವ್ನು ಆಶ್ಶೀಲೊ. ತಾಗ್ಗೆಲೊ ವಂಶಾಚೊ ರಾಯು ಸ್ಕಂದ ಗುಪ್ತಾ ಉಜ್ಜೈನಿ ನಗರಾಂತು ಕ್ರಿ. ಶ. 460 ಇಸ್ವೇ ಇತ್ಲ್ಯಾಕ ಏಕ ಹೋಡ ಸಾಮ್ರಾಜ್ಯಾಚೊ ಚಕ್ರವರ್ತಿ ಜಾವ್ನು ಆಶ್ಶೀಲೊ. ಹೇ ವೇಳಾರಿ ಹೂಣ ವಂಶಾಚೆ ಭಾರತಾವೈರಿ ದಾಳಿ ಕೋರ್ನು ಆಯ್ಯೀಲಿಂತಿ. ಹೂಣಾಲೆ ವಂಶಾಂತು ಅಟ್ಟಿಲಾ ಮ್ಹಳ್ಳೊಲೊ ಸೇನಾಪತಿನ ಏಶಿಯಾ ಮೈನರ್ (ಅನಟೋಲಿಯಾ) ಪ್ರದೇಶಾಂತು ಏಕ ಹೊಡ ಸಾಮ್ರಾಜ್ಯ ಸ್ಥಾಪನೆ ಕೆಲ್ಲೆಲೆಂ. ಅಟ್ಟಿಲಾನ ಸ್ಕಂದ ಗುಪ್ತಾಲೆ ಆಡಳಿತಾಚೆ ವೇಳಾರಿ ಭಾರತಾಚೆ ಸೀಮೇವೈರಿ ದಾಳಿ ಕೆಲ್ಲೆಲಿ. ಜಾಲ್ಲ್ಯಾರಿ ತಾಕ್ಕಾ ಹಿಮಾಲಯಾ ಪರ್ವತಾಚೆ ನಿರ್ಗಮ ಶಿಖರಾಂಚೆ ವಾಟ್ಟೇರಿ ಪಂಜಾಬಾಕ ಯೆವ್ವಾಕ ಜಾಯ್ನಿ. ಕ್ರಿ. ಶ. 510 ಇಸ್ವೇಂತು ಹೂಣ ವಂಶಾಚೊ ತೋರಮಾನ ಮ್ಹಳ್ಳೊಲೊ ರಾಯು ಹಿಮಾಲಯಾ ಶಿಖರಾಂಕ ದಾಂಟ್ನೂನು ಕಾಶ್ಮೀರ, ಪಂಜಾಬ, ರಾಜಸ್ಥಾನ, ಆನಿ ದೋಆಬ್ (ಗಂಗಾ-ಯಮುನಾ ನ್ಹಂಯ್ಚೆ ಸುತ್ತೂ ಆಶ್ಶೀಲೆ ಹೋಡ ಮೈದಾನ) ಪ್ರದೇಶಾಂತು ತೇ ವೇಳಾರಿ ರಾಯು ಜಾವ್ನು ಆಶ್ಶೀಲೊ ಭಾನು ಗುಪ್ತಾ ಮ್ಹಳ್ಳೇಲೆ ರಾಯ್ಯಾಕ ಸಲ್ವಾನು ತಾಗ್ಗೆಲೆಂ ರಾಜ್ಯ ಸ್ಥಾಪನೆ ಕೆಲ್ಲೆಂ. ತೋರಮಾನು ಹೂಣ ವಂಶಾಚೊ ರಾಯು ವ್ಹಯಿಕೀನ್ಹಂಯಿ ಮ್ಹೊಣು ಚರಿತ್ರಕಾರ ಚರ್ಚೆ ಕರ್ತs ಆಸ್ಸತಿ.

ತೋರಮಾನಾಲೊ ಪೂತು ಮಿಹಿರಕುಲಾ ಮ್ಹಳ್ಳೊಲೊ ರಾಯ್ಯಾನ ಸಿಯಾಲ್ಕೋಟ್ (ಆತ್ತ 2015 ಇಸ್ವೇಂತು ಪಾಕಿಸ್ಥಾನಾಂತು ಆಸ್ಸ) ಶಹರ ತಾಗ್ಗೇಲಿ ರಾಜಧಾನಿ ಮ್ಹೋಣುಫೆತ್ತಿಲಿ. ಮಿಹಿರಕುಲಾನ ಸನಾತನ ಧರ್ಮು ಸ್ವೀಕಾರಕೆಲ್ಲೊ ಆನಿ ಭೌಧ ಮತಾಕ ಧಿಕ್ಕಾರ್ಲೆಂ. ಏಶಿಯಾ ಮೈನರ್ ಪ್ರದೇಶಾಕ ಗೆಲ್ಲೆಲೆ ಹೂಣ ವಂಶಾಚೆ ಜsಣ ದಾನುಬೆ ನ್ಹಂಯ್ಚೆ ಸುತ್ತು ತಾಂಗೆಲೊ ಪ್ರಭಾವು ದಾಕ್ಕೈಲೊ. ತಾಂಗೆಲೊ ವಂಶು ಹೋಡು ಜಾಲ್ಲೊ. ಕ್ರಿ. ಶ. 700 ಇಸ್ವೇಚೆ ವೇಳಾರಿ ತಾನ್ನಿ ಇಸ್ಲಾಂ ಧರ್ಮು ಸ್ವೀಕಾರ ಕೆಲ್ಲೊ. ಹೂಣ ವಂಶಾಚಾಂಕ ತುರ್ಕಿ ಮ್ಹೋಣು ನಾಂವ ಆಯ್ಲೆಂ. ತಾಂಗೆಲೆ ರಾಜ್ಯಾಕ ತುರ್ಕಿಸ್ಥಾನ ಮ್ಹೋಣು ನಾಂವ ದಿಲ್ಲೆಂ. ಇಸ್ತಾಂಬುಲ್ ನಗರ ತಾಂಗೆಲೆ ರಾಜಧಾನಿ ಜಾಲ್ಲಿ. ತುರ್ಕಿಸ್ಥಾನಾಚೊ ಚಕ್ರವರ್ತಿ ಖಲೀಫಾ ಜಾಲ್ಲೊ. ತಾಗ್ಗೆಲೆ ಸಕಲ ಆಶ್ರೀಲೆ ಸೇನಾಪತೀಂಕ ತಾಣೆ ವಿಂಗವಿಂಗಡ ರಾಜ್ಯಾಂತು ಮಸ್ತ ಕಡೇನ ಸುಲ್ತಾನ್ ಪಟ್ಟಾರಿ ಬಸ್ಸೈಲೆಂ. ತಾಂಗೆಲೆ ಪೈಕಿ ಏಕು ಸುಲ್ತಾನು ಘಜನೀಂಚೊ ಸುಲ್ತಾನು.

ಘಜನೀಸುಲ್ತಾನಾನ ಭಾರತಾಕಯೇವ್ನು ಹಲ್ಲೆ ಕೆಲ್ಲೆಲೆ ವರೀಚಿ ತುರ್ಕಿಸ್ಥಾನಾಂಚೆ ವಿಂಗಡ ಸುಲ್ತಾನಾನಿ ಭಾರತಾಚೆವ್ಯೆರಿ ದಾಳಿ ಕೆಲ್ಲ್ಯಾ. ತಾಂತು ಏಕ್ಲೊ ಜಲಾಲುದ್ದೀನ ಖಿಲ್ಜಿ ದಿಲ್ಲೀಂತು ಕ್ರಿ. ಶ. 1280 ಇಸ್ವೇಂತು ಸುಲ್ತಾನು ಜಾಲ್ಲೊ. ಮಾಗ್ಗೀರಿ ಭಾರತಾಂತು ಇಸ್ಲಾಂ ಧರ್ಮಾಚೊ ಪ್ರಭಾವು ಸತತ ಜಾರಿ ಜಾಲ್ಲೊ. ಧರ್ಮಾಂಚೆ ಲಢಾಯೀಂತು ಇಸ್ಲಾಂಧರ್ಮು ಮೆಳ್ಳೊ.

1398 ಇಸ್ವೇಂತು ದಿಲ್ಲೀಂತು ತುಘ್ಲಕ್ ಸುಲ್ತಾನಾಲೊ ಭಾಚ್ಚೊ ಫಿರೂಜ್ಹ ರಾಜ್ಯಕೋರ್ನು ಆಶ್ಶೀಲೊ. ತೇ ವೇಳಾರಿ ತೈಮೂರ್ ಲೇಮ್ ಮ್ಹಳ್ಳೊಲೊ ಏಕ್ಲೊ ಚೊಟ್ಟೊ ಮುಸ್ಲಿಂ ಅತಿಕ್ರೂರ ಲಢಾವೂ ಸೈನಿಕು ತಾಗ್ಗೆಲೆ ಸೈನ್ಯಘೇವ್ನು ದಿಲ್ಲೀಕ ಆಯ್ಲೊ. ತಾಣೆ ದಿಲ್ಲೀಚೆ ಪ್ರತಿಏಕ ನಾಗರಿಕಾಕ ದಾರ್ಲೆ ಬಾಯ್ಲೆ ಚೆರ್ಡು ಮ್ಹೋಣು ಭೇಧಕರ್ನಾನಾತ್ತಿಲೆಂ ಖಡ್ಗಾನಿ ಕಾತ್ತೋರ್ನುಘಾಲ್ಲೆಂ ಆನಿ ತಾಂಗೆಲೆ ದುಡ್ಡು ಭಾಂಗರ ವಜ್ರವೈಡೂರ್ಯ ಸಕ್ಕಡ ಒಟ್ಟುಕೋರ್ನು ಪೊಟ್ಲಿ ಬಾಂದೂನು ಘೋಡ್ಯಾವ್ಯೆರಿ ತೊಮ್ಪೂನು ತೋ ವೋಪಾಸ ತಾಗ್ಗೇಲೆ ಗಾಂವಾಂಕ ಗೆಲ್ಲೊ.

ಹೇಚಿ ವೇಳಾರಿ ಕ್ರಿ. ಶ. 1435 ಇಸ್ವೇಂತು ಯುರೋಪಾಂತು ಒಟ್ಟೋಮಾನ ತುರ್ಕಾಂಚಾಲೆಂ ಸೈನ್ಯಾನ ಕ್ರಿಶ್ಚನ್ ಇಸ್ತಾಂಬುಲ್ ಶಹರಾವ್ಯೆರಿ ದಾಳಿ ಕೆಲ್ಲಿ. ಇಸ್ತಾಂಬುಲ್ ಶಹರಾಚೆ ಬದೀನ ಆಶ್ಶೀಲೆಂ ಗ್ರೀಸ್ ದೇಶ ಕ್ರಿ. ಶ. 1453 ಇಸ್ವೇಂತು ಒಟ್ಟೋಮಾನ ತುರ್ಕಾಂಚಾಂಲೆ ವಶಾಕ ಜಾಲ್ಲೆ. ತುರ್ಕಾಂಚಾನಿ ಇಸ್ತಾಂಬುಲ್ ಶಹರಾಚೆ ಪಶ್ಚಿಮಾಂಕ ಆಶ್ಶಿಲೆ ಸೀರಿಯಾ, ಸ್ಲೋವಾಕಿಯಾ, ಜೇಕ್‌ದೇಶ, ಸರ್ಬಿಯಾ, ಆನಿ ಪೂರ್ವಾಕ ಆಶ್ಶೀಲೆ ಇರಾಕ್, ಲೆಬೆನಾನ್, ಜೋರ್ಡಾನ್, ಪೆಲೇಸ್ಟೈನ್, ಸೌದಿ ಅರೇಬಿಯಾ, ಕುವೈಟ್, ಯೆಮೆನ್ ಆನಿ ಸಕ್ಕಡ ಅರಬ್ ಎಮಿರೇಟ್ಸ್ ದೇಶಾಂತು ಸೈನ್ಯ ಪೇಟೋನು ತೇ ದೇಶಾಂತು ಅನೇಕ ವರ್ಸದೋರ್ನು ಅಭಿವೃದ್ಧಿ ಪಾವೀಲೆ ಕ್ರಿಶ್ಚನ್ ದಾರ್ಲೆ ಮನುಷ್ಯಾಂಕ ಜಿವ್ಹಿಮಾರ್ನು ಬಾಯ್ಲಾಂಕ ಆನಿ ಚೆರ್ಡುವಾಂಕ ಇಸ್ಲಾಂ ಧರ್ಮಾಂಕ ಮೇಳೋನು ಒಟ್ಟೋಮಾನ ಚಕ್ರಾಧಿಪತ್ಯ ಸ್ಥಾಪನೆ ಕೆಲ್ಲೆಂ.

ಹೇ ವೇಳಾರಿ ಭಾರತಾಚೆ ಅನೇಕ ಘೂಂವ್ತಲೆ ಭೋಂವ್ತಲೆ ಋಷಿ, ಮುನಿ, ಸನ್ಯಾಸಿ, ವಿದ್ವಾಂಸು ಲೋಕು ಅದನ್ (ಏಡನ್), ಭಾಸ್ರಾ (ಪರ್ಶಿಯಾ), ಮೆಸೊಪೊಟಾಮಿಯಾ (ಇರಾಕ್), ಸೀರಿಯಾ, ತುರ್ಕಿ, ಇತ್ಯಾದಿ ದೇಶಾಂತು ವಿಶ್ವಾಮೆಳ್ತಾತಿ ಆಶ್ಶೀಲೆ. ಹೇ ಭಾರತಾಚೆ ವಿದ್ವಾನ್ ಸನ್ಯಾಸಿ ಲೋಕು ಇಂಡಿಯಾಕ ಆಯ್ಯೇಲೆ ವ್ಯಾಪಾರೀಲೋಕಾಲೆಒಟ್ಟು ತಾನ್ನಿ ವೋಪಾಸ ದಕ್ಷಿಣ ಏಶಿಯಾಕ ವತ್ತನಾ ತಾಂಗೆಲೆ ಒಟ್ಟು ಪ್ರಯಾಣ ಕರ್ತಾಲೀಂತಿ. ಹೇ ವಿದ್ವಾನ್ ಸನ್ಯಾಸಿ ಲೋಕು ತಾಂಗೆಲೊ ವೈದಿಕ ಧರ್ಮು, ಭೌಧ ಆನಿ ಜೈನ ಧರ್ಮು ಪಶ್ಚಿಮೇಶಿಯಾಚೆ ದೇಶಾಂತು ಪ್ರಚಾರ ಕರ್ತಾತಿಆಶ್ಶೀಲೀಂತಿ.

ಅರಬ್ಬೀ ಲೋಕು ಫುಢೆಧೋರ್ನು ಭಾರೀ ಜ್ಞಾನವಂತ, ಬುದ್ಧಿವಂತ, ಬಲಾಢ್ಯ ಆನಿ ಚತುರ ಜಾವ್ನು ಆಶ್ಶೀಲೀಂತಿ. ಕ್ರಿ. ಶ. 620 ವರೇಕ ಅರಬ್ಬೀ ಜನ ಫಾರ್ಸೀಧರ್ಮು ತಾಂಗೆಲೊ ಧರ್ಮು ಮ್ಹೋಣು ಸಾಂಗ್ತಾತಆಶ್ಶೀಲೀಂತಿ.

ದಕ್ಷಿಣ ಏಶಿಯಾಚೆ ಆನಿ ಯುರೋಪಾಚೆ ಲೋಕಾಂಕ ಹೂಣ ವಂಶಾಚೆ ರಾಯ್ಯಾಲೆ ಹರಕತಾಚೆ ನಿಮ್ತಿ ಭಾರತಾಕ ವ್ಯಾಪಾರಾಕ ಯೆವ್ಚಾಕ ದುಸ್ರೀ ವಾಟ ಸೊದ್ದೂಕಾ ಆಶ್ಶೀಲೆಂ. ಕೋಣಯಿ ಅಡ್ಡಿ ಕರ್ನಾನಾತ್ತಿಲೆ ಖಂಚೇಯಿ ಏಕ ಮಾರ್ಗಾರಿ ತಾಂಕಾ ಇಂಡಿಯಾಕ ವೊಚ್ಚೂಕಾಆಶ್ಶೀಲೆಂ.

ಕ್ರಿ. ಶ. ಪಂದ್ರಾ ಶತಮಾನಾಂತು ದಕ್ಷಿಣ ಏಶಿಯಾಚೆ ಅದನ್ (ಏಡನ್), ಭಾಸ್ರಾ (ಪರ್ಶಿಯಾ), ಮೆಸೊಪೊಟಾಮಿಯಾ (ಇರಾಕ್), ಸೀರಿಯಾ, ತುರ್ಕಿ, ಇತ್ಯಾದಿ ದೇಶಾಂತು, ಪಶ್ಚಿಮದಕ್ಷಿಣ ಏಶಿಯಾಚೆ ಹಂಗರೀ, ಆಸ್ಟ್ರಿಯಾ, ಬಲ್ಗೇರಿಯಾ, ಸ್ಲೋವಾಕಿಯಾ, ಸರ್ಬಿಯಾ, ಗ್ರೀಸ್, ವೇನೀಸ್, ರೋಮಾ, ಇತ್ಯಾದಿ ಪ್ರದೇಶಾಂತು ಹೂಣ ವಂಶಾಚೊ ಆಕ್ರಮಣಕಾರು ಆಟ್ಟಿಲಾ ಮ್ಹಳ್ಳೋಲೊ ಏಕ್ಲೊ ಮುಸಲ್ಮಾನ್ ಸೇನಾಪತಿ (ಕ್ರಿ. ಶ. 460 ಇಸ್ವೇಂತು ಕೆಲ್ಲೇಲೆವರೀಚಿ) ಇಟಲಿತಾಕ್ಕೂನು ಪರ್ಶಿಯಾವರೇಕ ಸ್ಥಳೀಯ ಜನಾಂಚೆವೈರಿ ದಬ್ಬಾಳಿಕೆ ಕೋರ್ನು ತಾಗ್ಗೇಲೆ ರಾಜ್ಯ ಸ್ಥಾಪನೆ ಕೆಲ್ಲೇಲೆಂ. ಹೋ ಸೇನಾಪತಿ ತುರ್ಕಿಚೊ ಚಕ್ರವರ್ತಿರಾಯು ಜಾಲ್ಲೊ. ತಾಣೆ ತಾಗ್ಗೇಲೆ ಆಡಳಿತೇಚೆ ಪ್ರದೇಶಾಂತು ಅನೇಕ ನಿರ್ಬಂಧ ಘಾಲ್ಲೀಂತಿ. ವ್ಯಾಪಾರೀಂಕ ಹೇ ಪ್ರದೇಶಾಂತು ಯೆವ್ಚಾಕ ವೊಚ್ಚಾಕ ಕಷ್ಟ ಜಾಲ್ಲೆಂ. ಹೂಣರಾಜ್ಯಾಚೆ ಸೀಮಾಶುಲ್ಕ ಇತ್ಯಾದಿ ದಕ್ಷಿಣ ಪಶ್ಚಿಮ ಏಶಿಯಾಚೆ ಆನಿ ಯುರೋಪಾಚೆ ವ್ಯಾಪಾರೀಂಕ ಖಾಯ್ಚಿ ಜಾಯ್ನಿ.

ತಾಜ್ಜೆ ಫುಢೆ ದಕ್ಷಿಣಯುರೋಪಾಚೆ, ಫ್ರಾಂಸ್, ಹೊಲ್ಲೇಂಡ್, ಸ್ವಿಜ಼ರ್ ಲ್ಯಾಂಡ್, ಸ್ಕಾಂಡಿನೇವಿಯಾ ಇತ್ಯಾದಿ ದೇಶಾಂತು ಅನೇಕ ರಾಜ್ಯಾಚೆ ವ್ಯಾಪಾರೀಲೋಕು ಭಾರತಾಕ ಸುಲಭೇರಿ ಯೆತ್ತಾಆಶ್ಶೀಲೀಂತಿ. ಸ್ಪೇಯಿನ, ಪೋರ್ತುಗಲ್, ಇಂಗ್ಲೇಂಡ್, ಫ್ರಾನ್ಸ್, ಹೊಲ್ಲೇಂಡ್ ಇತ್ಯಾದಿ ಯುರೋಪಾಚೆ ರಾಜ್ಯಾಂಚೆ ವ್ಯಾಪಾರಿ ಲೋಕು ಸುರ್ವೇಕ ಸಮುದ್ರಾರಿ ತಾರವಾರಿ (ಮಚ್ವೇರಿ, ಬೋಟಾರಿ, ಶಿಪ್ಪಾರಿ, ಹಡಗಾರಿ) ಯೇವ್ನು, ಮಾಗ್ಗೀರಿ ಗ್ರೀಸ್ ದೇಶಾಚೆ ಭೂಂಯ್ಚೇರಿ ಮಾರ್ಗಾವೈಲ್ಯಾನ ಯೇವ್ನು ಅದನ್ (ಏಡನ್) ನಗರಾಕ ಪಾವ್ತಾಆಶ್ಶೀಲೀಂತಿ. ಅದನ್ (ಏಡನ್) ನಗರ ಆನಿ ಸುತ್ತುಮುತ್ತಲಾಚೆ ಅರಬ್ಬೀ

ಜನಾಲೆಬಟ್ಟು ತಾಂಗೆಲೊ ವ್ಯಾಪಾರು ಚಲ್ತಾತಆಶ್ಶೀಲೊ. ಅರಬ್ಬೀಲೋಕು ತಾರವಾರಿ ಸಮುದ್ರಾವಾಟ್ಟೇರಿ ಸಿಂಧ, ಗುಜರಾತ, ಕೊಂಕಣ, ಗೋವಾ, ಕೆನರಾ, ಮಲಬಾರ, ಕೊಚ್ಚೀ, ಶ್ರೀಲಂಕಾ, ಇತ್ಯಾದಿಕಡೇನ ತಾಂಗೇಲೊ ಸಾಮಾನು (ಮ್ಹಾಲು) ವಿಕ್ತಾತಿಆಶ್ಶೀಲೀಂತಿ. ತಾನ್ನಿ ಖಾಜ್ಜೂರುಫಳ ಹಾಣು ತೇವೇಳಾರಿ ಭಾರತಾಂತು ವಾಸಕೋರ್ನು ಆಶ್ಶಿಲೆ ರಾಯ, ಸುಲ್ತಾನ, ನವಾಬ, ಇತ್ಯಾದಿ ತುರ್ಕೀ ಮೂಳಾಚೆ ಜನಾಂಕ ವಿಕ್ತಾತಿ ಆಶ್ಶೀಲೀಂತಿ. ಸುಲ್ತಾನ, ನವಾಬ, ಇತ್ಯಾದಿ ತುರ್ಕೀ ಆನಿ ಅಫ್ಘಾನಿಸ್ಥಾನ ಮೂಳಾಚೆ ಜನಾಂಕ ಖಾಜ್ಜೂರು ತಾಂಗೇಲೊ ಗಾಂವ್ಚೆ ಇಷ್ಟಾಚೆಂ ಫಳವಸ್ತು ಜಾವ್ನಾಸ್ಸ. ದಕ್ಷಿಣೇಶಿಯಾ ಆನಿ ಪೂರ್ವ ಯುರೋಪಾತಾಕ್ಕೂನು ಅರಬ್ಬೀ ವ್ಯಾಪಾರಿಲೋಕು human trafficking (ಗಜಲೀವ್ಯಾಪಾರು) ಕರ್ತಾತಿ ಆಶ್ಶೀಲೀಂತಿ. ತೇ ವೇಳಾರಿ ಗಜಲೀವ್ಯಾಪಾರು ಭಾರೀಜೋರಾರಿ ಚಲ್ತಾಆಶ್ಶೀಲೊ. ಅರಬ್ಬೀ ವ್ಯಾಪಾರಿಲೋಕು ಗುಲಾಮ ಜನಾಂಕ ವಿಕ್ತಾತಿಆಶ್ಶೀಲೀಂತಿ ಆನಿ ತಾಂಕಾ ಅತಿಕ್ರೂರ ರೀತೀರಿ ಗೊರ್ವಾಂಕಯಿ ಕಃಡೆಸೆಂ ಪಳೈತಾಆಶ್ಶೀಲೀಂತಿ.

ತೇ ವೇಳಾರಿ ಕಾಲು ವಾಯಿಟ ಆಶ್ಶೀಲೊ. ಜಾನಾಂಕ ನೈತಿಕತಾ ನಾಆಶ್ಶೀಲಿ. ವಿದೇಷಿ ಪ್ರಯಾಣಿಕ ಆನಿ ವ್ಯಾಪಾರೀಲೆ ಕಾಮಾಂಚೆ ಅಧರ್ಮೀ ಜಃನ ಖಂಚೀಯಿ ಎಕ್ಕೀ ಬಾಯ್ಲಮನಿಷಿ ಮಾರ್ಗಾರಿ ದಿಸ್ಲ್ಯಾರಿ ತಿಕ್ಕಾ ತೊ ವಿದೇಷಿ ಮನೀಷು ವ್ಹಾವ್ನುವ್ಹರ್ತಾಆಶ್ಶೀಲೊ. ತಾಜ್ಜೆಮಾಗ್ಗೀರಿ ತೀ ಖಂಯಿಗೆಲ್ಲೀ ಮ್ಹೋಣು ಕೊಣಾಂಕಯಿ ಕಃಳ್ನಾಆಶ್ಶೀಲೆಂ. ಸಕ್ಕಡ 'ಆಬ್ಯಾಂನಿ ವ್ಹೆಲ್ಲಿ ತಿಕ್ಕಾ' ಮ್ಹಣ್ತಾಆಶ್ಶೀಲೀಂತಿ. ಆರ್ಬೆ ಮ್ಹಳ್ಯಾರಿ ಅರಬ್ಬೀ ಲೋಕು. 'ಅಯ್ಯೋದೇವಾ, ತಿಕ್ಕಾ ಕಿತ್ಲಿ ಹಿಂಸೆದಿತ್ತಾತಿಕೀ, ದೇವಾ,' ಮ್ಹೋಣು ಆವ್ಸು ರಡ್ತಾಆಶ್ಶೀಲಿ. 'ತಿಕ್ಕಾ ತುರ್ಕಾಂಚ್ಯಾಕ ವ್ಹಾರ್ಡಿಕ ಕೋರ್ನು ದಿಲ್ಲಿಕಿಇತ್ತಿ,' ಮ್ಹಣ್ತಲೊ ಬಾಪ್ಪೂಸು. ಅರಬ್ಬೀ ವ್ಯಾಪಾರಿಯಾಂನಿ ಅಸ್ಸಲೇ ಕುಮಾರೀ ಚೆಲ್ಲ್ಯಾಂಕ ಏಡನ್ನಾಂಕ ವ್ಹೋರ್ನು ಮಾಗ್ಗೀರಿ ಖಂಚೇಯಿ ಶ್ರೀಮಂತ ತುರ್ಕೀ ಸರದಾರಾಕ ಅಪರಿಮಿತ ಮೊಲ್ಲಾಕ ವಿಕ್ಚೆ ಆಶ್ಶೀಲೆಂ. ಚಂದ ಗೊರೇ ಚೆಲ್ಲಿಯೇಕ ಮೋಲ ಚಃಡ ಮೆಳ್ತಾಆಶ್ಶೀಲೆಂ. ತೀ ಚೆಲ್ಲಿ ಛೀವ್ನು ರೋಣು ರೋಣು ದೀಸ ಕಾಡ್ತಾಆಶ್ಶೀಲಿ. ಕಡೇರಿ ಸಮಾಧಾನ ಕೋರ್ನು ಘೆತ್ತಾಆಶ್ಶೀಲಿ. ತಿಗ್ಗೇಲೆ ನಃವೆ ಘರ್ಕಡೆ ಥೋಡೇ ವರ್ಸ ಆರಾಮೇರಿ ಜೀವನಕರ್ತಾಆಶ್ಶೀಲಿ. ನಂತರ ತಿಕ್ಕಾ ಪಾಂಚಸ (5, 6) ಚೆರ್ಡುವಂ ಜಾಲ್ಲೀಂತಿಜಾಲ್ಲ್ಯಾರಿ ತಿಕ್ಕಾ ತಿಗ್ಗೆಲೆ ಕುಳಾರ ವಿಸರ್ತಾ ಆಶ್ಶೀಲೆಂ.

ಭಾರತಾಂತು ಅರಬ್ಬೀ ಘೋಡ್ಯಾಂಕ ಭಾರೀ ಮಾಗಣೀ ಆಶ್ಶೀಲಿ. ಪ್ರತಿಏಕ ರಾಯ್ಯಾಕ ಅರಬ್ಬೀ ಘೋಡೆ ಜಾಯಿಜಾಲ್ಲೇಲೆಂ. ಪೋರ್ತುಗೀಸ್ ವ್ಯಾಪಾರಿಯಾಂನಿ ವಿಜಯನಗರ ಸಾಮ್ರಾಜ್ಯಾಕ, ಆನಿ ಅರಬ್ಬೀ ವ್ಯಾಪಾರಿಯಾಂನಿ ಬಹಮನೀ ಸುಲ್ತಾನಾಂಕ, ಅರಬ್ಬೀ ಘೋಡೆ ಪುರವಣ ಕೊರ್ಚೊ ಸಾರೊ ಕೆಲ್ಲೊಲೊ. ಅರಬ್ಬೀವ್ಯಾಪಾರಿಲೋಕಾಂಕ ಹೇ ಪಶ್ಚಿಮ ಕರಾವಳೀಂತು ಆಶ್ಶೀಲೆ ಹೊಳ್ಳೆಹೊಳ್ಳೆ ಬಂದರಾಂಚೆ ಬದ್ದಲ ಸಂಪೂರ್ಣ ಸೂಚನಾಆಶ್ಶೀಲಿ. ಅರಬ್ಬೀ ಭಾಸ ಉಲ್ಲೈತಲೆ ಆಮ್ಮಿಗೆಲೆ ಕೊಂಕಣಿ ಆನಿ

ಗೌಸಾಬ್ರಾ ಲೋಕು ಹೇ ಬಂದರಾಂತು ಆಬ್ಯಾ್ರಲೊಟ್ಟು ವ್ಯಾಪಾರು ಕರ್ತಾ್ರಆಶ್ಶೀಲೀಂತಿ. ಹೇ ಅರಬ್ಬೀ ವ್ಯಾಪಾರಿವರೇಕ ಕೊಂಕಣಿ, ಕನ್ನಡ, ಮಲಯಾಳಿ ಇತ್ಯಾದಿ ಭಾಷೇಂತು ಪರಪಕ್ವಜಾವ್ನು ಆಶ್ಶೀಲೀಂತಿ.

ವೋಪಾಸ ಅರೇಬಿಯಾಕ ವತ್ತಾನ ಅರಬ್ಬೀ ವ್ಯಾಪಾರಿಯಾಂನಿ ಭಾರತಾಚೆ ವ್ಯಾಪಾರಿಲೆಲಾಗ್ಗಿ ಅನೇಕ ಸಾಮಾನು ಮೊಲ್ಲಾಕ ಘೇವ್ನು ಮುಕಾರಿ ದಕ್ಷಿಣೇಶಿಯಾ ಆನಿ ಯುರೋಪಾಚೆ ನಗರಾಂತು ವ್ಹೋರ್ನು ವಿಪರೀತ ಲಾಭಾರಿ ವಿಕ್ತಾತಿಆಶ್ಶೀಲೀಂತಿ. ತಾಂದೂಳು, ಧವಸಧಾನ್ಯ, ಏಳು, ತೀಳು, ಮೀರೀಂ, ಜೀರೆ, ಸಾಸಮ, ಮೆತ್ತಿ, ಕೊತ್ತಂಬರಿ, ಲವಂಗ, ಹಳದಿ, ಇತ್ಯಾದಿ ಮ್ಹಾಲು ಮೊಲ್ಲಾಘೇವ್ನು ತಾಂಗೆಲೆ ತಾರವಾರಿ ಘಾಲ್ನು ಅರೇಬಿಯಾಕ ಘೇವ್ನುವತ್ತಾತಿಆಶ್ಶೀಲೀಂತಿ. ರುಕ್ಕಾಡ ಸಾಮಾನು, ಲೊಖಂಡಾಚೊ ಸಾಮಾನು, ತಾಂಬ್ಯಾಚೊ ಪಿತ್ಳ್ಯೇಚೊ ಸಾಮಾನು, ಹೊಳ್ಳೆಹೊಳ್ಳೆ ಕಟಾರಂ, ಭಾಂಣಂ, ಬುಡ್ಕುಳೇ, ತೋಪsಂ, ತಾಂಬಿಂಯೆ, ತಪ್ಪೀಲಂ. ವಾಟ್ಟೆವಾಟ್ಟೋಳೀಂ, ದಾಯಿಲತೊ, ಕಾಯಿಲತೊ, ದವ್ಲೊ, ತಾಟ್ಟೇಂ, ಚಿಪ್ಪೂಟ ಇತ್ಯಾದಿ ಘರ್ಚ್ಹೊ ಸಾಮಾನು ಅರಬ್ಬೀವ್ಯಾಪಾರಿಯಾಂಕ ಅತ್ಯಂತ ಸೌರಗ ಮೊಲ್ಲಾಕ ಸಿಂಧ, ಗುಜರಾತ, ಕೊಂಕಣ, ಗೋವಾ, ಕೆನರಾ, ಮಲಬಾರ, ಕೊಚ್ಚೀ, ಲಂಕಾ, ಇತ್ಯಾದಿ ಬಂದರಗಾಂವಾಂತು ಮೆಳ್ತಾತಿ ಆಶ್ಶೀಲೀಂತಿ.

ಹೂಣ ವಂಶಾಚಾನಿ ತಾಂಗೇಲೆ ಮುಸಲ್ಮಾನ್ ರಾಜ್ಯ ದಕ್ಷಿಣ ಏಶಿಯಾಂತು ಸ್ಥಾಪನೆ ಕೆಲ್ಲೇಲೆ ನಂತರ ಹೂಣರಾಜ್ಯಾಚೆ ಸೀಮಾಶುಲ್ಕ ಇತ್ಯಾದಿ ದಕ್ಷಿಣಪಶ್ಚಿಮಏಶಿಯಾಚೆ ಆನಿ ಯುರೋಪಾಚೆ ವ್ಯಾಪಾರೀಂಕ ಖಾಯ್ಸಿ ಜಾಯ್ನಿ. ಯುರೋಪಾಚೆ ವ್ಯಾಪಾರಿಯಾಂಕ ಹೋ ವ್ಯಾಪಾರು ಮ್ಹಾರಗ ಪಳ್ಳೊ ಅನಿ ತಕ್ಷಣ ಯುರೋಪಾಚೆ ವ್ಯಾಪಾರೀನಿ ತುರ್ಕಿ, ಸೀರಿಯಾ, ಇತ್ಯಾದಿ ಪ್ರದೇಶಾಕ ಯೆವ್ನ್ ರಾಬ್ಬೂನುಗೆಲ್ಲೆಂ.

ಮಾರ್ಕೊಪೋಲೋಲೆಂ ಚೀನಾ ಯಾತ್ರಾ

ಕ್ರಿ. ಶ. 1453 ಇಸ್ವೇಂತು ಮಾರ್ಕೊಪೋಲೋ ಮ್ಹಳ್ಳೊಲೊ ಏಕ್ಲೊ ಇಟಲೀ ರಾಜ್ಯಾಚೊ ಪ್ರಯಾಣಿಕು ಚೀನಾ ಆನಿ ಇತರ ಪೂರ್ವಾತ್ಯ ದೇಶ ಸುತ್ತೂನು ಆಯ್ಯಿಲೊ. ತಾಣೆ ವೋಪಾಸ ಯೆತ್ತsನಾ ತಾಗ್ಗೆಲೆಒಟ್ಟು ಏಕ ಛಾಪಯಂತ್ರ ಚೀನಾ ತಕ್ಕೂನು ಹಾಳ್ಳೆಲೆಂ. ಹೇಂ ಛಾಪಯಂತ್ರಾಚೆಒಟ್ಟು ತಾಣೆ ಕಾಗದ ಕೊರ್ಚಿ ವಿಧಿ ವರೇಕ ಹಾಳ್ಳೇಲಿ. ಆನಿ ಅನೇಕ ತರಾಚೆ ಯಂತ್ರ ಆನಿ ಮಾಹಿತಿ ತೋ ಪೂರ್ವಾತಾಕ್ಕೂನು ಘೇವ್ನು ಆಯ್ಯೇಲೊ. ಚೀನಾಂತು ಆನಿ ಭಾರತಾಂತು ತೇವೇಳಾರಿ ಜನಜೀವನಾಂತು ಮಸ್ತ ಅಭಿವೃದ್ಧಿ ಜಾಲ್ಲೇಲಿ.

ಪಶ್ಚಿಮದಕ್ಷಿಣ ಏಶಿಯಾಚೆ ಹಂಗರೀ, ಆಸ್ಟ್ರಿಯಾ, ಬಲ್ಗೇರಿಯಾ, ಸ್ಲೊವಾಕಿಯಾ, ಸರ್ಬಿಯಾ, ಗ್ರೀಸ್, ವೇನೀಸ್, ರೋಮಾ, ಇತ್ಯಾದಿ ಪ್ರದೇಶಾಂತು ಹೂಣ ವಂಶಾಚೊ ಆಕ್ರಮಣಕಾರು ಆಟ್ಟಿಲಾನ ತಾಗ್ಗೇಲೆ ರಾಜ್ಯ ಸ್ಥಾಪನೆ ಕೆಲ್ಲೇಲೆ ನಂತರ ಗಾಂವು ಸೋಣು ಧಾವೀಲೆ ಬುದ್ಧಿವಂತ ಆನಿ ವಿಜ್ಞಾನಿ ಕ್ರಿಶ್ಚನ್ ಲೋಕು ಯುರೋಪಾಚೆ ರಾಜ್ಯಾಕ ನಿರಾಶ್ರಿತ ಜಾವ್ನು

ಯೇವ್ನು ಮೆಳ್ಳೀಂತಿ. ಹಾಂಕಾ ಸಕ್ಕಡಾಂಕಯಿ ಯುರೋಪಾಚೆ ರಾಯ್ಯಾನಿ ಕಾಮ ದಿಲ್ಲೆಂ.

ಚೀನಾಂಚಿ ಆನಿ ಭಾರತಾಚಿ ಮಾಹಿತಿಜ್ಞಾನ ಮೆಳ್ಳೆಲೆತಶ್ಶೀಂಚಿ ಯುರೋಪಾಚೆ ವಿಜ್ಞಾನಿ ಆನಿ ಅಭಿಯಂತರ (ಇಂಜಿನಿಯರ) ಲೋಕಾನಿ ನಮುನಮೂನ್ಯಾಚೆ ಯಂತ್ರ ಸೊದ್ದೂನು ಕಾಳ್ಳೆಂ. ನಮುನಮೂನ್ಯಾಚೆ ಗ್ರಹೋಪಯೋಗಿ ಸಾಮಾನು ತಯ್ಯಾರಿ ಕೆಲ್ಲೊ. ಚೀನಾಚೆ ಛಾಪಯಂತ್ರ ಪರಿಷ್ಕಾರ ಕೋರ್ನು ನವೇಂಚಿ ಪ್ರಿಂಟಿಂಗ್ ಪ್ರೆಸ್ ತಯ್ಯಾರಿಕೆಲ್ಲೆಂ. ನಮುನಮೂನ್ಯಾಚೆ ಹೋಳ್ಳೆ ತವಾರಂ ತಯ್ಯಾರಿ ಕೆಲ್ಲೆಂ. ಕಾಪ್ಪಡಾಚೆಂ ಶೀಡಂ (ಸೈಲ್) ಉಬ್ಬೋನು ಚೊಲೋಚೆ ತಾವರಾಂಚೆ ಬದಲಾಕ ಉಗ್ಗೀರಿ (ಆವಿ) ಚೊಲೋಚೆ ಸ್ಟೀಮರ್ ಬಾಂಧ್ಲೀಂತಿ. ರೈಲ್ ಪಾಟ್ಟ್ಯಾರಿ ಚೊಲ್ಚೆ ಗಾಡಿಯೋ ಆಯ್ಲೀಂತಿ. ರೈಲ್ ಧಾಂವ್ಡಾಚ್ಯಾಕ ಉಗ್ಗೀಚೆ ಇಂಜಿನ್ ಆಯ್ಲೆಂ. ಪೆಟ್ರೋಲ್ ತೆಲ್ಲಾಕ ಜೋಳೋನು ಚಕ್ರ ಘೂಂವೋಚೆ ಮೋಟಾರ್ ತಯ್ಯಾರಿ ಜಾಲ್ಲೀಂತಿ.

ಇಂಡಿಯಾ ಖಂಯಿ ಆಸ್ಸ?

ಪೋರ್ತುಗಲ್ ಯುರೋಪಾಚೆ ಪಶ್ಚಿಮ ಕರಾವಳೀಚೆ ಏಕ ರಾಜ್ಯ. ಹಾಂಗಾಚೊ ಏಕು ನಾವಿಕು ವಾಸ್ಕೊ-ಡ-ಗಾಮಾ ಮ್ಹಳ್ಳೋಲೊ ತೇ ವೇಳಾರಿ ಭಾರೀ ಶ್ರೀಮಂತ ಜಾವ್ನು ಆಶ್ಶೀಲೆ ಭಾರತವರ್ಷಾಕ ಸಮುದ್ರಾವೈಲ್ಯಾನ ವಾಟ ಸೊದ್ದೂನು ಕಾಡ್ಕಾ ಮ್ಹೋಣು ತಾರವಾರಿ (ಮಚ್ವ್ಯಾರಿ, ಬೋಟಾರಿ, ಶಿಪ್ಪಾರಿ) 1497 ಇಸ್ವೇಂತು ಪೋರ್ತುಗಲ್ಲಾತಾಕ್ಕೂನು ಭಾಯ್ರಸರ್ಲೊ. ತಾಕ್ಕಾ ಭಾರತಾಕ ವಾಟ ಸೊದ್ದೂನು ನಂತರ ಯುರೋಪ-ಭಾರತ ವ್ಯಾಪಾರು ವಾಡ್ಡೋಕಾ ಮ್ಹೋಣು ಇಚ್ಛೆಆಶ್ಶೀಲಿ.

ಹೇಚಿವೇಳಾರಿ ಕ್ರಸ್ಟೋಫರ್ ಕೊಲಂಬಸ್ ಮ್ಹಳ್ಳೊಲೊ ಆನ್ನಿಏಕು ನಾವಿಕು ಸರದಾರು ಸ್ಪೇಯಿನ ರಾಯ್ಯಾಲಿ ಒಪ್ಪಿಗಾ ಘೇವ್ನು ಪಶ್ಚಿಮ ದಿಕ್ಕಾಕ ತಾಗ್ಗೇಲೆ ತಾರವಾರಿ ಭಾಯ್ರಸರ್ಲೊ. ಕೊಲಂಬಸ್ಸಾಕ ಹೀ ಭೂಂಯಿ ಗೋಳ ಆಸ್ಸ ಮ್ಹೋಣು ಸೊದ್ದೂನು ಕಾಡ್ಕಾ ಆಶ್ಶೀಲೆಂ. ಭೂಂಯಿ ಗೋಳ ಆಸ್ಸಜಾಲ್ಲ್ಯಾರಿ ಹಾಂವೆ ಪಶ್ಚಿಮಾಂಕ ವತ್ತsರಾಬ್ಲ್ಯಾರಿ ಭಾರತಾಕ ಪಾವ್ಕಾ ಮ್ಹೋಣು ತಾಕ್ಕಾ ಗೊತ್ತಾಶ್ಶೀಲೆಂ.

ವಾಸ್ಕೋ-ಡ-ಗಾಮಾ ಪೋರ್ತುಗಲ್ಲಾತಾಕ್ಕೂನು ಆಫ್ರಿಕಾ ಖಂಡಾಕ ಸಕಲ ಸುತ್ತುಘಾಲ್ಲು 42 ದೀಸಾಚೆಂ ಕಷ್ಟಾಚೆ ಸಮುದ್ರ ಪ್ರಯಾಣ ಕೋರ್ನು ಮಲಬಾರ ಸಮುದ್ರತೀರಾಚೆ ಕಲ್ಲಿಕೋಟೇಕ ಯೇವ್ನು ಪಾವ್ತಾ.

ಸರದಾರ ನಾವಿಕು ಕೊಲಂಬಸ್ಸು ತಾಗ್ಗೆಲೆ ತಾರವಾರಿ ಕೆರಿಬ್ಬಿಯನ್ ದ್ವೀಪಾಕ ಪಾವ್ತಾ. ತಾಣೆ ಹೇಂ ದ್ವೀಪಸಮೂಹ ಭಾರತ ಮ್ಹೋಣು ಸುರ್ವೇಕ ನಮ್ಗಲಲೆಂ. ಕೊಲಂಬಸ್ಸಾನ ತಾಣೆ ಪಾವೀಲೆ ದ್ವೀಪಾಂಕ ಇಂಡೀಸ್ (ಇಂಡಿಯಾ) ಮ್ಹೋಣು ನಾಂವ ದಿಲ್ಲೆಂ. ತಾಗ್ಗೆಲೆ ಕೆಲವು ಸೈನಿಕಾಂಕ ಕೆರಿಬ್ಬಿಯನ್ ದ್ವೀಪಾರಿ ಸೋಣು ವೋಪಾಸ ಸ್ಪೇಯಿನಾಂಕ ಯೇವ್ನು ರಾಯ್ಯಾಕ ವರದಿ ದಿಲ್ಲಿ. ಸ್ಪೇಯನಾ ರಾಯ್ಯಾನ ತಾಗ್ಗೇಲೆ ಹೊಳ್ಳೆ ಸೈನ್ಯ

ಪೆಟ್ರೋನು ದೀವ್ನು ಕೆರಿಬ್ಬಿಯನ್ ಆನಿ ವಿಂಗಡ ದ್ವೀಪಾಂಚೆ, ಸುತ್ತು ಮುತ್ತು ಆಶ್ಶೀಲೆ ಮುಖ್ಯ ಭೂಖಂಡಾಚೆ ಪರಿಚಯು ಕೋರ್ನು್ಘೆತ್ಲೊ. ಮಾಗ್ಗೀರಿ ಸ್ಪೇಯಿನಾಂತಾಕ್ಕೂನು ತಾರವಾ ಮಾಕ್ಷಿ ತಾರವಂ ಸ್ಪೇಯನಾಚೆ ಜನಾಂಕ ಭೋರ್ನು ಆಯ್ಲಿಲಿಂತಿ. ದ್ವೀಪಾಂತು ಆನಿ ಮುಖ್ಯ ಭೂಖಂಡಾಂತು ಸ್ಪೇಯಿನ್ ಲೋಕಾನಿ ಘsರಬಿಡಾರ ಕೋರ್ನು್ಘೆತ್ಲೆಂ. ದ್ವೀಪಾಚೆ ಜನಾಂಕ ಮೆಳ್ಳೆಮೆಳ್ಳೆಲೆ ಕಡೇನ ಗುಂಡು ಮಾರ್ನು ಜಿವ್ನಿಮಾರ್ಲೆಂ. ಬಾಯ್ಲಮನ್ಶಾಂಕ ಬಾಂದೂನು ಘಾಲ್ನು ಜೇವಣಖಾಣ ದೀನಾನಾತ್ತಿಲೆಂ ಬಲಹೀನ ಕೋರ್ನು ಭಿವ್ರೋನು ತಾನ್ನಿ ಸ್ತೂಣ್ಯಾವರಿ ಸಾಂಗಿಲೆಆಯ್ಕುತಶ್ಶಿ ಕೆಲ್ಲೆಂ. ಅನೇಕ ಬಾಯ್ಲಮನ್ಶಾಂ ಮೆಲ್ಲಿಲಿಂತಿ. ತಾಂಗೆಲೆ ಘರಾಂತು, ದೇವಳಾಂತು, ರಾವ್ಕಾರಾಂತು ಆಶ್ಶೀಲೆ ಭಾಂಗರ ಇತ್ಯಾದಿ ವsಶ ಕೋರ್ನು್ಘೆತ್ಲೆಂ. ದೋಳ್ಯಾಂ ಉದ್ದಾನಾತ್ತಿಲೆವರಿ ಅನ್ಯಾಯು ಕೆಲ್ಲೊ. ಆತ್ತ ಮೆಕ್ಸಿಕೋ ಮ್ಹೊಣು ಆಶ್ಶೀಲೆ ಜಾಗ್ಯಾಕ ನವೆ ಸ್ಪೇಯಿನ (ನ್ಯೂ ಸ್ಪೇಯ್ನು) ಮ್ಹೊಣು ನಾಂವ ದಿಲ್ಲೆಂ.

ಇಂಗ್ಲೇಂಡ್ ರಾಣಿ ಎಲಿಜ಼ಾಬೆತ್

ಹೇ ವೇಳಾರಿ ಇಂಗ್ಲೇಂಡಾಂತು ರಾಣಿ ಮೇರಿ ಮೋರ್ನು ಎಲಿಜ಼ಾಬೆತ್ ರಾಣಿ ಲಂಡನ್ನಾಂತು ಸಿಂಹಾಸನಾರಿ ಚಳ್ಳಿ. ಒಟ್ಟೋಮಾನ ತುರ್ಕಿ ದೇಶಾಚೆ ವಾಟ್ಟೇಚೆ ವೈಲ್ಯಾನ ಸರಕು ಸಾಗಣೇಂಕ ಪ್ರತಿಬಂಧ ಜಾಲ್ಲೇಲೆ. ಯುರೋಪಾಚೆ ಸಕ್ಕಡ ರಾಜ್ಯಾಚೆ ವ್ಯಾಪಾರಸ್ಥಾಂಕ ಪೊಟ್ಟಾನಾ ಜಾಳ್ಚಿ ಪರಿಸ್ಥಿತಿ ಆಯ್ಯೇಲಿ. ಹಜ಼ಾರಕಟ್ಲೆ ತಾರವಾಂ ಬಂದರಾರಿ ತಟಸ್ಥಜಾವ್ನು ರಾಬ್ಬೀಲಿಂತಿ. ತಾಂಚೆ ಕಾಮಾಂಚೆ ನಾವಿಕ ನೌಕರಂ ಕಾಮನಾತ್ತೀಲೆ ಕಷ್ಟಪಾವ್ತಾಲಿಂತಿ. ಕಾಯಿಲಂಪುಣಿ ಉಪಾಯ ಕೋರ್ನು ಪೂರ್ವ ದಿಕ್ಕಾಂತು ಆಶ್ಶೀಲೆ ಚೀನಾ, ಇಂಡಿಯಾ, ಜಪಾನ, ಮಲಯಾ ಇತ್ಯಾದಿ ದೇಶಾಕ ಅನಿಏಕಿ ವಾಟ ಸೊದ್ದೂನು ಕಾಣು ವ್ಯಾಪಾರು ಪುನಸ್ಥಾಪನೆ ಕೋರ್ಕಾ ಮ್ಹೊಣು ಇಂಗ್ಲೇಂಡಾಚೆ ರಾಣಿಯೇಕ ವ್ಯಾಪಾರಸ್ಥಾನಿ ನಿವೇದನ ಕೆಲ್ಲೆಂ. ಸ್ಪೇಯಿನಾಂಚಾನಿ ಸೊದ್ದೂನು ಕಾಳ್ಳೇಲೆ ನವೇಂ ಭೂಖಂಡ ಪೂರ್ವ ದಿಕ್ಕಾಚೆ ಚೀನಾ, ಇಂಡಿಯಾ, ಮಲಯಾ ಇತ್ಯಾದಿ ನ್ಹಯಿ ಮ್ಹೊಣು ಸಕ್ಕಡಾಂಕಯೀ ಮನಾಂತುಗೆಲ್ಲೇಲೆಂ.

ನವೋ ಕ್ರಿಶ್ಚನ್ ವಿಚಾರು

ಇಂಗ್ಲೇಂಡಾಂತು ಕ್ರಿ. ಶ. 1534 ಇಸ್ವೇಂತು 'ಆಕ್ಟ್ ಆಫ್ ಸುಪ್ರೀಮಸಿ' ಮ್ಹಳ್ಳೊಲೊ ಕಾನೂನು ಬ್ರಿಟಿಷ್ ಪಾರ್ಲಿಮೆಂಟಾನ ಜಾರಿಕೆಲ್ಲೊ. ಹೇ ಕಾನೂನಾಚೆನಿಮ್ತಿ ಇಂಗ್ಲೇಂಡಾಚೊ ರಾಯು ಆಟ್ವಾಚೊ ಹೆನ್ರಿ (ಹೆನ್ರಿ 8) ಆಂಗ್ಲಿಕನ್ ಚರ್ಚಾಚೊ ಮುಖ್ಯಸ್ಥು ಜಾಲ್ಲೊ. ರೋಮಾಂತು ಆಶ್ಶೀಲೆ ಪೋಪಾಕ ತಾಂಗೆಲೊ ಮುಖ್ಯಸ್ಥು ನ್ಹಯಿ ಮ್ಹೊಣೂ ಆಂಗ್ಲಿಕನ್ ಚರ್ಚ ಆನಿ ಇಂಗ್ಲೇಂಡಾನ ತಾಂಗೆಲೆ ನಾಗರಿಕಾಂಕ ತಾಕೀತ್ ಕೆಲ್ಲೆಂ. ಪೋಪು ರೋಮನ್ ಕ್ಯಾಥೋಲಿಕ ಚರ್ಚಾಚೊ ಮುಖ್ಯಸ್ಥು. ಇಂಗ್ಲೇಂಡಾಂತು ಅರ್ಧಾಅರ್ಧ ಜsಣ ರೋಮನ್ ಕ್ಯಾಥೋಲಿಕ್ ಮತಾಕ ಮೆಳ್ಳೇಲಿಂ ಜಾವ್ನು

ಆಶ್ಶೀಲೀಂತಿ. ಜಾಲ್ಯಾರಿ ಕ್ರಿ. ಶ. 1517 ಇಸ್ವೇಧೋಂರ್ನು ರೋಮನ್ ಕ್ಯಾಥೋಲಿಕ ಮತಾಕ ಆನಿ ಪೋಪಾಕ ವಿರೋಧ ರಾಬ್ಬೀಲೊ ಮಾರ್ಟಿನ್ ಲೂಥರ್ ಮ್ಹಳ್ಳೆಲೆ ಏಕ ಕ್ರಿಶ್ಚನ್ ಪಾದ್ರೀಲೆಂ ಪ್ರೊಟೆಸ್ಟಂಟ್ ಚರ್ಚ ಜರ್ಮನೀಂತು ಉದಯಜಾಲ್ಲೆಂ. ಜರ್ಮನೀಂತು ಆನಿ ಇತರ ಯುರೋಪಾಚೆ ರಾಜ್ಯಾಂತು ಜನಾಂನಿ ಪೋಪಾಲೆ ವಿರುದ್ಧ ರಾಬ್ಬೊಂಕ ಸೂರು ಕೆಲ್ಲೆಂ. ಮಾರ್ಟಿನ್ ಲೂಥರು ಏಕು ಜರ್ಮನ್ ಜಾವ್ನು ಆಶ್ಶೀಲೊ. ಅನೇಕ ಯುರೋಪಾಚೆ ರಾಜ್ಯಾಂತುಲೆ ಜಽನಾನ ತಾಂಗೆಲೊ ರೋಮನ್ ಮಽತು ಕಾಣುಉಡ್ಡೋನು ಪ್ರೊಟೆಸ್ಟಂಟ್ ಚರ್ಚಾಕ ಮೆಳ್ಳೀಂತಿ. ಇಂಗ್ಲೇಂಡಾಚೆ ರಾಯು ಹೆನ್ರೀಕಯೀ ಪೋಪಾಕ ಧಿಕ್ಕಾರಕೋಂರ್ನು ಆಂಗ್ಲಿಕನ್ ಚರ್ಚ ವಾಡ್ಡೋಚಾಕ ಇಂಬು ಮೆಳ್ಳೊ. ಇಂಗ್ಲೇಂಡಾಚೆ ರೋಮನ್ ಮತಾಚಾನ ಭಾರೀ ವಿರೋಧು ವ್ಯಕ್ತ ಕೆಲ್ಲೊ. ತೇ ವೇಳಾರಿ ರಾಯ್ಯಾಕ ವಿರೋಧ ಕೆಲ್ಲೆಲ್ಯಾಂಕ ಫಾಶೀ ದಿವ್ಚೆ ಆಶ್ಶೀಲೆಂ. ರೋಮನ್ ಮತಾಚೆ ಅನೇಕ ಚರ್ಚ, ಮಠ (ಮೊನಾಸ್ಟರಿ) ಇತ್ಯಾದಿಕಡೇಚಿ ಆಸ್ತಿ, ಇಮಾರತ, ಬಂಗ್ಲೊ, ಇಮ್ಲೊ ಇತ್ಯಾದಿ ಆನಿ ತಾಂತು ಆಶ್ಶೀಲೆ ದುಡ್ಡು ಭಾಂಗರ ಪೂಜೇಚೊ ಸಾಮಾನು ಇತ್ಯಾದಿ ಸಕ್ಕಡ ರಾಯ್ಯಾಲೆ ಪೋಲೀಸಾಂಚಾನಿ ಜಪ್ತಿಕೋಂರ್ನು ರಾಜ್ಯಾಚೆ ಖಜಾನೆಂತು ಭರ್ಲ್ಲೆಂ. ಸರ್ ಥಾಮಸ್ ಮೂರ್ ಆನಿ ಬಿಶಪ್ ಜಾನ್ ಫಿಶರ್ ಮ್ಹಳ್ಳೆಲೆ ದೊಗ್ಗಜಣ ರೋಮನ್ ಮತಾಚೆ ಜಾಗೀರದಾರ್ ಆನಿ ಮತಾಧಿಕಾರೀಕ ಫಾಂಶಿ ದಿಲ್ಲಿ.

ರಾಯು (ರಾಣಿ) ರೋಮನ್ ಕ್ಯಾಥೋಲೀಕ್, ಪ್ರಜೆ ಪ್ರೊಟೆಸ್ಟಂಟ್

ಹೆನ್ರಿ ರಾಯ್ಯಾನ ರೋಮನ್ ಕ್ಯಾಥೋಲಿಕ್ ಮಠಾಂಚೆ ಮಠಾಂಕ ಮೆಳ್ಳೋಲೊ ಜಾಗೊ ಸಕ್ಕಡ ತಾಗ್ಗೆಲೆ ಮಿತ್ರಾಂಕ ವಾಂಟೂನು ದಿಲ್ಲೆಲೆಂ. ಹೇ ನವೇ ಜಮೀನ್ದಾರಾನಿ ಮಠಾಚೆ ಆಸ್ತೀಂತು ಆಶ್ಶೀಲೆ ಗೋಮಾಳ ಪ್ರದೇಶಾಂತು ದುರ್ಬಳೆ ಶೇತಕರಾನಿ ತಾಂಗೆಲೆ ಗೊರ್ವಾಂಕ ಚೋರೋಚಾಕ ಸೋಣಿ. ಮಠಾಕ ಮೆಳ್ಳೇಲೆ ಗೋಮಾಳ ಪ್ರದೇಶಾಂತು ಹಾಜ್ಜೆ ಘೂಢೆ ದುರ್ಬಳೆ ಜಽನ ಘುಕ್ಕಟೆಜಾವ್ನು ತಾಂಗೆಲೆ ಗೊರ್ವಾಂಕ ತಽಣ ಚೊರೋಚಾಕ ಸೊಡ್ತಾತಿ ಆಶ್ಶೀಲೀಂತಿ. ತಾಂಗೆಲೆ ಗೊರ್ವಾಂಕ ಭರಪೂರ ತಽಣ ಮೆಳ್ತಾಶ್ಶೀಲೆಂ. ಆತ್ತ ನವೆ ಜಮೀನ್ದಾರಾನಿ ತೋ ಸವಲತ್ತು ಮೇಳ್ನಾತಶ್ಶಿ ಕೆಲ್ಲೆಂ. ಗೊರ್ವಂ ಖಾವ್ಚಾಕ ತಽಣ ನಾತ್ತೀಲೆಂ ಕ್ಷೀಣ ಜಾಲ್ಲೀಂತಿ ಆನಿ ನಂತರ ಅನೇಕ ಗೊರ್ವಂ ಮೋಂರ್ನು ಗೆಲ್ಲೀಂತಿ. ಹೇನಿಮಿತ್ತ ಸಽಮ್ಹೈನೆಛಿತ್ತರಿ ಗಾಂವಚೆ ದುರ್ಬಳೆ ಜಽನ ಆನಕಯೀ ದುರ್ಬಳೆ ಜಾಲ್ಲೀಂತಿ. ಜನಾಲೆ ಮನಾಂತು ವಿಪರೀತ ಭಂಯ ಸೂರು ಜಾಲ್ಲೆಂ. ಮಸ್ತ ಜಽಣ ಗಾಂವು ಸೋಣು ವೊಚ್ಚಾಕ ತಯ್ಯಾರಿ ಜಾಲ್ಲೀಂತಿ.

ಹಜ್ಞಾರಕಟ್ಲೆ ಜಽನ ತಾಂಗೆಲೊ ಮಽತು ಪ್ರೊಟೆಸ್ಟೆಂಟ್ ಕೊರೂಂಕ ತಯ್ಯಾರಜಾಲ್ಲೀಂತಿ. ಆಮ್ಮಿ ರೋಮನ್ ಮತಾಚೆ ನ್ಹಯಿ ಮ್ಹೋಣು ಸಾಂಗ್ಲ್ಯಾರಿ ಜಮೀನ್ದಾರಾನಿ ತಾಂಕಾ ಸಹಾಯು ಕಽರ್ನಿ. ಅಶ್ಶಿ ಜಾವ್ನು ಹಜ್ಞಾರಕಟ್ಲೆ ಜನಾನಿ ಅಮೇರಿಕಾ ವೊಚ್ಚೊ ತೀರ್ಮಾನು ಕೆಲ್ಲೊ. ಜಾಲ್ಯಾರಿ

ಅಮೇರಿಕಾಕ ವೊಚ್ಚಾಕ ಮಸ್ತು ದುಡ್ಡು ಜಾವ್ಕಾ. ತಾಂಗೆಲೆ ಪೈಕಿ ಏಕದೋನಿ ಜನಾಲೆಲಾಗ್ಗಿ ದುಡ್ಡು ಆಶ್ಶೀಲೊ. ವರ್ಗ್ಲೆಲೆ ಸಕ್ಕಡ ಪಾಪಾರಿ ಜಾವ್ನು ಆಶ್ಶೀಲೀಂತಿ. ಥೋಡೆ ಜನಾನ ಚೋರಣಿಕ ಕೋರ್ನು ದುಡ್ಡು ಸಂಪಾದನೆ ಕೆಲ್ಲೆಂ. ಆನಿ ತಾಂಗೆಲೆ ಪೈಕಿ ಕೆಲವು ಜನಾಲೆಲಾಗ್ಗಿ ತಾವರ ಏಕಯಿ ಬೋಟಿ, ಮಚ್ವೆ, ಹಡಗು ಇತ್ಯಾದಿ ಆಶ್ಶೀಲೆಂ. ಉಣೇ ಮ್ಹಳ್ಯಾರಿ ತಾಬಟತೋಬ ಶೆಂಬರಿ ತಾವರಾಂ ಇಂಗ್ಲೇಂಡಾಚೆ ಆನಿ ಅಯರ್ ಲ್ಯಾಂಡಾಚೆ ಧಥಾರಿತಾಕ್ಕುನು ಅಮೇರಿಕಾಕ ಭಾಯ್ರಸರ್ಲೀಂತಿ.

ತಾಂತು ಏಕ ಬೋಟಾಚಿ ಕಾಣಿ ಅಮೇರಿಕಾಚೆ ಆತ್ತಂಚೆ ಜsಣ ಆಜಿಕಯಿ ಸಾಂಗ್ತಾತಿ. ತೇ ಬೋಟಾಚೆ ನಾಂವ ಮೇಫ್ಲವರ್. ಮೇಫ್ಲವರ್ ಬೋಟ ಹೊಲ್ಲೇಂಡಾತಾಕ್ಕೂನು ಭಾಯ್ರಸರ್ಲೆಲೆಂ. ತೇಂ ಬೋಟ ಉತ್ತರ ಅಮೇರಿಕಾಚೆ ಮುಖ್ಯಭೂಖಂಡಾಚೆ ಪೂರ್ವ ಕರಾವಳಿಚೆ ಆತ್ತಂಚೆ ಮಸ್ಸೇಚುಸೆಟ್ಸ್ ಮ್ಹಳ್ಳೆಲೆ ಪ್ರದೇಶಾಚೆ ಧಥಾಕ ವೊಚ್ಚೂನು ಲಂಗರಘಾಲ್ಲೆಂ. ತೇ ಬೋಟಾಂತು ಅನಿ ವಿಂಗಡ ಅನೇಕ ಬೋಟಾಂತು ಅಮೇರಿಕಾ ಗೆಲ್ಲೆಲಿ ಜsಣ ಸಕ್ಕಡ ಥಯ್ಯೀಂಚಿ ಏಕಿ ರುವ್ವಿ ಖರ್ಚಿನಾನಾತ್ತಿಲೆಂ ಎಕ್ರೆಎಕ್ರೆ ಭೂಯಿಂಚೆ ಮಾಲೀಕ ಜಾಲ್ಲೀಂತಿ.

ಇಂಗ್ಲೇಂಡ್ ರಾಣಿ ಮೇರಿ

ಕ್ರಿ. ಶ. 1553 ಇಸ್ವೇಂತು ಇಂಗ್ಲೇಂಡಾಂತು ಹೆನ್ರೀಲಿ ಧೂವ ಆನಿ ತೇ ವೇಳಾರಿ ರಾಯು ಜಾವ್ನು ಆಶ್ಶೀಲೆ ಎಡ್ವರ್ಡ ರಾಯ್ಯಾಲಿ ಮ್ಹಾಲ್ಘಡಿ ಭೈಣಿ ಮೇರಿ ರಾಣಿ ಜಾಲ್ಲಿ. ಮೇರೀ ರಾಣಿ ರೋಮನ್ ಕ್ಯಾಥೋಲಿಕ್ ಮತಾಕ ತೀವ್ರಜಾವ್ನು ನಮ್ಮಲೇಲಿ ರಾಣಿ ಜಾವ್ನು ಆಶ್ಶೀಲಿ. ತಿಕ್ಕಾ ಪ್ರೊಟೆಸ್ಟಂಟ್ ಮತಾಚೆ ವೈರಿ ಭಯಂಕರ ದ್ವೇಶು ಆಶ್ಶೀಲೊ. ತೀಣೆ ತಿಗ್ಗೇಲೆ ಆಡಳಿತೇಂತು ಆಯ್ಯೀಲೆ ಇಂಗ್ಲೇಂಡಾಂತು, ಅಯರ್ ಲ್ಯಾಂಡಾಂತು ಆನಿ ಸ್ಕಾಟ್ ಲ್ಯಾಂಡಾಂತು ಆಶ್ಶಿಲೆ ಸಕ್ಕಡ ಪ್ರೊಟೆಸ್ಟಂಟ್ ಚರ್ಚ, ಮಠ (ಮೊನಾಸ್ಟರಿ) ಇತ್ಯಾದಿಕಡೇಚಿ ಆಸ್ತಿ, ಇಮಾರತ, ಬಂಗ್ಲೊ, ಇಮ್ಲೊ ಇತ್ಯಾದಿ ಆನಿ ತಾಂತು ಆಶ್ಶೀಲೆ ದುಡ್ಡು ಭಾಂಗರ ಸಕ್ಕಡ ಜಪ್ತಿಕೋರ್ನು ರಾಜ್ಯಾಚೆ ಖಜಾನೆಂತು ಭರ್ಲ್ಲೆಂ. ಹೆನ್ರಿ ರಾಯ್ಯಾನ 20 ವರ್ಸ ಫೂಡೆ ಕೆಲ್ಲೆಲೆ ಸಕ್ಕಡ ಬsಗ ಪ್ರೊಟೆಸ್ಟಂಟ್ ಚರ್ಚಾವೈರಿ ದ್ವೇಷು ತೀರುಸಿಲೊ. ಮೇರಿ ರಾಣಿಯೇನ ತಿಗ್ಗೆಲೆ ಮತಾಂಧಕಾರಾನಿಮ್ತಿ ಜನಾಂಕ ಕಷ್ಟ ಜಾಲ್ಲೇಲೆ ತವಳಿವರೇಕ ಹಜ್ಹಾರಕಟ್ಲೆ ಅಯರ್‌ಲ್ಯಾಂಡಾಚೆ, ಸ್ಕಾಟ್‌ಲ್ಯಾಂಡಾಚೆ ಆನಿ ಇಂಗ್ಲೇಂಡಾಚೆ ನಿರಾಶ್ರಿತ ಲೋಕು ಲೇಕನಾತ್ತಿಲೆ ತಿತ್ಲೆ ಮಚ್ವೆ ಬೋಟ ತಾವರ ಇತ್ಯಾದೀರಿ ಅಮೇರಿಕಾಕ ಗೆಲ್ಲೀಂತಿ.

ಭೂಂಯ್ಚೇರಿ ಜನಾಲೊ ದೇಶಾಂತರ

ಪಶ್ಚಿಮದಕ್ಷಿಣ ಏಶಿಯಾಚೆ ಹಂಗರೀ, ಆಸ್ಟ್ರಿಯಾ, ಬಲ್ಗೇರಿಯಾ, ಸ್ಲೋವಾಕಿಯಾ, ಸರ್ಬಿಯಾ, ಗ್ರೀಸ್, ವೇನೀಸ್, ರೋಮಾ, ಇತ್ಯಾದಿ ಪ್ರದೇಶಾಂತುತಾಕ್ಕೂನು ಆಯ್ಯೀಲೆ ಅನೇಕ ನಿರಾಶ್ರಿತ ಲೋಕು ಅಮೇರಿಕಾಕ ಗೆಲ್ಲೀಂತಿ. ತೇವೇಳಾರಿ ಕ್ರಿ. ಶ. 1616 ಇಸ್ವೇಂತು ಭಾರತಾಕಯಿ ಯುರೋಪ್

ದೇಶಾಚೆ ವ್ಯಾಪಾರಿ ಮ್ಹೊಣು ಆಯ್ಲ್ಯಾಲೀಂತಿ. ಸುರ್ವೇಕ ಶೆಂಬರಿಇತ್ಲೆಂ ಜಽಣ ವ್ಯಾಪಾರಿ ಲೋಕಾಲೆ ಒಟ್ಟು ಆಯ್ಲೀಂತಿ. ಮಾಗ್ಗೀರಿ ಹಜ್ಜಾರಕಟ್ಲೆ ಯುರೋಪಾಚೆ ಜಽಣ ಭಾರತಾಂತು ಮಿಶನರಿ ಮ್ಹೊಣು, ಮಾಸ್ತರ್ ಮ್ಹೊಣು, ಸಾಹಿತಿ ಮ್ಹೊಣು ಆನಿ ಸೈನಿಕು ಮ್ಹೊಣು ಭಾರತಾಕ ಆಯ್ಲೀಂತಿ. ಭಾರತಾಕ ಆಯ್ಲ್ಯಾಲೆ ಲೋಕಾಂಕ ನಿರಾಶೆ ಜಾಲ್ಲಿ. ಅಮೇರಿಕಾಕ ಗೆಲ್ಲೆಲೆ ಲೋಕಾಂಕ ಸಂತೃಪ್ತಿ ಮೆಳ್ಳಿ. ಅಮೇರಿಕಾಂತು ಥಂಚೆ ಆದಿವಾಸೀಂಕ ಜಿವ್ವಿಮಾರ್ನು ತಾಂಗೆಲಿ ಭೂಂಯಿ ಗುಳೂಂಕ ಕೊರೂಂಕ ಭಾರೀ ಸುಲಭ ಆಶ್ಶೀಲೆ. ಭಾರತಾಂತು ತಶ್ಶಿ ಜನಾಂಕ ಚಿವ್ವಿ ಮಾರ್ನು ಸಲ್ಪಕಡೇನ ಜುಲೂಮು ಕೆಲ್ಲೋಲೊ. ಜಾಲ್ಲ್ಯಾರಿ ಸಾಮಾನ್ಯಜಾವ್ನು ತಶ್ಶಿ ಪಟ್ಟಣಾಂತು ಆನಿ ಹೊಳ್ಳೆ ಗಾಂವಾಂತು ಯುರೋಪಾಚೆ ಜನಾಂಕ ಭಾರತಾಂತು ತಾನ್ನಿ ಅಮೇರಿಕಾಂತು ಕೆಲ್ಲ್ಯಾವರಿ ಅತ್ಯಾಚಾರು ಕೊರೂಂಕ ಜಾಯ್ನಿ.

ಅಮೇರಿಕಾಚೆ ಆದಿವಾಸೀ ರೆಡ್ ಇಂಡಿಯನ್ಸ್

ಅಮೇರಿಕಾಂತು ಆಶ್ಶೀಲೆ ಅನೇಕ ತರಾಚೆ ಆದಿವಾಸೀ ಜನಾಂಗಾಂಕ ರೆಡ್ ಇಂಡಿಯನ್ಸ್ ಮ್ಹೊಣು ನಾಂವ ದಿಲ್ಲೆಂ. ಆತ್ತಂ ತೇ ನಾಂವ ಭಾಯ್ರ ಕಾಣಾಂತಿ. ಆತ್ತಽಚೆ ನಾಂವ ಲೆಟಿನೋ ಜಽನ. ಲೆಟಿನೋ ಮ್ಹಳ್ಯಾರಿ ಸ್ಪಾನಿಷ್ ಲೋಕು. ಸ್ಪೇಯಿನಾಂತು ತಾಕ್ಕೂನು ಆಯ್ಲ್ಯಾಲೆ ಸೈನ್ಯಾನ ಉತ್ತರ ಆನಿ ದಕ್ಷಿಣ ಅಮೇರಿಕಾಂತು ಕ್ರಿ. ಶ. 1505 ಇಸ್ವೇಂತು ಆಶ್ಶೀಲೆ ಆದಿವಾಸಿ ಜನಾಂಗಾಚೆ ದಾರ್ಲೆ ಮನ್ಶ್ಯಾಂಕ ಕ್ರಮಪ್ರಕಾರ ಜಿವ್ವಿಮಾರ್ನು ತಾಂಗೆಲೆ ಬಾಯ್ಲಾಂಕ ಚೆರ್ಡುವಂ ಕೊರ್ಚೆ ಮಶೀನ್ಸೆಂ ವಾಪರ್ಲೆಂ. ನೌಧಾ ವರ್ಸಾಕಯಿ ಹೋಡ ಆಶ್ಶೀಲೆ ಸಕ್ಕಡ ದಾರ್ಲೆ ಮನ್ಶ್ಯಾಂಕ ತಾನ್ನಿ ಲೈನಾರಿ ರಾಬ್ಬೋನು ಗುಂಡು ಮಾರ್ನು ಜಿವ್ವಿಮಾರ್ಲೆ. ಅರ್ಧಾಅರ್ಧ ರಾಜ್ಯಾಂತು ಎಕ್ಕೇಕ ಸ್ಪಾನಿಷ್ ಸೈನಿಕಾಕ ಧಧಾ ಬಾಯ್ಲೊ ಕೋರ್ನು ದಿಲ್ಲೀಂತಿ. ತಾಂಕಾಸಕ್ಕಡಾಂಕಯಿ ಸ್ಪಾನಿಷ ಭಾಸ ಶಿಕಯ್ಲಿ. ಆತ್ತ ಸಗ್ಲೇ ದಕ್ಷಿಣ ಅಮೇರಿಕಾಂತು ಸ್ಪಾನಿಷ್ ಭಾಸ ಶಿವಾಯಿ ವಿಂಗಡ ಭಾಸ ನಾ. ಬ್ರಾಝೀಲ್ ದೇಶಾಂತು ಪೊರ್ತುಗೀಸಾನಿ ಸ್ಪಾನಿಷ್ ದೇಶಾಚೆ ಸೈನಿಕಾಂಕ ಮಿರ್ವೂನು ಹರಕತ್ ಕೆಲ್ಲೆಂ. ಆತ್ತ ಸಗ್ಲೇ ಬ್ರಾಝಿಲ್ ದೇಶಾಂತು ರೋಮನ್ ಕ್ಯಾಥೋಲಿಕ್ ಮಽತು ಪ್ರಚಲಿತ ಆಸ್ಸ. ಆನಿ ಪೊರ್ತುಗೀಸ ಭಾಶ ಪ್ರಚಲಿತ ಆಸ್ಸ. ವರ್ಲೆಲೆ ಆರ್ಜಂಟೀನಾ, ಚಿಲಿ, ಪೆರು, ಉರುಗ್ವೇ, ಪರಾಗ್ವೇ, ವೆನೆಝುವೇಲಾ ಕ್ಯೂಬಾ, ಹೈತಿ, ಮೆಕ್ಸಿಕೊ, ಇತ್ಯಾದಿ ದೇಶಾಂತು ಸ್ಪಾನಿಷ್ ಭಾಸ ಮುಖ್ಯ ರಾಜಭಾಸ ಜಾವ್ನು ಆಸ್ಸ. ಹೇಂಘೂರಾ ಜಾವ್ನು ಪಾಂಯಿಶಿ ವರ್ಸ ಜಾತ್ತಾಮಾಂತ್ರ.

ಕ್ರಿ. ಶ. 1558 ಥೋರ್ನು 1768 ವರೇಕ ಇಂಗ್ಲೇಂಡಾನಿ ಅಮೇರಿಕಾಂತು 13 ರಾಜ್ಯಂ (ಪ್ರದೇಶಂ) ಆಪ್ಣ್ಯಾಲೆ ಕೋಲೊನಿ ಮ್ಹೊಣು ಗುರ್ತುಕೋರ್ನುಘೆತ್ಲೀಂತಿ. ಎಲಿಝಾಬೆತ್ ರಾಣಿಯೇಲೊ ನಾವಸೈನ್ಯಾಚೊ ಶೀರ್ಶಅಧಿಕಾರಿ (ಅಡ್ಮಿರಲ್) ವಾಲ್ಟರ್ ರಾಲ್ಲೀ ಮ್ಹಳ್ಳೆಲ್ಯಾನ ಅಮೇರಿಕಾಂತು ವೊಚ್ಚೂನು ಜಾಲ್ಲೆತಿತ್ಲೆಂ ಪ್ರದೇಶ ಬ್ರಿಟನ್ನಾಂಕ ಮೆಳ್ಚೆತಶ್ಶಿ ಕೆಲ್ಲೆಂ. ತೇವೇಳಾರಿ ಇಂಗ್ಲೇಂಡಾಚೆ ಬದ್ಧವೈರಿ ಸ್ಪೇಯಿನ ದೇಶ ಜಾವ್ನು ಆಶ್ಶೀಲೆಂ. ಸ್ಪೇಯಿನಾಚೆ

ರಾಯ್ಯಾನಿ ಪೊರ್ತುಗಲ್ಲಾಕಯಿ ತಾಗ್ಗೆಲೆ ಕಬ್ಜಾಂತು ದವ್ವರ್ಲೆಲೆಂ. ದೊಗ್ಗಯೀ ನಿಜಜಾವ್ನು ಪೈರೇಟ್ಸ್ ಜಾವ್ನು ಆಶ್ಶೀಲೀಂತಿ. ಕೋಣಾಲೇಂಯಿ ಹಂಗು ನಾತ್ತಿಲೆ ಅಮೇರಿಕಾಚೆ ಆದಿವಾಸಿ ಜನಾಂಕ ಇಂಗ್ಲೀಷ್ ಆನಿ ಸ್ಪೇಯಿನ ನಾವಿಕಸ್ಯೈನಿಕಾನಿ ನಿರ್ನಾಮ ಕೊರ್ಚ್ಯಾಕ ಪ್ರಯತ್ನ ಕೆಲ್ಲೆಂ. ಹೇ ಪ್ರಯತ್ನಾಂತು ತಾನ್ನಿ ದೊಗ್ಗಂಯಿ 250 ವರ್ಸ ಚೀತ್ತರಿ ವಿಜಯೀ ಜಾಲ್ಲೀಂತಿ.

ಸ್ಪೇಯಿನಾಚಿ ಸುರ್ವೇಚಿ ಕೊಲೊನಿ ನವಿಸ್ಪೇಯಿನ ಮ್ಹೊಣು ಜಾಲ್ಲ್ಯಾರಿ ಇಂಗ್ಲೀಷಾಲಿ ಸುರ್ವೇಚಿ ಕೊಲೊನಿ ಚಿಸಾಪೀಕ ಬೇ ಮ್ಹಳ್ಳೆಲೆ ಬೆಂಗ್ರೆ ಪ್ರದೇಶಾಂತು ಗುರ್ತಲಿ. ಹೇ ಪ್ರದೇಶಾಕ ಆದಿವಾಸಿ ಲೋಕಾಂಲೆ ಮೂಳ ನಾಂವ ಕಸ್ಸಲೆಂ ಆಶ್ಶೀಲೆಂ ಮ್ಹೊಣು ಗೊತ್ತುನಾ. ಜಾಲ್ಲ್ಯಾರಿ ಇಂಗ್ಲೀಷ್ ಅಡ್ಮಿರಲ್ ವಾಲ್ಟರ್ ರಾಷ್ಲೀನ ತೇ ಪ್ರದೇಶಾಕ ವರ್ಜಿನಿಯಾ ಮ್ಹೊಣು ನಾಂವ ದಿಲ್ಲೆಂ. ಇಂಗ್ಲೇಂಡಾಚಿ ರಾಣಿ ಎಲಿಝಾಬೆತ್ ಆಪ್ಪಣ ಕನ್ಯಾ (ವರ್ಜಿನ್) ಮ್ಹೊಣು ಸಾಂಗೂನು ಹೆಮ್ಮೆ ಪಾವ್ತಾಶ್ಶೀಲಿ. ತಶ್ಶಿ ಜಾವ್ನು ತಿಗ್ಗೆಲೊ ಮೊಗಾಚೊ ನಾವಿಕು ವಾಲ್ಟರ್ ರಾಷ್ಲೀನ ಅಮೇರಿಕಾಚೆ ಪ್ರಥಮ ಕೊಲೊನೀಕ ವರ್ಜಿನಿಯಾ ಮ್ಹೊಣು ನಾಂವ ದಿಲ್ಲೆಂ ಮ್ಹಣ್ತಾತಿ. ದೊನ್ನೀಚಿ ಕೊಲೊನಿಕ ಕೆಥೋಲಿಕ್ ಶ್ರೀಮಂತು ಬಾಲ್ಟಿಮೋರಾನ ಇಚ್ಛಪಾವೀಲೆವರೀಚಿ ಮೇರಿಲ್ಯಾಂಡ್ ಮ್ಹೊಣು ನಾಂವ ದಿಲ್ಲೆಂ. ಮೇರಿಲ್ಯಾಂಡಾಂತು ಪ್ರಮುಖ ಪಟ್ಟಣಾಕ ಬಾಲ್ಟಿಮೋರ್ ಮ್ಹೊಣು ನಾಂವ ಆಯ್ಲೆಂ.

ಹೊಲ್ಲೇಂಡಾಚೆ ಮೇಫ್ಲವರ್ ಮ್ಹಳ್ಳೇಲೆ ಬೋಟಾವ್ಯೆರಿ ಅಯರ್ಲ್ಲಾಂಡಾತಕ್ಕೂನು, ಸ್ಕಾಟ್ಲಾಂಡಾತಾಕ್ಕೂನು ಆನಿ ಇಂಗ್ಲೇಂಡಾತಾಕ್ಕೂನು ಆಯ್ಯಿಲೆ ನಿರಾಶ್ರಿತಾಂಕ 'ಪಿಲ್ ಗ್ರಿಂ ಫಾದರ್ಸ್' ಮ್ಹೊಣು ಮಾಗ್ಗೀರ್ಲೆ ಚರಿತ್ರಕಾರಾಂನಿ ಚಂದ ನಾಂವದಿಲ್ಲೆಂ. ತಾನ್ನಿ ಮೇರಿ ರಾಣಿಯೇನ ಇಂಗ್ಲೇಂಡಾಂತು ಪ್ರೊಟೆಸ್ಟೆಂಟ್ ಜನಾಲೆ ವಿರುದ್ಧ ಕೆಲ್ಲೆಲೆ ಅತ್ಯಾಚಾರಾಂತು ತಾಕ್ಕೂನು ಚುಕ್ಕುಚಾಕ ಅಮೇರಿಕಾಕ ಆಯ್ಯೀಲೀಂತಿ. ತಾನ್ನಿ ಮೇರಿಲಾಂಡ್ ತಾಕ್ಕುನು ಉತ್ತರಾಕ ರ್‍ಹೋಡ್ ಐಲ್ಯಾಂಡ್, ಕನೆಟಿಕಟ್, ನ್ಯೂ ಹೆಂಪಶಾಯರ್, ಮಸೆಚುಸೆಟ್ಸ್ ಆನಿ ವರ್ಮೊಂಟ್ ಮ್ಹೊಣು ಪಾಂಚ ನವೇ ರಾಜ್ಯ ಗುರ್ತಾಯಿಲೆಂ. ಆನಿ ಪನ್ನಾಸ ವರ್ಸ ನಂತರ ತೀನಿ ಕೊಲೊನಿ ಡೆಲವೇರ್, ನ್ಯೂಜರ್ಸಿ ಆನಿ ನ್ಯು ಆಮಸ್ಟರ್‌ಡಾಮ್ ಇಂಗ್ಲೇಂಡಾಚೆ ಹಾತ್ಮುಳಾಂತು ಆಯ್ಲೀಂತಿ. ನ್ಯೂ ಆಮಸ್ಟರ್ ಡಾಮ್ ಕೊಲೊನಿಕ ಮಾಗ್ಗೀರಿ ನ್ಯೂ ಯಾರ್ಕ ಮ್ಹೊಣು ನಾಂವ ದಿಲ್ಲೆಂ. ಮಾಗ್ಗೀರಿ ಪೆನ್ಸಿಲ್ವನಿಯಾ ಕೊಲೊನಿ ಸ್ಥಾಪನೆ ಜಾಲ್ಲಿ. ಥೋಡೇ ಮ್ಹೈನೆ ನಂತರ ಉತ್ತರ ಆನಿ ದಕ್ಷಿಣ ಕರೋಲಿನಾ ಆನಿ ಜುವಾರ್ಜಿಯಾ ಕೊಲೊನಿ ಜಾಲ್ಲೀಂತಿ. ಒಟ್ಟೂಕ 13 ಕೊಲೊನಿಂ ಜಾಲ್ಲೀಂತಿ.

ಸ್ಲೇವ್ ಟ್ರೇಡ್ (ಗುಲಾಮಾಲೊ ವ್ಯಾಪಾರು)

ಹೇ ವೇಳಾರಿ ಏಕ ಹೀನ ವ್ಯಾಪಾರು ಯುರೋಪ್, ಅಮೇರಿಕಾ ಆನಿ ಆಫ್ರಿಕಾ ಹೇ ತೀನಿ ಭೂಖಂಡಾಂಚೆ ಭಿತ್ತರಿ ಚಲ್ತಾಆಶ್ಶೀಲೊ, ತೋ ಮ್ಹಳ್ಯಾರಿ ನಿಗ್ರೋ ಗುಲಾಮಾಲೊ. ನಿಗ್ರೋ ಜನಾಂಕ ಯುರೋಪಾಚೆ ಗೋರೆ ವ್ಯಾಪಾರಿ ಲೋಕು ಬಲಾತ್ಕಾರಾನ ಆಫ್ರಿಕಾ ತಾಕ್ಕೂನು ವ್ಹಾವ್ನು ಕಂಚೇಯಿ ಏಕ ಹೊಳ್ಳೆ

ಬಂದರಾರಿ ಬಾಂದುನು ಘಾಲ್ನು ದವ್ವರ್ತಾತಿ ಆಶ್ಶೀಲಿಲೆಂತಿ. ಥಂಯಿ ಗೊರ್ವಾಂಕ ವಿಕ್ಲ್ಯಾವ್ಯಣ್ಕೆ ತಾಂಕಾ ಭಾಯ್ಲೆಗಾಂವ್ಚೆ ದಲಾಲಿಲೆಂಕ ವಿಕ್ರಾತಿ ಆಶ್ಶೀಲಿಲೆಂತಿ. ದಲ್ಲಾಲಿ ಜsಣ ಆನಕಯಿ ಕ್ರೂರ ಜsಣ ಹೇ ನಾಗ್ಡೆ ನಿಗ್ರೋ ಗುಲಾಮಾಂಕ ತುಚ್ಚರೀತಿಲೆರಿ ಪಳ್ಯೆತಾತಿ ಆಶ್ಶೀಲಿಲೆಂತಿ. ತಾಂಕಾ ಸಮುದ್ರಾಕ ವೊಚ್ಚೆ ತಾವರಾರಿ ಸಕಲ ತಳಾರಿ ವ್ಹಲ್ಲೊ (ಓರ) ಮಾರ್ಚೆ ಕಾಮಾಂಕ ಲಾಯಿತಾತಿ ಆಶ್ಶೀಲಿಲೆಂತಿ. ತಾಂಚೆಕರಾನ ದಿಸಾಕ 12 ಘಂಟ್ಯಾಕಯಿ ಚsಡ ಸಮಯ ಕಾಮ ಕೊರೋನು ಘೆತ್ತಾತಿ ಆಶ್ಶೀಲಿಲೆಂತಿ.

ಹೇ ನಿಗ್ರೊ ಗುಲಾಮಾಂಕ ಮಾಗ್ಗಿರಿ ಅಮೇರಿಕಾಚೆ ಖಂಚೇಯಿ ಏಕ ಬಂದ್ರಾರಿ ದೇವೋನು ಥೈಯಿಲೆಂಚಿ ಆನಿದುಸ್ರೆ ದಲಾಲಿಯಾಂಕ ವಿಕ್ರಾತಿ ಆಶ್ಶೀಲಿಲೆಂತಿ. ಹೇ ದಲಾಲಿ ಲೋಕು ಪುನಃ ಹೇ ನಾಗ್ಡೆ ಗುಲಾಮಾಂಕ ದಾರ್ಲ್ಲೊ ಮ್ಹೋಣು ನಾ ಬಾಯ್ಲ್ಲಿ ಮ್ಹೋಣು ನಾ ಸಾನ ಕೂಡಾಂತು ಲಾಗ್ಗಿಲಾಗ್ಗಿ ಆಡ್ಕsಳ ಜಾವ್ಚೆತಶ್ಶೀ ಭೋರ್ನು ಹಿಂಸೆ ದಿತ್ತಾತಿ ಆಶ್ಶೀಲಿಲೆಂತಿ. ತಾಂಕಾ ಖಾಣಜೇವಣ ಭರಪೂರ ದೀನಾನಾತ್ತೀಲೆ ಸುಸ್ತಕೋರ್ನು ತಾನ್ನಿ ಧಾವ್ನು ವಚ್ಚನಾತಶ್ಶೀ ತಾಂಕಾ ಲೊಖಂಡಾಚೆ ಸರಪಳೀನಿ ಬಾಂದೂನು ಘಾಲ್ನು ಬರೀ ಹಲ್ಕಟ ರೀತಿರಿ ಪಳಯಿತಾತಿ ಆಶ್ಶೀಲಿಲೆಂತಿ. ಮಾಗ್ಗಿರಿ ತಾಂಕಾ ನೀಲಾಮ ಕೋರ್ನು ವಿಕ್ರಾತಿ ಆಶ್ಶೀಲಿಲೆಂತಿ.

ಹೋ ವ್ಯಾಪಾರು ಅತ್ಯಂತ ನೀಚ ವ್ಯಾಪಾರು ಜಾಲ್ಲ್ಯಾರಿಯೀ ಯುರೋಪಾಚೆ ಖಂಚೇಯಿ ರಾಯು ಜಾವೊ ರಾಣಿ ಜಾವ್ವೊ ಅಶ್ಶೀ ನಿಗ್ರೋ ಜಾವ್ವೊ ಗೋರೋ ಜಾವ್ವೊ ಖಂಚೇಯಿ ಮನುಷ್ಯಾಕ ಹೀನಾಯರೀತಿರಿ ಪಳವಣ ಕೊರೂಂಕ ನಜ್ಜ ಮ್ಹೋಣು ಕಾನೂನು ಕೆಲ್ಲೆಲೆ ನಾ. ಹೇ ಗುಲಾಮಾಂಲೆ ಮಾರ್ಕೆಟ್ಟಾಂತು ರಾಜ್ಯಾಕ ಏಕರಾಶಿ ಸುಂಕ ಆನಿ ಕsರ ಮೆಳ್ತಾಶ್ಶೀಲೆಂ. ಹೇ ಸುಂಕಾಚೆ ಆನಿ ಕರಾಚೆ ಆಶೇಕ ಹೋ ವ್ಯಾಪಾರು ಚೊಲೂಂಕ ದಿಲ್ಲೆಂ ಆನಿ ಬುದ್ಧಿ ಆಶ್ಶೀಲೆ ಖಂಚೇಯಿ ಇಂಗ್ಲೀಷ ಜಾವೊ ಫ್ರೆಂಚ್, ಸ್ವಾನಿಷ, ಜರ್ಮನ, ಡಚ್ ಮನುಷ್ಯಾನ ವಿರೋಧ ಕರ್ನಿ. ಹೇ ನಮೂನ್ಯಾಚೊ ವ್ಯಾಪಾರು ಭಾರತಾಂತು ನಾಆಶ್ಶೀಲೊ. ವಿಂಗಡ ಖಂಚೇಯಿ ಜಾಗ್ಯಾರಿ ನಾಆಶ್ಶೀಲೊ.

ಅಮೇರಿಕಾಂತು ಉತ್ತರ ಆನಿ ದಕ್ಷಿಣ ಕೆರೋಲೀನಾ ಕೊಲೊನೀಂತು ಹೊಳ್ಳೆ ಹೊಳ್ಳೆ ಕಾಪ್ಪುಸಾಚೆ ಮಳೇಂ (ತೋಟ, ಕಾಟನ್ ಫೀಲ್ಡ್ಸ್) ಜಾಲ್ಲೀಂತಿ. ಹೇ ಮಳೇಂತು ಕಾಮಕೊರೂಂಕ ಯುರೋಪಾಚೆ ದೇಶಾಂತರ ಆಯ್ಯೀಲೆ ಕೊಲೊನೀಚೆ ಮಾಲಿಕಾಂಕ ಅಗತ್ಯಪಳ್ಳೆಂ. ಸಗ್ಳೇ ದಕ್ಷಿಣ ಅಮೇರಿಕಾಂತು ಧಾಧಾ ಹಜ್ಜಾರ ಮಳೇಂತು ಕಾಮಕರ್ತsಲೆ ನೌಕರ ಜಾಯಿಜಾಲ್ಲೆ.

ಅಮೇರಿಕಾಚೆ ಆದಿವಾಸಿ ಜsಣ ಹೇ ಕಾಮ ಕೊರೂಂಕ ಆಯಿಕsನೀಂತಿ. ತಾಂಕಾ ಮಳ್ಯಾಚೆ ಗೋರೆ ಮಾಲಿಕ ಅಗ್ದಿ ವೈರಿ ಜಾವ್ನು ಆಶ್ಶೀಲಿಲೆಂತಿ. ತಶ್ಶಿ ಜಾವ್ನು ಹೋ ನಿಗ್ರೋ ಗುಲಾಮಾಲೊ ಅಮಾನುಷ ವ್ಯಾಪಾರು ಕ್ರಿ. ಶ. 1605 ಇಸ್ವೇಧೋರ್ನು 1780 ವರೇಕ ಜೋರುಜೋರು ಚಲ್ಲೊ. ಆತ್ತಂಚೆ ಜಗತ್ಯಾಂತು ಉಪದೇಶು ದಿತ್ತsಲೆ ದೇಶಾಚೆ ಜನಾನಿ ಹೋ ವ್ಯಾಪಾರು ಚಾಲುದವ್ವರ್ಲೊಲೊ. ಇಂಗ್ಲೇಂಡಾಚೊ ಜಾನ್ ಹಾಕಿನ್ಸ್ ಮ್ಹಳ್ಳೆಲೆ

ಏಕ ನಿಗ್ರೋಲೆ ವ್ಯಾಪಾರೀ ಅಸ್ಸಲೊ ವ್ಯಾಪಾರು ಕೋರ್ನು ಜಗತ್ಯಾಂತು ಅತ್ಯಂತ ಶ್ರೀಮಂತ ಮನಿಷು ಜಾಲ್ಲೊ.

13 ಕೊಲೊನೀಂಚೆ ಅವ್ಯವಸ್ಥಾ

ಕ್ರಿ. ಶ. 1558ಥೋರ್ನು 1603 ಇಸ್ವೇವರೇಕ ಅಮೇರಿಕಾಚೆ 13 ಕೊಲೋನೀಂಚೆವ್ಯೆರಿ ಇಂಗ್ಲೇಂಡಾಚೊ ಪ್ರಾಧಿಕಾರು ಘಟ್ಟಿ ಆಶ್ಶೀಲೊ. ಎಲಿಝಾಬೆತ್ ರಾಣಿಲೆಂ ದೇಹಾಂತ ಜಾಲ್ಲೆಂ ಮಾಗ್ಗೀರಿ ಇಂಗ್ಲೇಂಡಾಚೆ ಆಂತರಿಕ ಕಲಹಾನಿಮ್ತಿ ಅಮೇರಿಕಾಚೆ ಕೊಲೊನಿಚೆ ಜನಾಂಕ ಇಂಗ್ಲೇಂಡಾಚೆ ವಿರುದ್ಧ ವಿವಿಧ ವಿಷಯಾಂತು ಭಿನ್ನಾಭಿಪ್ರಾಯು ಸೂರುಜಾಲ್ಲೊ.

ರಾಣಿಯೇನ ಮೆಲ್ಲೆಮಾಗ್ಗೀರಿ ಸ್ಟೂವರ್ಟ ವಂಶಾಚೊ ಜೇಮ್ಸ್ 1 (ಪ್ರಥಮ ಜೇಮ್ಸ್) ರಾಯು ಜಾಲ್ಲೊ. ಇಂಗ್ಲೇಂಡಾಚೆ ರಾಯ್ಯಾಲಿ ವಂಶವಾಹಿನಿ ವ್ಯವಸ್ಥಾ ಜಾವ್ನು ಆಶ್ಶೀಲಿ. ಸ್ಟೂವರ್ಟ ವಂಶಾಚೆ ರಾಯ್ಯಾಂನಿ ಇಂಗ್ಲೇಂಡಾಕ ಶೆಂಬರಿಆನಿಇಕ್ರಾ (111) ವರ್ಸ ಆಳ್ವೀಲೆಂ.

ಕ್ರಿ. ಶ. 1625 ಇಸ್ವೇಂತು ಜೇಮ್ಸ್ 1 (ಪ್ರಥಮ ಜೇಮ್ಸ್) ರಾಯ್ಯಾಲೆಂ ದೇಹಾಂತ ಜಾಲ್ಲೆಂ ಆನಿ ತಾಗ್ಗೆಲೊ ಪೂತು ಚಾರ್ಲ್ಸ 1 (ಪ್ರಥಮ ಚಾರ್ಲ್ಸ) ರಾಯು ಜಾಲ್ಲೊ. ಹೇ ರಾಯ್ಯಾಲೆ ಕಾಳ್ಗತೀಂತು ಇಂಗ್ಲೇಂಡಾಂತು ದೋನಿ ಪಟಿ ಪ್ರಜಾಯುದ್ಧ (ಸಿವಿಲ್ ವಾರ) ಜಾಲ್ಲೀಂತಿ.

ಪ್ರಥಮ ಜಾರ್ಲ್ಸ ರಾಯ್ಯಾಕ ಕ್ರಾಮ್ವೆಲ್ ಮ್ಹಳ್ಳೇಲೆ ಏಕ ಸೇನಾಪತಿನ 1649 ಜನವರಿ 30 ತಾರೀಕೇಕ ಫಾಂಶಿ ದಿಲ್ಲಿ. ಹೋ ಕ್ರಾಮ್ವೆಲ್ ಏಕು ಸಮಾಜಾಚೆ ಸುಧಾರಕು ಜಾವ್ಚಾಕ ಮುಕಾರಿ ಯೇವ್ನು ಹೊಳ್ಳೆಏಕ ಸೈನ್ಯಾಂಕ ತಯ್ಯಾರಕೊರ್ನು ರಾಯ್ಯಾಲೆ ವಿರುದ್ಧ ಯುದ್ಧ ಕೆಲ್ಲೊಲೊ ಸೇನಾಪತಿ ಜಾವ್ನು ಆಶ್ಶೀಲೊ. ಪ್ರಥಮ ಜಾರ್ಲ್ಸ ರಾಯ್ಯಾಲೆ ಮರಣಾನಿಮ್ತಿ ಇಂಗ್ಲೇಂಡಾಚೆ ಏಕವಂಶ ರಾಜಮನೆತನ ಮುಗ್ದೂನು ವತ್ತಾ ಮ್ಹೊಣು ಜನಾನಿ ಲೆಕ್ಕಿಲೆಂ. ಜಾಲ್ಯಾರಿ ತಶ್ಶಿ ಜಾಯ್ನಿ.

ಇಂಗ್ಲೇಂಡಾಂತು ಕ್ರಿ. ಶ. 1649ದೋರ್ನು 1660 ವರೇಕ ಇಕ್ರವರ್ಸ (11) ರಾಯು ನಾಆಶ್ಶೀಲೊ. ಹೇ ವೇಳಾರಿ ಸೇನಾಪತಿ ಕ್ರಾಮ್ವೆಲ್ ಆನಿ ಇತರ ಮುಖಂಡಾನಿ ರಾಜ್ಯಾಡಳಿತ ಕೆಲ್ಲೆಂ. ಚಾರ್ಲ್ಸ 1 ರಾಯ್ಯಾಲೊ ಪೂತು ವಾಂಚೂನು ವರ್ಲೊಲೊ. ಪಿಮ್ ಮ್ಹಳ್ಳೊಲೊ ಏಕು ಜನಪ್ರಿಯ ಮುಖಂಡಾನ ಆನಿ ಕ್ರಾಮ್ವೆಲ್ಲಾನ ಏಕ ಜನಾಲೆ ಕನ್ವೆನ್ಶನ್ (ಮಹಾಸಭಾ) ಆಪ್ಪೋನು ಇಂಗ್ಲೇಂಡಾಕ ರಾಯು ಆಸ್ಸ್ಯಾರೀಚಿ ಜೀವನ ಸುಲಭ ಜಾತ್ತಾ ಮ್ಹೊಣು ಸಾಂಗ್ಲೆಂ. ತಾಗ್ಗೆಲೊ ಸಲ್ಲೊ (ಸಲಹೊ) ಜನಾಂಕ ಸsಮ ಮ್ಹೊಣು ದಿಸ್ಲೆಂ. ಹೇ ಸಭೇಂತು (ಕನ್ವೆನ್ಶನ್) ಸಭಾಸದಾಂನಿ ರಾಜಕುಮಾರ ದುಸ್ರೊ ಜಾರ್ಲ್ಸ (ಚಾರ್ಲ್ಸ 2) ಹಾಕ್ಕಾ ಇಂಗ್ಲೇಂಡಾಚೊ ರಾಯು ಮ್ಹೊಣು ವೆಂಚ್ಲೊ.

ಕ್ರಿ. ಶ. 1660 ಇಸ್ವೇಂತು ದುಸ್ರೊ ಜಾರ್ಲ್ಸ (ಚಾರ್ಲ್ಸ 2) ಹಾಕ್ಕಾ ಸಿಂಹಾಸನಾರಿ ಬಸ್ಸೈಲೊ. ಇಂಗ್ಲೇಂಡಾಚೆ ರಾಯ್ಯಾಲೊ ಸಂವಿಧಾನೀತ ಅಧಿಕಾರು ನಿಯಮಿತ ಜಾಲ್ಲೊ ಆನಿ ಪ್ರಜಾಪ್ರತಿನಿಧಿ (ಪಾರ್ಲಮೆಂಟ) ಸಭೇಚೊ ಅಧಿಕಾರು ಏಕದಂ ಅಧಿಕ ಜಾಲ್ಲೊ. ದುಸ್ರೊ ಜಾರ್ಲ್ಸ (ಚಾರ್ಲ್ಸ 2)

ರಾಯ್ಯಾಲೆ ರಾಜ್ಯಭಾರಾವೇಳೇರಿ ಇಂಗ್ಲೇಂಡ್ ಬಕ್ಕಿಂಗ್ಹ್ಯಾಮ್ ರಾವ್ಳಾರಾಂತು ವಿಪರೀತ ಅಶಂತಿ ಆಶ್ಶೀಲಿ. 1685 ವರೇಕ ಹೀ ಅಶಾಂತಿ ಅಮೇರಿಕನ್ ಕೊಲೊನೀಂಚೆ ಜನಾಂಕ ಪ್ರಜಾಧಿಪತ್ಯಾಚೊ ಆಶೋದಯ ಜಾಲ್ಲೊ. ಅನೇಕ ವ್ಯವಹಾರಾಂತು ತಾನ್ನಿ ಇಂಗ್ಲೇಂಡಾಚಿ ಪರವಾನಗೀ ಘೇನಾನಾತ್ತಿಲೆಂ ಕಾರ್ಯಗತ ಕೊರೂಂಕ ಸೂರು ಕೆಲ್ಲೆಂ.

1685 ಇಸ್ವೇಂತು ದುಸ್ರೊ ಜಾಲ್ಸಾಲೊ ಭಾವು ಜೇಮ್ಸ್ 2 (ದುಸ್ರೊ ಜೇಮ್ಸ್) ರಾಯು ಜಾಲ್ಲೊ. 1688 ಇಸ್ವೇಚೆ ಜೂನ್ ಮ್ಹೈನ್ಯಾಂತು ಇಂಗ್ಲೇಂಡಾಚೆ ಜನಾನಿ ತಾಂಗೆಲೆ ಪಾರ್ಲಿಮೆಂಟಾಕ ಅತಿಶ್ರೇಷ್ಟ ಅಧಿಕಾರು ದಿಲ್ಲೊ. ರಾಯ್ಯಾನ ಪಾರ್ಲಿಮೆಂಟಾನ ಕೆಲ್ಲೆಲೆ ಪ್ರತಿಏಕ ನಿರ್ಧಾರಾಕ ಒಪ್ಪಿಗಾ ಆಪೋಪಿ ದೀವ್ಕಾ ಮ್ಹೊಣು ಸಕ್ಕಡಾನಿ ಸ್ವೀಕಾರಕೆಲ್ಲೆಂ. 1688 ಇಸ್ವೇಂತು ದುಸ್ರೊ ಜೇಮ್ಸಾಕ ಗಾಂವುಸೋಣು ಧಾಂವ್ಕಾ ಜಾಲ್ಲೆಂ.

1701 ಇಸ್ವೇಂತು ಪಾರ್ಲಿಮೆಂಟಾನ ರಾಜಧರ್ಮ ನಿರ್ಣಯ (ಸೆಟ್ಟಲ್ಮೆಂಟ್) ವಿಧೇಯಕ (ಸೆಟ್ಟಲ್ಮೆಂಟ್ ಆಕ್ಟ್) ಸ್ವೀಕಾರ ಕೋರ್ನು ತೇದೀಸದೋರ್ನು ಇಂಗ್ಲೇಂಡಾಚೊ ರಾಯು (ರಾಣಿ) ಕೆದ್ನಾಯಿ ಪ್ರೊಟೆಸ್ಟಂಟ್ ಜಾವ್ನು ಆಸ್ಸೂಕಾ (ಕೆಥೋಲಿಕ್ ಜಾವ್ಚಾಕ ನಜ್ಜ) ಮ್ಹೊಣೂ ನಿರ್ಣಯ ಜಾಲ್ಲೆಂ. ರೋಮನ್ ಕೆಥೋಲಿಕ್ ಜನಾಂಕ ಸೋಲು ಜಾಲ್ಲೊ.

1720 ಇಸ್ವೇಂತು ಇಂಗ್ಲೇಂಡಾಂತು ಕ್ಯಾಬಿನೆಟ್ (ಮಂತ್ರಿಮಂಡಲ), ಪ್ರಧಾನ ಮಂತ್ರಿ ಆನಿ 10–15 ಇತರ ಮಂತ್ರಿಲೆಂ ಅಧಿಕಾರ ವರ್ಗ ಸ್ಥಾಪನೆ ಜಾಲ್ಲೆಂ. ಪಾರ್ಲಿಮೆಂಟಾಚಿ ಕಾರ್ಯಕ್ಷಮತಾ ವಾಢ್ಲೀ. ಇತ್ಲೆ ಜಾತ್ತನಾ ದೇಶಾಂತರ ಆಯ್ಯೀಲೆ ಗೋರೆ ಜನಾಂಕ ಅಮೇರಿಕಾಂತು ಆಪ್ಣ್ಯಾಲೆ ಕೊಲೊನೀಂತು ಪ್ರಜಾಧಿಪತ್ಯಾಚಿ ಆಶಾ ಜೋರಾರಿ ಉಬಾಯಿಲಿ.

13–ಕೊಲೊನೀಲೆ ಸ್ವಾತಂತ್ರ್ಯ ಸಂಗ್ರಾಮ

ಹೇ ವೇಳಾರಿ ಸುರ್ವೇಕ ಇಂಗ್ಲೇಂಡಾಂತು 1701 ಇಸ್ವೇಂತು ವಿಲ್ಲಿಯಂ ಆನಿ ಮೇರಿ ದಂಪತಿ ಇಂಗ್ಲೇಂಡಾಚೆ ರಾಯು ಆನಿ ರಾಣಿ ಜಾಲ್ಲೇಲೀಂತಿ. ದೊಗ್ಗಜಣ ಸಿಂಹಾಸನಾರಿ ಒಟ್ಟೂಚಿಬೊಸ್ಚೆಂ ಹೇಂ ಪ್ರಥಮಬಾರಿ ಜಾಲ್ಲೆಲೆಂ. ನಂತರ ರಾಯ್ಯಾಲಿ ಧೂವ ಆನ್ನೆ ನಾಂವಾಚಿ ಬಾಯ್ಲಮನೀಷಿ ರಾಣಿ ಜಾಲ್ಲಿ. ನಂತರ ಜಾರ್ಜ 1 ಆನಿ ಜಾರ್ಜ 2 ರಾಯ ಜಾವ್ನು 1760 ಇಸ್ವೇಂತು ಜಾರ್ಜ 3 ರಾಯು ಜಾಲ್ಲೊ.

ಇಂಗ್ಲೇಂಡಾಚೆ ರಾಯ್ಯಾನ ಆನಿ ಪಾರ್ಲಿಮೆಂಟಾನ ಅಮೇರಿಕನ್ ಕೊಲೊನಿಕತೀರ ಇಂಗ್ಲೆಂಡ್ ದೇಶಾನ ಕೊರ್ಚೊ ಖರ್ಚು ವಿಪರೀತ ಜಾಲ್ಲೊ ಮ್ಹೊಣು ಅಮೇರಿಕಾಚೆ ಜನಾಲೆವೈರಿ ವಿವಿಧ ಕರ (ಟ್ಯಾಕ್ಸ್) ಘಾಲ್ಲೀಂತಿ. ಹಾಜ್ಜೆ ನಿಮ್ತಿ ಕೊಲೊನೀಂಚೆ ಜನಾಂಕ ಕೋಪು ಆಯ್ಲೊ. ತಾನ್ನಿ ಇಂಗ್ಲೇಂಡಾಚೆ ಗವರ್ನರಾಕ ಸಹಕಾರು ದೀನಿ. ತಾಂಗೇಲೆ ಸ್ವಾತಂತ್ರ್ಯ ಆಂದೋಲನ ಜೋರು ಜಾಲ್ಲೆಂ. ಜಾಲ್ಯಾರಿ ಇಂಗ್ಲೇಂಡ ಬಾಕ್ಕನಿ.

1765 ಇಸ್ವೇಂತು ಸ್ಟಾಂಪ್ ವಿಧೇಯಕ (ಸ್ಟಾಂಪ್ ಆಕ್ಟ್), 1767 ಇಸ್ವೇಂತು ಆಯಾತ ಕರಾಚೆ ವಿಧೇಯಕ, 1770 ಇಸ್ವೇಂತು ಚಹಾ (ಟೀ)

ಕರಾಚೆ ವಿಧೇಯಕ, ಇತ್ಯಾದಿ ಹಾಡ್ಯೆಲೆಂ. ಅಮೇರಿಕನಾಂಕ ಬ್ರಿಟಿಷ್ ಆಧಿಪತ್ಯಾತಾಕ್ಕೂನು ಸುಂಟೂಕಾ ಜಾಲ್ಲೇಂ. ಬ್ರಿಟಿಷ್ ಸರಕಾರಾನ ಕೋಲೊನೀಂಚಾಲೆ ಪ್ರತಿನಿಧಿ ಇಂಗ್ಲೇಂಡಾಚೆ ಪಾರ್ಲಮೆಂಟಾಂತು ನಾತ್ತಿಲೇಂಚಿ ಕsರ ವಸೂಲಿಕೊರೂಂಕ ನಜ್ಜ ಮ್ಹೊಣು ವಿರೋಧು ವ್ಯಕ್ತ ಕೆಲ್ಲೊ.

ಅಮೇರಿಕನಾಲೆ ಸ್ವಾತಂತ್ರ್ಯ ಸಂಗ್ರಾಮಾಚೆ ನಿಜs ಕಾರಣ

ಅಮೇರಿಕಾಚೆ ದೇಶಾಂತರ ಆಯ್ಯೇಲೆ ಗೋರೆ ಜನಾಂಕ ಇಂಗ್ಲೇಂಡಾಚೆವೈರಿ ದ್ವೇಶು ಆಸ್ಸೂಂಕ ನಿಜs ಕಾರಣ ಸ್ವಾಂತಂತ್ರ್ಯ ನ್ಹಂಯಿ. ತೇಂ ಕಾರಣ ವಿಂಗಡ ಆಸ್ಸsತಿ.

ಕಾರಣ 1. ಇಂಗ್ಲೀಷ್ ಜನಾನಿ 1616 ಇಸ್ವೇಧೋನ್ನು ಭಾರತಾಂತು ಯೇವ್ನು ಭಾರತಾಚೆ ಜನಾಲಿ ರೀತಿನೀತಿ ಪಳೈಲಿ. ತಾನ್ನಿ ಭಾರತ ಸರ್ಗ್ಳೇಂಚಿ ಭೋಂಂವ್ಲೀಂತಿ, ಘುಂವ್ಲೀಂತಿ ಆನಿ ಶಿಕ್ಲೀಂತಿ. ತಾನ್ನಿ ಭಾರತಾಚೊ ಧರ್ಮು ಪಳೈಲೊ ಆನಿ ವಿಶ್ಲೇಷಣ ಕೆಲ್ಲೆಂ. ಭಾರತಾಚೆ ಭೌಧ ಆನಿ ಜೈನ ಧರ್ಮಾಂಚೆ ರೀತಿನೀತಿ ತಾಂಕಾ ಆವಢಲಿ. ಹೋ ಧರ್ಮು ಅತ್ಯುತ್ತಮ ಮನುಷ್ಯ ಧರ್ಮು ಮ್ಹೊಣು ಇಂಗ್ಲೀಷ್ ವಿದ್ವಾಂಸಾಂಕ ಆನಿ ಇತರ ಯುರೋಪಾಚೆ ಬುದ್ಧಿಜೀವೀಂಕ ಮನವರಿಕೆ ಜಾಲ್ಲೆಂ. ಭಾರತಾಂತು ಅನೇಕ ಮೂಢನಂಬಿಗಾ ಆಸ್ಸ ಜಾಲ್ಯ್ಯಾರಿಯೀ ಹಿಂದೂ ಧರ್ಮಾಚೆ ಮೂಲ ಅಹಿಂಸೇಚೆ ಸಿದ್ಧಾಂತ ಇಂಗ್ಲೀಷ್ ಲೋಕಾಂಕ ಸsಮ ಮ್ಹೊಣು ದಿಸ್ಲೆಂ. ಹೇ ಅಹಿಂಸೇಚೆ ಸಿದ್ಧಾಂತ ಅನುಕರಣೆ ಕೊರೂಂಕ ಯೋಗ್ಯ ಜಾವ್ನು ಆಸ್ಸ ಮ್ಹೊಣು ತಾಂಗೆಲೆ ಬುದ್ಧಿವಂತಾಂಕ ಮನಾಂತುಗೆಲ್ಲೆಂ.

ಕ್ರಿ. ಶ. 1658 ಇಸ್ವೇನಂತರ ಇಂಗ್ಲೇಂಡಾಂತು ಜಾಲ್ಲೇಲೆ ರಾಜಕೀಯ ಝುಗಡೊ ಆನಿ 1720 ಇಸ್ವೇಂತು ಜಾಲ್ಲೇಲೆ ಆಡಳಿತೇಚಿ ಸುಧಾರಣೇಂಚೆ ನಂತರ ಇಂಗ್ಲೀಷ ಸಮಾಜಾಂತು ಭಾರೀ ಪರಿವರ್ತನ ಜಾಲ್ಲೆಂ. ಸಿವಿಲಿಜ಼ೇಶನ್ (ನಾಗರಿಕತೆ) ಕಶ್ಶಿ ಆಸ್ಸೂಕಾ ಮ್ಹೊಣು ಆಳಜಾವ್ನು ಚರ್ಚೆ ಜಾಲ್ಲೆಂ. ಬುದ್ಧಿವಂತ, ಜ್ಞಾನಿ ಆನಿ ಸುಧಾರಿತ ಸಜ್ಜನs ಪಾರ್ಲಮೆಂಟಾಚೆ ಸದಸ್ಯ ಜಾಲ್ಲೀಂತಿ. ವಿವಿಧ ರಾಜ್ಯಾಂತು ಬ್ರಿಟಿಷ ಸರಕಾರಾನ ಕೊರ್ಚೆ ಆಡಳಿತ ಅನ್ಯಾಯಾಚೆ ಆಡಳಿತ ಮ್ಹೊಣು ತೇಂ ಸಕ್ಕಡ ಸsಮ ಕೊರೂಂಕ ಬ್ರಿಟಿಷ್ ಪಾರ್ಲಮೆಂಟಾಚೆ ಸದಸ್ಯಜsಣ ಭಾಯ್ರಸರ್ಲೀಂತಿ.

ಬ್ರಿಟಿಷ್ ಸರಕಾರಾನ ಘಾಲ್ಲೊಲೊ ವಿವಿಧ ಮಾನವೀಯ ನೀತಿಚೊ (ಹ್ಯೂಮನ್ ರೈಟ್ಸ್) ನಿರ್ಭಂದು ಆನಿ ತಾನ್ನಿ ಕೊರ್ಚೊ ಮೇಲ್ವಿಚಾರು ಅಮೇರಿಕನ್ ಗೋರೆ ವ್ಯಾಪಾರೀ ಜನಾಂಕ ಖುಶಿ ಜಾಯ್ನಿ.

ಕಾರಣ 2. ಅಮೇರಿಕಾಂತು ಅನಾದಿಕಾಲದೋನ್ನು ವಾಸ ಕೋನ್ನು ಆಶ್ಶೀಲೆ ಆದಿವಾಸಿ ರೆಡ್ ಇಂಡಿಯನ್ಸ್ ಲೋಕು ಅಮೇರಿಕಾ ತಾಕ್ಕೂನು ಆಯ್ಯೇಲೆ ಸ್ಪಾನಿಷ್, ಇಂಗ್ಲೀಷ್, ಫ್ರೆಂಚ್, ಡಚ್, ಜರ್ಮನ್ ಅನಿ ಸ್ಕಾಂಡಿನೇವಿಯನ್ ಗೋರೆ ಲೋಕಾಂಕ ಖುಶಿಆಶ್ಶೀಲೆತಶ್ಶಿ ಘsರದಾರ ಪಾತ್ಲಾಚಾಕ ಅಡ್ಡಿ ಕರ್ತಾಲೀಂತಿ. ಅಮೇರಿಕಾಕ ವಲಸೆಗೆಲ್ಲೆಲೆ ಗೋರೆ ಲೋಕಾಲಿ ಸಂಸ್ಕೃತಿ ಕ್ರಿಶ್ಚನ್ ಸಂಸ್ಕೃತಿ ಜಾವ್ನು ಆಶ್ಶೀಲಿ ಜಾಲ್ಯ್ಯಾರಿಯೀ

ತಾಂಕಾ ಅಮೇರಿಕಾಚೆ ಆದಿವಾಸಿ ಜನಾಲಿ ಭೂಂಯಿ ಬಲಾತ್ಕಾರಾನ ಕಬ್ಜಕೊರೂಂಕ ಲಜ್ಜಿಕsರ್ನಿ ಪಳಯಾ!

ರೆಡ್ ಇಂಡಿಯನ್ ಆದಿವಾಸೀಂಕ ಅಮೇರಿಕಾಚೆ ಭೂಂಯ್ಚೇರಿ ಅಧಿಕಾರು ಆಸ್ಸ ಮ್ಹೊಣು ಬ್ರಿಟಿಷ್ ಪಾರ್ಲಿಮೆಂಟಾನ ಕಾನೂನು ಕೆಲ್ಲೇಲೆ ನಿಮಿತ್ತ ಅಮೇರಿಕನ್ ಕೊಲೊನಿಚೆ ಗೋರೆ ಲೋಕಾಂಕ ಹೋ ಕಾನೂನು ತಾಂಗೆಲೆ ಸ್ವಾತಂತ್ರ್ಯಾಕ ವ್ಯತಿರಿಕ್ತ ಮ್ಹೊಣು ಕಳ್ಳೆಂ.

ಹೇ ದೋನಿ ಪ್ರಮುಖ ಕಾರಣ ನಿಜs ಕಾರಣ. ಜಗತ್ತ್ಯಾಕ ಹೇಂ ಕಾರಣ ಸಾಂಗೂಂಕ ಜಾತ್ತವೇ? ನಾ. ತಶ್ಶಿ ಜಾವ್ನು ತಾನ್ನಿ ಏಕಿ ನವೀಚಿ ಉಪಾಯ ಕೆಲ್ಲಿ. ತಾಂಗೆಲೊ ಸ್ವಾತಂತ್ರ್ಯ ಸಂಗ್ರಾಮು ಸೂರು ಕೆಲ್ಲೊ.

ಗೋರೆ ಜನಾಲೆಂ ಘೋರ ದುಷ್ಕರ್ಮಂ

ಸಮುದ್ರಾಚೆ ಧಢಾರಿ ವಿಶಾಲಜಾಗ್ಯಾರಿ ಬೇಲಿಘಾಲ್ನು ಗೋರೆ ಲೋಕಾನಿ ಥಂಚೆ ಆದಿವಾಸಿ ಜನಾಂಕ ಛಿತ್ತರಿ ಯೇನಾತಶ್ಶಿ ಕೆಲ್ಲೆಂ. ಏಕ್ಕೇಕ ಗೋರೆ ಕುಟುಂಬಾಕ ಶೆಂಬರಿದೊನ್ನೆ ಏಕ್ರೆ ಭೂಂಯಿ ಗುರ್ತುಕೋರ್ನು ತೇ ಭೂಂಯ್ಚೇರಿ ವಾಸ ಕೋರ್ನು ಆಶ್ಶೀಲೆ ಆದಿವಾಸಿ ಜನಾಂಕ 'ತೋ ಜಾಗೊ ಆಮ್ಗೇಲೊ,' ಮ್ಹೊಣು ಛಿವ್ಯೆಲೆಂ. ವಿರೋಧ ಕೆಲ್ಲೇಲೆ ಆದಿವಾಸಿ ಜನಾಂಕ ಜಿವ್ವಿ ಮಾರ್ಲೆಂ.

ಅಮೇರಿಕನ್ ಆದಿವಾಸಿ ಜನಾಲಿ ಸಂಸ್ಕೃತಿ ಲಕ್ಷಕಟ್ಲೆ ವರ್ಸದೋರ್ನು ಚೋಲ್ನು ಆಯ್ಯೀಲಿ ಸಂಸ್ಕೃತಿ ಹೇ ನವೀನ ಜಾವ್ನು ಆಯ್ಯಿಲೆ ಯುರೋಪಿಯನ್ ಗೋರೆ ವಲಸೆಕಾರಾಂಕ ಜಂಗ್ಲೀ ಬರ್ಬರ ಸಂಸ್ಕೃತಿಚೆ ಜsಣ ಮ್ಹೊಣು ಸಾಂಗೂಂಕ ವೇಳು ವಚ್ಚsನಿ.

ಗೋರೆ ಲೋಕಾನಿ ಕಬ್ಜೆಕೆಲ್ಲೇಲಿ ಭೂಂಯಿ, ಮೋಲ ದೀವ್ನು ಘೆವ್ವೆ ಜಾಲ್ಯಾರಿ ಆಪ್ಣ್ಯಾನ ಲಕ್ಷಕಟ್ಲೆ ಪೌಂಡ (ಇಂಗ್ಲೀಷ್ ದುಡ್ಡು) ದೀವ್ಕಾಜಾತ್ತಾ ಮ್ಹೊಣು ತಾನ್ನಿ ವಿಂಗsಡ ಉಪಾಯು ಕೆಲ್ಲೊ. ಭೂಂಯಿಕ ಮೋಲ ದಿವ್ಚಾಕ ತಾಂಗೆಲ್ಯಾಗ್ಗಿ ಪೈಶೆ ನಾಆಶ್ಶೀಲೆ. ಆದಿವಾಸಿ ಭೂಮಾಲಿಕಾಂಕ ಜಿವ್ವಿ ಮಾರ್ಲ್ಯಾರಿ ಮಾಗ್ಗೀರಿ ತೇ ತೊಂದ್ರೆ ದಿವ್ಚಾಕ ಯೇನಾಂತಿ ಮ್ಹೊಣು ಆದಿವಾಸಿ ಜನಾಂಕ ಸ್ಪೇನಾಂಚೆ ಆನಿ ಇತರ ಯುರೋಪಿಯನ್ ದೇಶಾಚೆ ವಲಸೆ ಆಯ್ಯೀಲೆ ಗೋರೆ ಲೋಕಾನಿ ದಾರ್ಲೊ ಬಾಯ್ಲೊ ಚೆಡ್ರುವಂ ಮ್ಹೊಣು ಪಳ್ಯೆನಾತ್ತೀಲೆ ಜಿವ್ವಿ ಮಾರೂಂಕ ಸೂರು ಕೆಲ್ಲೆಂ.

ಅಸ್ಸಲೆಂ ಅಮಾನುಷ ಕೃತ್ಯ ಯುರೋಪಾಚೆ ಗೋರೆ ವಲಸೆಕಾರಾನಿ 1505 ಇಸ್ವೇದೋರ್ನು ಸೂರು ಕೆಲ್ಲೆಲೆ 1756 ಇಸ್ವೇಂತು ಇಂಗ್ಲೇಡ್ ಆನಿ ಫ್ರಾನ್ಸ್ ದೇಶಾಂಲೆ ಮಧ್ಯೆ ಸಾತ ವರ್ಸಾಚೆ ಯುದ್ಧ ಜಾವ್ಚೆ ವೇಳಾರಿ ಊಣೆ ಜಾಲ್ಲೆಂ. ಇಂಗ್ಲೇಂಡ್, ಸ್ಪೇಯಿನ್ ಆನಿ ಫ್ರಾನ್ಸ್ ದೇಶಾನಿ ಏಕ ಒಪ್ಪಂದ ಕೋರ್ನು ತಾಂಗೆಲೆ ಕೊಲೊನೀಚೆ ಕಾರಭಾರಾವ್ಯೆರಿ ಅಂಕುಶ ಘಾಲ್ಲೆಂ.

ರೆಡ್ ಇಂಡಿಯನ್ ಆದಿವಾಸೀಂಕಯಿ ಅಮೇರಿಕಾಚೆ ಭೂಂಯ್ಚೇರಿ ಅಧಿಕಾರು ಆಸ್ಸ ಮ್ಹೊಣು ಬ್ರಿಟಿಷ್ ಪಾರ್ಲಿಮೆಂಟಾನ ಕಾನೂನು ಹಾಳ್ಳೊ.

ಆದಿವಾಸೀಲೊ ಜಾಗೊ ಮಾಲೀಕಾಕ ತಾಜ್ಜೆ ಮೋಲ ದೀನಾನಾತ್ತಿಲೆ ತಾಜ್ಜೇರಿ ಕಬ್ಜಕೆಲ್ಲೆಲ್ಯಾಂಕ ಜ್ಯೆಲಶಿಕ್ಷಾ ಮ್ಹೊಣು ಪ್ರಕಟಕೆಲ್ಲೆಂ.

ಅಮೇರಿಕನ್ ಕೊಲೊನಿಚೆ ಗೋರೆ ಲೋಕಾಂಕ ಹೋ ಕಾನೂನು ತಾಂಗೆಲೆ ಅಮಾನುಷ ಕೃತ್ಯ ಕೊರೂಂಕ ಜಾವ್ಕಾ ಜಾಲ್ಲೇಲೆ ಸ್ವಾತಂತ್ರ್ಯಾಕ ವ್ಯತಿರಿಕ್ತ ಆನಿ ಅನಾನುಕೂಲ ಮ್ಹೊಣು ಸಾಂಗೂನು ತಾಂಗೆಲೊ ಸ್ವಾತಂತ್ರ್ಯ ಸಂಗ್ರಾಮು ಸೂರು ಕೆಲ್ಲೊ.

ಅನ್ಯಾಯು ಕೊರೂಂಕ ಫ್ರೀಡಂ ಜಾಯಿ

ನಿಗ್ರೋ ಗುಲಾಮೀ ವ್ಯಾಪಾರು ಕೊರೂಂಕ ಆನಿ ಆದಿವಾಸಿ ಲೋಕಾಂಕ ನಿರ್ದಯ ಹಿಂಸೆ ದಿವ್ಚಾಕ ಯುರೋಪಾತಾಕ್ಕೂನು ವಲಸೆ ಆಯ್ಯಿಲೆ ಅಮೇರಿಕನ್ ಕೊಲೊನೀಂಚೆ ಗೋರೆ ಜನಾಂಕ ಬ್ರಿಟಿಷಾಲೆ ನವೇಚಿ ಕಾನೂನಽ ಸಽಮ ಪಽಣಿ. ಹೇ ಕಾನೂನಾಂತುತಾಕ್ಕೂನು ತಾಂಕಾ ಸ್ವಾತಂತ್ರ್ಯ ಜಾಯಿಜಾಲ್ಲೇಲೆಂ. ಹೇ ಗೋರೆ ಲೋಕ ಕಾಂಯೀ ಸುಮಾರಜಽಣ ನ್ಹಯಿಂ. ತಾನ್ನಿ ಕಾನ್ನಾಂಕ ಇಂಪು ಆನಿ ಮನಾಂಕ ತಂಪು ಜಾಲ್ಲೊಲೊ ಏಕು ನವೋಚಿ ಶಬ್ಧು ಸೊದ್ದೂನು ಕಾಳ್ಳೊ. ಫ್ರೀಡಂ ಶಬ್ಧು ಉಪಯೋಗಕೆಲ್ಲೊ. ಫ್ರೀಡಂ ಮ್ಹಳ್ಳೇಲೆ ಶಬ್ಧಾಕ ತೆದ್ದೋಳು ತಾಂಯಿ ರಾಜ್ಯಸ್ವಾತಂತ್ರ್ಯ ಮ್ಹೊಣು ಅರ್ಥು ನಾಆಶ್ಶೀಲೊ. ತಾಜ್ಜೆ ನಂತರ ಫ್ರೀಡಂ ಶಬ್ಧು ಅಮೇರಿಕಾಕ ರಾಜಕೀಯ ಕೊರೂಂಕ ಭಾರಿ ಉಪಯೋಗು ಜಾಲ್ಲೊ.

ಇಂಗ್ಲೀಷ್ ಸಜ್ಜನಾಲೆವ್ಯೆರಿ ಭಾರತಾಚೊ ಪ್ರಭಾವು

ಬ್ರಿಟಿಷ್ ಬುದ್ಧಿಜೀವೀಲೋಕಾಂಕ ಆನಿ ಸಜ್ಜನಾಂಕ ತಾನ್ನಿ 1650 ಇಸ್ವೇಚೆ ನಂತರ ಭಾರತಾಂತು ಪಾವಿಲೆ (ಹೊಂದೀಲೆ) ಸಂಸ್ಕಾರಾನಿಮ್ತಿ ನ್ಯಾಯು ಆನಿ ಮನುಷ್ಯತ್ವ ಕಸ್ಸಲೆಂ ಮ್ಹೊಣು ಮನಾಂತು ಗೆಲ್ಲೆಂ. ವಿಶೇಷಜಾವ್ನ ಬ್ರಿಟಿಷ್ ಬುದ್ಧಿಜೀವೀಂಕ ಅಮೇರಿಕಾಂತು ಚೊಲ್ಚೊ ಗುಲಾಮ್ ಧಂಧೊ (ಸ್ಲೇವ್ ಟ್ರೇಡ್) ವಾಯಿಟು ಧಂಧೊ ಮ್ಹೊಣು ಮನಾಂತು ಗೆಲ್ಲೆಂ. ಹೋ ಅನ್ಯಾಯು ಜಗತ್ತ್ಯಾಂತು ಖಂಯ್ಯೀ ಜಾವ್ಚಾಕ ನಜ್ಜ ಮ್ಹೊಣು ದಿಸ್ಲೆಂ. ಕ್ರಿ. ಶ. 1883 ಇಸ್ವೇಂತು ಬ್ರಿಟಿಷ್ ಪಾರ್ಲಿಮೆಂಟಾನ ಏಕು ಕಾನೂನು ಕೋರ್ನು ಕೋಣಯಿ ಬ್ರಿಟಿಷ್ ಸಾಮ್ರಾಜ್ಯಾಂತು ಗುಲಾಮಧಂಧೊ ಕೊರೂಂಕ ವರ್ಜ್ಯ ಕೆಲ್ಲೆಂ. ಕೆಲ್ಲೆಲ್ಯಾಂಕ ಕಠಿಣ ಶಿಕ್ಷೆದಿಲ್ಲಿ.

ನಿಗ್ರೋ ಗುಲಾಮಾಂಕ ಆಫ್ರಿಕಾತಾಕ್ಕೂನು ಕಿಡ್ನ್ಯಾಪ್ ಕೋರ್ನು ಚೋರ್ನು ಘೇವ್ನು ಗೊರ್ವಾಂಮ್ಹಣ್ಕೆ ತಾಂಗೆಲೆಲಾಗ್ಗಿ ವರ್ತನೆ ಕೋರ್ನು ಅಮೇರಿಕಾಕ ಹಾಣು ವಿಕ್ಚೊ ಧಂಧೊ ಏಕಿ ಚೂಕಿ ಆನಿ ಅಪರಾಧು ಮ್ಹೊಣು ಬ್ರಿಟಿಷ್ ಪಾರ್ಲಿಮೆಂಟಾನ ಕಾನೂನು ಕಾಳ್ಳೊ. ಗುಲಾಮಧಂಧೊ ಕಾನೂನವಿರುದ್ಧ ಜಾಲ್ಲೊ. ಶಸ್ತ್ರರಹಿತ ಗುಲಾಮಾಂಕರಾನ ವಿಪರೀತ ಅಮಾನುಷ ಪರಿಸ್ಥಿತಿರಿ ಮೇಳಾಂತು (ಫಾರ್ಮಾಂತು) ಕಾಮ ಕೊರೋಚೆ ಹೊಳ್ಳಿ ಚೂಕಿ ಮ್ಹೊಣು ಕಾನೂನು ಕಾಳ್ಳೊ. ಹೋ ಕಾನೂನು ಮೊಳ್ಳೇಲ್ಯಾಂಕ

ಜೈಲ ಶಿಕ್ಷಾ ಏಕಯಿ ಮರಣದಂಡನೆ ಮ್ಹೋಣು ಕೆಲ್ಲೆಂ. ಗುಲಾಮಗಿರಿ (ಸ್ಲೇವರಿ) ಕಾನೂನಾಚೆ ಭಾಯ್ರ ಮ್ಹೋಣು ಘೋಷಣೆ ಕೆಲ್ಲೆಂ.

ಹೇಂ ಆಯ್ಕೂನು ಅಮೇರಿಕಾಚೆ ಗೋರೆ ಕ್ರಿಶ್ಚನ್ ಲೋಕಾಂಕ ಖುಶಿ ಜಾವ್ಕಾ ಆಶ್ಶೀಲಿ ಪರಂತು ತಾಂಕಾ ಖುಶಿ ಜಾಯ್ನಿ. ಹೀ ಸಂಗತಿ ಅಮೇರಿಕನ್ ಸ್ವಾತಂತ್ರ್ಯ ಯುದ್ಧಾಕ ನಿಜ ಕಾರಣ ಜಾವ್ನುಆಶ್ಶೀಲೆಂ.

ಅಮೇರಿಕನ್ ವಾರ್ ಆಫ್ ಇಂಡಿಪೆಂಡೆನ್ಸ್

13-ಕೊಲೊನಿಚೆ ಜನಾನಿ ತಾಂಗೆಲೆ ಫಿಲಡೆಲ್ಫಿಯಾ ಮ್ಹಳ್ಳೇಲೆ ನಗರಾಂತು ಏಕ ಕೊಲೊನಿಚೆ ಪ್ರತಿನಿಧೀಂಗೆಲೆ ಸಮ್ಮೇಳನ ಆಪ್ಪೈಲೆ. ಹೇ ಸಮ್ಮೇಳನಾಂತು ಅಮೇರಿಕಾಚೆ ಬ್ರಿಟಿಷ್ ಕೊಲೊನಿ ಸಕ್ಕಡ ಒಟ್ಟು ಮೆಳ್ಳೀಂತಿ ಆನಿ ತೇ ಸಮೂಹಾಕ ಯುನೈಟೆಡ್ ಸ್ಟೇಟ್ಸ್ ಆಫ್ ಅಮೇರಿಕಾ (ಯೂ ಎಸ್ ಏ) ಮ್ಹೋಣು ನಾಂವ ದಿಲ್ಲೆಂ. ಬ್ರಿಟಿಷ್ ಸರಕಾರಾಚೆ ಕೆಲವು ಸೈನಿಕ ತಾಂಗೆಲೆ ವರ್ದಿ, ಶಸ್ತ್ರ ಇತ್ಯಾದಿ ಘೇವ್ನು ವೊಚ್ಚೂನು ಯೂ ಎಸ್ ಏ ಸೈನ್ಯಾಕ ಮೆಳ್ಳೀಂತಿ. ಯೂ ಎಸ್ ಏ ಸರಕಾರಾಚೆ ಸೈನ್ಯ ತಯ್ಯಾರಜಾಲ್ಲೆಂ. ಬ್ರಿಟಿಷ್ ಸೈನ್ಯಾವೈರಿ ಯೂ ಎಸ್ ಏ ಸರಕಾರಾಚೆ ಸೈನ್ಯಾನಿ ವಿಂಗವಿಂಗಡ ಕಡೇನ ಲಢಾಯಿ ಕೆಲ್ಲಿ.

ಕ್ರಿ. ಶ. 1776 ಇಸ್ವೇಂತು ಜುಲೈ 4 ತಾರೀಕೇಕ ಯೂ ಎಸ್ ಏ ಸರಕಾರಾನ ಆಪ್ಪಣ ಸ್ವತಂತ್ರ ಆನಿ ಹಾಜ್ಜೆ ನಂತರ ಹೇ 13 ಕೊಲೊನಿಚೆ ಜಃಣ ಬ್ರಿಟಿಷ್ ಸರಕಾರಾಕ ಸುಂಕ ಆನಿ ಕಃರ ದೀನಾಂತಿ ಮ್ಹೋಣು ಪ್ರಕಟಣೆ ಭಾಯ್ರಕಾಳ್ಳಿ. ಜಾಲ್ಯ್ಯಾರಿ ಬ್ರಿಟನ್ನಾನ ಹೇಂ ಅಮೇರಿಕನ್ ಕೊಲೊನಿಕಾರಾಲೆ ಉದ್ಧಟಪಣ ಮ್ಹೋಣು ಸಾಂಗೂನು ತಾಂಗೆಲೆ ಸ್ವಾತಂತ್ರ್ಯ ಕಬೂಲಿ ಕರ್ನಿ. ಹೇಂ ಕಾಮು ಕೊಲೊನಿಕಾರಾಲೆ ವಿದ್ರೋಹ ಆನಿ ದಂಗೊ ಮ್ಹೋಣು ಖಂಡನ ಕೆಲ್ಲೆಂ.

ಹೇ ವರ್ಸ ಯರೋಪಾಚೆ ಬಲಾಢ್ಯ ರಾಜ್ಯಾನಿ ವಿಂಗವಿಂಗಡ ಕಡೇನ ಜಾವ್ಚೆ ಯುದ್ಧ ಸಮಾಪ್ತ ಕೊರೂಂಕ ಏಕ ಸರ್ವವ್ಯಾಪೀ ಸಂಧಾನ ಕೆಲ್ಲೆಂ. ಹೇ ಕರಾರಾಕ ಪ್ಯಾರಿಸ್ ಒಪ್ಪಂದ ಮ್ಹೋಣು ನಾಂವ ಆಸ್ಸ. ಹೇ ಒಪ್ಪಂದಾಚೆ ಅನುಗುಣಜಾವ್ನು ಸಗ್ಳೇ ಭೂಂಯ್ಚೇರಿ ವಿವಿಧ ಭೂಖಂಡಾಂತು ಆಶ್ಶಿಲೆ ಇಂಗ್ಲೇಷ್, ಫ್ರೆಂಚ್, ಸ್ಪಾನಿಷ್, ಜರ್ಮನ್ ಇತ್ಯಾದಿ ದೇಶಾಂಗೆಲೆ ಕೊಲೊನೀಂತುಯಿ ಆಪಸಾಂತು ಜಾವ್ಚೆ ಯುದ್ಧ ಸಮಾಪ್ತಕೋರ್ನು ಸೀಮೆಸರದ್ದು ಗುರ್ತು ಜಾವ್ನು ಶಾಂತಿಚೊ ವಾತಾವರಣ ಆಯ್ಲೊ.

13-ಕೊಲೊನಿಚೆ ಜನಾನಿ ತಾಂಗೆಲೆ ಸ್ವಾತಂತ್ರ್ಯ ಯುದ್ಧ 'ವಾರ್ ಆಫ್ ಇಂಡಿಪೆಂಡೆನ್ಸ್' 1776 ಇಸ್ವೇದೋರ್ನು 1783 ಇಸ್ವೇತಾಂಯಿ ಚಾಲು ಆಶ್ಶೀಲೆಂ. ಯೂ ಎಸ್ ಏ ಸೈನ್ಯಾಕ ಆನಿ ಬ್ರಿಟಿಷ ಸೈನ್ಯಾಕ ಪ್ರಥಮ ಯುದ್ಧ ಲೆಕ್ಸಿಂಗ್ಟನ್ ಮ್ಹಳ್ಳೇಲೆ ಕಡೇನ ಜಾಲ್ಲೆಂ. ಮಾಗ್ಗೀರಿ 1783 ಇಸ್ವೇಂತು ವರ್ಸೈಯಿಸ್ ಒಪ್ಪಂದ ಜಾವ್ನು ಬ್ರಿಟನ್ನಾನ ಯೂ ಎಸ್ ಏ ದೇಶಾಕ ಸ್ವಾತಂತ್ರ್ಯ ದಿಲ್ಲೆಂ.

ಅಮೇರಿಕಾಂತು ಮೂಲ್ಕಿ ಯುದ್ಧ

ಮೂಲ್ಕಿ ಯುದ್ಧ (ಸಿವಿಲ್ ವಾರ್) ಮ್ಹಳ್ಯಾರಿ ಖಂಚೇಯಿ ಏಕ ದೇಶಾಂತು ತೇ ದೇಶಾಚೆ ಜನಾಲೇಚಿ ಭಿತ್ತರಿ ಆಸ್ಸೂಚೆ ದೋನಿ ಪಂಗಡಾಲೆ ಮಧ್ಯೆ ಜಾವ್ಚೆಂ ಪರಸ್ಪರ ಯುದ್ಧ. ಅಮೇರಿಕಾಂತು ಮೂಲ್ಕಿ ಯುದ್ಧ 1854 ದೋರ್ನು 1862 ವರೇಕ ಚಲ್ಲೆಂ. ಹೇ ಯುದ್ಧಾಂತು ಅಮೇರಿಕಾಚೆ ಗುಲಾಮೀ ರಿವಾಜ್ಝ ಕಾಣುಡ್ಡೋಕಾ ಮ್ಹಣ್ತಽಲೆ ಚಾಂಗ ಜನಾಂನಿ ಗುಲಾಮಿ ರಿವಾಜ್ಝ ಕಾಡೂಂಕ ನಜ್ಜ ಮ್ಹಣ್ತಽಲೆ ವಾಯಿಟ ಜನಾಂವೈರಿ ಯುದ್ಧ ಕೆಲ್ಲೆಂ. ಹಾಕ್ಕಾ ಅಮೇರಿಕನ್ ಸಿವಿಲ್ ವಾರ್ ಮ್ಹಣ್ತಾತಿ. ಸಿವಿಲ್ ವಾರಾಚೆ ನಂತರ ಯೂ ಎಸ್ ಏ ದೇಶಾನ ಹಳೂ ಹಳೂ ಗುಲಾಮೀ ವ್ಯವಹಾರು ಕಾಣುಉಡ್ಡೈಲೆಂ. ಸಕ್ಕಡ ಗುಲಾಮನೀಗ್ರೋಂಕ ಸೊಡ್ವಾಯಿಲೆಂ.

ಬ್ರಿಟಿಷ್ ದೇಶಾಚೆ 13 ಕೊಲೊನಿ ಉತ್ತರ ಅಮೇರಿಕಾ ಭೂಖಂಡಾಂತು ಒಟ್ಟು ಭೂಂಯಿಚೆ ಶೇಕಡಾ 15 ಭಾಗಾಂತು ಮಾಂತ್ರ ಆಶ್ಶೀಲೀಂತಿ. ವರ್ಲೆಲಿ ಶೇಕಡಾ 85 ಭೂಭಾಗ ಆದಿವಾಸೀ ಜನಾಲೆ ಕಬ್ಜೇಂತು ಆಶ್ಶೀಲಿ. ಯೂ. ಎಸ್. ಏ. ದೇಶಾಕ ಹೀ ವರ್ಲೇಲಿ ಭೂಂಯಿ ಆದಿವಾಸೀ ಜನಾಲೆ ಹಾತ್ತಾಂತುತಾಕ್ಕೂನು ಬಲಾತ್ಕಾರಾನ ತಾಂಡೂನು ಘೇವ್ಕಾ ಮ್ಹೋಣು ಭಾರಿ ಆಶಾ ಜಾಲ್ಲಿ.

ಬ್ರಿಟನ್ನಾನ ಯೂ ಎಸ್ ಏ ದೇಶಾಕ ಸ್ವಾತಂತ್ರ್ಯ ದಿಲ್ಲೆ ಮಾಗ್ಗೀರಿ ಯೂ ಎಸ್ ಏ ದೇಶಾಕ ವರ್ಲೆಲೆ ಉತ್ತರ ಅಮೇರಿಕಾ ಭೂಖಾಡಾಂತು ಸಕ್ಕಡ ಕಡೇನ ವಾಸಕೋರ್ನು ಆಶ್ಶೀಲೆ ಆದಿವಾಸಿ ಜನಾಂಕ ಹಳೂ ಹಳೂ ನಾಶ ಆನಿ ಕಡೇರಿ ನಿರ್ನಾಮ ಕೊರೂಂಕ ಸ್ವಾತಂತ್ರ್ಯ ಮೆಳ್ಳೆಂ. 1862 ಇಸ್ವೇಂತು ಗುಲಾಮಿ ನಿರ್ಮೂಲನ ಜಾಲ್ಯಾರೀಯಿ ಯೂ. ಎಸ್. ಏ. ಸರಕಾರಾನ ಭಾಂಗರ ಇತ್ಯಾದಿ ಖನಿಜಾಚೆ ಆಶೇರಿ ಆದಿವಾಸೀ ಜನಾಲಿ ಭೂಂಯಿ ಕಬ್ಜೆಕೊರ್ಚೆ ನೀತೀಕ ಮಾಂತ್ರ ವೀಸಾಚೆ (20) ಶತಮಾನಾಂತು ವರೇಕ ಚಾಲು ದವ್ವರ್ಲಿ.

ಹೀ ಭೂಮಿ ಭಾರೀ ಫಲವತ್ತು ಆನಿ ಅನೇಕ ಖನಿಜ ಸಂಪತ್ತು ಆಶ್ಶೀಲಿ ಭೂಂಯಿ ಜಾವ್ನು ಆಶ್ಶೀಲಿ. ಹೇ ಭೂಂಯ್ಚೇರಿ ಕಿತ್ಲೆಂ ಆದಿವಾಸೀ ಜನಸಂಖ್ಯೆ ಆಶ್ಶೀಲಿ ಮ್ಹಳ್ಳೇಲೆಂ ಯು. ಎಸ. ಏ. ನ ಗುಟ್ಟು ಭಾಯ್ರ ಕಾಣಿ. ಗುಟುಗುಟ್ಟಾರಿ ಆದಿವಾಸೀ ಜನಾಂಗಾಲೆ ವಂಶಽಚಿ ನಾಶ ಕೆಲ್ಲೆಂ.

ತೇಂ ಜನಾಂಗ ಜಗತ್ತ್ಯಾಂತು ವಾಂಚೂನು ವೊರೂಂಕ ಲಾಯಿಕ ನಾ ಆಶ್ಶೀಲೆಂ ಜನಾಂಗ ಮ್ಹೋಣು ತಾನ್ನಿ ಆತ್ತ ಸಾಂಗ್ತಾತಿ. ಹೇ ಉತ್ತರ ಅಮೇರಿಕಾ ಭೂಖಂಡ ಕಿತ್ಲೆ ಹೋಳ್ಳೆ ಮ್ಹಳ್ಯಾರಿ ತಾಜ್ಜೆ ವಿಸ್ತೀರ್ಣ ಅಖಂಡ ಭಾರತಾಕಯಿ ತೀನಿ ವಾಂಟ್ಯಾನ ಆಸ್ಸ. ತಾಂತು 20 ಕೋಟಿ ಜಽಣ ಆಶ್ಶೀಲೆ ಮ್ಹೋಣು ಅಂದಾಜೊ ಕೋರ್ಯೇತ. ದಕ್ಷಿಣ ಅಮೇರಿಕಾ ಭೂಖಂಡಾಂತು ಸಮೇತ 20 ಕೋಟಿ ಜನಸಂಖ್ಯೆ ಆಶ್ಶೀಲಿ ಮ್ಹೋಣು ಅಂದಾಜೊ ಕೋರ್ಯೇತ.

1505 ಇಸ್ವೇದೋರ್ನು 2000 ಇಸ್ವೇಚೆ ಅಂತ್ಯಾಕ 500 ವರ್ಸ ಭಿತ್ತಽರಿ ಸ್ಪಾನಿಷ್ ಸೈನ್ಯಾನ, ಬ್ರಿಟಿಷ್ ಸೈನ್ಯಾನ ಆನಿ ಇತರ ಯುರೋಪಾಚೆ

ದೇಶಾಚೆ ಸೈನ್ಯಾನ ಆನಿ ತಾಂಗೆಲೆ ಫಾಟೀರಿ ಆಯ್ಯೀಲೆ ಗೋರೆ ದೇಶಾಂತರ ಗೆಲ್ಲೇಲೆ ಜನಾನಿ ಹೇ ದೋನಿ ಭೂಖಂಡಾಚೆ ಆದಿವಾಸೀ ಜನಾಂಗಾಂಕ ಬಹುತೇಕ ನಿರ್ನಾಮ ಕೆಲ್ಲಾಂ. ತಾಂಗೇಲಿ ಪೊರ್ನಿ ಸಂಸ್ಕೃತಿ ನಾಶ ಕೆಲ್ಲ್ಯಾ. ತಾಂಗೇಲಿ ಪ್ರಾಚೀನ ಭಾಸ ವಿಂಗವಿಂಗಽಡ ಕಡೇನ ವಿಂಗವಿಂಗಽಡಶೀ ಆಶ್ಶೀಲಿ. ಕಾಂಯಿ ಪಾಂಚ ಹಜ್ಜಾರ ನಮೂನ್ಯಾಂಚಿ ತಾಂಗೆಲಿ ಭಾಸ ಚಾಲು ಆಶ್ಶೀಲಿ. ತೇಂ ಸಕ್ಕಡ ಅಮೇರಿಕಾ ಭೂಖಂಡಾಂತು ವಲಸೆ ಆಯ್ಯೀಲೆ ಗೋರೆ ಯುರೋಪೀ ಜನಾಂಗಾನ ಉಪಾಯೆರಿ ಗುಟ್ಟು ಭಾಯ್ರ ಪಽಣಾತಶ್ಶೀ ಹುಂಮ್ಹೂನು ಕಾಣು ಉಡ್ಡೋನು ಏಕಯಿ ನೆಲಾಂತು ಪೊರ್ನು ನಿರ್ನಾಮ ಕೆಲ್ಲೆಂ. ಇತ್ಲೆ ವಗ್ಗಿ ಖಂಚೇಯಿ ಜನಾಂಗಾಚೆ ಭಾಗ್ಯ ಅಶ್ಶಿ ಪರಿವರ್ತನ ಘೂಢೆ ಕೆದ್ನಾಯಿ ಜಾಲ್ಲೇಲೆ ನಾಂ.

ದೋನಿ ಇಂಡಿಯಾ, ಪೂರ್ವ ಆನಿ ಪಶ್ಚಿಮ

ಯುರೋಪಾಚೆ ಗೋರೆ ಲೋಕಾನಿ ಕ್ರಿ. ಶ. 1505 ಇಸ್ವೇನಂತರ ತಾಂಗೇಲಿ ತಾವರ-ಬಾಂದೂಚಿ ಕೈಗಾರಿಕಾ ಭಾರಿ ಜೋರಾನ ವಾಡ್ಡಯಿಲಿ. ದಿಗದಿಗಽ ಚಾರಿ-ಪಾಂಚ ಮಾಸ್ಟ್ ಸಿರ್ಕಾನು ತಾಂಕಾ ರುಂದರುಂದ ಶೀಡ (ಸೈಲ್) ಘಾಲ್ನು ಲಾಯ್ಯೀಲೆ ಹೊಳ್ಳೆಹೊಳ್ಳೆ ತಾವರಂ ತಯ್ಯಾರಿ ಕೆಲ್ಲೀಂತಿ.

ಹೀಂ ತಾವರಂ ಆಫ್ರಿಕಾತಾಕ್ಕೂನು ಕಿಡ್ನ್ಯಾಪ್ ಕೋರ್ನು ಘೇವ್ನು ಆಯ್ಯೀಲೆ ನಿಗ್ರೋ ಗುಲಾಮಾಂಕ ದೋನಿಕಡೇನ ಸಾಲಾರಿ ಬೊಸೊನು ತಾಂಕಾ ವ್ಹಲ್ಲೊ (ಓರ್) ಮಾರೂಂಕ ಲಾವ್ನು ತಾವರಂ ಸಮುದ್ರಾಂತು ದೇವ್ವೈಲೀಂತಿ.

ಭಯಂಕರ ಪಾಳಂ ಉಬಾಯಿತಲೆ ಅಟ್ಲಾಂಟಿಕ್ ಸಮುದ್ರಾಂತು ದೂರದೂರ ತಾಂಯಿ ಪ್ರಯಾಣ ಕೊರೂಂಕ ಯುರೋಪಾಚೆ ವಿವಿಧ ರಾಜ್ಯಾಚೆ ನೌಕಾಸೈನಿಕ ಇಂಡಿಯಾಕ ವತ್ತಾತಿ ಮ್ಹೋಣು ಭಾಯ್ರಸರ್ಲೆ. ಧಾ ಹೊಳ್ಳೆಹೊಳ್ಳೆ ತಾವರಂ ಅಶ್ಶಿ ಸಮುದ್ರಾಂತು ದೇವ್ನು ಗೋರೆ ಕ್ಯಾಪ್ಟನ್ನಾಲೆ ಹುಕುಮಾಂತು ಭಾಯ್ರಸರ್ಲ್ಯಾರಿ ಪಾಂಚ ತಾವರಂ ಪೂರ್ವ ದಿಕ್ಕಾಕ ಗೆಲ್ಲೀಂತಿ ಆನಿ ಪಾಂಚ ಪಶ್ಚಿಮ ದಿಕ್ಕಾಕ ಗೆಲ್ಲೀಂತಿ.

ಪಶ್ಚಿಮ ದಿಕ್ಕಾಕ ಗೆಲ್ಲೇಲಿ ತಾವರಂ ಕಡೇರಿ ವಗ್ಗಿ ಅಮೇರಿಕಾಚೆ ಪೂರ್ವ ಕರಾವಳೀಂತು ಆಶ್ಶೀಲೆ ಸಮುದ್ರತಟಾರಿ ವೊಚ್ಚೂನು ಪಾವ್ಲೀಂತಿ. ಪಳ್ಳೈಲಾರಿ ಅಮೇರಿಕಾಚೆ ನಿವಾಸಿ ಜಽಣ ಜಂಗ್ಲೀ ಜಽಣಸೇಂ ದಿಸ್ಲೀಂತಿ. 'ಅರೇ, ಹಾನ್ನಿ ಮಾರ್ಕೊಪೋಲೋನ ವರ್ಣನೆ ಕೆಲ್ಲೇಲೆವರಿ ಚಂದ ನಾಂತಿಮೂ!' ಮ್ಹೋಣು ಆಶ್ಚರ್ಯ ಜಾಲ್ಲೆಂ.

ಕೊಲಂಬಸ್ಸಾಲೆ ನಾವಿಕ ಸೈನಿಕಾಂನಿ ತೇ ಜನಾಂಕ ಜಿಖ್ಖಿಮಾರ್ನು ತಾಂಗೆಲೆ ಭೂಂಯ್ಚೇರಿ ಮುಕ್ಕಾಂ ಘಾಲ್ಲೆಂ. ತಾಂಕಾ ಜಿಖ್ಖಿ ಮಾರೂಂಕ ಆನಿ ತಾಂಗೆಲಿ ಭೂಂಯಿ ವಶಾಂತು ಘಾಲೂಂಕ ಕೊಲಂಬಸ್ ಆನಿ ಇತರ ನಾವಿಕಾಂಕ ಲಜ್ಜಿಕರ್ನಿ ಮ್ಹೋಣ್ಯೇತ. ಯುರೋಪಾಚೆ ಹೇ ದುರ್ಜನಾಂಕ ಅನ್ಯಾಯಾಚೊ ಮಾರ್ಗು ಧೊರೂಂಕ ಖಂಚೇಯಿ ಸದಾಚಾರ ನೀತಿ ಆಢ ಯೇನಿ.

ಏಕ ವರ್ಸ ಭಿತ್ತರಿ ಸ್ಪೇಯಿನಾಲೆ ಸೈನ್ಯಾನ ಹೇ ಜಾಗ್ಯಾರಿ ತಾಂಗೆಲೆ ದೇಶ 'ನ್ಯೂ ಸ್ಪೇಯ್ನ' ಸ್ಥಾಪಿತ ಕೆಲ್ಲೆಂ. ಆತ್ತಂಚೆ ಮೆಕ್ಸಿಕೋ ದೇಶಾತಾಕ್ಕೂನು ಸಗ್ಳೇ ದಕ್ಷಿಣ ಅಮೇರಿಕಾ ಭೂಖಂಡ ಇಂಗೀಷ, ಫ್ರೆಂಚ್, ಪೋರ್ತುಗೀಸ್ ಆನಿ ಸ್ಪೇಯಿನಾಚೆ ಹಾತ್ಮೂಳಾಂತು ಗುಲಾಮೀ ಕೊಲೊನಿ ಜಾಲ್ಲೀಂತಿ. ಹೇ ಗೋರೆ ಲೋಕಾಂಕ ಕ್ರಿಶ್ಚನ್ ಧರ್ಮಾಂಚೆ ಖಂಚೇಯಿ ಆದರ್ಶ ಖೂನಿ, ಲೂಟ, ಭ್ರಷ್ಟಾಚಾರು ಇತ್ಯಾದಿ ಕೊರೂಂಕ ಧರ್ಮು ಆಡ ಯೇನಿ.

ಪೂರ್ವಾಕ ಗೆಲ್ಲೇಲೆ ತಾವರಂ ಆಫ್ರೀಕಾ ಭೂಖಂಡಾಚೆ ಸಕಲ್ಚೆ ತುದಿಯೇರಿ ಸುತ್ತು ಘಾಲ್ನು ಕಡೇರಿ ಅಸ್ಲೀ ಇಂಡಿಯಾಂತು ಪಶ್ಚಿಮ ಕರಾವಳೀಚೆ ಕಲ್ಲಿಕೋಟೆ ಗಾಂವಾಂತು ವೊಚ್ಚೂನು ಪಾವ್ಲೀಂತಿ. ಪಳೈಲಾರಿ ಇಂಡಿಯಾ ನಿಜಽ ಜಾವ್ನು ಮಾರ್ಕೊಪೋಲೋನ ವರ್ಣನೆ ಕೆಲ್ಲ್ಯಾವರೀಚಿ ಚಂದ ನಾಗರಿಕ ದೇಶ ಜಾವ್ನು ದಿಸ್ಲೆಂ.

ಒಟ್ಟೋಮಾನ ತುರ್ಕಾಂಚಾನ ಮೆಡಿಟರೇನಿಯನ್ ಸಮುದ್ರಾರಿ ಆನಿ ದಕ್ಷಿಣಪಶ್ಚಿಮ ಏಶಿಯಾಚೆ ಭೂಂಯ್ಚೇರಿ ಜಾವ್ನು ಇಂಡಿಯಾಕ ವೊಚ್ಚಿ ವಾಟ ಬಂದ ಕೆಲ್ಲೇಲಿ . ತೇನಿಮಿತ್ತ ಹೇ ಪಟಿ ಯುರೊಪಾಚೆ ತಾವರಾಂಕ ಇಂಡಿಯಾಕ ಪಾವೂಂಕ ವಿಂಗಡೀಚಿ ವಾಟ ಸೊದ್ದೂಕಾ ಜಾಲ್ಲಿ. ಪೂರ್ವ ದಿಕ್ಕಾಕ ಗೆಲ್ಲೇಲಿ ತಾವರಂ ಕಡೇರಿ ಕಲ್ಲಿಕೋಟೆ ಪ್ರದೇಶಾಕ ಪಾವ್ಲೀಂತಿ.

ಕಲ್ಲಿಕೋಟೆ ಪ್ರದೇಶಾಂತು ಕ್ರಿ. ಶ. 1498 ಇಸ್ವೇಂತು ಜ಼ಾಮೋರಿನ್ ಮ್ಹಳ್ಳೊಲೊ ರಾಯು ಆಳ್ವಿತಆಶ್ಶೀಲೊ. ತಾಕ್ಕಾ ಹೇ ಗೋರೆ ನಾವಿಕಾಂಕ ಪೊಳೋನು ಹಾನ್ನಿ ಆರ್ಬೆ (ಅರಬ್ಬೀ) ನ್ಹಯಿ ಮ್ಹೋಣು ಕೋಳ್ನು ಬಂದ್ರಾಚೆ ಅಧಿಕಾರೀಂಕ ತಾಂಕಾ ತಾಗ್ಗೇಲೆ ರಾವ್ಳಾರಾಕ ಘೇವ್ನುಯೆವ್ಚಾಕ ಸಾಂಗ್ಲೆಂ. ಜ಼ಾಮೊರಿನ್ನಾಲೆ ಶಸ್ತ್ರಧಾರೀ ಸೈನಿಕ ಪೋಳೋನು ಯುರೋಪಾಚೆ ಗೋರೆ ನಾವಿಕಾಂಕ ಬಲಾತ್ಕಾರಾರಿ ಭೂಂಯಿ ಕಬ್ಜಕೊರೂಂಕ ಸಾಧ್ಯಜಾಯ್ನಿ.

ಅಮೇರಿಕಾಂತು ಜಾಲ್ಲ್ಯಾವರಿ ಇಂಡಿಯಾಂತು ಜಾಯ್ನಿ.

ಇಂಡಿಯಾಂತು ಅಮೇರಿಕಾಂತು ಜಾಲ್ಲ್ಯಾವರಿ ಜಾಯ್ನಿ. ಹಾಂಗಾ ಆಯ್ಯೀಲೆ ಯುರೋಪ್ ನಾವಿಕಾಂಕ ನಾಗ್ಡೆ ಲೋಕು ದಿಸ್ಸಽನೀಂತಿ. ಇಂಡಿಯಾಚೆ ಜಽಣ ಅನಾಗರಿಕಶೇ ದಿಸ್ಸಽನೀಂತಿ. ಥಂಯಿ ಜಾಲ್ಲ್ಯಾಮ್ಹಣ್ಕೆ ಹಾಂಗಾ ತಶ್ಶಿ ಜಾಯ್ನಿ.

ಇಂಡಿಯಾಂತು ಯುರೋಪಾಚೆ ಸ್ಯನ್ಯಾಂಕ ಸುಲಭೇರಿ ಭೂಂಯಿ ಕಬ್ಜಕೊರೂಂಕ ಸಾಧ್ಯಜಾಯ್ನಿ. ಕ್ರಿ. ಶ. 1505 ಇಸ್ವೇಧೋನ್ರು ನೈತಿಕತಾ ಸೊಳ್ಳೇಲೆ ಯುರೋಪಾಚೆ ಸೈನಿಕ ಜಾವ್ನೋ ವ್ಯಾಪಾರಿ ಜಾವ್ನೊ ಇಂಡಿಯಾಂತು ಆಯ್ಲೆ ಮಾಗ್ಗಿರಿ ತಾಂಕಾ ಇಂಡಿಯಾಚೆ ಜನಾಂಕ ಸುಲಭೇರಿ ಖೂನಿಕೋನ್ರು ಭೂಂಯಿ ವಽಶ ಕೊರೂಂಕ ಜಾಯ್ನಿ.

ಇಂಡಿಯಾಚೆ ರಾಯ್ಯಾನಿ ಸಕ್ಕಡ ಯುರೋಪಾಚೆ ಆಗಂತುಕಾಂಕ ಭಾರತಾಚೊ ಧರ್ಮು ಶಿಕ್ಕೈಲೊ. ಜೀವನಾಚೆ ಉದ್ದೇಶು ಕಸ್ಸಲೊ ಮ್ಹೋಣು ಶಿಕ್ಕೈಲೆಂ. ಸುಲಭೇರಿ ಹಿಂದೂಂಕ ಮತಾಂತರ ಕೊರೂಂಕ ತಾಂಕಾ ಸಾಧ್ಯ

ಜಾಯ್ಲಿ. ಬ್ರಾಹ್ಮಣ, ಕ್ಷತ್ರಿಯ, ವೈಶ್ಯ ಆನಿ ಅನೇಕ ಶೂದ್ರ ಸಮೇತ ಸನಾತನ ಧರ್ಮು ಸೋಣು ಕ್ರಿಶ್ಚನ್‌ಧರ್ಮಾಂತು ಮೇಳೂಂಕ ಸಿದ್ಧಜಾಯ್ಲಿಂತಿ.

ಜಾಲ್ಯಾರಿಯೀ ಯುರೋಪಾಚೆ ಲೋಕಾನಿ ತಾಂಗೆಲೆ ಸ್ವಾರ್ಥು ತಿರ್ಸೂಚಾಕ ಅನೇಕ ಉಪಾಯ ಕೆಲ್ಲೆ. ಜನಾಂಕ ಮೋಸು ಕೋರ್ನು ಏಕಯಿ ಆಶಿರ್ದಾರ್ಕ್ಕೋನು ಹಗೂರ ಸ್ಥಾನೀಯ ಲೋಕಾಂಕ ಕ್ರಿಶ್ಚನ್ ಮತಾಂತು ಮೆಳ್ಳೈಲೆಂ. ಮಾಗ್ಗಿರಿ ಸ್ಥಳೀಯ ರಾಯ್ಯಾಲೆಬಟ್ಟು ಒಪ್ಪಂದ ಕೋರ್ನು ಪೈಸೆ ದೀವ್ನು ಏಕಯಿ ವ್ಯಾಪಾರುಕೋರ್ನು ಇಂಡಿಯಾಂತು ಠಿಕಾಣಿಘಾಲೂಂಕ ತಾಂಕಾ ಸಾಧ್ಯಜಾಲ್ಲೆಂ.

ತೆಕಡೆ ಅಮೇರಿಕಾಕ ಗೆಲ್ಲೆಲೆ ನಾವಿಕಾಂಕ ಥಂಚೆ ಜಂಗ್ಲೀ ಜನಾಲೆಬಟ್ಟು ಖಂಚೋಯಿ ಒಪ್ಪಂದ ವಾ ಸಂಧಾನ ಕೊರ್ಚೆ ಅಗತ್ಯಪಡ್‌ಣಿ. ತಾನ್ನಿ ಸೀಧಾ ಆಕ್ರಮಣಕೋರ್ನು ಭೂಂಯಿ ವಡ್‌ಶ ಕೋರ್ನು ತಾಂಗೆಲಿ ಕೊಲೊನಿ ಸ್ಥಾಪನೆ ಕೆಲ್ಲಿ.

ಇಂಡಿಯಾ ಕಶ್ಶಿ ವಡ್‌ಶ ಜಾಲ್ಲೆಂ?

ಯುರೋಪತಾಕ್ಕೂನು ಸಕ್ಕಡಾಂಕಯ ಘೂಡೆ ಪೊರ್ತುಗೀಸ್ ತಾವರಂ ಸುರ್ವೇಕ ಆಯ್ಲೀಂತಿ. ಬಹಮನೀ ಸುಲ್ತಾನಾಲೆ ಆನಿ ವಿಜಯನಗರ ಅರಸಾಲೆ ಮಧ್ಯೆ ಜಾತ್ತ್‌ಸ ಆಶ್ಶೀಲೆ ಯುದ್ಧಾಚೆ ವೇಳಾರಿ ಗೋವಾಂತು ಪೊರ್ತುಗೀಸಾಂಕ ವ್ಯಾಪಾರು ಕೊರೂಂಕ ಇಂಬು ಮೆಳ್ಳೊ. ಗೋವಾಂತು ಆನಿ ಇತರ ಪಶ್ಚಿಮ ಕರಾವಳೀಚೆ ವ್ಯಾಪಾರೀ ಬಂದರ ಆಶ್ಶೀಲೆ ಪ್ರದೇಶಾಂತು ಪೊರ್ತುಗೀಸ್ ಆಡಳಿತ ಸ್ಥಾಪನೆ ಜಾಲ್ಲೆಂ. ಜಾಲ್ಯಾರಿ ಕಡೇರಿ ಪೊರ್ತುಗೀಸಾಂಕ ಗೋವಾ ದಮನ್ ಆನಿ ದಿಯೂ ಹೇಂ ತೀನಿ ಪ್ರದೇಶ ಮಾಂತ್ರ ಕೊಲೊನಿ ಕೋರ್ನುಘೆವ್ಚಾಕ ಜಾಲ್ಲೆಂ.

ಥೋಡೇ ವರ್ಸ ಭಿತ್ತರಿ ಇಂಗ್ಲೀಷ್ ವ್ಯಾಪಾರಿ ಲೋಕಾಲಿ ಸವಾರೀ ಇಂಡಿಯಾಕ ಆಯ್ಲಿ. ಇಂಗ್ಲೀಷ್ ಸೈನ್ಯಾನ ಮದ್ರಾಸ್ ಆನಿ ಬಂಗಾಲಾಂತು ಥೋಡಿ ಥೋಡಿ ಭೂಂಯಿ ಒಪ್ಪಂದ, ಏಕಯಿ ಸಂಧಾನ ಏಕಯಿ ಬಲಾತ್ಕಾರು ಕೋರ್ನು ಸೈನ್ಯಕಾರ್ಯವಾಹೀ ಮೂಲಕ ತಮಿಳ ಪ್ರದೇಶಾಂತು ವಿಶಾಲ ರಾಜ್ಯ ಸ್ಥಾಪಿತ ಕೆಲ್ಲೆಲೆಂ. ಕ್ರಿ. ಶ. 1767 ಇಸ್ವೇಂತು ಮದ್ರಾಸಾಚೆ ಭಾಯ್ರ 100-200 ಕಿಲೋಮೇಟರ್ ದೂರತಾಂಯಿ ಬ್ರಿಟಿಷ್ ಈಸ್ಟ್ ಇಂಡಿಯಾ ಕಂಪನೀನ ಇಂಡಿಯಾಂತು ವಸಾಹತು ಮ್ಹೋಣು ಸ್ಥಾಪನೆ ಕೆಲ್ಲೆಂ.

ಹೈದರಾಲಿ ನಾವಾಂಚೊ ಏಕು ಸೇನಾಪತಿ ಹೇ ತಮಿಳ ಪ್ರದೇಶಾಂತು ರಾಯು ಜಾವ್ನು ಆಶ್ಶಿಲೊ. ಹೈದರಾಲಿಲೆ ಸೈನ್ಯಾಕ ಆನಿ ಕಂಪನಿ ಸೈನ್ಯಾಕ ಪ್ರಥಮ ಆಂಗ್ಲೋ-ಮೈಸೂರ್ ಯುದ್ಧ 1767 ಇಸ್ವೇಂತು ಜಾವ್ನು ಕಂಪನೀಚೆ ಸೈನ್ಯ ಸಲ್ವಲೆಂ. ಕಂಪನೀನ ಭೂಂಯಿ ಸೋಣು ದಿಲ್ಲಿ ಆನಿ ಮೈಸೂರಾಲೆಬಟ್ಟು ಸಾಲಬಾಯಿ ಒಪ್ಪಂದ ಕೆಲ್ಲೆಂ

ಹೇ ವೇಳಾರಿ ಕ್ರಿ. ಶ. 1767 ಇಸ್ವೇಂತು ದಕ್ಷಿಣ ಭಾರತಾಂತು ಗೊಲ್ಕೊಂಡಾಚೊ ನವಾಬು, ಪೂನೇಂಚೊ ಮರಾಠಾ ಪೇಶ್ವಾ, ತಂಜಾವೂರಾಚೊ ಮರಾಠಾ ರಾಯು, ಜಿಂಜೀಚೊ ಆನಿ ಮಧುರೇಚೊ

ನವಾಬ, ಆರ್ಕಾಟಾಚೊ ಸುಲ್ತಾನು, ಮೈಸೂರಾಚೊ ಹೈದರಾಲಿ, ಆನಿ ಮಲಬಾರ ಕೊಚ್ಚೀಚೊ ವರ್ಮಾರಾಯು ಬಲಾಢ್ಯಜಾವ್ನುಆಶ್ಶೀಲೆತಿ. ತಾಂಗೆಲೆಮಧ್ಯೆ ಏಕ ರಾಯ್ಯಾಲೆ ವಿರುದ್ಧ ಆನಿಏಕ ರಾಯ್ಯಾಕ ಸದಽಂಚಿ ಯುದ್ಧಜಾತ್ತಾ ಆಶ್ಶೀಲೀಂತಿ. ಹೇ ರಾಯ್ಯಾನಿ ಒಟ್ಟು ಮೇಳ್ಳು ಯುರೋಪಾಚೆ ಗೋರೆ ಲೋಕಾಂಕ 1650 ಇಸ್ವೇಂತೂಚಿ ಭಾರತಾಂತು ಯೇನಾತಶ್ಶಿ ಕೋರ್ಯೆ ಆಶ್ಶೀಲೆ. ಜಾಲ್ಲ್ಯಾರಿ ತಾಂಕಾ ಆಮ್ಮಿ ಹಿಂದುಸ್ಥಾನಾಂಚೆ ಸಕ್ಕಡರಾಜ್ಯ ಏಕ ಮ್ಹೊಣು ಮನಾಂತು ನಾತ್ತಿಲೆಂ ಮ್ಹೊಣು ದಿಸ್ತಾ.

ಇಂಗ್ಲೀಷಾನಿ ಮದ್ರಾಸ ಆನಿ ಕಲ್ಕತ್ತಾ ನಗರಾಚೆ ಸುತ್ತು ತಾಂಗೆಲೆ ಆಡಳಿತಾಚೆ ಪ್ರದೇಶ ಸಕ್ಕಡ ಕಂಪನೀಚೆ ರಾಜ್ಯ ಮ್ಹೊಣು ನಾಂವ ದೀವ್ನು ಪ್ರಜೇಲೆಲಾಗ್ಗಿ ಕಽರ ವಸೂಲಿ ಕೊರೂಂಕ ಸೂರುಕೆಲ್ಲೆಂ. ಏಕ ವಿಶಾಲ ಸೈನ್ಯ ದವ್ವರ್ಲೆ. ಸುತ್ತು ಮುತ್ತು ಆಶ್ಶೀಲೆ ರಾಯ್ಯಾಲೆ ಒಟ್ಟು ಯುದ್ಧಕೊರೂಂಕ ಆನಿ ತಾಂಗೆಲೆ ರಾಜ್ಯ ಇಂಗ್ಲೀಷಾಲೆ ವಽಶ ಕೊರುಂಕ ಸೂರು ಕೆಲ್ಲೆಂ.

ಟಿಪ್ಪುಸುಲ್ತಾನಾನ ಫ್ರೆಂಚ್ ಸೈನ್ಯಾಲೆ ಸಹಾಯಾರಿ ಕಬ್ಜಕೆಲ್ಲೆಲೆ ಕೆನರಾ, ಮಲಬಾರು, ಕೊಚ್ಚಿ ತಿರವಾಂಕೂರ ಇತ್ಯಾದಿ ಸಕ್ಕಡ ಪ್ರದೇಶ ಇಂಗ್ಲೀಷಾಲೆ ಹಾತ್ಮುಳಾಂತು ಕಂಪನೀಚೆ ಆಡಳಿತಾಂತು 1784 ಇಸ್ವೇಂತು ಆಯ್ಲೆಂ.

ಇಂಡಿಯಾಂತು ಗೋರೆಲೋಕು ಮಸ್ತ ವಲಸೆ ಯೇನಿಂತಿ. ಗೋರೆ ಆಫೀಸರ್ ಆನಿ ಸೈನ್ಯ ಮಾತ್ರ ಆಶ್ಶೀಲೀಂತಿ. ಅಮೇರಿಕಾಂತು ಸಕ್ಕಡ ಗೋರೆ ಲೋಕು ಭರ್ಲೀಂತಿ. ಗುಲಾಮೀ ನಿಗ್ರೊ ಆನಿ ಜಂಗ್ಲೀ ರೆಡ್ ಇಂಡಿಯನ್ಸ ಮಸ್ತ ಜಽಣ ನಾತ್ತಿಲೆ ಆನಿ ಲೆಕ್ಕಾಕ ನಾಆಶ್ಶೀಲೆ.

ಕ್ರಿ. ಶ. 1784 ಇಸ್ವೇನಂತರ ಇಂಗ್ಲೇಷ್ ಸರಕಾರಾಕ ಅಮೇರಿಕಾಚೆ ತೊಂದ್ರೆ ಚುಕ್ಕೂನು ಗೆಲ್ಲೆ. ತಾನ್ನಿ ಇಂಡಿಯಾಂತು ಆನಿ ಇತರ ಏಶಿಯಾ ಪ್ರದೇಶಾಂತು ತಾಂಗೆಲೆ ರಾಜ್ಯ ವಿಸ್ತಾರ ಕೊರೂಂಕ ಸೂರು ಕೆಲ್ಲೆಂ.

ಅಮೇರಿಕಾಂತು ಸೆಕ್ಯುಲರಿಸಮ್

ಅಮೇರಿಕಾಂತು ಸೋಳಾಚೆ ಆನಿ ಸತ್ರಾಚೆ ಶತಮಾನಾಂತು ಪ್ಯುರಿಟಾನ್ ಮತಾಂಚಾಕ ಆನಿ ರೋಮನ್ ಕೆಥೋಲಿಕ್ ಮತಾಚೆ ಕ್ರಿಶ್ಚನ್ ಲೋಕಾಂಚೆ ಮಧ್ಯೆ ಝಗಡೊ ಜಾವ್ನು ವ್ಯಾಪಾರ ವಹಿವಾಟಾಂತು ಭಾಧಾ ಆಯ್ಯೀಲಿ.

ಹೇ ವೇಳಾರಿ ಅಮೇರಿಕಾಂತು ಕ್ರಿಶ್ಚನ್ ಧರ್ಮಾಂಚೆ ದೋನಿ ನಮೂನ್ಯಾಚೆ ವಿಭಾಗ ಆಶ್ಶೀಲೀಂತಿ. ರೋಮನ್ ಕ್ಯಾಥೋಲಿಕ್ ಆನಿ ಪ್ಯುರಿಟಾನ್. ಪ್ಯುರಿಟಾನ್ ಮ್ಹಳ್ಯಾರಿ ಪ್ರೊಟೆಸ್ಟಂಟ್ ವಿಚಾರಾಚೆ ಜಽಣ ಅಮೇರಿಕಾಂತು ರ್‍ಹೋಡ್ ಐಲ್ಯಾಂಡ್, ಕನೆಟಿಕಟ್, ನ್ಯೂ ಹೆಂಪಶಾಯರ್, ಮಸೆಚುಸೆಟ್ಸ್ ಆನಿ ವರ್ಮೊಂಟ್ (ನವೆ ಇಂಗ್ಲೇಂಡ್) ಕೊಲೊನೀಂತು ಅಧಿಕಸಂಖ್ಯೇರಿ ಆಶ್ಶೀಲೀಂತಿ ಆನಿ ಇಂಗ್ಲೇಂಡಾಚೆ ವಿಶೇಷ ಪ್ರೊಟೆಸ್ಟಂಟ್ ವಿಚಾರಾಚೆ ಜನಾಂಕ ಫಾಟೀಬಳಾಕ ರಾಬ್ಬೀಲೀಂತಿ. ಅಮೇರಿಕಾಂತು

ವರ್ಜಿನಿಯಾ, ಮೇರಿಲ್ಯಾಂಡ್, ಪೆನ್ಸಿಲ್ವಾನಿಯಾ ಇತ್ಯಾದಿ ಕೋಲೊನೀಂತು ರೋಮನ್ ಕೆಥೋಲಿಕ್ ಜಃಣ ಅಧಿಕಸಂಖ್ಯೇರಿ ಆಶ್ಶೀಲೀಂತಿ.

ಹೋ಼ ಝುಗಡೊ ರಿಲೀಜನ್ ಆನಿ ದೇವಾಲೆ ವಿಷಯಾಂತು ಜಾವ್ನೊ, ಯೂ ಎಸ್ ಏ ಸರಕಾರಾಚೆ ಖಂಚೇಯಿ ಅಧಿಕಾರೀಲೆ ಲಾಗ್ಗಿ ತೀರ್ಮಾನ ಕೊರೋಚಾಕ ಯೆವ್ವಾಕ ನಜ್ಜ ಮ್ಹೋಣು ಅಮೇರಿಕನ್ ಕಾಂಗ್ರೆಸ್ಸಾನ ಆನಿ ಸೆನೇಟಾನ ಠರಾವು ಪಾರಿತಕೆಲ್ಲೊ. ಮಾಗ್ಗೀರಿ ಅಮೇರಿಕಾಚೆ ಅಧ್ಯಕ್ಷಾನ ತೇ ಠರಾವಾಕ ಸಹಿ ಘಾಲ್ನು ತಾಕ್ಕಾ ಕಾನೂನು ಕೆಲ್ಲೊ. ಯೂ ಎಸ್ ಏ ಚೆ ಸಂವಿಧಾನಾಚೆ ಪ್ರಕಾರ ದೇಶಾಕ ದೇವಾವ್ವೈರಿ ನಂಬಿಗೆ ಆಸ್ಸ. ಜಾಲ್ಲ್ಯಾರಿ ಹೀ ನಂಬಿಗಾ ಆನಿ ರಿಲೀಜನ್ ಖಂಚೇಯಿ ರೀತೀರಿ ಸರಕಾರಾಚೆ ಕಾಮಾಂತು ಹಾತುಘಾಲೂಂಕ ನಜ್ಜ ಮ್ಹೋಣು ಸಾಂಗ್ಗಾ.

ಸೆಕ್ಯುಲರಿಸಮ್ಮಾಂಚೆ ಮೂಲಸಿದ್ಧಾಂತ ಸರಕಾರಾಕ ಸಂಭಂಧ ಪಾವೀಲೆ ಜಾವ್ನು ಆಸ್ಸ. ಸೆಕ್ಯುಲರಿಸಮ್ ಪ್ರಜೇಲೆ ಘರಕಡೆ ಲಾಗು ಜಾಯ್ನಾ. ಸರಕಾರಾನ ದೇಶಾಚೆ ಪ್ರಜೇಲೆಓಟ್ಟು ಧಾರ್ಮಿಕ ಸಮಾನತ್ವ ಕಶ್ಶಿ ಪಾಲನೆ ಕೋರ್ಕಾ ಮ್ಹಳ್ಳೆಲೇಂಚಿ ಸೆಕ್ಯುಲರಿಸಮ್ಮಾಂಚೊ ಪ್ರಶ್ನೊ. ಹೇ ಪ್ರಶ್ನ್ಯಾಂಕ ಉತ್ತರ ನಿರ್ಬಂಧ ಶ್ರೇಣೀರಿ ಯೆತ್ತಾತಿ.

ಪ್ರಥಮ ನಿರ್ಬಂಧ: ನಾಗರಿಕಾನಿ ಖಂಚೇಯಿ ಸಮಾಜಘಾತಿ ಕಾಮ ಧರ್ಮಾಚೆ ನಾಂವಾರಿ ಕೊರೂಂಕ ನಜ್ಜ. 'ಮೆಗ್ಗೆಲೊ ಧರ್ಮು ಅಶ್ಶಿ ಕೊರೂಂಕ ಆಜ್ಞೆ ದಿತ್ತಾ' ಮ್ಹೋಣು ತಾಣೆ ತೇ ಸಮಾಜಘಾತಿ ಕಾಮ ಕೊರೂಂಕ ಆಪ್ಣ್ಯಾಲೊ ಧರ್ಮು ಪ್ರೇರಣೆ ದಿತ್ತಾ ಮ್ಹಳ್ಳೆಲೆ ಕಾರಣ ದಿಲ್ಲ್ಯಾರಿ ನ್ಯಾಯಾಲಯಾನ ಕಬೂಲಿ ಕೊರೂಂಕ ನಜ್ಜ.

ದುಸ್ರೊ ನಿರ್ಬಂಧ: ಸರಕಾರಾನ ಪ್ರಜೇಲೊಟ್ಟು ಖಂಚೇಯಿ ವ್ಯವಹಾರು ಕೋರ್ಕಾಜಾಲ್ಲ್ಯಾರಿ ತೇ ಪ್ರಜೇಲೊ ಧರ್ಮು ಕಸ್ಸಲೊ ಮ್ಹೋಣು ತಾಜ್ಜೇರಿ ಹೋಂದೂನು ಕೊರೂಂಕ ನಜ್ಜ. ಉದಾಹರಣೆಂಕ ನೌಕರಾಂಕ ಸಾಂಬೋಳು ನೌಕರಾಲೆ ಧರ್ಮಾವ್ವೈರಿ ಹೊಂದೂನು ಆಸ್ಸೂಂಕ ನಜ್ಜ. ಪ್ರತಿ ಏಕ ಧರ್ಮಾಂಚೆ ನೌಕರಾಕ ಏಕಲೇಕ ಸಾಂಬೋಳು ದೀವ್ಕಾ. ಕಂತ್ರಾಟದಾರಾಕ ತಾಂಗೆಲೊ ಧರ್ಮು ಖಂಚೊಜಾಲ್ಲ್ಯಾರೀಯಿ ಪಕ್ಷಪಾತು ಕೊರೂಂಕ ನಜ್ಜ.

ತಿಸ್ರೊ ನಿರ್ಬಂಧ: ಸದಾಚಾರ, ಸ್ವದೇಶಾಭಿಮಾನ (ದೇಶಪ್ರೇಮ) ಆನಿ ಸಮಾಜಾಚಿ ಶಾಂತಿವ್ಯವಸ್ಥಾ ಹೇ ತೀನಿ ಜವಾಬ್ದಾರಿ ಪ್ರತಿಏಕ ಪ್ರಜೇನ ಪಾಲನೆ ಕೋರ್ಕಾ. ಪ್ರಜೇಲಿ ಜಾತಿ ಆನಿ ಧರ್ಮು ಹೇ ತೀನಿ ವಿಷಯ ಪಾಲನೆ ಕೊರ್ಚ್ಯಾಕ ಆಡ ಯೆವ್ವಾನಜ್ಜ. 'ಮೆಗ್ಗೆಲೊ ಧರ್ಮು ದೇಶಪ್ರೇಮಾಂಕ ಆಯ್ಕನಾ' ಮ್ಹೋಣು ಪ್ರಜೇನಿ ಸಾಂಗೂನು ಸಮಾಜಾಂತು ಅಶಾಂತಿ ಉತ್ಪನ್ನ ಕೊರೂಂಕ ನಜ್ಜ. ಸ್ವದೇಶಾಭಿಮಾನ ನಾತ್ತೀಲೊ ಮನಿಷು ದೇಶದ್ರೋಹಿ ಮ್ಹೋಣು ಸಾಂಗುಕಾ (ತೀರ್ಮಾನಕೋರ್ಕಾ).

ಚಾರೀಚೊ ನಿರ್ಬಂಧ: ಏಕ ಪ್ರಜೇನ ತಾಗ್ಗೆಲೆ ಧರ್ಮಾಚೆ ವಿವರಣ ದೀವ್ನು ತಾಜ್ಜೊ ನಿಯಮು, ನೀತಿ, ದೇವಾಲೆಂ ಗುಣಸ್ವಭಾವು, ಶಕ್ತಿಸಾಮರ್ಥ್ಯ ಇತ್ಯಾದಿ ಸಾಂಗೂಯೇತ. ಜಾಲ್ಲ್ಯಾರಿ ವಿಂಗಡ ಧರ್ಮಾಂಕ ನಿಂದನೆ ಕೊರ್ಚ್ಯಾ

ನಜ್ಜ. ತಶ್ಶಿ ನಿಂದನೆ ಕೆಲ್ಲ್ಯಾರಿ ಸಮಾಜಾಚಿ ಶಾಂತಿವ್ಯವಸ್ಥಾ ವಽರ್ನಾ. ತಶ್ಶಿ ವಿಂಗಡ ಧರ್ಮಾಂಕ ನಿಂದನೆ ಕೆಲ್ಲೆಲ್ಯಾಂಕ ಕಾನೂನು ಪ್ರಕಾರ ಶಿಕ್ಷೆ ದೀವ್ಯೇತ. ಸರಕಾರಾನ ಸಕ್ಕಡ ಧರ್ಮ ಏಕಲೇಕ ಮ್ಹೋಣು ಕಂಚೇಯಿ ಏಕ ಧರ್ಮಾಂಕ ಉಚ್ಛ ಏಕಯಿ ನೀಚ ಮ್ಹೋಣು ನಜ್ಜ.

ಪಾಂಚಾಚೊ ನಿರ್ಬಂಧ: ಸರಕಾರ ದೇವು ನಾ ಮ್ಹಣಾ. ದೇವು ನಾ ಮ್ಹಣ್ತಲ್ಯಾಂಕ ದೋಶದೀನಾ. ದೇವು ಆಸ್ಸ ಮ್ಹಣ್ತಲ್ಯಾಂಕ ವಿಶೇಷ ಸವಲತ್ ದೀನಾ. ದೇವು ನಾ ಮ್ಹಣ್ತಲ್ಯಾಂಕ ಸಕ್ಕಡಾಂಕಯಿ ಮೆಳ್ಚೊ ಸವಲತ್ ಕಮ್ಮಿ ಕರ್ನಾ.

ಸಂಚೊ ನಿರ್ಬಂಧ: ಖಂಚೇಯಿ ಏಕ ಧರ್ಮಾಂಚೆ ಅಧಿಕ ಸಂಖ್ಯೇಚೆ ಆಸ್ಸತಿ ಮ್ಹೋಣು ತಾಂಗೆಲೆಕತಿರ ವಿಂಗಡ ಕಾನೂನು ಕರ್ನಾ. ಆನಿಏಕ ಧರ್ಮಾಂಚೆ ಅಲ್ಪ ಸಂಖ್ಯೇಚೆ ಆಸ್ಸತಿ ಮ್ಹೋಣು ತಾಂಕಾ ವಿಂಗಡ ಕಾನೂನು ಕರ್ನಾ. ಉದಾಹರಣೇಂಕ ಆಯಕರ ವಿಭಾಗಾನ ರಿಯಾಯತಿ ದಿಲ್ಲೇಲೆ ಸಂಸ್ಥೇನ ಧರ್ಮನಿರ್ಪೇಕ್ಷ ರೀತೀರಿ ತೇ ಸಂಸ್ಥೇಚೊ ಸವಲತ್ ವಾಂಟೂಕಾ. ಆಯಕರಾಂತು ರಿಯಾಯತಿ ಜಾವ್ವೊ ಆನಿಏಕ ಸರಕಾರೀ ಉಪಲಬ್ಧಿ ಜಾವ್ವೊ ವಾಂಟೀತನಾ ತೋ ಫಾಯದೊ ಸಕ್ಕಡ ಧರ್ಮಾಂಚಾಕ ಸಮಾನ ರೀತೀರಿ ಮೆಳ್ಚೆತಶ್ಶಿ ಕೋರ್ಕಾ.

ಅಧಿಕ ಸಂಖ್ಯೈಚೆ ಧರ್ಮಾಂಚಾಂನ ಚೋಲೋಚೆ ಇಸ್ಕೂಲಾಕ ಸರಕಾರೀ ಫಾಯದೊ ನಾ ಜಾಲ್ಲ್ಯಾರಿ ತೇ ಇಸ್ಕೂಲಾಕ ಧರ್ಮಾಚೆ ಆಧಾರಾರಿ ನಿಯಮಾಂತು ಧರ್ಮಪಕ್ಷಪಾತು ಕೊರೂಂಕ ಹಕ್ಕು ಆಸ್ಸ.

ಸಾತ್ತಾಚೊ ನಿರ್ಬಂಧ: ಸಾಮಾಜಿಕ ಕಾನೂನ (ಕಾಮನ್ ಸಿವಿಲ್) ಸಕ್ಕಡ ಧರ್ಮಾಂಕ ಏಕ್ಕೂಚಿ ಜಾವ್ಕಾ.

ಅ) ಅಮೇರಿಕಾಂತು ಮುಸ್ಲಿಮಾನಿ ಜಾವ್ವೊ ಆನಿ ಖಂಚೇಯಿ ಧರ್ಮಾಂಚೆ ಜಾವ್ವೊ ಏಕ ಬಾಯ್ಲೆಕ ದೊವ್ವೋರ್ನು ಘೇವ್ಯೇತ. ಇಸ್ಲಾಂ ಧರ್ಮು ಚಾರಿ (4) ಬಾಯ್ಲಾಂಕ ದೊವ್ವೋರ್ನು ಘೆವ್ಚಾಕ ಅನುಮತಿ ದಿತ್ತಾ ಮ್ಹೋಣು ಕಾರಣ ಸಾಂಗೂನು ಮುಸ್ಲಿಂ ಮನುಷ್ಯಾನ ಅಮೇರಿಕಾಂತು ಏಕ್ಕಾಕಯಿ ಚಽಡ ವ್ಹಾರ್ಡಿಕ ಕೋರ್ನು ಘೆತ್ಲ್ಯಾರಿ ತಾಕ್ಕಾ ಜೈಲಾಂತು ಪೆಟ್ಟೈತಾತಿ.

ಆ) ಚೆಲ್ಯೇಲಿ ಪ್ರಾಯ 18 ವರ್ಸ ಜಾಲ್ಲೆ ಶಿವಾಯಿ ವ್ಹಾರ್ಡಿಕ ಕೊರ್ನುಘೆವ್ಚಾಕನಜ್ಜ.

ಇ) ಸಕ್ಕಡ ಧರ್ಮಾಂಚಾನ ಚೆರ್ಡುವಾಂಕ ಕ್ರಮಪ್ರಕಾರ ರೋಗ ನಿರೋಧಕ ಟೀಕಾ ದೀವ್ವೋಕಾ. ಇತ್ಯಾದಿ. ಹಾಂವ ದುನ್ನಂಧರ್ಮಾಂಚೊ ಮ್ಹೋಣು ಸಾಂಗೂನು ಖಂಚೇಯಿ ಏಕ ಪ್ರಜೇನ ಕಾನೂನ ಮೊಡೂಂಕ ನಜ್ಜ.

ಆಟ್ಟಾಚೊ ನಿರ್ಬಂಧ: ಘಽರ, ಭೂಂಯಿ, ಮಾರ್ಕೆಟ್ಟಾಂತು ಆಂಗಡಿ, ಪಾರ್ಕ ಇತ್ಯಾದಿ ಸವಲತ್ ಸರಕಾರಾನ ದಿತ್ತಽನಾ ಸಕ್ಕಡ ಜನಾಂಕ ಧರ್ಮಾಚೆ ಆಧಾರಾರಿ ಪಕ್ಷಪಾತು ಕರ್ನಾನಾತ್ತೀಲೆ ದೀವ್ಕಾ. ತೇ ಘರಾಚೆ, ಜಾಗ್ಯಾಚೆ, ಪಾರ್ಕಾಚೆ ಸುತ್ತುಮುತ್ತು ಆಶ್ಶೀಲೆ ವಾಸಕೋರ್ನು ಆಶ್ಶೀಲೆ ಜನಾಂಕ ತೊಂದ್ರೆ ಜಾಯ್ನಾತಶ್ಶಿ ಪೊಳೋಯೇತ.

ಉದಾಹರಣೆಂಕ ಚಿಕಾಗೋ ನಗರಪಾಲಿಕೇನ ಧಾರ್ಮಿಕ ಪ್ರಾರ್ಥನಾ ಮಂದಿರಾಕ ಸರಕಾರೀ ನಿವೇಶನ ದಿವ್ಚೆಜಾಲ್ಲ್ಯಾರಿ ಸುತ್ತುಮುತ್ತು ರಾಬ್ಬೊನುಆಶ್ಶೀಲೊ ಲೋಕು ಮುಸ್ಲಿಂ ಜಾಲ್ಲ್ಯಾರಿ ತೇ ನಿವೇಶನ ಮಸೀದಿ ಬಾಂದೂಂಕ ದೀವ್ಯೇತ. ಹಿಂದು ದೇವಳ ಜಾವ್ವೊ ಕ್ರಿಶ್ಚನ್ ಚರ್ಚ ಜಾವ್ವೊ ಬಾಂದೂಂಕ ದಿವ್ಚೆ ಸsಮ ನ್ಹಯಿ.

ಅಮೇರಿಕಾಚೆ ಕಾಗ್ರೆಸ್ಸಾಕ (ಪ್ರಜಾಪ್ರತಿನಿಧಿಸಭಾಕ) ಸಂಪೂರ್ಣ ಅಮೇರಿಕನ್ ಸ್ಟೇಟ್ಸಾಂಕ (ರಾಜ್ಯಾಂಕ) ಸೆಕ್ಯುಲರ್ ಕೊರೂಂಕ ಭಾರಿ ಕಷ್ಟ ಜಾಲ್ಲೆಂ.

ಅಮೇರಿಕಾ ಸರಕಾರ ಆನಿ ಪ್ರಜೆ ಸೋವಿಯಟ್ ಯೂನಿಯನ್ನಾಂಚೆ ಮ್ಹಣ್ಕೆ ಕಮ್ಯೂನಿಸ್ಟ್ ಸಿದ್ಧಾಂತಾಕ ಕಬೂಲ್ ಕರ್ನಾಂತಿ. ಕಮ್ಯೂನಿಸ್ಟ್ ಸಿದ್ಧಾಂತ ದೇವಾಚೇರಿ ನಂಮ್ಗನಾ.

ಇಂಗ್ಲೇಂಡಾಂತು ಪ್ರೊಟೆಸ್ಟಂಟ್ ರಾಯು ಆನಿ ಪ್ರಜೆ ಆಸ್ಸತಿ. ರೋಮನ್ ಕೆಥೋಲಿಕ್ ಕ್ರಿಶ್ಚನ್ ಲೋಕು ಇಂಗ್ಲೇಂಡಾಂತು ಅಲ್ಪಸಂಖ್ಯಾಕ ಸಮಾಜ. ಇಂಗ್ಲೇಂಡಾಂತು ಸರಕಾರ ಧರ್ಮಾಚೆ ಆಧಾರಾರಿ ಪಕ್ಷಪಾತು ಕರ್ನಾ ಮ್ಹೊಣು ಸಾಂಗ್ತಾತಿ. ಹಿಂದೂಂಕ ಇಂಗ್ಲೇಂಡಾಂತು ಸಮಾನ ಹಕ್ಕು ಮೆಳ್ತಾತಿ.

ರೇಸಿಸಂ ಆನಿ ಸೆಕ್ಯುಲರಿಸಂ

ಯೂ ಎಸ್ ಏ ದೇಶಾಂತು (ಉತ್ತರ ಅಮೇರಿಕಾಂತು) ರೇಸಿಸಂ (ಮನುಷ್ಯಾಲೊ ಆಂಗಾಚೊ ಬಣ್ಣಾರಿ ಪಕ್ಷಪಾತು) ಆಸ್ಸ. ಹೇಂ ನಿಜsಜಾವ್ನು ಬಣ್ಣಾಂಚೊ ಸಮಸ್ಯೆ ನ್ಹಯಿಂ. ಯುರೋಪಾಚೆ ಲೋಕಾಲೆಂ ರೂಪ ಕೊಣಾಂಕ ಆಸ್ಸಕೀ ತೋ ಉತ್ತಮ ಮನೀಷು. ಚರ್ಮಾಂಚೊ ಬಣ್ಣುನಂತಾ ದೋಳ್ಯಾಚೊ ಆನಿ ಕೇಸಾಚೊ ಬಣ್ಣು ಪೊಳೋನು ಅಮ್ಕೊ ಮನೀಷು ಆಮ್ಗೆಲೆ ರೇಸಾಚೊ (ವಂಶಾಚೊ) ಮ್ಹೊಣು ಸಾಂಗೂಯೇತ.

ಸುರ್ವೇಕ 48 ಲಕ್ಷ ವರ್ಸ ಫೂಢೆ ಭೂಂಯ್ಚೇರಿ ಧಾ–ಬಾರಾ ಕಡೆ ಮಾಂಕಡ ಹಳುಹಳೂ ಮನೀಷು ಜಾಲ್ಲೊ. ಹೇ ಧಾ–ಬಾರಾ ಕಡೆ ಸ್ಥಾನೀಯ ಹವೇಕ ತಕೀತ ಮಾಂಕಡ ಗೋರೆಂ ಏಕಯಿ ಕಾಳೆಂ ಜಾವ್ನು ಆಶ್ಶೀಲೆ. ಮಾಂಕಡ ಮನೀಷು ಜಾತ್ತನಾ ತೊ ಗೋರೊ ಏಕಯಿ ಕಾಳೊ ಜಾಲ್ಲೊ. ಥಂಡ ಪ್ರದೇಶಾಂತು ಗೋರೆ ಆನಿ ಹೂನ ಪ್ರದೇಶಾಂತು ಕಾಳೆ ಮನೀಷ ಮಾಂಕಡಾಲೆ ಬಣ್ಣಾವರೀಚಿ ಜಾಲ್ಲೀಂತಿ.

ಹೇ ಮನ್ಶಾಲೆ ಸಂತಾನ ವಾಡ್ಲೆಂ. ಜನಸಂಖ್ಯೆ ಚಳ್ಳಿ. ಪಿಕ್ಚೆಂ ಉದ್ದಾಕ ಸಕ್ಕಡಾಂಕಯಿ ಪಾವ್ಚೆ ತಿತ್ಲೆಂ ವsರ್ನಿ. ತೆದ್ನಾ ಹೋ ಲೋಕು ಉದ್ದಾಕ ಸೊದ್ದೀತ ದೂರದೂರ ಕುಟುಂಬಸಮೇತ ಗೆಲ್ಲೊ. ವಿಂಗಡ ವಂಶಾಚೆ ಜನಾಲೆ ಒಟ್ಟು ಉದ್ದಾಕತಿರ ಲಢಾಯಿ ಜಾಲ್ಲಿ. ದಾರ್ಲ್ಲೆ ಮನ್ಶಾನಿ ಲಢಾಯಿ ಕೆಲ್ಲಿ ಆನಿ ಅನೇಕ ದಾರ್ಲ್ಲೆ ಮನೀಷಂ ಮೆಲ್ಲೀಂತಿ. ಬಾಯ್ಲು ಮನಿಷಂ ವಾಂಚೂನು ವರ್ಲಿಂತಿ. ಏಕ ವಂಶಾಚೆ ದಾರ್ಲ್ಯಾಂಕ ಆನಿಏಕ ವಂಶಾಚೆ ಬಾಯ್ಲುಮನ್ಶಾಂಲೆ ಒಟ್ಟು ಸಂಬಂಧು ಸೂರು ಜಾಲ್ಲೊ. ತೇ ಬಾಯ್ಲುಮನ್ಶಂ ಗುರ್ಭಿಣಿ ಜಾಲ್ಲೀಂತಿ.

ತಾಂಕಾ ಜಾಲ್ಲೆಲಿಂ ಚೆರ್ಡುವಂ ಬಾಪ್ಸೂಲೆ ಆನಿ ಆವ್ಸೂಲೆ ವಂಶಾಚೆ ಮಧ್ಯೇಚೆ ರೂಪಾಚೆ ಜಾಲ್ಲೀಂತಿ. ಗೋರೊ ಬಾಮ್ಮೊಣು ಆನಿ ಕಾಳಿ ಬಾಯ್ಲ ಜಾಲ್ಯಾರಿ ಚೆರ್ಡು ಕಂದುಬಣ್ಣಾಚೆ ಜಾಲ್ಲೆಂ. ತಶ್ಶಿಜಾವ್ನು ಜಗತ್ತ್ಯಾಂತು ಗೋರೆ ಕಾಳೆ ಆನಿ ಕಂದು ಮ್ಹೋಣು ತೀನಿ ಬಣ್ಣಾಚೆ ವಂಶಜ ಆಸ್ಸಽತಿ.

ಅಸ್ಸಲೆಂ ಘಟನೆ ಹಜ್ಜಾರ ದೋನಿಹಜ್ಜಾರ ಪಟಿ ಜಾಲ್ಲೆಂಕಿನಾ ಕಂದು ಜಽಣ ಜಗತ್ತ್ಯಾಂತು ಅಧಿಕ ಸಂಖ್ಯೇಂತು ಪೊಳೊಚಾಕ ಮೆಳ್ತಾತಿ. ಮಹಾಭಾರತ ಯುದ್ಧ ಜಾಲ್ಲೆ ಮಾಗ್ಗೀರಿ ಜಂಬೂದ್ವೀಪಾಚೆ ಉತ್ತರ ಭಾಗಾಂತು ಚಽಡ ಸಂಖ್ಯೇರಿ ಆಶ್ಶೀಲೆ ಗೋರೆ ಲೋಕು ದಕ್ಷಿಣ ಭಾರತಾಕ ಯೇವ್ನು ಹಾಂಗಾ ಆಶ್ಶೀಲೆ ಕಾಳೆ ಬಾಯ್ಲಮನ್ಶಾಂಲೆಒಟ್ಟು ವ್ಹಾಡಿಕ ಕೋರ್ನು ಘೇವ್ನು ಜಾಲ್ಲೇಲೆ ಲೋಕು ಸಂಕರಜ ಲೋಕು ಜಾಲ್ಲೀಂತಿ. ಸಕ್ಕಡ ಅಸ್ಸಲೆ ಸಂಕರಜ ಲೋಕು ಆತ್ತಂಚೆ ಭಾರತಾಚೆ ನಾಗರಿಕ ಜಾವ್ನು ಆಸ್ಸತಿ.

ಅಮೇರಿಕಾಂತು ಯುರೋಪಾತಾಕ್ಕೂನು ವಲಸೆ ಗೆಲ್ಲೆಲೆ ಜಽಣ ಗೋರೆ ಜಽಣ. ರೆಡ್ ಇಂಡಿಯನ್ಸ್ ತಾಂಬ್ಡೆ ಬಣ್ಣಾಂಚೆ. ನಿಗ್ರೋ ಲೋಕು ಕಾಳೊ. ಅಮೇರಿಕಾಚೆ ಜನಾಲೆ ಮನಾಂತು ತಾಂಗೆಲೆ ವಂಶಾಚೆ ವಿಷಯಾಂತು ತಾಂಕಾ ಕಾಳಜಿ ಆಶ್ಶೀಲಿ. ಹೇಂಚಿ ರೇಸಿಸಂ. ಅಮೇರಿಕಾಂತು ರೇಸಿಸಂ ಆಶ್ಶೀಲೆ ನಿಮಿತ್ತ ಉತ್ತರ ಅಮೇರಿಕಾಚೆ ಯು ಎಸ್ ಏ ದೇಶಾಚೆ ಸರಕಾರಾನ ಆನಿ ವಿವಿಧ ರಾಜ್ಯ ಸರಕಾರಾನಿ ಇಂಡಿಯಾತಾಕ್ಕೂನು ಭಾರತೀಯ ಕಂದು ಬಣ್ಣಾಚೆ ಜನಾಂಕ ತಾಂಗೆಲೆ ಗಾವಾಂತು ವಲಸೆ ಯೆವ್ಚಾಕ 1965 ಇಸ್ವಿತಾಂಯಿ ಅನುಮತಿ ದೀನಿ. ಭಾರತಾಚೆ ನಾಗರಿಕಾಂಕ ಅಮೇರಿಕಾಕ ಭೋಂವ್ಚಾಕ ವೊಚ್ಚಾಕ ಸಮೇತ 1965 ವರೇಕ ವಿಸಾ (ವಲಸೆವೊಚ್ಚಾಕ ಪ್ರವೇಶಪತ್ರ) ಮೇಳ್ನಾಆಶ್ಶೀಲಿ.

ಕ್ರಿ. ಶ. 1965 ಇಸ್ವೇಚೆ ನಂತರ ಅಮೇರಿಕಾನ ಸಾಮಾಜಿಕ ನ್ಯಾಯಾಚೆ (ಸಿವಿಲ್ ಲಿಬರ್ಟಿಚೆ) ಅನೇಕ ಕಾನೂನು ಕೋರ್ನು ರೇಸಿಸಮಾಚೆ ವಿರುದ್ಧ ಕಾಮ ಕೆಲ್ಲಾಂ. ಆತ್ತಂಯಿ ನಿಗ್ರೋ ಜನಾಂಕ ಪಕ್ಷಪಾತಾನ ಗೋರೆ ಲೋಕು ದುರ್ವರ್ತನೆ ಕರ್ತಾತಿ. ಕೇಂದ್ರ ಸರಕಾರಾಚೆ ಕಾನೂನಾಂಚೆ ಬಲಾರಿ ಅಮೇರಿಕಾಂತು ಕಾಳೆ ಲೋಕು, ಕಂದು ಲೋಕು, ಲ್ಯಾಟಿನ್ (ಸ್ಪಾನಿಷ್) ಲೋಕು ಕಶ್ಶೀಂಪುಣಿ ಜೀವನ ಕರ್ತಾತಿ. ಏಕ ನಮೂನ್ಯಾಚೆ ಭಂಯ್ಯಾನ ದೀಸ ಕಾಡ್ತಾತಿ. ಆತಾ ಭಾರತಾಚೆ ಮೂಲಾಚೆ ಲೋಕಾಲೆ ಜನಸಂಖ್ಯೆ ವಾಡ್ತಽ ಆಸ್ಸ.

ಅಧ್ಯಾಯು 6

ಆಮ್ಗೆಲೊ ಸ್ವಾತಂತ್ರ್ಯ ಸಂಗ್ರಾಮು – 1

ಭಾರತಾಕ ಸ್ವಾತಂತ್ರ್ಯ ಮೇಳ್ಳು 68 ವರ್ಸ (2015 ಇಸ್ವೇಂತು) ಜಾಲ್ಲೀಂತಿ. 10 ಹಜ಼ಾರ ವರ್ಸಾಂಕಯೀ ಘೂಡೆಧೋನ್ರ್ಯ ಜಂಬೂದ್ವೀಪಾಚೆ ಹೇ ಸಗ್ಳೇ ಪ್ರದೇಶಾಕ ಭಾರತವರ್ಷ ಮ್ಹೋಣು ನಾಂವ ಆಶ್ಶಿಲೆಂ. ಕ್ರಿ. ಶ. 1606 ಇಸ್ವೇಂತು ಛಿಧ್ರ ಛಿದ್ರ ಜಾವ್ನು ಸಿಂಧ ಪ್ರಾಂತ, ಪಂಜಾಬ ಪ್ರಾಂತ, ಮುಲ್ತಾನ, ಬಾಲೋಚಿಸ್ತಾನ, ಕಾಶ್ಮೀರ, ರಾಜಸ್ಥಾನ, ದಿಲ್ಲೀ, ಔಧ, ಬಿಹಾರ, ಬಂಗಾಲ, ಅಸ್ಸಾಮ, ಒಡಿಶಾ, ಬುಂದೇಲಖಂಡ, ಇತ್ಯಾದಿ ರಾಜ್ಯ ಮುಘಲ್ ಬಾದಶಾಹಾಲೆ ಆಡಳಿತಾಂತು ಆಯ್ಯೀಲೆಂ. ದಕ್ಷಿಣ ಭಾರತಾಂತು ಗುಜರಾತ್, ಮರಾಠಾ ರಾಜ್ಯ, ಹೈದರಾಬಾದ, ಮೈಸೂರ, ಕೆಲಾಡಿ, ಮಧುರೈ, ತಂಜಾವೂರು, ಆರ್ಕಾಟ, ತಿರುವನಂತಪುರ ಇತ್ಯಾದಿ ರಾಜ್ಯಂ ವಿಂಗವಿಂಗಡ ರಾಯ್ಯಾಲೆ ಆಡಳಿತಾಂತು ಆಶ್ಶಿಲೆಂ.

ಅಶ್ಶಿ ಛಿಧ್ರ ಛಿಧ್ರ ಜಾವ್ನು ಆಸ್ಲ್ಯಾರಿಯೀ ಭಾರತಾಂತು ಆಶ್ಶಿಲೆ ಜನಾಂಕ ಏಕ ರಾಜ್ಯಾತಾಕ್ಕುನು ಆನ್ನೇಕ ರಾಜ್ಯಾಕ ವೊಚ್ಚಾಕ ರಾಯ್ಯಾಲಿ ಅನುಮತಿ ಘೇವ್ಕಾಮ್ಹೋಣು ನಾಆಶ್ಶಿಲೆಂ. ವಿಸಾಪತ್ರ ಘೇವ್ಕಾ ಮ್ಹೋಣು ನಾಆಶ್ಶಿಲೆಂ. ಘೂಡೆಧೋನ್ರ್ಯ ಸಗ್ಳೇ ಭಾರತಾಚೆ ನಿವಾಸಿ ಕಾಶೀರಾಮೇಶ್ವರ ಮ್ಹೋಣು ಭೋಂವ್ತಾತಿಆಶ್ಶೀಲೀಂತಿ. ಮಥುರಾ, ಸೋಮನಾಥ, ದ್ವಾರಕಾ, ಹರಿದ್ವಾರ, ಬದರಿನಾಥ, ಕೇದಾರನಾಥ, ಮಾನಸರೋವರ, ವೈಷ್ಣೋದೇವಿ ಇತ್ಯಾದಿ ಚಾರಿತ್ರಿಕ ಆನಿ ಧಾರ್ಮಿಕ ಸ್ಥಳಾಂಕ ತೀರ್ಥಯಾತ್ರೇಕ ಮುಕ್ತಸಂಚಾರ ವ್ಯವಸ್ಥೇಚೆ ಕಾರಣಾನ ವತ್ತಾತಿ ಆಶ್ಶೀಲೀಂತಿ. ಸಗ್ಳೇ ಭಾರತಾಂತು ವ್ಹಾರ್ಡಿಕ, ವರ್ಷಿಕ, ನಾಮಕರಣ, ಶಿಮಂತೋನಯನ ಇತ್ಯಾದಿ ರಾಜ್ಯಖಂಚೇಯಿಜಾವ್ನೊ ಸಕ್ಕಡಲೋಕು ಏಕಲೇಕ ಆಚರಣೆ ಕರ್ತಾತಿಆಶ್ಶೀಲೀಂತಿ. ಸಂಸ್ಕೃತಭಾಷೇಚೆ ಶಾಸ್ತ್ರಾಚೆಪುಸ್ತಕಂ ಪ್ರತಿಏಕ ರಾಜ್ಯಾಂತು ಧಾರ್ಮಿಕಕಾರ್ಯಾಂಕ ಉಪಯೋಗಜಾತ್ತಾಆಶ್ಶೀಲೀಂತಿ. ಜಂಬೂದ್ವೀಪಾಚೆ ಪ್ರತಿಏಕ ರಾಜ್ಯಾಂತುಲೆ ದೇವಳಾಂತು ಪೂಜಾವಿಧಿ ಏಕ್ಕೀಚಿ ಆಶ್ಶೀಲಿ. ಬ್ರಹ್ಮ, ವಿಷ್ಣು ಆನಿ ಮಹೇಶ್ವರು, ಶಾರದಾ, ದುರ್ಗಾ ಗಣೇಶು, ಕಾರ್ತಿಕೇಯು, ಲಕ್ಷ್ಮೀ ಇತ್ಯಾದಿ ದೇವದೇವತಾಲಿ ಮೂರ್ತಿ ಖಂಯಿಗೆಲ್ಲ್ಯಾರಿಯೀ ದೇವಳಾಂತು ತಾನ್ನೀಂಚಿ ದಿಸ್ತಾತಿ ಆಶ್ಶೀಲೀಂತಿ.

ವಿಶೇಷ ಮ್ಹಳ್ಯಾರಿ ರಾಯ್ಯಾಲಿ ರಾಜನೀತಿ ಸೆಕ್ಯುಲರ್ ಜಾವ್ನು ಆಶ್ಶೀಲಿ. ಖಂಚೋಯಿ ರಾಯು ಜೈನಾಂಕ, ಭೌಧಾಂಕ ಆನಿ ಸನಾತನಿಂಕ ಪಕ್ಷಪಾತಾಚೆ ದೃಷ್ಟೀರಿ ಆಡಳಿತ ಕರ್ನಾಆಶ್ಶೀಲೊ. ರಾಯ್ಯಾಲೆ ರಕ್ಷಣೇಂತು

ಏಕಲೇಕ ಸಕ್ಕಡ ಧರ್ಮಾಂಚೆ ಜನಾನಿ ಜೀವನಕೋರ್ಯೆರ್ತ ಆಶ್ಶೀಲೆಂ. ರಾಯು ಸರ್ವಾಂಕ ಏಕಲೇಕ ನ್ಯಾಯ ದಿತ್ತಾಆಶ್ಶೀಲೊ.

ಕ್ರಿ. ಶ. 60 ಇಸ್ವೇಂತು (ಯೇಸು ಕ್ರಿಸ್ತಾನ ಜನ್ಮಾಂಕಯೇವ್ನು 60 ವರ್ಸ ಜಾಲ್ಲೆಲೆ ತೆದ್ದನಾ), ಥೋಮಸ್ ನಾಂವಾಚೊ ಏಕು ಕ್ರಿಶ್ಚನ್ ಸಂತು ಭಾರತಾಚೆ ಪಶ್ಚಿಮಕರಾವಳೀಚೆ ಮಲಬಾರಾಕ ಆಯ್ಯೀಲೆ ತವಳಿ ತಾಕ್ಕಾ ತೇ ರಾಜ್ಯಾಚೆ ರಾಯ್ಯಾನ ಆನಿ ಜನಾನಿ ಪ್ರೀತೀನ ಸ್ವಾಗತಕೆಲ್ಲೆಂ. ಮಲಬಾರಾಚೆ ರಾಯ್ಯಾನ ತಾಗ್ಗೇಲೆ ಕ್ರಿಶ್ಚನ್ ಧರ್ಮಾಂಚೆ ಏಕ ಮಂದಿರ (ಚರ್ಚ) ಬಾಂದೂಂಕ ಜಾಗೊ ದಿಲ್ಲೊ. ಮಲಬಾರಾಚೆ ಜನಾನಿ ತಾಂಕಾ ಖುಶಿ ಆಸ್ಸಜಾಲ್ಲ್ಯಾರಿ ಕ್ರಿಶ್ಚನ್ ಮತಾಕ ಮತಾಂತರ ಜಾವ್ಯೇತ ಮ್ಹಣಾಲೊ.

ಧರ್ಮಾಧರಿತ ರಾಜನೀತಿ

ಕ್ರಿ. ಶ. 1200 ಇಸ್ವೇತಾಂಯಿ ಭಾರತಾಂತು ಸೆಕ್ಯುಲರ್ ರಾಜನೀತಿ ಆಶ್ಶೀಲಿ. ಧರ್ಮಾಧರಿತ ರಾಜನೀತಿ 1200 ಇಸ್ವೇಚೆ ನಂತರ ಮುಸ್ಲಿಂ ರಾಯ ಘೇವ್ನು ಆಯ್ಲೀಂತಿ. ಸೆಕ್ಯುಲರ್ ನೀತೀಚೆ ಪ್ರಕಾರ ಖಂಚೋಯಿ ಏಕ ರಾಯು ಯುದ್ಧಾಂತು ಸಲ್ವಲೊ ಜಾಲ್ಲ್ಯಾರಿ ವಿಜಯಿಜಾಲ್ಲೋಲೊ ರಾಯು ಸಲ್ವಲೆಲೆ ರಾಜ್ಯಾಚೆ ಪ್ರಜೇಂಕ ಖಂಚೇಯಿರೀತೀರಿ ಬಾಧಾದೀನಾಆಶ್ಶೀಲೊ. ಜಿಂಕ್ವಲಲೊ ನಽವೊ ರಾಯು ಸಲ್ವಲೆಲೆ ರಾಜ್ಯಾಚೆ ಪ್ರಜೇಂಕ ತಕ್ಷಣ ಸ್ವೀಕೃತ ಜಾತ್ತಾಆಶ್ಶೀಲೊ. ಸರಕಾರ ಮಾಂತ್ರ ಬದಲ ಜಾತ್ತಾಶ್ಶೀಲೆಂ. ಪ್ರಜೇಂಕ ಮಸ್ತ ವ್ಯತ್ಯಾಸು ಪಣಾನಾತ್ತಿಲೆಂ ನಽವೊ ರಾಯು ಅಧಿಕಾರು ವಹಿಸೂನು ಘೆತ್ತಆಶ್ಶೀಲೊ. ನಽವೊ ರಾಯು ಜೈನ ಜಾವ್ವೊ, ಭೌಧ ಜಾವ್ವೊ ಏಕಯಿ ಸನಾತನಿ ಜಾವ್ವೊ ತಾಕ್ಕಾ ಪ್ರಜೇಲೊ ಧರ್ಮು ಖಂಚೊಯಿ ಜಾಲ್ಲ್ಯಾರಿಯೀ ಯೆಚ್ಚನೆನಾಽಶ್ಶೀಲಿ. ತಾಣಿ ಪ್ರಜೇಂಕ ತಾಗ್ಗೆಲೆ ಸ್ವಂತ ಧರ್ಮಾಂಕ ಮತಾಂತರ ಕೋರ್ನು ಘೇವ್ಕಾ ಮ್ಹೋಣು ಬಲಾತ್ಕಾರು ಕೊರ್ಚೊ ಸಂಧರ್ಭು ಯೇನಾಆಶ್ಶೀಲೊ.

ಕ್ರಿ. ಶ. 1000 ಇಸ್ವೇಂತು ಘಜ್ನೀ ಮಹಮ್ಮೂದಾನ ಭಾರತಾರಿ ದಾಳಿ ಕೆಲ್ಲೆಲೆ ವೇಳಾರಿ ಭಾರತಾಂತು ಚಕ್ರವರ್ತಿ ಪ್ರಜಾಪ್ರಭುತ್ವ ಆನಿ ಸೆಕ್ಯುಲರ್ ರಾಜನೀತಿ ಆಶ್ಶೀಲಿ. ಭಾರತಾಂತು ಮುಸ್ಲಿಂರಾಯ್ಯಾಲೆಂ ಆಡಳಿತ ಕ್ರಿ. ಶ. 1200 ಇಸ್ವೇಂತು ಆಯ್ಲೆ ಮಾಗ್ಗೀರಿ ಚಕ್ರವರ್ತಿ ಸರ್ವಾಧಿಕಾರೀ ರಾಜನೀತಿ ಚಾಲು ಜಾಲ್ಲಿ.

ಮುಸ್ಲಿಂರಾಯ್ಯಾನಿ ಈಶ್ವರಸತ್ತಾಚೇರಿ ಧರ್ಮಾಧರಿತ ರಾಜ್ಯಾಡಳಿತ ಕೆಲ್ಲೆಂ. ಇಸ್ಲಾಂ ಧರ್ಮು ಸತ್ತೇಚೊ ಧರ್ಮು ಜಾಲ್ಲೊ. ಮುಸಲ್ಮಾನ ಲೋಕು ಅಧಿಕೃತ ಪ್ರಽಚೆ ಜಾಲ್ಲೀಂತಿ. ಕುರಾನ ಸತ್ತೇಂಚೆ ಪುಸ್ತಕ ಜಾಲ್ಲೆಂ ಆನಿ ಆಲ್ಲಾಹ ಸತ್ತೇಚೊ ದೇವುಜಾಲ್ಲೊ. ಶರಿಯಾ ಕಾನೂನು ನ್ಯಾಯ ಜಾಲ್ಲೆಂ. ಮುಸ್ಲಿಂ ಪ್ರಜೇಂಕ ವಿಶೇಷ ಸವಲತ್ತು ದಿಲ್ಲೇತಿ. ವಿಂಗಡ ಮತಾಚೆ ಲೋಕಾಂಕ ಹಿಂಸೆ ದಿಲ್ಲಿ. ಜೈನ, ಭೌಧ, ಸನಾತನಿ ಮತಾಂಚೆ ದೇವಳಂ ಮಠಂ, ಪಾಠಶಾಳೆಂ ಇತ್ಯಾದಿ ನಾಶ ಕೆಲ್ಲೆಂ.

ಜಂಬೂದ್ವೀಪಾಚೆ ಹಿಂದುಸ್ಥಾನೀ ಲೋಕಾಲಿ ಸಂಸ್ಕೃತಿ ಆನಿ ಮೂಳಭಾಸ ಸಂಸ್ಕೃತ 10 ಹಜ್ಞಾರ ವರ್ಸಾಂಥೋನ್ರ್ಯು ಎಕ್ಕೀಚಿ ಜಾವ್ನು ಸೆಕ್ಯುಲರ್ ಪಾಯ್ಯಾರಿ ರಾಬ್ಬೊನುಆಶ್ಶೀಲಿ. ಜೈನ ಆನಿ ಭೌಧ ದರ್ಮಾಂಚೆ ಸನಾತನಿ ಧರ್ಮಾಂಚಾಕ ಎಕ್ಕ್ಯಾಂಕೆಕ್ಕೆ ದ್ವೇಷ ಕರ್ನಾಂತಿಆಶ್ಶೀಲೀಂತಿ. ಪ್ರಜೇಲೆ ಮಧ್ಯೆ ಧರ್ಮಾಚೆ ನಾವಾರಿ ಹಿಂಸಾತ್ಮಕ ಲಢಾಯಿ ಜಾಯ್ನಾಆಶ್ಶೀಲಿ.

1200 ಇಸ್ವೇಂತು ದಿಲ್ಲೀ–ಆಗ್ರಾಚೊ ರಾಯು ಪೃಥ್ವೀರಾಜ ಚೌಹಾನಾಕ ಘೂರ್ ಮುಹಮ್ಮದಾಲೆಒಟ್ಟು ಜಾಲ್ಲೇಲೆ ಯುದ್ಧಾಂತು ಸೋಲು ಜಾಲ್ಲೆ ಮಾಗ್ಗೀರಿ ಇಸ್ಲಾಂ ಧರ್ಮು ಭಾರತಾಂತು ರಾಯ್ಯಾಲೆ ತರ್ಪೇನ ಅಮಲಾಂತು ಆಯ್ಲೊ.

ಘೂರ್ ಮುಹಮ್ಮದಾನ ಆನಿ ತಾಗ್ಗೆಲೆ ನಂತರ ಭಾರತಾಂತು ರಾಯ ಜಾವ್ನು ಆಶ್ಶೀಲೆ ಸಕ್ಕಡ ಮುಸ್ಲಿಂ ರಾಯ್ಯಾನಿ ಹಾಜ್ಜೆ ಮಾಗ್ಗೀರಿ ಇಸ್ಲಾಂ ಧರ್ಮಾಚೆ ಪಾಯ್ಯಾರಿ ರಾಬ್ಬೀಲೆ ಧಾರ್ಮಿಕ ರಾಜನೀತಿ ಅಮಲಾಂತು ಹಾಳ್ಳಿ. ತೆದ್ದನದೋನ್ರ್ಯು ಪ್ರಜೇಂತು ಧಾರ್ಮಿಕ ಒಗ್ಗಟ್ಟು ವಸ್ರ್ನಿ.

ಧರ್ಮಾಧರಿತ ರಾಜನೀತೀಚೊ ಪರಿಣಾಮು

ಜಗತ್ತ್ಯಾಂತು ಸಾನಹೋಡ ಯುದ್ಧ ಜಾವ್ಚೆ ಸಾಮಾನ್ಯ ಜಾವ್ನು ಆಶ್ಶೀಲೆಂ. ಭಾರತದೇಶಾಚೆ ಛಿತ್ತರೀಚಿ ಮಸ್ತ ಯುದ್ಧ ಜಾತ್ತಾಆಶ್ಶೀಲೆಂ. ಭಾರತಾಚೆ ವಾಯವ್ಯ ದಿಕ್ಕಾರಿ ಆಶ್ಶೀಲೆ ಘಜ್ನೀ ರಾಜ್ಯಾಂತು 1739 ಇಸ್ವೇಂತು ರಾಜ್ಯಕೋನ್ರ್ಯು ಆಶ್ಶೀಲೊ ನಾದಿರ್ ಶಹಾ ತೇ ವರ್ಸ ಘಜ್ನೀಚೆ ಆನಿ ಪರ್ಶಿಯಾಚೆ ಪೂರ್ವ ದಿಕ್ಕಾಕ ಆಶ್ಶೀಲೆ ಕಾಬುಲ್, ಲಾಹೋರ ಆನಿ ಕರ್ನಾಯ್ಲು ಶಹರಾಚೆವ್ಹೈರಿ ದಾಳಿ ಕೋನ್ರ್ಯು ತೇ ಗಾಂವ್ಚೆ ಹಿಂದೂ ಮಂದಿರ ಆನಿ ಮಠ ನೆಲಸಮ ಕೋನ್ರ್ಯು ಹಜ್ಜಾರಕಟ್ಲೆ ಜನಾಂಕ ಜಿವ್ಖಿಮಾರ್ನ್ಯು ಏಕಯಿ ಜಖಮ ಕೋನ್ರ್ಯು ದಿಲ್ಲೀಕಡೆ ಆಯ್ಲೊ.

ನಾದಿರ್ ಶಹಾನ ತಾಗ್ಗೆಲೆ ಸೈನ್ಯಾಕರಾನ ದಿಲ್ಲೀಂತು ವಾಸಕೋನ್ರ್ಯು ಆಶ್ಶೀಲೆ ಪ್ರತಿಏಕ ನಾಗರಿಕಾಕ ಜಿವ್ಖಿಮಾರ್ಲೆಂ ಆನಿ ತಾಂಗೆಲ್ಯಾ ಆಶ್ಶೀಲೆ ಭಾಂಗರ, ವಜ್ರ ವೈಢುರ್ಯ ಇತ್ಯಾದಿ ಲೂಟಿ ಕೋನ್ರ್ಯು ಘೆತ್ಲೆಂ. ನಾದಿರ್ ಶಹಾ ದಿಲ್ಲೀಂತು ದೋನಿ ಮ್ಹೈನೆ ಮಾಂತ್ರ ಆಶ್ಶೀಲೊ. ತೇ ದೋನಿ ಮ್ಹೈನ್ಯಾಂತು ನಾದಿರ್ ಶಹಾ ಆನಿ ತಾಗ್ಗೇಲೆ ಸೈನ್ಯಾನ ದಿಲ್ಲಿ ಶಹರಾಕ ಸ್ಮಶಾನಸೇಂ ನಿರ್ಜೀವ ಕೆಲ್ಲೆಂ.

ದೋನಿ ಮ್ಹೈನೆನಂತರ ದಿಲ್ಲೀ ಸೋಣು ವತ್ತನಾ ನಾದಿರ್ ಶಹಾನ ಆಪ್ಣ್ಯಾಣ ದೋಚಿಲೆಲೆ ಸಕ್ಕಡ ಮ್ಹಾಲು ತಾಗ್ಗೆಲೆಒಟ್ಟು ಘೇವ್ನು ಗೆಲ್ಲೊ. ಮುಘಲ್ ಬಾದಶಾಹ ಶಾಹಜಹಾನಾಲೆ ಮೋರಸಿಂಹಾಸನ ನಾದಿರ್ ಶಹಾನ ಘಜ್ನೀಕ ವ್ಹೆಲ್ಲೆಂ. ತೇವೇಳಾರಿ ದಿಲ್ಲೀಂತು ಮುಘಲ್ ವಂಶಾಚೊ ಮುಹಮ್ಮದ ಶಾಹ ರಾಯು ಜಾವ್ನು ಆಶ್ಶೀಲೊ. ನಾದಿರ್ ಶಹಾನ ಮುಹಮ್ಮದ ಶಾಹಾಲೆಲಾಗ್ಗಿ ಏಕಿ ರುಪ್ವೀಯಿ ಸೋಣಾನಾತ್ತಿಲೆಂ ತಾಗ್ಗೇಲಿ ತಿಜೋರಿ ಖಾಲಿ ಕೆಲ್ಲೇಲಿ.

1748 ಇಸ್ವೇಂತು ನಾದಿರ್ ಶಹಾಲೆ ದಾಳೀಚೆ ಇಕ್ರ (11) ವರ್ಸಾನಂತರ ದಿಲ್ಲೀಚೊ ರಾಯು ಮುಹಮ್ಮದ ಶಾಹ ಮೆಲ್ಲೊ ಆನಿ ತಾಗ್ಗೆಲೊ

ಪೂತು ಅಹಮದ ಶಾಹ ರಾಯು ಜಾಲ್ಲೊ. ನಾದಿರ್ ಶಹಾನ ಖಾಲಿ ಕೆಲ್ಲೇಲಿ ತಿಜೋರಿ ಆನಿಕಯಿ ಅರ್ಧ ಭsರ್ನಿಆಶ್ಶೀಲಿ. ಹೇಚಿ ವರ್ಸ ಭಾರತಾಚೆ ವಾಯವ್ಯ ದಿಕ್ಕಾರಿ ಆಶ್ಶೀಲೆ ಅಫಘಾನಿಸ್ಥಾನಾಂಚೊ ರಾಯು ಅಹಮದ ಶಹಾ ದುರ್ರಾನಿ ಗಾಂಧಾರಾತಾಕ್ಕೂನು ಭಾಯ್ರಸೋರ್ನು ವಾಟ್ಟೇರಿ ಘಜ್ಞನಿ, ಕಾಬುಲ್, ಪೇಶಾವರ ಅನಿ ಪಂಜಾಬ ಕಬ್ಜಕೆಲ್ಲೆಂ. ಮಾಗ್ಗೀರಿ ಸರ್ ಹಿಂದ ಗಡಿಯೇರಿ ತಾಕ್ಕಾ ಮುಘಲ್ ಸೈನ್ಯಾನ ಸಲ್ವಾಯಿಲೆಂ.

ಅಫಘಾನಿಸ್ಥಾನಾಂಚೊ ರಾಯು ಅಹಮದ ಶಹಾ ದುರ್ರಾನೀನ ದಿಲ್ಲೀಕ ಯೆವ್ಚಾಕ ದೋನಿಪಟಿ ಪ್ರಯತ್ನ ಕೆಲ್ಲೆಂ, ಜಾಲ್ಯಾರಿ ತಾಕ್ಕಾ ದಿಲ್ಲೀ ಶಹರಾಚೆ ಲಾಗ್ಗಿ ಯೆವ್ಚೆ ಘೂಡೇಚಿ ಸರ್ ಹಿಂದ ಗಡಿಯೇಕಯಿ ಹೇಬದೀನ ಯೆವ್ಚಾಕ ಮುಘಲ್ ಸೈನ್ಯಾನ ಸೋಣುದೀನಿ. ಮಾಗ್ಗೀರಿ ದುರ್ರಾನಿ 1757 ಇಸ್ವೇಂತು ವೋಪಾಸ ದಿಲ್ಲೀಚೆವ್ಯೆರಿ ಧಾಳಿಕೋರ್ನು ಆಯ್ಲೊ. ತೆದ್ದನಾ ಮುಘಲ್ ರಾಯು ಆಲಂಗೀರ್ 2 ದಿಲ್ಲೀಂತು ಆಳ್ವೀತಾಶ್ಶೀಲೊ. ಹೇವೇಳಾರಿ ದುರ್ರಾನೀಕ ಯುದ್ಧಾಂತು ಜಯ ಮೆಳ್ಳೆಂ ಆನಿ ತಾಣೆ ದಿಲ್ಲೀಚೆ ಸಿಂಹಾಸನ ಆಪ್ಣ್ಯಾಲೆಂ ಕೋರ್ನುಘೆತ್ಲೆಂ.

ಹೇಪಟಿ ದುರ್ರಾನೀನ ನಾದಿರ ಶಹಾನ ಕೆಲ್ಲೆಲೆ ಮ್ಹಣ್ಕೇಚಿ ಥೋಡೇಚಿ ಮ್ಹೈನೆ ದಿಲ್ಲೀಂತು ವಾಸಕೋರ್ನು ದಿಲ್ಲೀಂತು ಆಶ್ಶೀಲೆ ಪ್ರತಿಏಕ ನಾಗರಿಕಾಲೆಂ ಭಾಂಗರ, ವಜ್ರ ವೈಢುರ್ಯ ಇತ್ಯಾದಿ ಲೂಟಿ ಕೋರ್ನು ಘೆತ್ಲೆಂ. ಮಥುರಾ ಪಟ್ಟಣಾಕ ವೊಚ್ಚೂನು ಥಂಚೆ ಅನೇಕ ಮಂದಿರ ಆನಿ ಅನೇಕ ಮತು ಶ್ರೀಮಂತಾಲೆ ಘsರ, ಭಂಡಸಾಳೆ ಇತ್ಯಾದಿ ಲೂಟಿ ಕೋರ್ನು ದಿಲ್ಲೀಕ ದುರ್ರಾನೀನ ನೆಲಸಮ ಕೆಲ್ಲೆಂ.

1761 ಇಸ್ವೇಂತು ದುರ್ರಾನಿ ವೋಪಾಸ ದಿಲ್ಲೀಕ ಖೂನಿ ಆನಿ ಲೂಟಿ ಕೊರೂಂಕ ಆಯ್ಲೊ. ಹೇ ವೇಳಾರಿ ತಾಕ್ಕಾ ಪೇಶ್ವಾ ಬಾಜೀರಾವಾಲೆಂ ಮರಾಠಾ ಸೈನ್ಯಾಲೆಒಟ್ಟು ಪಾನೀಪತ ಪಟ್ಟಣಾಂಚೆಲಾಗ್ಗಿ ಲಢಾಯಿ ಕೋರ್ಕಾಜಾಲ್ಲೆಂ. ಮರಾಠಿ ಸೈನ್ಯ ಸಲ್ವಲೆಂ. ಬಾಜೀರಾವ್ ಸಲ್ವಲೊ. ಹೇವೇಳಾರಿ ಇಂಗ್ಲೀಷ್ ಸೈನ್ಯ ಬಾಜೀರಾವಾಕ ಸಹಾಯಾಕ ಯೇನಿ.

ಧರ್ಮಾಧರಿತ ರಾಜನೀತೀಚೊ ವಿಸ್ತಾರು

ಜಗಾಂತು ಯೇಸುಕ್ರಿಸ್ತಾನ ಜನ್ಮಾಂಕ ಯೆವ್ಚೆ ಚಾಳೀಸವರ್ಸ ಘೂಡೆ ತಾಂಯಿ ಪ್ರತಿಏಕ ರಾಜ್ಯಾಂತು ಪ್ರತಿಏಕ ದೇಶಾಂತು ಪ್ರತಿಏಕ ಭೂಖಂಡಾಂತು ಹಜ್ಜಾರಕಟ್ಲೆವರ್ಸಧೋರ್ನು ಚಕ್ರವರ್ತಿ ರಾಜಧರ್ಮು ಚಾಲು ಆಶ್ಶೀಲೊ.

ಏಕು ಚಕ್ರವರ್ತಿ ರಾಯು ತಾಗ್ಗೇಲೆ ರಾಜ್ಯಾಚೆ ಪ್ರಜೇಲೆ ಸಂತೋಷಾಚೆ ಅನುಗುಣಜಾವ್ನು ಪ್ರಜೇಲೆಪೈಕಿ ವಿದ್ವಾಂಸ ಆನಿ ಸಾತ್ವಿಕ ಜನಾಂಕ ವೆಂಚೂನು ಏಕ ಪ್ರತಿನಿಧಿಸಭಾಕೋರ್ನು ತಾಗ್ಗೆಲೆ ರಾಜ್ಯಾಡಳಿತ ಕರ್ತಾಆಶ್ಶೀಲೊ. ಭಾರತಾಂತು ಅಸ್ಸಲೆಂ ಆಢಳಿತ ಪ್ರಕಾರು ಚಾಲು ಆಶ್ಶೀಲೊ.

ಭಾರತಾಚಿ ಹೀ ರಾಜಾಡಳಿತಾಚಿ ವ್ಯವಸ್ಥಾ ಜಗತ್ತ್ಯಾಚೆ ಬಾಕೀಚೆ ಸಕ್ಕಡಕಡೇನ ಅನುಕರಿತ ಜಾಲ್ಲೇಲಿ. ಏಶಿಯಾಚೆ ಪ್ರತಿಏಕ ರಾಯ ತಾಂಗೆಲೆ

ರಾಜ್ಯ ವಿಸ್ತಾರ ಕೊರೂಂಕ ತತ್ತವಳಿ ಯುದ್ಧಕೋರ್ನು ಸೆಜ್ಞಾರಿ ರಾಜ್ಯಾಚೆರ್ವೈರಿ ಧಾಳಿಕೋರೂಂಕ ವತ್ತಾತಿಆಶ್ಶೀಲಿಂತಿ. ಯುದ್ಧಾಂತು ವಿಜಯಿ ಜಾಲ್ಲ್ಯಾರಿ ಕಬ್ಜಕೆಲ್ಲೇಲೆ ರಾಜ್ಯಾಂತು ಚಕ್ರವರ್ತಿ ರಾಜಧರ್ಮು ಲಾಗು ಕರ್ತಾತಿಆಶ್ಶೀಲಿಂತಿ. ಹೇ ವೇಳಾರಿ ಖಂಚೇಯಿ ರಾಜ್ಯಾಚೆ ನಾಗರಿಕಾಂಕ ನಿರಂಕುಶ ರಾಜಾಡಳಿತಾಚಿ ಕಲ್ಪನಾ ನಾಆಶ್ಶೀಲಿ.

ಯೇಸುಕ್ರಿಸ್ತಾನ ಜನ್ಮಾಂಕ ಆಯ್ಯೀಲೆ ಮಾಗ್ಗೀರಿ ನಿರಂಕುಶ ರಾಜ್ಯಾಡಳಿತಾಕ ಉತ್ತೇಜನ ಮೆಳ್ಳೆಂ. ರೋಮ್ ನಗರಾಂತು ಪೋಪ್ ಮಹಾಶಯು ಕ್ರಿಶ್ಚನ್ ಲೋಕಾಲೊ ದೇವಾಲೊ ಏಕೈಕ ಪ್ರತಿನಿಧಿ ಮ್ಹೋಣು ಸ್ಥಾಪಿತಜಾಲ್ಲೊ. ತಾಣೆ ಸ್ವಂತಾಜಾವ್ನು ಆಪ್ಣ್ಯಾಕ ಕ್ರಿಶ್ಚನ್ ಧರ್ಮಾಚೊ ಜಾಗತಿಕ ಮಟ್ಟಾಚೊ ಸರ್ವಾಧಿಕಾರಿ ಮ್ಹೋಣು ಸಾಂಗೂನುಘೆತ್ಲೆಂ. ತಾಕ್ಕಾ ಅನೇಕ ರಾಜ್ಯಾಚೆ ಜನಾನಿ ವಿರೋಧ ಕೆಲ್ಲೊ. ರೋಮ್ ನಗರಾಚೆ ಸುತ್ತು ಆಶ್ಶೀಲೆ ಅನೇಕ ಜಾಗೀರದಾರಾನಿ ಪೋಪಾಕ ಸ್ವೀಕಾರಕೆಲ್ಲೆಂ. ಪೋಪಾನ ಜಾಗೀರದಾರಾಂಕ ರಾಯ್ಯಾಲೆ ಸ್ಥಾನ ದಿಲ್ಲೆಂ.

ರಾಯಜಾಲ್ಲೆಲೆ ಜಾಗೀರದಾರಾನಿ ಪೋಪಾಕ ವಿರೋಧ ಕರ್ತಲೆ ರಾಜ್ಯಾಂಚೆರ್ವೈರಿ ಧಾಳಿ ಕೋರ್ನು ತೇ ರಾಜ್ಯಾಂಚೊ ರಾಜಧರ್ಮು ನಿರಂಕುಶ ಧರ್ಮಾಧರಿತ ಕೊರೂಂಕ ಪ್ರಯತ್ನಕೆಲ್ಲೆಂ. ಪೋಪ್ ಮಹಾಶಯಾಲೆ ಹಾತ್ಮುಳಾಂತು ಸಕ್ಕಡ ಕ್ರಿಶ್ಚನ್ ರಾಜ್ಯಂ ಧರ್ಮಾಧರಿತ ರಾಜನೀತಿಪ್ರಕಾರ ನಿರಂಕುಶ ರಾಜ್ಯಾಡಳಿತ ಕೊರೂಂಕ ಘಾವಜಾಲ್ಲಿಂತಿ.

ಪೋಪ್ ಮಹಾಶಯಾನ ಸಾಂಗಿಲೆಂ ಸಕ್ಕಡ ದೇವಾಲೆ ವಾಕ್ಯ ಜಾಲ್ಲೆಂ. ಅಶ್ಶಿ ಜಗಾಂತು ರಾಜನೀತೀಂತು ಜಾಲ್ಲೇಲೆಂ ಪರಿವರ್ತನ ಕ್ರಿ. ಶ. 400 ಇಸ್ವೇಂತು ರೋಮ ದೇಶಾಚೆ ಸುತ್ತು ಆಶ್ಶೀಲೆ ವಿಶಾಲ ಪ್ರದೇಶಾಂತುಲೆ ರಾಜ್ಯಾಚೆ ಸಕ್ಕಡ ರಾಯ ಕ್ರಿಶ್ಚನ್ ಧರ್ಮಾಂಕ ಮೆಳ್ಳೆಲೆ ವರ್ಸ ಸಂಪೂರ್ಣ ಜಾಲ್ಲೆಂ.

ತಾಜ್ಜೆ ಮಾಗ್ಗೀರಿ ಮಹಮ್ಮದ ಪೈಗಂಬರಾನ ಇಸ್ಲಾಂ ಧರ್ಮು ಸ್ಥಾಪನೆ ಕೋರ್ನು ಕ್ರಿಶ್ಚನ್ ಮತಾಚಾಂಕ ಬಹುಭಾರೀ ವಿರೋಧಿಜಾವ್ನು ರಾಬ್ಲೊ. ಇಸ್ಲಾಂ ಧರ್ಮಾಚೆ ನೆವನಾರಿ ಸೌದೀಅರೇಬಿಯಾತಾಕ್ಕೂನು ಸೂರುಜಾಲ್ಲೆಲೆ ಧರ್ಮಪರಿವರ್ತನ ಕ್ರಿ. ಶ. 650 ಇಸ್ವೇತಾಕ್ಕೂನು 1453 ವರೇಕ ಜೋರು ಜಾಲ್ಲೆಂ. ಕ್ರಿಶ್ಚನ್ ರಾಯ್ಯಾಂಕ ಆನಿ ಮುಸ್ಲಿಂ ರಾಯ್ಯಾಂಕ ಘೋರಯುದ್ಧ ಜಾತ್ತs ಆಶ್ಶೀಲಿಂತಿ. ಹೇ ದೋನಿತರಾಚೆ ರಾಜಾಡಳಿತ ನಿರಂಕುಶ ಧಾರ್ಮಿಕ ರಾಜನೀತೀರಿ ಆಧಾರಿತಜಾವ್ನುಆಶ್ಶೀಲಿಂತಿ. ಹೇ ರಾಜ್ಯಾಂತು ಜನಾಂಕ ಅಪರಿಮಿತ ಕಷ್ಟ ಭೊಗ್ಗೂಕಾ ಜಾಲ್ಲೆಂ. ಸ್ವಾತಂತ್ರ್ಯ ಆನಿ ಪ್ರಜಾಪ್ರಭುತ್ವಾಚಿ ಕಲ್ಪನಾ ಕ್ರಿಶ್ಚನ್ ಆನಿ ಮುಸ್ಲಿಂ ಧರ್ಮಾಚೆ ಮುಖಂಡಾನಿ ನಿಪ್ಪೋನು ದವ್ವರ್ಲೆಲಿ.

ಅಮೇರಿಕಾ ಆನಿ ಇಂಡಿಯಾ

ಕ್ರಿ. ಶ. 1768 ಇಸ್ವೇಂತು ಇಂಗ್ಲೇಂಡಾಕ ಅಮೇರಿಕಾಂತುಲೆ ಆಪ್ಣ್ಯಾಲೆ 13 ಕೊಲೊನೀಂಕ ಪೊಳೋನು ಘೆವ್ಚೆಂ ಮ್ಹಾರಘಪಳ್ಳೆಂ. 1606

ಇಸ್ವೇರ್ಘೋನ್ರ್ಯ ಇಂಗ್ಲೇಂಡಾಂತುತಾಕ್ಕೂನು ಆನಿ ಇತರ ಯುರೋಪಾಚೆ ದೇಶಾಂತುತಾಕ್ಕೂನು ಆಯ್ಯೀಲೆ ಗೋರೆ ಲೋಕಾನಿ ಇಂಗ್ಲೇಂಡಾಕ ಕಂದಾಯ ಜಾವ್ನೋ, ಆಯಕರ ಜಾವ್ನೋ, ಆಮದು ಸುಂಕ ಜಾವ್ನೋ ನಿರ್ಯಾತ ಡ್ಯೂಟಿ (ಜ಼ಕತ್) ಜಾವ್ನೋ ಇಂಗ್ಲೇಂಡಾಚೆ ಗವರ್ನರಾನ ನಿಮ್ಗಿಲೆಂಲೆತಿತ್ಲೆ ದಿವ್ಚಾಕ ಅಸಮಾಧಾನ ಪ್ರಕಟ ಕೊರೂಂಕ ಸೂರು ಕೆಲ್ಲೆಲೆಂ.

ಸ್ಪೇಯಿನಾನ, ಫ್ರಾಂಸಾನ ಆನಿ ಜರ್ಮನೀನ ಇಂಗ್ಲೇಂಡಾಚೆ ಕೊಲೊನೀಂಕ ನುತ್ತsಚಿ ಆಡಳಿತ ಕೊರೂಂಕ ಸೋಣಿ. ಇಂಗ್ಲೇಂಡಾಂತುತಾಕ್ಕೂನು ಹೋಡ ಹೋಡ ಸ್ಟೀಮರಾರಿ ಏಕರಾಶಿ ಸೈನಿಕಾಂಕ ಅಮೇರಿಕಾಂತು ಯುದ್ಧಕೊರೂಂಕ ಪೆಟೋನುದಿವ್ಚಾಕ ಖರ್ಚು ವಿಪರೀತ ಜಾಲ್ಲೊ. ಇಂಡಿಯಾಂತುವರೇಕ ಜಾಲ್ಲೆಲಿ ಕಮಯ ಪೂರಾ ಸೈನ್ಯಾಂಕ ಆನಿ ಆಡಳಿತ ವರ್ಗಾಚೆ ಅಧಿಕಾರೀಂಕ ಸಾಂಬೋಳು ದಿವ್ಚಾಂತೂಚಿ ವತ್ತs ಆಶ್ಶೀಲಿ.

ಇಂಡಿಯಾಂತು ಜಬರ್ದಸ್ತೀನ ಕಂದಾಯ ಇತ್ಯಾದಿ ವಸೂಲಿ ಕೆಲ್ಲ್ಯಾರಿ ಅಮೇರಿಕಾಂತು ತಶ್ಶಿ ಕೊರೂಂಕ ಜಾಯ್ನಿ. ಅಮೇರಿಕಾಂತು ವ್ಯಾಪಾರಿಲೋಕು, ಬುದ್ಧಿಜೀವಿಂ, ಶೇತಕರೀ ಜಮೀನದಾರಂ ಇತ್ಯಾದಿ ಸಕ್ಕಡ ಲೋಕು ಇಂಗ್ಲೇಂಡಾಚೆ ವಿರುದ್ಧ ರಾಬ್ಲೀಂತಿ.

ಇಂಡಿಯಾಂತು ಪ್ರಿನ್ಸ್ಲೀಸ್ಟೇಟ್ಸಾಚೆ ರಾಯ, ವ್ಯಾಪಾರಿಲೋಕು, ಬುದ್ಧಿಜೀವಿಂ, ಜಮೀನದಾರಂ ಇತ್ಯಾದಿ ಸಕ್ಕಡ ಲೋಕು ಇಂಗ್ಲೇಂಡಾಚೆ ಸಮರ್ಥಕ ಜಾವ್ನು ತಾಂಗೆಲೆ ರಾಜನೀತೀಚೆ ಪೋಷಕಜಾವ್ನು ರಾಬ್ಲೀಂತಿ.

ಇಂಡಿಯಾಂತು ಸಾಮಂತರಾಯ್ಯಾನಿ ಜಮೀನದಾರಾಂಚೆಕರಾನ ತಾಂಗೆಲೆ ಜಮೀನಾಂತು ಘೋಳ್ಚೆ ರೈತಾಲೆಲಾಗ್ಗಿ ಕಂದಾಯ ದಿವ್ಚಾಕ ದುಡ್ಡುನಾ ಜಾಲ್ಲ್ಯಾರಿ ತಾಂಗೆಲೆಂ ಶೇತ ಸೊಡ್ಚಾನು ಘೆವ್ನು ದುಸ್ರ್ಯಾಂಕ ದಿವ್ಚೆ ಇತ್ಯಾದಿ ಅನರ್ಥ ಕರ್ತಾತಿಆಶ್ಶೀಲೀಂತಿ.

ಇಂಡಿಯಾಂತು ಇಂಗ್ಲೀಷಾಂಕ ನಿರಾಳಜಾವ್ನು ಆಡಳಿತ ಕೊರೂಂಕ ಪ್ರಜೇಲೆಪೈಕಿ ಬಲಶಾಲಿ ಶ್ರೀಮಂತ ಇಂಗ್ಲೀಷ್ ಶಿಕ್ಕೀಲೆ ಲೋಕಾನಿ ಪಾಠಿಬಲ ದಿಲ್ಲೆಂ. ಹೇ ಸಾಮಂತ ರಾಯ್ಯಾಂಕ, ಜಮೀನದಾರಾಂಕ, ಶ್ರೀಮಂತಾಂಕ, ಇಂಗ್ಲೀಷ್ ಶಿಕ್ಕೀಲೆ ಭಾರತೀಯಾಂಕ ಕಂಪನಿಚೆ ಸರಕಾರ ಆವಢಲೆಂಲೆಂ.

ಸಾಮಂತರಾಯ್ಯಾಲೆ ದಾಯಾದೀಂಕ ಆನಿ ಪ್ರತಿಸ್ಪರ್ಧೀಂಕ, ವಂಶಜಾಂಕ, ಘುಳ್ಳೆ ರಾಯ್ಯಾಲೆ ಪುತ್ತಾಂಕ, ಕಂಪನಿಚೆ ಸೈನ್ಯಾಲೆ ಒಟ್ಟು ಯುದ್ಧಕೋನ್ರ್ಯ ಸಲ್ವಲೆಲೆ ರಾಯ್ಯಾಲೆ ಸೈನ್ಯಾಂತು ಕಾಮ ಕೆಲ್ಲೆಲ್ಯಾಂಕ ಕಂಪನಿ ಸರಕಾರ ಏಕ ವೈರಿ ಜಾವ್ನುಆಶ್ಶೀಲೆಂ.

ಜಾಲ್ಲ್ಯಾರಿ ಸಾಮಾನ್ಯ ಜsಣ ಬರೀ ದುರ್ಬಳೆ ಜಾವ್ನು ಆಸ್ಸೂನು ಖಂಚೆಯಿ ಲಢಾಯೇಂತು ಭಾಗುಘೆವ್ಚೆತಶ್ಶಿ ನಾಆಶ್ಶೀಲೀಂತಿ. ಪರಿಸ್ಥಿತಿ ಅಶ್ಶಿ ಜಾಲ್ಲೇಲಿಕಿ ಭಾರತಾಂತು ಇಂಗ್ಲೀಷ್ ಸರಕಾರ ಶಾಶ್ವತ ಜಾವ್ನು ಸರಕಾರ ಕೋನ್ರ್ಯ ರಾಬ್ಬೂಯೆತ ಆಶ್ಶೀಲೆಂ.

ಅಮೇರಿಕಾಂತು ಬ್ರಿಟಿಷ್ ಆಡಳಿತ ನಾಕ್ಕಾ ಜಾಲ್ಲೆಂ

ಅಮೇರಿಕಾಂತು ದೋನಿ ಕಾರಣಾನ ಬ್ರಿಟಿಷಾಲೆ ಆಡಳಿತ ಅಮೇರಿಕನ್ ಗೋರೆ ಪ್ರಜೇಂಕ ಇಷ್ಟ ಜಾಯ್ನಿ.

1. ಯುರೋಪಾಚೆ ಜನಾಂಕ 1500 ಇಸ್ವೆಧೋನ್ರ್ಮ ಭಾರತಾಚೊ ಸಂಪರ್ಕು ವಾಡ್ಡಿಲೊ. ಭಾರತಾಚೆ ಜೈನ, ಭೌಧ ಆನಿ ವೈದಿಕ ಧರ್ಮಾಂಚೆ ನೈತಿಕ ಮಾನವೀಯ ವಾಟ ತಾಂಕಾ ಅಗ್ದಿ ಸಾತ್ವಿಕ, ಉಚ್ಛಮಾನವೀಯ ಆನಿ ಅನುಕರಣೀಯ ವಾಟ ಮ್ಹೊಣುದಿಸ್ಲಿ.

ಬ್ರಿಟಿಷ್ ಪಾರ್ಲಿಮೆಂಟಾಂತು 1727 ಇಸ್ವೆಂತು ಸದಸ್ಯಜಾಲ್ಲೆಲೆ ಸಜ್ಜನ಼ ಭಾರತಾಚೆ ಸಂಸ್ಕೃತಿಚೆ ಪ್ರಭಾವಾನ ಮಾನವೀಯ ಮೌಲ್ಯಾಂಕ ಸಮುರ್ಝೂನುಘೆತ್ತಿಲೆ ಜಾವ್ನುಆಶ್ಶಿಲಿಂತಿ. ತಾಂಕಾ ನಿಗ್ರೋ ಜ಼ಣ ಆಪ್ಣ್ಯಾಲೆವರೀಚಿ ಮಾನವಕುಲಾಕ ಮೆಳ್ಳೆಲೆ ಲೋಕು ಮ್ಹೊಣು ಅರ್ಥು ಜಾಲ್ಲೆಲೆಂ.

ಬ್ರಿಟಿಷ್ ಸರಕಾರಾಚೆ ಸಹಯೋಗಾರಿ ಬ್ರಿಟಿಷ್ ನಾಗರಿಕಾನಿ ಕೊರ್ಚೊ ನಿಗ್ರೋಗುಲಾಮಾಲೊ ವ್ಯಾಪಾರು ಮಾನವಕುಲಾಕ ಏಕು ಹೋಳ್ಗೊ ಅನ್ಯಾಯು ಆನಿ ಅಧರ್ಮು ಮ್ಹೊಣು ಬ್ರಿಟಿಷ್ ಬುದ್ಧಿಜೀವೀನ, ಸಾಹಿತೀಂನ, ಚರಿತ್ರಕಾರಾನಿ, ಕ್ರಿಶ್ಚನ್ ಧರ್ಮಾಂಚೆ ಚಿಂತಕಾನಿ, ಬೈಬಲ್ ಭಾಷ್ಯಕಾರಾನಿ, ನ್ಯಾಯಾಧೀಶಾನಿ, ಸಾಮಾನ್ಯ ಜನಾನಿ ಸಮೇತ ಸಮುರ್ಝೂನು ವಿಚಾರು ಕೆಲ್ಲೊ.

ಹೋ ಅನ್ಯಾಯು ಬ್ರಿಟಿಷ್ ಜನಾಂಕ ವಾಯಿಟ ನಾಂವ ಹಾಡ್ತಾ ಮ್ಹೊಣು ತಾಂಕಾ ಕಳಿತಾಕ ಆಯ್ಲೆಂ. 1730ಚೆ ದಶಕಾಂತೂಚಿ ಬ್ರಿಟಿಷ್ ಪಾರ್ಲಿಮೆಂಟಾನ ಏಕು ಕಾನೂನು ಪಾಸ್ ಕೋನ್ರ್ಮ ಗುಲಾಮಲೊ ವ್ಯಾಪಾರು ಅನ್ಯಾಯು ಆನಿ ಅಪರಾಧು ಮ್ಹೊಣು ಠರವಿಲೆಂ. ಹೇ ವ್ಯಾಪಾರು ಕೆಲ್ಲೆಲ್ಯಾಂಕ ಬಂದೀಖಾನೇಂತು 10 ವರ್ಸಾಕಯಿ ಜಾಸ್ತ ಶಿಕ್ಷೆ ದಿವ್ಚೆ ಪ್ರಾವಧಾನ ಜಾಲ್ಲೆಂ.

ಅಮೇರಿಕಾಚೆ ಲಕ್ಷಕಟ್ಲೆ ಶೇತಕರೀಂಕ ಹೇಂ ಸ್ವೀಕಾರಜಾಯ್ನಿ. ತಾಂಕಾ ಕಾಪ್ಪುಸಾಚೆ ತೋಟಾಂತು ಆನಿ ವಿಂಗಡ ವ್ಯವಹಾರಾಂತು ಕಾಮ ಕೊರೂಂಕ ಸೌರಗಾಯೇರಿಮೆಳ್ಚೆ ಸಾಂಗಿಲೆಆಯ್ಕತಲೆ ಗುಲಾಮ ನೀಗ್ರೋಕಾರ್ಮಿಕ ಜಾಯಿಆಶ್ಶಿಲೆತಿ. ತಾಂಗೆಲೆ ಹಾತ್ತಾನ ವಿಪರೀತ ಅಮಾನವೀಯ ರೀತೀರಿ ಕಾಮಕೊರೋನುಘೇವ್ನು ಅಮೇರಿಕಾಚೆ ಗೋರೆ ಶೇತಕಾರಿ ಜ಼ನ ಅನ್ಯಾಯು ಖಂಚೊ ಆನಿ ಆಧರ್ಮು ಖಂಚೊ ಮ್ಹೊಣು ಪೊಳೋಚೆ ಪರಿಸ್ಥಿತಿಂತು ನಾಆಶ್ಶಿಲೆತಿ.

ಅಮೇರಿಕಾಚೆ ಲಕ್ಷಕಟ್ಲೆ ವ್ಯಾಪಾರೀಂಕ ತಾನ್ನಿ ಅಮೇರಿಕಾಚೆ ರೆಡ್ಇಂಡಿಯನ್ಸ ಲೋಕಾಂಲೆ ಜಮೀನ ಬಲಾತ್ಕಾರಾರಿ ವ಼ಶ ಕೋನ್ರ್ಮ ಘೆತ್ತಿಲೆಂ ಏಕ ಹೊಳ್ಗೊ ಅನ್ಯಾಯು ಆನಿ ಅಧರ್ಮು ಮ್ಹೊಣು ಮನಾಂತು ಯೇನಿ. ತಾಜ್ಜೆ ವೈರಿ ತಾಂಕಾ ಖಂಚೆ ನ್ಯಾಯ ಆನಿ ಖಂಚೊ ಧರ್ಮು ಮ್ಹೊಣು ಸಾಂಗೂಂಕ ಬ್ರಿಟಿಷಾಂಕ ಕೋಣೆ ದಿಲ್ಲೊಲೊ ಅಧಿಕಾರು ಮ್ಹೊಣು ಲಢಾಯೇಕ ರಾಬ್ಲೀಂತಿ.

2. ಇಂಗ್ಲೇಂಡಾಂತುತಾಕ್ಕೂನು ಅಮೇರಿಕಾಕ ಸುರ್ವೇಕ ಗೆಲ್ಲೆಲೆ ಜಃಣ ತಾರವಾರಿ ನಾವಿಕ ಜಾವ್ನು ಆನಿ ಬಂದರಾರಿ ಸಾಮಾನು ರಾಕ್ಕೂಂಕ ದವ್ವರ್ಲೆಲೆ ಸೈನಿಕ ಜಾವ್ನುಆಶ್ಶಿಲೆತಿ. ಮಾಗ್ಗೀರಿ ವಲಸೆ ಗೆಲ್ಲೊಲೊ ಲೋಕು ಇಂಗ್ಲೇಂಡಾತು ಆರ್ಥಿಕ ಆನಿ ಸಾಮಾಜಿಕ ಪರಿಸ್ಥಿತಿ ಬಿಗಡಾಯಿಸ್ಲೇಲೆ ವೇಳಾರಿ ಗಾಂವುಸೋಣು ಧಾವ್ನು ಗೆಲ್ಲೆಲೆ ಜಾವ್ನು ಆಶ್ಶಿಲೆ. ತಾಂಗೆಲೊ ಸಂಸ್ಕಾರು ಚಾಂಗ ನಾಆಶ್ಶಿಲೊ. ತಾನ್ನಿ ಖಂಚೇಯಿ ಅಧರ್ಮಾಚೆ ಕಾಮಾಂಕ ಹಾತು ಘಾಲೂಂಕ ಕೆದ್ನಾಯಿ ತಯ್ಯಾರಿಜಾವ್ನು ಆಶ್ಶಿಲೆತಿ.

ಇಂಗ್ಲೇಂಡಾಚೆ 13 ಕೊಲೊನೀಂಕ ಹೇ ದುರ್ಬುದ್ಧೀಚೆ ದುಷ್ಟ ಜನಾನೀಂಚಿ ವಿಸ್ತಾರ ಕೆಲ್ಲೆಲೆಂ. ಇಂಗ್ಲೇಂಡ್ ಆನಿ ಸ್ಪೇಯ್ನ ಫ್ಲೋರಿಡಾ, ಮೆಕ್ಷಿಕೊ, ಗ್ರೇಟ್ ಲೇಕ್ಸ್, ಕೆನಡಾ ಇತ್ಯಾದಿ ಕಡೆ ಫ್ರಾನ್ಸ್ ದೇಶಾಚೆ ಕೊಲೊನೀಂಚೆ ವಿರುದ್ಧ ಯುದ್ಧಕೆಲ್ಲೆಲೆ ವೇಳಾರಿ ರೆಡ್ ಇಂಡಿಯನ್ಸಾಂಕ ವಿಪರೀತ ಕಷ್ಟ ದಿಲ್ಲೆಲೆಂ.

ಹೀ ಅಮಾನವೀಯ ಆನಿ ಹೀನ ದುರ್ನಡತೆ ಇಂಗ್ಲೇಂಡಾಚೆ ಸಜ್ಜನಾಂಕ ಸಃಮಪಣಿ. ಹಾಜ್ಜೆ ನಿಮಿತ್ತ ಮುಕಾರಿ ಇಂಗ್ಲೇಂಡಾಕ ವಾಯಿಟ ನಾಂವ ಯೆತ್ತಾ ಮ್ಹೋಣು ಸಮಝೂನು ವೇಳು ಪೋಳೋನು ಬ್ರಿಟಿಷ್ ಪಾರ್ಲಿಮೆಂಟಾನ ಆನಿಏಕ ಮಾನವಕುಲಾಚೆ ಜನಾಂಕ ತಶ್ಶಿ ಅನ್ಯಾಯು ಕೊರೂಂಕ ನಜ್ಜ ಮ್ಹೋಣು ಕಾನೂನು ಹಾಳ್ಳೊ.

ಉತ್ತರ ಅಮೇರಿಕಾಚೆ ಭೂಖಂಡಾಂತು 13 ಕೊಲೊನೀನಿ ಶೇಕಡಾ 15 ಮಾಂತ್ರ ಜಾಗೊ ಧರ್ಲೋಲೊ. ವರ್ಲೆಲೆ ಶೇಕಡಾ 85 ಭೂಂಯಿ ಅಮೇರಿಕಾಚೆ ಗೋರೆ ಲೋಕಾಂಕ ರೆಡ್ ಇಂಡಿಯನ್ಸಾಲೆ ವಂಶವಧೆ ಕೋರ್ನು ಕಬ್ಜಕೋರ್ಕಾ ಮ್ಹೋಣು ಆಲೋಚನ ಆಶ್ಶಿಲಿ. ಹೀ ವಂಶವಧೆ ಬ್ರಿಟಿಷ್ ಸರಕಾರಾಕ ಒಪ್ಪಿಗೆ ನಾಆಶ್ಶಿಲಿ. ತೇನಿಮಿತ್ತ ಅಮೇರಿಕಾಚೆ ಗೋರೆ ಲೋಕಾನಿ ಫ್ರೀಡಮ್ ಮ್ಹೋಣು ಬೋಬಮಾರೂಂಕ ಸೂರು ಕೆಲ್ಲೆಂ.

ರೆಡ್ ಇಂಡಿಯನ್ಸಾಲೆ ವಂಶವಧೆ (ಜಿನೊಸೈಡ್), ಗುಲಾಮಾಲೊ ವ್ಯಾಪಾರು (ಸ್ಲೇವ್ ಟ್ರೇಡ್) ಆನಿ ಗುಲಾಮವ್ಯವಸ್ಥಾ (ಸ್ಲೇವರಿ) ಹೇ ತೀನಿ ದುರ್ವ್ಯವಹಾರಾಂಚೊ ಅಭ್ಯಾಸು ಸುಗಮ ಕೊರೂಂಕ ಅಮೇರಿಕಾಚೆ ಗೋರೆ ಲೋಕಾಂಕ 'ಫ್ರೀಡಮ್' ಜಾಯಿಆಶ್ಶಿಲೆಂ.

ಸಕ್ಕಡ ಜನಾನಿ ಮೇಳ್ನು ವಾರ್ ಆಫ್ ಇಂಡಿಪೆಂಡೆನ್ಸಾಂತು ಭಾಗ ಘೇವ್ನು ಬ್ರಿಟಿಷ್ ಸರಕಾರಾಕ ಅಮೇರಿಕಾ ತಾಕ್ಕೂನು ಕಾಣು ಘಾಲ್ಲೆಂ ಆನಿ ತಾಜ್ಜೆ ಮಾಗ್ಗೀರಿ ತಾಂಗೆಲೆ ಉದ್ದೇಶು ಪರಿಪೂರ್ಣ ಜಾವ್ನೊತಾಂಯಿ ತಾನ್ನಿ ನಿರಂತರ ನ್ಯಾಯಾಚೆ ಆನಿ ಧರ್ಮಾಂಚೆ ಕಡೇನ ಧ್ಯಾನ ದೀನಿ.

ತಾಂಗೆಲೊ ಉದ್ದೇಶು ಸಾಧಿಸೀಲೆ ಮಾಗ್ಗೀರಿ, ಯು. ಎಸ್. ಏ. ಚೆ ಸರಕಾರಾನ, 'ಆನಿ ಕೋಣಂಯೀ ಅನ್ಯಾಯು ಕೊರೂಂಕ ನಜ್ಜ ಅಧರ್ಮಾಂತು ಹಾತು ಘಾಲೂಂಕ ನಜ್ಜ' ಮ್ಹೋಣು ಸಗ್ಳೇ ಜಗತ್ತ್ಯಾಂತು ಡಂಗುರ ಮಾರ್ಲ್ಲೆಂ. ತಾಂಗೆಲಿ ಅಮಾನುಷ ಕೃತ್ಯಂ ಆನಿ ಅತ್ಯಂತ ವ್ಯಾಪಕಜಾಲ್ಲೇಲಿ ರೆಡ್ ಇಂಡಿಯನ್ಸಾಲಿ ವಂಶವಧೆಚಿ ಕಾಣಿ ನಿಪ್ಪೋನು ದವ್ವರ್ಲಿ.

ಫ್ರೆಂಚ್ ಪ್ರಜೇಲಿ 1830 ಇಸ್ವೇಚಿ ಕ್ರಾಂತಿ

ಕ್ರಿ. ಶ. 1776 ಇಸ್ವೇಂತು ಸ್ವತಂತ್ರ ಜಾಲ್ಲೇಲೆ ಅಮೇರಿಕಾಚೆ 13 ಬ್ರಿಟಿಷ್ ಕೊಲೊನೀಂನಿ 'ಫ್ರೀಡಂ' ಮ್ಹೊಣು ಶಬ್ಧು ಉಪಯೋಗು ಕೋರ್ನು ಪ್ರಜಾಪ್ರಭುತ್ವ ಪದ್ಧತೀಕ ನಾಂವ ದಿಲ್ಲೆಮಾಗ್ಗೀರಿ ಸ್ವಾತಂತ್ರ್ಯಾಚಿ ಪರಿಕಲ್ಪನಾ ಜಗಾಚೆ ಜನಾಲೆ ಮನಾಂತು ಉದ್ದೇಲೀಲಿ.

ಸಗ್ಳೇ ಜಗತ್ಯಾಂತು ಫ್ರೀಡಮ್ಮಾಚಿ ಕಲ್ಪನಾ ಉಜಾಗರ ಜಾಲ್ಲಿ. ಪ್ರಜಾಪ್ರಭುತ್ವಾಚಿ ಕಲ್ಪನಾ ಉಜಾಗರ ಜಾಲ್ಲಿ. ಹಜ್ಜಾರ ವರ್ಸಾಚೆ ಮುಸ್ಲಿಂಪ್ರಭಾವಾಚೆ ಕಾರಣ ಭಾರತಾಂತು ಜಗತ್ಯಾಚಿ ಸುದ್ದಿ ಫರಫರ ಪಾವ್ನಾಆಶ್ಶೀಲಿ.

ಇಂಗ್ಲೇಷ್ ಆಡಳಿತ ಆಯ್ಲೆ ಮಾಗ್ಗೀರಿ 1836 ಇಸ್ವೇಂತು ಅಮೇರಿಕಾ ತಾಕ್ಕೂನು ಇಂಗ್ಲೇಂಡಾಕ ಆನಿ ಇಂಗ್ಲೇಂಡಾತಾಕ್ಕೂನು ಮುಂಬೈಕ ಟೆಲಿಗ್ರಾಫ್ ವ್ಯವಸ್ಥಾ ಜಾಲ್ಲೆಮಾಗ್ಗೀರಿ ಸಗ್ಳೇ ಜಗತ್ತ್ಯಾಂತುಲಿ ಸುದ್ದಿಸಮಾಚಾರ ಭಾರತಾಂತು ಯೆವ್ಚಾಕ ಸೂರು ಜಾಲ್ಲೆಂ.

ಭಾರತಾಂತು ಪ್ರಿಂಟಿಂಗ್ ಪ್ರೆಸ್ ಆಯ್ಲೆ ಮಾಗ್ಗೀರಿ ಪ್ರತಿಏಕ ಶಹರಾಂತು ಸಮಾಚಾರ ಪತ್ರಿಕಾ ಪ್ರಕಟಜಾಲ್ಲೀಂತಿ. ಜನಾಂಕ ವಿವಿಧ ಸಾಮಾಜಿಕ ಆರ್ಥಿಕ ಆನಿ ರಾಜಕೀಯ ವೃತ್ತಾಂತಾಂತು ಅಭಿರುಚಿ ಚಽಡ ಜಾಲ್ಲಿ. ಇಂಗ್ಲೀಷ್ ಸರಕಾರಾಚೆ ವಸಾಹತಾಧಾರಿತ ರಾಜಾಡಳಿತ ದೆಕ್ಕೂಂಕಮೆಳ್ಳೆಂ. ಭಾರತಾಚೆ ಜನಾಂಕ ಇಂಗ್ಲೀಷ್ ಜಽಣ ಪರ್ಕೆ ಮ್ಹೊಣು ಮನಾಂತುಗೆಲ್ಲೆಂ. ಆಮ್ಮಿ ಇಂಗ್ಲೇಂಡಾಚೆ ಗುಲಾಮೀದೇಶ ಮ್ಹೊಣು ಭಾರತಾಚೆ ಜನಸಾಮಾನ್ಯಾಕ ಲಜ್ಜಿ ಕೆಲ್ಲಿ. ಆಮ್ಮಿ ಸ್ವತಂತ್ರದೇಶ ಜಾಲ್ಯಾರಿ ಚಾಂಗಕೀ ವಾಯಿಟ ಮ್ಹೊಣು ಚರ್ಚೆ ಸೂರು ಜಾಲ್ಲೆಂ.

ಭಾರತಾಂತು ಪ್ರಿನ್ಸ್ಲೀಸ್ಟೇಟ್ಸಾಚೆ ಪ್ರಜೇಂಕ ತಾಂಗೆಲೊ ದುಡ್ಡು ಖಂಯಿ ವತ್ತಾ ಮ್ಹೊಣು ಕಳ್ಳೆಂ. ಪ್ರಿನ್ಸ್ಲೀಸ್ಟೇಟ್ಸಾಚೆ ರಾಯ, ರಾಣಿ ಆನಿ ತಾಂಗೆಲೆ ಕುಟುಂಬ ಕಿತ್ಲೊ ದುಡ್ಡು ಆಪ್ಣ್ಯಾಲೆ ಖರ್ಚಾಕ ಕಾಡ್ತಾತಿ ಮ್ಹೊಣು ಕಳಿತಾಕ ಆಯ್ಲೆಂ.

ಯುರೋಪಾಚೆ ವಿವಿಧ ಚರಿತ್ರಕಾರಾನಿ ಆನಿ ಗ್ರಂಥಕಾರಾನಿ ಬರಯಿಲೆಂ ಪುಸ್ತಕಂ ಭಾರತಾಂತು ಆಯ್ಲೀಂತಿ. ಸಮಾಚಾರಪತ್ರ ವಿತರಣ ಜಾಲ್ಲೆಂ. ಸುದ್ದಿ ಸಕ್ಡಾಂಕಯಿ ಪಾವ್ಲಿ. ವಸಾಹತುವಾದು ಅಪವಿತ್ರ ಜಾಲ್ಲೊ. ಜನಾಂಕ ಅಪರಿಮಿತ ಕಷ್ಟ ಆಯ್ಲಿಂತಿ. ನಂತಾ ಅನೇಕ ಇತರ ಕಾರಣಾನಿ ಬ್ರಿಟಿಷ್ ಇಂಡಿಯಾಚೆ ಪ್ರಜೇಂಕ ಯೆಚ್ಚನಜಾಲ್ಲಿ.

ಯುರೋಪಾಚೆ ಫ್ರಾಂಸ ದೇಶಾಂತೂಂಯಿ ಹಿಂಸಾತ್ಮಕ ಕ್ರಾಂತಿ ಜಾಲ್ಲೀಂತಿ. ಸಾಮಾನ್ಯ ಪ್ರಜೇಲೆ ವಿಶ್ವಾಸೀ ಮುಖಂಡಾನಿ ರಾಯ್ಯಾಂಕ ಪದಚ್ಯುತ ಕೆಲ್ಲೆಂ. 1830 ಇಸ್ವೇಂತು ಫ್ರಾನ್ಸ್ ದೇಶಾಂತು ಭಯಂಕರ ಹಿಂಸಾತ್ಮಕ ಕ್ರಾಂತಿ ಜಾವ್ನು ಹಜ್ಜಾರಕಟ್ಲೆ ಜಽಣ ಮೆಲ್ಲೀಂತಿ. ಏಕ ನವೇನಮೂನ್ಯಾಂಚೆ ಆಧುನಿಕ ಪ್ರಜಾಪ್ರಭುತ್ವ ಜನ್ಮಾಂತುಆಯ್ಲೆಂ. ತೆದ್ದೋಳುತಾಯಿ ಜನಾಂಕ ಕಸ್ಸಲೆ ಕೊರ್ಚೆ ಮ್ಹೊಣು ದಿಕ್ಕು ದಿಸ್ಸಽನಿ

ಆಶ್ಶೀಲೊ. ಜಗತ್ತ್ಯಾಕ ಪರಿವರ್ತನ ಕೊರ್ಚೆಕತಿರ 'ಪ್ರಜಾರಾಜ್ಯ, ಪ್ರಜಾಪ್ರಭುತ್ವ, ಆನಿ ಸೆಕ್ಯುಲರಿಸಂ' ಜನ್ಮಾಂಕ ಆಯ್ಲೆಂ.

ಶಿವಮೊಗ್ಗೇಚೊ ಧೋಂಡಜೀ ವಾಘ್

ಕ್ರಿ. ಶ. 1799 ಇಸ್ವೇಂತು ಟಿಪ್ಪುಸುಲ್ತಾನಾಕ ಇಂಗ್ಲೀಷ್ ಕಂಪನೀಚೆ ಸೈನ್ಯಾನ ಸಲ್ವೈಲೆ ಮಾಗ್ಗೀರಿ ಮೈಸೂರಾಂತು ಬಂದೀಖಾನೇಂತು ಕುಸ್ತಲೆ ಅನೇಕ ಹಿಂದೂ ಆನಿ ಕ್ರಿಶ್ಚನ್ ಪುಢಾರೀಂಕ ಸೂಟಮೆಳ್ಳಿ. ತಾಂಕಾ ಇಂಗ್ಲೀಷಾಂನಿ ಮೊಕ್ಳೆಕೆಲ್ಲೆಂ. ತಾಂಗೆಲೆಪೈಕಿ ಎಕ್ಲೊ ಬಿದನೂರ್ ರಾಜ್ಯಾಚೊ ಧೋಂಡಜೀ ವಾಘ್. ತೋ ಬಿದನೂರಾಚೊ ಯುವರಾಯು ನಾಯಕು ಜಾವ್ನು ಆಶ್ಶಿಲೊ.

1772 ಇಸ್ವೇಂತು ಜಾಲ್ಲೇಲೆ ಯುದ್ಧಾಂತು ಹೈದರಾಲೀನ ಹಾಕ್ಕಾ ಸಲ್ವಾನು ಬಂದೀಖಾನೇಂತು ಘಾಲ್ಲೋಲೊ. 1782 ಇಸ್ವೇಂತು ಹೈದರಾಲಿನ ಮೆಲ್ಲೆಮಾಗ್ಗೀರಿ ಟಿಪ್ಪುಸುಲ್ತಾನಾನ ವಾಘ ಮಾಮ್ಮಾಂಕ ಮೈಸೂರಾಚೆ ವಿಶೇಷ ಬಂದೋಬಸ್ತ ಆಶ್ಶೀಲೆ ಬಂದಿಖಾನೇಂತು ದವ್ವರ್ಲೋಲೊ. ಹೇಚಿ ವರ್ಸ ಟಿಪ್ಪುಸುಲ್ತಾನಾನ ಇಂಗ್ಲೇಷಾಲೆಒಟ್ಟು ಕೆಲ್ಲೆಲೆ ಯುದ್ಧಾಂತು ಸೋಲುಜಾವ್ನು ತಾಣೆ ಬಿದನೂರ ರಾಜ್ಯ ಇಂಗ್ಲೀಷಾಂಕ ಸೋಣುದೀವ್ಕಾ ಜಾಲ್ಲೆಂ.

ಜಾಲ್ಯ್ಲಾರಿ ಧೋಂಡಜಿ ವಾಘ ಮಾಮ್ಮಾಂಕ ಬಂದೀಖಾನೆತಾಕ್ಕೂನು ಬಿಡುಗಡೆ ಕರ್ನಿ. ಮಾಗ್ಗೀರಿ 1799 ಇಸ್ವೇಂತು ಟಿಪ್ಪೂಕ ಇಂಗ್ಲೀಷಾನಿ ಸಲ್ವೈಲೆತವಳಿ ಧೋಂಡಜೀ ವಾಘು ಸಕ್ಕಡ ಕೈದೀಂಚೆ ಮ್ಹಣ್ಕೇಚಿ ಮೊಕ್ಳೊಜಾಲ್ಲೊ. ತೇ ವೇಳಾರಿ ಬಿದನೂರ ರಾಜ್ಯ ಕಂಪನಿಚೆ ಆಡಳತಾಂತು ಆಶ್ಶೀಲೆಂ.

ಧೋಂಡಜೀ ವಾಘ ಮಾಮು ಬಿದನೂರಾಕ ಆಯ್ಲೊ. ತಾಣೆ ತಾಗ್ಗೆಲೆ ರಾಜ್ಯಾಚಿ ಪರಿಸ್ಥಿತಿ ಆಧ್ಯಯನ ಕೆಲ್ಲೆಂ. ಟಿಪ್ಪುಸುಲ್ತಾನಾನ ಅನೇಕ ಗಾಂವಾಂತು ಪಾಳೇಗಾರಾಂಕ ನಿಯುಕ್ತ ಕೆಲ್ಲೇಲೆ. ಟಿಪ್ಪೂನ ಸಲ್ವಲೆ ನಂತರ ಹೇ ಪಾಳೇಗಾರ ಸಕ್ಕಡ ಕಂಪನೀಚೆ ಅಧೀನ ಜಾಲ್ಲೀಂತಿ.

ಧೋಂಡಜೀ ವಾಘು ಕಂಪನೀಚೊ ಸಾಮಂತು ಜಾವ್ಚಾಕ ವೊಪ್ಪಃನಿ. ತಶ್ಶಿಜಾವ್ನು ಕಂಪನೀಚೊ ಸೇನಾಪತಿ ಆರ್ಥರ್ ವೆಲ್ಲೆಸ್ಲೀನ ಸೈನ್ಯಪೆಟೋನು ಧೋಂಡಜೀಕ ಕನಗಲ್ ಮ್ಹಳ್ಳೇಲೆ ಕಡೇನ ಜಾಲ್ಲೇಲೆ ಯುದ್ಧಾಂತು ಸಲ್ವೈಲೆಂ.

ಧೋಂಡಜಿ ಹೇ ಕದನಾಂತು ವೀರಗತಿ ಪಾವ್ಲೊ. ವರ್ಲೆಲೆ ಪಾಳೇಗಾರ (ವಿಟ್ಟಳ, ಸೋಂಡಾ, ಸವನೂರ, ರಾಣೆಬೆನ್ನೂರ, ಹಾನಗಲ್, ಹರಪನಹಳ್ಳಿ) ಕಂಪನಿ ಸರಕಾರಾಚೆ ಸಾಮಂತ ಜಾಲ್ಲೀಂತಿ. ಬಾಲಂ, ಫೆರಿನ್ತುರೈ, ದಿಂಡಿಗಲ್, ಶಿವಗಂಗಾ ಆನಿ ವಿರೂಪಾಕ್ಷಿಚೆ ಪಾಳೇಗಾರಾಂಕ ಕಂಪನೀಚೆ ವಿರೋಧ ರಾಬ್ಬೀಲೀಂತಿ ಮ್ಹೋಣು ಸಜಾ ಜಾಲ್ಲಿ.

ಕಿತ್ತೂರ ರಾಣಿ ಚೆನ್ನಮ್ಮ

ಕಂಪನೀಚೆ ಸರಕಾರಾನ ಅಮೇರಿಕಾಂತು 13-ಕೊಲೊನೀಚೆ ಸ್ವತಂತ್ರ ಸರಕಾರಾನಿ ರೆಡ್ ಇಂಡಿಯನ್ ಮುಖಂಡಾಂಕ ಮೆಳ್ಳೆಮೆಳ್ಳೆಲೆ ಕಡೇನ ಘಟ್ಟಿಕಾರಣದಾಕ್ಕೋನು ಜಿಪ್ನಿಮಾಲ್ಯಾ್ಯಮಣ್ಕೆ ಭಾರತಾಚೆ ರಾಯ್ಯಾಂಕ ತಾನ್ನಿ ಯುದ್ಧಾಕ ರಾಬ್ಲೆಶಿವಾಯಿ ಜಿಪ್ನಿಮಾರ್ನಿ.

ಜಾಲ್ಲ್ಯಾರಿ ಕಂಪನಿ ಸರಕಾರಾನ ಏಕ ವಿಚಿತ್ರ ನಿಯಮು ಹಾಳ್ಳೊ. ತೋ ನಿಯಮು ಖಂಚೇಯಿ ಏಕ ಸಾಮಂತ ರಾಯ್ಯಾಕ ಚೆರ್ಡುವಂ ಆಸ್ಸತಿಜಾಲ್ಲ್ಯಾರಿ, ಚೆರ್ಡಾನ ಬಾಬ್ಲೂನ ಮೆಲ್ಲೆಮಾಗ್ಗಿರಿ ಸಿಂಹಾಸನಾರಿ ಚೊಡ್ಯೇತ. ಸಾಮಂತ ರಾಯ್ಯಾಕ ಚೆರ್ಡುವಂ ನಾಜಾಲ್ಲ್ಯಾರಿ ತೇಂ ರಾಜ್ಯ ಕಂಪನೀಕ ಸೋಣು ದೀವ್ಕಾ ಮ್ಹೋಣು ನಿಯಮು ಕೆಲ್ಲೊ.

ಕಿತ್ತೂರ ರಾಯು ದೇಸಾಯಿ ಶಿವಲಿಂಗ ಸರ್ಜಾಕ ಚೆರ್ಡುವಂ ನಾಆಶ್ಶೀಲಿಂತಿ. ತಾಣೆ ಮೆಲ್ಲ್ಲೇಲೆ ವೇಳಾರಿ ಕಿತ್ತೂರ ರಾಜ್ಯ ವಃಶ ಕೊರೂಂಕ ಕಂಪನೀನ ಸೈನ್ಯ ಪೆಟಯಿಲೆಂ. ರಾಣೀನ ಯುದ್ಧ ಕೆಲ್ಲೆಂ ಆನಿ ತೀ ಯುದ್ಧಕ್ಷೇತ್ರಾಂತು ವೀರಗತಿ ಪಾವ್ಲಿ.

ಸಂಗೊಳ್ಳಿ ರಾಯಣ್ಣಾಲಿ ವೀರಗಾಥಾ

ಕಿತ್ತೂರಾಚೆ ರಾಯ್ಯಾಲೊ ಸೇನಾಪತಿ ಸಂಗೊಳ್ಳಿ ರಾಯಣ್ಣಾನ ಕಂಪನಿ ಸರಕಾರಾಚೆ ವಿರುದ್ಧ 1829 ಇಸ್ವೇಂತು ಯುದ್ಧಕೆಲ್ಲೆಂ. ಜಾಲ್ಲ್ಯಾರಿ ತೋ ಸಲ್ವಲೊ.

ರಾಯಣ್ಣಾಂಕ ಕಂಪನೀಚೆ ಸೈನ್ಯಾನ ಬಂದಿ ಕೋರ್ನು ನಂತರ ಫಾಂಶಿ ದಿಲ್ಲಿ. ಕಿತ್ತೂರಾಚೊ ಏಕು ಸೇನಾಪತಿ ಸರದಾರ ಗುರುಸಿದ್ದಪ್ಪ ಮ್ಹಳ್ಳೊಲೊ ಕಂಪನೀಚೆ ವಿರುದ್ಧ ಲಢಾಯಿ ಕೆಲ್ಲಿ. ತಾಕ್ಕಾಯಿ ಫಾಂಶಿ ಜಾಲ್ಲಿ.

ಕೆಲಾಡೀಚೊ ಸ್ವಾತಂತ್ರ್ಯ ಸಂಗ್ರಾಮು (ನಗರ ದಂಗೊ)

1830 ಇಸ್ವೇಂತು ಶಿವಮೊಗ್ಗೇಚೆ ಲಾಗ್ಗಿ ಕೆಲಾಡಿ ನಗರ ರಾಜ್ಯಾಂತು ಬುಧಿಸಿದ್ದಪ್ಪ ಮ್ಹಳ್ಳೇಲೆ ಏಕ ರಾಜಕುಮಾರಾನ ಚಿಕ್ಕಮಗಳೂರು, ತರೀಕೆರೆ, ಹಿರಿಯೂರು ಆನಿ ಹೊನ್ನಾಲಿಚೆ ಜನಾಂಕ ಮೇಳೋನು ಏಕ ಕೆಲಾಡಿ ಸಂಸ್ಥಾನ (ರಾಜ್ಯ) ಹೊನ್ನಾಲಿಂತು ಸ್ಥಾಪನೆ ಕೆಲ್ಲೆಂ.

ತರೀಕೆರೆಚೊ ಸೇನಾಪತಿ ಸರ್ಜಾ ರಂಗಪ್ಪ ನಾಯಕ ಮ್ಹಳ್ಳೊಲೊ ಹೇ ಚಳುವಳೀಂತು ಭಾಗಿ ಜಾಲ್ಲೊ. ಮೈಸೂರಾಚೆ ನವೇ ಸಾಮಂತ ಸರಕಾರಾಚೆ ಸೈನಿಕಾನಿ ಕೆಲಾಡಿ ಸೈನ್ಯಾಚೆ ವಿರುದ್ಧ ಲಢಾಯಿ ಕೊರೂಂಕ ನಾಕಾರ್ಲೆಂ.

ಹೇಂ ಪೋಳೋನು ಕಂಪನೀನ ಮೈಸೂರಾಚೆ ನವೇ ಸಾಮಂತ ಮಹಾರಾಜಾಕ (ಮುಮ್ಮಡಿ ಕೃಷ್ಣರಾಜ ವೊಡೆಯರ್) ಅಧಿಕಾರಾಂತು ತಾಕ್ಕೂನು ಸಕಲ ದೇವ್ರೈಲೆ ಆನಿ ಕಂಪನೀನಃಚಿ 1831 ಇಸ್ವೇಂತು ಮೈಸೂರಾಚೆ ಆಡಳಿತ ವಹಿಸೂನುಘೆತ್ಲೆಂ.

ಕಂಪನೀಚೆ ಸೈನ್ಯ ಶಿವಮೊಗ್ಗಾಕ ಆಯ್ಲೆಂ. ಯುದ್ಧ ಜಾಲ್ಲೆಂ. ಬುಧಿಸಿದ್ದಪ್ಪಾಲೆ ಸೈನ್ಯಾಕ ಸೋಲು ಜಾಲ್ಲೊ. ತಾಕ್ಕಾ ಫಾಂಶಿ ಜಾಲ್ಲಿ. ತಾಗ್ಗೇಲೆ ಅನೇಕ ಸಾಥೀಂಕಯಿ ಫಾಂಶಿ ಏಕಯಿ ಉಮ್ರಕೈದ ಜಾಲ್ಲೆಂ.

ಬಾದಾಮಿ ಕಿಲ್ಲೇಚೊ ಪ್ರಸಂಗು

ಕ್ರಿ. ಶ. 1841 ಇಸ್ವೇಂತು ನರಸಪ್ಪಾ ಪೆಟ್ಕರ್ ಆನಿ ಕೊಹೀರನ್ ಮ್ಹಳ್ಳೆಲೆ ದೊಗ್ಗ ಜಽಣ ಇಂಗ್ಲೀಷ್ ವಿರೋಧಿ ಭಾರತೀಯಾನಿ ಬಾದಾಮಿ ಕಿಲ್ಲೊ ವಽಶ ಕೋರ್ನುಫೇವ್ನು ಏಕ ಸಂಸ್ಥಾನ ಸ್ಥಾಪನೆ ಕೊರೂಂಕ ಪ್ರಯತ್ನ ಕೆಲ್ಲೆಂ. ಏಕ ದೋನಿ ಹಫ್ತೊ ತಾನ್ನಿ ಬಾದಾಮಿ ಕಿಲ್ಲ್ಯಾಂತು ಬಸ್ಲೀಂತಿ. ತಿತ್ಲೆಭಿತ್ತರೆ ಇಂಗ್ಲೀಷ್ ಸೈನ್ಯಾನ ಯೇವ್ನು ತಾಂಕಾ ಸಲ್ವಾನು ಹೋ ವಿರೋಧು ಮೊಳ್ಳೊ.

ಕಂಪನೀ ಸರಕಾರಾಚೆ ವಿರೋಧ ಚೆಪ್ಪಿ ಲಢಾಯಿ

ಭಾರತಾಂತು ಅನೇಕ ಕಡೆನ ಕಂಪನಿ ಸರಕಾರಾಚೆ ವಿರುದ್ಧ ಲಢಾಯಿ ಜಾತ್ತಽ ಆಶ್ಶೀಲಿ. ಜಾಲ್ಲ್ಯಾರಿ ತೇ ಲಢಾಯೀಂತು ದಮ್ಮು ನಾಆಶ್ಶೀಲೊ. ತೀ ಲಢಾಯಿ ಚೆಪ್ಪಿ ಲಢಾಯಿ ಜಾಲ್ಲಿ.

ಲಢಾಯಿ ಕೆಲ್ಲೆಲ್ಯಾಂಕ ಜೈಲಾಂತುಘಾಲ್ಲೆಂ. ಸ್ವಲ್ಪ ಜನಾಂಕ ಫಾಂಶಿ ದಿಲ್ಲಿ. ಏಕಯಿ ಗಡಿಪಾರ್ ಕೆಲ್ಲೆಂ. ಅಂಡಮಾನ್ ದ್ವೀಪಸಮೂಹಾಂತು ಹೊಳ್ಳೆಏಕ ಜೈಲಾಚೆ ಬಿಲ್ಡಿಂಗ್ ಬಾಂಧ್ಲೆ ಆನಿ ತೇ ಜೈಲಾಂತು ಥೊಡೆ ವಿಶೇಷ ಕೈದೀಂಕ ಬಂದಿಕೆಲ್ಲೆಂ.

1836 ಇಸ್ವೇಂತು ಕಿತ್ತೂರಾಂತು ನಾರಪ್ಪ ಗಜಪತಿ, ಸವಾಯಿ ಶೆಟ್ಟಿ, ರುದ್ರಪ್ಪ ಕೊಟ್ಟಗಿ, ಇತ್ಯಾದಿ ಸ್ವಾತಂತ್ರ್ಯ ಸೇನಾನೀನ ಪೋರ್ತುಗೀಸ್ ಸೈನ್ಯಾಚೊ ಸಹಾಯ ಘೇವ್ಚಾಕ ಪಳಯಿಲೆ. ಪೋರ್ತುಗೀಸಾನಿ ಜಾಯ್ನಾ ಮ್ಹಳ್ಳೆಂ. ತಾನ್ನಿ ಯುರೋಪಾಚೆ ಗೋರೆ ವಸಾಹತುದಾರಾಂಕ ಇತ್ಯಾಕ ವಿರೋಧ ಕರ್ತಲೀಂತಿ?

ಸ್ವಾತಂತ್ರ್ಯ ವೀರಾಂಕ ವಿಜಯ ಮೆಳ್ಚಾಕ ಕಷ್ಟ ಜಾಲ್ಲೆಂ. ಅನೇಕ ಭಾರತೀಯ ದುಷ್ಟ ಜಽಣ ಕಂಪನಿ ಸೈನ್ಯಾಕ ಸುದ್ದಿಪಾವೋನು ಸ್ವಾತಂತ್ರ್ಯ ವೀರಾಂಕ ಧೋರ್ನು ದಿತ್ತಾತಿ ಆಶ್ಶೀಲೀಂತಿ. ಅಶ್ಶಿ ಜಾತ್ತನಾ ಸ್ವಾತಂತ್ರ್ಯ ವೀರ ನುತ್ತಬೈಸನೀಂತಿ. ಖೋದನಪುರ ಲಿಂಗನಗೌಡಾ ಮ್ಹಳ್ಳೊಲೊ ತಸ್ಸಲೊ ಏಕ್ಲೊ ಸ್ವಾತಂತ್ರ್ಯ ವೀರಾಲೆ ಖಡ್ಗಾಕ ಬಽಲಿ ಜಾಲ್ಲೊ.

ಕಂಪನೀ ಸರಕಾರಾಚೆ ವಿರುದ್ಧ ಸಾಮಾನ್ಯ ಜನಾಲೆಂ ತಕ್ರಾರ ಮಸ್ತಕಡೇನ ಆಶ್ಶೀಲೆಂ. ಸರಕಾರಾಚೆ ಭಾರತೀಯ ಅಧಿಕಾರಿಲೋಕೂಚಿ ತಾಂಗೆಲೇ ದೇಶವಾಸಿ ಜನಾಂಕ ಬ್ರಿಟಿಷ್ ಸರಕಾರಾಚೆ ತರ್ಪೇನ ತೊಂದ್ರೆ ದಿತ್ತಾತಿ ಆಶ್ಶೀಲೀಂತಿ.

ತಶ್ಶಿ ಕರ್ನಾ ಜಾಲ್ಲ್ಯಾರಿ ಸರಕಾರ ತಾಂಕಾ ಕಾಮಾಂತಾಕ್ಕೂನು ಕಾಡ್ತಾತಿಆಶ್ಶೀಲೀಂತಿ. ಕಂದಾಯ ವಸೂಲೀಚೆ ವೇಳಾರಿ ಭಾರತೀಯ ಅಧಕಾರಿಜಽಣ ಪ್ರಜೇಂಕ ಹಿಂಸೆ ದಿತ್ತಾತಿ ಮ್ಹೋಣೂ ಮಸ್ತ ದೂರು ಯೆತ್ತಾತಿ ಆಶ್ಶೀಲೀಂತಿ.

ಜಾಲ್ಲ್ಯಾರಿ ಕಂಪನೀಕ ದುಡ್ಡು ಜಾಯಿಆಶ್ಶೀಲೊ. 'ಜನಾಂಕ ಹಿಂಸೆ ದಿಲ್ಲ್ಯಾರಿ ಇತ್ತೆಜಾಲ್ಲೆಂ? ಭಾರತೀಯಜಽಣ ಆಮ್ಗೇಲೆ ವಽಶ ಆಸ್ಸಽತಿ. ಆಮ್ಗೇಲೆ ಅಧೀನ ಆಸ್ಸಽತಿ. ತಾಬ್ಯಾಂತು ಆಸ್ಸಽತಿ. ಅಧಸ್ಥಿತ ಆನಿ ಆಜ್ಞಾಂಕಿತ ಜಾವ್ನು ಆಸ್ಸಽತಿ. ಆಮ್ಗೇಲೆ ನಿಯಂತ್ರಣಾಂತು ಆಸ್ಸಽತಿ'. ಮ್ಹೋಣೂ ತಾನ್ನಿ ವಾದುಕೆಲ್ಲೊ.

ಭಾರತೀಯಾಂಕ ರಾಕ್ಕೂಂಕ ಅನ್ಯ ಆಕ್ರಮಣಕಾರಾಂಕ ತಡಸೂಚಾಕ ಬ್ರಿಟಿಷ್ ಸರಕಾರಾಕ ದುಡ್ಡು ಜಾಯಿಆಶ್ಶೀಲೊ. ಯುದ್ಧಕೊರೂಂಕ ಸೈನ್ಯದೊವ್ವೋರ್ಚಾಕ ಆನಿಕಯಿ ಹೋಡ ರಾಜ್ಯ ಬಾಂದೂಂಕ ಕಂಪನೀಕ ಆನಿ ಬ್ರಿಟಿಷ್ ಸರಕಾರಾಕ ದುಡ್ಡು ಜಾಯಿಆಶ್ಶೀಲೊ.

ಕಂದಾಯ ವಿರೋಧೀ ಚಳುವಳಿ

ಕ್ರಿ. ಶ. 1783 ಇಸ್ವೇಂತು ಇಂಗ್ಲೇಂಡಾನ ಅಮೇರಿಕಾಚೆ ಕೊಲೊನಿಂಕ ಸ್ವಾತಂತ್ರ್ಯ ದೀವ್ವಾಕ್ಕಜಾಲ್ಲೆಂ ಆನಿ ತೇ ಯುದ್ಧಾಂತು ಇಂಗ್ಲೇಂಡಾಕ ಅಪರಿಮಿತ ನಷ್ಟಜಾಲ್ಲೆಂ. ತೇಂ ನಷ್ಟ ಭೋರ್ಚಕತಿರ ಇಂಡಿಯಾಂತು ಕಂದಾಯಾಚೆ ದಽರ ಚಽಡ ಕೆಲ್ಲೆಂ. ಸುರ್ವೇಕಽಚಿ ಘುಳ್ಳೆ ದರಾರಿ ಕಂದಾಯು ದಿವ್ವಾಕ ಜಾಯ್ನಾನಾತ್ತಿಲೆ ರೈತಲೋಕು ಆನಿಕಯಿ ಚಽಡ ಕಂದಾಯು ದಿವ್ವಾಕ ಜಾಯ್ನಾ ಮ್ಹೋಣು ಚಳುವಳಿ ಕೆಲ್ಲಿ. ಜಾಲ್ಲ್ಯಾರಿ ಕಂಪನೀಚೆ ವಿರುದ್ಧ ದಂಗೊ ಕೊರೂಂಕ ಭಾಯ್ರಸರ್ಲೇಲೆ ಸ್ವಾತಂತ್ರ್ಯ ಸೇನಾನೀಂಕ ಅಮೇರಿಕಾಂತು ಜಾಲ್ಲ್ಯಾಮ್ಹಣ್ಕೆ ಭಾರತಾಚೆ ಜನಾಲೊ ಸಂಪೂರ್ಣ ಸಹಯೋಗು ಮೇಳ್ನಿ. ಭಾರತಾಚೆ ಜನಾಲೆಮಧ್ಯೆ ಒಗ್ಗಟ್ಟು ನಾಆಶ್ಶೀಲೊ.

ಇಂಗ್ಲೇಂಡಾಂತು ಪ್ರಜಾಧಿಪತ್ಯ ವಿಸ್ತಾರ

ಕ್ರಿ. ಶ. 1832 ಇಸ್ವೇಂತು ಇಂಗ್ಲೇಂಡಾಚೆ ಪಾರ್ಲಿಮೆಂಟಾನ ಇಂಗ್ಲೇಂಡಾಂತುಲೆ ಮತದಾರಾಂಲಿ ಪಟ್ಟಿ ವಿಸ್ತಾರ ಕೆಲ್ಲಿ. ಘೂಢೆ ಜಮೀನ, ಘಽರ, ಬಿಲ್ಡಿಂಗ, ಫ್ಯಾಕ್ಟರಿ ಇತ್ಯಾದಿ ಆಶ್ಶೀಲ್ಯಾಂಕ ಮಾಂತ್ರ ಮತದಾರ ಮ್ಹೋಣು ಕೆಲ್ಲೆಲೆಂ. 1832 ಇಸ್ವೇಚೊ ಸುಧಾರಣೇಂಚೊ ಕಾನೂನು ಜಾರಿಕೆಲ್ಲೆಮಾಗ್ಗೀರಿ ಅನೇಕ ನವೇ ನಾಗರಿಕಾಂಕ ವೋಟು ದಿವ್ಚೊ ಅಧಿಕಾರು ಆಯ್ಲೊ.

ಲಕ್ಷಕಟ್ಲೆ ಸಾಮಾನ್ಯಜನಾಂಕ ಘೂಢೆ ವೋಟು ನಾಆಶ್ಶೀಲೊ. ತಾಂಕಾ ವೋಟು ಘಾಲ್ಚೊ ಅಧಿಕಾರು ಆಯ್ಲೆ ಮಾಗ್ಗೀರಿ ಇಂಗ್ಲೇಂಡಾಂತು ವಿಸ್ತೃತ ಪ್ರಜಾಪ್ರಭುತ್ವ ಸ್ಥಾಪನೆಜಾಲ್ಲೆಂ.

ಹಾಜ್ಜೆ ನಂತರ ಜಾಲ್ಲ್ಯಾರಿಯೀ ಸಕ್ಕಡ ಜನಾಂಕ ಮಽತ ದಿವ್ಚೊ ಅಧಿಕಾರು ನಾ ಆಶ್ಶೀಲೊ. ಸಾಂಬ್ಳಾರಿ ನೌಕರಿಕರ್ತಲೆ ಕಾರ್ಮಿಕಾಂಕ, ಸಾಂಬ್ಳಾರಿ ಶೇತಾಂತು ಆನಿ ಕೃಷೀಂತು ನೌಕರಿಕರ್ತಲ್ಯಾಂಕ ಆನಿ ಬಾಯ್ಲಮನ್ಶಾಂಕ ವೋಟುಘಾಲ್ಚೊ ಅಧಿಕಾರು ಮೇಳ್ನಿ.

ಭಾರತಾಂತು ಬ್ರಿಟಿಷ್ ಪಾರ್ಲಿಮೆಂಟಾಚೆ ಸರಕಾರ ನಾ ಆಶ್ಶೀಲೆಂ. ಈಸ್ಟ್ ಇಂಡಿಯಾ ಕಂಪನೀಂಚೆ ಸರಕಾರ ಆಶ್ಶೀಲೆ. ತಶ್ಶಿಜಾವ್ನು ಭಾರತೀಯ

ಜನಾಂಕ ಹೇ ಕಾನೂನಾಚೆನಿಮ್ತಿ ಮಸ್ತ ಫರಕಪಡ್ಣಿ. 18 ವರ್ಸ ದಾಂಟ್ವಲೇಲೆ ಸಕ್ಕಡ ನಾಗರಿಕಾಂಕ ಏಕಲೇಕ ಮತದಾನಾಂಚೊ ಅಧಿಕಾರು ಇಂಗ್ಲೇಂಡಾಂತು ಚಾಲುಜಾಲ್ಲೊಲೊ 1928 ಇಸ್ವೇಚೆ ಪಾರ್ಲಮೆಂಟಾಚೆ ಕಾನೂನು ಜಾರಿಜಾಲ್ಲೆಮ್ಹಾಗ್ಗೀರಿ.

ಬ್ರಿಟಿಷ್ ಸರಕಾರಾನ 1616 ಇಸ್ವೇಥೋನ್ಸು ಈಸ್ಟ ಇಂಡಿಯಾ ಕಂಪನೀಕ ಭಾರತಾಂತು ವ್ಯಾಪಾರು ಕೊರೂಂಕ ಆನಿ ಸೈನ್ಯ ದೊವ್ರೋನ್ಸು ರಾಜ್ಯಾಡಳಿತ ಕೊರೂಂಕ ಪರವಾನಗಿ ದಿಲ್ಲೇಲಿ. ಹೇ ಪರವಾನಗೀಚೆ ನಿಯಮಾಂಚೆ ಪ್ರಕಾರ ಕಂಪನೀನ ಬ್ರಿಟಿಷ್ ಸರಕಾರಾಕ ಅನುಜ್ಞಾಪತ್ರಾಚೆ ಶುಲ್ಕ (ಲೈಸೆನ್ಸ್ ಫೀಸ್) ಏಕರಾಶಿ ದೀವ್ಕಾಕಾಶ್ಶೀಲೆಂ. ಹೇಂ ಅನುಜ್ಞಾಪತ್ರ ವರ್ಸ ವರ್ಸ ಪರತೂನು ನವೆಂ ಕೋರ್ಕಾಆಶ್ಶೀಲೆಂ.

ಭಾರತಾಂತು ಕಂಪನೀನ ಜಾಯಿಜಾಲ್ಲೇಲೆ ತಶ್ಶಿ ವ್ಯವಹಾರು ಕೊರೂಂಕ ಕಂಪನೀಚೆ ಅಧಿಕಾರೀಂಕ ಬ್ರಿಟಿಷ್ ಸರಕಾರಾನ ಸ್ವಾತಂತ್ರ್ಯ ದಿಲ್ಲೇಲೆಂ. ಬ್ರಿಟಿಷ್ ದೇಶಾಚೆ ಖಂಚೇಯಿ ಯುದ್ಧಾಂತು ಸೈನ್ಯ ಜಾಯಿಜಾಲ್ಯಾರಿ ಉತ್ತಮ ದೇಹಾರೋಗ್ಯ ಆಶ್ಶೀಲೆ ಭಾರತವಾಸೀಂಕ ಪ್ರಶಿಕ್ಷಣ ದೀವ್ನು ಲಾಯಿಕ ಸಾಂಬ್ಳಾರಿ ಸೈನಿಕ ಮ್ಹೋಣು ನಿಯುಕ್ತಕೋನ್ಸು ಇತರ ಮಸ್ತ ಸವಲತ್ ದೀವ್ನು ಹೊಳ್ಳಿ ಹೊಳ್ಳಿ ಸೈನ್ಯಾಂಚಿತುಕ್ಡಿ ತಯ್ಯಾರಕೋನ್ಸು ಯುದ್ಧಕ್ಷೇತ್ರಾಕ ಧಾಣು ದಿತ್ತಾತಿ ಆಶ್ಶೀಲಿ.

ಅಸ್ಸಲೆ ಕಾಮಾಂಕ ಘೂಡೆ ರಾಯ್ಯಾಂಗೆಲೆ ಸೈನ್ಯಾಂತು ಮೆಳ್ಳೆಲೆ ಜನಾಲೆ ಕುಟುಂಬಾಚೆ ಸದಸ್ಯ ವಗ್ಗಿ ಮುಕಾರಿಯೆತ್ತಾತಿಆಶ್ಶೀಲೀಂತಿ. ಹೇ ತರಾಚೆ ಸೈನ್ಯಾಕ ಸಿಪಾಯಿ ಸೈನ್ಯ ಮ್ಹೋಣು ನಾಂವದಿಲ್ಲೆಲೆಂ.

ಇಂಗ್ಲೇಂಡಾಚೆ ಸಿಪಾಯಿ ಸೈನ್ಯ

ಭಾರತವಾಸೀ ಜನಾಂಲೆ ಇಂಗ್ಲೀಷ್ ಪ್ರಶಿಕ್ಷಣಾಂಚೆ ಸಿಪಾಯಿ ಸೈನ್ಯ ಏಕ ಆಶ್ಚರ್ಯಕರ ವಿಕಲ್ಪಜಾವ್ನು ಆಶ್ಶೀಲೆಂ. ಭಾರತವಾಸೀಂಕ ಸ್ವಾತಂತ್ರ್ಯಾಚೆ ಪಿಶ್ಶೆಂ ನಾಮ್ಹೋಣೂ ದಾಕ್ಕೈತಲೆಂ. ಹೊಳ್ಳೆಹೊಳ್ಳೆ ಪ್ರಿನ್ಸ್ಲೀಸ್ಟೇಟ್ಸಾಚೆ ರಾಯ್ಯಾನಿ ಒಟ್ಟು ಮೇಳ್ನು ಅಹಿಂಸೇಚೆ ಸಿದ್ಧಾಂತಾರಿ ಏಕ ಪರಿವಾರಸಮೂಹ (ರಾಜಕೀಯ ಪಕ್ಷ) ಬಾಂದೂನು ಇಂಗ್ಲೇಂಡಾಕ ಅಧಿಕಾರಾಂತುತಾಕ್ಕೂನು ಚುಕ್ಕೋಚಾಕ ಭಾರತವಾಸಿ ಜನಾಂಲೆ ಸೈನ್ಯ ತಯ್ಯಾರಿಕೋರ್ಯೆಆಶ್ಶೀಲೆಂ.

ಅಮೇರಿಕಾಂತು 1776 ಇಸ್ವೇಕಯಿ ಘೂಡೆ ಆಶ್ಶೀಲೆ ಇಂಗ್ಲೇಂಡಾಚೆ ಸೈನಿಕ ಆನಿ ಸೇನಾಪತೀನಿ ಇಂಗ್ಲೇಂಡಾಚೆ ವಿರುದ್ಧ ಕೊಲೊನೀಂಚೆ ಗೋರೆ ಪ್ರಜೇಂಕ ಪಾತಿಬಲದಿಲ್ಲೆಂ ಮ್ಹೋಣು ಅಂದಾಜೊ ಕೋರ್ಯೆತ.

ಅಮೇರಿಕಾಚೆ ಗೋರೆ ಪ್ರಜೆ ಇಂಗ್ಲೇಂಡಾಚೆ ಸೈನ್ಯಾಂತು ಕಾಮಾಂಕ ಮೇಳ್ಳಿಂತಿ. ಅಮೇರಿಕಾಂತು ದವ್ವರ್ಲೆಲೆ ಅಮೇರಿಕನ್ ಗೋರೆ ಪೋಲೀಸಾಂಚಾನಿ ಸ್ವಾತಂತ್ರ್ಯವೀರಾಂಕ ಲಾಠೀನಿ ಮಾರ್ನು ಧಾಂವ್ಡಾಯ್ಲಿ. ಅಮೇರಿಕಾಚೆ ಸ್ವಾತಂತ್ರ್ಯವೀರಾನಿ ಅಹಿಂಸೇಚೆ ಸಿದ್ಧಾಂತ ಪಾಲನೆಕರ್ನಿ. ತಾನ್ನೀ ಸೀಧಾ ಏಕ ಸಶಸ್ತ್ರ ಸೈನ್ಯ ಬಾಂದೂನುಫೇವ್ನು ಇಂಗ್ಲೀಷ್ ಸೈನ್ಯಾಂಚೆವಿರುದ್ಧ ಲಢಾಯಿ ಕೆಲ್ಲಿ.

ಭಾರತಾಂತು ತಶ್ಶಿ ಜಾಯ್ನಿ. ಭಾರತಾಂತು ಭಾರತವಾಸಿ ಜನಾಂನೀಂಚಿ ಕಂಪನೀಚೆ ಪೋಲೀಸ್ ಪಡೇಂತು ಕಾಮಾಂಕ ಮೇಳ್ನು ಸ್ವಾತಂತ್ರ್ಯವೀರಾಂಕ ಲಾಠೀನ ಮಾರ್ಲೆಂ ಆನಿ ಅನೇಕಪಟಿ ಪಿಸ್ತೂಲಾನಿ ಏಕಯಿ ಬಂದೂಕಾನಿ ಮಾರ್ನು ಜೀವುಕಾಳ್ಳೊ. ಹಾಜ್ಜೊ ಅರ್ಥು ಕಸ್ಸಲೊ? ಭಾರತವಾಸೀಂಕ ಸ್ವಾತಂತ್ರ್ಯಾಚೊ ಕಲ್ಪನೊ ಕ್ರಿ. ಶ. 1900 ಇಸ್ವೇಂತುಸಮೇತ ನಾಆಶ್ಶೀಲೊ.

ಕ್ರಿ. ಶ. 1815ದೋನ್ನು ಸಿಪಾಯಿ ಸೈನ್ಯಾನ ಇಂಗ್ಲೀಷ್ ಸೈನ್ಯಾಂಚೆ ಬಗ್ಲೇನ ರಾಬ್ಬೂನು ಜಗತ್ತ್ಯಾಚೆ ವೆಗ್ಳೆವೆಗ್ಳೆ ಯುದ್ಧಾಂತು ಭಾಗುಘೆತ್ತೀಲೊ. 1821 ಇಸ್ವೇಂತು ಗ್ರೀಸ್ ಆನಿ ತುರ್ಕೀಚೆ ಚಕಮಕೀಂತು, ರಷ್ಯಾಲೆ ವಿರುದ್ಧ ಜಾಲ್ಲೇಲೆ 1853 ಇಸ್ವೇಚೆ ಕ್ರೀಮಿಯಾ ಯುದ್ಧಾಂತು ಸ್ವಲ್ಪ ಸಿಪಾಯಿ ಲೋಕು ಇಂಗ್ಲೇಂಡಾಚೆ ತರ್ಪೇನ ಭಾಗುಘೆತ್ತೀಲೊ.

ಕ್ರಿ. ಶ. 1767 ಇಸ್ವೇಂತು ಇಂಗ್ಲೀಷಾನಿ ತಾಂಗೆಲೆ ಸುರ್ವೇಚೆಂ ಸಿಪಾಯಿಸೈನ್ಯ ಬಾಂದೀಲೆಲೆಂ. ತಾಜ್ಜೆ ಮಾಗ್ಗೀರಿ ಸಿಪಾಯಿಸೈನ್ಯ ಹೋಡಹೋಡ ಜಾತ್ತಃಚಿ ಗೆಲ್ಲೆಂ.

ಸಿಪಾಯಿಸೈನ್ಯಾಂತು ನೇಪಾಳಾಚೆ ಗೂರ್ಖಾ ವಂಶಾಚ್ಯಾನ ಪ್ರತಿಏಕ ಯುದ್ಧಾಂತು ಭಾರೀ ಪರಾಕ್ರಮು ದಾಕ್ಕೈಲೊ. ಗಂಗಾ-ಯಮುನಾ ನ್ಹಂಯ್ಚೆ ದೋನಿಕಡೇನಯಿ ಆಶ್ಶೀಲೆ ಭೂಂಯ್ಚೆ ಲೋಕಾಲೆ ಸಿಪಾಯಿಸೈನ್ಯ ಏಕದಂ ಹೋಡಜಾಲ್ಲೆಲೆಂ.

ಪಂಜಾಬಾಚೆ ಸಿಖ್ ಧರ್ಮಾಂಚೆ ಜನಾಂಲೆ ಸಿಪಾಯಿಸೈನ್ಯ ಆಜಿಕಯಿ ನಾಂವಪಾವೀಲೆಜಾವ್ನುಆಸ್ಸ. ರಾಜಸ್ಥಾನಾಂಚೆ ಆನಿ ಗುಜರಾತ, ಮಹಾರಾಷ್ಟ್ರ, ಕೊಡಗು ಪ್ರದೇಶಾಚೆ ಜನಾಂಲೆ ಸಿಪಾಯಿ ಸೈನ್ಯ ತಯ್ಯಾರಿ ಜಾಲ್ಲೆಂ.

ಭಾರತಾಚೆ ಸಿಪಾಯಿ ಸೈನ್ಯಾನ ಬರ್ಮಾ ದೇಶ, ಶ್ರೀಲಂಕಾ ದೇಶ, ಬಲುಚಿಸ್ಥಾನ, ವಾಯವ್ಯ ಸೀಮಾಪ್ರಾಂತ, ಅಫ್ಘಾನಿಸ್ಥಾನ ಇತ್ಯಾದಿ ಕಡೇನ ಇಂಗ್ಲೇಂಡಾಚೆ ತರ್ಪೇನ ಯುದ್ಧಕೋರ್ನು ಇಂಗ್ಲೇಂಡಾಕ ಸಗ್ಳೇ ಜಂಬೂದ್ವೀಪಾರಿ ಶಾಸನ ಸ್ಥಾಪನೆಕೊರೂಂಕ ಸಹಾಯು ಕೆಲ್ಲೊ.

ಸಿಪಾಯಿ ದಂಗೊ

ಬಾದಾಮಿ ಕಿಲ್ಲೇಚೆಂ ಪ್ರಸಂಗ ಜಾಲ್ಲೆ ನಂತರ ಇಂಗ್ಲೀಷ್ ಸರಕಾರಾಚೆ ವಿರುದ್ಧ ಹೋಡು ಖಂಚೋಯಿ ವಿದ್ರೋಹು ಜಾಲ್ಲೊಲೊಜಾಲ್ಯಾರಿ ತೋ 1857 ಇಸ್ವೇಚೊ ಸಿಪಾಯಿ ವಿದ್ರೋಹು. ಹೋ ವಿದ್ರೋಹು ಸ್ವಾತಂತ್ರ್ಯಾಚೊ ಪ್ರಥಮ ಲಢಾಯಿ ಮ್ಹೊಣು ಅನೇಕ ಚರಿತ್ರಕಾರ ಸಾಂಗ್ತಾತಿ ಜಾಲ್ಯಾರಿ ಹೋ ವಿದ್ರೋಹು ಕ್ರಾಂತಿಕಾರಾನಿ ಬ್ರಿಟಿಷ್ ಸೈನ್ಯಾವೈರಿ ಸೇಡು ತೀರಿಸೂಚೆಕತಿರ ಕೆಲ್ಲೊಲೊಶಿವಾಯಿ ಭಾರತಾಕ ಸ್ವಾತಂತ್ರ್ಯ ಘೆವೋನು ದಿವ್ಚೆಕತಿರ ನ್ಹಯಿ ಮ್ಹೊಣು ದಿಸ್ತಾ.

ಹೇ ವಿದ್ರೋಹಾಕ ಪುಢಾರಿ ಮ್ಹೊಣು ಮುಘಲ್ ಬಾದಶಹಾ ಬಹಾದ್ದೂರ ಶಹಾ ಮ್ಹೊಣು ಚರಿತ್ರಕಾರ ಸಾಂಗ್ತಾತಿ ಜಾಲ್ಯಾರಿ ಬಹಾದ್ದೂರ

ಶಹಾಕ ಸಿಪಾಯಿೇನ ಬಲಾತ್ಕಾರಾರಿ ತಾಂಗೆಲೆ ಹೇ ವಿದ್ರೋಹಾಂತು ಭಾಗ ಘೇವ್ನೆತಶ್ಶಿಕೆಲ್ಲೆ ಮ್ಹಣು ಬಹಾದ್ದೂರ ಶಹಾನ ಇಂಗ್ಲೀಷ್ ನ್ಯಾಯಾಧೀಶಾಲೆಲಾಗ್ಗಿ ವಿವರ ದಿಲ್ಲೆಲೆಂ. 'ಆಪ್ಣ್ಯಾಕ ಸಿಪಾಯಿೇಂನಿ ವತ್ತಾಯು ಕೆಲ್ಲೊ ತಾಂಗೆಲೊ ರಾಯು ಜಾವ್ನಾ ಮ್ಹಣು. ಮಾಕ್ಕಾ ತುಮ್ಗೆಲೆ ವಿರುದ್ಧ ಲಢಾಯಿ ಕೊರ್ಚೆ ಅಗತ್ಯಮುಣಿ ಕಸ್ಸಲೆಂ ಆಸ್ಸ?' ಮ್ಹಣು ಬಹದ್ದೂರ ಶಹಾನ ನ್ಯಾಯಾಲಯಾಂತು ಸ್ಪಷ್ಟಕೆಲ್ಲೆಂ.

ಹೇ ಸಿಪಾಯಿ ವಿದ್ರೋಹಾಂತು ಮಸ್ತ ಗೋರೆ ಸೈನಿಕ ಮೆಲ್ಲೀಂತಿ. ಥೋಡೆ ಗೋರೆ ಆಫೀಸರ್ ಆನಿ ತಾಂಗೆಲೊ ಬಾಯ್ಲೊ ಮೆಲ್ಲೀಂತಿ. ದೋನಿ ತೀನಿ ಲಕ್ಷ ಭಾರತೀಯ ಸಿಪಾಯಿಜನಾನಿ ಹೇ ವಿದ್ರೋಹಾಂತು ಭಾಗುಘೆತ್ಲೊ.

ಮಂಗಲ ಪಾಂಡೇ ಮ್ಹಳ್ಳೆಲೆ ಏಕ ಸಿಪಾಯಿೇನ ಸಿಪಾಯಿ ದಂಗೇಚೆ ವೇಳಾರಿ ತಾಗ್ಗೆಲೆ ಹೋಡ ಸಾರ್ಜಂಟಾಚೆ ವೈರಿ ಗುಂಡು ಮಾರ್ಲೊ. ಮಂಗಲ ಪಾಂಡೇಕ ಫಾಂಶಿ ಜಾಲ್ಲಿ. ಹೇ ಮಂಗಲ ಪಾಂಡೇಕ ಆಮ್ಗೆಲೆ ಸ್ವತಂತ್ರ ಭಾರತಾನ ಸ್ವಾತಂತ್ರ್ಯವೀರು ಮ್ಹಣು ಸನ್ಮಾನ ಕೆಲ್ಲಾಂ.

ಸಿಪಾಯಿ ವಿದ್ರೋಹಾಂತು ಉತ್ತರ ಭಾರತಾಂತು ಮಸ್ತಕಡೇನ ಘುಳ್ಳೆ ರಾಯ್ಯಾಲೆ ವಂಶಜಾನಿ ಭಾಗು ಘೆತ್ತೀಲೊ. ತಾಂಗೆಲೆಪೈಕಿ ಏಕ್ಲೊ ಮರಾಠಾ ಪೇಶ್ವಾ, ದೊನ್ನೀಂಚೊ ಬಾಜೀರಾವಾಲೊ ಭಾಚ್ಚೊ, ನಾನಾಸಾಹೇಬ ಮ್ಹಳ್ಳೊಲೊ ಪ್ರಮುಖ ಜಾವ್ನು ಆಶ್ಶೀಲೊ.

ಲಕ್ನವೂ ರಾಜ್ಯಾಂತು ನವಾಬಾಲೆ ಸಂಬಂಧಿಕ, ರೋಹಿಲ್ ಖಂಡಾಂತು ಘುಳ್ಳೆ ರಾಯ್ಯಾಲೊ ವಂಶಜು ಖಾನ ಬಹದ್ದೂರ, ಝಾನ್ಸೀ ರಾಜ್ಯಾಂತು ರಾಣಿಲಕ್ಷ್ಮೀಬಾಯಿ, ಆನಿ ಇತರಕಡೇನ ಕುಂವರ್ ಸಿಂಹ, ಅಹಮದುಲ್ಲಾ ಆನಿ ತಾಂತಿಯಾ ಟೋಪೇ ಹಾನ್ನಿ ಸಕ್ಕಡಾನಿ ಭಾರೀ ಕಷ್ಟಾರಿ ಇಂಗ್ಲೀಷಾಂಕ ತೊಂದ್ರೆ ದಿಲ್ಲೆ.

ವಿದ್ರೋಹಾಂತು ಭಾಗಘೆತ್ತಿಲೆ ಪ್ರತಿಏಕ ಸಿಪಾಯೀಕ ಇಂಗ್ಲೀಷಾಂನಿ ಫಾಂಶೀರಿ ಚಡಯ್ಲೆಂ. ಧಾವ್ನು ಗೆಲ್ಲೆಲೆ ಸಿಪಾಯಿಂಕ ಕಡೇರಿತಾಂಯಿ ಸೋಣಿ. ಘೂರಾಜನಾಂಕ ಧರ್ಲೆ ಆನಿ ಶಿಕ್ಷೆ ದಿಲ್ಲಿ. ಕಡೇಚೊ ವಿದ್ರೋಹಿ ತಾಂತಿಯಾ ಟೋಪೆ 1859 ವರೇಕ ಮೇಳ್ನಿ ಆಶ್ಶೀಲೊ. ಕಡೇರಿ ತಾಕ್ಕಾ ಧರ್ಲೆಮಾಗ್ಗೀರಿ ದಂಗೊ ಕೈದಜಾಲ್ಲೊ ಆನಿ ಸಂಪೂರ್ಣ ಚಿಂವ್ಟೂನುಕಾಣು ಉಡ್ನೈಲೊಮ್ಹಣು ಇಂಗ್ಲೀಷಾನಿ ಘೋಷಣೆಕೆಲ್ಲಿ. ಹೇಂ ಸ್ವಾತಂತ್ರ್ಯ ಕದನ ಥಯ್ಯೀಂಚಿ ರಾಬ್ಲೆಂ.

ಸ್ವಾಂತಂತ್ರ್ಯಾಚೆ ಝೋಂಕಿ

ಕ್ರಿ. ಶ. 1895 ವರೇಕ ಭಾರತಾಚೆ ಜನಾಂಕ ಸ್ವಾತಂತ್ರ್ಯಾಚಿ ಆಶಾ ಉಠಾಯಿನಿಆಶ್ಶೀಲೆಂ. ಭಾರತಾಚೆ ಜನಾನಿ ಅನೇಕ ಹಜ್ಜಾರವರ್ಸದೋನ್ರ್ಮ ವಿದೇಶೀ ರಾಯ್ಯಾಲೆಂ ಆಡಳಿತ ಅನುಭವ ಕೆಲ್ಲೆಲೆಂ. ಕಾಣಿಯೇಚೆ ಪುಸ್ತಕಾಂತು ವಾಜ್ಜೂನು ಆನಿ ಗಾವಾಂತು ನಾಟಕ, ಖೇಳು ಇತ್ಯಾದಿ ಪೋಳೋನು ಜನಾಂಕ ಹಜ್ಜಾರಕಟ್ಲೆ ವರ್ಸಧೋನ್ರ್ಮ ಕಶ್ಶಿ ಏಕ್ಕಾಮಾಕ್ಶಿ ಏಕು ವಿದೇಶೀ ರಾಯು ತಾಂಕಾ ಜೀವನ ದುಸ್ತರ ಕರ್ತಾಲೊ ಮ್ಹಣು ಅಂದಾಜೊ ಆಶ್ಶೀಲೊ. ಇಂಗ್ಲೀಷ್ ಸರಕಾರ ಏಕವೇಳಾರಿ ಗೆಲ್ಲೆಂ ಮ್ಹಣುಜಾಲ್ಯಾರಿ

ತಾಜ್ಜೊ ಪರಿಣಾಮು ಕಸ್ಸಲೊಜಾತ್ತಲೊ ಮ್ಹೊಣು ಜನಾಂಕ ನಿರಂತರ ಭೈಂಯ ಆಶ್ಶಿಲೆಂ. ಸಗ್ಳೇ ಇಂಡಿಯಾಂತು 'ತುಮ್ಮಿ ವಚ್ಚಾ. ಆಮ್ಗೆಲೆ ದೇಶ ಆಮ್ಮೀ ಪೊಳೋನು ಘೆತ್ತಾತಿ' ಮ್ಹೊಣೂ ಇಂಗ್ಲೀಷ್ ಸರಕಾರಾಕ ಸಾಂಗ್ತಲೊ ಮುಖಂಡು ಕೋಣಯಿ ಜನ್ಮಾಂಕ ಯೇನಿ ಆಶ್ಶಿಲೊ. ಸ್ವಾತಂತ್ರ್ಯಾಚೆಕತಿರ ಚಳುವಳಿ ಪ್ರಾರಂಭ ಕೋರ್ಕಾಜಾಲ್ಲೇಲೆ ಪ್ರಿನ್ಸ್ಲೀಸ್ಟೇಟ್ಸಾಚೆ ರಾಯ, ಮಠಾಧಿಪತಿ, ದೇವಸ್ಥಾನಾಂಚೆ ಧಃನಿ ಏಕಯಿ ಮೊಕ್ತೇಸರ, ಮೇಧಾವೀ, ಬುದ್ವಂತುಲೋಕು, ಬುದ್ಧಿಜೀವಿಂ, ನ್ಯಾಯವಾದಿ, ಜ್ಯೋತಿಷಿ, ಸಾಹಿತಿಲೋಕು, ಜಮೀನದಾರ, ಶಿಕ್ಕೀಲೊಲೋಕು, ಇಸ್ಕೂಲಾಚೆ ಅಧ್ಯಾಪಕ, ಉಪಾಧ್ಯಾಯ, ವ್ಯಾಪಾರಿಲೋಕು, ಇತ್ಯಾದಿ ಜನಃಂಚಿ ಇಂಗ್ಲೀಷ್ ಸರಕಾರಾಕ ಪಾಠಿಬಲಾಕ ರಾಬ್ಬೀಲೀಂತಿ. ಭಾರತಾಂತು ಸ್ವಾತಂತ್ರ್ಯೇಚೆ ನಾಮೋನಿಶಾನ ನಾಜಾಲ್ಲೇಲೆಂ.

'ಭಾರತವಾಸೀ ಜನಾಂಕ ದೇಶಭಕ್ತಿ ನಾವೇಂ?'

'ಭಾರತವಾಸೀ ಜನಾಂಕ ದೇಶಭಕ್ತಿ ನಾವೇಂ?' ಮ್ಹೊಣು ಜನಾನಿ ನಿಮ್ಣೂಚಾಕ ಸೂರುಕೆಲ್ಲೆಂ. ಪ್ರಾಚೀನ ಭಾರತಾಂತು ಗಾಂವಾಂತು ಪಂಚಾಯತ ಸದಸ್ಯಾಲಿ ನಿಯುಕ್ತಿ ಗಾಂವಾಚೆ ಲೋಕಾನಿ ಕೊರ್ಚಿಆಶ್ಶಿಲಿ. ಸರಪಂಚಾಕ ಸದಸ್ಯ ನಿಯುಕ್ತ ಕರ್ತಾತಿಆಶ್ಶಿಲೀಂತಿ.

ಧಾ (10) ಗಾಂವಾಂಚೆ ಸರಪಂಚಾನಿ ಸಾನ ಜಾಗೀರದಾರಾಕ ವೆಂಚೂನು ಕಾಡ್ಕಾಆಶ್ಶಿಲೆಂ. ಧಾವೀಸ (10-20) ಸಾನ ಜಾಗೀರದಾರಾಂಕ ಪ್ರದೇಶ ಮಂಡಳೀಚೆ ಸದಸ್ಯಾಂಕ ವೆಂಚೂಕಾಆಶ್ಶಿಲೆಂ.

ಧಾ (10) ಪ್ರದೇಶಮಂಡಳೀಚೆ ಮುಖ್ಯಸ್ಥ ರಾಜ್ಯಾಚೆ ಮಂತ್ರಿಮಂಡಳೀಚೆ ಸದಸ್ಯಜಾತ್ತಾತಿಆಶ್ಶಿಲೇತಿ. ರಾಜ್ಯಾಚೊ ರಾಯು ಮಂತ್ರಿಮಂಡಳೀನ ಸಾಂಗೀಲೆ ಪ್ರಮಾಣ ರಾಜ್ಯಾಡಳಿತ ಕರ್ತಾಆಶ್ಶಿಲೊ. ಅಶ್ಶಿ ಭಾರತಾಂತು ಚಕ್ರವರ್ತಿ ರಾಜಾಡಳಿತ ಪ್ರಜೇಲೆಂ ಆಶಾ-ಆಕಾಂಕ್ಷೇಚೆ ತಕೀತ ಪರಿಪಾಲನ ಜಾತ್ತಾಶ್ಶಿಲೆಂ.

ಜಾಲ್ಯಾರಿ 1200 ಇಸ್ವೇಂತು ದಿಲ್ಲೀಂತು ಸುಲ್ತಾನಾಲೆ ಇಸ್ಲಾಂಧರ್ಮಾಧರಿತ ರಾಜ್ಯ ಸ್ಥಾಪನೆ ಜಾಲ್ಲೆಮಾಗ್ಗೀರಿ ನಿರಂತರ ಜಾವ್ನು ಬಾದಶಹಾಲೆಂ ನಿರಂಕುಶ ರಾಜಾಡಳಿತ ಚಾಲು ಜಾಲ್ಲೆಂ.

ಮಧ್ಯೆಂತು ಉದ್ದೇಲೆಲೆ ಅನ್ಯ ಧರ್ಮಾಂಚೆ ಸಾನಹೊಡ ರಾಯ್ಯಾನಿ ಸಮೇತ ಜನಾಲೆ ಮನಾಂತು ಪ್ರಜಾಪ್ರಭುತ್ವಾಚಿ ವಾಸನಾ ಯೆವ್ಚಾಕ ಸೋಣಿ. 1856 ಇಸ್ವೇಂತು ಭಾರತಾಚೆ ವಾಯವ್ಯ ರಾಜ್ಯಾಂ ಸಕ್ಕಡ ಇಂಗ್ಲೇಷಾಲೆ ವಃಶ ಜಾಲ್ಲೀಂತಿ. ಹೇಚಿ ವರ್ಸ ಇಂಗ್ಲೇಂಡಾನ ರಷ್ಯಾಲೆಬಟ್ಟು ಪ್ಯಾರೀಸ್ ಒಪ್ಪಂದ ಕೆಲ್ಲೆಂ.

ರೋಮನ್ ಕೆಥೋಲಿಕ್ ಆನಿ ಗ್ರೀಕ್ ಆರ್ಥೋಡಾಕ್ಸ್

ಕ್ರಿಸ್ತಮಾಂಚಾಲೆ ಯಾತ್ರಾಸ್ಥಳ ಜೆರುಸಲೇಮ್ ತುರ್ಕಿಸ್ಥಾನಾಂತು ಸಿರ್ಕುನುಪಳ್ಳೆಲೆಂ. ಜೆರುಸಲೇಮ್ಮಾಂತು ರೋಮನ್ ಕೆಥೋಲಿಕ್ ಆನಿ ಗ್ರೀಕ್

ಆಥೋರ್ಡಾಕ್ಸ್ ಕ್ರಿಶ್ಚನ್ ಲೋಕಾಲೆ ಧರ್ಮಗುರು ಯೇವ್ನು ರಾಬ್ತಾತಿಆಶ್ಶೀಲಿಂತಿ.

1740 ಇಸ್ವೇಂತು ತುರ್ಕಿಚೆ ಖಲೀಫಾನ ಸಕ್ಕಡ ಕ್ರಿಶ್ಚನ್ ಜನಾಂಕ ಜೆರುಸಲೇಮ್ಮಾಂತು ಯೆವ್ಚಾಕ ಆನಿ ರಾಬ್ಬೊಂಕ ಕಾಂಯೀ ಅಡ್ಡಿ ಕರ್ನಾ ಮ್ಹೊಣು ಭಾಸದಿಲ್ಲೆಲಿ. ಏಕವೇಳಾ ಖಂಚೇಯಿ ಕಾರಣಾನ ಯುದ್ಧಜಾಲ್ಯಾರಿ ಫ್ರಾಂಸ ಆನಿ ರಷ್ಯಾ ಕ್ರಿಶ್ಚನ್ನಾಲೆ ರಕ್ಷಣೇಕ ಯೆತ್ತಾತಿ ಮ್ಹೊಣು ಘೋಷಣೆ ಕೆಲ್ಲೆಲೆಂ.

ಫ್ರಾಂಸ ದೇಶಾನ ರೋಮನ್ ಕೆಥೋಲಿಕ್ ಕ್ರಿಶ್ಚನ್ನಾಂಕ ಆನಿ ರಷ್ಯಾನ ಗ್ರೀಕ್ ಆಥೋರ್ಡಾಕ್ಸ್ ಕ್ರಿಶ್ಚನ್ನಾಂಕ ರಕ್ಷಣೆ ಕೋರೂಂಕ ಯೇವ್ಯೇತ ಮ್ಹೊಣು ಒಪ್ಪಂದ ಜಾಲ್ಲೇಲೆಂ.

1853 ಇಸ್ವೇಂತು ಜೆರುಸಲೇಮ್ಮಾಂಚೆ ರಕ್ಷಣೇಂಚೆ ವಿಷಯಾಂತು ತುರ್ಕಿಸ್ಥಾನಾಂಕ ರಷ್ಯಾನ ಆಕ್ರಮಣ ಕೆಲ್ಲೆಂ. ತುರ್ಕಿಸ್ಥಾನಾಂಚೆ ಸಹಾಯಾಕ ಆನಿ ರಷ್ಯಾಚೆ ವಿರುದ್ಧ ಇಂಗ್ಲೇಂಡ, ಫ್ರಾಂಸ ಆನಿ ಇಟಲೀಚೆಂ ಏಕ ಪ್ರಾಂತ (ಪೀಡ್ಮೋಂಟ್) ಯುದ್ಧಾಂತು ಭಾಗುಘೆತ್ಲೊ. ಹೇಂ ಯುದ್ಧ 1855ತಾಂಯಿ ಚಲ್ಲೆಂ. ರಷ್ಯಾಕ ಸೋಲು ಜಾಲ್ಲೊ. ಇಂಗ್ಲೇಂಡಾನ ರಷ್ಯಾಲೆಒಟ್ಟು ಪ್ಯಾರೀಸ್ ಒಪ್ಪಂದ ಕೆಲ್ಲೆಂ. ತೇ ದೀಸದೋನ್ರ್ಮು ಇಂಗ್ಲೇಂಡ್ ತುರ್ಕಿಸ್ಥಾನಾಂಕ ಆಪ್ಣಾಲೆ ನಾತೇದಾರ ರಾಷ್ಟ್ರ ಮ್ಹೊಣುಘೆತ್ತಾ.

ಇಂಡಿಯಾ, ತುರ್ಕಿಸ್ಥಾನ ಆನಿ ಇಂಗ್ಲೇಂಡ್

ಕ್ರಿ. ಶ. 1440 ಇಸ್ವೇಕಥೋನ್ರ್ಮು ತುರ್ಕಿಸ್ಥಾನಾಂಚೊ ಖಾಲೀಫು ರೋಮಾಚೆ ಪೋಪಾಲೆ ವಿರೋಧಿಜಾವ್ನು ರಾಬ್ಬಿಲೊ. ತಾಣೆ ಆತ್ತಂಚೆ ಗ್ರೀಸ್ ದೇಶಾಕ ತುರ್ಕಿಸ್ಥಾನಾಂಚೆ ಪ್ರಾಂತ ಕೋರ್ನುಘೆತ್ತಿಲೆಂ. ಏಶಿಯಾಮೈನರ್ (ಅನಟೋಲಿಯಾ) ಪ್ರದೇಶಾಂತು ಗ್ರೀಸ್ ಏಕ ಪ್ರಾಚೀನ ದೇಶ. ಗ್ರೀಸ್ ದೇಶಾಂತು ಕ್ರಿ. ಶ. 400 ಇಸ್ವೇಂತು ಜನಾನಿ ಕ್ರಿಶ್ಚನ್ ಧರ್ಮು ಸ್ವೀಕಾರ ಕೆಲ್ಲೊ. ಹೋ ಕ್ರಿಶ್ಚನ್ ಧರ್ಮು ಆಥೋರ್ಡಾಕ್ಸ ಕ್ರಿಶ್ಚನ್ ಧರ್ಮು.

ಏಶಿಯಾಮೈನರ್ ಪ್ರದೇಶಾಂತು ಉತ್ತರಾಂತು ರಷ್ಯಾಂತುವರೇಕ ಆಥೋರ್ಡಾಕ್ಸ್ ಕ್ರಿಶ್ಚನ್ ಧರ್ಮಾಂಚೆ ಬಹುಸಂಖ್ಯೇನ ಆಶ್ಶೀಲಿಂತಿ ಆನಿ ಆತ್ತಂಯಿ ಆಸ್ಸತಿ. ಜಾಲ್ಯಾರಿ ಮುಸ್ಲಿಂ ಖಲೀಫಾನ ಭಾರತಾಂತು ತುರ್ಕಿ ಸುಲ್ತಾನಾನಿ ಹಿಂದೂಂಕ ಕಶ್ಶೀ ಇಸ್ಲಾಂಧರ್ಮಾಂಕ ಮತಾಂತರ ಕೆಲ್ಲೆಲೆಂಕೀ ತಶೀಂಚಿ ತುರ್ಕಿಂತು ಕ್ರಿಶ್ಚನ್ ಮತಾಂಚಾಂಕ ಇಸ್ಲಾಂ ಧರ್ಮಾಂತು ಪರಿವರ್ತನ ಜಾವ್ಚಾಕ ಬಲಾತ್ಕಾರು ಕೆಲ್ಲೊ.

ಏಕ ಹಜ್ಜಾರ ವರ್ಸ ನಂತರ ತುರ್ಕಿಸ್ಥಾನ ಮಸ್ತ ಸುಧಾರ್ಲೆಲೆಂ. 1856 ಇಸ್ವೇಂತು ಇಂಗ್ಲೇಂಡ್ ಆನಿ ತುರ್ಕಿಸ್ಥಾನ ನಾತೇದಾರ ರಾಷ್ಟ್ರಂ ಜಾಲ್ಲೀಂತಿ. ಭಾರತಾಂತು ವಸಾಹತು ಬಾಂದೀಲೆಂ ಇಂಗ್ಲೇಂಡ್ ತುರ್ಕಿಸ್ಥಾನಾಂತು ತಸ್ಸಲೆಕಸ್ಸಲೇಂಯಿ ವಸಾಹತು ಬಾಂದೀನಿ.

1855 ಇಸ್ವೇಚೆ ಯುದ್ಧಾಂತು ಇಂಗ್ಲೇಂಡಾನ ಆನಿ ಫ್ರಾಂಸಾನ ತುರ್ಕಿಸ್ಥಾನಾಂಕ ವಾಂಟೊಕೋರ್ನುಘೇವ್ಯೆತಾಶ್ಶೀಲೆಂ ಜಾಲ್ಯಾರಿ ತಾನ್ನಿ ತಶ್ಶಿ

ಕರ್ನಿ. ತುರ್ಕಿಸ್ಥಾನಾಂಕ ಏಕ ಸ್ವತಂತ್ರ ರಾಷ್ಟ್ರಜಾವ್ನು ಆಸ್ಸೊ ಮ್ಹೊಣು ಸೊಳ್ಳೆಂ. ಇತ್ಯಾಕ ಇಂಗ್ಲೇಂಡಾನ ತುರ್ಕೀಕ ಗುಲಾಮಕೋರ್ನುಘೇನಿ ಮ್ಹೊಣು ಗೊತ್ತುನಾ. ಇಂಗ್ಲೇಂಡಾನ ತುರ್ಕೀಂತು ಸಮಸ್ಯೆ ಅನೇಕ ಆಸ್ಸsತಿಜಾವ್ನು ತಿಕ್ಕಾ ಆಳ್ವೂಚೆ ಕಷ್ಟ ಮ್ಹೊಣು ಲೆಕ್ಲೆಂಕೀ ಇತ್ಕಿ.

ಬ್ರಿಟಿಷಾಲೆ ವಿರುದ್ಧ ಸ್ವಾತಂತ್ರ್ಯಪ್ರಜ್ಞೆ ಯೇನಿ

ಬ್ರಿಟಿಷ್ ಇಂಡಿಯಾಂತು ಆಯ್ಯಿಲೆ ಯುರೋಪಾಚೆ ಬಲಾಢ್ಯ ಸ್ಯನ್ಯಾಂಕ ಸಾಮಾನ್ಯ ಪ್ರಜೇನ ಸ್ವಾಗತ ಕೆಲ್ಲೆಲೆಂ. ಮೈಸೂರಾಚೊ ಟಿಪ್ಪುಸುಲ್ತಾನು 1799 ಇಸ್ವೇಂತು ಶ್ರೀರಂಗಪಟ್ಟಣ ಕದನಾಂತು ಮೆಲ್ಲೇಲೆ ವೇಳಾರಿ ಹೈದರಾಬಾದಾಚೆ ನವಾಬಾನ, ಪುನೇಂಚೆ ಪೇಶ್ವಾನ ಆನಿ ಮೈಸೂರಾಚೆ ಹಿಂದೂ ಆನಿ ಕ್ರಿಶ್ಚನ್ ಜನಾನಿ ಬ್ರಿಟಿಷ್ ಸೈನ್ಯಾಂಕ ಪಾಠಿಬsಲದಿಲ್ಲೆಂ. ತೇವೇಳಾರಿ ಪ್ರಜೇಲೆ ಮನಾಂತು ಏಕಲೇಕ ಬ್ರಿಟಿಷಾಲೆ ವಿರುದ್ಧ ಸ್ವಾತಂತ್ರ್ಯಪ್ರಜ್ಞೆ ಯೇನಿ.

ಮಾಗ್ಗಿರಿ ಬ್ರಿಟಿಷಾನಿ ತಾಂಗೆಲೆ ಆಡಳಿತಾಂತು ಆಶ್ಶಿಲೆ ಸಕ್ಕಡಕಡೇನ ಸೆಕ್ಯುಲರ್ ರಾಜನೀತಿ ಹಾಳ್ಳಿ. ಜನಾಂಕ ನ್ಯಾಯು ವಗ್ಗಿವಗ್ಗಿ ಮೆಳ್ಚೆಕತಿರ ರಾಜಕೀಯಾಂತುತಾಕ್ಕೂನು ಸ್ವತಂತ್ರ ಜಾವ್ನು ಆಶ್ಶೀಲೆ ನ್ಯಾಯಾಂಗ ನೀತಿ ಜಾರಿ ಕೆಲ್ಲಿ. ನ್ಯಾಯಾದೀಶಾನಿ ಮುಘಲ್ ಬಾದಶಾಹಾವರಿ ಏಕಯಿ ಮಧುರೈಚೆ ನವಾಬಾಚೆವರಿ ನ್ಯಾಯತೀರ್ಮಾನ ಕರ್ತsನಾ ಜಾತಿ ಆನಿ ಧರ್ಮಾಂಚೆ ಆಧಾರಾರಿ ಪಕ್ಷಪಾತು ಕರ್ನಿ. ಸೆಕ್ಯುಲರ್ ಕಾನೂನಾಚೆ ಮುಳಾಂತು ನ್ಯಾಯ ದಿಲ್ಲೆಂ.

ಸೆಕ್ಯುಲರ್ ರಾಜನೀತೀಚೆ ಅನುಸಾರ ಚೆರ್ಡುವಾಂಕ ವಾಜ್ಜೂಂಕ ಬೊರೋಚಾಕ ಶಿಕ್ಕೂಂಕ ಶಾಳೇಂತು ಭರ್ತಿಜಾವ್ಚಾಕ ಭಾರಿ ಸುಲಭಜಾಲ್ಲೆಂ. ಪ್ರತಿಏಕ್ಯಾಕ ಪಕ್ಷಪಾತರಹಿತ ಜಾವ್ನು ಬರಪ ಶಿಕ್ಕೂಂಕ ಸುಲಭಜಾಲ್ಲೆಂ. ಮಿಶನರಿ ಆನಿ ಇಂಗ್ಲೀಷ್ ಇಸ್ಕೂಲಾಂತು ಶಿಕ್ಕೀಲೆ ಚೆರ್ಡುವಾಂಕ ವಗ್ಗಿವಗ್ಗಿ ಉಂಚಿ ಸಾಂಬ್ಳಾಚೆ ಕಾಮ ಮೆಳ್ಳೆಂ.

ಜಮೀನಾಂಚೆ ಸರ್ವೇ ಕೋರ್ನು ಬ್ರಿಟಿಷಾನಿ ಜಮೀನದಾರಾಂಕ ಆನಿ ತಾಂಗೆಲೆ ವೊಕ್ಕಲಾಂಕ ಶೆತ್ತಾಚೆ ಆನಿ ತೋಟಾಚೆ ಅಧಿಕೃತ ಪಟ್ಟಾ ದಿಲ್ಲೀಂತಿ. ಶೇತಕಾರಾಂಕ ಉಶೀಣೆ ಘೆವ್ಚಾಕ ಬ್ಯಾಂಕ್ ಸ್ತಾಪನೆ ಜಾಲ್ಲೀಂತಿ. ಅಸ್ಸಲೆಂ ಅನೇಕ ವಿಕಾಸಾಚೆ ಕಾsಮ ಇಂಗ್ಲೀಷಾಲೆ ಕಂಪನಿ ಸರಕಾರಾನ ಜಾರೀಹಾಳ್ಳೀಂತಿ.

ತಶ್ಶಿಜಾವ್ನು ಭಾರತಾಚೆ ಸ್ವಂತ ರಾಯ್ಯಾಲೆಂ (ಪ್ರಿನ್ಸ್ಲೀಸ್ಟೇಟ್ಸ್) ರಾಜ್ಯಾಂತು ಆಶ್ಶೀಲ್ಯಾಕಯಿ ಕಂಪನಿ ಸರಕಾರಾಚೆ ಪ್ರದೇಶಾಂತು ಜನಾಂಕ ಸುsಖ ಆನಿ ಸಮಾಧಾನ ಮೆಳ್ಳೆಂ. ಉದಾಹರಣೇಂಕ ಬಂಗಾಲಾಂತು ಇಂಗ್ಲೀಷ್ ಸೇನಾಪತಿ ರಾಬರ್ಟಕ್ಲೈವ್ ಹಾಕ್ಕಾ ಬಂಗಾಲ ಪ್ರದೇಶಾಚೆ ಪ್ಲಾಸ್ಸೀ ಮ್ಹಳ್ಳೆಲೆಕಡೇನ ಜಾಲ್ಲೇಲೆ ಕದನಾಂತು 1757 ಇಸ್ವೇಂತು ಪ್ರಜೇಲೆಪಾಠಿಬಲಾರಿ ಜಯಮೆಳ್ಳೆಂ.

ಬಂಗಾಲಾಚೆ ಖಿಂಗಖಿಂಗಡ ರಾಯ್ಯಾಂಕ ಮತಭೇಧಾಚಿ ಕ್ಷೋಭಾಆಶ್ಶೀಲಿ. ಏಕ ರಾಯ್ಯಾನ ಆನ್ನಿಏಕ ರಾಯ್ಯಾಲೆ ವಿರುದ್ಧ ಇಂಗ್ಲಿಷಾಲೆ ಒಟ್ಟು ಮೇಳ್ಳು ಬಂಗಾಲ ಇಂಗ್ಲಿಷಾಚಾಲೆ ವಽಶ ಜಾವ್ನೊತಶ್ಶಿ ಫಿತೂರಿ ಕೆಲ್ಲಿ. ತೋ ರಾಯು ಬ್ರಿಟಿಷಾಲೊ ಸಾಮಂತಜಾಲ್ಲೊ.

ಮಾಗ್ಗೀರಿ 1765 ಇಸ್ವೇಂತು ಬಕ್ಸಾರ್ ಮ್ಹಳ್ಳೆಲೆಕಡೇನ ಜಾಲ್ಲೇಲೆ ಕದನಾಂತು ಪುನಃ ಲಾರ್ಡ ಕ್ಲೈವ್ಲಾಕ ವಿಜಯ ಜಾಲ್ಲೆಂ. ಇಂಗ್ಲೀಷ್ ಕಂಪನೀಂಚೆ ಹಾತ್ತುಳಾಂತು ವಿಶಾಲ ಉತ್ತರ ಹಿಂದುಸ್ಥಾನಾಚೆ ಬಂಗಾಲ ದೇಶ ಆನಿ ಅವಧ ದೇಶ ಸಕ್ಕಡ ಆಡಳಿತಾಕ ಆಯ್ಲೀಂತಿ.

1803 ಇಸ್ವೇಂತು ಇಂಗ್ಲೀಷಾನಿ ಭಾರಿ ಸುಲಭೇರಿ ದಿಲ್ಲೀಂತು ನಾಮ್ಕೆವಾಸ್ತೆ ರಾಯು ಜಾವ್ನು ಆಶ್ಶೀಲೊ ಮುಘಲ್ ವಂಶಾಚೊ ವಿಷಯಲಂಪಟು ಬಾದಶಾಹ ಅಹಮದ ಶಾಹಾಕ ರಾವ್ಲಾರಾಂತು ಕೈದಿಕೋರ್ನು ಬೊಸೋನು ವಿಶಾಲ ಪ್ರದೇಶ ಸಕ್ಕಡಯಿ ಆಪ್ಣ್ಯಾಲೆ ವಽಶಕೆಲ್ಲೆಂ.

ಸಕ್ಕಡ ಕಡೇನ ಜಾಲ್ಲೇಲೆ ಯುದ್ಧಾಂತು ಇಂಗ್ಲೇಷ್ ಸೇನಾಪತೀನಿ ರಾಜ್ಯಾಚೆ ಸೇನಾಪತೀಕ ಲಂಚು ದೀವ್ನು ಯುದ್ಧಾಂತು ಶರಣಾಗತ ಕೆಲ್ಲೇಲಿ ಕಾಣಿ ಆಯ್ಕೂಂಕ ಯೆತ್ತಾ. ರಾಷ್ಟ್ರಾಭಿಮಾನ ಆಶ್ಶೀಲೊ ಸೇನಾಪತಿ ಲಢಾಯಿ ಕರ್ತಾ ಆಶ್ಶೀಲೊ. ತಾಗ್ಗೇಲೆ ಪಾಠಿಬಳಾಕ ಕೋಣಽಯಿ ಯೇನಾಂತಿ ಆಶ್ಶೀಲೀಂತಿ. ಇಂಗ್ಲೀಷ್ ಸೈನ್ಯಾಂಕ ಸಲ್ವಾಚೆ ಖಂಚೇಯಿ ರಾಯ್ಯಾಕ ಸಾಧ್ಯ ಜಾಯ್ನಾ ಮ್ಹೋಣು ಮಸ್ತ ರಾಯ್ಯಾನಿ ಸಾಂಗೀಲೇಂಯಿ ಆಸ್ಸಽ.

ಕಂಪನಿ ಸರಕಾರ ಪ್ರಯೋಜನಕಾರಿ ಸರಕಾರ

ಕಡೇರಿ 1818 ಇಸ್ವೇಂತು ಸತಾರಾ ಪಟ್ಟಣಾಚೆ ಕದನಾಂತು ಕಂಪನಿ ಸೈನ್ಯಾನ ಮರಾಠಾಲೆ ಸೈನ್ಯಾಕ ಸಲ್ವಾನು ಪಶ್ಚಿಮಭಾರತಾಂತು ವಿಶಾಲ ಪ್ರದೇಶ (ಆತ್ತಂಚೆ ಮಹಾರಾಷ್ಟ್ರ ಆನಿ ಗುಜರಾತ) ಸಕ್ಕಡಯಿ ಆಪ್ಣ್ಯಾಲೆ ವಽಶಕೆಲ್ಲೆಂ. ವರ್ಲೆ ಸಾನಹೋಡ ಪ್ರಿನ್ಸ್ಲೀಸ್ಟೇಟ್ಸ್ ತಾಂಗೆಲೆಪ್ರಜೇಲೊ ಅಸಹಕಾರಾನಿಮಿತ್ತ ಬೇಜಾರಯೇವ್ನು ಬ್ರಿಟಿಷಾಲೆ ಸಾಮಂತಜಾಲ್ಲೀಂತಿ.

ಅನೇಕ ರಾಜ್ಯಾಂತು ಅತಿವೃಷ್ಟಿ ಆನಿ ಅನಾವೃಷ್ಟಿ ಜಾಲ್ಲೆಲೆ ನಿಮಿತ್ತ ಕ್ಷಾಮು ಆಯ್ಯಿಲೊ. ರಾಜ್ಯಾಚೆ ಭಾಯ್ರತಾಕ್ಕೂನು ಸಾಮಗ್ರಿ ಹಾಡೋಚಾಕ ಸುತ್ತೂ ಕಂಪನೀಲೆ ರಾಜ್ಯ ಆಶ್ಶಿಲೆಂನಿಮ್ಸಿ ಸಾಧ್ಯಜಾಯ್ನಾಆಶ್ಶೀಲೆಂ. ಜಽಣ ಭೂಕೇನ ಮೋರೂಂಕಲಾಗ್ಲೀಂತಿ.

ವರ್ಲೆ ಜಂಬೂದ್ವೀಪಾಚೆ ಭೂಭಾಗ ಸಕ್ಕಡ ಕಂಪನೀಚೆ ಆಳ್ವಿಕೇಂತು ಆಸ್ತಽನಾ ಥಂಥಯಿ ಮಧ್ಯೆಮಧ್ಯೆಂತು ಆಶ್ಶೀಲೆ ಸಾನಸಾನ ರಾಜ್ಯಾಂಕ ಆರ್ಥಿಕ ವ್ಯವಸ್ಥಾ ಸಟೀಕ ಕೊರೂಂಕ ಅಸಾಧ್ಯಜಾಲ್ಲೆಲೆಂ.

1856 ಇಸ್ವೇಂತು ಸಗ್ಗೇ ಜಂಬೂದ್ವೀಪ ಕಂಪನೀಚೆ ಆಢಳಿತೇಚೆ ಮುಳಾಂತು ಆಯ್ಯಿಲೆಂ. ಹೇವೇಳಾರಿ ಬ್ರಾಹ್ಮಣಾಂಕ, ವ್ಯಾಪಾರೀಂಕ, ಕಾರ್ಮಿಕ ಲೋಕಾಂಕ, ವೈದ್ಯಾಂಕ, ವಕೀಲಾಂಕ, ಶೇತಕರಿಲೋಕಾಂಕ, ಜಮೀನದಾರಾಂಕ ಇತ್ಯಾದಿ ಜನಾಂಕ ಕಂಪನಿ ಸರಕಾರ ಪ್ರಯೋಜನಕಾರೀ

ಸರಕಾರ ಮ್ಹೊಣು ದಿಸ್ಲೆಂ. ಆನಿ ಸ್ವಲ್ಪ ಭಾರತೀಯಾಂಕ ಮಾಂತ್ರ ಬ್ರಿಟಿಷ್ ಸರಕಾರ ಒಪ್ಪಿಗೆ ಜಾಯ್ನಿ. ತಾಂಗೆಲೆ ಆಂದೋಲನ ಬ್ರಿಟಿಷ್ ಸರಕಾರಾಚೆ ವಿರುದ್ಧ ಕೆಲ್ಲೆಲೆಂ ಮ್ಹೊಣು ಆಮ್ಮಿ ತೇ ಸಂಘರ್ಶಾಂಕ ಸ್ವಾತಂತ್ರ್ಯ ಸಂಗ್ರಾಮು ಮ್ಹೊಣು ನಾಂವ ದಿಲ್ಲಾಂ..

ಪ್ರಿನ್ಸ್ಲೀಸ್ಟೇಟ್ಸಾಂಕ ಕಂಪನಿ ಸರಕಾರ ಜಾಯಿಜಾಲ್ಲೆಂ

ಇಂಗ್ಲಿಷ್ ಸೈನ್ಯಾಕ ಭಾರತಾಚೆ ರಾಯ್ಯಾನಿ ಒಟ್ಟು ಮೇಳ್ನು ದಾಂವ್ಡಾಚಾಕ ಪ್ರಯತ್ನ ಕೆದ್ನಾಯಿ ಕರ್ನಿ. 1782 ಇಸ್ವೇಂತು ಪೇಶ್ವಾ ಆನಿ ಗೋಲ್ಕೊಂಡಾ ನವಾಬಾನ ಹೈದರಾಲೀಕ ಇಂಗ್ಲೀಷಾಲೆ ವಿರುದ್ಧ ಸಹಾಯ ಕರ್ತಾ ಮ್ಹಳ್ಳೆಲೆ ಮಾಂತ್ರ. ತಾನ್ನಿ ಸೂಕ್ಷ್ಮವೇಳಾರಿ ಹೈದರಾಲೀಲೊ ಹಾತು ಸೋಣುಸೊಳ್ಳೊ. ಹೈದರಾಲೀಲೆ ಸಹಾಯಾಕ ವಚ್ಚನೀಂತಿ. ಮರಾಠಾ ಪೇಶ್ವೆ ಆನಿ ಗೋಲ್ಕೊಂಡಾ ನವಾಬು ತಟಸ್ಥ ರಾಬ್ಲೀಂತಿ. ಹಾಜ್ಜೆನಿಮ್ತಿ ಕಂಪನಿಚೆ ಸೈನ್ಯಾಕ ಹೈದರಾಲಿಕ ಸಲ್ವಾಚಾಕ ಸಹಾಯು ದಿಲ್ಲ್ಯಾ ಮ್ಹಣ್ಕೆ ಜಾಲ್ಲೆಂ.

ಆನಿಏಕಪಟಿ ಕಸ್ಸಲೆಂಜಾಲ್ಲೆಂ ಪಳಯಾ! 1792 ಇಸ್ವೇಂತು ಹೈದರಾಲಿಲೊ ಪೂತು ಟಿಪ್ಪುಸುಲ್ತಾನು ತಿರುವಾಂಕೂರಾವ್ವೈರಿ ಯುದ್ಧಾಕ ಗೆಲ್ಲೊ. ಇಂಗ್ಲೀಷ್ ಕಂಪನೀಚೆ ಸೈನ್ಯ ತಿರುವಾಂಕೂರಾಚೆ ರಾಯ್ಯಾಲೆ ಸಹಾಯಾಕ ರಾಬ್ಬೀಲೆಂ. ಹೈದರಾಲೀನ ಆನಿ ತಿರುವಾಂಕೂರಾಚೆ ರಾಯ್ಯಾನ ಒಟ್ಟು ಮೇಳ್ನು ಇಂಗ್ಲೀಷ ಕಂಪನೀಕ ಭಾರತಾಂತು ತಾಕ್ಕೂನು ಧಾಂವ್ಡಾಚಾಕ ಹೋ ಉತ್ತಮ ಅವಕಾಶು ಆಶ್ಶೀಲೊ. ಜಾಲ್ಲ್ಯಾರಿ ಇಂಗ್ಲೀಷ್ ಕಂಪನೀಚೆ ಸೈನ್ಯಾನ ಆನಿ ತಿರುವಾಂಕೂರಾಚೆ ಸೈನ್ಯಾನ ಒಟ್ಟು ಮೇಳ್ನು ಟಿಪ್ಪುಸುಲ್ತಾನಾಂಕಚಿ ಯುದ್ಧಾಂತು ಸಲ್ವಾಯಿಲೆಂ.

ಟಿಪ್ಪುಸುಲ್ತಾನು ಆಮ್ಗೆಲೊ ಹಿತಚಿಂತಕು ನ್ಹಯಿ

ಟಿಪ್ಪುಸುಲ್ತಾನು ಆಮ್ಗೆಲೊ ಹಿತಚಿಂತಕು ನ್ಹಯಿ ಮ್ಹೊಣು ಜಣ ಸಾಂಗ್ತಾತಿಆಶ್ಶೀಲೀಂತಿ. ಟಿಪ್ಪುಸುಲ್ತಾನು ಭಾರತಾಚೊ ವೀರು ಮ್ಹೊಣು ಜಣ ನಮ್ಗನಾಂತಿಆಶ್ಶೀಲೀಂತಿ. ತೋ ಕಟ್ಟಾ ಮುಸ್ಲಿಂ ಜಾವ್ನು ಆಶ್ಶೀಲೊ. ತಿರುವಾಂಕೂರಾಚೆ ಉತ್ತರಾಕ ಆಶ್ಶೀಲೆ ಮಲಬಾರ್ ಪ್ರದೇಶಾಂತು ತಾಣೆ 1784 ಇಸ್ವೇಂತು ಹಿಂದೂಂಕ ಆನಿ ಕ್ರಿಶ್ಚನ್ ಜನಾಂಕ ಅಮಾನುಷ ರೀತೀರಿ ಹಿಂಸೆ ದಿಲ್ಲೇಲಿ ಸಕ್ಕಡಾಂಕಯಿ ಉಡ್ಗಾಸು ಆಶ್ಶೀಲಿ.

1799 ಇಸ್ವೇಂತು ಟಿಪ್ಪುಕ ಆನಿ ಇಂಗ್ಲೀಷಾಂಕ ಯುದ್ಧ ಜಾಲ್ಲೆಲೆ ವೇಳಾರಿ ಮರಾಠಾ ಸೈನ್ಯಾನ ಆನಿ ಗೋಲ್ಕೊಂಡಾಚೆ ನವಾಬಾಲೆ ಸೈನ್ಯಾನ ಇಂಗ್ಲೀಷಾಂಕ ಸಹಾಯು ಕೆಲ್ಲೊ. ಟಿಪ್ಪು ಸುಲ್ತಾನಾಲೆಂ ರಾಜಾಡಳಿತ ಇಸ್ಲಾಂಧರ್ಮಾಧಾರಿತ (ಥಿಯೋಕ್ರಟಿಕ್ ಸ್ಟೇಟ್) ಜಾವ್ನು ಆಶ್ಶೀಲೆಂ.

ಟಿಪ್ಪು ಸುಲ್ತಾನಾಲೆ ಸಕ್ಕಡ ಉಚ್ಚ ಸರಕಾರೀ ನೌಕರ ಮುಸ್ಲಿಂ ಜಾವ್ನು ಆಶ್ಶೀಲೀಂತಿ. ಫಾರ್ಸೀ ಭಾಷೇರಿ ತಾಗ್ಗೇಲೆ ರಾಜ್ಯಾಡಳಿತ ಚಲ್ತ ಆಶ್ಶೀಲೆಂ. ಜಾಲ್ಲ್ಯಾರಿಯೀ ಟಿಪ್ಪುಸುಲ್ತಾನಾಂಕ ರಾಜ್ಯ ಠೀಕ ರೀತೀರಿ ಚೊಲೋಚಾಕ ಬ್ರಾಹ್ಮಣ ನೌಕರ ಜಾಯಿಜಾಲ್ಲೇಲೀಂತಿ. ಹಿಂದೂ ಸೈನಿಕ ಜಾಯಿ

ಜಾಲ್ಲೇಲಿಂತಿ. ದಿವಾನ್ ಪೂರ್ಣಯ್ಯ ಟಿಪ್ಪುಸುಲ್ತಾನಾಲೊ ಮಂತ್ರಿ ಜಾವ್ನು ಆಶ್ಶಿಲೊ. ಟಿಪ್ಪುಸುಲ್ತಾನಾನ ಮೆಲ್ಲೆ ಮಾಗ್ಗೀರಿ ಇಂಗ್ಲಿಷಾನಿ ದಿವಾನ್ ಪೂರ್ಣಯ್ಯಾಕಽಚಿ ಮೈಸೂರ ರಾಜ್ಯಾಚೊ ದಿವಾನ್ ಜಾವ್ನು ನಿಯುಕ್ತಕೆಲ್ಲೆಲೆಂ.

ಟಿಪ್ಪು ಸುಲ್ತಾನಾನ ಬ್ರಿಟಿಷಾಂಕ ದೂರ ಕೆಲ್ಲೆಂ ಆನಿ ಫ್ರೆಂಚಾಂಕ ಲಾಗ್ಗಿ ಕೆಲ್ಲೆಂ. ತಾಣೆ ಬ್ರಿಟಿಷಾಲೆ ವಿರುದ್ಧ ಯುದ್ಧಾಂತು ಸಹಾಯು ಕೊರೂಂಕ ಫ್ರೆಂಚ ಸೈನ್ಯಾಕ ಆಪ್ಪೈಲೆಂ. ಫ್ರೆಂಚ್ ಜಽಣ ಬ್ರಿಟಿಷ್ ಜನಾಲೆವರೀಚಿ ವಿದೇಶೀ ಜಾವ್ನು ಆಶ್ಶೀಲಿಂತಿ. ಫ್ರಾಂಸ ಆನಿ ಇಂಗ್ಲೇಂಡ್ ಸಗ್ಳೇ ಜಗತ್ತ್ಯಾಂತು ಪರಸ್ಪರ ಯುದ್ಧ ಕರ್ತಾತಿ ಆಶ್ಶೀಲಿಂತಿ. ತೇ ಕಾರಣಾನ ಫ್ರೆಂಚ್ ಸೇನಾಪತಿ ಡಾಲ್ಫೊಸೀನ ಟಿಪ್ಪು ಸುಲ್ತಾನಾಂಕ ಸಹಾಯು ಕೆಲ್ಲೊ. ಫ್ರೆಂಚಾಂಕ ಸಹಾಯಾಕ ಆಪ್ಪೋಚೆ ಬದ್ಲಾಕ ಟಿಪ್ಪೂನ ಮರಾಠಾಲೆ ಒಟ್ಟು ಸಂಧಿ ಕೋರ್ನು ಘೆವ್ಕಾ ಆಶ್ಶೀಲೆಂ.

ಮುಘಲ್ ಬಾದಶಾಹಾ ಸಮೇತ ಬ್ರಿಟಿಷಾಲೊ ಚಮ್ಚಾ ಜಾಲ್ಲೊ

ಕ್ರಿ. ಶ. 1803 ಇಸ್ವೇಂತು ದಿಲ್ಲೀಚೊ ಮುಘಲ್ ರಾಯು ಬ್ರಿಟಿಷ್ ರಾಣಿಯೇಕ ಶರಣಾಗತ ಜಾಲ್ಲೊ. 1818 ಇಸ್ವೇಂತು ಮರಾಠಾ ಪೇಶ್ವಾ ಸಕ್ಕಡ ಸಲ್ವಽಲಿಂತಿ ಆನಿ ಪಶ್ಚಿಮ ಭಾರತ ಇಂಗ್ಲಿಷಾಲೆ ಹಾತ್ಮುಳಾಂತು ಆಯ್ಲೆ. 1856 ಇಸ್ವೇಂತು ಭಾರತಾಚೆ ವಾಯವ್ಯ ರಾಜ್ಯಾಂ ಸಕ್ಕಡ ಇಂಗ್ಲಿಷಾನಿ ವಽಶ ಕೋರ್ನು ಘೆತ್ಲೆಂ. ಸಕ್ಕಡ ರಾಜ್ಯಾಂಕ ಪ್ರಿನ್ಸ್ಲೀಸ್ಟೇಟ್ಸ್ ಮ್ಹಣು ನಾಂವ ದೀವ್ನು ತಾಂಚೆ ಕರಾನ ಪ್ರಜೇಲೆಲಾಗ್ಗಿ ಸಕ್ಕಡ ನಮೂನ್ಯಾಚೆ ಕಂದಾಯ ಆನಿ ಕಽರ ವಸೂಲಿ ಕೊರೋನು ಇಂಗ್ಲೀಷ್ ಲೋಕು ಭಾರತಾಚೆ ರಾಯ ಜಾವ್ಚಾಕ ಯೋಗ್ಯ ಆಸ್ಸಽತಿ ಮ್ಹಣು ದಾಕ್ಕಯಿಲೆ. ಖಂಚೇಯಿಏಕ ರಾಜ್ಯಾಚೆ ರಾಯ್ಯಾಕ ಸ್ವಾತಂತ್ರ್ಯಾಚೆ ಅಗತ್ಯ ದಿಸ್ಸಽನಿ. ಮದ್ರಾಸ, ಬೊಂಬೈ. ಬೆಂಗಾಲ, ಮಧ್ಯ ಪ್ರಾಂತ, ಉತ್ತರ ಪ್ರಾಂತ ಆನಿ ಕೆಲವು ಪ್ರದೇಶ ಘೂರಾ ಇಂಗ್ಲೇಷಾಲೆ ಹಾತ್ಮೂಳಾಂತು ಆಯ್ಲೆಂ. ಹಾಂಕಾ ಭಾರತೀಯ ಕೊಣಯಿ ರಾಯ ನಾಂತಿ. ಮೈಸೂರ ರಾಜ್ಯ, ತಿರುವಾಂಕೂರು, ಹೈದರಾಬಾದ, ಪಲ್ಟಣ, ಪುಣೆ, ಭೋಪಾಲ, ಪಾಟಿಯಾಲಾ, ಫಿರೋಜ್ಪುರ, ಕಾಶ್ಮೀರ, ಇತ್ಯಾದಿ ರಾಜ್ಯಾಂಕ ಇಂಗ್ಲೀಷಾನಿ ಸಾಮಂತರಾಯ ಮ್ಹಣು ಕೆಲ್ಲೆಮಾಗ್ಗೀರಿ ಇಂಗ್ಲೀಷ್ ಸರಕಾರಾಕ ವಿರೋಧ ಕರ್ತಲೆ ಕೋಣಯಿ ವರ್ನಿಂತಿ.

ಅಧ್ಯಾಯು 7

ಆಮ್ಗೆಲೊ ಸ್ವಾತಂತ್ರ್ಯ ಸಂಗ್ರಾಮು - 2

ಸಿಪಾಯಿೀ ದಂಗೊ ಜಾಲ್ಲೋಲೊ, ಭಾರತಾಚೆ ಸ್ತಾತಂತ್ರ್ಯವೀರಾಂಕ ಏಕ ಮಾರ್ಗದರ್ಶನಸೊ ಜಾಲ್ಲೊ. ಕ್ರಿ. ಶ. 1859 ಇಸ್ವೇಂತು ಸಿಪಾಯಿ ದಂಗೊ ಮೂಳಸಮೇತ ಕಾಣು ಉಡ್ಡೈಲೆಮಾಗ್ಗೀರಿ ಬ್ರಿಟಿಷ್ ಪಾರ್ಲಿಮೆಂಟಾಕ ನವೇ ವಿಚಾರಂ ಆಯ್ಲೇತಿ. ಇಂಡಿಯಾಂತು ತೆದ್ದೋಳುತಾಂಯಿ ಈಸ್ಟ್ ಇಂಡಿಯಾ ಕಂಪನಿ ರಾಜಾಡಳಿತ ಕರ್ತಾ ಆಶ್ಶೀಲಿ. ಪಾರ್ಲಿಮೆಂಟಾಕ ಇಂಡಿಯಾಂತು ಸುಧಾರಣೆ ಕೊರೂಂಕ ಕಂಪನೀಚೆ ಮುಖಾಂತರ ಕೊರೂಂಕ ಜಾಯ್ನಾಜಾಲ್ಲೇಲೆ. ಸೀಪಾಯಿೀ ದಂಗೊ ಜಾಲ್ಲೆಮಾಗ್ಗೀರಿ ಪಾರ್ಲಿಮೆಂಟಾಕ ಕಂಪನೀಕ ಕವ್ವೋಳ್ಚಾಕ ಏಕ ಪಾರದರ್ಶೀ ನೆವಾನ ಮೆಳ್ಳೆಂ. ಕಂಪನೀಚೆ ಅಧೀನಾಂತು ಆಶ್ಶೀಲೆಂ ಇಂಡಿಯಾ ಸೀದಾ ಪಾರ್ಲಿಮೆಂಟಾಚೆ ಅಧಿಕಾರಾಚೆ ಮುಳಾಂತು ಆಯ್ಲ್ಯಾರಿ ಆಡಳಿತ ಸುಲಭ ಜಾತ್ತಾ ಮ್ಹೋಣು ಪಾರ್ಲಿಮೆಂಟಾಚೆ ಸದಸ್ಯಾಂಕ ದಿಸ್ಲೆಂ.

ಪಾರ್ಲಿಮೆಂಟಾನ ವಗ್ಗಿ ವಗ್ಗಿ ಕಾನೂನು ಜಾರಿಕೋರ್ನು ಇಂಡಿಯಾಚೆ ಆಡಳಿತ ಆಪ್ಣ್ಯಾಲೆ ಹಾತ್ಮುಳಾಂತು ಘೆತ್ಲೆಂ. ದಿಲ್ಲೀಂತು ವೈಸ್ರಾಯ್ (ಸಹಾಯಕ ರಾಯು) ಮ್ಹಳ್ಳೆಲೆ ಪರಮೋಚ್ಚ ಅಧಿಕಾರೀಕ ನಿಯುಕ್ತ ಕೆಲ್ಲೊ. ಇಂಗ್ಲೇಂಡ್ ಆನಿ ಇಂಗ್ಲೇಂಡಾಚಿ ಸಕ್ಕಡ ಕೊಲೊನಿ ಮೇಳ್ಳು ಏಕ ವಿಶಾಲ ಸಾಮ್ರಾಜ್ಯ ಸ್ಥಾಪನೆ ಜಾಲ್ಲೆಂ. ತಾಕ್ಕಾ 'ಯುನೈಟೆಡ್ ಕಿಂಗ್ಡಂ' (ಯೂ. ಕೆ.) ಮ್ಹೋಣು ನಾಂವ ದಿಲ್ಲೆಂ. ಹಾಜ್ಜಿ ರಾಣಿ ಸಕ್ಕಡ ಕೊಲೊನೀಂಚಿ ರಾಣಿ ಜಾಲ್ಲಿ. ತೀಚಿ ಇಂಡಿಯಾಚಿ ರಾಣಿಯಿ ಜಾಲ್ಲಿ.

ಪಾರ್ಲಿಮೆಂಟಾಚೆ ಆಡಳಿತ

ಕ್ರಿ. ಶ. 1859 ಇಸ್ವೇಂತು ಪ್ರಾರಂಭಜಾಲ್ಲೇಲೆಂ ಬ್ರಿಟಿಷ್ ರಾಣಿಯೇಲೆ ಆನಿ ತಿಗ್ಗೆಲೆ ದಿಲ್ಲೀಂತು ಬಶ್ಶೀಲೆ ವೈಸ್ರಾಯ್ಯಾಲೆ ರಾಜ್ಯ ಆಡಳಿತಾಂತು ವ್ಯಾಪಾರೀ ಗುಣಸ್ವಭಾವು ಕಂಪನಿ ಸರಕಾರಾಂತು ಆಶ್ಶೀಲೊತಿತ್ಲೊ ನಾಆಶ್ಶೀಲೊ. ಲಾರ್ಡ ಡಫ್ಫರಿನ್ ವೈಸ್ರಾಯು ಜಾವ್ನು ಆಶ್ಶೀಲೆ ವೇಳಾರಿ ಇಂಗ್ಲೇಂಡಾಂತು ಪಾರ್ಲಿಮೆಂಟಾಚೆ ಸದಸ್ಯ ಭಾರತಾಚೆ ಜನಾಂಲೆ ಚಾಂಗ ಸ್ವಭಾವು, ಚರಿತ್ರ, ಆಬ್ರೂ, ಇತ್ಯಾದಿ ಅಧ್ಯಯನ ಕರ್ತಾಲೀಂತಿ. ಯು. ಕೆ. ಸರಕಾರಾಚೆ ಇಂಡಿಯಾ ವಿಭಾಗಾಂತು ಭಾರತಾಚೆ ಪ್ರಜೇಲಿ ವಿನಮ್ರತಾ, ಹಿಂದೂ ಧರ್ಮಾಂಚಾಲೆ ಸರ್ವಧರ್ಮಸಹಿಷ್ಣುತಾ, ಸರ್ವಜನಸಮಾನತೆಚಿ ನೀತಿ, ಸಂಯಮನೀತಿ ಹೇಂ ಸಕ್ಕಡ ಪೋಳೋನು ಭಾರತಾಕ ಮುಕಾರಿ ಚಾಂಗ ಜಾವ್ವೊ ಮ್ಹೋಣು ಆಶೀರ್ವಾದು ಕರ್ತಾಲೀಂತಿ. ಅನೇಕ

ಪಾರ್ಲಿಮೆಂಟಾಚೆ ಸದಸ್ಯಾನಿ ಇಂಗ್ಲೇಂಡಾಂತು, ಅಮೇರಿಕಾಂತು, ಈಜಿಪ್ಟಾಂತು ಆನಿ ಇತರ ದೇಶಾಂತು ಆಶ್ಶೀಲೆಮ್ಹಣ್ಕೆ ಭಾರತಾಂತು ರಾಜಕೀಯ ಪಕ್ಷ (ಪಾರ್ಟಿ) ಇತ್ಯಾಕ ನಾ ಮ್ಹೊಣು ನಿಮ್ಗಿತಲೀಂತಿ. ತಾಂಗೆಲೆ ಯೆಚ್ಚನೇಂಚೆ ಪ್ರಕಾರ ಭಾರತಾಂತು ರಾಜಕೀಯ ಪಕ್ಷ ಆಸ್ಸಜಾಲ್ಯಾರಿ ಮುಕಾರಿ ಜನಾಲೆಓಟ್ಟು ಸರಕಾರಾಕ ಸಂವಾದು ಕೋರೂಂಕ ಸುಲಭ ಜಾತ್ತಾ ಮ್ಹೊಣು ಆಲೋಚನಕೆಲ್ಲೆಲೆ.

ಅಖಂಡಭಾರತಾಚೆ ಉದಯ

ಭಾರತಾಂತು ಪರಿಸ್ಥಿತಿ ವಿಂಗಡಿ ಆಶ್ಶೀಲಿ. ಭಾರತ 1800 ಇಸ್ವೇಂತು ಏಕ ಛಿದ್ರ ಛಿದ್ರ ಜಾವ್ನು ಆಶ್ಶೀಲೆ ಭೂಖಂಡ, 1848 ಇಸ್ವೇಂತು ವರೇಕ ಏಕ ಜಾಯ್ನಿಆಶ್ಶೀಲೆಂ. ಮಾಗ್ಗೀರಿ 1857 ಇಸ್ವೇಂತು ಜಾಲ್ಲೇಲೆ ಸಿಪಾಯಿ ದಂಗೇಂತು ಖಯ್ಯೀಂಜಾವೊ ಥೋಡೇಂಚಿ ರಾಯ್ಯಾಂಗೇಲಿ ಐಕ್ಯತಾ ವರ್ಲೇಲಿ ಜಾಲ್ಯಾರಿ ತೀ ಮಸ್ತಕಾಳ ವಽರ್ನಿ. ಇಂಗ್ಲೀಷ್ ಸೈನ್ಯಾನ ದಂಗೇಂತು ಭಾಗಘೆತ್ತಿಲೆ ಸ್ವಾತಂತ್ರ್ಯವೀರಾಂಕ ಕೋರ್ಟ್ಮಾರ್ಶಲ್ ಕೋರ್ನು ಕಠಿಣ ಶಿಕ್ಷೆ ದಿಲ್ಲೆ ನಂತರ ಸಂಪೂರ್ಣ ಪುಸ್ಸೂನು ಗೆಲ್ಲಿ. ಸಿಪಾಯಿ ದಂಗೆ ಜಾವ್ನು 23 ವರ್ಸ ಜಾವ್ಕಾ ಜಾಲ್ಯಾರಿ 1880 ಇಸ್ವೇಂತು ಸಗ್ಳೇ ಜಂಬೂದ್ವೀಪ ಆಪ್ಪಣ ಇಂಡಿಯಾ ಎಕ್ಕಽಚಿ ದೇಶ ಮ್ಹೊಣು ಉಚ್ಚಾನುರಾಬ್ಲೆಂ. ಭಾರತಾಚೆ ಜನಾಲೊ ಅಭಿಪ್ರಾಯು ತೇ ಸಮಯಾನುಸಾರ ಇಂಡಿಯಾ ಅಖಂಡಭಾರತ ಮ್ಹೊಣು ಶಾಶ್ವತಸೆಂ ದಿಸ್ಲೆಂ. ಬರೇ 80 ವರ್ಸ ಭಿತ್ತರಿ ಛಿದ್ರ ಛಿದ್ರ ಜಾವ್ನು ಆಶ್ಶೀಲೆ ಘುಳ್ಳೆಂ ಭಾರತ ಸಕ್ಕಡಾಂಕಯೀ ವಿಸರೂನು ಗೆಲ್ಲೆಂ.

ಹೇ ಪರಿಸ್ಥಿತೀಂತು ಇಂಡಿಯಾಂತು ಘಽರ ಕೋರ್ನು ರಾಬ್ಬೀಲೆ ಗೋರೆ ಲೋಕಾಂಲೆ ಜನಸಂಖ್ಯೆ ಚಳ್ಳಿ. ಭಾರತಾಂತು 10-15 ವರ್ಸ ವಾಸಕೋರ್ನು ಸರಕಾರೀ ನೌಕರೀಂತುತಾಕ್ಕೂನು ನಿವೃತ್ತಿಪಾವೀಲೆ ಗೋರೆ ಇಂಗ್ಲೀಷ್ ನಾಗರೀಕ ಭಾರತಾಂತು ಕುಟುಂಬಸಮೇತ ಘಽರ ಕೋರ್ನು ರಾಬ್ಲೀಂತಿ.

ಸ್ವಲ್ಪ ಗೋರೆ ಲೋಕಾನಿ ಕೈಗಾರಿಕೇಚೆ ಘಟಕ ಘಾಲ್ನು ಉಪಯೋಗೀ ಸಾಮಾನು ತಯ್ಯಾರಿಸುಚಾಕ ಸೂರುಕೆಲ್ಲೆಂ. ಥೋಡೆ ಗೋರೆ ಲೋಕಾನಿ ವಿಂಗವಿಂಗಡ ಕಡೇನ ವಿಶಾಲ ಶೇತ, ಗಾದ್ದೊ, ತೋಟ, ಮಽಳೊ ಮೊಲ್ಲಾಕ ಘೆವ್ನು ತಾಂತು ಶೇತಕರೀ ಕೊರೂಂಕ ಸೂರುಕೆಲ್ಲೆಂ. ಹೇ ಗೋರೆ ಲೋಕಾಂಕ ಭಾರತ ಸ್ವಂತ ದೇಶ ಜಾಲ್ಲೆಂ.

ಬ್ರಿಟಿಷ್ ಇಂಡಿಯಾಚೆ ನಾಗರೀಕಾಂಕ ಇಂಗ್ಲೇಂಡಾಚೊ ಪಾಸ್ಪೋರ್ಟು ದಿಲ್ಲೊ. ಪಾಸ್ಪೋರ್ಟಾಂತು ಇಂಗ್ಲೇಂಡಾಚೆ ಸ್ವಂತ ನಾಗರೀಕಾಂಕ 'ಸಿಟಿಝನ್' ಮ್ಹಳ್ಳೆಂ. ಇಂಡಿಯಾಚೆ ನಾಗರೀಕಾಂಕ 'ಇಂಡಿಯನ್ ಸಬ್ಜೆಕ್ಟ್' ಮ್ಹೊಣು ನಮೂದಕೆಲ್ಲೆಂ. ಹಜ್ಞಾರ ಹಜ್ಞಾರ ಇಂಡಿಯನ್ನಾನಿ ಇಂಗ್ಲೇಂಡಾಕ ವೊಚ್ಚೂನ ಉಂಚಿ ಶಿಕ್ಷಣ ಪ್ರಾಪ್ತಕೆಲ್ಲೆಂ. ತಾನ್ನಿ ವೋಪಾಸ ಭಾರತಾಕ ಯೇವ್ನು ಭಾರತಾಂತು ಆಶ್ಶೀಲಿ ವ್ಯವಸ್ಥಾ ಸಽಮನಾ ಮ್ಹಣಾಲೀಂತಿ.

ಭಾರತಾಂತು ಸಾಮಾಜಿಕ, ಆರ್ಥಿಕ, ವ್ಯಾವಸಾಯಿಕ, ಇತ್ಯಾದಿ ವ್ಯವಸ್ಥಾ ಇಂಗ್ಲೇಂಡಾಂತು ಆಶ್ಶಿಲೆವರೀಚಿ ಜಾವ್ಕಾ ಮ್ಹೋಣು ಮ್ಹಣಾಲೀಂತಿ. ಭಾರತಾಚೆ ಜನಾಂಕ ಇಂಗ್ಲೀಷ್ ಭಾಸ, ಪೋಷಾಕು, ಘರಾಚೆ ಚಿತ್ತರಿ ಆನಿ ಭಾಯ್ರ ಇಂಗ್ಲೀಷ್ ರೀತಿನೀತಿ, ಇತ್ಯಾದಿ ಅನುಕರಣೆ ಕೋರ್ಕಾ ಮ್ಹೋಣು ಪ್ರತಿಏಕ ವಿದ್ಯಾರ್ಥಿಕ, ವ್ಯಾಪಾರೀಕ, ಹಳ್ಳೇಚೆ ರೈತಾಕ, ಬ್ರಾಹ್ಮಣಾಂಕ, ಕರ್ಮಚಾರೀಂಕ, ಬಾಯ್ಲಮನ್ಶಾಂಕ, ಚೆರ್ಡುವಾಂಕ, ಇತ್ಯಾದಿ ಸಕ್ಕಡ ಜನಾಂಕ ಸಮಝೂಯಿಸೀಲೆಂ.

ಕ್ರಿಶ್ಚನ್ ಮಿಶನರೀನಿ ಕ್ರಿಶ್ಚನ್ ಧರ್ಮು ಏಕಮಾತ್ರ ಸತ್ಯ ಮ್ಹೋಣು ಜನಾಂಕ ಕ್ರಿಶ್ಚನ್ ಧರ್ಮಾಂತು ಪರಿವರ್ತನ ಜಾವ್ಚಾಕ ಉತ್ತೇಜಿತ ಕೆಲ್ಲೆಂ. ಇಂಗ್ಲೇಂಡಾತುಲಿ ಸಂಸ್ಕೃತಿ ಭಾರತಾಂತು ಹಳೂಹಳೂ ಜನಾಲೆ ಮಧ್ಯೆ ರಿಗ್ಲಿ.

ಇಂಗ್ಲೀಷ್ ಭಾಸ ಪ್ರತಿಎಕ್ಕೆ ಜಾಯಿಜಾಲ್ಲೀ. ಮುಸ್ಲಿಂ ರಾಯ್ಯಾನಿ ತುರ್ಕಿಭಾಸ, ಅಫ್ಘಾನಭಾಸ, ಫಾರ್ಸಿಭಾಸ ತಾಂಗೆಲೆ ದಿವಾನಾಂತು (ಕೋರ್ಟ) ಅನಿವಾರ್ಯ ಕೆಲ್ಲೇಲಿ. ತಶ್ಶೀಂಚಿ ಬ್ರಿಟಿಷ್ ಇಂಡಿಯಾಂತು ಇಂಗ್ಲೀಷಭಾಸ ಅಖಂಡಭಾರತಾಚಿ (ಇಂಡಿಯಾಚಿ) ಕೋರ್ಟಾಚಿ ಭಾಸ ಜಾಲ್ಲಿ. ಸರಕಾರಾಕ ಅರ್ಜಿ ಬೊರೋಚಾಕ ಇಂಗ್ಲೀಷ್ ಭಾಷೇನ ಬೊರೋಕಾ ಜಾಲ್ಲೆಂ.

ಬ್ಯಾಂಕಾಂತು ಇಂಗ್ಲೀಷ್ ರೀತೀರಿ ಲೆಕ್ಕ ಬೊರೋಕಾ ಜಾಲ್ಲೆಂ. ಸರಕಾರೇತರ ಗೋರೆ ಮಿತ್ರಾನಿ ಭಾರತಾಚೆ ಜನಾಂಕ ಪರ್ಕೆಜಃಣ ಮ್ಹೋಣು ಲೆಕ್ಕಃನಿ. ಇಂಡಿಯಾ ತೇ ವೇಳಾರಿ ಯೂ. ಕೆ. ದೇಶಾಚೆ ಏಕ ಪ್ರಮುಖ ಭಾರೀ ಉಪಯೋಗೀ ಅಂಗಶೇಂ ಆಶ್ಶೀಲೆಂ. ಇಂಗ್ಲೇಂಡಾಚೆ ಮುಕುಟಾರಿ ಏಕ ವೈಡೂರ್ಯಶೆಂ ಆಶ್ಶೀಲೆಂ.

ಸಾಮಾನ್ಯ ಭಾರತವಾಸೀಕ, ಇಂಗ್ಲೀಷ ಭಾಸಯೇನಾನಾತ್ತಿಲೆ ಹಳ್ಳೇಚೆ ಮನ್ಶಾಂಕ, ಸಾನಸಾನ ವೃತ್ತೀಂತು ಆಶ್ಶೀಲೆ ಕಾಪ್ಡಾಚೆ ಮಗ್ಗ ಚಲಾಯಿಸ್ತಲ್ಯಾಂಕ, ಚಮಾರಾಂಕ, ಬಡಗೀಂಕ, ಗಾರೇಚೆ ಕಾಮಕರ್ತಲ್ಯಾಂಕ, ಇತ್ಯಾದಿ ಜನಾಂಕ ಭಾರತೀಯ ಜಃಣ ಸಕ್ಕಡ ಏಕ್ಕಃಚಿ ದೇಶಾಂತು ಮೆಳ್ಳೇಲೆ ಜಃಣ ಮ್ಹೋಣು ಹಗೂರಹಗೂರ ಮನಾಂತು ವೊಚ್ಚಾಕ ಸೂರು ಜಾಲ್ಲೆಲೆಂ.

ಪ್ರಿಂಟಿಂಗ್ ಪ್ರೆಸ್ ಯೇವ್ನು ಪ್ರತಿಏಕ ಪಟ್ಟಣಾಂತು ಸಮಾಚಾರ ಪತ್ರಿಕಾ ಪ್ರಕಟಜಾಲ್ಲೀಂತಿ. ಪ್ರತಿಏಕ ದೈನಿಕ ಸಮಾಚಾರ ಪತ್ರಿಕೇನ, ವಾರಪತ್ರಿಕೇನ, ಮಾಸಿಕ, ದ್ವೈಮಾಸಿಕ ಪತ್ರಿಕೇನ ಇತ್ಯಾದಿ ನಿಯತಕಾಲಿಕ ಪತ್ರಿಕೇನಿ ಸಕ್ಕಡಾಂಕ ಸುದ್ದಿ ಪಾವ್ಯೆಲಿ. ಅಖಂಡಭಾರತಾಚಿ ಝೋಂಕಿ ಖಾಯಂ ಕೆಲ್ಲಿ.

ಇಸ್ಕೂಲಾಂತು ಪಾಠು ಕರ್ತಃನಾ ಮಾಸ್ತರಾನಿ ಭಾರತಾಚಿ ಐಕ್ಯತಾ ಉದ್ಧರೂನು ಸಾಂಗೂಂಕ ಸೂರು ಕೆಲ್ಲೆಂ. ಭಾರತಾಚೆ ಜನಾಲೆ ಮನಾಂತು ಭಾರತಾಚೆವ್ಯೆರಿ ಭಕ್ತಿ ಆನಿ ಮೋಗು ವಾಡ್ಲೊ.

ಅಖಂಡ ಭಾರತಾಂತು ಶಾಂತಿ

ಬ್ರಿಟಿಷ್ ರಾಣಿಯೇಲಿ ಇಂಡಿಯಾ ಭಾರತವಾಸೀಂಕ ಅಖಂಡ ಭಾರತ ಮ್ಹೊಣು ಜಾಲ್ಲೆ ಮಾಗ್ಗೀರಿ ಅಂತರರಾಜ್ಯ ಯುದ್ಧ ಸಕ್ಕಡ ನಾಜಾಲ್ಲೀಂತಿ. ಘೊಡೆ ಉದಾಹರಣೇಂಕ ಸೋಳಾಚೆ ಶತಮಾನಾಂತು (1500-1600) ಬಹಮನೀ ಸುಲ್ತಾನಾಕ, ವಿಜಯನಗರ ರಾಯ್ಯಾಂಕ ಆನಿ ಪೊರ್ತುಗೀಸ್ ಸೈನ್ಯಾಂಕ ಕೆದ್ನಾಯಿ ಆಪಸೀ ಯುದ್ಧ ಮುಗ್ಗೂಚೆ ಮ್ಹೊಣು ನಾಆಶ್ಶೀಲೆಂ.

ದಿಲ್ಲೀಚೆ ಬಾದಶಾಹಾಕ ದಕ್ಷಿಣ ಭಾರತಾಚೆ ರಾಜ್ಯಾಂಚೊ ಕಂದಾಯು ಸಮಃಂಚಿ ಚುಕ್ತಾ ಜಾಯ್ನಿ ಮ್ಹೊಣು ಜಾಲ್ಲ್ಯಾರಿ ತೇ ನೆವನಾರಿ ದಿಲ್ಲಿಧೋನ್ನು ಬಾದಶಾಹಾಲೆಂ ಸೈನ್ಯ ದಕ್ಷಿಣ ರಾಜ್ಯಾಂಕ ಯೇವ್ನು ಯುದ್ಧ ಕರ್ತಾತಿ ಆಶ್ಶೀಲೀಂತಿ.

ಗೋಲ್ಕೊಂಡಾಚೆ ನವಾಬಾಕ ಕೆದ್ನಾಯಿ ಮೈಸೂರ್ಚ್ಯೊ ರಾಯು ಯುದ್ಧಾಕ ಆಪ್ಪೈತ ಆಶ್ಶೀಲೊ. ಮಲಬಾರ್ ಆನಿ ತಿರುವಾಂಕೂರಾಚೆ ರಾಯ್ಯಾಂಕ ಮದುರೈ ಗಾವಾಂಚೊ ನವಾಬು ಲೇಕಮೀತಿನಾತ್ತಿಲೆ ತಿತ್ಲೆವೇಳು ಲಢಾಯೇಕ ಆಪ್ಪೈತಾ ಆಶ್ಶೀಲೊ.

1840 ಇಸ್ವೇಚೆ ನಂತರ ಸಕ್ಕಡ ಪ್ರಿನ್ಸ್ಲೀಸ್ಟೇಟ್ಸ್ ಬ್ರಿಟಿಷಾಲೆ ಹಾತ್ತೂಳಾಂತು ಆಯ್ಲೆ ಮಾಗ್ಗೀರಿ ಹೇ ನಮೂನ್ಯಾಂಚೆ ಅಂತರರಾಜ್ಯ ಯುದ್ಧ ಬಂದಜಾಲ್ಲೀಂತಿ. ಬ್ರಿಟಿಷ್ ಸೈನ್ಯಾಚೆ ಆಫೀಸರಾನಿ ರಾಜ್ಯಾಂತು ಪ್ರಿನ್ಸ್ಲೀಸ್ಟೇಟ್ಸಾಚೆ ರಾಯ್ಯಾಲೆ ನಾವಾರಿ ತೇ ರಾಜ್ಯಾಚೆ ಸ್ಥಾನೀಯ ಜನಾಲೆ ಸೈನ್ಯ ತಯ್ಯಾರಿ ಕೆಲ್ಲೆಂ. ತಾಂಗೆಲೊ ಖರ್ಚು ಪೂರಾ ಪ್ರಿನ್ಸ್ಲೀಸ್ಟೇಟ್ಸಾಚೆ ರಾಯ್ಯಾಲೆ ಲೆಕ್ಕಾಕ ಕಳ್ವೀಲೊ. ರಾಯ್ಯಾಲೆ ಟ್ರೆಜ಼ರೀಂತಾಕ್ಕೂನು ದುಡ್ಡು ಪ್ರಿನ್ಸ್ಲೀಸ್ಟೇಟ್ಸಾಚೆ ರಾಯ್ಯಾಲೆ ರಕ್ಷಣೇಚೆಕತಿರ ಮ್ಹೊಣುಘೇವ್ನು ಅಸ್ಸಲೆಂ ಸೈನ್ಯ ದೊವ್ವೋನ್ನು ಘೆವ್ಚಾಕ ಏಕರಾಶಿ ದುಡ್ಡು ಖರ್ಚೀಲೊ.

ಪ್ರಿನ್ಸ್ಲೀಸ್ಟೇಟ್ಸಾಚೆ ರಾಯ್ಯಾಲೆ ದರ್ಬಾರ ವಿಪರೀತ ಖರ್ಚಾಚೆ ಜಾಲ್ಲೆಂ. ತಾಂಗೆಲೆ ರಾವ್ಳಾರಾಂತು ಅನೇಕ ಅಂತಃಪುರಂ ಉದ್ದೇಲೀಂತಿ. ಅನೇಕ ಬಾಯ್ಲಾಂಕ ಪೊಸ್ಸೂಂಕ ರಾಯ್ಯಾನಿ ತಾಂಗೆಲೆ ದುರ್ಬಳೆ ಪ್ರಜೇಲೆಲಾಗ್ಗಿ ಕ್ರೂರ ರೀತೀರಿ ವಸೂಲಕೋನ್ನು ಘೆತ್ತಿಲೊ ಕಂದಾಯು ಅಡ್ಡಾದಿಡ್ಡಿ ಖರ್ಚುಕೆಲ್ಲೊ.

ರಾಯ್ಯಾನ ಮೋಸುಕರ್ನಾತಶ್ಶಿ ಬ್ರಿಟಿಷ್ ಸರಕಾರಾನ ಪ್ರಿನ್ಸ್ಲೀಸ್ಟೇಟ್ಸಾಚೆ ರಾಯ್ಯಾಲೆ ಆಸ್ತಾನಾಂತು ತಾಂಗೆಲೊ ಗೋರೊ ಇಂಗ್ಲೀಷ್ ಆಫೀಸರಾಕ ರೆಸಿಡೆಂಟ್ ಮ್ಹೊಣು ದವ್ವಲ್ಲೊ. ಹೇ ರೆಸಿಡೆಂಟಾಲೊ ಖರ್ಚು ಪೂರಾ ಪ್ರಿನ್ಸ್ಲೀಸ್ಟೇಟ್ಸಾಚೆ ರಾಯ್ಯಾನಃಂಚಿ ಭೋರ್ಕಾಜಾಲ್ಲೆಂ.

ರಾಯ್ಯಾಲೆಲಾಗ್ಗಿ ಪೈಶೆ ನಾಜಾಲ್ಲ್ಯಾರಿ ತಾಣೆ ಬ್ರಿಟಿಷ್ ಸರಕಾರಾಚೆ ಟ್ರೆಜ಼ರಿಂತುತಾಕ್ಕೂನು ಉಷಿಣೆ ಘೇವ್ನು ತೇ ಉಷಿಣೇರಿ ವಾಡಿ ಭರಪೂರ ದೀವ್ಕಾಜಾತ್ತ ಆಶ್ಶೀಲಿ. ರೆಸಿಡೆಂಟಾಲೊ ಸಾಂಬೋಳು ಪ್ರಿನ್ಸ್ಲೀಸ್ಟೇಟ್ಸಾಚೆ ರಾಯ್ಯಾನಃಂಚಿ ದೀವ್ಕಾಆಶ್ಶೀಲೊ.

ಪ್ರಿನ್ಸ್ಲೀಸ್ಟೇಟ್ಸಾಚೆ ರಾಯ್ಯಾಂಕ ಕಾಂಯೀ ವಿಶೇಷ ಅಧಿಕಾರು ನಾಆಶ್ಶೀಲೊ. ರಾಯ್ಯಾನ ರೆಸಿಡೆಂಟಾಲೆಂ ಅಧಿಕೃತ ಪರವಾನಿಗಾ ನಾತ್ತಿಲೆ ರಾಜಕೀಯಾಚೆ ಖಂಚೇಯಿ ನಿರ್ಣಯ ಘೆವ್ಚಾಕ ಜಾಯ್ನಾಆಶ್ಶೀಲೆಂ.

ರೆಸಿಡೆಂಟಾಲೆ ಗುಪ್ತಚಽರ ರಾಜ್ಯಾಂತು ದೋಳೆ ದೊವ್ರೋನ್ಯ್
ಆಸ್ತಾಆಶ್ಶೀಲೆತಿ.

ಪ್ರತಿಏಕ ಪ್ರಿನ್ಸ್ಲೀಸ್ಟೇಟಾಚೆ ರಾಯ್ಯಾನ ದಽಯಕ್ಷಮಾ ಕರ್ನಾನಾತ್ತಿಲೆಂ ತಾಗ್ಗೆಲೆ ರಾಜ್ಯಾಂತುಲೆ ಜನಾಲೆಲಾಗ್ಗಿ ಕಂದಾಯು ವಸೂಲಿ ಕೊರ್ನ್ಯ್ ಬ್ರಿಟಿಷರಾಂಕ ದೀವ್ಕಾಆಶ್ಶೀಲೆಂ. ಬ್ರಿಟಿಷ್ ಹಕ್ಕಾಂತು ಆಶ್ಶೀಲೆ ಪ್ರಾಂತಾಂತು ಪೂರಾ ಬ್ರಿಟಿಷ್ ಗೋರೆ ಅಧಿಕಾರೀಂಕಚಿ ನಿಯುಕ್ತ ಕೆಲ್ಲೆಂ. ಜಾಲ್ಯಾರಿ ಪ್ರತಿಏಕ ಪ್ರಿನ್ಸ್ಲೀಸ್ಟೇಟಾಚೆ ರಾಯ್ಯಾನ ತಾಗ್ಗೆಲೆ ರಾಜ್ಯಾಂತು ರಾಜ್ಯಾಡಳಿತ ಬ್ರಿಟಿಷ್ ಹಕ್ಕಾಂತು ಆಶ್ಶೀಲೆ ಪ್ರಾಂತಾಂತು ಆಶ್ಶೀಲೆವರೀಚಿ ಕೊರ್ನ್ಯ್‌ಘೆತ್ಲೆಂ.

ಪ್ರಿನ್ಸ್ಲೀಸ್ಟೇಟಾಂತು ಬ್ರಿಟಿಷಾನಿ ತಾಂಗೆಲೆ ಪ್ರಾಂತಾಂತು ಕೆಲ್ಲೆಲೆವರೀಚಿ ವಿಂಗವಿಂಗಡ ವಿಭಾಗ ಕೆಲ್ಲೀಂತಿ. ಶಿಕ್ಷಣ ವಿಭಾಗ, ತಿಜೋರಿ ವಿಭಾಗ, ಅರಣ್ಯವಿಭಾಗ, ಖೇಳಾಚೆ ವಿಭಾಗ, ನ್ಯಾಯಾಲಯ ವಿಭಾಗ, ಸೈನಿಕ ವಿಭಾಗ, ಸಾಂಸ್ಕೃತಿಕ ವಿಭಾಗ, ಸಾರಿಗೆ ವಿಭಾಗ, ಪರ್ಯಟಣ ವಿಭಾಗ, ಮ್ಯೂಸಿಯಂ ವಿಭಾಗ ಇತ್ಯಾದಿ ವಿಭಾಗ ಕೋರ್ನ್ಯ್ ತಾಗ್ಗೆಲೆ ರಾಜ್ಯಾಚೇಚಿ ಪ್ರಜೇಂಕ ವಿಂಗವಿಂಗಡ ಸಿಬ್ಬಂದೀಲೆ ಸ್ಥಾನಾರಿ ನಿಯುಕ್ತ ಕೆಲ್ಲೆಂ. ತಾಂಕಾ ಜಾವ್ಕಾ ಜಾಲ್ಲೇಲೆ ಕಟ್ಟೋಣ ಬಾಂದೂನು ದಿಲ್ಲೀಂತಿ. ಆಫೀಸ್ ಕೋರ್ನ್ಯ್‌ದಿಲ್ಲೆಂ. ಆಫೀಸಾಂತು ಸಿಬ್ಬಂದಿ ನಿಯುಕ್ತ ಕೆಲ್ಲಿ. ಅಸ್ಸಲೆ ಪ್ರತಿಏಕ ಕಾಮಾಂಕ ರಾಯ್ಯಾಕ ವಿಪರೀತ ಖರ್ಚು ಜಾಲ್ಲೊ. ಹೋಖರ್ಚು ರಾಯ್ಯಾನ ತಾಗ್ಗೆಲೆ ರಾಜ್ಯಾಚೆ ರಾಜಸ್ವಾಂತುತಾಕ್ಕೂನು ಭೋರ್ರಾ ಜಾಲ್ಲೆ.

ಅಖಂಡ ಭಾರತಾರಿ ಇಂಗ್ಲೇಂಡಾಚೆ ಆಡಳಿತ

ಇಂಗ್ಲೇಂಡಾಂತು ಕ್ರಿ. ಶ. 1832 ಇಸ್ವೇಂತು ಜಾರಿಕೆಲ್ಲೆಲೆ ಕಾನೂನಾಂಚೆ ಪ್ರಕಾರ ರಾಯ್ಯಾಲೊ ಆಡಳಿತೇಂತು ಅಧಿಕಾರು ಮಸ್ತ ಊಣೆ ಜಾಲ್ಲೊ. ಸಾಮಾನ್ಯಾಲೆ ಘಽರ (ಹೌಸ್ ಆಫ್ ಕಾಮನ್ಸ್) ಹಾಜ್ಜೊ ಅಧಿಕಾರು ವಾಢ್ಲೊ. ಸಾಮಾನ್ಯಾಲೆ ಘರಾಂತು (ಹೌಸ್ ಆಫ್ ಕಾಮನ್ಸ್) ಸದಸ್ಯಾಲಿ ವೆಂಚಣೂಕ ಮತದಾರ ಕರ್ತಾತಿ. ಇಂಗ್ಲೇಂಡಾಚೆ ಸಾಮಾನ್ಯಾಲೆ ಘರಾಂತು (ಹೌಸ್ ಆಫ್ ಕಾಮನ್ಸ್) ಪಾಂಯ್ಶಿಕಿತ್ತಿ ಸದಸ್ಯ ಆಶ್ಶೀಲೆತಿ. ಮ್ಹಳ್ಯಾರಿ ಪಾಂಯ್ಶೀಕಿತ್ತಿ ಮತಕ್ಷೇತ್ರ ಆಸ್ಸೂನು ಪ್ರತಿಏಕ ಮತಕ್ಷೇತ್ರಾಚೆ ಸಕ್ಕಡ ಮತದಾರ ಚುನಾವಣೇಚೆ ದಿವಸು ಮತದಾನ ಕರ್ತಾತಿ. ಆಪ್ಪಣ ಸಾಮಾನ್ಯಾಲೆ ಘರಾಕ (ಹೌಸ್ ಆಫ್ ಕಾಮನ್ಸ್) ಸದಸ್ಯ ಜಾತ್ತಾಂ ಮ್ಹೋಣು ಮುಕಾರಿ ಆಯ್ಯಿಲೆ ದೋಗಜಽಣ ಆಸ್ಸಜಾಲ್ಯಾರಿ ತಾಂಗೆಲೆ ಮಧ್ಯೆ ಕೋಣ ಮ್ಹೋಣು ವೆಂಚಣೂಕ ಕರ್ತಾತಿ. ಚಽಡ ಮಽತು ಹಾಸಿಲಕೆಲ್ಲೊಲೊ ಸದಸ್ಯು ಜಾತ್ತಾ. ಸಾಮಾನ್ಯ ಘರಾಚೆ (ಹೌಸ್ ಆಫ್ ಕಾಮನ್ಸ್) ಸದಸ್ಯಾನಿ ತಾಂಗೆಲೊ ಮುಖ್ಯಸ್ಥಾಕ ವೆಂಚೂಕಾ. ತೋ ಮುಖ್ಯಸ್ಥು ಪ್ರಧಾನ ಮಂತ್ರಿ ಜಾತ್ತಾ. ಪ್ರಧಾನ ಮಂತ್ರೀನ ತಾಗ್ಗೆಲೆ ಉರ್ಲೆಲೆ ಮಂತ್ರೀಂಕ ನಿಯುಕ್ತ ಕೋರ್ಕಾ.

ಆಡಳಿತಾಂಚೆ ಸಿದ್ಧಾಂತ

ಜನಾಲೆ ಮಧ್ಯೆ ರಾಜಭಾರ ಆನಿ ಆಡಳಿತ ಖಂಚೆ ಸಿದ್ಧಾಂತಾರಿ ಜಾವ್ಕಾ ಮ್ಹೊಣು ಚರ್ಚೆ ಜಾತ್ತಾ. ಭಂಡವಾಳಶಾಹೀ (ಕ್ಯಾಪಿಟಲಿಸಮ್) ರಾಜಧರ್ಮು ಆಶ್ಶೀಲೆಕಡೇನ ಭಂಡವಾಳಾಕ ವಾಡಿ ಊಣೆ ಆಸ್ತಾ. ಆದಾಯಾರಿ ಕಽರ ಊಣೆ ಆಸ್ತಾ. ಕಿತ್ಲೀಚಿ ಎಕ್ರೆ ಜಾಯಿಜಾಲ್ಲ್ಯಾರಿ ಭೂಂಯಿ ಏಕ ವ್ಯಕ್ತೀನ ಮೊಲ್ಲಾಕ ಘೇವ್ನು ಸ್ವಾಧೀನದೊವ್ವಯೇತ. ಸಮಾಜವಾದೀ ರಾಜಧರ್ಮು (ಸೋಷಲಿಸಮ್) ಆಶ್ಶೀಲೆ ಕಡೇನ ಏಕ ವ್ಯಕ್ತೀನ ವಿಶೇಷ ಶ್ರೀಮಂತು ಜಾವ್ಚಾಕ ನಜ್ಜ. ಏಕ ವ್ಯಕ್ತೀನ ಸರಕಾರಾನ ಘಾಲ್ಲೆಲೆ ಮಿತಿಕಯಿ ಚಽಡ ಸ್ಥಿರಾಸ್ತಿ ಸ್ವಾಧಿನಕೊರೂಂಕ ನಜ್ಜ. ಸಮಾಜವಾದಿ ದೇಶಾಂತು ನೌಕರಾಂಕ ಹಕ್ಕು ಚಽಡ ಆಸ್ತಾ. ತಾಂಗೆಲೆ ಕಾಮ ಸಮಯಾಚೆ ಮಿತಿರಿ ಆಸ್ತಾ. ವಾರಾಕ ಏಕುದೀಸು ರಜಾ ಆಸ್ತಾ. ವರ್ಸಾಕ 15–20 ದಿವಸ ಸಾಂಬೋಳು ಸಮೇತ ರಜಾ ದೀವ್ಕಾ ಮ್ಹೊಣು ಕಾನೂನು ಕರ್ತಾತಿ. ಬೋನಸ್, ಗ್ರಾಚುವಿಟಿ, ಪ್ರಾವಿಡೆಂಟ್ ಫಂಡ ಇತ್ಯಾದಿ ವ್ಯವಸ್ಥೆ ಕೋರ್ಕಾ ಜಾತ್ತಾ. ಭಂಡವಾಳಶಾಹಿ ದೇಶಾಂತು ಹೇಂ ಸಕ್ಕಡ ಕೋರ್ಕಾ ಮ್ಹೊಣು ಕಾನೂನು ಆಸ್ಸನಾ. ಸಾಹುಕಾರಾನ ತಾಕ್ಕಾ ಖುಶಿಆಸ್ಸಜಾಲ್ಲ್ಯಾರಿ ಹೇಂ ನೌಕರಸ್ನೇಹಿ ನೀತಿ ಜಾರಿಕೋರ್ನುಘೇವ್ಯೇತ. ತಾಂತು ಬಲಾತ್ಕಾರು ಆಸ್ಸಽನಾ.

ಅಮೇರಿಕಾಂತು ಅಧ್ಯಕ್ಷಾಲೆಂ ವೆಂಚಣೂಕ (ಚುನಾವಣ) ಪ್ರತಿಏಕ ಮತದಾರಾನಿ ಆಪ್ಣ್ಯಾಲೊ ಮಽತು ಸೀಧಾ ತಾಗ್ಗೆಲೆ ನಾಂವಾರಿ ಘಾಲ್ನು ಜಾತ್ತಾ. ಅಮೇರಿಕಾಂತು ಕೇಂದ್ರ (ಫೆಡರಲ್) ಸರಕಾರ ಆನಿ ಪ್ರಾಂತ (ಸ್ಟೇಟ್) ಸರಕಾರ ಮ್ಹೊಣು ದೋನಿ ಸರಕಾರ ಆಸ್ಸಽತಿ. ಕೇಂದ್ರ ಸರಕಾರಾಕ ಅಧ್ಯಕ್ಷು ಪರಮೋಚ್ಚ ಸ್ಥಾನಾರಿ ಜಾಲ್ಲ್ಯಾರಿ ಪ್ರಾಂತಾಂತು ಗವರ್ನರ್ ಮ್ಹಳ್ಳೊಲೊ ಆಸ್ತಾ. ಪ್ರತಿಏಕ ಪ್ರಾಂತಾಂತು ಜನಸಂಖ್ಯೆ, ಮತದಾರಸಂಖ್ಯೆ ಆನಿ ಮತದಾನಕೆಲ್ಲೆಲೆ ಜನಸಂಖ್ಯೆ ವ್ಯತ್ಯಾಸು ಆಸ್ಸಜಾಲ್ಲೇಲೆ ನಿಮಿತ್ತ ಅಧ್ಯಕ್ಷಾಲೆ ಚುನಾವಣಾಂತು ಏಕಿ ವ್ಯವಸ್ಥೆ ಕೆಲ್ಲ್ಯಾ. ಪ್ರತಿಏಕ ಪ್ರಾಂತಾಂತು ಅಧ್ಯಕ್ಷಾಕ ಕಿತ್ಲೊ ಮಽತು ಮೆಳ್ಯಾರಿಯಿ ಪ್ರಾಂತಾಚೆ ಜನಸಂಖ್ಯೆರಿ ಹೊಂದ್ಯೂನು ಮಽತು ಗಣತಿಕರ್ತಾತಿ.

ಅಮೇರಿಕಾಂತು ಕಾಂಗ್ರೇಸ್ ಆನಿ ಸೆನೇಟ್ ಮ್ಹೊಣು ದೋನಿ ಪ್ರಜಾಪ್ರತಿನಿಧೀಲೆಂ ಘಽರ ಆಸ್ಸಽತಿ. ಇಂಗ್ಲೇಂಡಾಂತು ಆಸ್ಸೂಚೆ ಸಾಮಾನ್ಯಾಲೆಂ ಘರಾಚೆ (ಹೌಸ್ ಆಫ್ ಕಾಮನ್ಸ್) ಬದ್ಲಾಕ ಅಮೇರಿಕಾಂತು ಕಾಂಗ್ರೇಸ್ ಆಸ್ಸಽ ಮಾಗ್ಗೀರಿ ಕಾಂಗ್ರೇಸ್ಸಾಚೆ ಸದಸ್ಯಾನಿ ಪ್ರತಿಏಕ ಪ್ರಾಂತಾಕ ದೊಗ್ಗಜಽಣ ಸೆನೇಟ್ ಸದಸ್ಯಾಂಕ (ಸೆನೇಟರ್) ವೆಂಚೂಕಾ. ಇಂಗ್ಲೇಂಡಾಂತು ನಾಂವಾದೀಕ ಶ್ರೀಮಂತ ಆನಿ ಮಾತಾಬಾರ ಜನಾಲೆ ಘಽರ (ಹೌಸ್ ಆಫ್ ಲಾರ್ಡ್ಸ್) ಹಾಜ್ಜೆ ಸದಸ್ಯಾಂಕ ಲಾರ್ಡ ಮ್ಹಣ್ತಾತಿ. ಹಾನ್ನಿ ಅಮೇರಿಕಾಂತು ಸೆನೆಟರ್ ಆಶ್ಶೀಲೆಮ್ಹಣ್ಕೆ ಆಸ್ಸಽತಿ.

ಪ್ರಾಚೀನ ಪ್ರಜಾಧಿಪತ್ಯ ವ್ಯವಸ್ಥಾ

ಪ್ರಜಾಧಿಪತ್ಯ ವ್ಯವಸ್ಥೇಕ ಆತ್ತಂಚೆಕಾಲಾಂತು ಡೆಮಾಕ್ರಸಿ ಮ್ಹೊಣು ನಾಂವ. ಹೊ ಶಬ್ಧು ಡೆಮೊಕ್ರಾಸಿಯಾ ಮ್ಹಳ್ಳೆಲೆ ಗ್ರೀಸ್ ದೇಶಾಚೆ (ಗ್ರೀಕ್)

ಭಾಷೇಚೊ ಶಬ್ದಾಚೊ ತದ್ಭವು. ಪ್ರಾಚೀನ ಗ್ರೀಸ್ ದೇಶಾಂತು ದೋನಿತರಾಚೆ ರಾಜಧರ್ಮ ಆಶ್ಶೀಲಿಲೀಂತಿ. ಡೆಮಾಕ್ರಸಿ ಆನಿ ಹುಕುಮ್ಶಾಹೀ.

ಅನೇಕ ದೇಶಾಂತು ಪ್ರಾಚೀನ ಕಾಲಾಂತು ಸೈನಿಕ ಹುಕುಮ್ಶಾಹೀ ಸಾಮಾನ್ಯ ರಾಜಪದ್ಧತಿ ಜಾವ್ನು ಆಶ್ಶೀಲಿ. ಭಾರತಾಂತು ರಾಮಾಯಣಾಚೆ ಕಾಲಾಚೆ ಇಕ್ಷ್ವಾಕು ರಾಜವಂಶಾಚೆ ಕಾಲಾರೀಯಿ ಖಂಚೋಯಿ ರಾಯು ಪ್ರಜೇಲೆ ಸಂಪೂರ್ಣ ಒಪ್ಪಿಗೆ ನಾತ್ತೀಲೆ ಆಡಳಿತ ಕರ್ನಾಆಶ್ಶೀಲೊ ಆನಿ ಆಪ್ಪಣ ರಾಯು ಜಾಯ್ನಾಆಶ್ಶೀಲೊ. ಮಾಗ್ಗೀರಿ ಪ್ರತಿಏಕ ಹೋಡ ಪಟ್ಟಣಾಂತು ಪ್ರಜೇನ ತಾಂಗೆಲೊ ನ್ಯಾಯಾಧೀಶ, ಮಂತ್ರಿ, ಅಧೀಕ್ಷಕು ಇತ್ಯಾದಿ ಅಧಿಕಾರಿಂ ವೆಂಚೂಣಕಕೋರ್ನು ನೇಮಕಜಾತ್ತಾತಿ ಆಶ್ಶೀಲೀಂತಿ. ಉಜ್ಜೈನಿ, ತಕ್ಷಶಿಲಾ ಆನಿ ವೈಶಾಲಿ ನಗರಾಂತು ಅಶ್ಶಿ ಡೆಮಾಕ್ರಸಿ ಚಾಲು ಆಶ್ಶೀಲಿ ಮ್ಹಣು ಚರಿತ್ರಕಾರ ಸಾಂಗ್ತಾತಿ.

ಕ್ರಿ. ಪೂ. 81 ಇಸ್ವೇಂತು ರೋಮ್ ಸಾಮ್ರಾಜ್ಯಾಂತು ಸುಲ್ಲಾ ಮ್ಹಳ್ಳೇಲೆ ಸೇನಾಪತೀನ ಆಪ್ಪಣ ಹುಕುಮ್ಶಾಹೀ ಸರ್ವಾಧಿಕಾರಿ ಮ್ಹಣು ಆಪ್ಣ್ಯಾಂಕ ಸ್ವತಃ ನೇಮಕಕೋರ್ನುಘೆತ್ಲೆಂ.

ತಾಜ್ಜಾಕಯಿ ಫೂಡೆ ಕಿತ್ಲೆಕೀ ವರ್ಸಧೋರ್ನು ರೋಮ್ ಸಾಮ್ರಾಜ್ಯಾಂತು ಡೆಮಾಕ್ರಸಿ ಚಾಲು ಆಶ್ಶೀಲಿ ಮ್ಹಣ್ತಾತಿ. ಸುಲ್ಲಾಲೆ ನಂತರ ಸೀಝರ್ ಮ್ಹಳ್ಳೊಲೊ ಏಕು ರೋಮ್ ಸಾಮ್ರಾಜ್ಯಾಚೆ ರಾಜಸಭೇಚೊ ಸೆನೆಟರು ರೋಮ್ ಸಾಮ್ರಾಜ್ಯಾಚೊ ಸರ್ವಾಧಿಕಾರಿ ಜಾಲ್ಲೊ. ಸೀಝರಾಕ ತಾಗ್ಗೇಲೆ ರಾಜಸಭೇಚೆ ಒಪ್ಪಿಗೆ ನಾಃಅಶ್ಶಿ ರಾಜಭಾರ ಕೊರೂಏಕ ಅನುಮತಿ ನಾ ಆಶ್ಶೀಲಿ.

ರಾಜಸಭೇಕ ಸೆನೇಟ್ ಮ್ಹಣು ನಾಂವ ಆಶ್ಶೀಲೆ. ರಾಜಸಭೇ ಏಕ ಪ್ರಜಾಪ್ರತಿನಿಧೀಂಲೆಂ ಪರಿಷತ್ತು ಜಾವ್ನ ಆಶ್ಶೀಲೆಂ. ಸೆನೇಟಾನ ಸಾಂಗೀಲೆಂ ಸೀಝರಾನ ಆಯ್ಕುಕಾ ಆಶ್ಶೀಲೆಂ. ರಾಜಸಭೇಂತು ಭಿನ್ನಮತು ಜಾವ್ನು ಸೀಝರಾಲಿ ಹತ್ಯೆಜಾಲ್ಲಿ. ಸೀಝರಾಲೆ ನಂತರ ಆಗುಸ್ಟಸ್ ಮ್ಹಳ್ಳೆಲೆ ಸೇನಾಪತಿಕ ಸೀಧಾ ಸಾರ್ವಭೌಮ ಸಮ್ರಾಟ ಮ್ಹಣು ಸೆನೇಟಾನ ನಿಯುಕ್ತ ಕೆಲ್ಲೆಂ. ಇತ್ಲೆಂ ಸಕ್ಕಡ ಯುದ್ಧ ಜಾಯ್ನಾ ನಾತ್ತೀಲೇಂಚಿ ಇತ್ಯರ್ಥ ಜಾಲ್ಲೆಂ. ಪ್ರತಿನಿಧೀನಿ ಅಥವಾ ಸೇನಾಪತೀನಿ ಯುದ್ಧ ಕೋರ್ಚೆ ಅಗತ್ಯಪಣಿ.

ಆಗುಸ್ಟಸ್ಸಾನ ಸಮ್ರಾಟ ಜಾಲ್ಲೆ ಮಾಗ್ಗೀರಿ ಜಗತ್ತ್ಯಾಂತು ಚಡಾವತ ದೇಶಾಂತು ಸಾರ್ವಭೌಮ ರಾಜನೀತಿ ಚಾಲು ಆಶ್ಶೀಲಿ. ಆತ್ತಂಚೆ ಇಟಲಿಂತು ಫ್ಲಾರೆನ್ಸ್ ಮ್ಹಳ್ಳೆಲೆ ಪ್ರದೇಶಾಂತು ಕೆದ್ನಾಯಿ ಹುಕುಮ್ಶಾಹಿ ಸ್ಥಾಪನೆಜಾಯ್ನಿ. ರೋಮ್ ನಗರಾಂತುಲೆ ರೋಮನ್ ಕಥೋಲಿಕ್ಕಾಲೊ ಧರ್ಮಗುರು ಪೋಪಾನ ಫ್ಲಾರೆನ್ಸಾರಿ ತಾಗ್ಗೇಲಿ ಹುಕುಮ್ಶಾಹಿ ರಾಜನೀತಿ ದಾಬ್ಬೋಚಾಕ ಪಳೈಲೆಂ. ಫ್ಲಾರೆನ್ಸ್ ನಗರಾಚಾನಿ ಪೋಪಾಕ ಭಿತ್ತರಿಯೆವ್ಯಾಕ ಸೋಣಿ.

ಕ್ರಿ. ಶ. 1776 ಇಸ್ವೇನಂತರ ಅಮೇರಿಕಾಂತು ಡೆಮಾಕ್ರಸಿ ಆಯ್ಲಿ. ತಾಜ್ಜೆ ಮಾಗ್ಗೀರಿ ಫ್ರಾಂಸಾಂತು 1789 ಇಸ್ವೇಂತು ಭಯಂಕರ ಕ್ರಾಂತಿ ಜಾವ್ನು ಡೆಮಾಕ್ರಸಿ ಲಾಗುಜಾಲ್ಲಿ. ಮಾಗ್ಗೀರಿ 1830 ಇಸ್ವೇಂತು ಜುಲೈ ಮ್ಹೈನ್ಯಾಂತು

ಫ್ರಾಂಸಾಂತು ಆನಿಏಕ ಕ್ರಾಂತಿ ಜಾಲ್ಲಿ. ಜಗತ್ತ್ಯಾಂತು ವರ್ಲೇಲೆ ದೇಶಾಂತೂಂಯಿ ಡೆಮಾಕ್ರಸೀನ ಮಾತ್ತೆ ಉಕ್ಕಽಳೆಂ.

ಅಧ್ಯಕ್ಷು ಆನಿ ರಾಷ್ಟ್ರಪತಿ

ಪ್ರಜಾಪ್ರಭುತ್ವ ಆಶ್ಶೀಲೆ ದೇಶಾಂತು ಆಡಳಿತ ಚಲಾಯಿಸುಚಾಕ ಪರಮೋಚ್ಚ ಸ್ಥಾನಾರಿ ಏಕು ವ್ಯಕ್ತಿ ಅಧ್ಯಕ್ಷು (ಪ್ರೆಸಿಡೆಂಟ್) ಮ್ಹೊಣುಕೀ, ಚೆಯರ್ಮ್ಯಾನ್ ಮ್ಹೊಣುಕೀ, ಕಿಂಗ್ ಮ್ಹೊಣುಕೀ ಬಸಯಿಲೊ ಆಸ್ತಾ. ಇಂಗ್ಲೇಂಡಾಂತು ಕಿಂಗ್ (ಕ್ವೀನ್) ಮ್ಹೊಣು ಅಸ್ಸಲೆ ಪರಮೋಚ್ಚ ಸ್ಥಾನಾರಿ ಬಸಯಿಲೊ ಆಸ್ಸ. ಅಮೇರಿಕಾಂತು ಅಧ್ಯಕ್ಷು ಆಸ್ಸ.

ಚೈನಾಂತು ಚೆಯರ್ಮ್ಯಾನ್ ಆಸ್ಸ. ಹೇ ಪರಮೋಚ್ಚ ಸ್ಥಾನಾರಿ ಬಶ್ಶೀಲೆ ವ್ಯಕ್ತೀಕ ಕೆಲವು ದೇಶಾಂತು ಪ್ರಧಾನ ಮಂತ್ರಿವರಿ ಸಂಪೂರ್ಣ ಅಧಿಕಾರು ಆಸ್ತಾ. ಸಂಪೂರ್ಣ ಅಧಿಕಾರು ಅಧ್ಯಕ್ಷಾಕ ದೀನಿ ಜಾಲ್ಯ್ಯಾರಿ, ಅಧ್ಯಕ್ಷಾಕ ಸೂಕ್ತ ಜಾವ್ನು ಆಡಳಿತಾಚೆ ಸಕ್ಕಡ ಕಾಮಚಲಾಯಿಸುಚಾಕ ಏಕ ಮಂತ್ರಿಮಂಡಳ ಆಸ್ತಾ. ಹೇ ಮಂತ್ರಿಮಂಡಳಾಕ ಏಕು ಪ್ರಧಾನ ಮಂತ್ರಿ ಆಸ್ತಾ. ಪ್ರಧಾನ ಮಂತ್ರೀನ ಮಂತ್ರಿಮಂಡಳಾನ ಕೆಲ್ಲೆಲೆ ತೀರ್ಮಾನಾಂಚೆ ಪ್ರಕಾರ ಆಡಳಿತ ನಿರ್ವಹಣ ಕೋರ್ಕಾ.

ಅಧ್ಯಕ್ಷಾಕ ಸಂಪೂರ್ಣ ಅಧಿಕಾರು ಆಶ್ಶಿಲೆಕಡೇನ ಅಧ್ಯಕ್ಷು ತಾಗ್ಗೆಲೆ ಸಕಲ ವಿಂಗವಿಂಗಡ ಖಾತೇಕ ಪೊಳೋನು ಫೆವ್ಚೆಕತಿರ ಪ್ರತಿಏಕ ಖಾತೇಕ ಏಕು ಕಾರ್ಯದರ್ಶಿ ನಿಯುಕ್ತ ಕರ್ತಾ.

ನವೀ ಆಧುನಿಕ ವಾಟ – ಸ್ವಾತಂತ್ರ್ಯಾಚಿ ಇಚ್ಛಾ

ಬ್ರಿಟಿಷ್ ಇಂಡಿಯಾಂತು ಯೇವ್ನು ಕಾಮಕೆಲ್ಲೆಲೆ ಗೋರೆ ಇಂಗ್ಲೀಷ್ ಆಫೀಸರಾಂಕ ಅನೇಕ ವಿಂಗಡ ಬ್ರಿಟಿಷ್ ಕೊಲೊನೀಂತು ಕಾಮಕೋರ್ನು ಅನುಭವು ಆಯ್ಯಿಲೊ. 1782 ಇಸ್ವೇಂತು ಇಂಗ್ಲೀಷ್ ಕೊಲೊನೀಂಚೆಪೈಕಿ ಸ್ವಾತಂತ್ರ್ಯ ಮೆಳ್ಳೆಲೆ ಕೊಲೊನಿ ಆಯರ್ಲ್ಯಾಂಡ್ ಆನಿ 1783 ಇಸ್ವೇಂತು ಯು. ಎಸ್. ಏ. ಮಾಂತ್ರ ಜಾವ್ನು ಆಶ್ಶೀಲೀಂತಿ. ಹೇ ಸ್ವತಂತ್ರ ಜಾಲ್ಲೇಲೆ ಕೊಲೋನೀಂತು ಅನುಭವು ಮೆಳ್ಳೆಲೆ ಅನೇಕ ಭಾರತೀಯ ಪಕ್ಷಪಾತೀ ಗೋರೆ ಆಫೀಸರಾನಿ ಇಂಡಿಯಾಚೆ ಜನಾಂಲೆ ಮನಾಂತು ಸ್ವಾತಂತ್ರ್ಯಾಚಿ ಇಚ್ಛಾ ಉಜಾಗರ ಕೋರ್ಕಾ ಮ್ಹೊಣು ಚಿಂತನಕೆಲ್ಲೆಂ.

ಗೋರೆ ಇಂಗ್ಲೀಷ್ ಆಫೀಸರಾಂಚೆಮಧ್ಯೆ ಕಲೆಕ್ಟರ್ ಹುದ್ದೇರಿ ಆನಿ ತಸ್ಸಲೇಚಿ ಉನ್ನತ ಹುದ್ದೇರಿ ಅನುಭವು ಪಾವೀಲೆ ಥೋಡೇ ಜನಾನಿ ಭಾರತೀಯ ಜನಾಲೊ ಉದ್ಧಾರು ಜಾವ್ಕಾ ಜಾಲ್ಯ್ಯಾರಿ ಸ್ವಾತಂತ್ರ್ಯ ಮೆಳ್ಳೆಶಿವಾಯಿ ಜಾಯ್ನಾ ಮ್ಹೊಣು ತೀರ್ಮಾನು ಕೆಲ್ಲೋಲೊ.

ಆಫ್ರಿಕಾ ಭೂಖಂಡಾಂತು ಗೋರೆ ಜಽಣ

ಆಮ್ಗೇಲಿ ಸ್ವಾತಂತ್ರ್ಯ ಸಂಗ್ರಾಮಾಚಿ ಕಾಣಿ ಮುಂದುವರಿಸೂಚೆ ಫೂಡೆ ಆಮ್ಮೀ ಥೋಡಿಶಿ ಆಫ್ರಿಕಾಚಿ ಕಾಣಿ ಅಧ್ಯಯನ ಕೋರ್ಕಾ.

ಅಮೇರಿಕಾ ಭೂಖಂಡಾಂತು ಜಾಲ್ಲ್ಯಾವರೀಚಿ ಆಫ್ರಿಕಾ ಭೂಖಂಡಾಂತು ಯುರೋಪಾಚೆಕಡೇನ ಗೋರೆ ಜ಼ಣ ವಲಸೆಆಯ್ಲೇಂತಿ. ಆಫ್ರೀಕಾ ಭೂಖಂಡ ಏಕ ಹೋಳ್ಳೆಂ ಭೂಖಂಡ. ತಾಕ್ಕಾ 'ಕಾಳ್ಕಾಚೆ ಭೂಖಂಡ' (ಡಾರ್ಕ ಕಾಂಟಿನೆಂಟ್) ಮ್ಹೊಣು ನಾಂವ ಜಾಲ್ಲೆಲೆಂ. ತೇಂ ಭೂಖಂಡನಿವಾಸೀಂಕ ಮಾಂತ್ರ ಥಂಯಿ ಭಾರಿ ಉರ್ಝ್ಯಾವ್ಡು ದಿಸ್ತ಼ಲೊ.

ಆಫ್ರಿಕಾಂತು ಕಿತ್ಲೆ ಭಾಂಗರ. ವಜ್ರ, ತಾಂಬೆ, ಲೊಕ್ಕಂಡ, ರುಕ್ಕಾಡ, ಮಾತ್ತಿ ಗೊಬ್ಬೋರು ಆಸ್ಸ ಮ್ಹೊಣು ಕೋಣಾಂಕಯಿ ಪರಿಜ್ಞಾನ ನಾಆಶ್ಶೀಲೆಂ. ಗುಲಾಮಾಂಗೆಲೊ ವ್ಯಾಪಾರು ಕರ್ತಲೆ (ಸ್ಲೇವ್ ಟ್ರೇಡರ್ಸ್) ಜನಾಂಕ ಜಾಲ್ಲ್ಯಾರಿಯಿ ಮಸ್ತ ಮಾಹಿತಿ ನಾಆಶ್ಶೀಲಿ.

ಪ್ರಾಚೀನ ಕಾಲಾಂತು ಆತ್ತಂಚೆ ಈಜಿಪ್ಟ್ (ಮಿಸ್ರ ದೇಶ), ಟ್ಯುನೀಶಿಯಾ, ಆಲ್ಜೀರಿಯಾ, ಮೊರೊಕ್ಕೊ, ಸುಡಾನ, ಇಥಿಯೋಪಿಯಾ ಇತ್ಯಾದಿ ದೇಶಾಚೆ ಜ್ಞಾನ ಆರ್ಬ್ಯಾಂಕ (ಅರಬ್ಬೀ) ಆನಿ ಭಾರತಾಚೆ ಸ್ವಲ್ಪ ನಾವಿಕ ದೇಶಾಂಕ ಗೊತ್ತುಆಶ್ಶೀಲೆಂ ಮಾಂತ್ರ. ಮಧ್ಯ ಆಫ್ರಿಕಾಂತುಲೆ ಆನಿ ದಕ್ಷಿಣ ಆಫ್ರಿಕಾಂತುಲೆ ಲೋಕು ವ್ಯಾಪಾರು ಕೊರೂಂಕ ಮೇಳ್ನಾಆಶ್ಶೀಲೀಂತಿ. ತಾಂಗೆಲೆ ಸಂಪರ್ಕ ಕಷ್ಟ ಆಶ್ಶೀಲೆಂ.

ಕ್ರಿ. ಶ. 1840 ಇಸ್ವೇಂತು ಲಿವಿಂಗಸ್ಟೋನ್ ನಾಂವಾಚೊ ಏಕು ಇಂಗ್ಲೀಷ್ ಸಂಶೋಧಕಾನ ಆಫ್ರಿಕಾ ಭೂಖಂಡಾಚೆ ದಕ್ಷಿಣ ವಾಂಟ್ಯಾಂತು ಝಾಂಬೇಝೀ ಮ್ಹಳ್ಳೇಲಿ ಏಕಿ ನ್ಹಂಯಿಚೇರಿ ಬೋಟಾರಿ ವೊಚ್ಚೂನು ಪಾವಿಲೆ ಗಾಂವಾಕ ವಿಕ್ಟೋರಿಯಾ ಮ್ಹೊಣು ನಾಂವ ದಿಲ್ಲೆಂ. ತೇ ಗಾಂವ್ಚೆ ಪ್ರಾಚೀನ ನಾಂವ ತಾಣೆ ಲೆಕ್ಕಾಕ ಘೇನಿ. ತೇಂ ನಾಂವ ಆಮ್ಕಾ ತಾಣೆ ಸಾಂಗನಿ.

ಹೋಲ್ಲ್ಯಾಂಡಾಚೆ ಡಚ್ ನಾವಿಕಾನಿ ಆನಿ ಸೈನ್ಯಾನ ಕ್ರಿ. ಶ. 1652 ಇಸ್ವೇಥೋನ್ನು ಆಫ್ರಿಕಾಚೆ ಸಕ಼ಲ್ಚೆ ತುದಿಯೇರಿ ಸಮುದ್ರಾಚೆ ತಟಾರಿ ತಾಂಗೆಲಿ ಕೊಲೊನಿ ಸ್ಥಾಪನೆ ಕೆಲ್ಲೆಲಿ. ಅಮೇರಿಕಾಂತು ಸ್ಪೇಯ್ನಾಂಚೆ, ಫ್ರಾಂಸಾಚೆ ಆನಿ ಇಂಗ್ಲೇಂಡಾಚೆ ಸೈನ್ಯಾನ ಆನಿ ನಾವಿಕಾನಿ ಸುರ್ವೇಕ ಆನಿ ವಲಸೆ ಆಯ್ಯಿಲೆ ಇತರ ಗೋರೆ ಜನಾನಿ ಥಂಚೆ ಆದಿವಾಸಿ ರೆಡ್ ಇಂಡಿಯನ್ಸಾಂಲೆಂ ವಂಶದಮನ ಕೆಲ್ಲೆಲೆವರೀಚಿ ಆಫ್ರಿಕಾಂತು ಡಚ್ ಜನಾನಿ ಥಂಚೆ ಆದಿವಾಸಿ ನಿಗ್ರೋ ಜನಾಂಲೆಂ ವಂಶದಮನ ಸೂರು ಕೆಲ್ಲೆಂ.

ಅಮೇರಿಕಾಂತು ರೆಡ್ ಇಂಡಿಯನ್ಸ್ ಲೋಕಾನಿ ಗೋರೆ ಜನಾಲೊಟ್ಟು ಶಾಂತೀನ ಜೀವನಕೊರೂಂಕ ಜಾಯ್ನಿ. ಆದಿವಾಸೀನಿ ತಾಂಗೆಲಿ ಭೂಮಿ ಗೋರೆಲೋಕಾಂಕ ದಿವ್ಚಾಕ ಜಾಯ್ನಾ ಮ್ಹಳ್ಳೆಂ. ಆದಿವಾಸೀನಿ ಗೋರೆ ಲೋಕಾಲೆ ಕ್ರಿಶ್ಚನ್ ಮತಾಕ ಸೇರವೂಚಾಕ ಜಾಯ್ನಾ ಮ್ಹಳ್ಳೆಂ. ಆದಿವಾಸೀನಿ ಗೋರೆ ಲೋಕಾಲೆ ಗುಲಾಮ ಜಾಯ್ನಾ ಮ್ಹಣಾಲೀಂತಿ. ತಶ್ಶಿ ಜಾವ್ನು ಬಂದೂಕಧಾರಿ ಗೋರೆ ಲೋಕಾನಿ ಬಿಲ್ಲುಬಾಣು ಮಾಂತ್ರ ಆಯುಧಥೋನ್ನು ಲಢಾಯಿ ಕರ್ತಲೆ ರೆಡ್ ಇಂಡಿಯನ್ಸಾಂಕ ಸುಲ಼ಭೇರಿ ಜಿವ್ವಿಮಾರ್ಲೆ. ತಾಂಗೆಲೆ ವಂಶಾಚೆ ಮುಕ್ಕಾಲ್ವಾಸ ಜ಼ಣ ನಿರ್ನಾಮ ಜಾಲ್ಲೀಂತಿ.

ಆಫ್ರಿಕಾಂತು ಕಾಳೆ ನಿಗ್ರೋ ಜನಾಂಕ ಗೋರೆ ವಲಸೆಆಯ್ಯೀಲೆ ಜನಾಲೆಟಟ್ಟು ಶಾಂತಿನ ನ್ಹಯಿಜಾಲ್ಲ್ಯಾರಿ ತಾಂಗೆಲೆ ಗುಲಾಮ ಜಾವ್ನುಪುಣಿ

ಜೀವನ ಕೊರೂಂಕ ಸಾಧ್ಯಜಾಲ್ಲೆಂ. ಆಫ್ರಿಕಾಂತು ಗೋರೆ ಜನಾನಿ ಏಕ ಉಪಾಯ ಕೆಲ್ಲೆಂ. ತಾನ್ನಿ ನಿಗ್ರೋ ದಾರ್ಲೆ ಮನ್ಶಾಂಕ ಹಾತುಪಾಯು ಬಾಂದೂನು ಬೋಟೀರಿ ಘಾಲ್ನು ಅಮೇರಿಕಾಕ ಪೆಟೋನು ದಿಲ್ಲೆಂ.

ಗೋರೆ ಏಜಂಟಾನಿ ಆಫ್ರಿಕಾಚೆ ಗೋರೆ ಜನಾಲೆಲಾಗ್ಗಿ ನಿಗ್ರೋ ದಾರ್ಲೆ ಮನ್ಶಾಂಕ ಮೊಲ್ಲಾ ಘೇವ್ನ್ ಆನಿ ಬೋಟಾರಿ ಅಮೇರಿಕಾಕ ತಾಂಗೆಲೆಬಟ್ಟು ವೊಚ್ಚೆ ಆನಿ ಅಮೇರಿಕಾಚೆ ಬಂದ್ರಾರಿ ಥಂಚೆ ಏಜೆಂಟಾಕ ವಿಕ್ಚೆ. ಅಶ್ಶಿ ತಾನ್ನಿ ಕೆಲ್ಲೆಲೆ ದುಡ್ವಾಕ ಲೇಕ ನಾ. ಸ್ವಲ್ಪ ನಿಗ್ರೊ ಬಾಯ್ಲುಮನ್ಶಾಂಕ ಅಮೇರಿಕಾಕ ಪೆಟಯಿಲೆಂ. ವರ್ಲೆಲೆ ಬಾಯ್ಲುಮನ್ಶಾಂಕ ತಾಂಗೆಲೆ ಘರಕಡೆ ಕಾಮಾಂಕ ದವ್ವರ್ಲೆಂ. ಚೆರ್ಡುವಾಂಕ 14 ವರ್ಸ ಜಾವ್ಚೆ ಘೂಡೇಚಿ ಕಷ್ಟಾಚೆ ಕಾಮಾಂತು ಲಾಯ್ಲೆಂ.

ಅಶ್ಶಿ ಜಾವ್ನು ಆಫ್ರಿಕಾಂತು ನಿಗ್ರೊ ಜನಸಂಖ್ಯೆ ವರ್ಸವರ್ಸ ಊಣೆ ಜಾಲ್ಲಿ ಜಾಲ್ಲ್ಯಾರಿ ನಿರ್ನಾಮ ಜಾಯ್ನಿ. ನಿಗ್ರೊ ಲೋಕಾಂಕ ಗೋರೆ ಜನಾನಿ ವಿಂಗಡ ಗಾಂವು ಕೋನ್ನು ದಿಲ್ಲೊ. ತಾಂಕಾ ಗೋರೆ ಜನಾಲೆಬಟ್ಟು ಸಂಬಂದು ಕೊರೂಂಕ ಲಾಗ್ಗಿಯೆವ್ನಾಕ ಸೋಣಿ. 'ಆಪಾರಥೈಡ್' ಮ್ಹೋಣು ಏಕ ಅಲಗಾವುವಾದ ನಿಯಮು ಸೂರು ಕೆಲ್ಲೊ. ಭಾರತಾಂತು ಅಸ್ಪೃಶ್ಯತಾ ಆಶ್ಶೀಲೆವರೀಚಿ ಆಫ್ರಿಕಾಂತು ಕಾಳೆ ನಿಗ್ರೋಂಕ ಗೋರೆಲೋಕಾನಿ ಅಸ್ಪೃಶ್ಯತಾ ಆಚರಣ ಕೆಲ್ಲಿ. ನಿಗ್ರೋಂಕ ಆಧುನಿಕ ಜೀವನ ಸುವಿಧಾ ಮೇಳ್ನಿ.

ಬೋವರ್ ಯುದ್ಧಂ

ಆಫ್ರಿಕಾಂತು ಡಚ್ ವಲಸೆಗಾರಾಂಕ 'ಬೋವರ್' ಮ್ಹೋಣು ನಾಂವ ಆಯ್ಲೆಂ. ಬೋವರಾನಿ ತಾನ್ನಿ ಆಕ್ರಮಣ ಕೆಲ್ಲೊಲೊ ಜಾಗೊ ತಾಂಗೆಲೊ ಸ್ವತಂತ್ರ ಗಾಂವು ಮ್ಹೋಣು ಸಾಂಗೂಂಕಲಾಗ್ಲೆ. ತಸ್ಸಲೆಂ ಏಕ ದೇಶ ದಕ್ಷಿಣಾಫ್ರಿಕಾಂತು 'ಆರೆಂಜ್ ಫ್ರೀ ಸ್ಟೇಟ್' ಜಾಲ್ಲೆಂ. ಆಫ್ರಿಕಾಂತು ಇಂಗ್ಲೀಷ್, ಫ್ರೆಂಚ್, ಜರ್ಮನ್ ಆನಿ ಇಟಾಲಿಯನ್ ಸೈನಿಕ ಆನಿ ನಾವಿಕ ಆಯ್ಲೀಂತಿ. ತಾನ್ನಿ ವಿಂಗವಿಂಗಡ ಕಡೇನ ತಾಂಗೆಲಿ ಕೊಲೊನಿ ಸ್ಥಾಪನೆ ಕೆಲ್ಲಿ. ಕಡೇರಿ ಕೇಪ್ ಕೊಲೊನಿ, ಆರೇಂಜ್ ಫ್ರೀ ಸ್ಟೇಟ್, ಟ್ರಾನ್ಸವಾಲ್, ನಾಟಾಲ್, ಇತ್ಯಾದಿ ನವೇಚಿ ನಾಂವಾಂಚೆ ರಾಜ್ಯ ಸ್ಥಾಪನೆಜಾಲ್ಲೀಂತಿ.

ಇಂಗ್ಲೇಂಡಾಚೆ ಸರಕಾರಾನ ವಿಂಗಡ ತಾಂಗೆಲಿ ಕೊಲೊನಿ ದೊವ್ರೋನ್ನು ಘೆತ್ಲಿ. ಅಮೇರಿಕಾಂತು ಜಾಲ್ಲೆಲೆವರೀಚಿ ಆಫ್ರಿಕಾಂತು ಗೋರೆ ಸ್ವತಂತ್ರ ದೇಶಾಂಕ ಆನಿ ಗೋರೆ ಯುರೋಪಿಯನ್ ದೇಶಾಚೆ ಕೊಲೊನಿಂಕ ಕ್ರಿ. ಶ. 1879 ಇಸ್ವೇಂತುಧೊನ್ನು ಸಾನಸಾನ ಯುದ್ಧ ಜಾತ್ತ ಆಶ್ಶೀಲೀಂತಿ. ಕಡೇರಿ ಇಂಗ್ಲೇಂಡಾಚೆ ಕೊಲೊನಿ ಮಾಂತ್ರ ವಲೀಂತಿ.

ಆರೇಂಜ್ ಫ್ರೀ ಸ್ಟೇಟಾಕ ಆನಿ ಇಂಗ್ಲೀಷ್ ಸೈನ್ಯಾಂಕ ತತ್ತವಳಿ ಯುದ್ಧ ಜಾಲ್ಲೀಂತಿ. ತೇ ರಾಜ್ಯಾಂತು ಆಶ್ಶೀಲೆ ಗೋರೆ ಲೋಕಾನಿ ಯುರೋಪಾಚೆ ಆಧಿಪತ್ಯಾಂತುತಾಕ್ಕೂನು ಸ್ವಾತಂತ್ರ್ಯ ಘೋಷಿತಕೆಲ್ಲೆಂ. ಹೇ ಸ್ವಂತಂತ್ರ ರಾಜ್ಯಾಚೆ ಮಧ್ಯೆ ವಿವಿಧ ಕಾರಣಾನಿ ಲಢಾಯಿ ಜಾತ್ತs ಆಶ್ಶೀಲಿ.

ಕ್ರಿ. ಶ. 1885 ಇಸ್ವೇಂತು ಬೋವರಾನಿ ಆಪ್ಣ್ಯಾಲೆ ಸಕ್ಕಡ ಕೊಲೊನೀಂಕ ಸ್ವಾತಂತ್ರ್ಯ ಜಾವ್ಕಾ ಮ್ಹೊಣು ಇಂಗ್ಲೀಷ್ ಸರಕಾರಾಚೆ ವಿರುದ್ಧ ಯುದ್ಧ ಸೂರು ಕೆಲ್ಲೆಂ. ಮಾಗ್ಗೀರಿ ಕ್ರಿ. ಶ. 1899 ಇಸ್ವೇಂತು ಏಕ ಹೋಡ ಯುದ್ಧ ಸೂರು ಜಾಲ್ಲೆಂ. ಹಾಕ್ಕಾ ದ್ವಿತೀಯ ಬೋವರ್ ಯುದ್ಧ ಮ್ಹೊಣು ನಾಂವ ದಿಲ್ಲೆಂ. ಕೊಲೊನೀಂಚಾಕ ಆನಿ ಬೋವರಾಂಕ ಲಢಾಯಿ ತೀನಿ ವರ್ಸ ಚಲ್ಲಿ. 1889 ಇಸ್ವೇಂತು ಸೂರು ಜಾಲ್ಲೇಲೆ ಯುದ್ಧ 1902 ಇಸ್ವೇಂತು ಮುಗ್ದೂನು ಬೋವರಾಂಕ ವಿಜಯ ಮೆಳ್ಳೆಂ. ಇಂಗ್ಲೇಷ್ ಆಫ್ರಿಕಾ ಸೋಣುಗೆಲ್ಲೀಂತಿ. ಬೋವರಾನಿ ಆನಿ ಇತರ ಇಂಗ್ಲೀಷ್‌ಭಾಸ ಉಲ್ಲೈತಲೆ ರಾಜ್ಯಾನಿ ಒಟ್ಟುಮೇಳ್ನು 1892 ಇಸ್ವೇಂತು 'ಯೂನಿಯನ್ ಆಫ್ ಸೌತ್ ಆಫ್ರಿಕಾ' ಮ್ಹೊಣು ಏಕ ನವೇಂ ರಾಜ್ಯ ಸ್ಥಾಪನೆ ಕೆಲ್ಲೆಂ. 1910 ಇಸ್ವೇಂತು ತೇಂ ದೇಶ ಏಕ ರಿಪಬ್ಲಿಕ್ ಜಾಲ್ಲೆಂ.

ವರ್ಲೆಲಿ ಇಂಗ್ಲೀಷ್ ಕೊಲೊನಿಂ 'ರ್‍ಹೊಡೇಶಿಯಾ,' 'ನೈಜೀರಿಯಾ,' 'ಗಾಂಬಿಯಾ,' 'ಗೋಲ್ಡ್ ಕೋಸ್ಟ್,' 'ಬ್ರಿಟಿಷ್ ಸೊಮಾಲಿಲ್ಯಾಂಡ್,' ಆನಿ 'ಸಿಯೆರ್ರಾ ಲಿಯೋನ್,' ಪೂರಾ 'ಯುನೈಟೆಡ್ ಕಿಂಗ್ಡಂ' ಹಾಂತು ಮೆಳ್ಳೇಲಿಂ. ಹಳೂ ಹಳೂ ಸ್ವತಂತ್ರ ಜಾಲ್ಲೀಂತಿ.

ಈಜಿಪ್ಟ್ ಏಕಿ ಬ್ರಿಟಿಷಾಲಿ ಶ್ರೀಮಂತ ಕೊಲೊನಿ ಜಾವ್ನುಆಶ್ಶೀಲಿ. ಸುಯೇಜ಼್ ನಾಲೊ ಇಂಗ್ಲೇಂಡ್ ಆನಿ ಫ್ರಾಂಸಾಲೆ ಆಡಳಿತಾಂತು ಆಯ್ಯಿಲೆಂ. 1881 ಇಸ್ವೇಂತು ಈಜಿಪ್ಟಾಂತು ದಂಗೊ ಜಾವ್ನು 1904 ಇಸ್ವೇಂತು ಸಂಪೂರ್ಣ ಅಧಿಕಾರು ಇಂಗ್ಲೇಂಡಾಕ ಆಯ್ಲೊ. ತೇಚಿ ವರ್ಸ ಹೋಡ ಯುದ್ಧ ಜಾವ್ನು ಸುಡಾನ ದೇಶ ಇಂಗ್ಲೇಂಡಾಚೆ ಹಾತ್ಮುಳಾಂತು ಆಯ್ಲೆಂ.

ಭಾರತಾಂತು ಮಾಂತ್ರ ಆಫ್ರಿಕಾಂತು ಜಾಲ್ಲೆಲೆಮ್ಹಣ್ಕೆ ಗೋರೆ ಲೋಕಾನಿ ತಾಂಗೆಲೀಂಚಿ ಏಕಿ ಕೊಲೊನಿ ರಾಜ್ಯ ಬಾಂದೂಂಕ ಸಾಧ್ಯಜಾಯ್ನಿ. ಗೋರೆಲೋಕು ಹಿಂಡುಹಿಂಡು ಭಾರತಾಕ ವಲಸೆಯೇನಿಂತಿ. ತಾನ್ನಿ ಶಾಶ್ವತಭಾರತವಾಸಿ ಜಾಯ್ನೀಂತಿ. ಭಾರತಾಂತು ಬ್ರಿಟಿಷ್ ಸರಕಾರಾಚೆ ನೌಕರಜಾವ್ನು ಆಶ್ಶೀಲೆ ಸ್ವಲ್ಪ ಗೋರೆ ಲೋಕ ಮಾಂತ್ರ ಭಾರತಾಂತು ಘsರ ಕೋರ್ನು ರಾಬ್ಲೀಂತಿ.

ಯುರೋಪೀ ಜನಾಂಕ ಇಂಡಿಯಾರಿ ದೋಳೆ

ಕ್ರಿ. ಶ. 1558 ಥೋರ್ನು 1768 ವರೇಕ ಇಂಗ್ಲೇಂಡಾನಿ ಅಮೇರಿಕಾಂತು 13 ರಾಜ್ಯಂ (ಪ್ರದೇಶಂ) ಆಪ್ಣ್ಯಾಲೆ ಕೊಲೊನಿ ಮ್ಹೊಣು ಗುರ್ತುಕೋರ್ನುಘೆತ್ಲೀಂತಿ. ಜಾಲ್ಯಾರಿ ಸುರ್ವೇಕದೋರ್ನೂಂಚಿ ಗೋರೆ ಯುರೋಪಾಚೆ ಜನಾನಿ ಅಮೇರಿಕಾಂತು ವೊಚ್ಚೂನು ಘsರದಾರ ಬಾಂದೂನು ಘೇವ್ನು ನೆಲೆಸಿಲೆಲೀಂತಿ. ತಶ್ಶಿ ಗೋರೆ ಯುರೋಪೀ ಜನಾನಿ ಹಿಂಡು ಹಿಂಡು ಯೇವ್ನು ಇಂಡಿಯಾಂತು ನೆಲೆಸಿಲೇಂಲೆಂ ನಾ. ದಕ್ಷಿಣಾಫ್ರಿಕಾಂತು ಅಮೇರಿಕಾಚೆವರೀಂಚಿ ಗೋರೆ ಯುರೋಪಾಚೆ ಜನಾನಿ ವಸಾಹತು ಸ್ಥಾಪನೆ ಕೆಲ್ಲೆಂ. ತಾಂಗೆಲೆ ಯುರೋಪಾಚೆ ಘsರದಾರ ಕವ್ವೊಳ್ನು ತಾನ್ನಿ ದಕ್ಷಿಣಾಫ್ರಿಕಾಕ ಯೇವ್ನು ರಾಬ್ಲೀಂತಿ. ಆತ್ತಂ ಅಮೇರಿಕಾಂತು ಗಾಂವು ಸಕ್ಕಡ

ಗೋರೆಲೋಕಾಲೋಚಿ ಜಾಲ್ಲಾ. ದಕ್ಷಿಣಾಫ್ರಿಕಾಂತು ಶೇಕಡಾ 30–40 ಜನಸಂಖ್ಯೆ ಗೋರೆಲೋಕು ಜಾವ್ನಾಸ್ಸಁತಿ. ವರ್ಲೆಲೆ ಕಾಳೆ ನಿಗ್ರೋ ಜಁಣ ದಕ್ಷಿಣಾಫ್ರಿಕಾಂತು ಆಸ್ಸಁತಿ.

ಕ್ರಿ. ಶ. 1840 ವರೇಕ ಭಾರತಾಚೆ ಥೋಡೇ ರಾಯ್ಯಾನಿ ತಾಂಗೆಲೆ ರಾಜ್ಯ ಇಂಗ್ಲೀಷಾಂಕ ಸೋಣು ದೀನಿ. 1616 ಇಸ್ವಿಥೋನ್ನು 1840 ಇಸ್ವೇಚೆವರೇಕ ದೊನ್ಶೆವೀಸ (230) ವರ್ಸ ಒಟ್ಟು ಕಾಂಯಿ 1,00,000 ಗೋರೆ ಲೋಕು ಸಗ್ಳೇ ಇಂಡಿಯಾಂತು ಆಪ್ಣ್ಯಾಲೆ ಘಁರ ಕೋರ್ನು ಶಾಶ್ವತ ನಿವಾಸಿ ಜಾವ್ನು ರಾಬ್ಬೀಲೀಂತಿ ಕಿಇತ್ತಿ ಗೊತ್ನಾ. ಜಾಲ್ಲ್ಯಾರಿ ಅಮೇರಿಕಾಂತು ಜಾಲ್ಲ್ಯಾಮ್ಹಣ್ಕೆ ಇಂಡಿಯಾ ಗೋರೆ ಲೋಕಾಂಕ ಹಸ್ತಾಂತರ ಜಾಯ್ನಿ.

ಕ್ರಿ. ಶ. 1880 ಇಸ್ವೇಂತು ಸಗ್ಳೇ ಇಂಡಿಯಾ ಯು. ಕೆ. ಸರಕಾರಾಚೆ ಸಕಲ ಆಯ್ಲೆಮಾಗ್ಗೀರಿ ಗೋರೆ ಯುರೋಪೀ ಜನಾಂಕ ಇಂಡಿಯಾಂತು ಯೇವ್ನು ರಾಬ್ಬೂಂಯಾಂ ಮ್ಹೋಣು ಮಁನ ಜಾಲ್ಲೆಂ ಮ್ಹೋಣು ದಿಸ್ತಾ. ಇಂಡಿಯಾ ಆನ್ನಿ ಶಾಶ್ವತ ಜಾವ್ನು ಬ್ರಿಟಿಷಾಲೆ ಆಡಳಿತಾಂತು ವರ್ತಾ ಮ್ಹೋಣು ತಾನ್ನಿ ಲೆಕ್ಲೆಂ. ತಶ್ಶಿ ಜಾವ್ನು ಹೇ ಗೋರೆ ಭಾರತನಿವಾಸೀಂಕ ರಾಜಕೀಯ ಸ್ವಾತಂತ್ರ್ಯ ಕಶ್ಶಿ ಮೇಳೋಚೆ ಆನಿ ಮುಕಾರಿ ಇಂಡಿಯಾಚೆ ಆಢಳಿತಾಂತು ಕಶ್ಶಿ ಭಾಗು ಘೆವ್ಚೊ ಮ್ಹೋಣು ಚಿಂತನೆ ಸೂರು ಜಾಲ್ಲಿ. ಅಮೇರಿಕಾಂತು ಆನಿ ಇಂಗ್ಲೇಂಡಾಂತು ಆಶ್ಶೀಲೆವರೀಚಿ ಇಂಡಿಯಾಂತುಯೀ ಏಕ ದೋನಿ ರಾಜಕೀಯ ಪಕ್ಷ ಆಸ್ಲ್ಯಾರಿ ತೇಂ ಕಾಮ ಸುಲಭ ಜಾತ್ತಾ ಮ್ಹೋಣು ದಿಸ್ಲೆಂ.

ಇಂಡಿಯನ್ ಕೌನ್ಸಿಲ್

ಕ್ರಿ. ಶ. 1857 ಇಸ್ವೇಂತು ಸಿಪಾಯಿ ದಂಗೊ ಜಾವ್ನು 1860 ಇಸ್ವೇಂತು ಬ್ರಿಟಿಷ್ ಸರಕಾರಾನ ದಂಗೇಚೆ ನಾಮೋನಿಷಾನ ಹುಮ್ಟಾನು ಉಡ್ಡೈಲೆ ಮಾಗ್ಗೀರಿ 1861 ಇಸ್ವೇಂತು ಭಾರತಾಚೆ ಪ್ರಜೇಂಕ ಪ್ರಜಾಪ್ರಭುತ್ವಾಚೆ ಸಂಕ್ಷಿಪ್ತ ರೂಪರೇಷಾ ದಾಕ್ಕೋನು ದಿವ್ಚೆಕತಿರ ಇಂಡಿಯನ್ ಕೌನ್ಸಿಲ್ ಮ್ಹೋಣು ಏಕ ಪ್ರಶಾಸಕೀ ಮಂಡಳ ಕಾನೂನು ಬ್ರಿಟಿಷ್ ಪಾರ್ಲಮೆಂಟಾನ ಜಾರಿಹಾಳ್ಳೊ. ಹಾಕ್ಕಾ ಇಂಡಿಯನ್ ಕೌನ್ಸಿಲ್ ಆಕ್ಟ್ 1861 ಮ್ಹೋಣು ನಾಂವ ಆಸ್ಸ. ಹೇ ಮಂಡಳಾಂತು 4–5 ಭಾರತೀಯ ಮಾತಾಬಾರ ಜಁಣ ಸದಸ್ಯ ಮ್ಹೋಣು ನಿಯುಕ್ತ ಜಾಲ್ಲೇಲೀಂತಿ.

ರಾಜಕೀಯ ಮುಖಂಡಾಂಕ ಹೇ ಕೌನ್ಸಿಲ್ಲಾಂತು ನಿಯುಕ್ತ ಕರ್ನಿ. ಬ್ರಿಟಿಷ್ ಸರಕಾರಾಚೆ ಭಾರತೀಯ ಸಮರ್ಥಕಾಂಕ ಮಾಂತ್ರ ನಿಯುಕ್ತ ಕೆಲ್ಲೆಲೆಂ. ಕೌನ್ಸಿಲ್ಲಾಕ ಲಂಡನ್ನಾಂತುತಾಕ್ಕೂನು ಸ್ವಲ್ಪ ಗೋರೆ ಸದಸ್ಯ ಯೆತ್ತ ಆಶ್ಶೀಲೀಂತಿ. ವರ್ಸಾಕ 10–12 ಪಟಿ ಹೇಂ ಕೌನ್ಸಿಲ್ಲಾಚೆ ಮೇಳು ಲಾಗ್ತ ಆಶ್ಶೀಲೊ.

ಭಾರತಾಂತು ರಾಜಕೀಯ ಪಕ್ಷ

ಕ್ರಿ. ಶ. 1885 ಇಸ್ವೇಂತು ಏ. ಓ. ಹ್ಯೂಮ್ ಮ್ಹೋಣು ನಾಂವಾಚೊ ಏಕ್ಲೊ ಬ್ರಿಟಿಷ್ ಗೋರೆನಾಗರಿಕಾನ ಮುಂಬೈ (ಬೊಂಬೈ) ಶಹರಾಂತು ಏಕು

'ಇಂಡಿಯನ್ ನ್ಯಾಶನಲ್ ಕಾಂಗ್ರೆಸ್' ಮ್ಹೊಣು ನಾಂವಾಂಚೊ ರಾಜಕೀಯ ಪಕ್ಷು (ಪಾರ್ಟಿ) ನೋಂದಾಯ್ಲೊ. ಹೇ ಪಕ್ಷಾಚೊ ಉದ್ದೇಶು ಕಸ್ಸಲೊಆಶ್ಶಿಲೊ? ಹೊ ಪಕ್ಷು ಇಂಡಿಯಾಂತು ರಾಜ್ಯಕರ್ತೆಽ ಆಶ್ಶಿಲೆ ಬ್ರಿಟಿಷಾಂಕ ಇಂಡಿಯಾ ಸೋಣು ವಚ್ಚಾತಿ ಮ್ಹೊಣು ಸಾಂಗೂಂಕ ಬಾಂದಿಲೊವೇ? ತೇ ಉದ್ದೇಶಾನಿ ಹೋ ಪಕ್ಷು ಬಾಂದಿಲೊಲೊ ನ್ಹಂಯಿ. ಗೋರೆ ಜನಾಂಕ ಧಾಂವ್ಡಾಚೆಕತಿರ ಬಾಂದಿಲೊ ನ್ಹಂಯಿ. ಹ್ಯೂಮ್ ಆನಿ ತಾಗ್ಗೆಲೆ ಸಹಚರಾಲೊ ಉದ್ದೇಶು ಪಾರ್ಟಿಚೆ ಮುಖಾಂತರ ಭಾರತಾಂತು ಸಾಮಾಜಿಕ ಆನಿ ರಾಜಕೀಯ ಸುಧಾರಣಿ ಕೊರ್ಚೊ ಆಶ್ಶಿಲೊ. ಸುರ್ವೇಕ ಹೇ ಪಕ್ಷಾಂತು ಮಸ್ತ ಭಾರತೀಯ ಸದಸ್ಯ ಜಾಯ್ನಿಂತಿ.

ಹ್ಯೂಮಾನ ಪ್ರತಿವರ್ಸ ವರ್ಸಾಕ ಏಕದೋನಿಪಟಿ ಸದಸ್ಯಾಲೊ ಮೇಳು ದವ್ವರ್ಲೊ. ಹೇ ಮೇಳಾಂತು ತಾನ್ನಿ ದೇಶಾಂತು ಆಶ್ಶಿಲಿ ಸಾಮಾಜಿಕ ಆನಿ ರಾಜಕೀಯ ಪರಿಸ್ಥಿತೀಚಿ ಸಮೀಕ್ಷಾ ಕೆಲ್ಲಿ. 1889 ವರೇಕ ಭಾರತೀಯ ವರಿಷ್ಟ ಜನಾನಿ ಹೇ ಪಕ್ಷಾಂತು ಸದಸ್ಯತ್ವ ಪ್ರಾಪ್ತಕಽರ್ನಿ. 1889 ಇಸ್ವೇಚೆ ನಂತರ ಬಾಲ ಗಂಗಾಧರ ತಿಲಕ ಆನಿ ಫಿರೋಜ್ಝಶಹಾ ಮೆಹ್ತಾ ಸದಸ್ಯ ಜಾಲ್ಲೀಂತಿ. ತಾಜ್ಜಿ ಮಾಗ್ಗೀರಿ ಹ್ಯೂಮ್ ಮಹಾಶಯಾನ ಹೇ ಪಕ್ಷಾಚೊ ಅಧ್ಯಕ್ಷಪದವಿ ಭಾರತೀಯಾಂಕ ದಿಲ್ಲಿ.

ದಾದಾಭಾಯಿ ನವರೋಜ್ಝಿನ ಬನಾರಸ್ಸಾಂತು ಜಾಲ್ಲೆಲೆ ಕಾಂಗ್ರೆಸ್ ಪಾರ್ಟಿಚೆ ಮೇಳಾಂತು 1905 ಇಸ್ವೇಂತು 'ಸ್ವಂತ ಸರಕಾರ ಜಾಲ್ಲ್ಯಾರಿ ಮಾಂತ್ರ ಭಾರತಾಚೆ ತೊಂದ್ರೆ ಆನಿ ಕಷ್ಟ ನಿವಾರಣ ಕೋಯೆರ್ತ' ಮ್ಹೊಣು ಘೋಷಣೆ ಕೆಲ್ಲಿ. ಮಾಗ್ಗೀರಿ 1906 ಇಸ್ವೇಚೆ ವಾರ್ಷಿಕ ಮೇಳಾಂತು ನವರೋಜ್ಝೀನ ಯು. ಕೆ. ಸರಕಾರಾಚೆವರೀಚಿ ಇಂಡಿಯಾ ಅಭಿವೃದ್ಧಿ ಜಾವ್ಕಾಜಾಲ್ಲ್ಯಾರಿ 'ಸ್ವಂತ ಸರಕಾರ ಮ್ಹಳ್ಯಾರಿ ಸ್ವರಾಜ್ಯ' ಅಗತ್ಯ ಆಸ್ಸಽ ಮ್ಹಳ್ಳೆಂ.

ರಾಜಕೀಯ ಪಕ್ಷಾಂಕ ಚುನಾವಣೇಂಚೊ ಅವಕಾಶು

ಪ್ರಥಮ 1861 ಇಸ್ವೇಚೆ ಕೌನ್ಸಿಲ್ಲಾಚೆ 30 ವರ್ಸ ನಂತರ 1892 ಇಸ್ವೇಂತು ಬ್ರಿಟಿಷ್ ಪಾರ್ಲಿಮೆಂಟಾನ ನವೇಂಚಿ ಇಂಡಿಯನ್ ಕೌನ್ಸಿಲ್ ಆಕ್ಟ್ ಜಾರಿಹಾಣು ಕೇಂದ್ರೀಯ ಆನಿ ಪ್ರಾಂತೀಯ ಮ್ಹೊಣು ದೋನಿ ಕಡೇನ ಪ್ರಶಾಸನೀಯ ಮಂಡಳಂ ಚುನಾವಣೆ ಜಾವ್ನು ನಿಯುಕ್ತ ಜಾವ್ಚಾಕ ಅವಕಾಶು ಕೋರ್ನುದಿಲ್ಲೊ.

ಹಾಂತು ಬ್ರಿಟಿಷ್ ಸರಕಾರಾಚೆ ಇಂಡಿಯಾಂತು ಆಶ್ಶಿಲೆ ಅಧಿಕಾರಿಜಽಣಾಲಿ ಬಹುಮತ ಆಸ್ತಾಶ್ಶಿಲೆಂ. ಹೇ ಕೌನ್ಸಿಲ್ಲಾನ ಮೇಳ್ನು ಚರ್ಚೆ ಕೋಯೆರ್ತಾಶ್ಶಿಲೆಂ ಶಿವಾಯ ಕಾನೂನು ಜಾರಿಕೊರೂಂಕ ಕೌನ್ಸಿಲ್ಲಾಕ ಬ್ರಿಟಿಷ್ ಪಾರ್ಲಿಮೆಂಟಾನ ಅಧಿಕಾರು ದೀನಿ ಆಶ್ಶಿಲೊ.

ಥೋಡೆ ಪ್ರಜಾಗಣ ಸದಸ್ಯ ಚುನಾಯಿತ ಜಾಲ್ಲೀಂತಿ. ಕಂದಾಯ, ಕಽರ, (ಟ್ಯಾಕ್ಸ್) ಡ್ಯೂಟಿ ಇತ್ಯಾದಿ ಚರ್ಚೆ ಕೋಯೆರ್ತ ಆಶ್ಶಿಲೆಂ. ಸರಕಾರಾನ ಕೊರ್ಚೊ ಖರ್ಚು ಕಶ್ಶಿ ಕಮ್ಮಿಕೋರ್ಕಾ ಆನಿ ಜನಾಂಕ ಕಽರ

ಕಿತ್ಲೊ ಫಾಲ್ಕಾ ಮ್ಹೊಣೂಯಿ ಕೌನ್ಸಿಲ್ಲಾಂತು ಚರ್ಚೆ ಕೋರ್ಯೆತಾಶ್ಶೀಲೆಂ. ಜಾಲ್ಲ್ಯಾರಿ ಸ್ವರಾಜ್ಯಾಚೆ ಚರ್ಚೆ ಕೊರೂಂಕ ಕೌನ್ಸಿಲ್ಲಾಚೊ ಅಧ್ಯಕ್ಷು ಪರವಾನಗೀ ದೀನಾಶ್ಶೀಲೊ.

ಕ್ರಿ. ಶ. 1892 ಇಸ್ವೇಚೊ ಇಂಡಿಯನ್ ಕೌನ್ಸಿಲ್ ಕಾನೂನಾಂತು ತೇ ವೇಳಾರಿ ವೈಸರಾಯ್ ಜಾವ್ನು ಆಶ್ಶೀಲೆ ಲಾರ್ಡ ಡಫ್ಫರಿನ್ನಾಕ ಭಾರತಾಚೆ ಥೋಡೇ ರಾಜಕೀಯ ಮುಖಂಡಾಂಕ ಪ್ರಶಾಸನೀಯ (ಲೆಜಿಸ್ಲೇಟೀವ್ಹ್) ಕೌನ್ಸಿಲ್ಲಾಂತು ಸದಸ್ಯ ಜಾವ್ನಾಕ ಅವಕಾಶು ಕೋರ್ನು ದಿವ್ಚಾಕ ಸಾಧ್ಯ ಜಾಲ್ಲೆಂ. 1893 ಥೋರ್ನು ಕಾಂಗ್ರೇಸ್ಸಾಚೆ ಅನೇಕ ಮುಖಂಡಂ ಪ್ರಶಾಸನೀಯ ಕೌನ್ಸಿಲ್ಲಾಂತು ಸದಸ್ಯ ಜಾಲ್ಲೀಂತಿ.

ಕ್ರಿ. ಶ. 1909 ಇಸ್ವೇಂತು ಇಂಗ್ಲೇಂಡಾಚೆ ಪಾರ್ಲಿಮೆಂಟಾನ ತಾಂಗೆಲೆ ದೊಗ್ಗಜಽಣ ಪ್ರತಿನಿಧೀಂಕ ಭಾರತಾಕ ಧಾಡುದೀವ್ನು ಸರಕಾರಾಚೆ ಸಂವಿಧಾನಾಂತು ಬದಲಾವು ಹಾಳ್ಳೊ. ಹೇ ದೊಗ್ಗಜನಾಲೆ ನಾಂವ ಮೋರ್ಲ್ಲಿ ಆನಿ ಮಿಂಟೊ. ಮೋರ್ಲ್ಲಿ ಆನಿ ಮಿಂಟೋನಿ ಕೇಂದ್ರೀಯ ಕೌನ್ಸಿಲ್ಲಾಕ 'ಇಂಪೀರಿಯಲ್ ಕೌನ್ಸಿಲ್' (ರಾಜ್ಯ ಮಂಡಳ) ಮ್ಹೊಣು ನಾಂವ ದಿಲ್ಲೆಂ. ಹಾಂತು ಸದಸ್ಯಾಲೆ ಸಂಖ್ಯೆ ಚಡಯಿಲೆ. ಮುಸ್ಲಿಂ ಮತದಾರಾಂಕ ವಿಂಗಡ ಕೆಲ್ಲೆಂ. ಮುಸ್ಲಿಂ ಮತದಾರಾನಿ ಮುಸ್ಲಿಂ ಸದಸ್ಯಾಂಕಽಚಿ ಚುನಾವ್ ಕೋರ್ಕಾ ಮ್ಹೊಣು ರಾಜಕೀಯ ನೀತಿ ಸೆಕ್ಯುಲರ್ ಆಶ್ಶೀಲಿ ತೀ ಧರ್ಮಾಧಾರಿತ ಕೆಲ್ಲಿ.

ಕಾಂಗ್ರೇಸ್ ಪಾರ್ಟೀಕ ಸಂಧರ್ಭು

ಸಮಗ್ರ ಭಾರತ ರಾಷ್ಟ್ರೀಯ ಕಾಂಗ್ರೆಸ್ ಪಾರ್ಟೀಕ 1905 ಇಸ್ವೇಂತು ಯು. ಕೆ. ಸರಕಾರಾನ ಬಂಗಾಲ ವಿಭಜನೇಂಚೊ ಪ್ರಸ್ತಾಪು ಕೋರ್ಚೆವರೇಕ ಸರಕಾರಾಚಿ ನೀತೀಚೆ ವಿರೋಧ ಪ್ರದರ್ಶನ ಕೊರೂಂಕ ಖಂಚೋಯಿ ಏಕು ಸಂಧರ್ಭು ಮೇಳ್ನಿಆಶ್ಶೀಲೊ. ಮಾಗ್ಗೀರಿ ಬೆಳಗಾವೀಂತು ಸೂರು ಪಿವ್ಚೆ ರಾಬ್ಬೋಚಾಕ ಸೂರಾಚೆ ವಿಕ್ರಪ (ಮಾರಾಟ) ಬಂದಕೋರ್ಕಾ ಮ್ಹೊಣು ಆಂದೋಲನ ಜನಾನಿ 1907 ಇಸ್ವೇಂತು ಸೂರು ಕೆಲ್ಲೆಂ. ತಾಕ್ಕಾ ಕಾಂಗ್ರೇಸ್ಸಾನ ಸಮರ್ಥನ ಕೆಲ್ಲೆಂ. ಆಂದೋಲನಾಂತು ಕಾಗ್ರೇಸ್ಸಾನ ಭಾಗ ಘೆತ್ಲೊ.

ಭಾರತಾಕ ಸ್ವರಾಜ್ಯ ದೀವ್ಕಾ ಮ್ಹೊಣು ಕಾಂಗ್ರೆಸ್ ಪಾರ್ಟೀನ ಚಳುವಳಿ ಕೆಲ್ಲಿ. 'ಸ್ವರಾಜ್ಯ' ಮ್ಹಳ್ಳ್ಯಾರಿ ಏಕ ವಿಶೇಷ ರಾಜಾಡಳಿತಾಚಿ ವ್ಯವಸ್ಥಾ. ಹಾಕ್ಕಾ 'ಸೆಲ್ಫ-ಗವರ್ನಮೆಂಟ್' ಮ್ಹೊಣು ನಾಂವ ದಿಲ್ಲೆಂ. ಸ್ವರಾಜಾಡಳಿತಾಂತು ಸಂಪೂರ್ಣ ಸ್ವಾತಂತ್ರ್ಯ ನಾ. ಸರಕಾರ ಸಕ್ಕಡ ಆಮ್ಗೇಲೆ. ಲಾಭ-ನಷ್ಟ ಸಕ್ಕಡ ಇಂಗ್ಲೇಂಡಾಲೆಂ.

ಇಂಡಿಯಾಚೊ ಮಾಲೀಕು ಯು. ಕೆ. ಜಾವ್ನು ಆಸ್ತಾ. ಪ್ರಶಾಸನ ಭಾರತಾಚೆ ಪ್ರಜೇಲಿ ಜವಾಬ್ದಾರಿ ಮ್ಹೊಣು ಕೊರ್ಚೆ ಹೇ ವ್ಯವಸ್ಥೇಕ 'ಸ್ವರಾಜ್ಯ' ಮ್ಹೊಣು ನಾಂವ ದಿಲ್ಲೆಂ.

ಕಾಂಗ್ರೇಸ್ಸಾನ ಹೇ ವ್ಯವಸ್ಥೇಚೆ ಮೌಲ್ಯವರ್ಧನ ಕೊರೂಂಕ ಬ್ರಿಟಿಷ್ ಪಾರ್ಲಿಮೆಂಟಾಂತು ಭಾರತಾಚೊ ಏಕು ಜಾವೊ ದೋನಿ ಪ್ರತಿನಿಧೀಂಕ

ಸದಸ್ಯ ಕೋರ್ಕಾ ಮ್ಹೊಣು ಆಗ್ರಹ ದವ್ರಲ್ಲೆ. ಬ್ರಿಟಿಷ್ ಸರಕಾರಾನ ಹೇಂ ಆಗ್ರಹ ಸಕ್ಕಡ ಠುಕರಾಯಿಲಿ.

ದಾದಾಭಾಯಿ ನವ್ರೋಜ್ಜೀನ 1903 ಇಸ್ವೇಂತು ಭಾರತಾಕ ಸ್ವರಾಜ್ಯ ದೀವ್ಕಾ ಮ್ಹೊಣು ಬ್ರಿಟಿಷಾಲೆಲಾಗ್ಗಿ ವೋಪಾಸ ನಿವೇದನೆ ಕೆಲ್ಲೆಲೆಂ. 1904 ಇಸ್ವೇಂತು ಗೋಪಾಲಕೃಷ್ಣ ಗೋಖಲೇನ ಅನಿ 1906 ಇಸ್ವೇಂತು ಬಾಲಗಂಗಾಧರ ತಿಲಕಾನ ಹೀ ವಿನಂತಿ ಕೆಲ್ಲೇಲಿ.

ಹೇ ವೇಳಾರಿ ಯು. ಕೆ. ಕ ಮೆಳ್ಳೇಲಿ ಕೆನಡಾ ಆನಿ ಆಸ್ಟ್ರೇಲಿಯಾ ನಾಂವಾಚ್ಯೋ ದೋನಿ ಕೊಲೊನಿಂ ಆಶ್ಶೀಲಿಂತಿ. ಕೆನಡಾ ದೇಶ ಉತ್ತರ ಅಮೇರಿಕಾ ಭೂಖಂಡಾಂತು ಆಶ್ಶೀಲೆಂ. ಆಸ್ಟ್ರೇಲಿಯಾ ದೇಶ ಹಿಂದೂಮಹಾಸಾಗರಾಂತು ಮಲಯಾಚೆ ಸಕಲ ಆಶ್ಶೀಲೆಂ. ಹೇ ದೋನಿ ಕೊಲೊನೀಂತು ಬ್ರಿಟಿಷ್ ಸರಕಾರಾನ ಸ್ವರಾಜ್ಯ ದಿಲ್ಲೇಲೆ. ಹೇ ದೋನಿ ಕೊಲೊನೀಂತು ಗೋರೆ ಜನಾಲೆಂ ಸ್ವರಾಜ್ಯಸರಕಾರ ಆಶ್ಶೀಲೆಂ. ದೊನ್ನೀಯಿ ಯು. ಕೆ. ಚೆ ರಾಣಿಯೇಂಕ ಮಾನ್ಯತಾ ದಿಲ್ಲೇಲೆ ಶೇಕಡಾ 90 ಸ್ವತಂತ್ರ ಜಾಲ್ಲೇಲಿಂತಿ.

ಕಾಗ್ರೆಸ್ಸಾಚೊ ಪ್ರಥಮ ಆಂದೋಲನ

1905 ಇಸ್ವೇಂತು ಬ್ರಿಟಿಷ್ ಸರಕಾರಾನ ಬಂಗಾಲ ಪ್ರಾಂತ ದೋನಿ ಕುಡ್ಕೆ ಕೊರೂಂಕ ಭಾರ್ಯಸರ್ಲೆಲೆ ವೇಳಾರಿ ಸ್ವದೇಶಿ ಚಳುವಳಿ ಸೂರು ಜಾಲ್ಲೇಲಿ. ಕಾಂಗ್ರೇಸ್ ಪಾರ್ಟಿಚೆ ಮುಖಂಡಾನಿ ಬಂಗಾಲ ವಿಭಜನೇಚೆ ವಿರುದ್ಧ ಆನಿ ಸ್ವದೇಶಿ ಚಳುವಳೀಂತು ಭರಪೂರ ಭಾಗು ಘೆತ್ಲೊ. ಹೇ ವೇಳಾರಿ ಅರಬಿಂದೋ ಘೋಶ್ ಮ್ಹಳ್ಳೇಲೆ ಮುಖಂಡಾನ ಬಾಲಗಂಗಾಧರ ತಿಲಕಾಲೆ ಒಟ್ಟು ಮೇಳ್ನು ಸ್ವದೇಶೀ ಆನಿ ಸ್ವರಾಜ್ಯ ಚಳುವಳೀಕ ಪಾಠಿಬಳ ದಿಲ್ಲೆಲೆಂ.

ಸ್ವದೇಶೀ ಚಳುವಳೀಚೆ ನೆವನಾರಿ ಜನಾನಿ ಇಂಗ್ಲೀಷ್ ವಸ್ತು ಘೂರಾ ಜೋಳ್ನು ಘಾಲ್ಲೆಂ. ಚಳುವಳೀಂತು ಬಹಿಷ್ಕಾರ ಪದ್ಧತಿ ಸೂರು ಜಾಲ್ಲಿ. ವಿದೇಶೀ ವಸ್ತೂಂಕ ಮಾಂತ್ರ ನ್ಹಯಿ, ವಿದೇಶಿ ಜಾವ್ನು ಆಶ್ಶೀಲೆ ಸಕ್ಕಡ ವಿಷಯಾಂಕ ಬಹಿಷ್ಕಾರು ಜನಾನಿ ಘಾಲ್ಲೊ. ನ್ಯಾಯಾಲಯಾಂಕ ಬಹಿಷ್ಕಾರು ಘಾಲ್ಲೊ. ಇಸ್ಕೂಲಾಂಕ ಆನಿ ಕಾಲೇಜಾಂಕ ಬಹಿಷ್ಕಾರು ಘಾಲ್ಲೊ. ಬ್ರಿಟಿಷ್ ಸರಕಾರಾನ ದಿಲ್ಲೇಲೆ ಪ್ರಶಸ್ತೀಂಕ ಬಹಿಷ್ಕಾರು ಘಾಲ್ಲೊ. ಸರಕಾರೀ ನೌಕರೀಕ ಬಹಿಷ್ಕಾರು ಘಾಲ್ಲೊ. ಸರಕಾರಾಚೆ ನೀತೀಂಚೆ ವಿರುದ್ಧ ಕಾರ್ಮಿಕಾಂಗೆಲೆ ಮುಷ್ಕರಂ ಜಾವ್ನೆ ಚಳ್ಳೀಂತಿ.

ಸ್ವದೇಶೀ ಚಳುವಳೀಚೆ ಏಕ ಪ್ರಮುಖ ಪರಿಣಾಮ ರಾಷ್ಟ್ರೀಯ ವಿದ್ಯಾಲಯಾಂಚೆ ಜಾಗರಣ. ಸಗ್ಳೇ ದೇಶಾಂತು ಪ್ರಜೇನಿ ಇಂಗ್ಲೀಷ್ ಮಿಶನರಿ ಇಸ್ಕೂಲಾಂಕ ಬಹಿಷ್ಕಾರು ಕೆಲ್ಲೊ. ಬದಲಾಕ ರಾಷ್ಟ್ರೀಯ ಇಸ್ಕೂಲಂ ಖೋಲ್ಲೀಂತಿ. ತಾಂಕಾ ನ್ಯಾಶನಲ್ ಸ್ಕೂಲ್ ಏಕಯಿ ನ್ಯಾಶನಲ್ ಕಾಲೇಜ್ ಮ್ಹೊಣು ನಾಂವ ದಿಲ್ಲೆಂ. ಅರಬಿಂದೋ ಘೋಶಾಕ ಮುಖ್ಯ ಅಧ್ಯಾಪಕು (ಪ್ರಿನ್ಸಿಪಾಲು) ಕೋರ್ನು ಬೆಂಗಾಲ ನ್ಯಾಶನಲ್ ಕಾಲೇಜ ಖುಲ್ಲೆಂ. ಸ್ವದೇಶೀ ಚಳುವಳೀಕ ರಬೀಂದ್ರನಾಥ ಟಾಗೋರಾನ ಪುಷ್ಟಿ ದಿಲ್ಲಿ.

ಸ್ವದೇಶೀ ಚಳುವಳೀಂತು ಬಂಗಾಲಾಚೆ ಹಳ್ಳೇಚೆ ಮುಸ್ಲಿಂ ಜನಾನಿ ಭಾಗು ಘೇನಿ. ಹಿಂದು-ಮುಸ್ಲಿಂ ದಂಗಲ ಘುಟ್ಲೀಂತಿ. 1908 ಇಸ್ವೇಂತು ಇಂಗ್ಲೀಷ್ ಸರಕಾರಾನ ಸಕ್ಕಡ ಕಾಂಗ್ರೇಸ್ ಮುಖಂಡಾಂಕ ಕೈದಕೋರ್ನು ಜೈಲ್ ಶಿಕ್ಷೆ ದಿಲ್ಲಿ. ಏಕಯಿ ಗಡೀಪಾರ ಕೆಲ್ಲೆಂ. ತಶ್ಶಿ ಜಾವ್ನು ಕೆಲವು ಮುಖಂಡ ಭೂಗತ ಜಾಲ್ಲೀಂತಿ ಆನಿ ಕ್ರಾಂತಿಕಾರಿ ಜಾಲ್ಲೀಂತಿ. ಆತಂಕಕಾರೀ ಜಾಲ್ಲೀಂತಿ. ಸ್ವದೇಶಿ ಚಳುವಳಿ ರಾಬ್ಬೂನು ಗೆಲ್ಲಿ. ಜಾಲ್ಲ್ಯಾರಿ ಸ್ವಾತಂತ್ರ್ಯಾಚಿ ಲಢಾಯಿ ಬꣳಲ ಜಾಲ್ಲಿ.

ಸಾವರಕರಾಲೆ ಮುಖಂಡತ್ವ

1906 ಇಸ್ವೇಂತು ವಿನಾಯಕ ದಾಮೋದರ ಸಾವರಕಾರಾನ ಬ್ರಿಟಿಷ್ ಸರಕಾರಾಲಿ ಶಿಕ್ಷಣ ಪದ್ಧತೀಚೆವೈರಿ ವಿರೋಧ ವ್ಯಕ್ತ ಕೆಲ್ಲೊ ಜಾಲ್ಲ್ಯಾರಿ ಸಾವರಕಾರು ಕಾಂಗ್ರೇಸ್ಸಾಂತು ಮೇಳ್ಳಿ. ಸಾವರಕಾರಾನ 1911 ವರೇಕ ಬೊಂಬೈ ಪ್ರಾಂತಾಂತು ಅನೇಕ ಕಡೇನ ಸಾಮಾಜಿಕ ದುರ್ವ್ಯವಸ್ಥೇಕ ಸುಚಾರೂ ಕೊರೂಂಕ ಪ್ರಯತ್ನ ಕೆಲ್ಲೆಂ.

ಸ್ವದೇಶೀ ಚಳುವಳಿ ರಾಬ್ಬೂನು ಗೆಲ್ಲೆಲಿ ಜಾಲ್ಲ್ಯಾರಿಯಿ ದೇಶಾಚೆ ತರುಣ ಯುವಕಾಂಕ ಬ್ರಿಟಿಷ್ ಸರಕಾರಾಚೆ ವೈರಿ ಮಸ್ತು ಕೋಪು ಆಶ್ಶೀಲೊ. ತಾನ್ನಿ ವೈಕ್ತಿಕ ಸ್ತರಾರಿ ಹಿಂಸಾತ್ಮಕ ಕ್ರಾಂತಿ ಸೂರು ಕೆಲ್ಲಿ. ಗೋರೆ ಬ್ರಿಟಿಷ್ ಅಧಿಕಾರೀಂಕ ಲಕ್ಷಕೋರ್ನು ಹಿಂಸೇಕ ದೆಲ್ಲೀಂತಿ.

ಏಕದೀಸು ವೈಸ್ರಾಯ್ಯಾಲೆ ವೈರಿ ಏಕ ಬಾಂಬ ಉಡ್ಡೈಲೆಂ. ವೈಸ್ರಾಯು ಜಖ್ಮೀ ಜಾಲ್ಲೊ ಜಾಲ್ಲ್ಯಾರಿ ವಾಂಚ್ಲೊ. ಸ್ವಲ್ಪ ಗೋರೆ ಅಧಿಕಾರಿ ಮೆಲ್ಲೀಂತಿ. ಸ್ವಲ್ಪ ಭಾರತೀಯ ಮೂಳಾಚೆ ಅಧಿಕಾರಿಲೋಕು ಸಮೇತ ಮೆಲ್ಲೀಂತಿ ಏಕಯಿ ಜಖ್ಮೀ ಜಾಲ್ಲೀಂತಿ. ಅನೇಕ ಕ್ರಾಂತಿಕಾರೀಂಕ ಪೋಲಿಸಾಂಚಾನಿ ಧರ್ಲೆಂ ಆನಿ ತಾಂಕಾ ಸꣳಜಾ ಜಾಲ್ಲೀ. ಸ್ವಲ್ಪ ಜನಾಂಕ ಫಾಂಶಿಜಾಲ್ಲಿ. ಆನಿ ಸ್ವಲ್ಪಜನಾಂಕ ಗಡೀಪಾರ ಕೆಲ್ಲೆಂ.

ಲೋಕಮಾನ್ಯ ತಿಲಕ

ಬ್ರಿಟಿಷ್ ಸರಕಾರಾಚೆ ವಿರುದ್ಧ ಸ್ವಾತಂತ್ರ್ಯಾಚೆ ಕತಿರ ಕೋರ್ಚಿ ಲಢಾಯಿ ಶಾಂತೀರಿ ಜಾವ್ಕಾಕೀ ಹಿಂಸಾತ್ಮಕ ಜಾವ್ಕಾ ಮ್ಹೋಣು ಭಾರತಾಚೆ ಮುಖಂಡಾನಿ ಚರ್ಚೆ ಸೂರು ಕೆಲ್ಲೆಂ. ಶಾಂತೀರಿ ಜಾವ್ಕಾ ಮ್ಹಣ್ತಲ್ಯಾಂಲೊ ಮುಖಂಡು ಫಿರೋಜಶಹಾ ಮೆಹ್ತಾ ಜಾಲ್ಲೊ. ಹಿಂಸಾತ್ಮ ಜಾವ್ಕಾ ಮ್ಹೋಣು ಲೋಕಮಾನ್ಯ ತಿಲಕ್ಕಾನ ಸಾಂಗ್ಲೆಂ. ಕಾಂಗ್ರೆಸ್ ಪಾರ್ಟೀಂತು ದೋನಿ ಪಂಗಡ ಜಾಲ್ಲೀಂತಿ. 1909 ಇಸ್ವೇಚೆ ಕಾಂಗ್ರೆಸ್ ಸಮ್ಮೇಳನ ಲಢಾಯೇಂತು ಅಂತ್ಯ ಜಾಲ್ಲೆಂ.

1908 ಇಸ್ವೇಂತು ಜೈಲಾಕ ಗೆಲ್ಲೊಲೊ ಲೋಕಮಾನ್ಯ ತಿಲಕು ಸꣳ (6) ವರ್ಸ ನಂತರ 1914 ಇಸ್ವೇಂತು ಮೊಕಳೊಜಾಲ್ಲೊ ಆನಿ ಜೈಲಾಂತುತಾಕ್ಕೂನು ಭಾಯ್ರಆಯ್ಲೊ. 1908 ಇಸ್ವೇಂತು ಬಾಲಗಂಗಾಧರ ತಿಲಕಾಕ ಸಮಾಚಾರ ಪತ್ರಿಕೇಂತು ಬ್ರಿಟಿಷ್ ಸರಕಾರಾಕ ನಿಂದೆಕೋರ್ನು

ಪ್ರಬಂಧ ಬರಯಿಲೆಕತಿರ ಸಹ (6) ವರ್ಸ ಗಡೀಪಾರಾಚಿ ಸಃಜಾ ಜಾಲ್ಲೀ. ತಿಲಕು ತೇವೇಳಾರಿ ಸಗ್ಳೇ ಭಾರತಾಂತು ಮುಖ್ಯ ರಾಜಕೀಯ ಧುರೀಣು ಜಾವ್ನು ಆಶ್ಶೀಲೊ ಆನಿ ತಾಕ್ಕಾ 'ಲೋಕಮಾನ್ಯ' ಮ್ಹಳ್ಳೆಲೆಂ ಬಿರುದು ಜನಾನಿ ದಿಲ್ಲೋಲೊ.

ಲೋಕಮಾನ್ಯ ತಿಲಕಾನ ಯುದ್ಧಾಂತು ಇಂಗ್ಲೇಂಡಾಕ ಜಃಯ ಹಾರೈಸಿಲೆಂ. 'ಆಮ್ಮಿ ಇಂಗ್ಲೇಂಡಾಚೆ ರಾಣಿಯೇಂಕ ವಿಧೇಯ ಜಾವ್ನು ಆಸ್ಸಃತಿ. ಆಮ್ಕಾಂ ರಾಣಿಯೇನ ಸ್ವರಾಜ್ಯ ದೀವ್ಕಾ. ಭಾರತಾಚೆ ಸಾರ್ವಭೌಮತ್ವ ಇಂಗ್ಲೇಂಡಾಚೆಲಾಗ್ಗಿ ಉರೊ.' ಮ್ಹೋಣು ತಾಣೆ ಸಾಂಗ್ಲೆ. ತಿಲಕಾನ ಆನಿ ಆನ್ನೀ ಬೆಸೆಂಟ್ ಮ್ಹಳ್ಳೇಲಿ ಎಕ್ಕಿ ಇಂಗ್ಲೀಷ್ ಬಾಯ್ಲುಮನ್ಶೇನ ಒಟ್ಟೂಚಿ ಕಾಗ್ರೇಸ್ ಪಾರ್ಟೀಂತು ಸದಸ್ಯತಾ ಘೆತ್ಲಿ ಆನಿ ಹಿಂಸಾತ್ಮಕ ಲಢಾಯೇಕ ದೇವ್ನಾಂತಿ ಮ್ಹೋಣು ವಾದೊಕೆಲ್ಲೋ.

ಆಯರ್ಲ್ಯಾಂಡಾಂತು ಹೊಮ್-ರೂಲ್ ಸಂಘು (ಲೀಗ್) ಆಶ್ಶೀಲೆವರಿ ಭಾರತಾಂತು ಹೋಮ್-ರೂಲ್ (ಘರಾಚೆ ಭಿತ್ತರಿ ಯಜಮಾನಪಣ) ಸಂಘು ಪೂರೊ ಜಾತ್ತಾ. ಇಂಗ್ಲೇಂಡಾನ ಅಮೇರಿಕಾಚೆವರಿ ಭಾರತಾಕ ಸಂಪೂರ್ಣ ಸ್ವಾತಂತ್ರ್ಯ ದೀವ್ಕಾ ಮ್ಹೋಣು ನಾ ಮ್ಹೋಣು ತೀ ಮ್ಹಣಾಲಿ.

1915 ಇಸ್ವೇಂತು ತಿಲಕಾನ ಆನಿ ಬೆಸೆಂಟಾನ ತಾಂಗತಾಂಗೆಲೆ ಹೋಮ್-ರೂಲ್ ಸಂಘ ಬಾಂಧ್ಲೀಂತಿ. ಹೋಮ್-ರೂಲ್ ಸಂಘಾನಿ ಕಾಂಗ್ರೆಸ್ ಪಾರ್ಟೀಕ ಮಾಕ್ಷಿ ಘಾಲ್ಲೆಂ. ಕಾಗ್ರೇಸ್ ಪಾರ್ಟಿನ ವಾರ್ಷಿಕ ಸಮ್ಮೇಳನ ಕೆಲ್ಲ್ಯಾರಿಯಿ ಹೋಮ್-ರೂಲ್ ಸಂಘಾಚೆ ಸಮ್ಮೇಳನಾಂಕ ಚಃಡ ಜಃಣ ಮೆಳ್ಳೀಂತಿ.

ಕ್ರಿ. ಶ. 1916 ಇಸ್ವೇಂತು ಲಕ್ನೌ ಶಹರಾಂತು ಕಾಂಗ್ರೇಸ್ ಪಾರ್ಟೀಚೆ ಸಮ್ಮೇಳನ ಜಾಲ್ಲೆಲೆ ವೇಳಾರಿ ಹೋಮ್-ರೂಲ್ ಸಂಘಾನಿ ಆನಿ ಕಾಗ್ರೇಸ್ಸಾನ ಒಟ್ಟೂ ಮೇಳ್ನು ಸ್ವರಾಜ್ಯಾಕತಿರ ಲಢಾಯಿ ಕೋರ್ಕಾ ಮ್ಹೋಣು ಠರಾವು ಜಾರಿಕೆಲ್ಲೋ. 1917 ಇಸ್ವೇಂತು ಮದ್ರಾಸ ಪ್ರಾಂತಾಚೆ ಸರಕಾರಾನ ಆನ್ನೀ ಬೆಸೆಂಟಾಕ, ಬಿ. ಪಿ. ವಾಡಿಯಾಕ ಆನಿ ಜಾರ್ಜ ಅರುಂದಲೆಕ ಕೈದ್ಕೆಲ್ಲಿಂತಿ (ಅರ್ರೆಸ್ಟ್).

ಆನ್ನೀ ಬೆಸೆಂಟಾಕ ಕೈದ್ಕೆಲ್ಲೆಲ್ಯಾಚೆ ವಿರುದ್ಧ ವಿಪರೀತ ಆಕ್ಷೇಪ ಕೊರೂಂಕ ಮದ್ರಾಸಾಂತು ಸಗ್ಳೇ ನಗರಾಂತು ಗಲಾಟೊ ಜಾಲ್ಲೊ. ಲಂಡನ್ನಾಂತು ದೋನಿ ಮ್ಹೈನೆ ಭಿತ್ತರಿ ಭಾರತಾಚೆ ವಹಿವಾಟಾಚೊ ಕಾರ್ಯದರ್ಶಿ (ಸೆಕ್ರೆಟರಿ ಆಪ್ ಸ್ಟೇಟ್ ಫಾರ್ ಇಂಡಿಯಾ) ಬದಲ್ಸಲೊ. ಮೋರ್ಲೀಚೆ ಬದ್ಲಾಕ ಮೊಂಟೇಗು ಕಾರ್ಯದರ್ಶಿ ಜಾಲ್ಲೊ. ಮೊಂಟೆಗುನ ಹೋಮ್-ರೂಲ್ ಲೀಗ್ ಕಾನೂನಾಚೆ ಭಾಯ್ರ ನ್ಹಯಿ ಮ್ಹೋಣು ಸಾಂಗೂನು ಆನ್ನೀ ಬೆಸೆಂಟಾಕ ಆನಿ ದೊಗ್ಗಜಣಾಂಕ ಜೈಲಾಂತುತಾಕ್ಕೂನು ಸೊಡವಾಯಿಲೆಂ.

ಬ್ರಾಹ್ಮಣ ಆನಿ ಬ್ರಾಹ್ಮಣೇತರ ಮಂಡಳೀಂ

ಕ್ರಿ. ಶ. 1916 ಇಸ್ವೇಂತು ಕಾಂಗ್ರೆಸ್ ಪಾರ್ಟಿಚೆ ಸಮ್ಮೇಳನ ಬೆಳಗಾವೀಂತು ಜಾಲ್ಲೆ. ಹೇ ಸಮ್ಮೇಳನಾಂತು ಬ್ರಾಹ್ಮಣೇತರ ಜಾತೀಚೆ ಹಿಂದು ಲೋಕಾನಿ ಆಪ್ಪಣ ವೆಗ್ಳೇಂಚಿ ಪಾರ್ಟಿ ಬಾಂದ್ಯೆತಾತಿ ಮ್ಹೋಣು ಮುಂಬೈಚೆ ಗವರ್ನರಾಕ ಚಿಟ್ಠಿ ಬರ್‍ಯೆಲಿ. ಧಾರವಾಡಾಂತು ಏಕ ಭಾರತೀಯ ಯುವಕ ಸಂಘ ಮ್ಹೋಣು ಬ್ರಾಹ್ಮಣೇತರಾಲೆಂ ಪಂಗಡ ಅಸ್ತಿತ್ವಾಂತು ಆಯ್ಲೆಂ.

ಹೇ ಪಂಗಡಾಚಾನಿ ಕಾಂಗ್ರೆಸ್ ಪಾರ್ಟಿ ಬ್ರಾಹ್ಮಣಾಲಿ ಪಾರ್ಟಿ ಮ್ಹೋಣು ಲೆಕ್ಕೂನು ಬ್ರಾಹ್ಮನೇತರಾಂಕ ಏಕ ರಾಜಕೀಯ ಪಾರ್ಟಿ ಜಾವ್ಕಾ ಮ್ಹೋಣು ಅಶ್ಶಿ ಕೆಲ್ಲೆಂ. ಕಾಂಗ್ರೆಸ್ ಪಾರ್ಟಿನ ಹೇ ಪಂಗಡಾಕ ಉತ್ತರ ದಿಲ್ಲೆಂ. ಕಾಂಗ್ರೆಸ್ ಪಾರ್ಟಿ ಸಕ್ಕಡ ಜಾತೀಚೆ ಜನಾಲಿ ಪಾರ್ಟಿ ಮ್ಹೋಣು ಕಾಂಗ್ರೆಸ್ಸಾಚೆ ಛತ್ತರೀಂಚಿ ದೋನಿ ಪರಿಷತ್ತ ಸ್ಥಾಪನೆ ಕೆಲ್ಲೀಂತಿ. ಏಕ ಪರಿಷತ್ತಾಚೆ ನಾಂವ ಬ್ರಾಹ್ಮಣೇತರ ಪರಿಷತ್ ಮ್ಹೋಣು ದವ್ವರ್ಲೆಂ. ಆನಿಏಕ ಪರಿಷತ್ತಾಚೆ ನಾಂವ ವೀರಶೈವ ಪರಿಷತ್ ಮ್ಹೋಣು ದವ್ವರ್ಲೆಂ.

ಕಮ್ಯೂನಿಸ್ಟ್ ಸಿದ್ಧಾಂತಾಚೊ ಉದಯು

1908 ಇಸ್ವೇಂತು ಲೋಕಮಾನ್ಯ ತಿಲಕಾಕ ಜೈಲ್ ಶಿಕ್ಷೇ ಜಾಲ್ಲೆಲೆ ವೇಳಾರಿ ಬೊಂಬೈ ಶಹರಾಂತು ಭಾರೀ ಪ್ರದರ್ಶನ ಜಾಲ್ಲೆಂ. ಹೇ ವೇಳಾರಿ ರಷ್ಯಾಂತು ಕಾರ್ಲ ಮಾರ್ಕ್ಸಾಲೆಂ ಕಮ್ಯೂನಿಸ್ಟ್ ಸಿದ್ಧಾಂತ ಜೋರಾನ ಪ್ರಚಾರ ಜಾತ್ತ ಆಶ್ಶೀಲೆಂ.

ರಷ್ಯಾಂತು ಲೆನಿನ್ ಕಮ್ಯೂನಿಸ್ಟ್ ಮುಖಂಡು ಜಾವ್ನು ಆಶ್ಶೀಲೊ. ಬೊಂಬೈಂತು ಮಾರ್ಕೆಟ್ ಸಾತ ದೀಸ ಬಂಧ ದವ್ವರ್ಲೆಂ. ಕಾಪ್ಪಡಾಚೆ ಮಿಲ್ಲಂ ಆನಿ ರೈಲವರ್ಕಶಾಪಾಚೆ ಕಾರ್ಮಿಕಾನಿ ಹರತಾಳ ಕೆಲ್ಲೆಂ. ಕಾರ್ಮಿಕಾನಿ ಮೆರವಣೀಕಾ ಕಾಳ್ಳೀಂತಿ. ಪೋಲೀಸಾಂಚಾನಿ ತಾಂಕಾ ಗವರ್ನರಾಲೆ ಬಂಗ್ಲ್ಯಾಲಾಗ್ಗಿ ವಚ್ಚನಾ ತಶ್ಶಿ ತಡಶೀಲೆಂ. ಪೋಲೀಸ್ ಫಾಯರಿಂಗ್ ಜಾಲ್ಲೆಂ.

ಬೊಂಬೈ ನಗರಾಡಳಿತ ಸಮಿತೀನ ಇಂಗ್ಲೀಷ್ ಸೈನ್ಯಾಕ ಗಲಾಟೊ ನಿಯಂತ್ರಣ ಕೊರೂಂಕ (ಆರ್ಮೀಕ) ಆಪ್ಪೈಲೆಂ. 16 ಜಣ ಕಾರ್ಮಿಕ ಸ್ವಯಂ ಸೇವಕ ಮೆಲ್ಲೀಂತಿ. ಬ್ರಿಟಿಷ್ ಸರಕಾರಾಚೆ ವಿರುದ್ಧ ಚಳುವಳಿ ಭಾರತಾಂತು ಜೋರು ಜಾಲ್ಲಿ.

ಕಾಂಗ್ರೆಸ್ ಪಾರ್ಟೀಕ ಲಾಲಾ ಲಾಜ್ಪತ್ ರಾಯ್ ಆನಿ ಗೋಪಾಲ ಕೃಷ್ಣ ಗೋಖಲೆ ಸದಸ್ಯ ಜಾಲ್ಲೇಲೀಂತಿ. ಬ್ರಿಟಿಷ್ ಸರಕಾರಾಚಿ ನೀತಿ ಸಾಮಾನ್ಯಜನಾಲೆ ಹಿತಾರಿ ನಾತ್ತಿಲೆವೇಳಾರಿ ಹಾನ್ನಿ ದೊಗ್ಗಜಣಾನೀ ಸಮಾಚಾರ ಪತ್ರಿಕೇಂತು ಪ್ರಬಂಧ ಬೊರೋನು ವಿರೋಧ ವ್ಯಕ್ತ ಕೆಲ್ಲೆಲೆಂ.

ಪ್ರಥಮ ಜಾಗತಿಕ ಯುದ್ಧ

ಜರ್ಮನೀ, ತುರ್ಕಿಸ್ಥಾನ ಆನಿ ಆಸ್ಟ್ರಿಯಾ (ಕೇಂದ್ರೀಯ ರಾಷ್ಟ್ರ, ಸೆಂಟ್ರಲ್ ಪವರ್ಸ್) ಹೇ ತೀನಿ ದೇಶ 1914 ಇಸ್ವೇಂತು ಇಂಗ್ಲೇಂಡ್, ಫ್ರಾನ್ಸ್,

ರಶ್ಯಾ ಅನಿ ಜಪಾನ (ಸಂಘ ರಾಷ್ಟ್ರ, ಏಲ್ಲೈಸ್) ದೇಶಾಚೆ ವಿರುದ್ಧ ಯುದ್ಧ ಕೊರೂಂಕ ಆಯ್ಲೀಂತಿ. ಸೈನ್ಯಾಚೆ ವಾಟ್ಟೇರಿ ಆಶ್ಶೀಲೆ ಸಾನ ದೇಶ ಸರ್ಬಿಯಾ ಆನಿ ಬೆಲ್ಜಿಯಂ ಹಾನ್ನೀ ಹೇ ಯುದ್ಧಾಂತು ಸಿರ್ಕುನು ಪಳ್ಳೀಂತಿ. ಇಟಲಿ ದೇಶ ಆಪ್ಪಣ ಯುದ್ಧಾಂತು ಭಾಗಘೇನಾ ಮ್ಹಣಾಲಿ. ಅಮೇರಿಕಾಚೆ ಯು. ಎಸ್. ಏ. ದೇಶ ಯುದ್ಧಾಂತು ತಟಸ್ಥ ಆಶ್ಶೀಲೆಂ. ಜಾಲ್ಯ್ಯಾರಿ ಇಟಲೀನ ಫ್ರಾಂಸಾಕ ಸಹಾಯು ಕೆಲ್ಲೊ ಆನಿ ಯು. ಎಸ್. ಏ ದೇಶಾನ ಇಂಗ್ಲೇಂಡಾಕ ಸಹಾಯು ಕೆಲ್ಲೊ.

ಹೇ ಯುದ್ಧಾಂತು ಸಿಪಾಯಿ ಸೈನ್ಯಾನ ಹೊಳ್ಳೊ ಭಾಗು ಘೆತ್ಲೊ. ಹೇಯುದ್ಧಾಂತು ಕಡೇರಿ 1918 ಇಸ್ವೇಂತು ಕೇಂದ್ರೀಯ ರಾಷ್ಟ್ರಾಂನಿ ಸೋಲು ಸ್ವೀಕಾರ ಕೆಲ್ಲೊ. ಇಂಗ್ಲೇಂಡಾನ ಆನಿ ಫ್ರಾಂಸಾನ ಜರ್ಮನೀಂಕ, ಆಸ್ಟ್ರಿಯಾಕ ಆನಿ ತುರ್ಕೀ ದೇಶಾಂಕ ಏಕ ಸಂಧಾನ ಒಪ್ಪಣಿಕೇರಿ ಹಸ್ತಾಕ್ಷರ ಕರಯಿಲೆಂ. ಹೇ ಒಪ್ಪಣಿಕೇಕ ಸೇವೆರಸ್ ಒಪ್ಪಂದ (ಟ್ರಿಯಟಿ) ಮ್ಹೊಣು ನಾಂವ ದಿಲ್ಲಾ. ಹೇ ಯುದ್ಧಾಕ ಪ್ರಥಮ ಜಾಗತಿಕ ಯುದ್ಧ ಮ್ಹೊಣು ನಾಂವ ದಿಲ್ಲೆಂ. ಸೇವೆರಸ್ ಟ್ರಿಯಟಿಚೆ ಪ್ರಕಾರ ತುರ್ಕಿಸ್ಥಾನ ಸಾಮ್ರಾಜ್ಯ 1920 ಇಸ್ವೇಂತು ನಿರ್ನಾಮ ಜಾಲ್ಲೆಂ.

ತುರ್ಕಿಸ್ಥಾನಾಂಚೊ ಖಲೀಫಾಕ ಇಸ್ತಾಂಬುಲ್ ಶಹರ ಮಾಂತ್ರ ಸೋಣುದೀವ್ನು ವರ್ಲೆಲೆ ತುರ್ಕಿ ಇಂಗ್ಲೀಷಾಲಿ ಗುಲಾಮಕೊಲೊನಿ ಜಾಲ್ಲಿ. ತುರ್ಕಿಸ್ಥಾನಾಂತು ಆಶ್ಶೀಲೆ ಏಕ ರಾಜಕೀಯ ಪಾರ್ಟೀನ ಖಲೀಫಾಲೆ ವಿರುದ್ಧ ಆನಿ ಕೇಂದ್ರೀಯ ರಾಷ್ಟ್ರಾಚೆ ಸೈನ್ಯಾಂಚೆ ವಿರುದ್ಧ ಎಲ್ಲೈಸಾಲೆ ತರ್ಪೇನ ಲಢಾಯಿ ಕೆಲ್ಲೆಲೆ ನಿಮಿತ್ತ ತುರ್ಕೀಂತು ಎಲ್ಲೈಸಾಂಕ ವಿಜಯ ಜಾಲ್ಲೆಂ. ಹೇ ಪಾರ್ಟೀಚೊ ಮುಖ್ಯಸ್ಥ ಮುಸ್ತಫಾ ಕಮಾಲ್ ಪಾಶಾ ಜಾವ್ನು ಆಶ್ಶೀಲೊ. ಹಾಣೆ ಯುದ್ಧಾಂತು ಇಂಗ್ಲೀಷ್ ಸೈನ್ಯಾಂಕ ಸಹಾಯು ದಿಲ್ಲೊ ಆನಿ ಮಾಗ್ಗೀರಿ ತಾಂಗೆಲೆಲಾಗ್ಗಿ ತುರ್ಕೀಕ ಸ್ವಾತಂತ್ರ್ಯ ಮೇಳಯಿಲೆಂ. ತುರ್ಕಿಸ್ಥಾನ ನವೇಂಚಿ ರಿಪಬ್ಲಿಕ್ ಜಾಲ್ಲೆಂ.

ಹಿಂದೂ ಮಹಾಸಭಾ

ಭಾರತಾಂತು ರಾಜಕೀಯ ಪಾರ್ಟಿ ಮ್ಹೊಣು ಸುರ್ವೇಕ ಸ್ಥಾಪನೆ ಜಾಲ್ಲೇಲಿ ಇಂಡಿಯನ್ ನ್ಯಾಶನಲ್ ಕಾಂಗ್ರೆಸ್, 1885 ಇಸ್ವೇಂತು. ತಾಜ್ಜೆ ಮಾಗ್ಗೀರಿ 1906 ಇಸ್ವೇಂತು ಸ್ವಲ್ಪ ಮುಸ್ಲಿಂ ಲೋಕಾನಿ ಮುಸ್ಲಿಂ ಲೀಗ್ ಮ್ಹೊಣು ಮುಸ್ಸಲ್ಮಾನಾಂಕ ಒಟ್ಟು ಮೇಳೋಚಾಕ ಏಕಿ ಪಾರ್ಟಿ ಸ್ಥಾಪನೆ ಜಾಲ್ಲಿ.

ಸಿಖ್ ಆನಿ ಕ್ರಿಶ್ಚನ್ ಲೋಕಾನಿ ಸಗ್ಳೇ ಹಿಂದುಸ್ಥಾನಾಂಕ ಮ್ಹೊಣು ಖಂಚೀಯಿ ರಾಜಕೀಯ ಪಾರ್ಟಿ ಸ್ಥಾಪನೆ ಕರ್ನಿ.

1909 ಇಸ್ವೇಂತು ಮೋರ್ಲೆ ಆನಿ ಮಿಂಟೋ ಮ್ಹಳ್ಳೇಲೆ ದೊಗ್ಗ ಜಣ ಬ್ರಿಟಿಷ್ ಪ್ರತಿನಿಧೀನಿ ಏಕ ಕಾಯದೊ ಇಂಡಿಯಾಚೆ ಆಡಳಿತಾಂತು ಹಾಳ್ಳೊ. ತಾಜ್ಜೆ ಪ್ರಕಾರ ಮುಸ್ಲಿಮ್ಮಾಂಕ ವಿಂಗಡಃಚಿ ಮತದಾರಾಲಿ ಪಟ್ಟಿ ರಚನೆ ಜಾಲ್ಲಿ. ಪ್ರಾಂತಾಚೆ ಶಾಸನ ಸಭೇಕ ಮುಸ್ಲಿಂ ಮತದಾರಾನಿ ಮುಸ್ಲಿಂ ಉಮೇದುವಾರು

ಚುನಾವ ಕೋರ್ಕಾ ಮ್ಹೊಣು ಜಾಲ್ಲೆಂ. ತೆದ್ನಾ ಸ್ವಲ್ಪ ಹಿಂದೂ ಮುಖಂಡಾನಿ ಹಿಂದೂಕ ಮ್ಹೊಣು ಪಂಜಾಬಾಂತು ಪಂಜಾಬ ಹಿಂದು ಮಹಾಸಭಾ ಮ್ಹೊಣು ಏಕಿ ಪಾರ್ಟಿ 1909 ಇಸ್ವೇಂತು ಸ್ಥಾಪನೆ ಕೆಲ್ಲಿ.

ಮಾಗ್ಗೀರಿ ಸಕ್ಕಡ ಕಡೇನ ತೀಚಿ ಪಾರ್ಟಿ ಹಿಂದೂ ಉಮೇದುವಾರಾಂಕ ಚುನಾವಣೆಕ ರಾಬ್ಬೂಂಕ ಮ್ಹೊಣು ಪ್ರಚಾರು ಕೆಲ್ಲೊ. ತಾಜ್ಜೆ ಮಾಗ್ಗೀರಿ ಹಿಂದೂ ಮಹಾಸಭಾನ ಕಾಂಗ್ರೆಸ್ ಪಾರ್ಟೀಲೆಲಾಗ್ಗಿ ಭಿನ್ನಮsತು ಜಾಲ್ಲ್ಯಾರಿ ಹಿಂದೂಲೆ ಹಿತಾಸಕ್ತೀಚೆ ಕತಿರ ಹೀ ಪಾರ್ಟಿ ಮುಕಾರಿ ಯೆತ್ತಾಶ್ಶೀಲಿ. 1920 ಇಸ್ವೇಂತು ವಿನಾಯಕ ದಾಮೋದರ ಸಾವರಕರಾನ ಹಿಂದೂ ಮಹಾಸಭಾಚೆ ವಿಷಯಾಂತು ಮಸ್ತ ಕಾಮ ಕೆಲ್ಲೆಂ.

ಮಹಮ್ಮದ ಅಲಿ ಜಿನ್ನಾ

ಜಿನ್ನಾ ಬೊಂಬೈಂತು ದಾದಾಭಾಯಿ ನವ್ರೋಜ್ಜೀಲೊ ಕಾರ್ಯದರ್ಶಿ ಜಾವ್ನು ಆಶ್ಶೀಲೊ. ದಾದಾಭಾಯಿ ಏಕು ಸೆಕ್ಯುಲರ ಮುಕ್ತವಿಚಾರಾಚೊ ಕಾಂಗ್ರೆಸ್ ಮುಖಂಡು ಜಾವ್ನು ಆಶ್ಶೀಲೊ. ತೇ ವೇಳಾರಿ ಮುಸ್ಲಿಂ ಲೀಗ್ ಮ್ಹೊಣು ಏಕ ಮುಸ್ಲಿಮ್ಮಾಲೆ ರಾಜಕೀಯ ಪಕ್ಷ ಕಾಂಗ್ರೆಸ್ಸಾಕ ಪರ್ಯಾಯ ಜಾವ್ನು ಬ್ರಿಟಿಷ್ ಸರಕಾರಾಲೆ ಸಹಯೋಗಾಂತು ಸ್ಥಾಪನೆ ಜಾಲ್ಲೇಲೆಂ.

ಜಿನ್ನಾಯಿ ದಾದಾಭಾಯಿಲೆವರೀಚಿ ಕಾಂಗ್ರೆಸ್ಸಾಂತು ಕಾಮಕೊರೂಂಕ ಲಾಗ್ಲೊ. ಜಿನ್ನಾನ ಸುರ್ವೇಕ ಮುಸ್ಲಿಂಲೀಗಾಕ ಉತ್ತೇಜನ ದೀನಿ. ತಾಕ್ಕಾ ರಾಜಕೀಯಾಂತು ಮೇಳ್ಕಾ ಮ್ಹೊಣು ಆಶಿಆಶ್ಶೀಲಿ. ಮತದಾರಾಲೆ ಪಟ್ಟೀಂತು ನಾಂವ ದಿತ್ತsನಾ ತಾಣಿ ಮುಸ್ಲಿಂ ಜಾಲ್ಲೇಲೆ ನಿಮಿತ್ತ ಮುಸ್ಲಿಂ ಲೀಗಾಚೊ ಉಮೇದುವಾರು ಜಾವ್ನು ನಾಂವ ದಿಲ್ಲೆಂ. ತೋ ಬೊಂಬೈತಾಕ್ಕೂನು ವೆಂಚೂನು ಆಯ್ಲೊ. ತಾಕ್ಕಾ ಕೇಂದ್ರೀಯ ಶಾಸಕ ಸಭೇಂತು (ಇಂಪೀರಿಯಲ್ ಕೌನ್ಸಿಲ್) ಸದಸ್ಯಜಾವ್ನು ಸ್ಥಾನ ಮೆಳ್ಳೆಂ.

1920 ಇಸ್ವೇಚೆ ಅಸಹಕಾರ ಚಳುವಳೀಂತು ಜಿನ್ನಾನ ಕಾಂಗ್ರೆಸ್ಸಾಕ ಸಮರ್ಥನ ದೀನಿ. ಜಾಲ್ಲ್ಯಾರಿ ತಾಣೆ ಖಿಲಾಫತ್ ಚಳುವಳೀಕಯಿ ಸಹಕಾರು ದೀನಿ. ಹಳುಹಳೂ ಜಿನ್ನಾ ಕಾಂಗ್ರೆಸ್ಸಾಚೆತಾಕ್ಕೂನು ದೂರ ಜಾಲ್ಲೊ. ತಾಣೆ ಗಾಂಧೀಲೆ ಸಕ್ಕಡ ಚಳುವಳೀಂಕ ವಿರೋಧ ಕೆಲ್ಲೆಂ. ಕಡೇರಿ ತೋ ಮ್ಹಣಾಲೊ, 'ಗಾಂಧೀಲೊ ಗುಪ್ತ ಉದ್ದೇಶು ಇಂಡಿಯಾಂತು ಹಿಂದು ರಾಜ ಸ್ಥಾಪನೆ ಕೊರ್ಚೊ,' ಮ್ಹೊಣು. ಬ್ರಿಟಿಷ್ ಸರಕಾರಾಕ ಆನಿ ಜಿನ್ನಾಂಕ ಮಸ್ತ ವಿಷಯಾಂತು ಸಹಮತು ಆಶ್ಶೀಲೊ. 1931 ಇಸ್ವೇಂತುಲೆ ಹುಕುಮಭಂಗ ಆಂದೋಲನಾಂತೂಯಿಂ ಜಿನ್ನಾನ ಮುಸ್ಲಿಂ ಜನಾಂಕ ಭಾಗು ಘೆವ್ಚೊ ನಾಕ್ಕಾ ಮ್ಹೊಣು ಸಲಹೆ ದಿಲ್ಲೊ.

ಅಧ್ಯಾಯು 8

ಆಮ್ಗೆಲೊ ಸ್ವಾತಂತ್ರ್ಯ ಸಂಗ್ರಾಮು - 3

ಗಾಂಧಿ ಆಯ್ಲೊ

ಕ್ರಿ. ಶ. 1915 ಇಸ್ವೇಂತು ಮೋಹನದಾಸ ಕರಮಚಂದ ಗಾಂಧಿ ಮ್ಹಳ್ಳೊಲೊ ಏಕು ಗುಜರಾತಿ ಮನೀಷು ದಕ್ಷಿಣಾಫ್ರೀಕಾತಾಕ್ಕೂನು ಬೊಂಬೈಕ ಆಯ್ಲೊ.

ಮೋಹನದಾಸ ಮಾಮ್ಮಾಲಿ ಕಾಣಿ ಭಾರೀ ಸ್ವಾರಸ್ಯಜಾವ್ನು ಆಸ್ಸ. ಹೋ 1890 ಇಸ್ವೇಂತು ಇಂಗ್ಲೇಂಡಾಕ ಉಚ್ಚ ಶಿಕ್ಷಣಾಂಕ ಗೆಲ್ಲೇಲೆ ಭಾರತೀಯಾಲೆಪ್ಪೈಕಿ ಎಕ್ಲೊ. ಹಾಣಿ ಇಂಗ್ಲೇಂಡಾಂತು ಕಾನೂನು ಆನಿ ನ್ಯಾಯ ಶಿಕ್ಲೆಂ. ಇಂಗ್ಲೇಂಡಾಂತು ಹೋ ಏಕು ವಿದ್ಯಾರ್ಥಿ ಜಾವ್ನು ಆಶ್ಶೀಲೆ ವೇಳಾರಿ ಹಾಕ್ಕಾ ಇಂಗ್ಲಿಷ್ ಲೋಕು ಸಜ್ಜನ ಲೋಕು ಮ್ಹೊಣು ಮನಾಂತು ಗೆಲ್ಲೆಂ. ಇಂಗ್ಲೇಂಡಾಂತು ಜನಾನಿ ಗಾಂಧೀಕ ಕಾಂಯೀ ಕಷ್ಟ ದೀನಿ. ಇಂಗ್ಲೇಂಡಾಂತು ಆಶ್ಶೀಲೆ ಗೋರೆ ಲೋಕಾಂಕ ಗಾಂಧೀನ ಮಾತ್ತೆ ಬಾಗ್ಲೀನಿ. ತಾಂಗೆಲೆ ಚರ್ಮ ಗೋರೆ ಮ್ಹೊಣು ಗಾಂಧೀನ ಗೋರೆಲೋಕು ವಿಶಿಷ್ಟ ಮನ್ಶ್ಯಂ ಮ್ಹೊಣು ಲೆಕ್ಕನಿ. ತಾಕ್ಕಾ ಬ್ರಿಟಿಷ್ ಜಣ ಭಾರತೀಯಾಂಕಯಿ ಬುದ್ಧವಂತಿಕಾಯ್ಯೇಂತು ಜಾವ್ವೊ, ನೈತಿಕತೇಂತು ಜಾವ್ವೊ, ಆಪಸೀ ಸಂಬಂಧಾಂತು ಜಾವ್ವೊ ಉಚ್ಚಸ್ಥರಾರಿ ಆಸ್ಸತಿ ಮ್ಹೊಣು ದಿಸ್ಸನಿ. ಬದಲಾಕ ತಾನ್ನಿ ಭಾರತೀಯಾಲ್ಲಾಕಯಿ ಸಕಳ್ಚೆ ಸ್ಥರಾರಿ ಆಸ್ಸತಿ ಮ್ಹೊಣು ದಿಸ್ಲೆಂ.

ಗಾಂಧೀಕ ಬ್ರಿಟಿಷ್ ಗೋರೆ ಜನಾಲೆ ಬಗ್ಗೆ ಚಾಂಗ ಭಾವನೆ ಯೆವ್ಚಾಕ ಕಾರಣ ತಾಂಗೆಲೆ ವಿಶಿಷ್ಟ ಸೆಕ್ಯುಲರಿಸಮ್, ಪ್ರಜಾಪ್ರಭುತ್ವಾಚೆರಿ ರೂಚಿ ಆನಿ ಮನುಷ್ಯತ್ವ.

ಕಾನೂನು ಆನಿ ನ್ಯಾಯಶಿಕ್ಕಿಲ್ಯಾಲೆ ವೃತ್ತಿ ನ್ಯಾಯವಾದಿ ಜಾವ್ಚೆಂ. ನ್ಯಾಯವಾದಿ ಜಾಲ್ಲೆಲ್ಯಾನಿ ಕೋರ್ಟಾಂತು ಕಕ್ಷಿದಾರಾಲೆ ತರ್ಪೇನ ವಾದು ಕೋರ್ಕಾ. ನ್ಯಾಯವಾದಿಲೊ ಸಂಬಂಧು ಕಕ್ಷಿದಾರಾಲೆಬಟ್ಟು ಚಾಂಗು ಆಸ್ಸೂಕಾ ಮ್ಹೊಣು ಇಂಗ್ಲೇಂಡಾಂತು ಆನಿ ಯುರೋಪಾಚೆ ವಿಂಗಡ ದೇಶಾಂತು ನ್ಯಾಯವಾದೀಲೊ ಏಕು ಸಂಘು ಆಸ್ಸ. ಅಸ್ಸಲೆ ಸಂಘಾಕ ಗಿಲ್ಡ ಮ್ಹೊಣು ನಾಂವ ಆಸ್ಸ. ಇಂಗ್ಲೇಂಡಾಂತು ನ್ಯಾಯವಾದೀಲೆ ಗಿಲ್ಡಾಕ 'ಬಾರ್' ಮ್ಹೊಣು ಮ್ಹಣ್ತಾತಿ. ಕಾನೂನು ಆನಿ ನ್ಯಾಯವಾದಾಂತು ನಿಪುಣ ಜಾಲ್ಲೆಲ್ಯಾಂಕ 'ಬಾರ್ ಎಟ್ ಲಾ' ಮ್ಹಣ್ತಾತಿ. ತಾಂಕಾ ಬಾರಿಸ್ಟರ್ ಪದವಿ ಮೆಳ್ತಾ. ಗಾಂಧಿ ಆಪ್ಣ್ಯಾಲಿ ಬಾರಿಸ್ಟರ್ ಪದವೀಚೆಂ ಪ್ರಮಾಣಪತ್ರ ಘೇವ್ನು ಇಂಗ್ಲೇಂಡಾಂತುತಾಕ್ಕೂನು 1892 ಇಸ್ವೇಂತು ಬೊಂಬೈ ಆಯ್ಲೊ.

ಬೊಂಬೈಂತು ತಾಣೆ ನ್ಯಾಯವಾದಿ ಮ್ಹೊಣು ಬೋರ್ಡು ಘಾಲ್ನು ತಾಗ್ಗೆಲೆ ಪ್ರಾಕ್ಟೀಸ್ ಸೂರು ಕೆಲ್ಲೆಂ.

ಬೊಂಬೈಂತು ತಾಕ್ಕಾ ಪ್ರಾಕ್ಟೀಸಾಂತು ವಿಶೇಷ ಉನ್ನತಿ ಜಾಯ್ನಿ. ಜಾಲ್ಲೆಲೆ ನಿಮಿತ್ತ 'ತೂಂ ದಕ್ಷಿಣಾಫ್ರಿಕಾಕ ವತ್ತಜಾಲ್ಯಾರಿ ತುಕ್ಕಾ ಥಂಯಿ ಕಾಮ ಮೆಳ್ತಾ' ಮ್ಹೊಣು ಏಕ ಕಕ್ಷಿದಾರಾನ ಗಾಂಧೀಕ ಸೂಚನೆದಿಲ್ಲಿ. ಯೆವ್ಹೊ ವೊಚ್ಚೊ ಖರ್ಚು ದೀವ್ನು ಸಂಭಾವನೆ ವಿಂಗಡ ದಿತ್ತಾತಿ ಮ್ಹೊಣು ಕಳ್ಳೆಂ. ಗಾಂಧಿ ಮಾಮು ದಕ್ಷಿಣಾಫ್ರಿಕಾಕ ಭಾಯ್ರಸರ್ಲೊ. ಥಂಯಿ ತಾಗ್ಗೆಲೆ ಕಕ್ಷಿದಾರಾಲೊ ಏಕು ಖಟ್ಲೊ ಮಸ್ತ ಕಾಳದೋನ್ನು ಚಲ್ತಆಶ್ಶೀಲೊ. ತಾಣೆ ದಕ್ಷಿಣಾಫ್ರಿಕಾಂತು ತೇ ಕಕ್ಷಿದಾರಾಲೆ ತರ್ಪೇನ ವಾದು ಕೆಲ್ಲೊ. ಕಕ್ಷಿದಾರಾಕ ಖಟ್ಲ್ಯಾಂತು ಗುಣಜಾಲ್ಲೆಂ. ಹೇಂ ಜಾಲ್ಲೆಮಾಗ್ಗೀರಿ ಗಾಂಧೀಲೆ ನ್ಯಾಯವಾದೀ ವೃತ್ತಿ ಆನಿ ಧಂಧೊ ಬsಲ ಜಾಲ್ಲೊ. ದಕ್ಷಿಣಾಫ್ರಿಕಾಂತು ಆಶ್ಶಿಲೆ ಇಂಡಿಯಾಚೆ ಜನಾಲೊ ಖಟ್ಲೊ ಖಂಚೋಯಿ ಆಸ್ಸಜಾಲ್ಯಾರಿ ತಾಗ್ಗೆಲೆಲಾಗ್ಗಿ ಯೇವ್ನು ಸಲಹೆ ಘೇತ್ತಾತಿ ಆಶ್ಶಿಲಿಂತಿ. ಥೋಡೇದಿಸಾನಿ ಗಾಂದೀ ಮಾಮ್ಮಾನ ದಕ್ಷಿಣಾಫ್ರಿಕಾಂತು ದರ್ಬನ್ ಶಹರಾಂತು ಘsರ ಕೆಲ್ಲೆಂ.

ತಾಗ್ಗೇಲಿ ಬಾಯ್ಲ ಕಸ್ತೂರ್ಬಾ ಮಾಂಯಿ ಬೊಂಬೈತಾಕ್ಕೂನು ದರ್ಬನ್ ಶಹರಾಕ ವೊಚ್ಚೂನು ಗಾಂಧೀ ಮಾಮ್ಮಾಲೊಟ್ಟು ದಾಂಪತ್ಯ ಕೊರೂಂಕ ರಾಬ್ಲಿ.

ಗಾಂಧೀಕ ದಕ್ಷಿಣಾಫ್ರಿಕಾಚೊ ಸಂಕಟು

ದಕ್ಷಿಣಾಫ್ರಿಕಾಂತು ಕಾಳೆ ನಿಗ್ರೋ ಜನಾಲಿ ಜನಸಂಖ್ಯೆ ಚsಡ ಆಶ್ಶೀಲಿ. ದರ್ಬನ್ ಶಹರಾಂತು ಇಂಡಿಯಾಚೆ ಕೂಲಿ (ಇಂಡೆಂಚರ್ಡ ಭಾರತೀಯ ಮಜ್ದೂರ) ಲೋಕು ಆನಿ ಥೋಡೇ ವ್ಯಾಪಾರೀ ಶ್ರೀಮಂತ ಜsಣಯಿ ಆಶ್ಶಿಲಿಂತಿ.

ಗೋರೆ ಜsಣ ಊಣೆ ಆಶ್ಶಿಲಿಂತಿ. ಗೋರೆ ಜsಣ ಅಪಾರ್ಥೈಡ್ ಮ್ಹಳ್ಳೇಲೆ ಅಲಗಾವುವಾದು ದಾಕ್ಕೈತಾತಿ ಆಶ್ಶಿಲಿಂತಿ. ಭಾರತಾಂತು ಗೋರೆ ಜನಾನಿ ಅಪಾರ್ಥೈಡ್ ಆಚರಣೆ ಕರ್ನಿ. ಭಾರತಾಂತು ಗೋರೆ ಅಧಿಕಾರೀಂಕ ಇಂಡಿಯಾಚೆ ಕಂದು ಜನಾಂಕ ವಿಶೇಷ ನಿಕೃಷ್ಟ ದೃಷ್ಟೀನ ಪೊಳೋಚಾಕ ಅವಕಾಶು ನಾಆಶ್ಶೀಲೊ.

ದಕ್ಷಿಣಾಫ್ರಿಕಾಕ ತುಲನೆ ಕೆಲ್ಯಾರಿ ಭಾರತಾಂತು ಕಂದು ಜನಾಲೆ ಸಂಪರ್ಕ ಗೋರೆ ಲೋಕಾಂಕ ಊಣೆ ಆಶ್ಶಿಲೆಂ. ಗಾಂಧೀಕ ಲಂಡನ್ ಶಹರಾಂತು ಮರ್ಯಾದಿ ಮೆಳ್ಳೇಲಿ. ಜಾಲ್ಯಾರಿ ದಕ್ಷಿಣಾಫ್ರಿಕಾಂತು ತಾಕ್ಕಾ ಏಕಪಟಿ ಟ್ರೈನಾರಿ ಅವಮರ್ಯಾದಿ ಜಾಲ್ಲಿ.

ಗಾಂಧೀ ಮಾಮ್ಮಾನ ಫರ್ಸ್ಟ ಕ್ಲಾಸಾಚೆ ಟಿಕೇಟ್ ಘೆತ್ತಿಲೆಂ ಜಾಲ್ಯಾರಿ ಟಿಕೇಟ್ ಎಕ್ಸಾಮಿನರಾನ ಕಂಪಾರ್ಟಮೆಂಟಾಂತುತಾಕ್ಕೂನು ಭಾಯ್ರ ಲಕಯಿಲೆಂ. ಗಾಂಧಿ ಭಾಯ್ರ ಪ್ಲಾಟಫಾರ್ಮಾರಿ ಪಳ್ಳೊ. 'ತೂಂ ಕಾಳೊ ಮನಿಷು. ಫರ್ಸ್ಟ ಕ್ಲಾಸಾಂತು ತುಕ್ಕಾ ರೀಗ ನಾ. ಫರ್ಸ್ಟ ಕ್ಲಾಸ್ ಗೋರೆ ಲೋಕಾಂಕ ಮಾಂತ್ರ' ಮ್ಹೊಣು ಟಿಕೇಟ್ ಎಕ್ಸಾಮಿನರಾನ ಭಿಷ್ಟಾಯ್ಲೆಂ.

ಗಾಂಧೀ ಮಾಮ್ಮಾಂಕ ಭಾರಿ ದುಃಖ ಜಾಲ್ಲೆಂ. ತಾಣೆ ತೇ ದೀಸರ್ದೋರ್ನು ದಕ್ಷಿಣಾಫ್ರಿಕಾಚೆ ಗೋರೆ ಜನಾಲೆ ಸರಕಾರಾಲೆ ವಿರುದ್ಧ ಅಪಾರ್ಥೈಡಾಚೆ ವಿಷಯಾಂತು ಚಳುವಳಿ ಸೂರು ಕೆಲ್ಲಿ. ತಾಗ್ಗೇಲಿ ಚಳುವಳಿ ಶಾಂತರೀತಿಲಿ ಆಶ್ಶೀಲೆನಿಮಿತ್ತ ಗೋರೆಸರಕಾರಾಂತುಲೆ ಉಚ್ಚಸ್ತರಾರಿ ಆಶ್ಶೀಲೆ ಅಧಿಕಾರೀಂಕ ಯೆಚ್ಚನೆಜಾಲ್ಲೀ. 'ಅರೆ, ಹೋ ಇಂಡಿಯನ್ ಮನಿಷು ಇತ್ಲೊ ಹುಷಾರ್ ಆಸ್ಸವೇ?'

ಗಾಂಧಿ ಮಾಮು ನಿಜ್ಜಾವ್ನು ಏಕು ಭಾರೀ ಬುದ್ಧಿವಂತು, ಧೈರ್ಯವಂತು, ಆನಿ ಬ್ರಿಟಿಷ್ ಜನಾಲೆ ಸಜ್ಜನಿಕೇಂತು ನಮ್ಗಲೊಲೊ ಜಾವ್ನು ಆಶ್ಶೀಲೊ. ಬ್ರಿಟಿಷ್ ಪಾರ್ಲಿಮೆಂಟಾಚೆ ಸದಸ್ಯ ಜಾವ್ವೊ, ಇಂಡಿಯಾಚೊ ಸ್ಟೇಟ್ ಕಾರ್ಯದರ್ಶಿ ಜಾವ್ವೊ ಮಾನವೀಯ ಮೌಲ್ಯಾಂಕ ತಿರಸ್ಕಾರು ಕರ್ನಾಂತಿ ಮ್ಹಣಿಯು ತಾಕ್ಕಾ ಗೊತ್ತಾಶ್ಶೀಲೆಂ.

ಇಂಗ್ಲೀಷ್ ಲೋಕು ಘುಳ್ಳೆ ಮಧ್ಯಯುಗಾಚೆ ರಾಯ್ಯಾಲೆ ಮ್ಹಣ್ಕೆ ನ್ಹಯಿ ಮ್ಹಣಿಯು ತೋ ನಮ್ಗಲೊಲೊ. ಮಧ್ಯಯುಗಾಚೆ ರಾಯ್ಯಾಲೆಲ್ಲಾಗ್ಗಿ ಜಾಲ್ಯಾರಿಯಿ ತಾಕ್ಕಾ ಕಶ್ಶಿ ತಾಂಗೇಲೆ ಮಾನವೀಯತಾ ಎದ್ರಾಕ ಹಾಡ್ಯೇತ ಮ್ಹಣಿಯು ತಾಕ್ಕಾ ಗೊತ್ತುಆಶ್ಶೀಲೆಂ ಮ್ಹಣಿಯು ಲೆಕ್ಕೂಯೇತ.

ಗಾಂಧೀ ಮಾಮ್ಮಾನ ದಕ್ಷಿಣಾಫ್ರಿಕಾಂತು ಆಶ್ಶೀಲೆ ವೇಳಾರಿ ಇಂಗ್ಲೀಷ್ ಕೊಲೊನಿ ಸರಕಾರ ಆಶ್ಶಿಲೆಂ. ಸಾಧಾರಣ ಮನೀಷು ಜಾಲ್ಯಾರಿ ಸರಕಾರಾನ ದಿಲ್ಲೇಲೆ ಕಷ್ಟಾಕ ಖಂಡಿತ ಮೋಡ್ನು ಪಡ್ತಾಶ್ಶೀಲೊ.

ಗಾಂಧೀಕ ಸುಮಾರಪಟಿ ಜೈಲಾಂತು ವೊಚ್ಚೂಕಾ ಜಾಲ್ಲೆಂ. ಜೈಲಾಂತು ಅಪರಿಮಿತ ನಿಂದನೆ ಆನಿ ಜೈಲರಾಲೆಂ ಕ್ರೂರ ವರ್ತನೆ ಸಹಿಸೂಕಾ ಜಾಲ್ಲೆಂ. ಗಾಂಧಿ ದಕ್ಷಿಣಾಫ್ರಿಕಾಂತು ಇಂಡಿಯನ್ ವಂಶಾಚೊ ಎಕ್ಕೂಚಿ ಉಚ್ಚಶಿಕ್ಷಣ ಪಾವೀಲೊ ಬಾರಿಸ್ಟರ್ ಜಾವ್ನು ಆಶ್ಶೀಲೊ. ತಾಕ್ಕಾ ಕಾನೂನು ಬಾಯಿಪಾಠು ಯೆತ್ತಾಶ್ಶೀಲೊ.

ದಕ್ಷಿಣಾಫ್ರಿಕಾಚೆ ಸರಕಾರಾಕ ತಾಕ್ಕಾ ಶಿಕ್ಷೆದೀವ್ನು ಜೈಲಾಂತು ಘಾಲೂಂಕ ಮಸ್ತ ಸುಲಭ ಜಾಯ್ನಿ. ಇಂಗ್ಲೀಷ್ ಕಾನೂನಾಂಚೆ ಪ್ರಕಾರ ಖಂಚೇಯಿ ಚಳುವಳೀಂತು ಜಾನಮ್ಹಾಲಾಚೊ ಲುಕ್ಸಾಣು ಜಾಯ್ನಿಜಾಲ್ಯಾರಿ ಚಳುವಳಿಕಾರಾಂಕ ಕೈದಿ (ಅರ್ರೆಸ್ಟ್) ಕೊರೂಂಕ ಜಾಯ್ನಾ. ಅಶ್ಶಿ ಶಾಂತಿಪೂರ್ವಕ ಗಾಂಧಿನ ಕೊರ್ಚೆ ಚಳುವಳೀಕ ತಾಣೆ 'ಸತ್ಯಾಗ್ರಹ' ಮ್ಹಣಿಯು ನಾಂವ ದಿಲ್ಲೆಂ.

ಗಾಂಧೀಕ ದಕ್ಷಿಣಾಫ್ರಿಕಾಂತು ಘಃರ ಕೋರ್ನು ರಾಬ್ಬೂನು ಆಶ್ಶೀಲೆ ಇಂಡಿಯಾಚೆ ಮುಸ್ಲಿಂ, ಕ್ರಿಶ್ಚನ್ ಆನಿ ಹಿಂದೂ ಲೋಕಾನಿ ತಾಗ್ಗೇಲೆ ಸತ್ಯಾಗ್ರಹ ಚಳುವಳೀಂತು ಸಹಾಯುಕೆಲ್ಲೊ. ಗಾಂಧೀಕ ಆಪ್ಣ್ಯಾಲೆ ಸ್ವಂತ ಆತ್ಮಬಲಾಚೆರಿ ನಂಬಿಗಾಆಯ್ಲಿ. ಸತ್ಯಾಗ್ರಹ ಕಶ್ಶಿಕೋರ್ಯೆತ ಮ್ಹಣಿಯು ತಾಕ್ಕಾ ದೀಸವತ್ತಾಂವತ್ತಾಂ ಭಾರೀ ಅನುಭವು ಆಯ್ಲೊ.

ಗೋರೆ ಜನಾನಿ ನಿಗ್ರೋ ಆನಿ ಇಂಡಿಯನ್ ಜನಾಂಗಾಚೇರಿ ವಿಂಗವೀಗಡ ತರಾಚೆ ವಂಶಾಧಾರಿತ ಭೇಧಭಾವನೆ ಗಾಂಧೀಕ ಅರ್ಥು

ಜಾಲ್ಲೊ. ಹೇಂ ಭೇಧಭಾವನೆ ಮಾನವೀಯತೇಕ ವಿರುದ್ಧ ಜಾವ್ನ ಆಸ್ಸ ಮ್ಹಣು ಗಾಂಧೀಕ ಸ್ಪಷ್ಟ ಜಾಲ್ಲೇಲೆಂ.

ಗಾಂಧೀಲೆಂ ಬ್ರಿಟಿಷ್ ಕನೆಕ್ಷನ್ನ

ಕ್ರಿ. ಶ. 1899 ಇಸ್ವೇಂತು ದೊನ್ನಿಂಚೆ ಬೋವರ್ ಯುದ್ಧಾಚೆ ವೇಳಾರಿ ಗಾಂಧೀನ ಏಕ ಭೋಂವ್ಚೆ ರೋಗಿವಾಹನ (ಎಂಬ್ಯೂಲೆನ್ಸ್) ಒಟ್ಟು ಮೇಳೋನು ತಾಜ್ಜೆ ಮುಖಾಂತರ ಇಂಗ್ಲೀಷ್ ಸೈನ್ಯಾಕ ವೈದ್ಯಕೀಯ ಸೇವೆ ದಿಲ್ಲಿ.

ಮಾಗ್ಗೀರಿ ಝುಲು ಜನಾಲೆ ವೈರಿ ಇಂಗ್ಲೀಷಾನಿ ದೋಳ್ಯಾಂತು ರಗತ ನಾತ್ಲ್ಯಾವಣ್ಣಿ ವಿಪರೀತ ಅತ್ಯಾಚಾರು ಕೆಲ್ಲೇಲೆ ವೇಳಾರಿ ಜಖಂ ಜಾಲ್ಲೇಲೆ ಝುಲು ಜನಾಂಕ ಭೋಂವ್ಚೆ ರೋಗಿವಾಹನ ವ್ಹೋರ್ನು ತಾನ್ನಿ ಪಳ್ಳೆಲೆ ಕಡೇನ ತಾಂಕಾ ಶುಶ್ರೂಸೆ ಕೆಲ್ಲಿ. ತೀವ್ರಜಾವ್ನು ಜಖಂ ಜಾಲ್ಲೆಲ್ಯಾಂಕ ವಾಹನಾರಿ ಆಸ್ಪತ್ರೆಕ ಹೋರ್ನು ಸೊಳ್ಳೆಂ.

ಝುಲು ಜನಾನಿ ಖಂಚೆಕೀ ಏಕ ಸುಂಕ ದಿವ್ಚಾಕ ವಿರೋಧು ಕೆಲ್ಲೊ ಮ್ಹಣು ಇಂಗ್ಲೀಷಾನಿ ತಾಂಗೆಲೆ ನಡತೇಕ ವಿದ್ರೋಹು ಮ್ಹಣು ತಾಚೆವೈರಿ ದೋಶಾರೋಪ ಕೆಲ್ಲೆಲೆಂ. ಗಾಂಧೀ ಮಾಮ್ಮಾಂಕ ಹೇ ದೋನಿ ದೇಶಪ್ರೇಮಿ (ಇಂಗ್ಲೇಂಡ್ ದೇಶಾವೈರಿ ಪ್ರೇಮು) ಕಾರ್ಯಾಕ ಬ್ರಿಟಿಷ್ ಸರಕಾರಾನ ಮೆಡಲ್ ದಿಲ್ಲೆಲೆಂ. ತಾಕ್ಕಾ ಯುದ್ಧಾಚೆವೇಳಾರಿ ಸ್ವಯಂಸೇವಕ 'ಸಾರ್ಜೆಂಟ್ ಮೇಜರ್' ಮ್ಹಣು ಮಿಲಿಟರಿ ಹುದ್ದೊ ದಿಲ್ಲೊಲೊ.

ಭಾರತಮಾತೇಲಿ ಸೇವಾ ಕೊರ್ಕಾ ಹಾಂವೆ

ಗಾಂಧೀ ಮಾಮ್ಮಾಲೊ ಜನ್ಮು ಕ್ರಿ. ಶ. 1869 ಇಸ್ವೇಂತು ಅಕ್ಟೋಬರ್ ದೊನ್ನಿಂಚೆ ತಾರೀಕೇಕ ಜಾಲ್ಲೊಲೊ. 1915 ಇಸ್ವೇಂತು ತಾಣಿ ಭಾರತಾಕ ಯೆತ್ತಽನಾ ತಾಕ್ಕಾ 46 ವರ್ಸ ಪ್ರಾಯ ಜಾಲ್ಲೇಲಿ.

ಆಪ್ಣ್ಯಾಲೆ ಮಾತೃಭೂಮೀಕ ಸೇವೆ ಕೋರ್ಕಾ ಮ್ಹಣು ಗಾಂಧಿ ದಕ್ಷಿಣಾಫ್ರಿಕಾ ಸೋಣು ಇಂಡಿಯಾಕ ವಲಸೆ ಆಯ್ಲೊ. ಇಂಡಿಯಾ ಏಕಿ ದುರ್ಬಳಿ ಆನಿ ಸಾಧ್ಯ ಆಶ್ಶೀಲ್ಯಾನಿ ಭಾರತಮಾತೇಕ ಸೇವೆ ಕೋರ್ಕಾ ಮ್ಹಣು ಗಾಂಧಿ ಭಾರತಾಕ ಆಯ್ಯೀಲೊ ಮ್ಹಣು ಸಾಂಗೀಲೆಂ. ಭಾರತಾಂತು 1897 ಇಸ್ವೇಂತು ಭಯಂಕರ ಕ್ಷಾಮು ಜಾಲ್ಲೊಲೊ.

ತೇ ವೇಳಾರಿ ಗಾಂಧೀ ಮಾಮ್ಮಾನ ದಕ್ಷಿಣಾಫ್ರಿಕಾಚೆ ಭಾರತೀಯ ಮೂಳಾಚೆ ಜನಾಲೆಲಾಗ್ಗಿ ವಂತೀಗಾ ಒಟ್ಟು ಕೆಲ್ಲೇಲಿ. 1899 ಇಸ್ವೇಂತು ಪುನಃ ಕ್ಷಾಮು ಜಾಲ್ಲೊ. ತೇ ವೇಳಾರಿಯಿ ಗಾಂಧೀನ ವಂತೀಗಾ ಒಟ್ಟು ಕೋರ್ನು ಭಾರತಾಕ ಪೇಟೋನು ದಿಲ್ಲೇಲಿ.

'ಮಾಕ್ಕಾ ದಕ್ಷಿಣಾಫ್ರಿಕಾಂತು ಮಸ್ತು ದುಡ್ಡು ಕೊರ್ಚಾಕ ಅವಕಾಶು ಆಶ್ಶೀಲೊ. ಜಾಲ್ಲ್ಯಾರಿ ಮೆಗ್ಗೆಲೆ ಜೀವನಾಚೊ ಮುಖ್ಯ ಉದ್ದೇಶು ದುಡ್ಡು ಕೊರ್ಚೆ ಮಾಂತ್ರ ಜಾವ್ಚಾಕ ನಜ್ಜ ಮ್ಹಣು ಮಾಕ್ಕಾ ದಿಸ್ತಽಲೆಂ,' ಮ್ಹಣು ಗಾಂಧೀನ ತಾಗ್ಗೆಲೆ ಪುಸ್ತಕಾಂತು ಬರಯಿಲಾಂ.

ಗಾಂಧೀಕ ತಾಗ್ಗೇಲಿ ಸೇವಾದೃಷ್ಟಿ ಭಾರತಾಂತು ಚ಼ಡ ಉಪಯೋಗಾಕ ಯೆತ್ತ಼ಲೀ ಮ್ಹೊಣು ದಿಸ್ಲೆಂ.

ಗಾಂಧೀ ಮಾಮ್ಮಾಂಕ ದಕ್ಷಿಣಾಫ್ರಿಕಾಂತು ನಾಟಾಲ್ ಪ್ರದೇಶಾಚೆ ಜನಾನಿ ವಿದಾಯಾಚೆ ವೇಳಾರಿ ಮಸ್ತ ಉಡುಗಿರೆಂ ದಿಲ್ಲೀಂತಿ. ಏಕ ಶ್ರೀಮಂತಾನ ಹೋಳ್ಳೆ ಏಕ ನೆಕ್ಲೇಸ್ ದಿಲ್ಲೆಂ. ಸ್ವಲ್ಪ ಜನಾನಿ ವಜ್ರಾಚಿ ಮುದ್ದಿ, ಬಾಂಗ್ರಾಚೊ ಸೋರು, ಕಾಂಗ್ಣ಼, ಕಾಪ್ಪಡ, ಇತ್ಯಾದಿ ದಿಲ್ಲೇಲೆಂ. ಗಾಂಧೀನ ತೆಂ ಸಕ್ಕಡ ಏಕ ಪೆಟ್ಟ್ಯೇಂತು ಘಾಲ್ಲು ತಾಗ್ಗೇಲೊ ದೋಸ್ತು ರುಸ್ತೋಮ್ಜೀಕ ದಿಲ್ಲೆಂ. ಏಕ ಪ್ರತಿಷ್ಠಾನ (ಟ್ರಸ್ಟ್) ಸ್ಥಾಪನೆಕೋರ್ನು ಬಾಯ್ಲೇಕ ಆನಿ ಚೆರ್ಡುವಾಂಕ ತೇ ಪ್ರತಿಷ್ಠಾನಾಂಚೆ ವಕೀಲ ಕೆಲ್ಲೀಂತಿ. ನಾಟಾಲಾಚೆ ಸ್ವಲ್ಪ ಲೋಕಾಂಕ ತೇ ಪ್ರತಿಷ್ಠಾನಾಂಚೆ ಸದಸ್ಯ ಕೆಲ್ಲೀಂತಿ.

ಕಸ್ತೂರ್ಬಾಲೆಂ ಬಾಯ್ಲಮನ್ಶೇಲೆ ಮ಼ನ

ಕಸ್ತೂರ್ಬಾ ಗಾಂಧೀಲಿ ಬಾಯ್ಲ. ತೀಣೆ ನಾಟಾಲಾಚೆ ಜನಾನಿ ದಿಲ್ಲೇಲೆಂ ಉಡ್ಗೀರೆಂ ಸಕ್ಕಡ ಪ್ರತಿಷ್ಠಾನಾಂಕ ದಿವ್ಚೊ ಗಾಂಧೀಲೊ ಠರಾವ್ ವಿರೋಧ ಕೆಲ್ಲೊ. 'ಚೆರ್ಡುವಾಂಕ ನಾಕ್ಕಾ ಜಾಲ್ಯಾರಿ ನಾಕ್ಕಾ. ಮೆಗ್ಗೆಲೆ ಸುನ್ನಾಂಕ ದಿವ್ಚಾಕ ಜಾವ್ಕಾ,' ಮ್ಹೊಣು ಮ್ಹಣಾಲಿ ಕಸ್ತೂರ್ಬಾ ಮಾಂಯಿ.

'ಮೆಗ್ಗೆಲೆ ಚೆರ್ಡುವಂ ಆನಕಯಿ ಹೋಡಜಾಯ್ನೀಂತಿ. ತಾಂಕಾ ವ್ಹಾರ್ಡಿಕ ಜಾಲ್ಲೆಮಾಗ್ಗೀರಿ ತಾಂಗೆಲೆ ಬಾಯ್ಲಾಂಕ ತಾನ್ನಿ ಜೋಣು ಜಾಯಿ ಜಾಲ್ಲೇಲೆ ತಿತ್ಲೆಂ ಭಾಂಗರ ಘಾಲ್ಲು ಘೇವ್ವೋತಿ,' ಮ್ಹಣಾಲೊ ಗಾಂಧಿ. 'ಹಾಂವ ತರೀ ಆಸ್ಸ. ತೇ ವೇಳಾರಿ ಮೆಗ್ಗೆಲೆಲಾಗ್ಗಿ ತೂಂವೆಂ ನಿಮ್ಗೂಯೇತ.'

'ತುಮ್ಕಾ ನಿಮ್ಗುಚೆಂವೇಂ?' ಕಸ್ತೂರ್ಬಾ ಮಾಂಯಿ ಮ್ಹಣಾಲಿ. 'ತುಮ್ಮಿ ಕಸ್ಸಲೆ ನಮೂನ್ಯಾಚೆ ಮನೀಷ್ ಮ್ಹೊಣು ಆಮ್ಕಾ ವ್ಹಾರ್ಡಿಕ ಜಾವ್ನು ಇತ್ಲೆ ವರ್ಸ ಜಾಲ್ಲೆಮಾಗ್ಗೀರಿಯಿ ಮಾಕ್ಕಾ ಗೊತ್ನಾವೇಂ? ತುಮ್ಮಿ ತುಮ್ಗೆಲೆ ಚೆರ್ಡುವಾಂಕ ಸಾಧು ಸನ್ಯಾಸಿ ಕೋರೂಂಕ ಭಾಯ್ರಸಲ್ಯಾಂತಿ. ತಾಂಕಾ ಭಾಂಗ್ರಾಚೊ ಶಿಂಗಾರು ನಾಕ್ಕಾ. ಜಾಲ್ಯಾರಿ ಮೆಗ್ಗೇಲೆ ನೆಕ್ಲೇಸಾರಿ ತುಮ್ಕಾ ಅಧಿಕಾರು ಆಸ್ಸವೇ?'

'ಜಾಲ್ಯಾರಿ ನೆಕ್ಲೇಸ್ ಮೆಗ್ಗೆಲೆ ಸೇವೇಕತಿರ ದಿಲ್ಲೆಲೆ ನ್ಹಯಿಂವೇಂ?'

'ವ್ಹಯಿ, ತೆಂ ನೆಕ್ಲೇಸ್ ತುಮ್ಗೆಲೆ ಸೇವೇಕತಿರ ದಿಲ್ಲೆಲೆಂ ವ್ಹಯಿ. ಜಾಲ್ಯಾರಿ ತುಮ್ಮಿ ದಿಲ್ಲೇಲಿ ಸೇವಾ ಹಾಂವೆ ದಿಲ್ಲೇಲೆ ವರೀಚಿ ನ್ಹಯಿಂವೇಂ? ತುಮ್ಗೆಲೆ ಕತಿರ ಹಾಂವೆ ದೀಸುರಾತಿ ಘರಾಂತು ಘೋಳ್ನಿವೇಂ? ತೆಂ ಸೇವೆ ನ್ಹಯಿಂವೇಂ? ತುಮ್ಮಿ ಮೆಜ್ಜೆವೈರಿ ಸಕ್ಕಡ ಭಾರು ಘಾಲ್ಲೊ, ಮಾಕ್ಕಾ ರಡಯಿಲೆಂ, ಆನಿ ಹಾಂವೆ ಸಕ್ಕಡಾಂಕ ತುಮ್ಮಿ ಸಾಂಗ್ಲೆ ಮ್ಹೊಣು ಸೇವೆ ಕೆಲ್ಲಿ.' ಕಸ್ತೂರ್ಬಾ ಮಾಂಯಿ ಪಾಪ ಉಕ್ಕೂಟೊ ಕಾಣು ರಳ್ಳಿ. ಗಾಂಧೀಕ ಬೇಜ಼ಾರಜಾಲ್ಲೊ. ಜಾಲ್ಯಾರಿ ತಾಗ್ಗೆಲೆ ಹ಼ಠ ತಾಣೆ ಸೋಣಿ.

ಗಾಂಧೀನ ಬಾಯ್ಲೇನ ಸಾಂಗೀಲೆ ಆಯ್ಕ಼ನಿ. ತಾಣೆ ಏಕ ಪ್ರತಿಷ್ಠಾನ ಸ್ಥಾಪನೆ ಕೆಲ್ಲೇಂಚಿ. ತೇ ಪ್ರತಿಷ್ಠಾನಾಂತು ತಾಕ್ಕೂನು ಮಸ್ತ ವರ್ಸ ತಾಂಯಿ ಗಾಂಧೀನ ದುಡ್ಡು ಜಾಯಿಜಾಲ್ಲೇಲೆ ವೇಳಾರಿ ಕಾಳ್ಳಾ. ಕಸ್ತೂರ್ಬಾಕ ಮಾಗ್ಗೀರಿ

ಪ್ರತಿಷ್ಠಾನ ಕೆಲ್ಲೆಲೆ ಚಾಂಗಜಾಲ್ಲೆಂ ಮ್ಹೊಣು ದಿಸ್ಲೆಂಕಂಯಿ. ಗಾಂಧೀನ ನಿಜ್ಜಾವ್ನು ನಾಟಾಲಾಚೆ ಜನಾನಿ ದಿಲ್ಲೊಲೊ ದುಡ್ಡು ತಾಂಕಾ ವೋಪಾಸ ದೀನಿ. ತಾಣೆ ಏಕ ಪ್ರತಿಷ್ಠಾನ ಕೋರ್ನು ಸರ್ವಜನಾಂಕ ಮಾಂತ್ರನ್ನಂಯಿ ಆಪ್ಣಾಯ್ಕಯಿ ಭಾರತಾಕ ಆಯ್ಲೆಮಾಗ್ಗೀರಿ ಮಸ್ತ ವರ್ಸತಾಂಯಿ ತಾಜ್ಜೊ ಉಪಯೋಗು ಜಾವ್ಚಾಕ ಪ್ರಬಂಧ ಕೆಲ್ಲೊ. ಗಾಂಧೀಕ ಭಾರೀ ದೂರಾಲೋಚನ ಆಶ್ಶೀಲಿ; ಕಾಮಾಂಚೊ ಪರಿಣಾಮು ಮುಕಾರಿ ಚಾಂಗು ಜಾವ್ಕಾ ಮ್ಹೊಣು.

ಗಾಂಧಿ ಮಾಮು ಭಾರತಾಕ ಆಯ್ಲೊ

ಗಾಂಧೀ ಮಾಮ್ಮಾನ ಕ್ರಿ. ಶ. 1914 ಇಸ್ವೇಂತು ಪ್ರಥಮ ಜಾಗತಿಕ ಯುದ್ಧ ಸೂರು ಜಾಲ್ಲೆಲೆ ವೇಳಾರಿ ದಕ್ಷಿಣಾಫ್ರಿಕಾ ಸೋಣು ಭಾರತಾಕ ಯೇವ್ಕಾಜಾಲ್ಲೆಂ. 1915 ಇಸ್ವೇಂತು ಗಾಂಧಿ ಭಾರತಾಕ ಆಯ್ಲೊ. ಗಾಂಧೀಕ ಇಂಡಿಯಾಂತು ಆಯ್ಲೆ ಮಾಗ್ಗೀರಿ ಕಸ್ಸಲೆಂಕೋರ್ಕಾ ಮ್ಹೊಣು ನಿಶ್ಚಯ ಕೊರೂಂಕ ಸಮಯು ಲಾಗ್ಲೊ.

ಗಾಂಧಿ ಮಾಮ್ಮಾಂಲೆ ಸಂಸಾರ ಹೋಡ ಆಶ್ಶೀಲೆಂ. ತಾಕ್ಕಾ ಚಾರಿ ಜ಼ಣ ಚೆಲ್ಲೆ (ದಾರ್ಲೆ ಚೆಡ್ಡುವಂ) ಆಶ್ಶೀಲೇತಿ. ತಾಂಗೆಲೆ ನಾಂವ ಹರಿಲಾಲ, ಮಣಿಲಾಲ, ರಾಮದಾಸ ಆನಿ ದೇವದಾಸ. ಇಂಡಿಯಾ ಆಯ್ಯಿಲೆ ವೇಳಾರಿ ತಾಕ್ಕಾ ತಾಗ್ಗೆಲೆ ಸಂಬಂಧಿಕಾನಿ ಸ್ವಾಗತ ಕೆಲ್ಲೆಂ. ಗಾಂಧೀಕ ತೇವೇಳಾರಿ ಕಾಂಗ್ರೆಸ್ ಮುಖಂಡು ಜಾವ್ನು ಆಶ್ಶೀಲೊ ಗೋಪಾಲ ಕೃಷ್ಣ ಗೋಖಲೇನಯಿ ಬೊಂಬೈಂತು ಘ಼ರ ಕೊರೂಂಕ ಸಹಾಯು ಕೆಲ್ಲೊ.

ಗಾಂಧೀನ ಭಾರತಾಂತು ಯೇವ್ನು ಬ್ರಿಟಿಷ್ ವಿರೋಧಿ ಮುಸ್ಲಿಂ ಚಳುವಳೀಂತು ಭಾಗ ಘೆತ್ಲೊ. ಪ್ರಥಮ ಜಾಗತಿಕ ಯುದ್ಧಾಂತು ತುರ್ಕಿಸ್ಥಾನಾಂಚೆ ಖಲೀಫಾನ ಜರ್ಮನೀಲೆ ಒಟ್ಟು ಮೇಳ್ನು ಇಂಗ್ಲೇಂಡಾಚೆ ವಿರುದ್ಧ ಯುದ್ಧ ಕೆಲ್ಲೆಂ. ಖಲೀಫಾನ ಹೇ ಯುದ್ಧಾಕ ಜಿಹಾದ್ ಯುದ್ಧ ಮ್ಹೊಣು ನಾಂವ ದೀವ್ನು ಜಗತ್ತ್ಯಾಚೆ ಸಕ್ಕಡ ಮುಸ್ಲಿಂ ಲೋಕಾಂಕ ಇಂಗ್ಲೇಂಡಾಚೆ ವಿರುದ್ಧ ಲಢಾಯಿ ಕೋರ್ಕಾ ಮ್ಹೊಣು ಆಹ್ವಾನ ಕೆಲ್ಲೆಂ.

ಭಾರತಾಂತು ಖಲೀಫಾಲೆ ತರ್ಪೇನ ಮುಸ್ಲಿಮ್ಮಾನಿ ಕೊರ್ಚೆ ಚಳುವಳೀಕ ಖಿಲಾಫತ್ ಚಳುವಳಿ ಮ್ಹೊಣು ನಾಂವ ದಿಲ್ಲೆಂ. ಗಾಂಧೀನ ರೌಲೆಟ್ ರಿಪೋರ್ಟಾಚೆ ವಿರುದ್ಧ ಅಸಹಕಾರ ಚಳುವಳಿ ಕೆಲ್ಲಿ. ಗಾಂಧೀನ ಖಿಲಾಫತ್ ಚಳುವಳಿಕ ಕಾಗ್ರೇಸ್ಸಾಚಿ ಅಸಹಕಾರ ಚಳುವಳಿ ಕೂಡ್ಸೀಲಿ. ಮುಸ್ಲಿಮಾಲಿ ಖಿಲಾಫತ್ ಚಳುವಳಿ ಆನಿ ಗಾಂಧೀಲಿ ಅಸಹಕಾರ ಚಳುವಳಿ ದೊನ್ನೀಂಯಿ ಬ್ರಿಟಿಷ್ ಸರಕಾರಾಕ ಸಗ್ಳೇ ಭಾರತಾಂತು ಪಸರಲೆಲೆಂವರಿ ದಿಸ್ಲೀಂತಿ.

ಗಾಂಧೀಕ ಆಪ್ಣ್ಯಾನ ಲೆಕ್ಕೀಲೆತಶ್ಶಿ ಮುಸ್ಲಿಮಾನಿ ಕಾಂಗ್ರೆಸ್ಸಾಕ ಪಾಠಿಬಲ ದೀನಿ. ಮುಸ್ಲಿಮ್ಮಾನಿ ತಾಂಗೇಲಿ ಖಿಲಾಫತ್ ಚಳುವಳಿಕ ಅಸಹಕಾರ ಚಳುವಳಿಚೆ ಒಟ್ಟು ಮೇಳಯ್ಯಿ. ಅಸಹಕಾರ ಚಳುವಳೀಚೆ ಮೆರವಣಿಗೇಂತು ಮುಸ್ಲಿಮ್ಮಾನಿ ಭಾಗುಘೇನಿ. ತಾನ್ನಿ ಬ್ರಿಟಿಷಾಲೆ ವಿರುದ್ಧ

ವಿಂಗಃಡ ಮೆರವಣಿಗಾ ಕಾಳ್ಕಿ. ಮುಸ್ಲಿಮಾಲೆ ಆಗ್ರಹ ವಿಂಗಡಃ ಜಾವ್ನು ಆಶ್ಶೀಲೆಂ.

ಗಾಂಧೀನ ರೌಲೆಟ್ ರಿಪೋರ್ಟಾಚೆ ವಿರುದ್ಧ ಅಸಹಕಾರ ಚಳುವಳಿ ಕೆಲ್ಲೇಲಿ ಜಾಲ್ಯಾರಿ ಮುಸ್ಲಿಮಾನಿ ತುರ್ಕಿ ಖಲೀಫಾಕ ವೋಪಾಸ ಅಧಿಕಾರು ದೀವ್ಕಾ ಮ್ಹೋಣು ಚಳುವಳಿ ಕೆಲ್ಲಿ. ಗಾಂಧೀನ ಹಿಂದೂನಿ ಆನಿ ಮುಸ್ಲಿಮಾನಿ ಒಟ್ಟೂಚಿ ಬ್ರಿಟಿಷಾಲೆ ವಿರುದ್ಧ ಚಳುವಳಿ ಕೋರ್ಕಾ ಮ್ಹಳ್ಳೊಲೊ ವಿಷಯು ಮುಸ್ಲಿಮಾಲೆ ಕಾನ್ನಾರಿ ಪಃಣಿ. ತಾನ್ನಿ ಗಾಂಧೀಕ ಸಹಕಾರು ದೀನಿ. ಗಾಂಧೀನ ತಾಂಕಾ ಸಹಕಾರು ದೀವ್ನು ಮುಸ್ತಫಾ ಕಮಾಲ್ ಪಾಶಾಲೆ ಸುಧಾರಣೇಂಚೆ ಪ್ರಯತ್ನಾಕ ಅಡ್ಡಿ ಕೆಲ್ಲ್ಯಾಮ್ಹಣ್ಕೆ ಜಾಲ್ಲೆಂ. ಹಾಜ್ಜೊ ಪರಿಣಾಮು ಚಾಂಗಜಾಯ್ನಿ.

ಖಿಲಾಫತ್ ಚಳುವಳಿ

ಬ್ರಿಟಿಷಾನಿ ಕಮಾಲ್ ಪಾಶಾಕ ತಾಣೆ ತುರ್ಕಿಂತು ಕೋರ್ಚೆ ಮುಸ್ಲಿಮಾಲಿ ಸುಧಾರಣೆಕ ಉತ್ತೇಜನ ದಿಲ್ಲೆಂ. ಇಂಡಿಯಾಂತು ಚೊಲ್ಚೆ ಚಳುಳೀಕ ಆಪ್ಪಣ ಸಹಕಾರು ದೀನಾ ಮ್ಹೋಣು ಕಮಾಲ್ ಪಾಶಾನ ಬ್ರಿಟಿಷಾಂಕ ಆಶ್ವಾಸನ ದಿಲ್ಲೆಂ.

ಖಲೀಫಾಕ ತುರ್ಕಿಂತು ಜನಾಂಲೆ ಪಾಠಿಬಲ ಮೇಳ್ಳೆಂ. ಮುಲ್ಲಾಂಗೆಲೆ ಆನಿ ಮೌಲ್ವೀಂಗೆಲೆ ಪಾಠಿಬಲ ಮೇಳ್ನಿ. ಕಮಾಲ್ ಪಾಶಾಲೆ ಪಾರ್ಟೀನ ತುರ್ಕಿಂತು ಆಶ್ಶೀಲೆ ಗ್ರೀಕ್ ಆರ್ಥೊಡಾಕ್ಸ್ ಕ್ರಿಸ್ತಮಾಂಚಾಂಕ, ರೋಮನ್ ಕೆಥೋಲಿಕ ಕ್ರಿಸ್ತಮಾಂಚಾಂಕ, ಯಹೂದಿ ಜನಾಂಕ, ಆನಿ ಮುಸ್ಲಿಮಾಂಕ ಏಕಲೇಕ ಅಧಿಕಾರು ದಿಲ್ಲೊ. ಸ್ಕೂಲಾಂತ, ಕಾಲೇಜಾಂತು ಪಾಶ್ಚಾತ್ಯ ಶಿಕ್ಷಣ ಪದ್ಧತಿ ಆಯ್ಲಿ.

ತುರ್ಕಿ ಜನಾನಿ ಪಾಶ್ಚಾತ್ಯ ಪೋಷಾಕು ಘಾಲೂಂಕ ಸೂರು ಕೆಲ್ಲೆ. ಬಾಯ್ಲಮನ್ನಾನಿ ಬುರ್ಕಾ ಘಾಲ್ನಾನಾತ್ತೀಲೆಂ ಭಾಯ್ರ ಭೋಂವ್ಯೇತ ಮ್ಹೋಣು ಜಾಲ್ಲೆಂ. ಚೆಲ್ಯಾನಿ ಸ್ಕೂಲ್ ಕಾಲೇಜಾಕ ವೊಚ್ಚೂಯೇತ ಮ್ಹೋಣು ಜಾಲ್ಲೆಂ. ಇಸ್ಲಾಂ ಧರ್ಮಾಚೆ ಶರಿಯಾ ಕಾನೂನು ಕಾಣು ಉಡ್ಡೈಲೊ.

ಇಂಗ್ಲೇಂಡಾಚೆ ಕಾನೂನಾಂಚೆ ವರೀಚಿ ತುರ್ಕಿಂತು ಕಾನೂನು ಆನಿ ನ್ಯಾಯ ಜಾರಿಕೆಲ್ಲೊ. ಹೇಂ ಪೊಳೋನು ಬ್ರಿಟಿಷಾನಿ ಕಮಾಲ್ ಪಾಶಾಕ ತುರ್ಕಿಂತು ಸ್ವತಂತ್ರ ಪ್ರಜಾಪ್ರಭುತ್ವ ಸ್ಥಾಪನೆ ಕೊರೂಂಕ ಒಪ್ಪಿಗೆ ದಿಲ್ಲಿ. ಕಮಾಲ್ ಪಾಶಾಲೆ ಸುಧಾರಣೇಂಚೆ ನಿಮಿತ್ತ ತುರ್ಕಿಂತು ವಗ್ಗಿ ವಗ್ಗಿ ಅಭಿವೃದ್ಧಿ ಜಾಲ್ಲಿ. ತುರ್ಕಿಚೆ ಜನಾನಿ ಸೆಕ್ಯುಲರ್ ಪ್ರಜಾಪ್ರಭುತ್ವ ಸ್ಥಾಪನೆ ಕೆಲ್ಲೆಂ.

ಭಾರತಾಂತು ಮುಸ್ಲಿಂ ಜನಾಂಕ ಕಮಾಲ್ ಪಾಶಾಲೆತಸ್ಸಲೆಂ ಸುಧಾರಣೆ ನಾಕ್ಕಾ ಜಾಲ್ಲೇಲೆಂ. ಗಾಂಧೀಕ ಹೇಂ ಸಕ್ಕಡ ಮುಸ್ಲಿಂ ಸುಧಾರಣೆ ಇಷ್ಟ ಜಾಲ್ಲೇಲೆ ಜಾಲ್ಯಾರಿ ಭಾರತಾಚೆ ಮುಸ್ಲಿಂ ಜನಾಂಕ ಅಸ್ಸಲೆ ಸುಧಾರಣೆ ನಾಕ್ಕಾ ಜಾಲ್ಲೇಲೆಂ.

ಆಪ್ಣ್ಯಾನ ಖಿಲಾಫತ್ ಚಳುವಳೀಂತು ಭಾಗು ಘೆತ್ತೀಲೆ ನಿಮಿತ್ತ ಗಾಂಧೀ ಮಾಮ್ಮಾಂಕ ಮುಸ್ಲಿ ಜನಾಲೆ ಮಧ್ಯೆ ಹೇಂ ಪ್ರಗತಿಪರ ಪರಿವರ್ತನ

ಮುಕಾರಿ ಹಾಡೂಂಕ ಜಾಯ್ನಿ. ಹಿಂದು ಲೋಕಾಲೆ ವಿರುದ್ಧ ಮುಸ್ಲಿಮ್ಮಾಲೆ ಹಿಂಸಾಕೃತ್ಯ 1921 ಇಸ್ವೇಂತು ಭಾರೀ ಚsಡ ಜಾಲ್ಲೆಂ.

ಮಲಬಾರಾಂತು ಏಕ ಭಯಂಕರ ದಂಗೇಂತು ಮುಸ್ಲಿಮಾನಿ ಏಕ ಲಕ್ಷ ಹಿಂದೂಂಕ ಕೊಚ್ಹೂನು ಕಾತ್ತೋರ್ನು ಜಿವ್ವಿಮಾರ್ಲೆ. ಲಕ್ನೌ, ಪಂಜಾಬ ಆನಿ ಬಂಗಾಲಾಂತು ಮಸ್ತ ಕಡೇನ ಹಿಂದು-ಮುಸ್ಲಿಂ ಝುಗಡೆ ಜಾಲ್ಲೇತಿ.

ಗಾಯ್ಕ ಮಾರ್ನು ಮುಸ್ಲಿಮ್ಮಾನಿ ಹೀಂದೂಂಕ ಚಿಡೋಚೆ ಆನಿ ಮಸೀದೀಚೆ ಎದ್ರಾಕ ಬ್ಯಾಂಡ್ ವಾಜ್ಜೂನು ಹಿಂದೂನಿ ಮುಸ್ಲಿಮಾಂಕ ಚಿಡೋಚೆ, ಹೇಂ ದೋನಿ ಕಾರಣಾನಿ ಅಸ್ಸಲೆ ಝುಗಡೆ ಜಾತ್ತಾತಿಆಶ್ಶೀಲೆ. ಗಾಂಧೀನ ಮುಸ್ಲಿಮಾಂಕ ವಿಶ್ವಾಸಾಂತು ಘೆವ್ಚಾಕ ಸಾಧ್ಯ ಜಾಯ್ನಿ. ಮುಸ್ಲಿಮಾನಿ ಹಿಂದೂಂಕ ಜಿವ್ವಿಮಾರ್ಚೆ ರಾಬ್ಬೋಚಾಕ ಜಾಯ್ನಿ.

ಖಿಲಾಫತ್ ಚಳುವಳೀಚೆ ದೋನಿ ಮುಖಂಡ, ಮಹಮ್ಮದ್ ಅಲೀ ಆನಿ ಶೌಕತ್ ಅಲೀ ಹಾನ್ನಿ ಗಾಂಧೀಕ ಆನಿ ಕಾಂಗ್ರೆಸ್ಸಾಕ ದೂರ ದವ್ವರ್ಲೆಂ. ಗಾಂಧೀ ಆನಿ ಕಾಂಗ್ರೆಸ್ ಪಾರ್ಟಿ ಇಂಡಿಯಾಂತು ಹಿಂದೂ ರಾಜ್ಯ ಸ್ಥಾಪನೆ ಕೊರೂಂಕ ಪ್ರಯತ್ನ ಕರ್ತಾತಿ ಆನಿ ಮುಸ್ಲಿಮ್ಮಾಕ ದಾಬ್ಬೂನು ಸಕಲ ದೊವ್ವೋರೂಂಕ ಪಳೈತಾತಿ ಮ್ಹೊಣು ದೂಷಣೆ ಕೆಲ್ಲೆಂ.

1920 ಇಸ್ವೇಚಿ ಅಸಹಕಾರ ಚಳುವಳಿ

ಹೇ ವೇಳಾರಿ ಜನಾಂಕ ಗಾಂಧಿ ಮಾಮ್ಮಾಂಲೆ ಗುಣಸ್ವಭಾವು ಭಾರೀ ಉತ್ತಮ ಮ್ಹೊಣು ಅಂದಾಜ್ಜೊ ಜಾಲ್ಲೊ. ಗಾಂಧಿ ಮಾಮ್ಮಾಂಕ 'ಮಹಾತ್ಮಾ' ಮ್ಹೊಣು ಬಿರುದು ಆಯ್ಲೊ.

ಗಾಂಧೀ ಮಾಮ್ಮಾಲಿ ಅಸಹಕಾರ ಚಳುವಳಿ ಜೋರು ಜಾಲ್ಲಿ. ಸಗ್ಳೇ ಭಾರತಾಂತು ಸಕ್ಕಡ ಜsಣ ಗಾಂಧೀನ ಸಾಂಗಿಲೆಂ ಆಯ್ಕsತಾಚಿಆಶ್ಶೀಲಿಲೀಂತಿ. ಗಾಂಧೀ ಏಕ ಜನಪ್ರಿಯ ಮುಖಂಡು ಜಾಲ್ಲೊ. ಕಾಂಗ್ರಸ್ಸಾಚೆ ನಾಂವಾರೀಚಿ ಗಾಂಧೀನ ಆಂದೋಲನ ಕೊರ್ಚೆ ನಿಮಿತ್ತ ಕಾಂಗ್ರೆಸ್ ಏಕಿ ರಾಷ್ಟ್ರೀಯ ಪಾರ್ಟಿ ಜಾಲ್ಲಿ.

ಅಸಹಕಾರ ಆಂದೋಲನಾಂತು ಭಾಗಘೆತ್ತಿಲೆ ಸ್ವಯಂಸೇವಕಾಂಕ ಗಾಂಧೀನ ತಾಕೀತ ಕೆಲ್ಲೆಲೆಂ ಕಸ್ಸಲೆಂ ಮ್ಹಳ್ಯಾರಿ ಪೋಲೀಸಾಂಚಾನಿ ಮಾರ್ಲ್ಯಾರಿಯಿ ತುಮ್ಮಿ ನುತ್ತsಚಿ ಪೆಟ್ಟ ಖಾವ್ಕಾ. ಪೋಲೀಸಾಂಚಾಲೆವ್ಹೈರಿ ಘಾತ್ತೋರು ಮಾರೂಂಕ ನಜ್ಜ.

ಆಂದೋಲನ ಮ್ಹಳ್ಯಾರಿ ಸರಕಾರಾಚೆ ನೀತೀಕ ವಿರೋಧ ಕೊರ್ಚೆ ಮಾಂತ್ರ. ಆಂದೋಲನ ಅಹಿಂಸೇಚೆ ಜಾವ್ಕಾ. ಪೋಲೀಸಾಂಚಾನಿ ಹಿಂಸೆಕೆಲ್ಲ್ಯಾರಿಯಿ ಆಮ್ಮಿ ತಾಂಕಾ ಉಲ್ಟಿ ಹಿಂಸೆ ಕೊರೂಂಕ ವೊಚ್ಚಾನಜ್ಜ.

ಉದಾಹರಣೇಂಕ ಅಸಹಕಾರು ಮ್ಹಳ್ಯಾರಿ ಸರಕಾರಾನ ಸಾಂಗಿಲೆ ಸುಂಕ ಆನಿ ಕsರ ದಿವ್ಚಾಕ ನಾ. ಸರಕಾರಾನ ಘಾಲ್ಲೊಲೊ ಪ್ರತಿಏಕ ನಿಯಮು ನಿರ್ಲಕ್ಷ ಕೋರ್ಚೆಂ. ಮುಲ್ಕೀ ಅಧಿಕಾರೀನ ಕೆಲ್ಲೇಲಿ ಆಜ್ಞಾ ಪಾಲನ ಕೊರೂಂಕ ನಾ (ಸಿವಿಲ್ ಡಿಸೊಬೀಡಿಯೆನ್ಸ್). ಸರಕಾರಾಚೆ ಆಫೀಸಾಚೆ ಸುತ್ತು ಘೇರಾವು

ಘಾಲ್ಚೊ. ಕೋರ್ಟಾಚೆ ಬಾಗ್ಲಾಂತುಬೈಸೂನು ಜಡ್ಜಾಂಕ ಛಿತ್ತರಿವಚ್ಚನಾತಶ್ಶಿ ತಡಸೂಚೆಂ.

ಸರಕಾರೀ ಕಾಮಗಾರಾನಿ ಆಫೀಸಾಕ ಯೆವ್ಚೆ, ಹಾಜರಿ ಘಾಲ್ಚಿ ಆನಿ ಮಾಗ್ಗೀರಿ ಭಾಯ್ರ ಯೇವ್ನು ಬಾಗ್ಲಾರಿ ರಾಬ್ಬೂನು ಘೋಷಣೆ ಕೂಗ್ಗೂಚೆ, ಇತ್ಯಾದಿ. ಅಸ್ಸಲೆ ಕಾನೂನು ಮೊಡ್ಚೆ ಆಂದೋಲನ ಕರ್ತಽನಾ ಸರಕಾರಾಚೆ ವಿರುದ್ಧ ಘೋಷಣೆ ಘಾಲ್ತಽನಾ ಪೋಲೀಸಾಂಚಾನಿ ಆಂದೋಲನಕಾರಾಂಕ ಚೆಲ್ಲಾಪಿಲ್ಲಿ ಕೊರೂಂಕ ಲಾಠಿ ಜಾರ್ಜ ಕರ್ತಽಲೀಂತಿ.

ಸತ್ಯಾಗ್ರಹೀಂಕ ಲಕ್ಯೆತಾಲೀಂತಿ. ಲಾಠೀನಿ ಮಾರ್ನು ಸಕಲ ಪಾಡ್ಯೆತಾತಿಆಶ್ಶೀಲೀಂತಿ. ತಾನ್ನಿ ಜಾಗೊಸೋಣು ಧಾವ್ನು ವೊಚ್ಚೂಕಾ; ನ್ಹಂಯಿ ಜಾಲ್ಲ್ಯಾರಿ ತಾಂಕಾ ಪೆಟ್ಟು ಪಡ್ತಾಶ್ಶೀಲೊ. ಆನಕಯಿ ಗಲಾಟೊ ರಾಬ್ಬನಾ ಜಾಲ್ಲ್ಯಾರಿ ಗುಂಡು ಮಾರ್ತಾತಿಆಶ್ಶೀಲೀಂತಿ. ಗುಂಡು ಮಾರ್ಲೆ ಕೂಡ್ಲೆ ಜಽನ ಚಲ್ಲಾಪಿಲ್ಲಿ ಜಾವ್ನು ಧಾವ್ನು ವತ್ತಾತಿಆಶ್ಶೀಲೀಂತಿ. ಏಕ ದೋನಿ ಮಽಡೆ ಪಡ್ತಾತಿ ಆಶ್ಶೀಲೀಂತಿ.

ಕಡೇರಿ ಆಂದೋಲನಕಾರೀಂಕ ಪೋಲೀಸ್ ವ್ಯಾನಾಂತು ಭೋರ್ನು ದೂರ ಖಂಯ್ಸ್ಯೇಂ ಹೋರ್ನು ಸೊಡ್ತಾತಿಆಶ್ಶೀಲೀಂತಿ. ಏಕಯಿ ಜ್ಯೆಲಾಂತು ಘಾಲ್ನು ಮಾಗ್ಗೀರಿ ಮ್ಯಾಜಿಸ್ಟ್ರೇಟಾಲೆ ಎದ್ರಾಕ ರಾಬ್ಬೋನು ಅಪರಾಧು ಮಾಫಿ ಕೋರ್ಕಾ ಮ್ಹೋಣು ಕೈದಜಾಲ್ಲೇಲ್ಯಾನಿ ಮಾಗ್ಚೆ ತಶ್ಶಿ ಕರ್ತಾತಿಆಶ್ಶೀಲೀಂತಿ.

ಕೈದಜಾಲ್ಲೇಲ್ಯಾನಿ ಅಪರಾಧು ಕಬೂಲ್ ಕರ್ನಾಜಾಲ್ಲ್ಯಾರಿ ಏಕ ಸುನಿಶ್ಚಿತ ಅವಧೀಕ ಜ್ಯೆಲಶಿಕ್ಷಾ ಜಾತ್ತಾಆಶ್ಶೀಲಿ. ಹಜ್ಜಾರಕಟ್ಲೆ ಜಽಣ ಜ್ಯೆಲಾಂತು ಗೇಲ್ಲೀಂತಿ. ಬಾಯ್ಲಮನ್ಶ ಜ್ಯೆಲಾಂತು ಗೆಲ್ಲೀಂತಿ. ಘರಕಡೆ ವರ್ಲೆಲೆ ಬಾಯ್ಲಮನ್ಶಾಂಕ ಆನಿ ಚೆರ್ಡುವಾಂಕ ಅತೀವ ಕಷ್ಟ ಆಯ್ಲೇತಿ. ಖಾಣಜೆವ್ಣಾಂಕ ತೊಂದರೆ ಜಾಲ್ಲೇಂ. ದೋನಿತೀನಿ ಘರಾನಿ ವಾಂಟೂನು ಖಾವ್ಚಾಕ ಸೂರುಕೆಲ್ಲೆ.

ಪೂರ್ವಜಾಗ್ರತೆ ಮ್ಹೋಣು, ಪೋಲೀಸಾಂಚೆ ಮುಖಂಡಾಂಕ, ತಾನ್ನಿ ಭಾಷಣ ದೀವ್ನು ಜನಾಂಕ ಉತ್ತೇಜಿತ ಕರ್ನಾತಶ್ಶೀ, ಪೂರ್ವಭಾವೀ ಕೈದಕೋರ್ನು ಜ್ಯೆಲಾಂತು ಘಾಲ್ತಾತಿಆಶ್ಶೀಲೀಂತಿ. ಆಂದೋಲನಾಚಿ ಆನಿ ಮೆರವಣಿಗೇಚಿ ವ್ಯವಸ್ಥಾ ಕರ್ತಲ್ಲ್ಯಾಂಕಽಯಿ ತಾನ್ನಿ ಜನಾಂಕ ಭಾಗಘೇವ್ಚಾಕ ಮೆರವಣಿಗೇಚೊ ಮಾರ್ಗು, ಸಭೇಚೊ ಸ್ಥಽಳು ಇತ್ಯಾದೀಚಿ ವ್ಯವಸ್ಥಾ ಕರ್ನಾತಶ್ಶಿ ಸುರ್ವೇಕಽಚಿ ತಾಂಕಾ ಕೈದಕರ್ತಾತಿಆಶ್ಶೀಲೀಂತಿ.

ತೆದ್ನಾ ಜನಾಂಕ ಖಂಯಿ ಇತ್ತೆಂ ಮ್ಹೋಣು ಕಳ್ನಾನಾತ್ತಿಲೆ ಆಂದೋಲನ ನಿಷ್ಕ್ರಿಯ ಜಾತ್ತಾಶ್ಶೀಲೆಂ. ಗಾಂಧೀ ಮಾಮ್ಮಾಂಲೆ 'ಯಂಗ್ ಇಂಡಿಯಾ' ಸಮಾಚಾರಪತ್ರಾಂತು ಬರಯಿಲೆಂ ಲೇಖನ ವಾಜ್ಜೂನು ಆನಿ ತಾಗ್ಗೆಲೆ ಭಾಷಣ ಸಮಾಚಾರಪತ್ರಾಂತು ಪ್ರಕಟಜಾಲ್ಲೇಲೆಂ ಆಯ್ಕೂನು ಜನಾಂಕ ಸ್ವಾತಂತ್ರ್ಯಾಚೆ ವಿಷಯಾಂತು ಭಾರೀ ಉತ್ಕಂಠಾ ಜಾಲ್ಲೇಲಿ.

ಸಕ್ಕಡ ಭಾಷಣಾಂತು ಗಾಂಧೀ ಜಾವ್ನೊ, ವಿಂಗಡ ಮುಖಂಡು ಜಾವ್ನೋೕ ಸ್ವಾಂತಂತ್ರ್ಯ ಮೆಳ್ಳ್ಯಾರಿ ಮಾಂತ್ರ ಆಮ್ಗೆಲೆ ದೇಶಾಚಿ ಅಭಿವೃದ್ಧಿ ಸಾಧ್ಯ ಜಾತ್ತಾ ಮ್ಹೋಣು ಮ್ಹಣ್ತಾತಿಆಶ್ಶೀಲೀಂತಿ. ಬ್ರಿಟಿಷಾಂಕ ಜನಾಲಿ ಇಚ್ಛಾ

ಲಾಯಿಕಜಾವ್ನು ಮನಾಂತು ಗೆಲ್ಲಿಕೀ ನಾಂ ಕೀ ಜಾಲ್ಲ್ಯಾರಿ ಆಂದೋಲನ ಮಾಂತ್ರ ಪ್ರಬಲ ಆಶ್ಶೀಲೆಂ.

ಯುವಾ ಸತ್ಯಾಗ್ರಹೀಂಕ ಗಾಂಧೀಲೆ ಅಹಿಂಸೇಚೆ ಸಿದ್ಧಾಂತ ಪಾಲನ ಕೊರೂಂಕ ಕಷ್ಟ ಜಾಲ್ಲೆಂ.

ಪರದೇಶಿ ಆನಿ ವಿಲಾಯತೀ ಮ್ಹಾಲಾಂಕ ಬಹಿಷ್ಕಾರು ಘಾಲ್ಚಿ ಚಳುವಳಿ ಹೇ ವೇಳಾರಿ ಭಾರೀ ಜೋರು ಜಾಲ್ಲಿ. ಶಹರಾ ಮಧ್ಯೆಂತು ಜನಾನಿ ತಾಂಗೆಲೆಂ ವಿದೇಶಿ ಪೋಷಾಕ ಒಟ್ಟು ಕೋರ್ನು ತಾಂಚೊ ಗುಡ್ಡೊಕೋರ್ನು ತೇ ಗುಡ್ಡ್ಯಾಕ ಉಜ್ಜೊದೀವ್ನು ಜೋಳೋನು ಘಾಲ್ಚೆ ಸಾಮಾನ್ಯ ಜಾಲ್ಲೆಂ. ಗಾಂಧೀನ ಜನಾನಿ ಸೂರುಪಿಪ್ಚೆ ರಾಟ್ಟೋಕಾ ಮ್ಹೊಣು ಚಳುವಳಿ ಕೆಲ್ಲೇಲಿ ಹೇವೇಳಾರಿ ಜೋರು ಜಾಲ್ಲಿ. ಅಸ್ಪ್ರಶ್ಯತಾ ನಿವಾರಣೆಕತಿರ ಆಂದೋಲನಯಿ ಜೋರು ಜಾಲ್ಲೆಂ.

ಚೌರೀಚೌರಾ ಮ್ಹಳ್ಳೇಲೆ ಗಾಂವಾಂತು ಏಕ ಮೆರವಣಿಗೇಚೆ ವೇಳಾರಿ ಭಯಂಕರೆ ದಂಗೊ ಜಾಲ್ಲೊ. ಮೆರವಣಿಗಾ ಖಿಲಾಪತ್ ಚಳುವಳೀಚಿ ಆಶ್ಶೀಲಿ. ಖಿಲಾಫತ್ ಚಳುವಳಿಕಾರಾಂಕ ಗಾಂಧೀಲಿ ಅಹಿಂಸಾ ಸುರ್ವೇಕದೋರ್ನೂಂಚಿ ಸಽಮ ದಿಸ್ಸನಿ.

ವಿಂಗಡ ಸಕ್ಕಡ ದೇಶಾಂತು ಖಿಲಾಪತ್ ಚಳುವಳಿ ಶಾಂತಿಯುತ ಜಾಯ್ಶಿ. ಚೌರೀಚೌರಾಂತು ಚಳವಳಿಕಾರಾನಿ ಏಕ ಪೋಲೀಸ್ ಸ್ಟೇಶನಾಂಕ ಉಜ್ಜೊ ದಿಲ್ಲೊ. ಸ್ಟೇಶನಾಚೆ ಭಿತ್ತರಿ ಆಶ್ಶೀಲೆ 22 ಜಽಣ ಪೋಲೀಸಾಂಚೆ ಜೋಳ್ನು ಭಸ್ಮ ಜಾಲ್ಲೀಂತಿ. ಹೇ ಜಾಲ್ಲೆ ಕೂಡ್ಲೆ ಗಾಂಧೀನ ಅಸಹಕಾರ ಚಳುವಳಿ ಬಂದಕೆಲ್ಲಿ.

ಚೌರೀಚೌರಾಂತು ಜಾಲ್ಲೇಲಿ ಚಳುವಳಿ ನಿಜ್ಜಾವ್ನು ಗಾಂಧೀಲಿ ಅಸಹಕಾರ ಚಳುವಳಿ ನ್ಹಂಯಿಆಶ್ಶೀಲಿ. ತೀ ಚಳುವಳಿ ಹಿಂದೂ ಜಮೀನ್ದಾರಾಂಕ ವಿರೋಧ ಕೊರೂಂಕ ಮುಸ್ಲಿಂ ಶೇತಕಾರಾನಿ ಖಿಲಾಫತ್ತಾಚೆ ನಾಂವಾರಿ ಮೆರವಣಿಗೆಕಾಳ್ಳೇಲಿ ಮ್ಹಣ್ತಾತಿ. ಜಾಲ್ಲ್ಯಾರಿ ತೇ ಚಳುವಳೀಂತು ಭಾಗು ಘೆತ್ತೀಲೆ ಸ್ವಯಂಸೇವಕಾನಿ ಗಾಂಧೀಲೆಂ ಉತ್ರಾಕ ಮೋಲದೀನಿ. ಶಾಂತರೀತೀರಿ ಚಳುವಳಿ ಕರ್ನಿ. ಶಾಂತಿ ರಾಕ್ಕಽನಿ ಮ್ಹೊಣು ಗಾಂಧೀಕ ಬೇಜಾರುಜಾಲ್ಲೊ.

ಗಾಂಧೀಲೆಂ ಮೂಳಮಂತ್ರ ಅಹಿಂಸಾ ಜಾವ್ನಾಶ್ಶೀಲೆಂ. ಗಾಂಧೀಲೆ ಸಗ್ಳೇಂ ಆಂದೋಲನ ಶಾಂತಜಾಲ್ಲ್ಯಾರಿ ಮಾಂತ್ರ ಸರಕಾರಾಲೆ ಲಾಗ್ಗಿ ನ್ಯಾಯು ನಿಮ್ಗೂಚಾಕ ಜಾತ್ತಾ. ಆಂದೋಲನಕಾರೀನ ಹಿಂಸೆ ಕೆಲ್ಲ್ಯಾರಿ ಸರಕಾರಾಕ ತಾಂಕಾ ಹಿಂಸೇನಽಂಚಿ ಜವಾಬು ದಿವ್ಚಾಕ ಸಾಧ್ಯ ಜಾತ್ತಾ.

ಪೋಲೀಸಾಂಚಾನಿ ತಕ್ಷಣ ಚಳುವಳೀಂತು ಭಾಗು ಘೆತ್ತೀಲೆ ಅನೇಕ ಸ್ವಯಂಸೇವಕಾಂಕ ಆನಿ ತಾಂಗೆಲೆ ಕುಟುಂಬಾಚಾಂಕ ಕೈದಕೋರ್ನು ಜೈಲಾಂತು ಘಾಲ್ಲೆಂ. ಕಾಯೀಂ ತಪ್ಪು ಕ್ಕಽರ್ನಾನಾತ್ತೀಲ್ಯಾಂಕಯಿ ಜೈಲಶಿಕ್ಷೆ ದಿಲ್ಲಿ. ಸ್ವಲ್ಪಜನಾಂಕ 3 ವರ್ಸ, ಆನಿ ಸ್ವಲ್ಪಜನಾಂಕ 6 ವರ್ಸ ಶಿಕ್ಷೆಜಾಲ್ಲಿ. ಆನಿ ಸ್ವಲ್ಪಜನಾಂಕ ಗಡೀಪಾರಕೋರ್ನು ಅಂಡಮಾನಾಂಚೆ ಜೈಲಾಂತು ಶಿಕ್ಷೆ ಜಾಲ್ಲಿ.

ಮಲಬಾರ ಮಾಪಿಳ್ಳಾ ಮುಸ್ಲಿಮಾಲೊ ದಂಗೊ

1921 ಇಸ್ವೇಂತು ಅಗೋಸ್ತ ಮ್ಹೈನ್ಯಾಂತು ಏಕು ಭಯಂಕರ ದಂಗೊ ಮಲಬಾರ ಜಿಲ್ಲೇಂತು ಜಾಲ್ಲೊ. ಮಲಬಾರಾಂತು ಆಶ್ಶೀಲೆ ಮುಸ್ಲಿಂ ಜನಾಂಕ ಟಿಪ್ಪುಸುಲ್ತಾನಾಲೆ ಕಾಳದೋರ್ನು ಮಾಪಿಳ್ಳೆ ಮ್ಹೊಣು ನಾಂವ ಆಸ್ಸ.

ಮಾಪಿಳ್ಳಾಂಕ ಖಿಲಾಪತ್ ಚಳುವಳೀಚೆ ಸಭೇಂತು ಮುಸ್ಲಿಂ ಮೌಲ್ವೀನಿ ಆನಿ ಮುಲ್ಲಾನಿ ಸಗ್ಳೇ ಮಲಬಾರಾಂತು ಬ್ರಿಟಿಷಾಲೆ ವಿರುದ್ಧ ಆನಿ ಹಿಂದು ಕಾಂಗ್ರೇಸ್ಸಾಚೆ ವಿರುದ್ಧ ಚಿಡ್ಕsಯಿಲೆಂ. ಏಕು ದಿವಸು ಅಲಿ ಮುದಲಿಯರ್ ಮ್ಹಳ್ಳೇಲೆ ಮುಲ್ಲಾನ ಈರನಾಡ ತಾಲುಕಾಂತು ತಿರುರಂಗಡಿ ಪಟ್ಟಣಾಂತು ಮಂಬ್ರತ ಮಸೀದೀಂತು ತಾಣೆ ದಿಲ್ಲೇಲೆ ಏಕ ಭಾಷಣಾಂತು ತೇಗಾಂವ್ಚೆ ಸಕ್ಕಡ ಮಾಪಿಳ್ಳೇಂಕ ರಾಷ್ಟ್ರದ್ರೋಹಿ ದಂಗೊ ಕೊರೂಂಕ ಆಮಂತ್ರಣ ದಿಲ್ಲೆಂ.

ಬ್ರಿಟಿಷ್ ಇಂಡಿಯಾಚೆ ಸರಕಾರಾಚೆ ವಿರುದ್ಧ ದಂಗೊ ಆರಂಭ ಕರ್‍ಯಾತಿ ನ್ಹಯಿ ಜಾಲ್ಲ್ಯಾರಿ ಹೇಂ ಇಂಡಿಯಾ ಹಿಂದು ಜನಾಲೆ ಹಾತ್ತಾಂತು ವೊಚ್ಚೂನು ಆಮ್ಕಾ ಮುಸ್ಸಲ್ಮಾನಾಂಕ ಸ್ವಾತಂತ್ರ್ಯ ವರ್ನಾ ಮ್ಹೊಣು ಅಲಿ ಮುದಲಿಯರಾನ ಭಾಷಣ ದಿಲ್ಲೆಂ.

ಆಫೀಸಾಂತು ಆಶ್ಶೀಲೆ ಹಿಂದು ನೌಕರ ಬ್ರಿಟಿಷ್ ಸರಕಾರಾಚೆ ಗುಲಾಮ. ಹಿಂದು ಜಮೀನ್ದಾರ ಲೋಕು ಮಾಪಿಳ್ಳೆ ಶೇತಕರಾಂಕ ತೊಂದ್ರೆ ದಿತ್ತಾತಿ. ಸರಕಾರಾಚೆ ನೆವನಾರಿ ತಾನ್ನಿ ನಿಮ್ಗಿಲಲೆ ತಿತ್ಲೊ ದುಡ್ಡು ಸುಂಕೊ, ಕ್ಕsರೊ ದೀನಾ ಜಾಲ್ಲ್ಯಾರಿ ತೊಂದ್ರೆ ದಿತ್ತಾತಿ.

ಅಲಿ ಮುದಲಿಯಾರಾನ ದಿಲ್ಲೆಲೆ ಭಾಷಣಾಂತು ಸಕ್ಕಡ ಮಾಪಿಳ್ಳೇನಿ ಸರಕಾರಾಕ ಸುಂಕೊ ಆನಿ ಕ್ಕsರೊ ದಿವ್ಚೆ ಬಂದಕರಾತಿ ಮ್ಹೊಣು ಸೂಚನೆದಿಲ್ಲಿ. ಆನಿ ವಸೂಲಿ ಕೊರೂಂಕ ಆಯ್ಯೀಲೆ ಹಿಂದು ಪೋಲೀಸಾಂಚಾಕ ಆನಿ ಇತರ ಸರಕಾರೀ ನೌಕರಾಂಕ ಪೆಸ್ಕಾತಿ ಘಾಲ್ನು ಜಿವ್ಚಿ ಮಾರಾತಿ ಮ್ಹೊಣು ಸಲಹೆ ದಿಲ್ಲಿ.

ಹೇಂ ಭಾಷಣ ಮಾಪಿಳ್ಳೇ ಭಾಷೇಚೆ ಸಮಾಚಾರಪತ್ರಿಕೇಂತು ಪ್ರಕಟ ಜಾಲ್ಲೆಂ. ತೇಂ ಪೊಳೋನು ಮದ್ರಾಸ ಸರಕಾರಾನ ಮಲಬಾರ ಜಿಲ್ಲೇಚೆ ಕಲೆಕ್ಟರಾಕ ಅಲಿ ಮುದಲಿಯಾರಾಕ ರಾಷ್ಟ್ರದ್ರೋಹಿ ಕೃತ್ಯಾಚೆ ಅಪರಾಧಾಚೆ ಕಾನೂನಾರಿ ಕೈದಕೊರೂಂಕ ಸಾಂಗ್ಲೆ.

ಆಪ್ಣ್ಯಾಲೆ ಮುಲ್ಲಾಕ ಕೈದಕೊರೂಂಕ ನಜ್ಜ ಮ್ಹೊಣು ಮುಸ್ಲಿಂ ಮಾಪಿಳ್ಳೇನಿ ಕಲೆಕ್ಟರಾಕ ಆನಿ ತಾಗ್ಗೇಲೆ ಒಟ್ಟು ಆಯ್ಯೀಲೆ ಪೋಲೀಸ ಪಡೇಕ ಸುತ್ತುಘಾಲ್ಲೊ. ತಾಂಚೆವೈರಿ ಘಾತ್ತೊರು ಉಡ್ಡೈಲೊ. ಕೂಡ್ಲೇ ಪೋಲೀಸಾಂಚಾನಿ ಗುಂಡು ಮಾರೂಂಕ ಸೂರು ಕೆಲ್ಲೆಂ.

ಅನೇಕ ಮಾಪಿಳ್ಳೆ ಲೋಕು ಮೆಲ್ಲೀಂತಿ. ತೇ ದೀಸು ದೋರ್ನು ಸಗ್ಳೇ ಮಲಬಾರಾಂತು ಮಾಪಿಳ್ಳೆನಿ ಪ್ರತಿಏಕ ಹಿಂದೂ ಘರಾವೈರಿ, ಆಂಗಡೀವೈರಿ, ವಿಂಗಡ ಹಿಂದು ದೇವಸ್ಥಾನ, ಮಂದಿರ, ಮಠು ಇತ್ಯಾದಿ ಜಾಗ್ಯಾವೈರಿ ಹಿಂಸೆ ಆನಿ ಜಾಳಪೋಳ (ಉಜ್ಜೊಲಾವ್ನು ಜೋಳೋಚೆ) ಕೆಲ್ಲೆಂ.

ಏಕ ಲಕ್ಷಾಕಯಿ ಚsಡ ಹಿಂದೂ ಜsಣ ಮೆಲ್ಲೀಂತಿ. ಕೋಟಿಕಟ್ಟ್ಯಾಚೆ ಮೊಲ್ಲಾಚಿ ಆಸ್ತಿ ನಷ್ಟ ಜಾಲ್ಲಿ. ಮಾಪಿಳ್ಳೆ ದಂಗೆಖೋರಾನಿ ಪ್ರತಿಏಕ ಸರಕಾರೀ

ಆಫೀಸ, ಪೋಸ್ಟ ಆಫೀಸ, ಪೋಲೀಸ ಸ್ಟೇಶನ. ಕಚೇರಿ, ತಿಜೋರಿ, ಇತ್ಯಾದಿಂತು ಕಾಮಕರ್ತsಲೆ ಹಿಂದೂಂಕ ಪೆಸ್ಕಾತಿ ಘಾಲ್ನು ಚಿವ್ನಿಮಾರ್ಲೆ. ಇತ್ಲೆ ಜಾತ್ತsನಾ ಮದ್ರಾಸ ಸರಕಾರಾನ ಮಾರ್ಶಲ್ ಲಾ ಜಾರಿ ಕೆಲ್ಲೆಂ.

ಜಾಲ್ಲ್ಯಾರಿ ಮಾಪಿಳ್ಳೆ ಲೋಕಾನಿ ತಾಂಗೆಲೇಚಿ ಗಾಂವಾಂತು ಜೀವನಕೋರ್ನು ಆಶ್ಶೀಲೆ ಹಿಂದೂ ಬಾಯ್ಲುಮನ್ಶಾಂಕ ಬಲಾತ್ಕಾರಾನ ಇಸ್ಲಾಂ ಧರ್ಮಾಂತು ಮೇಳೋನು ತಾಂಗೆಲೆ ವೈರಿ ಅನ್ಯಾಯು ಕೋರ್ನು ಮರ್ಯಾದಿ ಕಾಡ್ಚೆಂ ಅಮಾನುಷ ಕಾಮ ಸೂರು ಜಾಲ್ಲೆಂ. ದಾರ್ಲೆ ಮನ್ಶಾಂಕ ಆನಿ ದಾರ್ಲೆ ಚೆರ್ಡುವಾಂಕ ಜಿವ್ನಿ ಮಾರ್ಲೆಂ. ಆನಿ ಬಾಯ್ಲೆಮನ್ಶಾಂಕ ಆನಿ ಬಾಯ್ಲೆಚೆರ್ಡುವಾಂಕ ವ್ಹಾವ್ನು ತಾಂಗೆಲೆ ಮಸೀದೀಕ ಏಕಯಿ ಘರಕಡೆ ವ್ಹೆಲ್ಲೆಂ.

ಮನುಷ್ಯಾಂಕ ಚೋರ್ನುವ್ಹೋರ್ಚೆ ಹೇಂ ಹಿಂಸಾತ್ಮಕ ಕಾಮ ಜೋರುಜಾಲ್ಲೆಂ. ಪಾಂಚ ವರ್ಸಾಕಯಿ ಊಣೆ ಪ್ರಾಯೇಚೆ ಚೆರ್ಡುವಾಂಕ ಇಸ್ಲಾಂ ಧರ್ಮಾಂತು ಮೇಳಯಿಲೆಂ ಆನಿ ತಾಂಕಾ ಮಸೀದೀಂತು ಗಲೀಜ ಕಾಡ್ಚೆ ಕಾಮಾಂಕ ಲಾಯ್ಲೆಂ.

ಹಿಂದೂ ಜನಾನಿ ಹೇ ಮುಸ್ಲಿಂ ದಂಗೆಂತು ತಾಂಕಾ ಜಾಲ್ಲೇಲೆ ಕಷ್ಟನಷ್ಟ ಟಿಪ್ಪು ಸುಲ್ತಾನಾಲೆ ಕಾಳಾರಿ ಜಾಲ್ಲೇಲೆವರೀಚಿ ನುತ್ತsಚಿ ಸಹಿಸೂನು ಭೊಗ್ಲೆ. ಹಿಂದು ಆನಿ ಮುಸ್ಲಿಂ ಜನಾಲೊ ವೈಷಮ್ಯ ಭಯಂಕರ ವೈರ್ಲೆ ಸ್ತರಾರಿ ವೊಚ್ಚೂನು ಪಾವ್ಲೆಂ.

ಹೇ ಘಟಣೇನ ಗಾಂಧೀ ಮಾಮ್ಮಾಂಕ ಖಿಲಾಫತ್ ಚಳುವಳೀಚಿ ವ್ಯಂಗ್ಯತಾ ಮನಾಂತುಗೆಲ್ಲಿ. ಕಸ್ಸಲೆಂ ಜಾಲ್ಲೆಂ ಮ್ಹೋಣು ಸ್ವತಃ ಪ್ರತ್ಯಕ್ಷ ಪೋಳೋಚಾಕ ಗಾಂಧಿ ಮಲಬಾರಾಕ ಯೇನಿ. ಹಿಂದು ಜನಾಲೊ ವಿಶ್ವಾಸು ಗಾಂಧೀನ ಆನಿ ಕಾಂಗ್ರೆಸ್ಸಾನ ಮಲಬಾರಾಂತು ಕೊಳ್ವೂನುಘೆತ್ಲೊ.

ಗಾಂಧೀಕ ಜ್ಯೆಲ ಜಾಲ್ಲೆಂ.

ಗಾಂಧೀಲೆಂ ಅಸಹಾಯಕ ಚಳುವಳಿಚೆ ವೇಳಾರಿ ತಾಣೆ ಕೆಲ್ಲೆಲೆ ಅನೇಕ ಭಾಷಣ ಸರಕಾರಾಚೆ ವಿರುದ್ಧ ಅಪ್ರಿಯತಾ ವಾಡ್ಲೋಚಾಕ ಕಾರಣ ಜಾಲ್ಲೆಂ ಮ್ಹೋಣು ಅಪರಾಧಿ ಮ್ಹೋಣು ಕೋರ್ಟಾಂತು ತೀರ್ಮಾನು ಜಾಲ್ಲೊ.

ಗಾಂಧೀಕ ಕ್ರಿ. ಶ. 1922 ಮಾರ್ಚ ಮ್ಹೈನ್ಯಾಂತು ಕೈದಕೋರ್ನು ಸ (6) ವರ್ಸ ಜ್ಯೆಲ ಶಿಕ್ಷಾ ಜಾಲ್ಲಿ. 1924 ಇಸ್ವೇಂತು ಗಾಂಧೀಕ ಜ್ಯೆಲಾಂತು ಜೋರು ಹುಷಾರ ನಾ ಜಾಲ್ಲೆಂ ಆನಿ ತಾಕ್ಕಾ ಭಾಯ್ರ ಸೊಡ್ಲೊ.

ಗಾಂಧೀನ ಜ್ಯೆಲಾಂತು ತಾಕ್ಕೂನು ಭಾಯ್ರ ಆಯ್ಲೆ ಮಾಗ್ಗೀರಿ ತಾಣೆ 1917 ಇಸ್ವೇಂತು ಸೂರು ಕೆಲ್ಲೇಲೆಂ ಸುಭದ್ರಭಾರತಾಚೆ ಮುಳಾವಣ (ಪಂಚಾಂಗ) ದವ್ರೋರ್ಚೆ ಕಾಮ ವೊಪಾಸ ಸೂರು ಕೆಲ್ಲೆ.

ಖಾದಿ ಚಳುವಳಿ ಬsಲ ಕೆಲ್ಲಿ. ವಿದೇಶೀ ಮ್ಹಾಲು ಆಮ್ಮಿ ಬಹಿಷ್ಕಾರು ಕೆಲ್ಲ್ಯಾರಿ ಆಮ್ಕಾ ನೆಸ್ಸೂಂಕ ಆಮ್ಗೆಲೆಂಚಿ ಆಂವಂಗಲೆಂ ಜಾಯಿ ನ್ಹಂಯಿವೇ? ಮ್ಹೋಣು ತಾಣೆ ಸಗ್ಳೇ ಭಾರತಾಂತು ಪ್ರತಿಏಕ ಗಾಂವಾಂತು ಕಾಪ್ಪುಸಾನಿ ಸೂತ ಕೋರ್ಚೆ ಚರಖ ಹಾಣುದಿಲ್ಲೆಂ.

ಚರಖಾಂತು ಜಾಲ್ಲೇಲೆ ಸುತ್ತಾನಿ ಕಾಪ್ಪಡ ಕೊರ್ಚೆ ಮಗ್ಗಽಂ ಹಾಣು ದಿಲ್ಲೀಂತಿ. ಸಗ್ಳೇ ಭಾರತಾಂತು ಜನಾನಿ ಚರಖಾನಿ ಸೂತ ಕೊರ್ಚೆಂ ಆನಿ ಮಗ್ಗಾನಿ ಕಾಪ್ಪಡ ಕೊರ್ಚೆಂ ಹುನ್ನಾರ ಶಿಕ್ಲೀಂತಿ. ಚರಖಾಚೊ ಆನಿ ಮಗ್ಗಾಚೊ ಉಪಯೋಗ ವಾಢ್ಲೊ. ಥೋಡೇ ಮ್ಹೈನ್ಯಾಚೆ ನಂತರ ವಿದೇಶೀ ಮ್ಹಾಲಾಂಕ ಬಹಿಷ್ಕಾರು ಘಾಲ್ಚಿ ಗಽತಿ ವೊಪಾಸ ಸೂರು ಕೆಲ್ಲಿ.

ಅಸ್ಪ್ರಶ್ಯತೇಚೆ ವಿರುದ್ಧ ಜಾಗ್ರತಿ

ಗಾಂಧೀಕ ಭಾರತಾಂತು ನಿಕೃಷ್ಟ ಜಾತೀಚಾಂಕ ವೈಲೆ ಜಾತೀಚಾನಿ ಕೊರ್ಚೊ ಅವಮಾನು ಸಹಿಸೂಚಾಕ ಜಾಯ್ನಿ. ತಾಣೆ ಲಂಡನ್ನಾಂಕ ವೊಚ್ಚೊತಾಂಯಿ ತಾಕ್ಕಾ ಹೇ ವಿಷಯಾಂತು ಮಸ್ತ ಗಹನ ಜಾವ್ನು ಮನಾಂತು ವಚ್ಚಽನಿಆಶ್ಶೀಲೆಂ.

ತೀನಿ ವರ್ಸ ಲಂಡನ್ನಾಂತು ವಾಸು ಕೆಲ್ಲೇಲೆ ವೇಳಾರಿ ತಾಣೆ ಥಂಚೆ ಜಽಣ ನಿಕೃಷ್ಟ ಕಾಮಕರ್ತಽಲೆ ಜನಾಲೆಒಟ್ಟು ಕಶ್ಶಿ ವರ್ತನೆ ಕರ್ತಾತಿ ಮ್ಹೊಣು ಪಳೈಲೆಂ. ಏಕ ಖಂಚೋಯಿ ಮನೀಷು ಆಮ್ಕಾ ಇತ್ಯಾಕ ನಿಕೃಷ್ಟು ಜಾತ್ತಾ?

ಏಕ ಮನ್ಶಾನ ನಿಕೃಷ್ಟ ಜಾವ್ಕಾ ಜಾಲ್ಯಾರಿ ತಾಣೆ ಖಂಚೆ ನಮೂನ್ಯಾಚೆ ಪಾಪ ಕೋರ್ಕಾ? ತಾಗ್ಗೇಲೆ ಆವ್ಸು ಬಾಪ್ಪೂಸು ನಿಕೃಷ್ಟ ಜಾತೀಚೆ ಜಾಲ್ಯಾರಿ ತಾಕ್ಕಾಯಿ ನಿಕೃಷ್ಟ ಮ್ಹೊಣು ಪೊಳೋಚಾಕ ತೋ ಏಕಿ ಪ್ರಾಣಿವೇಂ? ಮ್ಹೊಣು ಅಶ್ಶೀ ಗಾಂಧೀಲೆ ಮನಾಂತು ಪ್ರಶ್ನೆ ಯೇವ್ನು ಆಸ್ಸೂಕಾ.

ಗಾಂಧೀನ ಅಸ್ಪ್ರಶ್ಯತಾ ನಿವಾರಣೇಚಿ ಚಳುವಳಿ ಕೆದ್ನಾ ಸೂರು ಕೆಲ್ಲಿ ಮ್ಹೊಣು ಖಂಡಿತ ನಾ. ಜಾಲ್ಯಾರಿ ತಾಕ್ಕಾ ಹೇ ವಿಷಯಾಂತು ಭಾರೀ ಬೆಜಾರು ಆಶ್ಶೀಲೊ ಆನಿ ತಾಗ್ಗೆಲೆ ಸಮಾಜ ಸುಧಾರಣೇಂಚೆ ಕಾಮಾಂತು ಹೋ ಏಕು ಮುಖ್ಯ ವಿಷಯು ಮ್ಹೊಣು ದಾಕ್ಕೋಕಾ ಮ್ಹೊಣು ಇಚ್ಚಾ ಆಶ್ಶೀಲಿ.

ಅಸ್ಪ್ರಶ್ಯ ಜನಾಂಕ ಎಕ್ಕೇಕ ಪ್ರದೇಶಾಂತು ಎಕ್ಕೇಕ ನಾಂವ ಆಶ್ಶೀಲೆಂ. ತಾಂಕಾ ಅಸ್ಪ್ರಶ್ಯ ಮ್ಹೊಣು ಕೋಣಯಿ ಆಪ್ಪೈನಾಂತಿ ಆಶ್ಶೀಲೀಂತಿ. ಖಂಚಿ ಜಾತಿ ಸಂಡಾಸು ಘೂಟ ಕರ್ತಽಕಿ ತೀ ಜಾತಿ ಅಸ್ಪ್ರಶ್ಯ ಜಾತಿ. ಖಂಚಿ ಜಾತಿ ಮೆಲ್ಲೇಲೆ ಗೊರ್ವಾಂಕ ಫೇವ್ನು ವೊಚ್ಚೂನು ದೂರ ವ್ಹೋರ್ನು ಮಢ್ಯಾಕ ಉಜ್ಜೊ ಲಾವ್ನು ಗೊಬ್ಬೋರು ಕರ್ತಽಕಿ ತೀ ಜಾತಿ ಅಸ್ಪ್ರಶ್ಯಾಲಿ ಜಾತಿ.

ಮಂಗಳೂರಾಂತು ಮ್ಹಾರ ಮ್ಹೊಣು ಏಕ ಜಾತಿ ಆಸ್ಸ. ತಾನ್ನಿ ಸಂಡಾಸು ಘೂಟ ಕೊರ್ಚೆ ಆಶ್ಶೀಲೆಂ. ತಾಂಕಾ ಅಸ್ಪ್ರಶ್ಯ ಮ್ಹೊಣು ದೂರ ದವ್ವರ್ತಾತಿ ಆಶ್ಶೀಲೀಂತಿ.

ಗಾಂಧೀನ ಉಪಾಯ ಕೋರ್ನು ಸಕ್ಕಡ ಅಸ್ಪ್ರಶ್ಯ ಜನಾಂಕ ಎಕ್ಕಽಚಿ ನಾಂವಾನ ಆಪ್ಪೈಲೆಂ. 'ಹರಿಜನ' ಮ್ಹೊಣು ತಾಂಕಾ ಗಾಂಧೀನ ನಾಂವ ದಿಲ್ಲೆಂ.

ಗಾಂಧೀಕ ದುಃಖ ದಿಲ್ಲೋಲೊ ವಿಷಯು ಕಸ್ಸಲೊ ಮ್ಹಳ್ಯಾರಿ ಅಸ್ಪ್ರಶ್ಯ ಜನಾಂಕ ಉದ್ಧಾಚೆ ಕಷ್ಟಽ ಜಾಲ್ಲೇಲೆಂ. ಅಸ್ಪ್ರಶ್ಯ ಲೋಕಾನಿ ಖಂಚೇಯಿ ಬಾಂಯ್ಚೆ ಉದ್ದಾಕ ಆಪ್ಪೋಡ್ಚಾಕ ನಜ್ಜ ಮ್ಹೊಣು ಕೆಲ್ಲೇಲೆಂ. ತಾನ್ನಿ ತಳ್ಯಾಂತುಲೆ ಉದ್ದಾಕ ವೈಲೆ ಜಾತೀಚಾಲೆಲಾಗ್ಗಿ ನಿಮ್ಗೂನು ಫೇವ್ಕಾ. ತಾಂಗೇಲೇಂಚಿ ಆಯ್ದಽನ ಹಾಣು ತಾಂತು ಉದ್ದಾಕ ಫೇವ್ಕಾ.

ಗಾಂಧೀಲೆ ಆಶ್ರಮಾಚಿ ಕಾಣಿ

ಗಾಂಧೀನ ದಕ್ಷಿಣಾಫ್ರಿಕಾತಾಕ್ಕೂನು ಆಯ್ಯಿಲೆ ವರ್ಸ ಅಹಮದಾಬಾದಾಂತು ಏಕ ಸತ್ಯಾಗ್ರಹ ಆಶ್ರಮ ಸ್ಥಾಪನೆ ಕೆಲ್ಲೆಲೆ. ಥೋಡೆ ಮ್ಹೈನೆನಂತರ ತೇ ಆಶ್ರಮಾಂತು ಗಾಂಧೀನ ಏಕ ಹರಿಜನ ಕುಟುಂಬಾಕ ಆಶ್ರಮಾಂತು ರಾಬ್ಬೋನು ಘೆತ್ಲೆಂ. ದುಡಾಭಾಯಿ, ದಾನಿಬೆನ್ ಆನಿ ತಾಂಗೆಲೆ ಚೆರ್ಡುಂ ಲಕ್ಷ್ಮಿ.

ಏಕು ದಿವಸು ಆಶ್ರಮಾಚೆ ಬಾಂಯ್ಯುತಾಕ್ಕೂನು ಉದ್ದಾಕ ಕಾಡೂಂಕ ದುಡಾಭಾಯಿ ಗೆಲ್ಲೆಲೆ ತವಳ ಲಾಗ್ಗಿ ಆಶ್ಶೀಲೆ ಘರಾಂತುಲ್ಯಾನಿ ಆಪತ್ತು ದಾಕ್ಕೈಲೊ. ಜಾಲ್ಲ್ಯಾರಿ ಗಾಂಧೀನ ದುಡಾಭಾಯಿಕ, 'ತೂಂ ಕಸ್ಸಲೇಂಯಿ ಉಲ್ಲೋನಾಕ್ಕಾ,' ಮ್ಹಣು ಸಾಂಗ್ಲೆ. ದುಡಾಭಾಯಿ ಕಾಂಯಿೀ ಉಲ್ಲೈನಾ ಜಾಲ್ಲೇಲೆ ನಿಮಿತ್ತ ತೇ ಘರ್ಚಾನಿ ಉಲ್ಲೋಚೆ ರಾಬ್ಬಯಿಲೆಂ.

ಜಾಲ್ಲ್ಯಾರಿ ಆಶ್ರಮಾಂಕ ಖರ್ಚಾಕ ದುಡ್ಡು, ಜಿೀನಸು ಇತ್ಯಾದಿ ದಿತ್ತಲ್ಯಾನಿ ದುಡ್ಡು ಜಿೀನಸು ಇತ್ಯಾದಿ ದಿವ್ಚೆ ರಾಬ್ಬೈಲೆಂ. ಜಾಲ್ಲ್ಯಾರಿ ಹೆರ್ದುಸು ಏಕ ಸೇಠಾನ 13000 ರುಪ್ಪೈಯೊ ಹಾಣು ಗಾಂಧೀಕ ದಿಲ್ಲೀ.

ಘರಾಂಚೆ ಭಿತ್ತರಿಯಿೀ ಸ್ವಲ್ಪ ಬಾಯ್ಲಮನ್ಶಾಂಕ ದಾನಿಬೆನ್ನಾನ ರಾನ್ನಾಂತು ಹಾತು ಘಾಲ್ಚೆಂ ಸsಮ ದಿಸ್ಸsನಿ. ಜಾಲ್ಲ್ಯಾರಿ ಗಾಂಧೀನ 'ತಾನ್ನೀಯಿ ಆಮ್ಗೆಲ್ಯಾ ಮ್ಹಣ್ಕೇಚಿ ಮನೀಷ್ ನ್ಹಂಯಿವೇ?' ಮ್ಹಣು ಬುದ್ಧಿ ಸಾಂಗಿಲೆ ಮಾಗ್ಗೀರಿ ತಿಗ್ಗೆಲೆ ವಿಷಯಾಂತು ವರ್ಲೆಲ್ಯಾಂಕ ಜಾವ್ಚೆ ಅನುಮಾನು ಹಳುಹಳೂ ನಾ ಜಾಲ್ಲೊ.

ಗಾಂಧೀನ ಆಶ್ರಮಾಂಕ ಧನಸಹಾಯು ಕರ್ತsಲ್ಯಾಂಕ ಸಕ್ಡಾಂಕ ಸುವರ್ೆಕsಚಿ ಸಾಂಗೀಲೆಂ. 'ಪಳಯಾ, ಆಮ್ಕಾ ಹರಿಜನ ಲೋಕು ಅಸ್ಪ್ರಶ್ಯ ಲೋಕು ಮ್ಹಣು ದಿಸ್ಸನಾಂತಿ. ಹರಿಜನಾಂಲೆ ವಿಷಯಾಂತು ಆಮ್ಮೀ ಅಸ್ಪ್ರಶ್ಯ ಮ್ಹಣು ಭಾವನೆ ದವ್ವರ್ನಾಂತಿ. ತಾನ್ನೀಯಿ ಆಮ್ಗೆಲ್ಯಾ ಮ್ಹಣ್ಕೇಚಿ ಜೀವನ ಕೋರ್ಕಾ. ಹೇಂ ತುಮ್ಕಾ ಒಪ್ಪಿಗೆ ಆಸ್ಸsಜಾಲ್ಲ್ಯಾರಿ ಆಮ್ಕಾ ಸಹಾಯು ಕರಾತಿ,' ಮ್ಹಣು.

ಹರಿಜನ ಸೇವಕ ಸಂಘ

ಗಾಂಧೀ ಮಾಮ್ಮಾನ ಹರಿಜನಾಲೆ ಉದ್ಧಾರಾಚೆ ಕತಿರ ಏಕ ಸಂಘ ಸ್ಥಾಪನೆ ಕೆಲ್ಲೆಂ. ಹೇ ಆಂದೋಲನಾಂಕ ಸಹಕಾರು ದಿತ್ತsಲ್ಯಾಂಕ ಆನಿ ಫಲಾನುಭವಿಕ ಹೋ ಸಂಘು ಉಪಯೋಗಾಕ ಪಳ್ಳೊ. ಬ್ರಿಟಿಷ್ ಸರಕಾರಾನ ಮುಸ್ಲಿಮ್ಮಾಂಕ ವಿಂಗಡ ಮತದಾರಾಲಿ ಪಟ್ಟಿ ಕೆಲ್ಲೆಲೆವರೀಚಿ ದಲಿತ ವರ್ಗಾಚೆ ಜನಾಂಕ ವಿಂಗಡ ಮತದಾರಾಲಿ ಪಟ್ಟಿ ಕೊರ್ಚೊ ನಿರ್ಧಾರು ಕೊರೂಂಕ ನಜ್ಜ ಮ್ಹಣು ಗಾಂಧೀನ ಹಠ ಕೆಲ್ಲೆಂ.

ಗಾಂಧೀನ ದಲಿತ ವರ್ಗಾಂಕ ರಾಕ್ಕೂನು ದವ್ವರ್ಲೆಲೆ ಸ್ಥಾನಾಂಚೆ ಸಂಖ್ಯೆ 71 ತಾಕ್ಕೂನು 147 ಕೋರೂಂಕ ಒಪ್ಪಿಗೆ ದಿಲ್ಲಿ ಜಾಲ್ಲ್ಯಾರಿ ದಲಿತ ಲೋಕು ಹಿಂದು ಲೋಕು. ತಾಂಕಾ ವಿಂಗಡ ಮತದಾರ ಪಟ್ಟಿ ಕೆಲ್ಲ್ಯಾರಿ ಹಿಂದು ಜನಾಲೆ ಒಗ್ಗಟ್ಟು ಮೋಡುನು ವತ್ತಾ. ತೇನಿಮ್ಮಿ ವಿಂಗಡ ಮತದಾರಾಲಿ

ಪಟ್ಟಿ ಕೆಲ್ಲ್ಯಾರಿ ಹಾಂವ ಜೀವಂತ ಆಸ್ಸೂಂಕ ಇಚ್ಛೆಪಾವ್ನಾ ಮ್ಹೊಣು ಗಾಂಧೀನ 1932 ಸೆಪ್ಟೆಂಬರ್ ಮ್ಹೈನ್ಯಾಂತು ಉಪವಾಸ ಸತ್ಯಾಗ್ರಹ ಸೂರು ಕೆಲ್ಲೆಲೆಂ.

ಕಡೇರಿ ಗಾಂಧೀ ಮಾಮ್ಮಾಂಕ ತಾಗ್ಗೆಲೆ ಬಾಯ್ಲ ಕಸ್ತೂರ್ಬಾನ ಕಾಗದ ಬರೈಲೆಂ, 'ಹಾಂವೆ ಸಾಂಗ್ಲ್ಯಾರಿ ತುಮ್ಮಿ ಕಾಂಯಿೀ ಆಯ್ಕಽನಾಂತಿ. ಹಾಂವೆ ಪ್ರಾರ್ಥನೆ ಕೋಯೇರ್ೕತ ತಿತ್ಲೇಂಚಿ,' ಮ್ಹೊಣು. ತಾಕ್ಕಾ ಗಾಂಧೀನ ಉತ್ತರ ಬರೈಲೆ, 'ತುಗ್ಗೆಲೆ ಆನ್ನಾನ ಮೆಗ್ಗೆಲೆ ತಸ್ಸಲೆ ಬಾಂಮ್ಣಾಂಕ ತುಗ್ಗೇಲೆಲಾಗ್ಗಿ ನಿಮ್ಗೀನಾ ನಾತ್ತೀಲೆಂ ವ್ಹಾಡ್ಡಿಕ ಕೋರ್ನ್ಯ ದಿಲ್ಲೇಲಿ. ಆತ್ತಂ ಕಸ್ಸಲೆ ಕೊರೂಂಕ ಜಾತ್ತಾ? ತುಜ್ಜೆ ವೈರಿ ಹಾಂವೆ ಅತೀವ ಭಾರು ಘಾಲ್ಲಾ. ಹಾಂವ ಎಕ್ಲೋೀ ತುಜ್ಜೇರಿ ವಽಜೆ ಜಾಲ್ಲಾಂ. ಅಸ್ಸಲೆ ವಜನಾನ ಆನಿ ಖಂಚೀಯಿ ಬಾಯ್ಲಮನೀಷಿ ಜಾಲ್ಲ್ಯಾರಿ ಎದ್ದೋಳು ಮರ್ತಽ ಆಶ್ಶೀಲಿ,' ಮ್ಹೊಣು. ಹರಿಜನಾಲೆ ಉದ್ಧಾರಾಚೆ ಕತಿರ ಗಾಂಧೀನ ಆನಿ ದೋನಿ ಪಟಿ 1933 ಇಸ್ವೇಂತು ಉಪವಾಸು ಸತ್ಯಾಗ್ರಹ ಕೆಲ್ಲೆಲೆಂ.

ಹುಕುಮಭಂಗ ಆಂದೋಲನ

ಕ್ರಿ. ಶ. 1930 ಇಸ್ವೇಂತು ಗಾಂಧೀನ ಹುಕುಮಭಂಗ ಆಂದೋಲನ (ಸಿವಿಲ್ ಡಿಸೊಬೀಡಿಯೆನ್ಸ್) ಸೂರು ಕೆಲ್ಲೆಂ. ಬ್ರಿಟಿಷ್ ಸರಕಾರಾಚೆ ಅನೇಕ ಹುಕುಮಾಂಚೆ ಪೈಕಿ ಏಕು ಮುಖ್ಯ ಹುಕುಮು ಗಾಂಧೀನ ಭಂಗು ಕೆಲ್ಲೊಲೊ ಮಿಟ್ಟಾಚೆ ಕಽರಾಚೊ.

ಬ್ರಿಟಿಷ್ ಸರಕಾರಾನ ಮಿಟ್ಟಾರಿ ಕಽರೊ ಘಾಲ್ಲೊಲೊ. ಮೀಟ ತಯ್ಯಾರಿ ಕೋರ್ನ್ಯ ವಿಕ್ಕೀಲ್ಯಾನ ಸರಕಾರಾಕ ಕಿತ್ಲೆಂ ಮೀಟ ವಿಕ್ಲೆಂಕೀ ತಿತ್ಲೆಂ ಮಿಟ್ಟಾರಿ ಕಽರೊ ದೀವ್ಕಾ ಮ್ಹೊಣು ಹುಕುಮು ಜಾರಿಕೆಲ್ಲೊಲೊ.

ಗಾಂಧೀನ ಹೋ ಹುಕುಮು ಮೋಡೂಂಕ ಯೋಗ್ಯ ಜಾಲ್ಲೊಲೊ ಮ್ಹೊಣು ಆಪ್ಪಽಣ ಅಶ್ಶಶ್ಶಿ ಹುಕುಮುಮೊಡ್ತಾ ಆನಿ ಮೀಟ ತಯ್ಯಾರಿ ಕೋರ್ನ್ಯ ಕಽರೊ ದೀನಾ ನಾತ್ತೀಲೆ ವಿಕ್ತಾಂ ಮ್ಹೊಣು ಘೋಷಣೆ ಕೆಲ್ಲಿ.

ಗಾಂಧೀನ ಸಕ್ಕಡ ತಯ್ಯಾರಿ ಕೋರ್ನ್ಯ ಏಕು ದೀಸು ದಾಂಡಿ ಮ್ಹಳ್ಳೇಲೆ ಕಡೇನ ಮೀಟ ತಯ್ಯಾರಿ ಕೊರ್ಚೆ ಮ್ಹೊಣು ಠರಯಿಲೆಂ. ಗಾಂಧಿ ಮ್ಹಣಾಲೊ, 'ಮಿಟ್ಟಾಚೆವರಿ ಉದ್ದಾಕ ಸೋಣು ಆನಿ ಖಂಚೋಯಿ ವಸ್ತು ಪ್ರತಿ ಏಕ ವ್ಯಕ್ತೀಕ ಜಾಯಿಜಾಯ್ನಾ. ಮಿಟ್ಟಾರಿ ಕಽರೊ ಘಾಲ್ನು ಬ್ರಿಟಿಷ್ ಸರಕಾರ ಪ್ರತಿ ಏಕ ಭಾರತೀಯಾಲೆಲಾಗ್ಗಿ ಕಽರೊ ಘೆತ್ತಾ.

ಆಮ್ಮಿ ಹೇ ಕರಾಚೊ ಹುಕುಮು ಮೋಡ್ತಾತಿ. 33 ಕೋಟಿ (ತೇವೇಳಾರಿ ಭಾರತಾಚೆ ಜನಸಂಖ್ಯೆ) ದುರ್ಬಳೆ ಜನಾಂಕ ತುಮ್ಮಿ ಬ್ರಿಟಿಷಾನಿ ಕಽರೊ ಘಾಲ್ನು ತಾಂಕಾ ಆನಿಕಯಿ ಚಽಡ ಶೋಶಣ ಕರ್ತಾತಿ. ಆಮ್ಗೆಲೆ ಜೀವನಾಕ ತುಮ್ಮಿ ಗುಲಾಮಗಿರೀಚೆ ಸಮಾನ ಕೆಲ್ಲಾಂ. ಆಮ್ಗೇಲೆ ಸಂಸ್ಕೃತೀಕ ಹೇ ಕಾನೂನಾನ ನಿರ್ವೀರ್ಯ ಕೆಲ್ಲಾಂ,' ಮ್ಹೊಣು.

ಗಾಂಧೀನ ದಾಂಡೀ ಯಾತ್ರಾ ಕರ್ತಽಲೆ ಸಕ್ಕಡ ಸ್ವಯಂಸೇವಕಾಂಕ ಕಸ್ಸಲೇಂಯಿ ಜಾಲ್ಲ್ಯಾರಿಯೀ ಅಹಿಂಸೆ ಪಾಲನ ಕೋರ್ಕಾ ಮ್ಹೊಣು ತಾಕೀತ ದಿಲ್ಲಿ.

1930 ಇಸ್ವೇಚೆ ಮಾರ್ಚ ಮ್ಹೈನ್ಯಾಚೆ 2 (ದೊನ್ನಿಂಚೆ) ತಾರೀಕೆಕ ಗಾಂಧಿ ತಾಗ್ಗೆಲೆ 78 ಜಽಣ ಆಶ್ರಮವಾಸೀಂಕ ಘೇವ್ನು ಅಹಮದಾಬಾದಾ ತಾಕ್ಕೂನು 240 ಮೈಲ ದೂರ ಆಶ್ಶೀಲೆ ದಾಂಡೀ ಸಮುದ್ರತಟಾಕ ಚಮ್ಕೂನು ಗೆಲ್ಲೊ. ಥಂಯಿ ತಾಣೆ ಮೀಟ ತಯ್ಯಾರಿ ಕೆಲ್ಲೆಂ.

ತಾಗ್ಗೇಲೆ ಒಟ್ಟೂಚಿ ಬೈಸೂನು ಹಜ್ಞಾರ ಕಟ್ಲೆ ಜನಾನಿ ಮೀಟ ಕೆಲ್ಲೆಂ. ಗಾಂಧೀಕ ಸರಕಾರಾನ ಕೂಡ್ಲೇ ಕೈದ ಕರ್ನಿ. ಜಾಲ್ಲ್ಯಾರಿ ಮಸ್ತ ಲೋಕಾಂಕ ಕೈದಕೋರ್ನು ಜೈಲಾಂತು ಘಾಲ್ಲೆಂ. ಕಾನೂನು ಉಲ್ಲಂಘನೆ ದೀಸವತ್ತಾವತ್ತಾಂ ಜೋರು ಜಾಲ್ಲೆಂ.

ಹುಕುಮುಭಂಗ ಆಂದೋಲನಾಂತು ಸ್ವಯಂಸೇವಕಾನಿ ಕಾಗ್ರೆಸ್ ಧ್ವಽಜ ಕಚೇರಿ ವೈರಿ, ಪೋಸ್ಟ್ ಆಫೀಸಾಚೆ ವೈರಿ, ತಿಜೋರಿ ಆಫೀಸಾಚೆ ವೈರಿ ಬ್ರಿಟಿಷ್ ಬಾವ್ಟೊ ಸಕಲ ದೇವೋನು ರಾಷ್ಟ್ರೀಯ ಬಾವ್ಟೊ ಉಬ್ಬಯಿಲೊ. ತಶ್ಶಿ ಕೆಲ್ಲೇಲೆ ಸ್ವಯಂಸೇವಕಾಂಕ ಧಲ್ರ್ಯಾರಿ ತಾಂಕಾ 6 ವರ್ಸಾಚಿ ಸಽಜ್ಞಾ ಜಾಲ್ಲಿ.

ಸ್ವಲ್ಪ ಕಾಂಗ್ರೆಸ್ ಸ್ವಯಂಸೇವಕಾನಿ ರಾನ್ನಾಂತು ವೊಚ್ಚೂನು ರಾಕ್ಕೂಡ ಕಾತ್ತೋರ್ನು ಹಾಣು ಘಽರಘಽರ ವಿಕ್ಲೆ. ಹೇಂ ಏಕ ಹೊಳ್ಳೆ ಹುಕುಮ ಭಂಗಾಚೆ ಕಾಮ ಜಾವ್ನು ಆಶ್ಶೀಲೆಂ. ಸ್ವಲ್ಪ ಸ್ವಯಂಸೇವಕಾನಿ ನೀರಾ (ಬಾಡೀ) ಕಾಡ್ಚೆ ರುಕ್ಕಾರಿ ಚೋಣು ನೀರಾ ಕಽರೊ ದೀನಾಸ್ತಽನಾ ವಿಕ್ಲೊ.

ಸೊರ್ರ್ಯಾಚೆ ಗಡಂಗಾಚೆ ಎದ್ರಾಕ ಗುಂಪುಕೋರ್ನು ರಾಬ್ಬೂನು ಮದ್ಯಪಾನವಿರೋಧಿ ಘೋಷಣೆ ರಳ್ಳೀಂತಿ. ವಕೀಲಾನಿ ಕೋರ್ಟಾಕ ವೊಚ್ಚೆ ಬಂದಕೆಲ್ಲೆಂ.

ವಿದ್ಯಾರ್ಥೀನ ಇಸ್ಕೂಲಾಕ ಆನಿ ಕಾಲೇಜಾಕ ವೊಚ್ಚೆ ಬಂದ ಕೆಲ್ಲೆಂ. ಪ್ರತಿಏಕ ಸರಕಾರೀ ದಪ್ತರಾಚೆ ಎದ್ರಾಕ ಹರತಾಳ ಕೆಲ್ಲೆಂ. ವ್ಯಾಪಾರೀನಿ ಸುಂಕೊ ಆನಿ ಕಽರೊ ದೀನಿ ಮ್ಹೊಣು ತಾಂಕಾ ಜೈಲಾಕ ವೊಚ್ಚೂಕಾ ಜಾಲ್ಲೆಂ.

ಹಜ್ಞಾರ ಕಟ್ಲೆ ಜಽಣ ಜಖ್ಮೀ ಜಾಲ್ಲೀಂತಿ. ಹಜ್ಞಾರ ಕಟ್ಲೆ ಜಽಣ ಮೆಲ್ಲೀಂತಿ. ಮುಸ್ಲಿಂ ಲೋಕಾನಿ ಹೇ ಹುಕುಮಭಂಗ ಆಂದೋಲನಾಂತು ಭಾಗು ಘೇನಿ.

ಕ್ರಿ. ಶ. 1916 ಇಸ್ವೇಕದೋರ್ನು ಮುಸ್ಲಿಮ್ಮಾಂಕ ವಿಗಡಽಚಿ ಮತದಾರ ಪಟ್ಟಿ ಕೆಲ್ಲೇಲಿ. ಮುಸ್ಲಿಮ್ಮಾನಿ ತಾಂಗೆಲೆ ಉಮೇದುವಾರಾಂಕ ಮಾಂತ್ರ ಮಽತು ಘಾಲ್ಯೇತ ಮ್ಹೊಣು ಕೆಲ್ಲೇಲೆ. ತಾಜ್ಜೆ ವಿಷಯಾಂತು ಕಾಂಗ್ರೇಸ್ ಪಾರ್ಟೀನ ಜಾವ್ನೊ ಗಾಂಧೀನ ಜಾವ್ನೊ ವಿರೋಧು ವ್ಯಕ್ತ ಕಽರ್ನಿ ಆಶ್ಶೀಲೊ. ಹುಕುಮಭಂಗ ಚಳುವಳೀಂತು ಜಿನ್ನಾನಽಯೀ ಭಾಗು ಘೇನಿಂ.

ಗಾಂಧೀ–ಅರ್ವಿನ್ ಸಂಧಿ

ಕ್ರಿ. ಶ. 1931 ಇಸ್ವೇಂತು ಗಾಂಧೀನ ಆನಿ ವೈಸ್ರಾಯ್ ಅರ್ವಿನ್ನಾನ ಹುಕುಮಭಂಗ ಆಂದೋಲನ ರಾಬ್ಬೋಚೆಕತಿರ ಪರಸ್ಪರ ಉಲ್ಲೋನು ಘೆತ್ಲೆಂ ಆನಿ ಏಕಿ ಸಂಧೀಚೆ ಪತ್ರಾರಿ (ಪ್ಯಾಕ್ಟ್) ತಾಂಗೇಲಿ ಸಽಹಿ ಘಾಲ್ಲಿ.

ವೈಸ್ರಾಯ ಅರ್ವಿನ್ನಾನ ಗಾಂಧೀಕ ಆಡಳಿತೇಂತು ಸುಧಾರಣೆ ಕರ್ತಾ ಮ್ಹಳ್ಳೆಲೆ ನಂತರ 1931 ಇಸ್ವೇಂತು ಮಾರ್ಚ ಮ್ಹೈನ್ಯಾಂತು ಹುಕುಮಭಂಗ ಆಂದೋಲನ ಗಾಂಧೀನ ಪೋಪಾಸ ಘೆತ್ಲೆಂ.

ಜೈಲಾಂತೂಲೆ ಅನೇಕ ಅಹಿಂಸಕ ಸತ್ಯಾಗ್ರಹೀಂಕ ಸರಕಾರಾನ ಭಾಯ್ರ ಸೊಳ್ಳೆಂ. ದುಡ್ವಾಚೆಂ ದಂಡ ಘಾಲ್ಲೇಲೆಂ ಮಾಫಿ ಕೆಲ್ಲೆಂ.

ಆಂದೋಲನ ಕೆಲ್ಲೇಲೆ ಸರಕಾರೀ ನೌಕರಾಂಕ ಮಾಫಿ ಕೋರ್ನು ತಾನ್ನಿ ಸಕ್ಕಡ ಘುಳ್ಯಾಮ್ಹಣ್ಕೇಚಿ ಪೋಪಾಸ ಕಾಮಾರಿ ಆಯ್ಲೀಂತಿ. ಸರಕಾರಾನ ಆಂದೋಲನಾಂಚೆ ವೇಳಾರಿ ಕಂದಾಯ ದೀನಾನಾತ್ತಿಲೆ ಭೂಮಾಲಿಕಾಂಲೆಂ ಭೂಂಯಿಂ ಜಪ್ತಕೆಲ್ಲೇಲಿ ತೀ ಸಕ್ಕಡ ಭೂಂಯಿಂ ತಾಂಕಾ ಪೊಪಾಸ ಕೆಲ್ಲಿ.

ಥೋಡಿ ತಸ್ಸಲಿ ಭೂಂಯಿಂ ಸರಕಾರಾನ ವಿಕ್ಕೀಲಿ ತೀ ಭೂಂಯಿಂ ಮಾಲಿಕಾಂಕ ಪರತ ಮೇಳ್ನಿ. ಸಮುದ್ರ ತಟಾಚೆ ಗಾಂವಾಂತುಲೆ ಲೋಕಾನಿ ಮೀಟ ತಯ್ಯಾರಿ ಕೆಲ್ಯಾರಿ ತಾನ್ನಿ ಸುಂಕ ದೀವ್ಚೆ ಅಗತ್ಯ ನಾ ಮ್ಹೋಣು ಸರಕಾರಾನ ಒಪ್ಪಿಗೆದಿಲ್ಲಿ. ಜಾಲ್ಯಾರಿ ದೇಶಾಂತು ವಿಂಗವಿಂಗಡ ಕಡೇನ ಸತ್ಯಾಗ್ರಹ ಚಲ್ತs ಆಶ್ಶೀಲೆಂ.

ಹೇಚಿ ವೇಳಾರಿ ತೆಗ್ಗ ಜsಣ ಹಿಂಸೆ ಕೆಲ್ಲೇಲೆ ಸ್ವಾತಂತ್ರ್ಯ ವೀರಾಂಕ ಬ್ರಿಟಿಷ್ ಸರಕಾರಾನ ಫಾಂಶೀರಿ ಚಡೈsಲೆಂ. ಸುಖದೇವು, ರಾಜಗುರು ಆನಿ ಭಗತ್ ಸಿಂಗ್ ಹಾನ್ನೀ ತೇ ತೀನಿ ಸ್ವಾತಂತ್ರ್ಯವೀರಂ.

ದೊನ್ನೀಂಚೆ ಜಾಗತಿಕ ಯುದ್ಧ

ಪ್ರಥಮ ಜಾಗತಿಕ ಯುದ್ಧಾಂತು ಸಲ್ವಲೇಲೆ ದೇಶಾನಿ ವಿಜಯಿ ಜಾಲ್ಲೇಲೆ ದೇಶಾಂಚೆವೈರಿ ಜಾಳಾರಿ ರೀಣ ತಿರ್ಸೂಚೆಕತಿರ ದಾಳಿ ಕೆಲ್ಲಿ.

1933 ಇಸ್ವೇಂತು ಜರ್ಮನೀಂತು ಎಡಾಲ್ಫ್ ಹಿಟ್ಲರು್ರ ನಾಝೀ ಪಾರ್ಟೀಚೊ ಮುಖಂಡು ಜಾಲ್ಲೊ. ಜರ್ಮನಿದೇಶ ಹಿಟ್ಲರ್ರಾಲೆ ಮುಳಾಂತು ಏಕ ಹುಕುಮಶಾಹೀ ಪ್ರಜಾಪ್ರಭುತ್ವ ಜಾಲ್ಲೆಂ.

ಇಟಲೀಂತು ಮುಸ್ಸೋಲಿನಿ ಹುಕುಮಶಾಹೀ ಪ್ರಜಾಪ್ರಭುತ್ವಾಚೊ ಸರ್ವಾಧಿಕಾರಿ ಜಾವ್ನು ಆಶ್ಶೀಲೊ.

ಸ್ಪೇಯಿನಾಂತು ಫ್ರಾಂಕೋ ಮ್ಹಳ್ಳೋಲೊ ಹುಕುಮಶಾಹೀ ಪ್ರಜಾಪ್ರಭುತ್ವಾಚೊ ಸರ್ವಾಧಿಕಾರೀ ಅಧ್ಯಕ್ಷು ಜಾಲ್ಲೋಲೊ.

ಜಪಾನಾಂತು ಚಕ್ರವರ್ತೀ ರಾಜನೀತಿ ಆಶ್ಶೀಲಿ. ತನಾಕಾ ಮ್ಹಳ್ಳೋಲೊ ಪ್ರಧಾನ ಮಂತ್ರಿ ಜಾವ್ನು ಆಶ್ಶೀಲೊ. ತನಾಕಾನ ಮಂಚೂರಿಯಾಕ ಜಪಾನ ರಾಜ್ಯಾಂತು ಮೇಳೋಚೆ ಕತಿರ ರಷ್ಯಾಲೆಲಾಗ್ಗಿ ಯುದ್ಧ ಕೆಲ್ಲೆಂ.

ರಷ್ಯಾಂತು ಕಮ್ಯೂನಿಸ್ಟ್ ಸರಕಾರ ಆಶ್ಶೀಲೆಂ. ಚೈನಾಂಕಯಿ ಮಂಚೂರಿಯಾ ಜಾಯಿಜಾಲ್ಲೆಂಲೆ. ಚೈನಾಂತು ಕಮ್ಯೂನಿಸ್ಟ್ ಆನಿ ಬಂಡವಾಳಪರ ಘುಟ್ಟಾಚೆ ಮಧ್ಯೆ ಜೋರಾನ ಲಢಾಯಿ ಚಲ್ತs ಆಶ್ಶೀಲಿ.

ಇಂಗ್ಲೇಂಡ್ ಆನಿ ಯು. ಎಸ್. ಎ. ನ ಜಪಾನಾಂಕ, 'ತೂಂವೆ ಮಂಚೂರಿಯಾ ಕಬ್ಜಕೊರೂಂಕ ಜಾಯ್ನಾ,' ಮ್ಹಳ್ಳೆಂ. ಫ್ರಾನ್ಸ, ಇಂಗ್ಲೇಂಡ್

ಆನಿ ಯು. ಎಸ. ಏ. ಹೇ ತೀನಿ ದೇಶ ಒಟ್ಟು ಜಾವ್ನು ಪ್ರಜಾಪ್ರಭುತ್ವಾಚೆ ತರ್ಪೇನ ಮಿತ್ರದೇಶ (ಅಲಯ್ಸ್) ಜಾಲ್ಲೀಂತಿ. ಜರ್ಮನಿ, ಇಟಲಿ ಆನಿ ಜಪಾನ ಹುಕುಮಶಾಹೀ ಪಂಗಡ (ಆಕ್ಸಿಸ್) ಜಾಲ್ಲೀಂತಿ. ಹೇದೋನಿ ಘುಟ್ಟಾಂಕ ದ್ವೇಶ ಜೋರುಜಾಲ್ಲೆಂ.

1939 ಇಸ್ವೇಂತು ಜರ್ಮನೀನ ಖಂಚೆಕೀ ಕ್ಷುಲ್ಲಕ ಕಾರಣಾನ ತಾಜ್ಜೆ ಬದೀನ ಆಶ್ಚೀಲೆ ಪೋಲ್ಯಾಂಡ್ ದೇಶಾಚೆವ್ಯೆರಿ ಆಕ್ರಮಣ ಕೆಲ್ಲೆಂ. ಫ್ರಾಂಸ, ರೊಮಾನಿಯಾ, ಝೆಕೊಸ್ಲೊವಾಕಿಯಾ, ಯುಗೋಸ್ಲಾವಿಯಾ, ಇತ್ಯಾದಿ ದೇಶಾಂಚೆ ವ್ಯೆರಿ ಜರ್ಮನೀನ ಆಕ್ರಮಣ ಕೊರೂಂಕ ತಯ್ಯಾರಿ ಕೆಲ್ಲಿ.

ಇಂಗ್ಲೇಂಡಾನ ಆನಿ ಅಮೇರಿಕಾನ ಹೇ ದೇಶಾಂಕ ಸಹಾಯು ಕರ್ತಾತಿ ಮ್ಹೊಣು ಘೋಷಣೆ ಕೆಲ್ಲಿ. ಇಂಗ್ಲೇಂಡಾಕ ಆನಿ ಜರ್ಮನೀಕ ಜೋರು ಯುದ್ಧ ಜಾಲ್ಲೆಂ. ಫ್ರಾಂಸ, ರೊಮಾನಿಯಾ, ಝೆಕೊಸ್ಲೊವಾಕಿಯಾ, ಯುಗೋಸ್ಲಾವಿಯಾ, ಆನಿ ಪೋಲ್ಯಾಂಡಾನಿ ಇಂಗ್ಲೇಂಡಾಚೆ ಒಟ್ಟು ಜರ್ಮನೀಚೆ ವಿರುದ್ಧ ಯುದ್ಧ ಕೆಲ್ಲೆಂ.

ಹೇ ಯುದ್ಧಾಂತು ಲಢಾಯಿ ಕೊರೂಂಕ ಇಂಗ್ಲೇಂಡಾನ ಭಾರತೀಯ ಸಿಪಾಯಿಸೈನ್ಯಾಕ ಲಾಯ್ಲೆಂ. ಸಿಪಾಯಿ ಸೈನ್ಯಾನಿ ಮಃನ ದೀವ್ನು ಬ್ರಿಟಿಷಾಲೆ ಮ್ಹಳ್ಯಾರಿ ತಾಂಗೆಲೆ ಧನ್ಯಾಲೆ ತರ್ಪೇನ ಲಢಾಯಿ ಕೆಲ್ಲಿ. ಭಾರತೀಯ ಸೈನಿಕಾನಿ ವೀರತಾ ದಾಕ್ಕೈಲಿ. ಶಿಸ್ತು ದಾಕ್ಕೈಲೊ.

'ಭಾರತ ಸೋಡುನು ವಚ್ಚಾ'

1937 ಇಸ್ವೇಂತು ಭಾರತಾಚೆ ಪ್ರಾಂತಾಂತು ಶಾಸನ ಸಭೇಕ ಚುನಾವಣೆ ಜಾವ್ನು ಕಾಂಗ್ರೆಸ್ ಸರಕಾರಂ ಅಸ್ತಿತ್ವಾಕ ಆಯ್ಯಿಲೀಂತಿ.

ಇಂಗ್ಲೇಂಡಾಚೆ ಸರಕಾರಾನ ಶಾಸನ ಸಭೇಚೊ ಅನುಮತಿ ಘೇನಾನಾತ್ತಿಲೆಂ ಆನಿ ಕಾಗ್ರೆಸ್ಸಾಲೆಲಾಗ್ಗಿ ಚೌಕಾಶಿ ಕರ್ನಾನಾತ್ತಿಲೆ ಸಿಪಾಯಿ ಸೈನ್ಯಾಂಕ ಯುದ್ಧಾಕ ಪೆಟಯಿಲಿ ಚೂಕಿ; ಇಂಗ್ಲೇಂಡಾನ ಇಂಡಿಯಾಚೆ ಜನಾಂಕ ವಿದೇಶಿ ಯುದ್ಧಾಂತು ಲಾಯ್ಯಿಲೆಂ ಚೂಕಿಜಾಲ್ಲಿ ಮ್ಹೊಣು ಕಾಂಗ್ರೆಸ್ಸಾನ ಹರಕತ್ತು ಕೆಲ್ಲೊ.

ತಶ್ಶಿಜಾವ್ನು ಸಕ್ಕಡ ಪ್ರಾಂತಾಚೆ ಕಾಂಗ್ರೆಸ್ ಸರಕಾರಾನಿ ರಾಜೀನಾಮೆ ದಿಲ್ಲಿ. ಶಾಸನ ಸಭೇಚೆ ಸರಕಾರಾಂತು ಆಶ್ಚೀಲೆ ಮುಸ್ಲಿಂಲೀಗಾಚೆ ಸದಸ್ಯಾನಿ ಸಮೇತ ರಾಜೀನಾಮೆ ದೀವ್ಕಾ ಜಾಲ್ಲಿ ಇತ್ಯಾಕ ಮ್ಹಳ್ಯಾರಿ ಕಾಂಗ್ರೆಸ್ ಪಾರ್ಟಿ ಬಹುಮತಾಂತು ಆಶ್ಚೀಲಿ ಜಾಲ್ಲೇಲೆ ನಿಮ್ತಿ.

ಮುಸ್ಲಿಂಲೀಗಾನ ಕಾಗ್ರೆಸ್ ಮಂತ್ರಿಮಂಡಳಾನಿ ರಾಜೀನಾಮೆ ದಿಲ್ಲೆಲೆಂ ಏಕ ಮುಸ್ಲಿಮ್ಮಾಂಕ ಬರೆಪಣಾಂಚೊ ವಿಷಯು ಮ್ಹೊಣು ಸಾಂಗ್ಲೆಂ. ಹೇ ದಿವಸಾಕ ತಾನ್ನಿ 'ಮುಕ್ತಿದಿವಸು' (ಡೆಲಿವರೆನ್ಸ್ ಡೇ) ಮ್ಹೊಣು ಆಚರಣೆ ಕೋರ್ನು ಉತ್ಸವು ಮನಾಯ್ಲೊ.

ಮುಸ್ಲಿಂ ಲೀಗಾನ 'ಭಾರತ ಸೋಡುನು ವಚ್ಚಾ' ಆಂದೋಲನಾಂತು ಭಾಗು ಘೇನಿ.

ಕಮ್ಯೂನಿಸ್ಟ್ ಪಾರ್ಟೀನ ಸಮೇತ ಹೇ ಆಂದೋಲನಾಂತು ಭಾಗು ಘೇನಿ. ಕಮ್ಯೂನಿಸ್ಟಾನಿ ಇಂಗ್ಲೇಂಡಾಕ ಯುದ್ಧಾಂತು ವಿಜಯ ಮೇಳೊ ಮ್ಹೊಣು ಶುಭಾಶಯ ಸಾಂಗ್ಲೆಂ.

ಭಾರತಾಚೆ ಕಮ್ಯೂನಿಸ್ಟಾಂಕ ರಷ್ಯಾ ಆನಿ ಚೈನಾ ಪಾಠೀಬಳಾಕ ರಾಬ್ಟೀಲೀಂತಿ. ರಷ್ಯಾನ ಕಮ್ಯುನಿಸಮ್ಮಾಚಿ ಖಂಚಿ ನೀತೀ ತಾಂಗೆಲೆ ರಾಜ್ಯಾಂತು ಹಾಳ್ಳೇಲಿಕೀ ತೀಚಿ ರಾಜಕೀಯಾಚಿ ವಾಟ ಭಾರತೀಯ ಕಮ್ಯುನಿಸ್ಟಾನಿ ಅನುಕರಣೆ ಕೊರ್ಕಾ ಮ್ಹೊಣು ಸಾಂಗೀಲೆಂ.

ಕ್ರಿ. ಶ. 1940 ಇಸ್ವೇಂತು ಯುದ್ಧ ಜೋರು ಜಾಲ್ಲೆಂ. ಭಾರತಾಂತು ಕ್ಷಾಮ ನಂತಾ ಧವಸಧಾನ್ಯಾಂಚೊ ಅಭಾವು ಜೋರು ಜಾಲ್ಲೊ. ದುರಾಸೇಚೆ ವ್ಯಾಪಾರಿಯಾನಿ ದುರ್ಬಳ್ಯಾಂಕ ಶೋಷಣೆ ಕೆಲ್ಲೆಂ. ಬ್ಲ್ಯಾಕ್ ಮಾರ್ಕೆಟ್ ಕೋರ್ನು ಮಸ್ತ ಲೋಕಾನಿ ಯುದ್ಧಾಚೆ ಪರಿಸ್ಥಿತೀಚೊ ಮುನಾಫೊ ಕಾಣು ಘೆತ್ಲೊ.

ಹೇ ವೇಳಾರಿ ಹಳ್ಳೇಂತು ಜನಾನಿ ಅನೇಕ ಕಡೇನ ದಂಗೊ ಕೆಲ್ಲೊ. ಚೋರ ಆನಿ ಖೂನಿ ಲೋಕು ಸಕ್ಕಡ ಗಾಂವಾಂತು ಭೋರ್ನು ಗೆಲ್ಲೀಂತಿ. ಪ್ರಾಂತಾಂತು ಕಾಂಗ್ರೆಸ್ ಸರಕಾರಾನಿ 1937 ದೋರ್ನು 1939 ವರೇಕ ಕೆಲ್ಲೆಲೆ ಶಾಸನಾಚೆ ನಿಮಿತ್ತ ಜನಾಂಕ ಬ್ರಿಟಿಷ್ ಸರಕಾರಾಚೊ ಆನಿ ಸ್ವಂತ ಸರಕಾರಾಚೊ ಭೇಧು ದಿಸ್ಲೊ.

ಕಾಂಗ್ರೆಸ್ ಸರಕಾರಾನ ಶಾಸನಾಂಚೊ ನಮೂನೊ ಸಡೀಲ ಕೆಲ್ಲೋಲೊ. ದುರ್ಬಳ್ಯಾಂಕ ಆನಿ ರೈತಾಂಕ ಅನೇಕ ರೀತೀರಿ ಸುವಿಧಾ ಕೋರ್ನು ದಿಲ್ಲೇಲಿ. ಜನಾಂಕ ಸ್ವಾತಂತ್ರ್ಯಾಚಿ ರೂಚಿ ಲಾಗ್ಲಿ. ಭಾರತಾಕ ಸ್ವಾತಂತ್ರ್ಯ ಮೆಳ್ಯಾರಿ ಕಶ್ಶಿ ಆಮ್ಮಿ ಜನಾಲೆ ಜೀವನಾಂತು ಸುಧಾರಣೆ ಕೋರ್ಯೆತ ಮ್ಹೊಣು ವಾಟ ದಾಕ್ಕೈಲಿ.

ಮುಸ್ಲಿಂಲೀಗಾಚೆ ಶರ್ತ

ಕ್ರಿ. ಶ. 1940 ಇಸ್ವೇಂತು ಮುಸ್ಲಿಂಲೀಗಾನ ಇಂಗ್ಲೇಂಡಾಚೆವೈರಿ ಏಕ ಶರ್ತ ಘಾಲ್ಲೆಂ. ಸ್ವಾತಂತ್ರ್ಯಾಚಿ ಚಳುವಳೀಚೆ ಪ್ರಗತೀಕ ಆಡ ಜಾವ್ನು ರಾಬ್ಬೊಂಕ ಮುಸ್ಲಿಂಲೀಗಾಕ ಬ್ರಿಟಿಷ್ ಸರಕಾರ ಪ್ರೋತ್ಸಾಹ ದಿತ್ತs ಆಶ್ಶೀಲೆಂ.

ಮುಸ್ಲಿಂಲೀಗಾನ ಖಂಚೇಯಿ ಮಾಗಣಿ ದವ್ವಲ್ಯಾರಿ ಬ್ರಿಟಿಷ್ ಸರಕಾರ ತೇ ಮಾಗಣೀಕ ಮರ್ಯಾದಿ ದಿತ್ತಾತಿ ಆಶ್ಶೀಲೀಂತಿ.

ಕ್ರಿ. ಶ. 1940 ಇಸ್ವೇಂತು ಮುಸ್ಲಿಂಲೀಗಾನ ಇಂಗ್ಲೇಂಡಾಕ ಏಕ ಮಾಗಣಿ ಕೆಲ್ಲಿ. 'ಇಂಡಿಯಾಕ ಸ್ವಾತಂತ್ರ್ಯ (ಫ್ರೀಡಂ) ದಿತ್ತsನಾ ಮುಸ್ಲಿಮ್ಮಾಂಕ ಏಕ ವಿಂಗಡsಚಿ ದೇಶ ಕೋರ್ನು ದೀವ್ಕಾ' ಮ್ಹೊಣು.

ಕ್ರಿ. ಶ. 1942 ವರೇಕ ದೊನ್ನಿಚೆ ಜಾಗತಿಕ ಯುದ್ಧಾಂತು ಕೋಣ ಸಲ್ವತಾ ಆನಿ ಕೋಣ ಗೆಲ್ವತಾ ಮ್ಹೊಣು ಖಂಡಿತಜಾಯ್ನಿ. ಕಾಂಗ್ರೆಸ್ಸಾಕ ಸಗ್ಳೇ ಭಾರತಾಂತು ಸಕ್ಕಡ ಜನಾಂಕ ಪಾಪ್ಟೆ ತಸ್ಸsಲಿ ಖಂಚೀಯಿ ವಿಶೇಷ ಚಳುವಳಿ ಕೋರೂಂಕ ಸಾಧ್ಯಜಾಯ್ನಿ.

ಕಾಂಗ್ರೆಸ್ಸಾಚೆ ಮುಖಂಡ ಘೂರಾ ಜೈಲಾಂತು ಆಶ್ಶೀಲೀಂತಿ. 1942 ವರೇಕ ಜನಾನಿ ಖಂಚೀಯಿ ಹೋಡಿ ಚಳುವಳಿ ಜಾರಿಕೊರೂಂಕ ಜಾಯ್ನಿ.

ಜಾಲ್ಲ್ಯಾರಿ 1942 ಇಸ್ವೇಚೆ ಎಪ್ರಿಲ್ ಮ್ಹೈನ್ಯಾಂತು ಲಂಡನ್ನಾಂತು ತಾಕ್ಕೂನು ಲಾಡ್ ಕ್ರಿಪ್ಸ್ ಮ್ಹಳ್ಳೊಲೊ ಇಂಗ್ಲೇಂಡ ಸರಕಾರಾಚೊ ಶಾಂತಿದೂತು ತಾಗ್ಗೇಲೆಂ ಸೂಚವಣೀ ಘೇವ್ನು ಆಯ್ಲೊ.

ಕ್ರಿಪ್ಸ್ ಮಂಡಳೀನ ದಿಲ್ಲೆಲೆಂ ಸುಧಾರಣೇಚೆ ಉಡ್ಗೀರೆಂ ಗಾಂಧೀಕ ಆನಿ ಇತರ ಕಾಗ್ರೆಸ್ ಮುಖಂಡಾಂಕ ಖಾಯ್ಶಿ ಜಾಯ್ನಿ. ತಾನ್ನಿ 'ಕ್ರಿಪ್ಸ್ ವೊಪಾಸ್ ವಸ್ಸ್' ಮ್ಹೋಣು ಚಳುವಳಿ ಸೂರು ಕೆಲ್ಲಿ.

1942 ಇಸ್ವೇಂತು ಯುದ್ಧಾಂತು ಇಂಗ್ಲೇಂಡಾಕ ಜಪಾನಾಚೆ ಸ್ಯೆನ್ಯಾಂಚೆ ಒಟ್ಟು ಅಸ್ಸಾಮ ಬರ್ಮಾ ಸೀಮೇರಿ ಸೋಲು ಜಾವ್ನೊ ದಿಸ್ಲೊ. ಕಾಗ್ರೆಸ್ಸಾನ ಜಪಾನಾಂಚೆ ವಿರುದ್ಧ ಸಿಪಾಯೀಂಕ ಯುದ್ಧಾಂತು ಭಾಗು ಘೆವ್ಚಾಕ ಪೇಮೋಚಾಕ ನಜ್ಜ ಮ್ಹೋಣು ಬ್ರಿಟಿಷ್ ಸರಕಾರಾಕ ಮಾಗಣಿ ಕೆಲ್ಲಿ.

ಮಲಯಾ ಆನಿ ಬರ್ಮಾತಾಕ್ಕೂನು ಬ್ರಿಟಿಷ್ ಸೈನ್ಯ ಸಲ್ಲೂನು ಮಾಕ್ಷಿ ಪಳ್ಳೆಂ. ಜನಾನಿ ಬ್ಯಾಂಕಾಂತು ತಾಕ್ಕೂನು ತಾಂಗೆಲೊ ದುಡ್ಡು ಆನಿ ಠೇವಣಿ ವೊಪಾಸ ಘೆತ್ಲೆಂ.

ಜಪಾನಾಂಕ ಇಂಡಿಯಾಂತು ವಿಜಯ ಮೆಳ್ತಾ ಮ್ಹೋಣು ಜನಾಂಕ ಮನಾಂತು ಸಂಶಯು ಆಯ್ಲೊ. ಜಪಾನ್ ಯುದ್ಧ ವಿಮಾನಾನಿ ಪೂರ್ವ ತಟಾರಿ ಕಾಕಿನಾಡಾಚೆ ಲಾಗ್ಗಿ ದೋನಿ ಬಾಂಬ ಘಾಲ್ಲೆಲೆಂ.

ಅಮೇರಿಕನ್ ಸೈನ್ಯ ಬಂಗಾಲಾಂತು, ಅಸ್ಸಾಮಾಂತು ಆನಿ ಬರ್ಮಾ ಸೀಮೇರಿ ಯೇವ್ನು ಯುದ್ಧ ಕೆಲ್ಲೆಲೆಂ. ಕಾಗ್ರೆಸ್ಸಾನ ಬೊಂಬೈಂತು ಅಗೋಸ್ಟ್ ಮ್ಹೈನ್ಯಾಂತು ಘೋಷಣೆ ಕೋರ್ನು 'ಭಾರತ ಸೋಣು ವಚ್ಚಾ' ಮ್ಹಳ್ಳೇಲೆ ಆಂದೋಲನಾಂಕ ತುತ್ತೂರಿ ವಾಜ್ಲಿ.

ಕಾಂಗ್ರೆಸ್ಸಾಚೆ ಸಭೇಂತು ಜೈಲಾಂತುತಾಕ್ಕೂನು ಆಯ್ಯೀಲೆಂ ಗಾಂಧೀ ಮಾಮ್ಮಾಲೆ ಭಾಷಣ ವಾಜ್ಜೂನು ಆಯ್ಕsಕಲೀಂತಿ. ತೋ ಮ್ಹಣಾಲೊ, 'ಆಮ್ಕಾ ಸಂಪೂರ್ಣ ಸ್ವಾತಂತ್ರ್ಯ ಮೆಳ್ಳೆಶಿವಾಯಿ ಆಮ್ಮಿ ಆಮ್ಗೆಲೆ ಆಂದೋಲನ ರಾಬ್ಬೈನಾಂತಿ,' ಮ್ಹೋಣು. 'ಸಂಪೂರ್ಣ ಸ್ವಾತಂತ್ರ್ಯ ದೀವ್ನು ತುಮ್ಮಿ ಭಾರತ ಸೋಣು ವಚ್ಚಾತಿ,' ಮ್ಹಣಾಲೊ ಗಾಂಧಿ.

ಹೆರ್ದೂಸೂಚಿ ಸಕ್ಕಡ ಕಾಂಗ್ರೆಸ್ ಮುಖಂಡಾಂಕ ಬೊಂಬೈ ಪೋಲೀಸಾನಿ ಗಿರಫ್ತಾರ ಕೆಲ್ಲೆಂ ಆನಿ ಗುಪ್ತ ಜಾಗ್ಯಾಂಕ ವ್ಹೆಲ್ಲೆಂ. ತಾಂಕಾ ಖಂಯಿ ವ್ಹೆಲ್ಲೆಂ ಆನಿ ಖಂಚೆ ಜೈಲಾಂತು ಘಾಲ್ಲೆಂ ಮ್ಹೋಣು ಜನಾಂಕ ಸಾಂಗsನಿ.

ಜನಾನಿ ತಕ್ಷಣ ವಿಧ್ವಂಸಕ ಕೃತ್ಯಂ ಕೊರೂಂಕ ಸೂರುಕೆಲ್ಲೆಂ. ಹಳ್ಳೇಂತು ಅನೇಕ ಕಡೇನ ಸರಕಾರೀ ದಫ್ತರಾಂಕ ಉಜ್ಜೊಲಾವ್ನು ಧ್ವಂಸ ಕೆಲ್ಲೆಂ. ದಫ್ತರಾಂತು ಆಶ್ಶೀಲೆ ಫಾಯಿಲಂ ಆನಿ ದಾಖಲಂ ಜೋಳ್ನು ಗೆಲ್ಲೀಂತಿ.

ತಾರ ವಿಭಾಗಾಚೆ ತಾರ ಕುಡ್ಕೆ ಕೆಲ್ಲೀಂತಿ. ರೈಲ ವಿಭಾಗಾಚೆ ಪಾಟ್ಟೆ ನಿಕ್ಕಾಳ್ಯಿಲ್ಲೀಂತಿ. ರೇಲ್ ಸ್ಟೇಶನಾಂಕ ಉಜ್ಜೊ ದಿಲ್ಲೊ. ಗಿರಣಿ ಕಾಮಾಚೆ ಆನಿ ಸ್ಟೀಲ್ ಮಿಲ್ಲಾಚೆ ಕಾರ್ಮಿಕ ಲೋಕಾನ ಮುಷ್ಕರ ಕೆಲ್ಲೆಂ.

ಅನೇಕ ಕಡೇನ ಟಪ್ಪಾಲ ಆಫೀಸಾಂಕ ಜೊಳೋನು ಘಾಲ್ಲೆಂ. ಹಿಂಡುಹಿಂಡು ಕೈದಜಾಲ್ಲೆಲೆ ಜsನಾಂಕ ಮ್ಯಾಜಿಸ್ಟ್ರೇಟಾಕ ದಾಕ್ಕೋನು ಜೈಲಾಂತು ಘಾಲ್ಲೆಂ. ದಂಡ ಮ್ಹೋಣು ತಾಂಗೆಲೆ ಘsರ ಜಪ್ತಿ ಕೆಲ್ಲೆಂ ಆನಿ ದುಡ್ಡು ಭಾಂಗರ ಪೋಲೀಸಾಂಚೆ ಘೇವ್ನು ಗೆಲ್ಲೀಂತಿ.

ಜೈಲ ಸಕ್ಕಡ ಭೋರ್ನು ವೊಚ್ಚೂನು ಭಾಯ್ರ ಪಂಡಾಲ ಘಾಲ್ನು ಕೈದೀಂಕ ತಾಂತು ಭೋರ್ಕಾಜಾಲ್ಲೆಂ. ಕೈದೀಂಕ ತಾಂಗೆಲೆ ಘರಾಂತುಲೆ ಜನಾನಿ ಜೇವಣಖಾಣ ಹಾಣು ದಿಲ್ಲೆಂ. ವೈಸ್ರಾಯ್ಯಾನ ಪೋಲೀಸಾಂಚಾಕ ಸಹಾಯಾಕ ಸೈನ್ಯಾಕ ದವ್ವರ್ಲೆ. 'ಲಷ್ಕರೀ ಕಾಯ್ದೊ' (ಮಾರ್ಷಲ್ ಲಾ) ಘಾಲ್ಲೊ. ಭಾರತೀಯ ಜನಾನಿ ತಾಂಗೆಲೆ ದೇಶಾಚೆ ಕತೀರ ಖಂಚೋಯಿ ತ್ಯಾಗು ಕೊರೂಂಕ ತಯ್ಯಾರಿ ಮ್ಹೋಣು ಜಗತ್ತ್ಯಾಕ ದಾಕ್ಕೈಲೆಂ.

ಕ್ರಿ. ಶ. 1943 ಇಸ್ವೇಂತು ಫೆಬ್ರುವರಿ ಮ್ಹೈನ್ಯಾಂತು ಗಾಂಧೀನ ಜೈಲಾಂತು ಉಪವಾಸ ಸತ್ಯಾಗ್ರಹ ಕೆಲ್ಲೆಂ. ಕಾಂಗ್ರೆಸ್ ಸೇವಕಾನಿ ತಕ್ಷಣ ಸಗ್ಗೇ ಭಾರತಾಂತು ಸಕ್ಕಡ ಜsಣ ಗಾಂಧೀಲೆ ಪಾಠೀಬಲಾಕ ಆಸ್ಸsತಿ ಮ್ಹೋಣು ಪ್ರತಿ ಏಕ ಹಳ್ಳೇಂತು, ಗಾಂವಾಂತು, ಪಟ್ಟಣಾಂತು ಆಂದೋಲನ ಸೂರು ಕೆಲ್ಲೆಂ. ಹರತಾಳು ಕೆಲ್ಲೊ. ಮೆರವಣಿಗೆ ಕಾಳ್ಳಿ. ಮುಷ್ಕರ ಕೆಲ್ಲೆಂ.

ಗಾಂಧೀಕ ಜೈಲಾಂತುತಾಕ್ಕೂನು ಸೋಡ್ಕಾ ಮ್ಹೋಣು ಸಗ್ಗೇ ಜಗತ್ತ್ಯಾಂತು ಸಮಾಚಾರಪತ್ರಿಕೇಂತು ವಿಜ್ಞಾಪನೆ ಪ್ರಕಟ ಜಾಲ್ಲೀಂತಿ. ಜೈಲಾಂತು ಗಾಂಧೀಲೆ ಸ್ವಾಸ್ತ್ಯ ಮಸ್ತ ವಾಯಿಟ ಜಾಲ್ಲೆಂ. ಕಮ್ಯೂನಿಸ್ಟ್ ಪಾರ್ಟಿ ಆನಿ ಮುಸ್ಲಿಂಲೀಗ ಹೇ ಆಂದೋಲನಾಂತು ಭಾಗಿ ಜಾಯ್ನಿಂತಿ.

ಗಾಂಧೀನ 21 ದೀಸ ಉಪವಾಸು ಕೆಲ್ಲೊ. ಜಾಲ್ಯಾರಿ ಬ್ರಿಟಿಷ್ ಸರಕಾರ ಬಾಗ್ಸsನಿ. ಗಾಂಧಿ ಮಾಂಮು ಭಾರೀ ಕ್ಷೀಣ ಜಾಲ್ಲೊ. ತಾಗ್ಗೆಲೆಂ ಆರೋಗ್ಯ ಉಪಾಸು ರಾಬ್ಬೈಲೆಲೆ 3-4 ಮ್ಹೈನ್ಯಾನಿ ಸುಧಾರ್ಲೆಂ. 1944 ಮೇ ಮ್ಹೈನ್ಯಾಚೆ 6 ತಾರೀಕೆಚೆ ವರೇಕ ತೋ ಜೈಲಾಂತು ಆಶ್ಶೀಲೊ. ತೇ ದಿವಸು ಗಾಂಧೀಕ ಜೈಲಾಂತುತಾಕ್ಕೂನು ಭಾಯ್ರ ಸೊಳ್ಳೊ.

ನೇತಾಜೀ ಸುಭಾಸ ಚಂದ್ರ ಬೋಸ್

'ಇಂಗ್ಲೇಂಡಾಕ ಏಕ ಅಮ್ಕೇಚಿ ತಾರೀಕೇಚೆ ಭಿತ್ತರಿ ಇಂಡಿಯಾ ಸೋಣು ವೊಚ್ಚೂಕಾ. ವಚ್ಚನಾ ಜಾಲ್ಯಾರಿ ಹಿಂಸಾತ್ಮಕ ಕ್ರಾಂತಿ ಕೋರ್ನು ಧಾಂವ್ಡಾಕಾ,' ಮ್ಹೋಣು ನೇತಾಜಿ ಸುಭಾಸ ಚಂದ್ರ ಬೋಸಾನ ಗಾಂಧೀಕ ಸಾಂಗೀಲೆಂ.

ಗಾಂಧಿ ಹಿಂಸಾತ್ಮಕ ಆಂದೋಲನಾಂಕ ಒಪ್ಪುವsನಿ ಮ್ಹೋಣು ಬೋಸಾನ 'ಫಾರ್ವರ್ಡ ಬ್ಲಾಕ್' ಮ್ಹಳ್ಳೇಲಿ ಏಕಿ ಪಾರ್ಟಿ ಸ್ಥಾಪನೆ ಕೆಲ್ಲಿ. ಯುದ್ಧ ಸೂರು ಜಾಲ್ಲೆ ಮಾಗ್ಗಿರಿ ಬೋಸು ಜರ್ಮನೀಕ ಗೆಲ್ಲೊ ಆನಿ ಹಿಟ್ಲರಾಕ ಮೆಳ್ಳೊ.

1942 ಇಸ್ವೇಂತು ಸಿಂಗಾಪೂರಾಂತು ಇಂಗ್ಲೇಂಡಾಕ ಸೋಲು ಜಾಲ್ಲೆಲೆ ವೇಳಾರಿ ಹಜ್ಹಾರಕಟ್ಲೆ ಸಿಪಾಯಿ ಸೈನಿಕ ಜಪಾನಾಚೆ ಕೈದಿ ಜಾಲ್ಲೀಂತಿ. ಬೋಸಾನ ಸಿಂಗಾಪೂರಾಕ ವೊಚ್ಚೂನು ಜಪಾನಾಂಚಿ ಅನುಮತೀರಿ ಕೈದಿ ಸೈನಿಕಾಂಕ ಬ್ರಿಟಿಷಾಲೆ ವಿರುದ್ಧ ಯುದ್ಧ ಕೊರೂಂಕ ಉತ್ತೇಜನ ದಿಲ್ಲೆಂ.

ಬೋಸಾನ 'ಇಂಡಿಯನ್ ನ್ಯಾಶನಲ್ ಆರ್ಮಿ' ಮ್ಹೊಣು ಏಕ ಸೈನ್ಯ ಸಿದ್ಧ ಕೆಲ್ಲೆಂ. 'ಇಂಡಿಯನ್ ಇಂಡಿಪೆಂಡೆನ್ಸ್ ಲೀಗ್' ಮ್ಹೊಣು ಏಕ ಸಂಸ್ಥೆ ಸ್ಥಾಪನೆ ಕೋರ್ನು 'ಆಜ಼ಾದ್ ಹಿಂದ ಸರಕಾರ' ಸ್ಥಾಪನೆ ಕೆಲ್ಲೆಂ. 'ದಿಲ್ಲೀ ಛಲೊ' ಮ್ಹೊಣು ಕದನಕಹಳೆ ವಾಜ್ಲಿ. 'ಜೈ ಹಿಂದ್' ಮ್ಹೊಣು ಸ್ವಾಗತ ಮಂತ್ರ ಶಿಕೋನು ದಿಲ್ಲೆಂ. ತಾಗ್ಗೆಲೆ ಧ್ವಜಾಂತು ಕೇಸರಿ, ಧಽವೆಂ ಆನಿ ಪಾಚ್ವೆ ಬಣ್ಣಾಂಚೆ ಆಡ್ಡಾಯೇನ ಪಟ್ಟ್ಯೊ ಜಾವ್ನು ಧಽವೆ ಪಟ್ಟೀಂತು ಮಧ್ಯೇಂತು ಗರ್ಜತಲೊ ಶೀಂವು ಆಸ್ಸಽ. ನೇತಾಜೀಲೆ 'ಆಜ಼ಾತ ಹಿಂದ್' ತಾತ್ಕಾಲಿಕ ಸರಕಾರಾಕ ಜರ್ಮನಿ, ಜಪಾನ, ಅಯರ್ಲ್ಯಾಂಡ್ ಆನಿ ಚೈನಾನ ಮಾನ್ಯತಾ ದಿಲ್ಲಿ. ಬೋಸಾಲೆಂ ಸೈನ್ಯ ಬರ್ಮಾಂತು ಆನಿ ಈಶಾನ್ಯ ಭಾರತಾಚೆ ಪ್ರಾಂತಾಂತು ಆಯ್ಲೆಂ.

ಯು. ಎಸ್. ಏ. ನ ಜಪಾನಾಂಚೆವ್ಯೆರಿ ದೋನಿ ಆಟಂಬಾಂಬ ಘಾಲ್ಲೆ ಮಾಗ್ಗೀರಿ 1945 ಇಸ್ವೇಚೆ ಅಗೋಸ್ಟ್ ಪಾಂಚಾಚೆ ತಾರೀಕೇಕ ಜಪಾನ ಶರಣಾಗತ ಜಾಲ್ಲೆಂ. ಯು. ಎಸ್. ಎಸ್. ಆರ್ (ರಷ್ಯಾಚೆ ಸರಕಾರ) ಹಾನ್ನಿ ಜರ್ಮನೀಂಕ ಸಲ್ವಾಯಿಲೆ ವೇಳಾರಿ ಹಿಟ್ಲರಾನ ಆತ್ಮಹತ್ಯೆ ಕೋರ್ನು ಘೆತ್ಲೆಂ. ಇಟಲೀಚೆ ಮುಸ್ಸೊಲಿನಿಕ ಇಟಲೀಚೆ ಕಮ್ಯೂನಿಸ್ಟ್ ಜನಾನಿ ಗುಂಡು ಮಾರ್ನು ಜಿವ್ವಿಮಾರ್ಲೆಂ.

ದೊನ್ನೀಂಚೆ ಜಾಗತಿಕ ಯುದ್ಧ 1945 ಇಸ್ವೇಚೆ ಅಗೋಸ್ಟ 6 ತಾರೀಕೆಕ ಮುಗ್ದಲೆಂ. ಇಂಡಿಯಾಂತು ಸಕ್ಕಡ ಕಡೇನ ಸರಕಾರಾನ ವಿಜಯ ಉತ್ಸವ ಆಚರಣೆ ಕೆಲ್ಲೊ. ಕ್ರಿ. ಶ. 1945 ಮೇ ಮ್ಹೈನ್ಯಾಂತು ಸ (6) ತಾರೀಕೇಕ ಜರ್ಮನಿ ಆನಿ ಜಪಾನ ದೇಶಾಚೆ ಆಕ್ಸಿಸ್ ಸೈನ್ಯಾನ ಯುದ್ಧಾಂತು ಸೋಲು ಒಪ್ಪೂನು ಶರಣುಘೋಷಣ ಕೆಲ್ಲೆಂ. ಜಪಾನಾಚೆ ಪ್ರಧಾನ ಮಂತ್ರಿ ತನಾಕಾನ ಯು. ಎಸ್. ಏ. ಚೆ ಜೆನೆರಲ್ ಮ್ಯಾಕಾರ್ಥರಾಲೆ ಎದರಾಕ ಶರಣಾಚೆ ಒಪ್ಪಿಗೇಕ ಸಽಹಿ ಘಾಲ್ಲಿ.

ಅಧ್ಯಾಯ ೨

ಸ್ವತಂತ್ರ ಭಾರತಾಚೆ ಉದಯ

ಇಂಡಿಯಾಕ ಯುದ್ಧಾನಿ ಜಾಲ್ಲೇಲೆಂ ಲಾಭ-ನಷ್ಟ

ಯುದ್ಧ ಜಾಲ್ಲೆಂ ಆನಿ ಯು. ಎಸ್. ಎಸ್. ಆರ್. (ಸೋವಿಯೆಟ್ ಯೂನಿಯನ್), ಇಂಗ್ಲೇಂಡ, ಯು. ಎಸ್. ಏ., ಫ್ರಾಂಸ, ಇತ್ಯಾದಿ (ಎಲ್ಲೈಸ್) ದೇಶಾಂಕ ವಿಜಯು ಜಾಲ್ಲೊ. ಯುದ್ಧಾಂತು ಜಾಲ್ಲೇಲೆ ಜನಸಂಹಾರ ಆನಿ ವಸ್ತುಹಾನಿ ಭೋರೋಚೆ ತಿಶ್ಲೆಂ ಏಕಯಿ ತಾಜ್ಜಾಕಯಿ ಚಡ ವಿಜಯಿಜಾಲ್ಲೇಲೆ ದೇಶಾಂಕ ಲಾಭಜಾಲ್ಲೆಂ. ಇಂಡಿಯಾ ವಶ ಕೊರೂಂಕ ಜಪಾನಾಂಕ ಸಾಧ್ಯ ಜಾಯ್ನಿ.

ಜರ್ಮನೀಂತು ಯಹೂದಿ ಜನಾಂಕ ಆನ್ನಿಮುಕಾರಿ ನರಸಂಹಾರು ಜಾವ್ನೊ ಚುಕ್ಲೊ. ಇಟಲೀಂತು ಹುಕುಮಶಾಹೀ ರಾಜ ಕೈದಜಾಲ್ಲೆಂ ಆನಿ ಇಟಲೀಚೆ ಅನೇಕ ಛಿದ್ರ ಛಿದ್ರ ಜಾಲ್ಲೇಲೆ ಪ್ರಾಂತ ಸಕ್ಕಡ ಒಟ್ಟು ಜಾಲ್ಲೀಂತಿ.

ಇಂಗ್ಲೇಂಡಾಚೆ ಚಕ್ರವರ್ತಿ ರಾಜನೀತಿ ಬಲ ಜಾಲ್ಲೀ. ರಾಣಿಯೇಲಿ ಮರ್ಯಾದಿ ವರ್ಲಿ. ಪಾರ್ಲಿಮೆಂಟಾಕ ಆತ್ಮವಿಶ್ವಾಸು ವಾಢ್ಲೊ. ಇಂಗ್ಲೇಂಡಾಚೊ ಪ್ರಧಾನ ಮಂತ್ರಿ ಜಾವ್ನು ಆಶ್ಶೀಲೊ ಚರ್ಚಿಲ್ಲು ಹರ್ಧೆ ಘುಗ್ಗೋನು, ಮೀಶೆ ಘುಂವ್ಡಾನು, ಉಜ್ವೊ ಹಾತು ಉಕ್ಕೋಳ್ನು ದೋನಿಬೋಟ್ಟಂ ಇಂಗ್ಲೀಷ್‌ಅಕ್ಷರ 'ವೀ'ಸೆಂ ಸೊಡ್ತಾನು ವಿಜಯಾಚೆಂ ಸನ್ನೆ ದಾಕ್ಕೈಲಿ. 'ವೀ ಫಾರ್ ವಿಕ್ಟರಿ' ಮ್ಹೋಣು ಬೋಬ್ ಮಾರ್ಲಿ.

1945 ಜೂನ್ ಮ್ಹೈನ್ಯಾಂತು ಬ್ರಿಟಿಷಾನಿ ಇಂಡಿಯಾಂತು ಅರೆಸ್ಟ್‌ಕೋರ್ನು ಜೈಲಾಂತು ದವ್ವರ್ಲೇಲೆ ರಾಜಕೀಯ ಕೈದ್ಯಾಂಕ ಸಕ್ಕಡಾಂಕ ಯುದ್ಧ ಮುಗ್ದಲೆಲೆ ಸಹ (6) ವಾರಭಿತ್ತರಿ ಜೈಲಾಂತುತಾಕ್ಕೂನು ಭಾಯಿರಸೊಳ್ಳೆಂ.

ಯುದ್ಧಾಚೆನಿಮಿತ್ತ ಭಾರತಾಚಿ ಆರ್ಥಿಕ ಪರಿಸ್ಥಿತಿ ಬರೀ ವಾಯಿಟಆಶ್ಶೀಲಿ. ಆಹಾರಧಾನ್ಯ ಊಣೆ ಜಾವ್ನು ಬರಗಾಲು ಪಳ್ಳೋಲೊ. 'ಯುದ್ಧ ಮುಗ್ದಲೆಂ ನ್ಹವೆಂ? ಚಾಂಗ ಜಾಲ್ಲೆಂ,' ಮ್ಹೋಣು ಸಕ್ಕಡಾನಿ ಏಕ ಪಟಿ ಉಸ್ರು ಸೊಳ್ಳೊ. ಯುದ್ಧಾಂತು ಲಕ್ಷ ಕಟ್ಲೆ ಜಣ ಮೆಲ್ಲೀಂತಿ. ಯು. ಎಸ್. ಏ. ನ ಆಟಂಬಾಂಬ ಘಾಲ್ನು ಜಪಾನಾಚೆ ಲಕ್ಷ ಕಟ್ಲೆ ನಾಗರೀಕ ಮೆಲ್ಲೀಂತಿ ಆನಿ ತಿಶ್ಲೇಚಿ ಜಖ್ಮೀ ಜಾಲ್ಲೀಂತಿ.

ಆಟಂಬಾಂಬ ಏಕ ರೇಡಿಯೇಶನ್ ಬಾಂಬ. ರೇಡಿಯೇಶನ್ನಾಂಚೊ ಉಜ್ಜೊ ಜನಾಂಕ ಲಾಸ್ಸೂನು ಜಿವ್ವಿಮಾರ್ತಾ. ಉಜ್ಜೊ ಊಣೆ ಲಾಗ್ಗೀಲ್ಲ್ಯಾಂಕ

ಘಾಯು ಜಾತ್ತಾ. ಆನಕಯಿ ಊಣೆ ಲಾಗ್ಗೀಲ್ಲ್ಯಾಂಕ ದೇಹಾಚೆ ಕಣಾಂಚೆ ವೈರಿ ಪರಿಣಾಮು ಜಾವ್ನು ಕ್ಯಾನ್ಸರ್ ಜಾವ್ಚೆ ಸಾಧ್ಯ ಆಸ್ಸ.

ಯುದ್ಧಾಚೆ ವೇಳಾರಿ ಯು.ಕೆ. ಸರಕಾರ ಟೋರಿ ಪಾರ್ಟೀಚೆ ಹಾತ್ತಾಂತು ಆಶ್ಶಿಲೆ. ಲೇಬರ್ ಪಾರ್ಟಿ ವಿರೋಧ ಪಕ್ಷ ಜಾವ್ನು ಆಶ್ಶಿಲಿ. ಯುದ್ಧ ಮುಗ್ದಲೆ ಮಾಗ್ಗೀರಿ ಯು. ಕೆ. ಚೆ ಪಾರ್ಲಮೆಂಟಾಕ ಚುನಾವಣೆ ಜಾಲ್ಲಿ.

ಚುನಾವಣೇಂತು ಟೋರಿ ಪಾರ್ಟಿ ಸಲ್ವಲಿ. ಆನಿ ಲೇಬರ್ ಪಾರ್ಟಿ ಜಿಂಕ್ವಲಿ. ಚರ್ಚಿಲ್ಲಾಲೆ ಸರಕಾರಾನ ರಾಜೀನಾಮೆ ದಿಲ್ಲಿ. ಲೇಬರ್ ಪಾರ್ಟೀನ ಕ್ಲೆಮೆಂಟ್ ಆಟ್ಲೀ ಮ್ಹಳ್ಳೆಲೆ ಏಕ ಉದಾರ ಬುದ್ಧೀಚೆ ಮುಖಂಡಾಕ ಪ್ರಧಾನ ಮಂತ್ರಿ ಕೆಲ್ಲೊ.

ದೊನ್ನೀಂಚೆ ಜಾಗತಿಕ ಯುದ್ಧ ಮುಗ್ದಲಲೆಂ ಇತ್ಲೇಂಚಿ. ಲಂಡನ್ನಾಂತು ಬಶ್ಶಿಲೆ ಬ್ರಿಟಿಷ್ ಸರಕಾರಾನ ಇಂಡಿಯನ್ ಕೊಲೋನಿಕ ಸ್ವಾತಂತ್ರ್ಯ ದಿವ್ಚೆ ಮ್ಹೊಣು ನಿರ್ದಾರು ಕೆಲ್ಲೊ.

ಬ್ರಿಟಿಷ್ ಇಂಡಿಯಾಕ ಇಂಡಿಯಾಚೆ ಪ್ರಜೇಂಕ ಹಸ್ತಾಂತರ ಕೊರ್ಚೊ ನಿರ್ಧಾರು ಕೆಲ್ಲೊ. ಜಾಲ್ಯಾರಿ ಕೋಣಾಕ ಅಧಿಕಾರು ಹಸ್ತಾಂತರ ಕೊರ್ಚೊ ಮ್ಹೊಣು ತಾಂಕಾ ಪ್ರಶ್ನೆ ಉಠಾಯ್ಲೆ.

ಯುದ್ಧ ಮುಗ್ಗೂನು ಯುದ್ಧಭೂಮೀಂತು ಶಾಂತಿ ದಿಸ್ಸೂನು ಆಯ್ಲಿಕೀನಾ ಇಂಡಿಯಾಚೆ ಸಾಮಾಜಿಕ, ರಾಜಕೀಯ, ಆನಿ ಆರ್ಥಿಕ ಪರಿಸ್ಥಿತಿ ಭಾರೀ ವಾಯಿಟ ಜಾಲ್ಲಿ. ಯುದ್ಧಾಂತು ಜಾಲ್ಲೇಲೆ ಲಾಭ ಸಕ್ಕಡ ಇಂಡಿಯಾಕ ಸಹಾಯು ಕೊರೂಂಕ ಕಾಳ್ಜೆಂಜಾಲ್ಲ್ಯಾರಿ ಇಂಗ್ಲೇಂಡಾಕ ಕಾಂಯೀ ವರ್ನಾ ಮ್ಹೊಣು ಅರ್ಥಶಾಸ್ತ್ರಜ್ಞಾನಿ ಇಂಗ್ಲೇಂಡಾಚೆ ಮಂತ್ರಿಮಂಡಳಾಕ ಸೂಚನೆ ದಿಲ್ಲಿ.

'ಇಂಡಿಯಾಕ ತಶ್ಶೀಂಚಿ ಸೋಡಾತಿ. ಹೇಂ ವಽಜೆ ಸಕ್ಕಲುಡ್ಡೋನು ಧಾವ್ನು ಯೆಯ್ಯಾತಿ. ಇಂಡಿಯಾಚೆ ಲೋಕಾಂಕ ಸ್ವಾತಂತ್ರ್ಯ ಜಾವ್ಕಾ ಮ್ಹಣ್ತಾಲೀಂತಿ ನ್ಹಯಿವೇ? ಸ್ವಾತಂತ್ರ್ಯ ಘೇವ್ನು ತಾಂಗೇಲಿ ಸುಧಾರಣೆ ತಾನ್ನೀಂಚಿ ಕೊರೋಂತಿ,' ಮ್ಹೊಣು ಸರಕಾರಾಕ ತಾಂಗೆಲೆ ಗುರೂಂನಿ ಸೂಚನೆ ದಿಲ್ಲಿ.

ಕ್ಲೆಮೆಂಟ್ ಆಟ್ಲೀಚೆ ಮಂತ್ರಿಮಂಡಳಾನ 1946 ಇಸ್ವೇಚೆ ಮಾರ್ಚ ಮ್ಹೈನ್ಯಾಂತು ಇಂಡಿಯಾಬದ್ದಲ ಏಕು ನಿರ್ಣಯು ಕೆಲ್ಲೊ. ಹೇ ನಿರ್ಣಯಾಚೆ ಪ್ರಕಾರ 1948 ಇಸ್ವೇಚೆ ಸೆಪ್ಟೆಂಬರ್ ಮ್ಹೈನ್ಯಾಂಚೆ ಭಿತ್ತರಿ, ಏಕಯಿ ತಾಜ್ಜೆ ಘೊಡೆ, ಇಂಡಿಯಾಚೆ ಮುಸ್ಲಿಮ್ಮಾಂಕ ಪಾಕಿಸ್ಥಾನ ದಿವ್ಚೆ ವಿಷಯಾಂತು ನಿಶ್ಚಯ ಜಾಲ್ಲೆ ಕೂಡ್ಲೇ, ಇಂಡಿಯಾಕ ಸ್ವಾತಂತ್ರ್ಯ ದೀವ್ಕಾ ಮ್ಹೊಣು ಜಾಲ್ಲೆಂ. ಹೋ ಏಕು ನೀಟ ಇಂಡಿಯಾಚೆವೈರಿ ಜಾಲ್ಲೊಲೊ ಯುದ್ಧಾಚೊ ಪರಿಣಾಮು.

ಮುಸ್ಲಿಂಲೀಗ್ ಉಠಾನು ರಾಬ್ಲೆಂ

ಹೇವೇಳಾರಿ ಮುಸ್ಲಿಂ ಮುಖಂಡಾಂನಿ ಸಮಯಸಾಧಿಸೂನು ಬ್ರಿಟಿಷ್ ಸರಕಾರಾಕ ತಾಂಗೇಲೊ ಉದ್ದೇಶು ಆನಕಯಿ ಸ್ಪಷ್ಟಜಾವ್ವೋ ಮ್ಹೊಣು ಸಗ್ಳೇ ಇಂಡಿಯಾಂತು ಗೈರಮುಸ್ಲಿಂಲೋಕಾಂಚೆವೈರಿ ದಾಳಿ ಖರೀಕೆಲ್ಲಿ. ತೀವ್ರಕೆಲ್ಲಿ.

ಹಿಂದು-ಮುಸ್ಲಿಂ ಝುಗಡೋ ದೀಸವತ್ತಾಂವತ್ತಾ ಭಾರೀ ತೀವ್ರಜಾಲ್ಲೊ. ಪಂಜಾಬಾಂತು ಆನಿ ಬಂಗಾಲಾಂತು ಹಿಂದು-ಮುಸ್ಲಿಂ ದಂಗೇಚೆ ಸ್ವರೂಪ ವಂಶವಿನಾಶಾಚೆದಿಕ್ಕಡೆ ಘುವ್ಲೆಂ. ಮುಸ್ಲಿಂಮ್ಮಾನಿ ಹಿಂದು ಲೋಕಾಂಕ ಖಂಚೇಯಿ ಕಾರಣನಾತ್ತಿಲೆಂ ಕಾತ್ತೋರ್ನು ಜಿವ್ವಿಮಾರ್ಚಾಕ ಸೂರು ಕೆಲ್ಲೆಂ.

ಮಹಮ್ಮದಾಲಿ ಜಿನ್ನಾ ಆನಿ ಇತರ ಮುಸ್ಲಿಂಲೀಗಾಚೆ ಮುಖಂಡಾಂನಿ ಕಾಂಗ್ರೇಸ್ ಪಾರ್ಟಿಚೆಒಟ್ಟು ಸಹಕಾರು ದಿವ್ಚೊ ಬಂದಕೆಲ್ಲೊ.

1945 ಡಿಸೆಂಬರಾಂತು ಇಂಡಿಯಾಚೆ ಕೇಂದ್ರ ಅಸೆಂಬ್ಲೀಕ ಆನಿ ಪ್ರಾಂತಅಸೆಂಬ್ಲೀಂಕ ಪ್ರತಿನಿಧೀಂಕ ವೆಂಚೂಂಕ ಇಂಗ್ಲೀಷ್ ಸರಕಾರಾನ ಚುನಾವಣೆ ಕರಯಿಲೆಂ.

ತಾಂತೂಯಿಂ ಮುಸ್ಲಿಂಲೀಗಾನ ಉಪಾಯಾನ ಭಾಗು ಘೇನಿ. ಭಾಗು ಘೆತ್ತಿಲೊ ಜಾಲ್ಯಾರಿ ಮುಸ್ಲಿಂ ಲೀಗಾಕ ಮಸ್ತ ಸ್ಥಾನ ಮೇಳ್ಚೆತꞏಶ್ಶಿ ನಾ ವ್ಹೋಣು ಜಿನ್ನಾನ ಚುನಾವಣೆ ಬಹಿಷ್ಕಾರ ಕೆಲ್ಲೆಂ. ಚನಾವಣೇಂತು ಕಾಂಗ್ರೆಸ್ಸಾಕ ಬಹುಮತ ಜಾಲ್ಲೆಂ.

ಕೇಂದ್ರ (ಇಂಪೀರಿಯಲ್) ಅಸೆಂಬ್ಲೀನ ಜವಾಹರಲಾಲ ನೆಹ್ರೂಲೆ ನೇತ್ರತ್ವಾರಿ ಏಕ ಮಂತ್ರಿಮಂಡಳ ಘಟನೆಕೆಲ್ಲೆಂ. ಸಕ್ಕಡ ಪ್ರಾಂತಅಸೆಂಬ್ಲೀಂತೂಯಿ ಕಾಗ್ರೇಸ್ ಪಾರ್ಟಿಚೆ ಸರಕಾರ ಆಯ್ಲೀಂತಿ.

ಜಾಲ್ಯಾರಿ ಮುಸ್ಲಿಂಲೀಗಾನ ಚುನಾವಣೆ ಬಹಿಷ್ಕಾರ ಕೆಲ್ಲೇಲೆನಿಮಿತ್ತ ಬ್ರಿಟಿಷಾಂಕ ಕಾಂಗೇಸ್ ಪಾರ್ಟಿಚೆ ನವೇ ಸರಕಾರ ಅವಿಭಾಜಿತ ಇಂಡಿಯಾಕ ಒಗ್ಗಟ್ಟಾನ ಆಡಳಿತಕೊರೂಂಕ ಫಾವುಜಾತ್ತಲೇಂ ವ್ಹೋಣು ದಿಸ್ಸꞏನಿ. ಚುನಾವಣೇಂಚೆ ಪರಿಣಾಮಾನ ಬ್ರಿಟಿಷಾಂಕ ಸಂಪೂರ್ಣ ಸಮಾಧಾನ ಜಾಯ್ನಿ.

ಕೇಂದ್ರ (ಇಂಪೀರಿಯಲ್) ಸರಕಾರಾಂತು ಕಾಂಗ್ರೇಸ್ ಆಡಳಿತ ಆಶ್ಶೀಲೆಂ. ತಶ್ಶಿ ಜಾವ್ನು ಜಿನ್ನಾ ಆಪ್ಪಣ ಸರಕಾರಾಂತು ಮೇಳ್ನಾವ್ಹುಣಾಲೊ. ಆಪ್ಣ್ಯಾಲೆ ಮುಸ್ಲಿಂಲೀಗ್ ಮೇಳ್ನಾ ವ್ಹುಣಾಲೊ.

ಮುಸ್ಲಿಂಲೋಕು ಆಪ್ಣ್ಯಾಲೇಂಚಿ ಏಕ ವಿಂಗಡ ದೇಶ ಬ್ರಿಟಿಷಾನಿ ಇಂಡಿಯಾ ಸೋಣು ವೊಚ್ಚೆ ಘೂಢೆ ಅಖಂಡ ಇಂಡಿಯಾಂತುತಾಕ್ಕೂನು ಕಾತ್ತೋರ್ನು ದೀವ್ಕಾ ವ್ಹುಣಾಲಿಂತಿ. ಹಿಂದೂ ಆನಿ ಇತರ ಲೋಕಾಂಕ ಆನಿ ಮುಸ್ಲಿಂ ಲೋಕಾಂಕ ತಾಂಗೆಲೆಂಚಿ ವಿಂಗವಿಂಗಡದೇಶ ಕೋರ್ನುದಿವ್ಚೆಂ ವ್ಹೋಣು ಇಂಗ್ಲೇಂಡ್ ಸರಕಾರ ನಿರ್ಣಯಾಕ ಆಯ್ಲೆಂ.

ಇಂಗ್ಲೇಂಡಾನ ಸಾಂಗ್ಲೆ, 'ಆತ್ತ ಭಾರತ ಸೋಣು ವೊಚ್ಚೆಂ ವ್ಹೋಣು ಆಮ್ಮಿ ಘಟ್ಟಿ ನಿಶ್ಚಯು ಕೆಲ್ಲಾ. ತುಮ್ಕಾ ಆತ್ತ ಆಶ್ಶೀಲೆವರೀಚಿ ಅಖಂಡಭಾರತ ಸೋಣು ವೊಚ್ಚಾಕ ಆಮ್ಕಾ ಮꞏನ ನಾ. ಅಖಂಡಭಾರತಾಂತು ತುಮ್ಮಿ ಹಿಂದು ಆನಿ ಮುಸ್ಲಿಂ ಲೋಕು ಆಪಸ್ಸಾಂತು ಝುಗಡೊ ಕೋರ್ನು ಘೆತ್ತಾತಿ. ಮುಸ್ಲಿಂಲೀಗಾನ ಆಪ್ಪಣ ಕಾಂಗ್ರೇಸ್ಸಾಕ ಸಹಕಾರು ದೀನಾ ವ್ಹಳ್ಳಾಂ. ತೇಕತಿರ ತುಮ್ಮಿ ಏಕು ವಿಧಾನ ಪತ್ರ ತಯ್ಯಾರಿ ಕರ್‍ಯಾತಿ. ತೇ ವಿಧಾನ ಪತ್ರಾಂತು ತುಮ್ಗೆಲೊ ವಿಚಾರು ಬರಯಾತಿ. ತೆದ್ದꞏನಾ ಆಮ್ಕಾ ಕಶ್ಶಿ ಹೀ ಸಮಸ್ಯಾ ಸಮಾಧಾನ ಕೋರ್ಕಾ ವ್ಹೋಣು ಕಳ್ತಾ. ತುಮ್ಗೆಲೆ ಪರಿಷತ್ತಾನ ಸಾಂಗಿಲೊ

ಘೋಡೋ ವಿಚಾರಾಂತು ಖಂಯಿಲಿಚಿ ಏಕಿ ಸೂಚನೆ ಮೆಳ್ತಲಿ. ತುಮ್ಮಿ ಭಾರತಾಚೆ ಪ್ರತಿನಿಧೀಂಚೆ ರೂಪಾರಿ ಇಂಡಿಯಾ ಕಶ್ಶಿ ವಿಭಾಗ ಕೋರ್ಕಾ ಮ್ಹೋಣು ಆಮ್ಕಾ ಸಾಂಗಿಲೆವರಿ ಜಾತ್ತಾ,' ಮ್ಹೋಣು.

1946 ಚುನಾವಣೇಂತು ಮಹಮ್ಮದಾಲಿ ಜಿನ್ನಾಲೆ ಮುಸ್ಲಿಂಲೀಗ ಪಾರ್ಟೀನ ಭಾಗ ಘೇನಿ ಜಾಲ್ಲೇಲೆ ನಿಮಿತ್ತ ಸಂವಿಧಾನ ಪರಿಷತ್ತಾಚೆ ಕಾರ್ಯಕಾರಿಣೀಂತು ಮುಸ್ಲಿಂ ಪ್ರತಿನಿಧಿತ್ವ ನಾಆಶ್ಶಿಲೆ.

1946 ಇಸ್ವೇಂತು ಜಾಲ್ಲೇಲೆ ಚುನಾವಣೆಂತು ವೆಂಚುನು ಆಯ್ಯಿಲೆಲೆಂ ಘೋಡೇ ಕಾಂಗ್ರೇಸ್ ಜನಪ್ರತಿನಿಧೀಂಕ ಸದಸ್ಯ ಮ್ಹೋಣು ಕೋರ್ನು ಸಂವಿಧಾನ ಪರಿಷತ್ತು ಮ್ಹೋಣು ಏಕಿ ಮಂಡಳಿ ನಿಯುಕ್ತ ಕೆಲ್ಲಿ. ಹೇ ಪರಿಷತ್ತಾಕ ದಿಲ್ಲೇಲೆ ಕಾಮು ಕಸ್ಸಲೆಂ? ತೇಂ ಕಾಮು ವಿಧಾನಪತ್ರ ಬೊರೋಚೆಂ.

ವಿಧಾನಪತ್ರ ಬೊರೋಚಾಕ ಕಾಂಗ್ರೆಸ್ಸಾಚೆ ಏಕು ಪರಿಷತ್ತು ತಯ್ಯಾರಿ ಜಾಲ್ಲೊ. ತಾಜ್ಜೊ ಮುಖ್ಯಸ್ಥು ಪಂಡಿತ್ ಜವಾಹರಲಾಲ ನೆಹರೂ ಜಾಲ್ಲೊ.

ಮುಸ್ಲಿಂಲೀಗಾಚೊ ಏಕು ವಿಂಗಡು ಪರಿಷತ್ತು ಆಶ್ಶಿಲೊ. ತೇ ಪರಿಷತ್ತಾಚೊ ಮುಖಂಡು ಮಹಮ್ಮದಾಲಿ ಜಿನ್ನಾ ಮ್ಹೋಣು ಮುಸ್ಲಿಂ ಮುಖಂಡಾನಿ ಬ್ರಿಟಿಷ್ ಸರಕಾರಾಕ ಒಪ್ಪಣೆಪತ್ರ ದಿಲ್ಲೆಲೆ.

ಬ್ರಿಟಿಷಾಂನಿ ಇಂಡಿಯಾಕ ಭಾರತ ಆನಿ ಪಾಕಿಸ್ಥಾನ ಮ್ಹೋಣು ವಿಭಜನೆ ಕೋರ್ನು ಭಾರತಾಚೆ ಆಡಳಿತ ಪಂಡಿತ್ ಜವಾಹರಲಾಲ ನೆಹರೂಕ ಹಸ್ತಾಂತರ ಕೆಲ್ಲೆಂ. ಜವಾಹರಲಾಲ ನೆಹರೂ ಭಾರತಾಚೆ ತರ್ಪೇನ ವಿಧಾನ ಪರಿಷತ್ತಾಚೊ ಮುಖ್ಯಸ್ಥು ಮ್ಹೋಣು ನಿಯುಕ್ತ ಜಾಲ್ಲೊಲೊ. ಪಾಕಿಸ್ತಾನಾಂಚೆ ಆಡಳಿತ ಮುಸ್ಲಿಂಲೀಗಾಚೊ ಮುಖಂಡು ಜಿನ್ನಾಂಕ ದಿಲ್ಲೊ.

ಜಂಬೂದ್ವೀಪ ತೀನಿ ಭಾಗ ಜಾಲ್ಲೆಂ

1947 ಇಸ್ವೇಂತು ಜಂಬೂದ್ವೀಪಾಚೆ ಜನಾಂಕ ಸ್ವಾತಂತ್ರ್ಯ ಕಶ್ಶಿ ಮೆಳ್ಳೇಂ? ಜಂಬೂದ್ವೀಪ ಮ್ಹಳ್ಯಾರಿ ಬ್ರಿಟಿಷ್ ಹಿಂದುಸ್ಥಾನ ತೀನಿ ಭಾಗ ಜಾಲ್ಲೇಂತಿ. ಆಮ್ಗೆಲಿ ಸಂಸ್ಕೃತಿ ಮೋಣುಗೆಲ್ಲಿ. ಸನಾತನ ಧರ್ಮು ಆನ್ನಿಮುಕಾರಿ ಜಂಬೂದ್ವೀಪಾಚೆ ನಿವಾಸೀಂಕ ಒಟ್ಟುಮೇಳ್ನು ಏಕಚಾರ ಜೀವನ ಕೊರೂಂಕ ಪ್ರೇರಣಾ ಜಾಯ್ನಾ ಮ್ಹೋಣು ಜಾಲ್ಲೆಂ.

ಗಾಂಧೀಲೆಂ ಅಹಿಂಸಾತ್ಮಕ ಕ್ರಾಂತಿ ವಿಜಯಿ ಜಾಲ್ಲಿ. ಬ್ರಿಟಿಷ್ ಇಂಡಿಯಾಚೆ ಪ್ರಜೇನಿ ಬ್ರಿಟಿಷ್ ಸೈನ್ಯಾಚೆ ವಿರುದ್ಧ ಯುದ್ಧ ಕೋರ್ನು ಸ್ವತಂತ್ರ ಜಾಲ್ಲೇಲೆ ನ್ಹಯಿ.

ಆಮ್ಗೆಲೆ ಹೇಂ ಸ್ವಾತಂತ್ರ್ಯ ನವ್ವೇಂ ರೀತೀರಿ ಆಂದೋಲನ ಕೋರ್ನು ಮೆಳ್ಳೇಲೆ ಸ್ವಾತಂತ್ರ್ಯ. ನವೀನ ನಮೂನ್ಯಾಂಚೆ ಸ್ವಾತಂತ್ರ್ಯ.

ಮಹಾತ್ಮಾ ಗಾಂಧೀಲೆ ಮಾರ್ಗದರ್ಶನಾರಿ ಆಮ್ಮಿ ಅಹಿಂಸಾ ಆನಿ ಸತ್ಯ ಹೇ ದೋನಿ ಆಯುಧ ಉಪಯೋಗ ಕೋರ್ನು ಜೊಳ್ಳೇಲೆ ಸ್ವಾತಂತ್ರ್ಯ ಹೇಂ.

ಬ್ರಿಟಿಷ್ ಇಂಡಿಯಾ ದೋನಿ ದೇಶ

ಬ್ರಿಟಿಷ್ ಸರಕಾರಾನ 1947 ಇಸ್ವೇಂತು ಅಗೋಸ್ಟ 15 ತಾರೀಕೇಕ ತಾಂಗೇಲಿ ಏಕಿ ವಿಶಾಲ ಜಾವ್ನು ಆಶ್ಶಿಲಿ ಇಂಡಿಯಾ ಕೊಲೋನಿ ಬಂದಕೆಲ್ಲಿ, ಖಂಚೇಯಿ ಯುದ್ಧ ಜಾಯ್ನಾ ನಾತ್ತಿಲೆಂ ಇಂಗ್ಲೀಷ್‌ಲೋಕು ಇಂಡಿಯಾ ಸೋಣು ಗೆಲ್ಲೀಂತಿ. ಬ್ರಿಟಿಷ್ ಸರಕಾರಾನ ಕೆಲ್ಲೆಲೆ ಹೇಂ ಕಾಮ ಜಾಲ್ಲೆಂ ಏಕ ಚಾರಿತ್ರಿಕ ಆಶ್ಚರ್ಯ.

ಬ್ರಿಟಿಷ್ ಇಂಡಿಯಾ (ಬ್ರಿಟಿಷಾಲಿ ಇಂಡಿಯಾಕೊಲೋನಿ ಜಾವ್ನುಆಶ್ಶಿಲೆಂ ಅಖಂಡಹಿಂದುಸ್ಥಾನ) ದೋನಿ ದೇಶ ಜಾಲ್ಲೆಂ. ಕೊಲೋನಿ ಮ್ಹಳ್ಯಾರಿ ಏಕ ದೇಶಾನ ಆನ್ನೇಕ ದೇಶಾವ್ಯೆರಿ ಜನಾಲಿ ಖುಶಿ ನಾತ್ತೀಲೆ ಬಲಾತ್ಕಾರಾನ ರಾಜ್ಯ ಕೊರ್ಚೆ. ಇಂಡಿಯಾ ಯಾನೆ ಭಾರತ ಸ್ವತಂತ್ರ ಜಾಲ್ಲೆಂ. ಬ್ರಿಟಿಷಾನಿ ತಾಂಗೇಲೆ ಇಂಡಿಯಾ ವಿಭಜನೆಕೋರ್ನು ಮುಸ್ಲಿಂ ಜನಾಂಲೆಖಾತೀರ ಪಾಕಿಸ್ಥಾನ ಮ್ಹೋಣು ಏಕ ನವ್ವೇಂ ಸ್ವತಂತ್ರ ಮುಸ್ಲಿಂ ರಾಷ್ಟ್ರ ಜನ್ಮಾಂಕ ಹಾಳ್ಳೆಂ.

ಪಾಕಿಸ್ಥಾನ ಮ್ಹಳ್ಳೋಲೊ ಶಬ್ಧು ಘೂಡೆ ಕೆದ್ನಾಯಿ ಜಗತ್ತ್ಯಾಚೆ ಚರಿತ್ರೇಂತು ಯೇನಿ. ಪಾಕಿಸ್ಥಾನ ಮ್ಹಳ್ಳೇಲೆ ಹೇಂ ನವ್ವೆ ರಾಷ್ಟ್ರ ಪೂರ್ವ ಆನಿ ಪಶ್ಚಿಮ ಮ್ಹೋಣು ಜಂಬೂದ್ವೀಪಾಂತು ದೋನಿ ಕಡೇನ ಉದಯ ಜಾಲ್ಲೆಂ.

ಮುಸ್ಲಿಂಲೀಗ ಪಾರ್ಟಿಚೊ ಲೀಡರು ಮಹಮದಾಲಿ ಜಿನ್ನಾ ಹಾಣೆ ಕಾಗ್ರೇಸ್ ಪಾರ್ಟಿಲಾಗ್ಗಿ ಆನಿ ಬ್ರಿಟಿಷಾಲ್ಲಾಗ್ಗಿ ಝುಗಡೂನು ಆಪ್ಣಾಲೆ ಹಽತ ಸಾಧಿಸೂನು ಪಾಕಿಸ್ಥಾನ ಕರ್ನಾಜಾಲ್ಲ್ಯಾರಿ ದೇಶವ್ಯಾಪೀ ದಂಗೊ ಆನಿ ಹಿಂಸಾತ್ಮಕ ಚಳುವಳಿ ಕರ್ತಾಂಮ್ಹೋಣು ಧಮಕಿದೀವ್ನು ಇಂಡಿಯಾಂತು ಆಶ್ಶೀಲೆ ಮುಸಲ್ಮಾನಾಂಕಽಚಿ ಮ್ಹೋಣು ಪ್ರತ್ಯೇಕ ರಾಷ್ಟ್ರ ಸಂಪಾದಿಸೀಲೆ.

ಕ್ರಿ. ಶ. 1616 ಇಸ್ವೇಂತು ಇಂಗ್ಲೆಂಡಾಚೆ ಈಸ್ಟ ಇಂಡಿಯಾ ಕಂಪನೀಚೆ ಸೈನ್ಯಾನ ಆಮ್ಗೆಲೆ ವಿಂಗವಿಂಗಡ ರಾಯ್ಯಾಲೆ ಒಟ್ಟೂ ಯುದ್ಧ ಕೋರ್ನು ಹಳುಹಳೂ ಎಕ್ಕೇಕಽಚಿ ಗೆಲ್ಲೂನು ಜೊಳ್ಳೇಂಲೆ ಹೇಂ ಹಿಂದುಸ್ಥಾನ ಯಾನೆ ಇಂಡಿಯಾ, ಕಡೇರಿ ಆಮ್ಮೀ ಯುದ್ಧಕರ್ನಾಽಶಿ 15 ಅಗೋಸ್ತ 1947 ಹೇ ದಿವಸು ಆಮ್ಕಾ ವೋಪಾಸ ಮೆಳ್ಳೇಲೆ.

ಆಮ್ಮಿ ಯುದ್ಧ ಕೋರ್ನು ಬ್ರಿಟಿಷಾಂಕ ಸಲ್ವಾಯಿಲೆನ್ಹಯಿಂ. 1848 ಇಸ್ವೇಂತು ಐಕ್ಯಜಾಲ್ಲೇಲೆ ಇಂಡಿಯಾ ಶೆಂಬರಿ ವರ್ಸಾಂತು ಇಂಗ್ಲೀಷ್ ಸರಕಾರಾಚೆ ಮುಳಾಂತು ಆಸ್ಸೂನು 1947 ಇಸ್ವೇಂತು ಸ್ವತಂತ್ರ ಜಾಲ್ಲೆಂ. ತೀನಿಚಾರಿ ಪೀಳಿಗೇಂಚೊ ಸಾಂಸ್ಕೃತಿಕ, ಸಾಮಾಜಿಕ, ಭಾಷಾವಿಷಯೀಕ ಆನಿ ಆರ್ಥಿಕ ಸಂಸ್ಕಾರು ಪಾಶ್ಚಾತ್ಯ ಸಂಸ್ಕೃತೀಚೆ ದಿಕ್ಕಾನ ಪರಿವರ್ತನ ಜಾಲ್ಲೆಂ.

ಅಖಂಡ ಭಾರತ ಇತ್ತ್ಯಾಕ ವಽರ್ನಿ?

ಆಮ್ಗೆಲಿ ಕಾಗ್ರೇಸ್ ಪಾರ್ಟಿಚೊ ಲೀಡರು ಮಹಾತ್ಮಾ ಗಾಂದಿ; ಹಾಣೆ ಸಗ್ಳೇ ಇಂಡಿಯಾಕ ಸ್ವಾತಂತ್ರ್ಯ ಜಾವ್ಕಾ ಮ್ಹೋಣು ಚಳುವಳಿ ಕೋರ್ನು ಕಾರ್ಯಸಿದ್ಧಿ ಜಾತ್ತಮ್ಹಣ್ತನಾ ಬ್ರಿಟಿಷಾನಿ ಮಹಮದಾಲಿ ಜಿನ್ನಾಂಕ ಖುಶಿ ಕೊರೂಂಕ ಇಂಡಿಯಾಚೆ ಮುಸ್ಲಿಮಾಂಕ ಆನಿ ಹಿಂದೂಂಕ ಮ್ಹೋಣು ಬ್ರಿಟಿಷ್ ಇಂಡಿಯಾಕ ದೋನಿ ವಾಂಟೊ ಕೋರ್ನು ವಾಂಟೂನು ದಿಲ್ಲೆಂ.

ಗಾಂಧೀನ ಜಿನ್ನಾಲೆಲಾಗ್ಗಿ ಮಸ್ತಪಟಿ ವಿಚಾರವಿಮರ್ಶೆ ಕೋರ್ನು ಆಮ್ಮಿ ಸಕ್ಕಡಾನಿ ಒಟ್ಟೂಚಿ ಏಕ್ಕಃಚಿ ದೇಶಾಂತು ಸೌಹಾರ್ದಾರಿ ಜೀವನ ಕೊರೂಂಕ ಜಾಯ್ನಾವೆ ಮ್ಹೋಣು ಜಿನ್ನಾಂಕ ನಿಮ್ಗಿಲೆ. ಜಿನ್ನಾ ಮ್ಹಣಾಲೊ, 'ನಾ ಜಾಯ್ನಾ,' ಮ್ಹೋಣು.

ಬ್ರಿಟಿಷ್ ಸರಕಾರಾನ ಇಂಡಿಯಾಕ ಸ್ವಾತಂತ್ರ್ಯ ದಿಲ್ಲೇಲೆವೇಳಾರಿ ನ್ಯೂಡೆಲ್ಲಿಂತು 1946 ಇಸ್ವೇಂತು ಚುನಾವಣೆ ಜಾವ್ನು ಅಧಿಕಾರಾಕ ಆಯ್ಲೀಲೆ ಕಾಗ್ರೇಸ್ ಪಾರ್ಟೀಚೆ ವಿಧಾನಪರಿಷತ್ತು ಸರಕಾರಾಕ ಭಾರತಾಚೊ ಆಡಳಿತಾಧಿಕಾರು ಹಸ್ತಾಂತರ ಕೆಲ್ಲೊ.

ಬ್ರಿಟಿಷಾಲೆ ಹಾತ್ತಾಂತು ಆಶ್ಶೀಲೆ ಜಂಬೂದ್ವೀಪಾಚೆ ಮಧ್ಯೇಂತುಲೊ ಏಕು ಹೋಡು ವಾಂಟೊ ಭಾರತ ರಾಷ್ಟ್ರ ಜಾಲ್ಲೆಂ. ಭಾರತಾಚೆ ಪೂರ್ವಾಂತು ಪೂರ್ವಪಾಕಿಸ್ಥಾನ ಆನಿ ಭಾರತಾಚೆ ಪಶ್ಚಿಮಾಂತು ಪಶ್ಚಿಮಪಾಕಿಸ್ಥಾನ ಉದ್ದೇಲಿಂತಿ.

ಬ್ರಿಟಿಷ್ ಇಂಡಿಯಾ ಮ್ಹಳ್ಳೇಲೆ ದೇಶ ಆನ್ನಿ ನಾ ಜಾವ್ನು ಚರಿತ್ರೇಂತು ಮೇಳ್ಳುಗೆಲ್ಲೆ. ಹಿಂದುಸ್ಥಾನ ಆಶ್ಶಿಲೆಕಡೇನ ಭಾರತ ಆನಿ ಪಾಕಿಸ್ಥಾನ ಮ್ಹೋಣು ದೋನಿ ರಾಷ್ಟ್ರ ಉದ್ದೇನು ಆಯ್ಲಿಂತಿ. ಭಾರತ ಯಾನೆ ಇಂಡಿಯಾ ಜನ್ಮಾಂಕ ಆಯ್ಲೆಂ.

ಭಾರತಾಂತು ಆಶ್ಶಿಲೆ ಹಿಂದು ಲೋಕು ಮುಸ್ಲಿಂ ಲೋಕು, ಕ್ರಿಶ್ಚನ್ ಲೋಕು, ಆನಿ ವಿಂಗಡ ಮತಾಚೆ ಲೋಕು ಸಕ್ಕಡ ಭಾರತೀಯ ಜಾಲ್ಲಿಂತಿ. ಪಾಕಿಸ್ಥಾನಾಂತುಲೆ ಜಃನ ಪಾಕಿಸ್ಥಾನಿ ಜಾಲ್ಲೀಂತಿ.

ಬ್ರಿಟಿಷ್ ಇಂಡಿಯಾ ವಿಭಜನೇಂಚೆ ವಿಧಾನ

ಕ್ರಿ. ಶ. 1946 ಇಸ್ವೇಂತು (ಇಂಡಿಯಾಕ ಸ್ವಾತಂತ್ರ್ಯ ಮೆಳ್ಚೆ ಏಕ ವರ್ಸ ಫೂಡೆ) ಬ್ರಿಟಿಷ್ ಸರಕಾರಾಚೆ ಆಡಳಿತ ನಾರ್ಥವೆಸ್ಟಫ್ರಾಂಟಿಯರ್ ಪ್ರಾಂತ, ಪಂಜಾಬ, ಸಿಂಧ್, ಯುನೈಟೆಡ್ ಪ್ರಾಂತ (ಆತ್ತಂಚೆ ಉತ್ತರಪ್ರದೇಶ), ಬಿಹಾರ, ಅಸ್ಸಾಮ, ಬಂಗಾಲ, ಸೆಂಟ್ರಲ್ ಪ್ರಾಂತ (ಆತ್ತಚೆ ಮಧ್ಯಪ್ರದೇಶ) ಬೊಂಬೈ ಪ್ರಾಂತ, ಒರಿಸ್ಸಾ ಆನಿ ಮದ್ರಾಸಪ್ರಾಂತ ಇತ್ಯಾದಿ ಪ್ರದೇಶಾಂತು ಚೋಲ್ಲುಆಶ್ಶೀಲೆಂ.

ಜಮ್ಮು-ಕಾಶ್ಮೀರ, ಬಲೋಚಿಸ್ಥಾನ, ಪಾಟಿಯಾಲಾ (ಆನಿ ಇತರ ಲಾಗ್ಗೀಚೆ ಪ್ರಿನ್ಸ್ಲೀಸ್ಟೇಟ್ಸ್), ರಾಜಪುತಾನ ಪ್ರಿನ್ಸ್ಲೀಸ್ಟೇಟ್, ಪಶ್ಚಿಮಇಂಡಿಯಾ ಪ್ರಿನ್ಸ್ಲೀಸ್ಟೇಟ್, ಹೈದರಾಬಾದ, ಮೈಸೂರ ಆನಿ ತಿರುವಾಕೂರ ಇತ್ಯಾದಿ ಪ್ರಿನ್ಸ್ಲೀಸ್ಟೇಟ್ ಜಾವ್ನು ಆಶ್ಶೀಲಿಂತಿ.

ಕ್ರಿ. ಶ. 1947 ಅಗಸ್ಟ್ 15 ತಾರೀಕೇಕ ಭಾರತರಾಷ್ಟ್ರಾಕ ಪಂಜಾಬಾಚೊ ಅರ್ಧುಕುಡ್ಕೊ (ಪೂರ್ವ ಪಂಜಾಬ), ಸಗ್ಳೇ ಯುನೈಟೆಡ್ ಪ್ರಾಂತ (ಆತ್ತಂಚೆ ಉತ್ತರಪ್ರದೇಶ), ಬಿಹಾರ, ಅಸ್ಸಾಮ, ಅರ್ಧ ಬಂಗಾಲಾಚೊ ಕುಡ್ಕೊ (ಪಶ್ಚಿಮ ಬಂಗಾಲ), ಸೆಂಟ್ರಲ್ ಪ್ರಾಂತ (ಆತ್ತಚೆ ಮಧ್ಯಪ್ರದೇಶ) ಬೊಂಬೈ ಪ್ರಾಂತ, ಒರಿಸ್ಸಾ ಆನಿ ಮದ್ರಾಸಪ್ರಾಂತ ಇತ್ಲೆ ಪ್ರದೇಶ ಮೆಳ್ಳಿಂತಿ.

ಕ್ರಿ. ಶ. 1947 ಅಗಸ್ಟ್ 15 ತಾರೀಕೇಕ ಪಾಕಿಸ್ಥಾನಾಂಕ ಅರ್ಧ ಪಂಜಾಬಾಚೊ ಕುಡ್ಕೊ (ಪಶ್ಚಿಮ ಪಂಜಾಬ), ಸಗ್ಳೇಂಚಿ ಸಿಂಧ್ ಪ್ರಾಂತ ಆನಿ ಅರ್ಧ ಬಂಗಾಲಾಚೊ ಕುಡ್ಕೊ (ಪೂರ್ವ ಬಂಗಾಲ) ಮೆಳ್ಳೇಂತಿ.

ಮಾಗ್ಗೀರಿ ಸರದಾರ ಪಟೇಲಾಲೆ ಪ್ರಯತ್ನಾನಿ ಸುಮಾರ 530 ಪ್ರಿನ್ಸ್ಲೀಸ್ಟೇಟ್ಸ್ ಭಾರತಾಂತು ವಿಲೀನ ಜಾಲ್ಲೀಂತಿ. ಹಾಂಚೆಪೈಕಿ ಹೋಡಹೋಡ ಪ್ರಿನ್ಸ್ಲೀಸ್ಟೇಟ್ಸ್ ಮ್ಹಳ್ಯಾರಿ ಪಾಟಿಯಾಲಾ (ಆನಿ ಇತರ ಪಾಟಿಯಾಲಾಚೆಲಾಗ್ಗೀಚೆ ಪ್ರಿನ್ಸ್ಲೀಸ್ಟೇಟ್ಸ್) ಅನೇಕ ರಾಜಪುತಾನ ಪ್ರಿನ್ಸ್ಲೀಸ್ಟೇಟ್ಸ್, ಪಶ್ಚಿಮಿಇಂಡಿಯಾಚೆ ಅನೇಕ ಪ್ರಿನ್ಸ್ಲೀಸ್ಟೇಟ್ಸ್, ಮೈಸೂರ ಆನಿ ತಿರುವಾಂಕೂರ ಇತ್ಯಾದಿ ಪ್ರಿನ್ಸ್ಲೀಸ್ಟೇಟ್ಸ್ ಭಾರತಾಂತು ವಿಲೀನ ಜಾಲ್ಲೀಂತಿ.

ಪಶ್ಚಿಮ ಪಾಕಿಸ್ಥಾನಾಂತು ಬಲೋಚಿಸ್ಥಾನ ಪ್ರಿನ್ಸ್ಲೀಸ್ಟೇಟ್ ಆನಿ ನಾರ್ಥವೆಸ್ಟಫ್ರಾಂಟಿಯರ್ ಪ್ರಾಂತಾಚೆ ಬದಿಯೇನ ಆಶ್ಶೀಲೆ ಸಾನಸಾನ ಪ್ರಿನ್ಸ್ಲೀಸ್ಟೇಟ್ ವಿಲೀನ ಜಾಲ್ಲೀಂತಿ,

ಆತ್ತ 2015 ಇಸ್ವೇಂತು ಪಾಕಿಸ್ಥಾನ ಜಾವ್ನು 68 ವರ್ಸ ಜಾಲ್ಲೀಂತಿ ಆನಿ ಬಂಗ್ಲಾದೇಶ ಜಾವ್ನು 43 ವರ್ಸ ಜಾಲ್ಲೀಂತಿ. ಜಾಲ್ಯ್ಯಾರಿಯೀ ಹೇಂ ತೀನಿ ದೇಶ, ಪಾಕಿಸ್ಥಾನ, ಇಂಡಿಯಾ ಭಾರತ ಆನಿ ಬಂಗ್ಲಾದೇಶ ಎಕ್ಕಃಚಿ ಸಂಸ್ಕೃತಿಚೆ ಆಧಾರಾರಿ ಆಸ್ಸಃತಿ.

ಸ್ವತಂತ್ರ ಭಾರತಾಚೆ ಉದಯ

1947 ಇಸ್ವಿ ಅಗೋಸ್ಟ 15 ತಾರೀಕೇಕ ಸ್ವಾತಂತ್ರ್ಯ ಮೆಳ್ಳೇಲೆ ತಕ್ಷಣ ಬ್ರಿಟಿಷ್ ಇಂಡಿಯಾ ಮಾಯ ಜಾಲ್ಲಿ. ಬ್ರಿಟಿಷ್ ಇಂಡಿಯಾ ನಾ ಜಾಲ್ಲಿ. ಹೇ ವೇಳಾರಿ ಜಾರಿಆಶ್ಶೀಲೆ ಬ್ರಿಟಿಷ್ ಇಂಡಿಯಾಚೆ ಸಕ್ಕಡ ಕಾನೂನ ನಾಕಾಮು ಜಾಲ್ಲೀಂತಿ. ತಶ್ಶೀಂಚಿ ಸ್ವತಂತ್ರ ಜಾಲ್ಲೇಲೆ ಇಂಡಿಯಾ ವಿಭಜನ ಜಾವ್ನು ಪಾಕಿಸ್ಥಾನ ಆನಿ ಭಾರತ ಜನ್ಮಾ ಆಯ್ಯಿಲೀಂತಿ.

ಪಾಕಿಸ್ಥಾನಾಂತು ಆನಿ ಭಾರತಾಂತು ಸಕ್ಕಡ ಕಾನೂನ ನವ್ವೇ ಜಾವ್ನು ಜಾರಿಕೋರ್ಕಾ ಜಾಲ್ಲೆಂ. ಏಕದಮ್ ಇತ್ಲೆ ಹೋಡ ದೇಶಾಂತು ಸಕ್ಕಡ ರಾಜ್ಯಭಾರ ನವ್ವೇ ಜಾವ್ನು ಕೋರೂಂಕ ಕಷ್ಟಸಾಧ್ಯ ಜಾಲ್ಲೆಂ. ತ್ಯಾನಿಮಿತ್ತ ಆಮ್ಗೆಲೆ ರಾಜಕೀಯ ಮುಖಂಡಾಂನಿ ಬ್ರಿಟಿಷಾಂನಿ ಸೋಣು ಗೆಲ್ಲೇಲಿ ಸಕ್ಕಡ ವ್ಯವಸ್ಥಾ ಸ್ವತಂತ್ರ ಭಾರತಾಂತುಯೀ ಜಾರಿಆಸ್ಸೋ ಮ್ಹೋಣು ನಿಶ್ಚಯು ಕೆಲ್ಲೊ. ದಿಲ್ಲೀಂತು ಆನಿ ವಿಂಗವಿಂಗಡ ಪ್ರಾಂತಾಂತು ಸ್ವಸ್ಥಾನಾರಿ ಆಶ್ಶೀಲೆ ಕಾನೂನ ವ್ಯವಸ್ಥೇಕಃಚಿ ಆಮ್ಮಿ ಪುನಃ ಜಾರಿ ಕೋರ್ಕಾ ಜಾಲ್ಲೆಂ.

1947 ಅಗೋಸ್ತ 15 ತಾರೀಕೆಕ ಬ್ರಿಟಿಷಾನಿ ತಾಂಗೆಲೆ ಇಂಡಿಯಾಕ ಸ್ವಾತಂತ್ರ್ಯ ದಿಲ್ಲೇಲೆವೇಳಾರಿ ಸಕ್ಕಡ ಪ್ರಿನ್ಸ್ಲೀಸ್ಟೇಟ್ಸಾಂಕ ಬ್ರಿಟಿಷಾನಿ ಪಾಕಿಸ್ಥಾನಾಂತು ಏಕಯಿ ಭಾರತಾಂತು ಮೇಳೂಂಕ ಸ್ವಾತಂತ್ರ್ಯ ದಿಲ್ಲೆಂ.

ಜುನಾಗಡ, ಹೈದರಾಬಾದ ಅನಿ ಕಾಶ್ಮೀರ್ ಪ್ರಿನ್ಸ್ಲೀಸ್ಟೇಟ್ಸ್ ಹಾನ್ನಿ ಸ್ವತಂತ್ರ ಭಾರತಾಂತು ಮೇಳೂಂಕ ಪಾಯುತಾಂಡ್ಲೊ. ವರ್ಲೆಲೆ ವಿಂಗಡ ಪಾಂಯ್ಶೀಂಕಯಿ ಚಃಡ ಸ್ಟೇಟ್ಸ್ (500) ಭಾರತಾಂತು ಮೆಳ್ಳೀಂತಿ.

ಕಡೇರಿ ಜುನಾಗಢಾಂತು ಇಚ್ಛಾಸಂಗ್ರಹ ಚುನಾವ ಕೋರ್ನು ತೇಂ ರಾಜ್ಯ ಭಾರತಾಂತು ಮೆಳ್ಳೆ.

ಹೈದರಾಬಾದ್ ನಿಜಾಮಾನ ಆಪ್ಪಣ ಭಾರತಾಂತು ಮೇಳ್ಕಾ ಮ್ಹಣ್ಳೆಲೆ ತೆದ್ದನಾ ಸರ್ದಾರ ಪಟೇಲಾನ ಹೈದರಾಬಾದಾಕ ವಿಚಾರ ಕೊರೂಂಕ ಥೋಡೋ ಸಮಯು ದಿಲ್ಲೊ. ಹೈದರಾಬಾದಾಂತು ಸಾಮಾಜಿಕ ಆನಿ ರಾಜಕೀಯ ಪರಿಸ್ಥಿತಿ ವಾಯಿಟಜಾಲ್ಲಿ.

ತಶ್ಶಿಜಾವ್ನು ಸರ್ದಾರ ಪಟೇಲ ಭಾರತಾಚೊ ಗ್ರಹಮಂತ್ರಿ ಹಾಣೆ ಹೈದರಾಬಾದಾಕ ವಽಶ ಕೊರ್ಚೆಕತಿರ ಭಾರತಾಚೆ ಸೈನ್ಯ ಧಾಣು ದಿಲ್ಲೆಂ. ನಿಜಾಮು ಕೂಡ್ಲೇ ಯುದ್ಧ ಕರ್ನಾಸ್ತನಾ ತಾಗ್ಗೇಲೆ ನಿಜ಼ಾಮ ಹುದ್ದೇಕ ರಾಜೀನಾಮೆ ದೀವ್ನು ಪಾಕಿಸ್ಥಾನಾಂಕ ಧಾವ್ನು ಗೆಲ್ಲೊ.

ನಿಜ಼ಾಮಾಂಕ ಪಾಕಿಸ್ಥಾನಾಂಕ ವೊಚ್ಚಾಕ ಇಂಡಿಯಾನ ಕಾಂಯೀ ತಽಡೆ ಕರ್ನಿ. ಹೈದರಾಬಾದ ಭಾರತಾಂತು ವಿಲೀನ ಜಾಲ್ಲೆಂ.

ಜಮ್ಮು-ಕಾಶ್ಮೀರ ಸಮಸ್ಯೆ

ಕಾಶ್ಮೀರ ಭೂಂಯ್ಚೆರಿ ಏಕು ಸ್ವರ್ಗುಸೊ ಆಸ್ಸ. ಆತ್ತಂಚೆ ಜಮ್ಮೂ ಆನಿ ಕಾಶ್ಮೀರ ರಾಜ್ಯಾಂತು ಸಪಾಟ ಪ್ರದೇಶ ಜಮ್ಮು, ಗುಡ್ಡ್ಯಾಂಚೆ ಮಧ್ಯೇಚಿ ಖಣಿ ಕಾಶ್ಮೀರ ಆನಿ ಗುಡ್ಡ್ಯಾಚೆ ವೈರಿ ಆಶ್ಶೀಲೆ ಲಡಾಖ ಮ್ಹೊಣು ತೀನಿ ವಿಶಿಷ್ಟ ಭಾಗಂ ಆಸ್ಸಽತಿ.

ಕಾಶ್ಮೀರ ರಾಜ್ಯಾಚೊ ರಾಯು ಹಿಂದು ಆನಿ ಪ್ರಽಜೆ ಚಡಾವತ ಮುಸ್ಲಿಂ ಜಾವ್ನು ಆಸ್ಸಽತಿ. ಕಾಶ್ಮೀರ 1840 ಇಸ್ವೇಂತು ಬ್ರಿಟಿಷಾಲೆಂ ಏಕ ಪ್ರಿನ್ಸ್ಲೀಸ್ಟೇಟರಾಜ್ಯ ಜಾಲ್ಲೆಂ.

ಬ್ರಿಟಿಷಾನಿ ಇಂಡಿಯಾಕ ಸ್ವಾತಂತ್ರ್ಯ ದಿತ್ತನಾ ಕಾಶ್ಮೀರ ರಾಯ್ಯಾನ ತಾಗ್ಗೇಲೆ ರಾಜ್ಯ ಭಾರತಾಚೆಒಟ್ಟು ಮೇಳೋಚಾಕ ಜಾಯ್ನಾ ಮ್ಹಣ್ಳೆಂ. ಜಮ್ಮೂಂತು ಆನಿ ಲಡಾಖಾಂತು ಹಿಂದು ಚಕಽಡ ಆಸ್ಸಽತಿ. ಸಿಖ್ ಲೋಕು ಸಕ್ಕಡ ಕಡೇನ ಜಾಯಿತಿತ್ಲೆ ಆಸ್ಸಽತಿ. ಕಾಶ್ಮೀರ ಖಣೀಂತು ಮುಸ್ಲಿಂ ಚಕಽಡ ಆಸ್ಸಽತಿ.

ಕಾಶ್ಮೀರ ರಾಯ್ಯಾಕ ಸ್ವತಂತ್ರ ಜಾವ್ನು ಆಸ್ಸೂಕಾ ಮ್ಹೊಣು ಮಽನ ಆಶ್ಶೀಲೆ. ಜಾಲ್ಯಾರಿ ಪಾಕಿಸ್ಥಾನಾಕ ಕಾಶ್ಮೀರ ರಾಜ್ಯ ಪಾಕಿಸ್ಥಾನಾಂತು ಮೇಳ್ಕಾ ಮ್ಹೊಣು ಭಾರೀ ಜೋರು ಆಶಾ ಆನಿ ಆಕಾಂಕ್ಷಾ ಆಸ್ಸಜಾಲ್ಲಿ. ಕಾಶ್ಮೀರಾಂತು ಮುಸ್ಲಿಂ ಜನಸಂಖ್ಯೆ ಅತ್ಯಧಿಕ ಆಸ್ಸಽತಿ ಮ್ಹೊಣು ಕಾಶ್ಮೀರ ತಾಂಗೆಲೊ ಹಕ್ಕು ಮ್ಹೊಣು ಪಾಕಿಸ್ಥಾನಾಂಚೆ ಸೈನ್ಯಾಂಕ ಆನಿ ಸೇನಾಧಿಪತೀಂಕ ದಿಸ್ಲೆಂ. ಜಾಲ್ಯ್ಯಾರಿ ಕಾಶ್ಮೀರ ರಾಯ್ಯಾಕ ಪಾಕಿಸ್ಥಾನಾಂತು ಮೆಳ್ಚೆ ಮಽನ ಬಿಲ್ಕುಲ್ ನಾಆಶ್ಶೀಲೆ.

ಕಾಶ್ಮೀರ ಪ್ರದೇಶಾಚೆ ಸುತ್ತೂಕ ಉತ್ತರಾಂತು ಟಿಬೇಟ್ ಆನಿ ಅಫಘಾನಿಸ್ಥಾನ, ಪಶ್ಚಿಮಾಂತು ಖೈಬರ್ ಫಖ್ಥೂನ್ ಖ್ವಾ (ಪಶ್ಚಿಮೋತ್ತರ ಪ್ರಾಂತ), ದಕ್ಷಿಣಪಶ್ಚಿಮಾಂತು ಪಂಜಾಬ ಆನಿ ಪೂರ್ವಾಂತು ಉತ್ತರ ಪ್ರದೇಶ ಆಶ್ಶೀಲೀಂತಿ. ಪಾಕಿಸ್ತಾನಾಂಚೆ ಖೈಬರ್ ಫಖ್ಥೂನ್ ಖ್ವಾ ಪ್ರಾಂತಾಂತು ಆದಿವಾಸಿ ಫಖ್ಥೂನ್ ಜಽನ ಸಕ್ಕಡ ಮುಸ್ಲಿಂ ಜಾತೀಚೆ ಆಶ್ಶೀಲೀಂತಿ. ಆತ್ತಂಯಿ ಆಸ್ಸಽತಿ.

ಕಾಶ್ಮೀರಾಚೆ ರಾಯ್ಯಾನ ಪಾಕಿಸ್ಥಾನಾಂತು ತಾಗ್ಗೇಲೆ ರಾಜ್ಯ ವಿಲೀನ ಕರ್ನಾ ಮ್ಹಳ್ಳೆಕೂಡ್ಲೇ ಪಾಕಿಸ್ಥಾನ ಸೇನಾಧಿಪತೀನಿ ಫಕ್ಥೂನ್ ಆದಿವಾಸಿ ಮುಸ್ಲಿಮಾಂಕ ಘುಸ್ಸಲಾಯಿಸೂನು ತಾಂಚೆ ಕರಾನ ಕಾಶ್ಮೀರಾಚೆ ವೈರಿ ಧಾಳಿ ಕರಯಿಲಿ.

ಆದಿವಾಸೀಂಲೆ ಒಟ್ಟು ಸೈನ್ಯಾನಯಿ ತಾಂಗೆಲೆಒಟ್ಟು ಮೇಳ್ಳು ಕಾಶ್ಮೀರಾವೈರಿ ಧಾಳಿ ಕೆಲ್ಲಿ. ಕಾಶ್ಮೀರಾಚೆ ಪಶ್ಚಿಮ ಸೀಮೇರಿ ಧಾಳಿ ಕೆಲ್ಲಿ. ಹೋ ವಿಷಯು ಕಾಶ್ಮೀರ ರಾಯ್ಯಾಕ ಕಳ್ಳೆಕೂಡ್ಲೇ ತಾಣೆ ಭಾರತಾಕ ಸಹಾಯಾಕ ಆಪ್ಪೈಲೆ.

ಜಾಲ್ಯಾರಿ ಸೈನ್ಯ ಧಾಡ್ಚೆಫೂಡೆ 'ಕಾಶ್ಮೀರಾಕ ಭಾರತಾಂತು ಮೇಳೋಕಾ. ನ್ಹಯಿಜಾಲ್ಯಾರಿ ಆಮ್ಕಾ ತಶ್ಶೀ ಪರಸ್ಪರ ಒಪ್ಪಂದ ನಾತ್ತಿಲೆ ಏಕ ರಾಷ್ಟ್ರಾನ ಆನ್ನೇಕ ರಾಷ್ಟ್ರಾಂತು ಸೈನ್ಯ ಧಾಢೂಂಕ ಜಾಯ್ನಾ' ಮ್ಹೋಣು ಭಾರತ ಮ್ಹಣಾಲೆ. ಇತ್ಲೆಂ ಜಾತ್ತಃನಾ ಪ್ರತಿಕ್ರಿಯೇಕ ತೊಡೊವು ಜಾಲ್ಲೊ.

ತೊಡೊವು ಜಾಲ್ಲೇಲೆ ನಿಮ್ತಿ ಪಾಕಿಸ್ಥಾನ ಸೈನ್ಯ ಶ್ರೀನಗರಾಚೆಲಾಗ್ಗಿ ಪಾವ್ಲೆಂ. ತೆದ್ನಾ ಕಾಶ್ಮೀರ ರಾಯ್ಯಾನ ಭಾರತಾಒಟ್ಟೂ ತಾಗ್ಗೇಲೆ ರಾಜ್ಯ ಮೇಳೋಚೊ ನಿರ್ಧಾರ ಕೆಲ್ಲೊ. ಕಾಶ್ಮೀರ ಭಾರತಾಂತು ಬಿನಾಶರ್ತ ವಿಲೀನ ಜಾಲ್ಲೆಂ. ತಕ್ಷಣ ಭಾರತಾಚೆ ಯುದ್ಧವಿಮಾನಾನಿ ಧಾಳಿಕರ್ತಲೆ ಪಾಕಿಸ್ಥಾನಿ ಸೈನ್ಯಾವೈರಿ ಆನಿ ಆದಿವಾಸಿ ಫಖ್ಥೂನ್ ಲಡಾಕೂ ಜನಾವೈರಿ ಬಾಂಬ ಘಾಲ್ಲೆಂ.

ದೊನ್ನೀಂಚೆ ಜಾಗತಿಕ ಯುದ್ಧಾಂತು ಲಢಾಯಿ ಕೋರ್ನು ಪಿಕ್ಕಿಲೆಂ ಭಾರತೀಯ ವಿಮಾನದಳಾನ ಪಾಕಿಸ್ಥಾನ ಸೈನ್ಯಾಕ ಸಮಂಚಿ ಬುದ್ಧಿಸಿಕ್ಕೈಲಿ. ಪಾಕಿಸ್ಥಾನಾಚೆ ವಿಮಾನಪಡೆಕ ಕಾಂಯೀ ಬಲ ನಾಆಶ್ಶಿಲೆ.

ಬ್ರಿಟಿಷ್ ಇಂಡಿಯಾಚೆ ವಿಮಾನಪಡೆಚೆ ಬಹುತರ ವಿಮಾನಂ ಭಾರತಾಂತೂಂಚಿ ಆಶ್ಶೀಲೀಂತಿ. ಖೈಬರ್ ಫಖ್ಥೂನ ಖ್ವಾ ಆದಿವಾಸಿ ಲಡಾಕೂ ಯೋಧಾಂಕ ಶ್ರೀನಗರಾಕ ಕಬ್ಜಾಂತು ಘೇವ್ಚಾಕ ಜಾಯ್ನಿ.

ಶ್ರೀನಗರಾಚೆ ಭಾಯ್ರ 100 ಕಿಲೋಮೀಟರ್ ತಾಂಯಿ ಪಾಕಿಸ್ಥಾನಾನ ಕಬ್ಜೆ ಕೆಲ್ಲೇಲೆಂ. ಭಾರತಾಚೆ ಸೈನ್ಯಾಂಕ ಹೇ ಯುದ್ಧಭೂಮೀಂತು ಯೇವ್ನು ಧಾಳಿ ಕರ್ತಃಲೆ ಪಾಕಿಸ್ಥಾನೀ ಝುಗಡಪೀಂಕ ಮಾಕ್ಷಿ ಲಕಯಿಲೆಂ.

ಭಾರತಾನ ಯೂಎನ್ನೋಕ ದೂರು ವ್ಹೆಲ್ಲೊ

ಭಾರತಾನ ಕೂಡ್ಲೇ ಸಂಯುಕ್ತ ರಾಷ್ಟ್ರ ಸಮೂಹಾಕ (ಯೂಎನ್ನೋ) ಪಾಕಿಸ್ಥಾನಾವೈರಿ ದೂರು ದಿಲ್ಲೊ. ಸಂಯುಕ್ತ ರಾಷ್ಟ್ರ ಸಮೂಹಾಚೆ ಸೆಕ್ಯೂರಿಟಿ ಕೌನ್ಸಿಲ್ಲಾಂತು ಭಾರತಾನ ಪಾಕಿಸ್ಥಾನಾವೈರಿ ಆಕ್ರಮಣಾಚೊ ಆರೋಪು ಘಾಲ್ಲೊ. ಸೆಕ್ಯೂರಿಟಿ ಕೌನ್ಸಿಲ್ಲಾನ ಪಾಕಿಸ್ಥಾನಾಂಚಿ ಪರಿಸ್ಥಿತಿ ಪೋಳೋನು ಯುದ್ಧವಿರಾಮಾಂಕ ಒಪ್ಪಿಗಾದಿಲ್ಲಿ.

ಜಾಲ್ಯಾರಿ ಪಾಕಿಸ್ಥಾನಾಂಕ ತೀಣೆ ಆಕ್ರಮಣ ಕೋರ್ನು ವಃಶ ಕೆಲ್ಲೆಲೆ ಪ್ರದೇಶ ಖಾಲಿ ಕೋರ್ನು ತಿಗ್ಗೇಲೆ ಸೈನ್ಯ ವಾಪಸ್ ಘೇವ್ಕಾ ಮ್ಹೋಣು ನಿರ್ಬಂಧ ಘಾಲ್ಲೆಂ.

ದೋನಿ ಸೈನ್ಯಾನಿ ತಟಸ್ಥ ರಾಬ್ಬೂಕಾ ಆನಿ ಹೇಂ ಸಮಸ್ಯೆ ಪರಿಹಾರ ಜಾವ್ವೊತೆದ್ದೋಳು ಯುದ್ಧವಿರಾಮ ರೇಖೇಚೆ ಪಾಲನ ಕೋರ್ಕಾ ಮ್ಹಣು ದೋನಿ ರಾಷ್ಟ್ರಾಂಕಯೀ ತಾಕೀತಕೆಲ್ಲೆಂ.

ಹೀ ಯುದ್ಧವಿರಾಮ ರೇಖೆ ಆತ್ತ ಶಾಶ್ವತ ಜಾಲ್ಲ್ಯಾ. ಜಾಲ್ಲ್ಯಾರಿ ಪಾಕಿಸ್ಥಾನಾನ ತೀಣೆ ಆಕ್ರಮಣ ಕೋರ್ನು ವಽಶ ಕೋರ್ನು ಘೆತ್ತಿಲೊ ಕಾಶ್ಮೀರಾಚೊ ಭಾಗು ಖಾಲಿ ಕರ್ನಿ. ತಿಗ್ಗೆಲೆ ಸೈನ್ಯ ವಾಪಸ್ ಘೇನಿ. ತೀ ಭೂಮಿ ಪಾಕೀ ಭೂಮಿ ಜಾಲ್ಲ್ಯಾ.

ಕಾಶ್ಮೀರಾಂತು ಪಾಕಿಸ್ಥಾನಾಂಚೆ ಟ್ರೈಬಲ್ ಲೋಕಾನಿ ಆನಿ ಸೈನ್ಯಾನ ಒಟ್ಟೂಚಿ ಪಂಜಾಬ-ಫಖ್ತೂನ್ ಗಡಿಯೇರಿ ಕಾಶ್ಮೀರಾವೈರಿ ಧಾಳಿ ಕೆಲ್ಲೆಲೆ ಭಾರತಾಕ ಏಕ ಭಾರೀ ಕಳವಳಾಚೆ ಸಂಗತಿ ಜಾಲ್ಲಿ.

ಬ್ರಿಟಿಷಾಂನಿ ಸ್ವಾತಂತ್ರ್ಯ ದಿಲ್ಲೆಲೆ ಕೂಡ್ಲೆ ಕಾಶ್ಮೀರ ರಾಯು ಭಾರತಾಕ ಶರಣು ಗೆಲ್ಲೊಲೊ ಜಾಲ್ಲ್ಯಾರಿ ಹೇಂ ಅನಾಹುತ ಜಾಯ್ನಾಆಶ್ಶೀಲೆಂ.. ಭಾರತಾನ ಕಾಶ್ಮೀರಾಕ ರಾಯ್ಯಾಲೆ ಸಹಾಯಾಕ ಸೈನ್ಯ ಪೆಟೋನು ದಿವ್ಚಾಕಯಿ ತೊಡೋವು ಕೆಲ್ಲೊ.

ಮಸ್ತ ದೀಸ ಯುದ್ಧ ಜಾಲ್ಲೆಂ ಆನಿ ಪಾಕಿಸ್ಥಾನ ಸೈನ್ಯಾಕ ಕಾಶ್ಮೀರ ರಾಜಧಾನಿ ಶ್ರೀನಗರವರೇಕ ಯೆವ್ಚಾಕ ಸಾಧ್ಯ ಜಾಲ್ಲೆಂ. ಆತ್ತ ಕಾಶ್ಮೀರ ಖಣಿಯೇಂಚೆ ಅರ್ಧ ಭಾಗ ಪಾಕಿಸ್ಥಾನಾಲೆ ಆಧಿಪತ್ಯಾಂತು ಆಸ್ಸ. ಆರ್ಧ ಭಾಗ ಇಂಡಿಯಾಚೆ ಹಾತ್ತಾಂತು ಆಸ್ಸ.

ಜಮ್ಮು ಆನಿ ಲಡಾಖ್ ರಾಜ್ಯ ಆನಿ ಹೇ ವರ್ಲೆಲೆ ಅರ್ಧ ಕಾಶ್ಮೀರ ಖಣಿ ಇತ್ಲೆ ಒಟ್ಟು ಮೆಳೋನು 'ಜಮ್ಮು-ಕಾಶ್ಮೀರ' ಮ್ಹಣು ಭಾರತಾನ ಆಪ್ಣ್ಯಾಲೆ ಏಕ ಪ್ರಾಂತ್ಯ ಕೆಲ್ಲಾಂ. ಅಶ್ಶಿ ಸಕ್ಕಡ ವಿಷಯು ಜಾವ್ನು ಆತ್ತ 67 ವರ್ಸ ಜಾಲ್ಲೀಂತಿ.

ಗಡಿಯೇರಿ ಘಮಾಸಾನ

ಭಾರತಾಕ ಆನಿಏಕು ಪೆಟ್ಟು ಪಳ್ಳೊ. ಬ್ರಿಟಿಷಾನಿ ಇಂಡಿಯಾಕ ದೋನಿ ಭಾಗ ಕರ್ತನಾ ಪಾಕಿಸ್ಥಾನ-ಭಾರತ ಗಡಿ ಸಂಪೂರ್ಣಜಾವ್ನು ಗುರ್ತು ಕಽರ್ನಿ ಆಶ್ಶೀಲೆಂ.

ಗಡೀರಿ ವಾಸ ಕೋರ್ನು ಆಶ್ಶೀಲೆ ಜನಾಂಕ ಬರೇ ಸಮಯಾರಿ ತಾನ್ನಿ ಪಾಕಿಸ್ಥಾನಾಂತು ಮೆಳ್ಳೆಲಿಂಕೀ ಭಾರತಾಂತು ಮೆಳ್ಳೆಲಿಂಮ್ಹಣು ಸ್ಪಷ್ಟ ಕಽಳ್ನಿಜಾಲ್ಲೇಲೆಂ.

ತೇನಿಮಿತ್ತ ಪಾಕಿಸ್ಥಾನಾಂತೂಲೆ ಮುಸ್ಲಿಮಾನಿ ಥಂಚೆ ಹಿಂದೂ ಜನಾಂಕ ಘರಾಂತಾಕ್ಕೂನು ಭಾಯ್ರ ತಾಂಡೂನುಹಾಣು ಕಶ್ಶಿಮ್ಹಣುನಾ ಮಾರ್ನು ಗಾಂವಾಂತಾಕ್ಕೂನು ಧಾಂವ್ಡಾಚಾಕ ಸೂರು ಕೆಲ್ಲೆಂ.

ಮುಸ್ಲಿಮಾನಿ ಹಿಂದೂ ಲೋಕಾಂವೈರಿ ಅತ್ಯಾಚಾರು ಕೆಲ್ಲೊ. ಲೂಟಿ ಕೆಲ್ಲಿ. ಘರಾಂಕ ಉಜ್ಜೊದಿಲ್ಲೊ. ದೇವಸ್ಥಾನ ಆನಿ ಮಂದಿರ ವಗೈರೆ ನಾಶ ಕೆಲ್ಲೆಂ. ಲಕ್ಷಕಟ್ಲೆ ಹಿಂದೂ ಜಽನ ಹಾತ್ತಾಂತು ಮೆಳ್ಳೋಲೊ ಸಾಮಾನು ಘೇವ್ನು ಗಾಂವು ಸೋಣು ಭಾರತಾದಿಕ್ಕಾನ ಧಾವ್ನುಆಯ್ಲೀಂತಿ.

ಪಾಕಿಸ್ಥಾನಾಂಚೆ ಹಿಂದೂ ಆನಿ ಸಿಖ್ ಲೋಕು ಆನಿ ಥೋಡೋ ಇತರ ಧರ್ಮಾಂಚೊ ಲೋಕು ದೂರದೂರತಾಕ್ಕೂನು ಚಮ್ಕೂನು ಭಾರತಾಕ ಆಯ್ಲೀಂತಿ. ಮಸ್ತ ಜಣ ಮಾರ್ಗಾರಿ ಹುಷಾರ್ ನಾಜಾಲ್ಲೀಂತಿ. ತಾಂತು ಮುಕ್ಕಾಲ್ವಾಸ್ ಜಣ ಮೆಲ್ಲೀಂತಿ. ದೊನ್ನಿಂ ಮೈಲ ಚಮ್ಕೂನು ಆಯ್ಯಿಲೊ ಲೋಕುಯಿ ಆಸ್ಸ.

ಸರಕಾರಾನ ಕಿತ್ಲೆ ರೈಲಾಗಾಡಿಯೋ ಘಾಲ್ಲ್ಯಾರಿಯೀ ಪಾವ್ನಿ. ಭಾರತಾಚೆ ಕಡೇನ ಮಸ್ತ ಜಣ ಮುಸ್ಲಿಂ ಪಾಕಿಸ್ಥಾನಾಂಕ ವಚ್ಚನೀಂತಿ. ಪಾಕಿಸ್ಥಾನ ಮುಸ್ಲಿಂ ಜನಾಂಕ ಮ್ಹೊಣು ಜಾಲ್ಲೇಲೆ. ತಾಂತು ಹಿಂದೂಂಕ ರೀಗ ನಾ. ಜಾಲ್ಲ್ಯಾರಿ ಭಾರತ ಸಕ್ಕಡಾಂಕ. ಭಾರತಾಂತು ಕೋಣಯಿ ರಾಬ್ಬೊಯೇತ.

ಪೂರ್ವಾಂತು ಬಂಗಾಲ ವಿಭಜನೆ ಜಾವ್ನು ಪಾಕಿಸ್ಥಾನಾಂಚೆ 'ಈಸ್ಟ್ ಪಾಕಿಸ್ಥಾನ' ಆನಿ ಭಾರತಾಚೆ 'ವೆಸ್ಟ್ ಬೆಂಗಾಲ್' ಮ್ಹೊಣು ಅಂತಾರಾಷ್ಟ್ರೀಯ ಸೀಮೆ ಸರಹದ್ದು ಮಧ್ಯೇಂತು ಆಯ್ಲೆಂ. ಹಾಂಗಾ ಹಿಂದುಲೋಕು ಭಾರತಾಕ ಯೆತ್ತರಾಲ್ಲೀಂಚಿ. 10–12 ವರ್ಸ ಜಾಲ್ಲ್ಯಾರಿ 'ಈಸ್ಟ ಪಾಕಿಸ್ಥಾನಾಂತು ತಾಕ್ಕೂನು ವೆಸ್ಟ್ ಬೆಂಗಾಲಾಕ ಹಿಂದು ಲೋಕಾನಿ ಯೆವ್ಚೆ ರಾಬ್ಬನಿ. ಭಾರತಾಂತು ಅಶ್ಶಿ ಕೋಟಿಕಟ್ಲ್ಯಾನ ನಿರಾಶ್ರಿತ ಹಿಂದು ಲೋಕು ಪಾಕಿಸ್ಥಾನಾಂಚೆ ದೋನಿ ಭಾಗಾಂತುತಾಕ್ಕೂನು ಯೆತ್ತರಾಲ್ಲಿಂತಿ.

1947 ಅಗೋಸ್ತ ಮ್ಹೈನ್ಯಾಂತು ಸೂರು ಜಾಲ್ಲೊಲೊ ಹೊ ಮರಣಮಾರಣಹೋಮು ಸೆಪ್ಟೆಂಬರ್ ಮ್ಹೈನ್ಯಾಂತೂಯಿ ಚಲ್ಲೊ.

ಭಾರತಾಚೆ ನವೇಂ ಸರಕಾರ

ಬ್ರಿಟಿಷಾಂನಿ ಸೋಣು ಗೆಲ್ಲೇಲಿ ಸಕ್ಕಡ ವ್ಯವಸ್ಥಾ ನವ್ವೆ ಸರಕಾರಾನ ಆಪಾಪೀಚಿ ಉಪಯೋಗ ಕೋರ್ಕಾ ಜಾಲ್ಲೆಂ. ಇಂಗ್ಲೇಂಡಾಂತು ರಾಣಿ ತಾಂಗೇಲಿ ಪ್ರಥಮ ನಾಗರೀಕ ಆನಿ ರಾಷ್ಟ್ರಾಚಿ ಅತ್ಯುನ್ನತ ಅಧಿಕಾರಿ ಜಾವ್ನಾಶ್ಶೀಲಿ. ಸ್ವತಂತ್ರ ಭಾರತಾಂತು ಅತ್ಯುನ್ನತ ಅಧಿಕಾರಿ ರಾಷ್ಟ್ರಾಧ್ಯಕ್ಷು ಯಾನೆ ರಾಷ್ಟ್ರಪತಿ ನಿಯುಕ್ತ ಜಾಲ್ಲೊ.

ಬ್ರಿಟಿಷಾಂನಿ ಸೋಣು ಗೆಲ್ಲೆಲೆ ವೈಸ್ರಾಯ್ ಭವನಾಂಕ ರಾಷ್ಟ್ರಪತಿ ಭವನ ಮ್ಹೊಣು ನಾಂವ ದಿಲ್ಲೆಂ. ಕೇಂದ್ರ (ಇಂಪೀರಿಯಲ್) ಅಸೆಂಬ್ಲೀ ಭವನಾಂಕ ಪಾರ್ಲಿಮೆಂಟ್ ಭವನ ಮ್ಹೊಣು ಕೆಲ್ಲೆಂ. ಅನೇಕ ವಿಂಗವಿಂಗಡ ಭವನಾಂಕ ಭಾರತೀಯ ನಾಂವ ದಿಲ್ಲೀಂತಿ.

ರಾಷ್ಟ್ರೀಯ ಧ್ವಜ ತಯ್ಯಾರ ಕೆಲ್ಲೆಂ. ಅಶೋಕ ಸ್ಥಂಭಾಚೆ ಮುಕುಟಾಕ ರಾಷ್ಟ್ರೀಯ ಲಾಂಛನ ಮ್ಹೊಣು ಕೆಲ್ಲೆಂ. ಬ್ರಿಟಿಷಾಲೋಚಿ ಆಡಳಿತ ನಮೂನೊ ಆಮ್ಕಿ ವಾಪರೂಂಕ ಸುಲಭ ಜಾಲ್ಲೆಂ.

ಸಕ್ಕಡ ಕಾಗದಪತ್ರ ಇಂಗ್ಲೀಷ ಭಾಷೇಂತೂಚಿ ಆಶ್ಶೀಲೀಂತಿ. ತಾಂತು ಆಶ್ಶೀಲೆ ಇಂಗ್ಲೇಂಡಾಚೆ ರಾಣಿಯೇಲೆ ನಾಂವ ಕಾಣು ಆಮ್ಗೆಲೆ ರಾಷ್ಟ್ರಪತೀಚೆ ನಾಂವ ಸೇರುವೂಕಾ ಜಾಲ್ಲೆಂ.

ಖಂಚೆ ಖಂಚೆ ಹೋಳ್ಳೇ ಹೊಳ್ಳೇ ಇಂಗ್ಲೀಷ್ ಅಧಿಕಾರಿ ಲೋಕು ತಾಂಗೆಲೊ ಜಾಗೊ ಖಾಲಿ ಕೋರ್ನು ಗೆಲ್ಲಿಂತಿಕೀ ತೇ ಜಾಗ್ಯಾರಿ ಆಮ್ಗೆಲೆ ಭಾರತೀಯ ಆಫೀಸರಾಂಕ ನಿಯುಕ್ತ ಕೋರ್ಕಾ ಜಾಲ್ಲೆಂ.

ಇಂಗ್ಲೀಷ ಆಫೀಸರಾಲೆ ಬದ್ಲಾಕ ಭಾರತೀಯ ಇಂಗ್ಲೀಷ ಶಿಕ್ಕೀಲೆ ಲೋಕು ಸಕ್ಕಡ ಆಫೀಸರ ಜಾಲ್ಲೇತಿ. ಸ್ವತಂತ್ರ ಜಾಲ್ಲೇಲೆ ಹೇ ಹೋಡ ದೇಶಾಕ ಸಾಂಭಾಳ್ಚೆಖಾತಿರ ಆಮ್ಕಾ ಏಕ ಭಾರತೀಯ ಸಂವಿಧಾನ ಜಾವ್ಕಾ ಜಾಲ್ಲೆಂ.

ಸಾಮಾಜಿಕ ವ್ಯವಸ್ಥಾ

ಭಾರತಾಕ ಸ್ವಾತಂತ್ರ್ಯ ಮೆಳ್ಳೆಲೆ ಮಾಗ್ಗಿರಿ 1947 ಇಸ್ವೇಂತು ಸಾಮಾಜಿಕ ವ್ಯವಸ್ಥಾ ಕಶ್ಶಿ ಆಶ್ಶಿಲಿ? ಸ್ವಾತಂತ್ರ್ಯ ಮೆಳ್ಚೆ ಘೂಡೆ ಬ್ರಿಟಿಷ್ ರಾಜ್ಯಾಡಳಿತ ಆಸ್ಲೂನು ತಾಜ್ಜೆ ಮೂಳಾಂತು ಆಶ್ಶಿಲೆ ಸಾಮಾಜಿಕ ವ್ಯವಸ್ಥಾ ವಿಂಗಡೀಲಿ. ತೀಚಿ ವ್ಯವಸ್ಥಾ ಗವರ್ನರ ಜೆನರಲ್ ಮೌಂಟಬ್ಯಾಟನ್ ಹಾಂಗೆಲೆ ಮೂಳಾಂತು ಸಃ ಮ್ಹೈನೆ ಚಲ್ಲಿ.

ಗವರ್ನರ್ ಜನರಲ್ ರಾಜಗೋಪಾಲಾಚಾರಿಲೆ ಮೂಳಾಂತು ಘೋಡೀ ಬದಲ್ಸಲಿ. ಮಾಗ್ಗಿರಿ ರಾಷ್ಟ್ರಪತಿ ರಾಜೇಂದ್ರ ಪ್ರಸಾದು ಆಯ್ಲೆ ಮಾಗ್ಗಿರಿ ಸಾಮಾಜಿಕ ವ್ಯವಸ್ಥಾ ಆನಿಕಯಿ ಬದಲ್ಸಲಿ.

ಪ್ರತಿಪಟಿ ಬದಲ್ಸತನಾ ಖಂಚೆ ರೀತೀರಿ ಬದಲ್ಸಲಿ ಮ್ಹೋಣು ಸಾಂಗ್ಚೆ ಕಷ್ಟ. ಸರಕಾರಾಚೆ ಉಚ್ಚ ಪದವೀರಿ ಆಶ್ಶೀಲೊ ವ್ಯಕ್ತಿ ತಾಗ್ಗೇಲೆಂ ಸಾಂಸ್ಕೃತಿಕ ಮೊಹರು ಸರಕಾರ ಚಲಾಯಿಸುಚೆ ವಿಧಾನಾರಿ ಮಾರ್ನು ಆಸ್ತಾ. ತಾಗ್ಗೇಲೆ ಮುಳಾಂತು ಕಾಮ ಕೊರ್ಚೆ ಅಧಿಕಾರೀಗಣ ತಾಗ್ಗೇಲೆ ವ್ಯಕ್ತಿತ್ವಾಕ ಹೊಂದೂನು ಚಲ್ತಾತಿ.

1950 ಇಸ್ವೇಂತು ಜನವರಿ 26 ತಾರೀಕೇಕ ಭಾರತ ಏಕ ಪ್ರಜಾಧಿಪತ್ಯ ರಾಷ್ಟ್ರ ಯಾನೆ ರಿಪಬ್ಲಿಕ್ ಜಾಲ್ಲೆಂ. ರಿಪಬ್ಲಿಕ್‌ರಾಷ್ಟ್ರ ಮ್ಹಳ್ಯಾರಿ ಪ್ರಜೇನ ಚುನಾವಣೇಂಚೆ ಮೂಲಕ ಆಯ್ಕೆ ಕೆಲ್ಲೇಲೆ ಪ್ರಜಾಪ್ರತಿನಿಧೀಲೆ ಪ್ರಜಾಪ್ರಭುತ್ವ ಆಡಳಿತ. ಅಸ್ಸಲೆ ಪ್ರಜಾಪ್ರಭುತ್ವಾಚೆ ರಾಷ್ಟ್ರಾಕ ರಾಯು ಮ್ಹೋಣು ಆಸ್ಸನಾ.

ಚುನಾವಕೋರ್ನು ಕಡೇರಿ ಪ್ರಜೇಲೆ ಪ್ರತಿನಿಧೀಂನಿ ವೆಂಚಿಲೆ ಏಕ ವ್ಯಕ್ತೀಕ ಅಧ್ಯಕ್ಷು ಕರ್ತಾತಿ. ರಿಪಬ್ಲಿಕ್‌ರಾಷ್ಟ್ರ ಮ್ಹಳ್ಯಾರಿ ಪ್ರಜೇಲೆ ಹಾತ್ತಾಂತು ಸಂಪೂರ್ಣ ಹಕ್ಕು ಆಶ್ಶಿಲೆ ಏಕ ರಾಷ್ಟ್ರ. ಹೇ ರಾಷ್ಟ್ರಾಚೊ ಅತ್ಯುನ್ನತ ಶಿಖರಾವ್ರೈರಿ ರಾಯು ಅಸ್ಸನಾ. ಬದಲಾಕ ರಾಯ್ಯಾಲೆ ಜಾಗ್ಯಾರಿ ಚುನಾವಣೇಂಚೆ ಮೂಲಕ ಆಯ್ಕೆ ಜಾಲ್ಲೇಲೆ ಅಧ್ಯಕ್ಷು ಆಸ್ತಾ. ಪ್ರಜೇನ ತಾಂಗೆಲೆ ಪ್ರಜಾಪ್ರತಿನಿಧಿಂಕ ಚುನಾವಣೆ ಕೋರ್ನು ಪ್ರಜಾಪ್ರತಿನಿಧಿಲೋಕಾನಿ ದೇಶಾಚೊ ಅಧ್ಯಕ್ಷಾಕ ಚುನಾವಕೋರ್ಕಾ.

ಜವಾಹರಲಾಲ ನೆಹರೂಲೆ ಸೋಶಲಿಸಮ್

ಮಹಾತ್ಮ ಗಾಂಧೀನ ಸ್ವತಂತ್ರ ಭಾರತಾಚೊ ಪ್ರಧಾನಮಂತ್ರಿ ಮ್ಹೋಣು ಪಂಡಿತ ಜವಾಹರಲಾಲ ನೆಹರೂಕ ನಿಯುಕ್ತ ಕೆಲ್ಲೆಂ. ನೆಹರೂ ಕಸ್ಸಲೆ ನಮೂನ್ಯಾಚೊ ಮನಿಷು? ತಾಗ್ಗೆಲೆ ಇಂಗ್ಲೀಷ್ ಪುಸ್ತಕ 'ಡಿಸಕವರಿ ಆಫ್ ಇಂಡಿಯಾ' ಹೇ ಪುಸ್ತಕಾಂತು ಬರಯಿಲೆ ವಾಜ್ಲ್ಯಾರಿ ತೋ ಏಕು ಕಮ್ಯುನಿಸ್ಟ್ ಚಿಂತನೇಚು ಕಾಂಗ್ರೇಸ ಮುಖಂಡು ಮ್ಹೋಣು ಕಳ್ತಾ.

ನೆಹರೂಕ ಮಾರ್ಕ್ಸ ಅನಿ ಲೆನಿನಾಲೆ ಸಿದ್ಧಾಂತ ಖಾಯಿಶಿ ಜಾಲ್ಲೇಲೆಂ. ತಾಗ್ಗೇಲೆ ಪುಸ್ತಕಾಂತು ತಾಣೆ ತಾಜ್ಜೆವೈರಿ ಸಮಾಜವಾದಾಚೊ ಪ್ರಭಾವ ಪಳ್ಳಾ ಮ್ಹಳ್ಳಾ. ತಾಣೆ ಸಾಂಗ್ಚೆ ಪ್ರಕಾರ ಆಮ್ಮಿ ಭಾಯ್ಲೆ ವಾಸ್ತವಿಕತಾ ಪೊಳೋನು ಪ್ರಯೋಗು ಆನಿ ಅಭ್ಯಾಸು ಕೋರ್ನು ಸತ್ಯ ಗೊತ್ತುಕೋರ್ಕಾ.

ಮಾರ್ಕ್ಸಾನ ಸಾಂಗಿಲೆವರಿ ಆಮ್ಮಿ ಚಲ್ಲ್ಯಾರಿ ಆನಿ ತಾಣೆ ಕಶ್ಶಿ ಫಾಸ್ಸೀಸಮ್ ಆನಿ ನಾಜ಼ಿಸಮ್ ಜಗತ್ತ್ಯಾಕ ಜಾಂಗನ್ಲಯಿ ಮ್ಹೋಣು ದಾಕ್ಕಯಿಲೆಕಿ ಆಮ್ಮೀಯಿ ಆಮ್ಗೆಲೆ ಹಿಂದೂ ಜನಾನಿ ಹಿಂದೂಮಹಾಸಭಾ, ರಾಷ್ಟ್ರೀಯ ಸ್ವಯಂಸೇವಕ ಸಂಘ ಇತ್ಯಾದಿ ಸಂಘಟನೆ ಫಾಸ್ಸೀಸಮ್ಮಾಂಚೆವರೀಚಿ ಭಾರತಾಕ ಸಾಂಪ್ರದಾಯಿಕತೇಂತು ಚಲಾಯಿಸುಚಾಕ ಪ್ರಯತ್ನ ಕರ್ತಾತಿ ಮ್ಹೋಣು ಜವಾಹರಲಾಲಾನ ಮ್ಹಳ್ಳಾಂ.

ಜವಾಹರಲಾಲಾನ ಸೋಶಿಯಲಿಸಮ್ ಸಿದ್ಧಾಂತ ಸ್ವೀಕಾರ ಕೋರ್ನು ಸ್ವತಂತ್ರ ಭಾರತಾಂತು ಸೋಶಲಿಸಮ್ ರೀತೀರಿ ಸರಕಾರ ಚೊಲೋಕಾ ಮ್ಹೋಣು ನಿಶ್ಚಯಕೆಲ್ಲೋಲೊ.

ಜವಾಹರಲಾಲು ನೆಹರೂ ಸೋಶಲಿಸಮ್ಮಾಂಕ ಅನುಸಾರ ಜಾವ್ನು ಸ್ವತಂತ್ರ ಭಾರತಾಂತು ರಾಜ್ಯಕೋರ್ಕಾ ಮ್ಹೋಣು ಸಾಂಗ್ತಲೊ. ತೋ ಕಮ್ಯುನಿಸ್ಟ್ ಜಾಯ್ನಿಆಶ್ಶೀಲೊ. ತಾಗ್ಗೆಲೆ ಸೋಶಿಲಿಸಮ್ ವ್ಯಾಪಾರೀಂಕ ಆನಿ ಜಮೀನ್ದಾರಾಂಕ ವಿರೋಧಕೋರ್ನು ಕಾಮಗಾರಾಂಕ ಮಾಂತ್ರ ಕೈಗಾರಿಕಾ, ಆಹಾರುತ್ಪನ್ನ, ಆಡಳಿತಾಧಿಕಾರು ಇತ್ಯಾದಿ ದೀವ್ನು, ಸೋವಿಯತ್ ಯೂನಿಯನ್ನಾವರಿ ರಾಜ್ಯಕೋರ್ಕಾ ಮ್ಹೋಣು ಸಾಂಗನಿ. ಕಮ್ಯೂಬನಿಸ್ಟಾಲೆ ವರಿ ಜನಾನಿ ಸಕ್ಕಡಾನಿ ಒಟ್ಟೂಚಿ ಏಕ ಕಮ್ಯೂನ್ ಮ್ಹಳ್ಯಾರಿ ವಿಶಾಲ ತೋಟ ಹಾಂತು ಜಾಲ್ಲೇಲೆ ಉತ್ಪನ್ನ ಘೂರಾ ವಾಂಟೂನು ಘೆವ್ಚೆತಸ್ಸಲೆ ನಮೂನ್ಯಾಚೆ ಕಮ್ಯೂನಿಸಮ್ ಭಾರತಾಂತುಯೀ ಜಾರಿಕೋರ್ಕಾ ಮ್ಹೋಣು ಸಾಂಗನಿ. ಹೊಳ್ಳೆಹೊಳ್ಳೆ ಕೈಗಾರಿಕೆಘೂರಾ ಸರಕಾರಾಚೇಚಿ ಹಾತ್ತಾಂತು ದೊವ್ರೋರ್ನುಘೇವ್ಕಾ ಆನಿಫ್ಯಾಕ್ಟರೀಚೆ ನೌಕರಾಂಕ ಮೇನೇಜರ್ ಹುದ್ದೇ ದೀವ್ನು ತಾಂಕಾ ಉದ್ಯೋಗಪತೀಲೆಂ ದಬ್ಬಾಳಿಕೆತಾಕ್ಕೂನು ಚುಕ್ಕೋಕಾ ಮ್ಹೋಣು ಮಾಂತ್ರ ಸಾಂಗೀಲೆಂ. ತಶ್ಶಿಜಾವ್ನು ನೆಹರೂಕ ಹಿಂದೂಧರ್ಮುಜಾವ್ನೊ ಇಸ್ಲಾಂಧರ್ಮುಜಾವ್ನೋ ರೂಚಿಜಾಯ್ನಾ. ತಾಕ್ಕಾ ವಿಜ್ಞಾನ ಆನಿ ಸತ್ಯ ಜಾಯಿ. ತಾಕ್ಕಾ ಸೆಕ್ಯುಲರಿಸಮ್ ಜಾಯಿ ಮ್ಹೋಣು ಆಮ್ಮಿ ಸಮಜ್ಹೂನುಘೇವ್ಯೇತ.

ರಿಪಬ್ಲಿಕ್ ಪದ್ಧತಿ

ರಿಪಬ್ಲಿಕ್ ಮ್ಹಳ್ಯಾರಿ ಪ್ರಜಾತಂತ್ರ. ಡೆಮೋಕ್ರೆಸಿ ಮ್ಹಳ್ಯಾರಿ ಬಹುಮತ ಪ್ರಜಾತಂತ್ರ. ಆಮ್ಗೆಲೆ ಭಾರತಾಂತು ಪ್ರಜಾತಂತ್ರ ಏಕ ನವ್ವೋ ವಿಷಯು ನ್ಹಂಯಿ.

ಆಮ್ಗೆಲೆ ಹೇಂ ಭಾರತ 10000 ವರ್ಸಾಂಕಯಿ ಘೂಡೇಚಿ ಪ್ರಜಾತಂತ್ರ ಜಾವ್ನು ಆಶ್ಶೀಲೆ. ಪ್ರಜೇನ ಒಪ್ಪಿಗೆ ದಿಲ್ಯಾರೀಚಿ ಎಕ್ಲೊ ರಾಯು ಜಾತ್ತಾಶ್ಶಿಲೊ. ಪ್ರಜೇಲೆ ಪೈಕಿ ಎಕ್ಲೋ ಕೋಣಯೀ ಮುಖ್ಯಸ್ಥು ಮ್ಹೋಣು ಆಸ್ತಾಶ್ಶೀಲೊ.

ಮುಖ್ಯಸ್ಥು ಸಕ್ಡಾಂಕಯಿ ರಾಕ್ತಲೊ ಬುದ್ಧಿವಂತು, ಬಲಾಢ್ಯ ವೀರು ಜಾವ್ನು ಆಶ್ಶೀಲೊ. ಮುಖ್ಯಸ್ಥಾಕ ಎದುರಾಳಿ ಕೋಣಯಿ ಆಸ್ಲ್ಯಾರಿ ಮುಖ್ಯಸ್ಥು ತಾಗ್ಗೆಲೆ ಒಟ್ಟು ಸಾಮ ದಾನ ಭೇಧ ದಂಡಾಚೆ ಮೂಲಕ ದೊಗ್ಗಾಂಚೆ ಪೈಕಿ ಕೋಣ ಬಲಾಢ್ಯ ಜಾವ್ನು ವಿಜಯಿ ಜಾತ್ತಾಶ್ಶೀಲೊಕೀ ತಾಕ್ಕಾಚಿ ಗ್ರಾಮಾಂಚೊ ಮುಖ್ಯಸ್ಥು ಕರ್ತಾತಿ ಆಶ್ಶೀಲೀಂತಿ.

ಧಾ ಪಂದ್ರಾ ಗ್ರಾಮಾಂಚೆ ಮುಖ್ಯಸ್ಥ ಒಟ್ಟು ಜಾವ್ನು ತಾಂಗೆಲೆ ಪೈಕಿ ಎಕ್ಲ್ಯಾಕ ರಾಯು ಕೋರ್ನು ತೇ ರಾಯ್ಯಾಕ ತಾಂಗೆಲೆ ಮಂಡಳಾಚೆ ರಾಜ್ಯಾಡಳಿತ ಕರೈತಾಲೀಂತಿ. ಏಕ ಮಂಡಳಾಂತು ಧಾ ಪಂದ್ರಾ ಗ್ರಾಮ ಆಸ್ತಾ ಆಶ್ಶೀಲೀಂತ.

ಧಾ ಪಂದ್ರಾ ಮಂಡಳ ಒಟ್ಟು ಜಾವ್ನು ಹೋಡ ರಾಜ್ಯ ಜಾತ್ತಾಶ್ಶೀಲೆ. ಹೋಡು ರಾಯು ಚಕ್ರವರ್ತಿ ಮ್ಹೋಣೂನು ಘೆತ್ತಾ ಆಶ್ಶೀಲೊ.

ಗ್ರಾಮ ಆಡಳಿತ ಧೋರ್ನು ರಾಜ್ಯಾಡಳಿತ ವರೇನ 10000 ವರ್ಸ ಮಾಕ್ಷೀಚಿ ಭಾರತಾಂತು ಜನಾಲೆ ಹಾತ್ತಾಂತು ಆಶ್ಶೀಲೆ. ಬಹುಮತ ಪ್ರಜಾತಂತ್ರ ಪ್ರತೀ ಏಕ ಆಡಳಿತ ಸಂಸ್ಥೇಕ ಕೋರುಂಕ ಜಾಯ್ನಾ ಆಶ್ಶೀಲೆ. ಮ್ಹಾಲ್ಘಡೆ ಲೋಕಾಲೆ ಲಾಗ್ಗಿ ಸಮ್ಜೂನ ಘೇವ್ನು ತಾಂಗೇಲೆ ಪೈಕಿ ಕೋಣಾಂಕ ಚಡ ಲೋಕು ಅನುಮೋದನೆ ಕರ್ತಾತಿ ಆಶ್ಶೀಲೀಂಕೀ ತಾಂಕಾ ಮುಖ್ಯಸ್ಥ ಮ್ಹೋಣು ವೆಂಚೀತಾತಿ ಆಶ್ಶೀಲೀಂತಿ.

ಸ್ವಾತಂತ್ರ್ಯ ಮೆಳ್ಳೆಲೆ ವೇಳಾರಿ ಸಾಮಾಜಿಕ ವ್ಯವಸ್ಥಾ ಆಪಾಪಿ ಬದಲ್ಸತಾ. ಬ್ರಿಟಿಷಾಂನಿ ಭಾರತಾಕ ಸ್ವಾತಂತ್ರ್ಯ ದಿವ್ಚೆ ಘೂಡೇಚಿ ಸಾಮಾಜಿಕ ವ್ಯವಸ್ಥಾ ಹಳು ಹಳು ಬದಲ್ಸತಃ ಆಯ್ಯಿಲಿ.

ಸೆಕ್ಯುಲರಿಸಮ್ ಇತ್ತ್ಯಾಕ ಜಾಯಿ?

ಇಂಗ್ಲೇಂಡಾಂತು ಖಂಚೇಯಿ ಬೊರೋನು ದವ್ವರ್ಲೆಲೆ ಸಂವಿಧಾನ ನಾತ್ತಿಲೆ ನಿಮಿತ್ತ ಥಂಚೆ ಸಂವಿಧಾನ ಆಮ್ಕಾ ಉಪಯೋಗಾಕ ಯೇನಿ. ಇಂಗ್ಲೇಂಡಾಂತು ಏಕ ಅದೃಷ್ಟ ಸಂವಿಧಾನ ಆಸ್ಸ. ತೇ ಸಂವಿಧಾನ ಬೊರೋನು ದವ್ವರ್ಲೆಲೆ ಪುಸ್ತಕ ನ್ಹಯಿಂ. ಇಂಗ್ಲೇಂಡಾಚೆ ಸಂವಿಧಾನ ವಿಂಗಡ ಬೊರೋನು ದವ್ವರ್ನಿ. ಇಂಗ್ಲೇಂಡಾಚೆ ಲೋಕಾಂಕ ಬೊರೋನು ದವ್ವರ್ಲೆಲೆ ಏಕ ಸಂವಿಧಾನ ಗ್ರಂಥಾಚೆ ಅಗತ್ಯ ಪಡಣಿ.

ಇಂಗ್ಲೇಂಡಾಂತು ಅಪ್ರತ್ಯಕ್ಷ ಸಂವಿಧಾನ ಕಶ್ಶೀ ನೈಜ ಸಂವಿಧಾನ ಜಾಲ್ಲೆಲೆ ಮ್ಹೊಣು ಆಲೋಚನಾ ಕೆಲ್ಯಾರಿ ಆಮ್ಕಾ ನಂಬೀಕಾ ಯೇನಾ. ಬೊರೋನು ದವ್ವರ್ಲೆಲೆ ಸಂವಿಧಾನಾಂಚೆ ಬದಲಾಕ ಇಂಗ್ಲೇಂಡಾನ ತಾಂಗೇಲೆ ಹಜ಼ಾರಕಟ್ಲೆ ವರ್ಸಧೋರ್ನು ಸಿದ್ಧ ಕೆಲ್ಲೇಲೆ ವಿಂಗವಿಂಗಡ ವಿಧಿವಿಧಾನ, ಅನೇಕ ಕಾನೂನ, ಅಂತಾರಾಷ್ಟ್ರೀಯ ಒಪ್ಪಂದ ಆನಿ ಚೋಲ್ಲು ಆಯ್ಯಿಲಿ ರೀತಿರಿವಾಜ್ಞ ಹೇಂ ಸಕ್ಕಡ ಸಂವಿಧಾನಾಂಚೆ ಸ್ವರೂಪ ಮ್ಹೊಣು ಲೆಕ್ಲೆಂ. ವಿಂಗಡ ಸಂವಿಧಾನ ನಾ ಜಾಲ್ಯಾರಿಯಿ ತಾನ್ನಿ ವಿಂಗವಿಂಗಡ ವಿಷಯಾಂತು ಮಾರ್ಗದರ್ಶನ ಕೊರೂಂಕ ವಿಂಗವಿಂಗಡ ಗ್ರಂಥ ಬೊರೋನು ದವ್ವಲ್ಯಾಂತಿ.

ಆಮ್ಕಾ ಆಮ್ಗೆಲೇಂಚಿ ಏಕ ಪ್ರಪ್ರಥಮ ನವ್ವೇಂಚಿ ಸಂವಿಧಾನ ತಯ್ಯಾರ ಕೋರ್ಕಾ ಪಳ್ಳೆಂ. ಹೇಂ ಇತ್ಲೆಂ ಹೋಡ ದೇಶ ಆಡಳಿತ ಕೋರ್ಕಾ ಜಾಲ್ಯಾರಿ ಅಸ್ಸಲೆಂ ಏಕ ಗ್ರಂಥ ತಯ್ಯಾರ ಕೋರ್ಕಾ ಮ್ಹೊಣು ತೀರ್ಮಾನು ಕೆಲ್ಲೊ. ಅಶ್ಶಿ ತೀರ್ಮಾನ ಕೋರುಂಕ ಕಾರಣ ಆಮ್ಗೇಲೆಂ

ಜನಾವ್ವೈರಿ ಜಾಲ್ಲೊಲೊ ಇಂಗ್ಲೀಷ ಶಿಕ್ಷಣಾಂಚೊ ಪ್ರಭಾವು. ಆಮ್ಗೇಲೆ ಅನೇಕ ರಾಜಕೀಯ ಆಣಿ ಸಾಮಾಜಿಕ ಮುಖಂಡ ಇಂಗ್ಲೇಂಡಾಂತು ಉನ್ನತ ಶಿಕ್ಷಣ ಪಾವೀಲೆ ಜಾವ್ನು ಆಶ್ಶೀಲೆ. ತಾಂಕಾ ಇಂಗ್ಲೇಂಡಾಂತು ಚಾಲು ಆಶ್ಶಿಲೆ ನಮೂನ್ಯಾಂಚೆ ಸರಕಾರ ಆಣಿ ಆಡಳಿತ ವ್ವವಸ್ಥಾ ಇಷ್ಟ ಜಾಲ್ಲೆಲೆಂ.

ಇಂಗ್ಲೀಷ ಧರ್ಮು ಕ್ರಿಶ್ಚನ್ ಧರ್ಮು. ಕಿಸ್ತಮ್ಮಾಂಚಾಂಕ ಇಂಗ್ಲೀಷ ಸರಕಾರಾನ ಅನೇಕ ಉತ್ತಮ ವ್ಯವಸ್ಥೆ ಕೆಲ್ಲಿ. ತಾಂಕಾ ಈಗರ್ಜಿ ಬಾಂದೂಂಕ ಹೊಳ್ಳೋ ಹೊಳ್ಳೊ ಜಾಗೊ ದಿಲ್ಲೊ. ಸ್ಕೂಲ ಕಾಲೇಜ ಬಾಂದೂಂಕ ಜಾಗೊ ದಿಲ್ಲೊ. ಸೆಮಿನರಿ ಆನಿ ಚರ್ಚ ದೇವಾಲಯ ಬಾಂದೂಂಕ ಸಹಾಯು ಕೆಲ್ಲೊ.

ಅನೇಕ ಮಿಷನರಿ ಲೋಕಾಂಕ ಯುರೋಪ ಅಮೇರಿಕಾ ಆನಿ ಇತರ ದೇಶಾಂತು ತಾಕ್ಕೂನು ಇಂಡಿಯಾಕ ಯೇವ್ನು ಭಾರತ ದೇಶಾಚೆ ಲೊಕಾಂಕ ಜಾಲ್ಲೆಲೆ ತಿತ್ಲೆ ಜಣಾಂಕ ಕಿಶ್ಚನ್ ಧರ್ಮಾಂತು ಮೇಳೂಂಕ ಉತ್ತೇಜನ ದಿಲ್ಲೆಂ. ಜಬರ್ದಸ್ತಿೀನ ಮತಾಂತರ ಕೆಲ್ಲೆಲೆ ಗೋವಾಚೆ ಪೋರ್ತುಗೀಸಾನಿ ಮಾಂತ್ರ. ವರ್ಲೆಲೆ ಯುರೋಪಿಯನ್ ಕ್ರಿಶ್ಚನ್ ಮಿಶನರಿ ಸಿಬ್ಬಂದೀನ ಘೋರ್ಸು ಕೋರ್ನು ಬಲಾತ್ಕಾರಾನ ಹಿಂದೂ ಲೋಕಾಂಕ ಕ್ರಿಶ್ಚನ್ ದರ್ಮಾಂತು ಮತಾಂತರ ಕರ್ನಿ.

ಧರ್ಮು ಆನಿ ಸೆಕ್ಯುಲರಿಸಮ್

ಭಾರತಾಂತು ಅನಾದಿ ಕಾಲು ಧೋರ್ನು ಧಾರ್ಮಿಕ ಜೀವನಃಂಚಿ ಸೆಕ್ಯುಲರ ಜೀವನ ಜಾವ್ನು ಆಶ್ಶೀಲೆ. ಭಾರತಾಚಿ ಸಂಸ್ಕೃತಿ ಕೋಟಿಕಟ್ಲೆ ವರ್ಸಧೋರ್ನು ಚೋಲ್ಲು ಆಯ್ಯಿಲಿ ಸಂಸ್ಕೃತಿ. ಹೇ ಸಂಸ್ಕೃತಿಂತು ಪ್ರತಿ ಏಕ ಮನುಷ್ಯಾಕ ಗ್ರೇಜುವೇಟ್ ಜಾವ್ಕಾ ಮ್ಹೊಣು ಆತ್ತ ಕಶ್ಶಿ ಆಸ್ಸಕೀ ತಶ್ಶಿ ನಾಶ್ಶೀಲೆಂ. ಮನುಷ್ಯಾಕ ಮರ್ಯಾದೇರಿ ದುಡ್ಡು, ಬದಿಕ, ಬಾಯ್ಲು, ಚೆರ್ಡುವಂ ಆನಿ ರಾಬ್ಬೂಂಕ ಏಕ ಘಃರ ಇತ್ಲೆ ಸಂಪಾದನೆ ಕೋರ್ಚೇಂಚಿ ಧಾರ್ಮಿಕ ಜೀವನ ಜಾವ್ನು ಆಶ್ಶೀಲೆ.

ಪಾರಮಾರ್ಥಿಕ ವಿಚಾರು ಥೋಡೆಂಚಿ ಜನಾಂಕ ಮಾಂತ್ರ ಜಾಯಿ ಆಶ್ಶಿಲೆ. ದೇವಾಕ ನಮ್ಮೂಗಿಚೆ ಪುನರ್ಜನ್ಮಾಂತು, ಮೋಕ್ಷಾಂತು, ಸ್ವರ್ಗಾಂತು ಆನಿ ಶ್ರಾಧ್ಧಾಂತು ನಮ್ಮೂಗಿಚೆ ಸಕ್ಕಡಾಂಕಯಿ ಅಗತ್ಯ ನಾ ಆಶ್ಶಿಲೆ. ವೇದ, ಪುರಾಣ, ಜ್ಯೋತಿಷ್ಯ, ಗಣಿತ, ವೇದಾಂತ, ಉಪನಿಷದ, ಇತ್ಯಾದಿ ಸಕ್ಕಡಾಂಕಯೀ ಜೀವನಾಂತು ಸೂಖ ಮೇಳೂಂಕ ಜಾವ್ಕಾ ಮ್ಹೊಣು ಸಾಮಾನ್ಯ ಜಽಣಾನಿ ಲೆಕ್ಕಽನಿ.

ಹೋಮು, ಹವನ, ಯಜ್ಞ, ಆನಿ ಯಾಗು ಬ್ರಾಹ್ಮಣಾಂಕ ಮಾಂತ್ರ ಮ್ಹೊಣು ಕೊರೂಂಕ ಸೊಳ್ಳೊಲೊ. ಸಕ್ಕಡಾನಿ ದೇವಸ್ಥಾನಾಂಕ, ಯಜ್ಞಶಾಲೇಂತು ವೊಚ್ಚೂನು ದೇವಾಲಿ ಪೂಜಾ ಏಕಯೀ ಯಜ್ಞಯಾಗು ಕೋರ್ಕಾ ಮ್ಹೊಣು ನಾಶ್ಶಿಲೆಂ.

ಭಾರತಾಂತು ಸೆಕ್ಯುಲರಿಸಮ್ ಏಕ ನವ್ವೋ ವಿಚಾರು ನ್ಹಯಿ.

ಭಾರತಾಂತು ಜನಸಾಮಾನ್ಯಾಂಕ ದೇವು ಮ್ಹಳ್ಯಾರಿ ಕಸ್ಸಲೆ ಮ್ಹೊಣು ಚಿಂತೆ ನಾಶ್ಶಿಲಿ. ಜಽಣ ತಾಂಗೇಲೆ ಕುಲಾಕ ಆನಿ ಕುಟುಂಬಾಕ ಚಽಡ ಮೋಽಲ ದಿತ್ತಾತಿ ಆಶ್ಶಿಲೀಂತಿ. ತಾಂಗೇಲಿ ವೃತ್ತೀಚಿ ತಾಂಗೇಲಿ ದೇವಿ ಆನಿ ಶಕ್ತಿ ಜಾವ್ನಾಶ್ಶಿಲಿ. ವೃತ್ತೀಕ ಚಽಡ ಮೋಽಲ ದಿತ್ತಾತಿ ಆಶ್ಶಿಲೀಂತಿ. ತಾಂಗೇಲೆ ಜೀವನಾಂತು ತೀನಿ ನಿಯಮು ಆಶ್ಶಿಲೊ. ಪ್ರಾಮಾಣಿಕ ಸಂಪಾದನೆ, ಪರೋಪಕಾರು, ಆನಿ ಅತಿಥಿಸತ್ಕಾರು. ಅತಿಥೀಂಕ ಸುರ್ವೇಕ ವಾಣು ಮಾಗ್ಗೀರಿ ತಾನ್ನಿ ಜೆವ್ತಾತಿ ಆಶ್ಶೀಲಿಂತಿ. ಗಿರಾಕೀಂಕ ಪರಿಪೂರ್ಣ ಸಂತೋಷು ಆನಿ ಸಮಾಧಾನು ಜಾವ್ವೋ ತಶ್ಶಿ ವ್ಯಾಪಾರೀಲೊ ಉದ್ದೇಶು ಜಾವ್ನು ಆಶ್ಶಿಲೊ. ಮೋಸು ಕೊರ್ಚೆ, ಚೊರಣೀಕಾ ಆನಿ ಘಟ್ಟಿ ಉಲ್ಲೋಚೆ ಹೇ ತೀನಿ ಅಪರಾಧಾಂಕ ತೀವ್ರ ಶಿಕ್ಷೆ ಆಶ್ಶೀಲಿ. ಆನಿಕೊಣಾಲೀಯಿ ಬಾಯ್ಲೇಕ ಬಲಾತ್ಕಾರಾನ ಸಂಭೋಗಿಸೂಚೆ ಅತೀವ ಪಾಪ ಜಾವ್ನಾಶ್ಶಿಲೆ. ಮಾತಾ, ಪಿತಾ ಆನಿ ಗುಽರು ಹೇ ತೀನಿ ಲೋಕು ದೇವಾಲೆ ಸಮಾನ ಜಾವ್ನು ಆಶ್ಶಿಲೀಂತಿ. ಆಜ್ಜಾಕ ಆನಿ ಆಜ್ಜೇಕ ಭರಪೂರ ಮರ್ಯಾದಿ ದಿತ್ತಾತಿ ಆಶ್ಶೀಲೀಂತಿ.

ಭಾರತಾಂತು ಸೆಕ್ಯುಲರಿಸಮ್ ಏಕು ನವೋ ವಿಚಾರು ನ್ಹಂಯಿ. ಭಾರತಾಂತು ಚೋಲ್ಲು ಆಯ್ಯೀಲಿ ವ್ಯಾವಹಾರಿಕ ಆನಿ ಆರ್ಥಿಕ ರೀತಿ ನೀತಿ ಧರ್ಮಾಂಚೆ ಆನಿ ದೇವಾಲೆ ವೈರಿ ನಿರ್ಭರ ಜಾಯ್ನು. ನಾಸ್ತಿಕು ಜಾಲ್ಲ್ಯಾರೀಯಿ ಸಮಾಜಾಂತು ಅವಹೇಳನಾಂಕ ಗೂರಿ ಜಾಯ್ನಾಆಶ್ಶೀಲೊ. ಭೌಧ ಧರ್ಮಾಂಚಾಂಕ ಆನಿ ಸನಾತನ ಧರ್ಮಾಂಚಾಕ ಘಮಾಸಾನ ಚರ್ಚೆ ಜಾತ್ತಾಆಶ್ಶೀಲೀಂತಿ. ಜೈನ ಧರ್ಮಾಂಚಾನ ಸನಾತನ ಧರ್ಮಾಂಚಾಲೆ ಒಟ್ಟು ತೀವ್ರ ರೀತೀರಿ ಚರ್ಚೆ ಕೆಲ್ಲ್ಯಾತಿ. ಜಾಲ್ಲ್ಯಾರಿ ಭೌಧ ಆನಿ ಜೈನ ಜನಾಂಕ ಸನಾತನ ಧರ್ಮಾಂಚೆ ರಾಯ್ಯಾನ ಅವಹೇಳನ ಕಽರ್ನಿ. ಭೌಧ ಭಿಕ್ಷು ಲೋಕು ಸನಾತನ ಋಷೀಂಕ ಆನಿ ಮುನೀಂಕ ತಾಂಗೇಲೆ ಮಠಾಂತು ಅಪ್ಪೋನು ಅತಿಥಿ ಸತ್ಕಾರು ಕರ್ತಾತಿ ಆಶ್ಶೀಲೀಂತಿ. ಅಶೋಕ ಚಕ್ರವರ್ತೀನ ಸನಾತನ ಧರ್ಮಾಂಚಾಕ ತಾಗ್ಗೇಲೆ ರಾಜ್ಯಾಂತು ರಾಬ್ಬೂಂಕ ಸೊಳ್ಳಾಂ.

ಮಾತಾ, ಪಿತಾ ಆನಿ ಗುಽರು ಹೇ ತೀನಿ ಲೋಕು ದೇವಾಲೆ ಸಮಾನ ಜಾವ್ನು ಆಶ್ಲೀಲೀಂತಿ. ಆಜ್ಜಾಕ ಆನಿ ಆಜ್ಜೇಕ ಭರಪೂರ ಮರ್ಯಾದಿ ದಿತ್ತಾತಿ ಆಶ್ಲೀಲೀಂತಿ. ಹೇ ಮಾಹಿತಿ ಭಾರತಾಂತು ಸೆಕ್ಯುಲರಿಸಮ್ ಏಕ ನವ್ವೋ ವಿಚಾರು ನ್ಹಯಿ ಮ್ಹೊಣು ಸಿದ್ಧ ಕರ್ತಾ.

ಹಿಂದೂಂಕ ಜಾಗೋಚೆ ಕಶ್ಶಿ?

ಹಿಂದೂ ಧರ್ಮು ನಿದ್ದಲಾವೇ? ಮಸ್ತ ಲೋಕು ಹಿಂದೂ ದರ್ಮು ನಿದ್ದೋನು ಆಸ್ಸ. ನಿದ್ದಲೇಲೆ ಹಿಂದೂ ಧರ್ಮಾಂಕ ಆತ್ತಂ ಜಾಗೋಕಾ. ಕಶ್ಶಿ ಜಾಗೋಚೆ? ಮ್ಹೊಣು ಚರ್ಚೆ ಕರ್ತಾತಿ. ಹಿಂದೂ ಲೋಕಾಲೆ ಸದಸದ (ದೈನಂದಿನ) ವಿವೇಕ ಬುದ್ಧಿ ವಾಡ್ಡೋಕಾ. ಹಿಂದೂ ಲೋಕಾಂಕ ಚಾಂಗ ಖಂಚೆ ಆನಿ ವಾಯಿಟ ಖಂಚೆ ಮ್ಹೊಣು ಗುರ್ತುಕೊರೂಂಕ ಸಾಧ್ಯಜಾವ್ಚೆತಿಶ್ಲೆಂ ಜ್ಞಾನ ಆಸ್ಸಕೋಕಾ ಮ್ಹೊಣು ಹಿಂದೂ ರಾಜಕೀಯ ಧುರೀಣ ಸಾಂಗ್ತಾತಿ.

ರಾಷ್ಟ್ರೀಯ ಸ್ವಯಂಸೇವಕ ಸಂಘು, ಭಜರಂಗ ದಳ, ವಿಶ್ವಹಿಂದೂ ಪರಿಷತ್ತು, ಇತ್ಯಾದಿ ಸಂಘಟನಂ ಹಿಂದೂ ಜನಾಲೆಂ ಜಾತ್ಯಾತೀತ ಸಂಘಟನಂ ಜಾವ್ನು ಆಸ್ಸಽತಿ. ಹೇ ಸಂಘಟನೇಂತು ಹಿಂದೂ ಜನಾಂಕ ಬ್ರಾಹ್ಮಣ, ವೈಶ್ಯ, ಪರಿಶಿಷ್ಟ ಜಾತಿ ಆನಿ ಪಂಗಡಽ ಮ್ಹೊಣು ವ್ಯತ್ಯಾಸು ಕೊರ್ಚ್ಯಾಕ ನಾ. ಸಕ್ಕಡ ಜಾತೀಚಾಂಗ ಒಟ್ಟು ಕೋರ್ನು ಏಕಲೇಕ ಸಮಾನತಾ ದಾಕ್ಕೈತಾತಿ.

ಹಾನ್ನಿ ಹಿಂದೂ ಜಾಗರಣ ಯಜ್ಞ ಕರ್ತಾತಿ. ಹನುಮತ್ ಶಕ್ತಿ ಶೋಭಾ ಯಾತ್ರಾ ಮ್ಹೊಣು ವಿಶ್ವ ಹಿಂದೂ ಪರಿಷತ್ ಸದಸ್ಯಾನಿ ಕೆಲ್ಲಾಂ. ಹಾಂಗೆಲೆ ಸಭೇಂತು ಭಾಷಣ ದಿತ್ತಲ್ಯಾನ ತಾಂಕಾ ಕಸ್ಸಲೊ ಹುಸ್ಕೊ ಆಸ್ಸ ಮ್ಹೊಣು ಸಾಂಗ್ಲಾ.

ಹಿಂದೂನ ಆಪ್ಣ್ಯಾಂಕ ತಾಂಗೆಲೆ ದೇವಾಲೆ ವಿಷಯಾಂತು ಬಚಾವಾಚಿ ಅಥವಾ ಮಾಫಿ ಮಾಗ್ಚಿ ಧೋರಣೆ ಘೇವ್ಚಾಕ ನಜ್ಜ. ಆಮ್ಗೆಲೆ ದೇವಾಲೆ ವಿಷಯಾಂತು ಆಮ್ಕಾ ಖಂಚೋಯಿ ಅನುಮಾನು ನಾ. ಆಮ್ಗೆಲೆ ಧಾರ್ಮಿಕ ವಿಧಿವಿಧಾನ ಆಮ್ಮಿ ಸಂಪೂರ್ಣ ವಿಶ್ವಾಸು ದೊವ್ರೋನ್ನು ಕರ್ತಾತಿ. ಆಮ್ಗೆಲೆ ಡ್ರೆಸ್ಸ, ಆಮ್ಗೆಲೆ ರೀತಿ ರಿವಾಜ್ಞ, ಆಮ್ಗೆಲೆಂ ಸಾಂಸ್ಕೃತಿಕ ಕಾರ್ಯಕ್ರಮು, ಜೇವಣಾಚೊ ಖಾಣಾಚೊ ನೀತಿನಿಯಮು, ಘರಾಂತು ಆನಿ ಭಾಯ್ರ ಆಮ್ಗೆಲೊ ಶಿಷ್ಟಾಚಾರು, ವರ್ತನಾ, ಕ್ರಮು, ಸಭ್ಯತಾ, ಇತ್ಯಾದಿ ಶುದ್ಧ ಸದಸದ ವಿವೇಕ ಬುದ್ಧೀನ ಕರ್ತಾತಿ. ಆಮ್ಗೆಲೊ ಶಿಷ್ಟಾಚಾರು ಆನಿ ಸಭ್ಯತಾ ಅತ್ಯುತ್ತಮ ಜಾವ್ಚೆ ತಶ್ಶಿ ಆಮ್ಮಿ ಪ್ರಯತ್ನ ಕೊರ್ಚೆ ರಾಬ್ಬೈನಾಂತಿ.

ಹಿಂದೂ ದೇವಾಂಕ ಅನೇಕ ರೂಪ ಆಸ್ಸಽತಿ ಮ್ಹಳ್ಳೆಕೂಡ್ಲೆ ಆಮ್ಮೀ ದೇವು ಎಕ್ಕೂಚಿ ನ್ಹಂಯಿ ಮ್ಹಣ್ತಽಲೆ ಜಾಯ್ನಾಂತಿ. ಆಮ್ಮಿ ದೇವು ಇಕ್ಕೂಚಿ ಮ್ಹೊಣು ಲೆಕ್ತಽಲೆ. ಆಮ್ಗೆಲೊ ದೇವು ಸರ್ವಾಂತರ್ಯಾಮಿ, ಸರ್ವವ್ಯಾಪಿ, ಇತ್ಯಾದಿ.

ಆಮ್ಮಿ ಘೂಢೆ ಕೆಲವು ಧಾರ್ಮಿಕ ವಿಧಿವಿಧಾನ ಮೂಢನಂಬಿಕೇರಿ ಕೆಲ್ಲೆಲೆ ಆಸ್ಸಽ. ಜಾಲ್ಲ್ಯಾರಿ ಆಮ್ಮಿ ಅನೇಕ ತಸ್ಸಲೆಂ ತಪ್ಪು ಆಚಾರ ಘೂರಾ ಬಂದ ಕೆಲ್ಲ್ಯಾಂತಿ. ಆತ್ತಂ ಆಮ್ಮಿ ಕೊರ್ಚೆ ಧಾರ್ಮಿಕ ಕರ್ಮುಽ ಸಕ್ಕಡ

ವೈಜ್ಞಾನಿಕ ಜಾವ್ನು ಆಸ್ಸಽತಿ. ಆತ್ತಂ ಆಮ್ಮಿ ಜೀವಾಕ ಸಂತೋಷ ದಿವ್ಚೆ, ದೇಹಾಕ ಕಷ್ಟ ದೀನಾನಾತ್ತಿಲೆ, ಅಗತ್ಯ ಕೋರ್ಕಾಜಾಲ್ಲೇಲೆಂ ಇತ್ಯಾದಿ ಧಾರ್ಮಿಕ ಕರ್ಮ ಜಾಲ್ಲೆತಿತ್ಲೆಂ ಶೀಘ್ರ ಪೂರ್ಣ ಜಾವ್ಚೆ ತಶ್ಶಿ ಕರ್ತಾತಿ.

ಆಮ್ಗೆಲೆ ಧಾರ್ಮಿಕ ಕರ್ಮ ಆಮ್ಮಿ ಸಮಯಾನುಸಾರ ಸುಧಾರಣೆ ಕೋರ್ನು ಘೆತ್ತಾತಿ ವಿನಃ ಧಾರ್ಮಿಕ ಕರ್ಮ ಕೊರ್ಚೆ ಸಂಪೂರ್ಣ ರಾಬ್ಬೈನಾಂತಿ. ಆಮ್ಮಿ ಆಮ್ಗೆಲಿ ಘೂಢಧೋರ್ನು ಚೋಲ್ಲು ಆಯ್ಯೇಲೆ ಸಂಸ್ಕೃತಿ ಆನಿ ಮೌಲಿಕ ಪದ್ಧತಿ ಆಚರಣ ಕರ್ತಾತಿ. ಚಾಂಗಿ ಖಂಚೀಯಿ ಆಸ್ಸೊ, ವಿದೇಶೀ ಆಸ್ಸೋ ಸ್ವದೇಶಿ ಆಸ್ಸೊ ಆಮ್ಕಾ ತೇ ಪದ್ಧತೀನಿ ಚಾಂಗ ಜಾತ್ತಾ ಜಾಲ್ಲ್ಯಾರಿ ಆಮ್ಮಿ ತಾಕ್ಕಾ ಆಚರಣ ಕೊರೂಂಕ ಮಾಕ್ಷಿಸರ್ನಾಂತಿ.

ವಿದೇಶೀ ಸಮರ್ಥಕ ಜಾಯಿವೇ?

'ಹಾಂವೆ ಕೆಲ್ಲೆಲೆ ಸಽಮ ಇತ್ಯಾಕ? ಅಮೇರಿಕಾಚೆ ರಾಬರ್ಟಾನ ತಶ್ಶೀಂಚಿ ಕೆಲ್ಲೆಲೆಂ.'

'ಹಾಂವೆ ಕೆಲ್ಲೆಲೆ ಸಽಮ ಇತ್ಯಾಕ? ಮುಂಬೈಚೆ ಅಂಬುಜಾನ ತಶ್ಶೀಂಚಿ ಕೆಲ್ಲೆಲೆಂ.'

ವೈಲೆ ದೋನಿ ವಾಕ್ಯಂ ಪಳಯಾತಿ. ಸುರ್ವೇಚೆಂ ವಾಕ್ಯ ಹಾಂವೆ ಕೆಲ್ಲೇಲೆ ಕಾಮಾಂಕ ಆತ್ತಂಚೆ ಜಗತ್ತ್ಯಾಂತು ಅಮೇರಿಕಾಚೆ ರಾಬರ್ಟಾನ ತಶ್ಶೀಂಚಿ ಕೆಲ್ಲೆಲೆನಿಮ್ಮಿ ಜಽಣ ಚಽಡ ಪುಷ್ಟಿ ದಿತ್ತಾ. ಹೋ ಸಮರ್ಥನಾಂಚೊ ವಿಧಾನು ಆಮ್ಮಿ ರಾಬ್ಬೋವ್ಕಾ. ಆಮ್ಮಿ ಆಮ್ಗೆಲೆ ಕಾಮಾಂಕ ಜಾವ್ವೋ, ವಿಚಾರಾಕ ಜಾವ್ವೊ, ಶೋಧನೇಂಕ ಜಾವ್ವೊ ಪುಷ್ಟಿ ಕೋರ್ಕಾ ಜಾಲ್ಲ್ಯಾರಿ ಆಮ್ಗೆಲೆ ದೇಶಾಚೆ ವಿದ್ವಾಂಸಾಂಕ ಜಾವ್ವೊ, ಲೇಖಕಾಂಕ ಜಾವ್ವೊ, ವಿಜ್ಞಾನೀಂಕ ಇತ್ಯಾದೀಂಕ ಉದ್ಧರಣ ಕೋರ್ಕಾ ಶಿವಾಯಿ ಪಾಶ್ಚಾತ್ಯ ಮೂಳ ಉದ್ಧರಣ ಕೊರೂಂಕ ನಜ್ಜ.

ತಶ್ಶಿ ಕೆಲ್ಲ್ಯಾರಿ ಆಮ್ಕಾ ಆಮ್ಗೆಲೆ ದೇಶಾಚೇರಿ ಆನಿ ಧರ್ಮಾಂಚೇರಿ ಅಭಿಮಾನು ನಾ ಮ್ಹೊಣು ಜಾತ್ತಾ. ಉದಾಹರಣೇಂಕ, ಪ್ರಾರ್ಥನೇಂಚೆ ವಿಷಯಾಂತು ಆಮ್ಮಿ ಆಮ್ಗೆಲೆ ವೇದ, ಪುರಾಣ, ರಾಮಾಯಣ, ಮಹಾಭಾರತ ಇತ್ಯಾದಿ ಗ್ರಂಥಂ ದಾಕ್ಕೋಚೆ ಬದಲಾಕ ಬೈಬಲ್ ಜಾವ್ವೊ ಕುರಾನ್ ದಾಕ್ಕೈಲ್ಯಾರಿ ಆಮ್ಕಾ ಹಿಂದೂ ಧರ್ಮಾಂತು ಆಸ್ಸೂಕಾ ಜಾಲ್ಲೇಲಿತಿತ್ಲಿ ಉಮೇದಿ ನಾ ಮ್ಹೊಣು ಜಾಲ್ಲೆಂ.

ಮಹಾತ್ಮಾ ಗಾಂಧೀಲೆ ಅಹಿಂಸೇಚೆ ತತ್ವಾನ ಆಮ್ಕಾ ಹಿಂಸಾತ್ಮಕ ಚಳುವಳಿ ಕರ್ನಾನಾತ್ತಿಲೆಂ ಸ್ವರಾಜ್ಯ ಮೇಳೂಂಕ ಭಾರೀ ಸಮಯು ಲಾಗ್ಲೊ. ಗಾಂಧೀಕ ಹಿಂದೂ ಧರ್ಮಾಂಚೊ ಸಂಸ್ಕಾರು ತಾಗ್ಗೇಲೆ ಆಂಗಾಂತು ಆನಿ ಮನಾಂತು ಗಹನ ಜಾವ್ನು ಭೋರ್ನು ಗೆಲ್ಲೊಲೊ. ತಾಕ್ಕಾ ಸತ್ಯ ಆನಿ ಅಹಿಂಸಾ ಖಂಚೇಯಿ ಶಕ್ತೀಕ (ಬ್ರಿಟಿಷಾಂಲೆ ವಸಾಹತವಾದಾಕ ಸಮೇತ) ಸಲ್ವಾಕಾ ಜಾಲ್ಲ್ಯಾರಿ ಬಲವಂತ ಆಯುಧಂ ಮ್ಹೊಣು ಘಟ್ಟಿ ಜಾಲ್ಲೇಲೆಂ.

ಅಮೇರಿಕಾಂತು, ರಷ್ಯಾಂತು, ದಕ್ಷಿಣ ಆಫ್ರಿಕಾಂತು, ಫ್ರಾಂಸ ಇತ್ಯಾದಿ ದೇಶಾಂತು ಮೋಗು, ದಯಾ, ಕರುಣಾ ಇತ್ಯಾದಿ ಭೋಧನೆ ಕರ್ತಲೆ ಕ್ರಿಶ್ಚನ್

ಧರ್ಮಾಂಚಾನಿ ಕಸ್ಸಲೆ ವಾಯಿಟ ಕsರ್ನಿ? ಇಸ್ಲಾಂ ಧರ್ಮು ಶಾಂತೀಚೊ ಧರ್ಮು ಜಾಲ್ಲ್ಯಾರಿ ವಿಂಗಡ ಧರ್ಮು ಪಾಲನೆ ಕರ್ತಲೊ ಲೋಕು ವೆಂಚೂಂಕ ಅರ್ಹ ನ್ಹಂಯಿ ಮ್ಹೋಣ್ಚೊ ಧರ್ಮು. ಪ್ರತಿಏಕ್ಡೆ ಹೇ ದೇಶಾಚೆ ಗೋರೆ ಲೋಕಾನಿ ಕಾಳೆ ಆನಿ ಬಣ್ಣಾಂಚೆ ಜನಾಂಕ, ವಿಂಗಡ ವಂಶಾಂಚಾಂಕ ಆನಿ ವಿಂಗಡ ಧರ್ಮಾಂಚಾಕ ಹಿಂಸೆ ದೀವ್ನು ಸಮಾಜ ಪರಿವರ್ತನ ಕೆಲ್ಲೆಂ. ತಾನ್ನಿ ತಾಂಗೇಲೆ ಧರ್ಮಾಂಕ ಮೋsಲ ದೀನಿ.

ಅಮಾನುಷ ಕೃತ್ಯಾಂಚಿ ವಾಟ ಧೋರೂಂಕ ನಜ್ಜ

ಹೀದೂ ಧರ್ಮು ವಾಂಚೋಚೆ ನೆವ್ವಾರಿ ಆನಿ ಹಿಂದು ಲೋಕಾಂಕ ಜಾಗೋಕಾ ಮ್ಹಳ್ಳೇಲೆ ಉದ್ದೇಶಾನ ಹಿಂದುಧರ್ಮಾಂಕ ಮೆಳ್ಳೇಲೆ ಲೋಕು ಖಂಚೇಯಿ ಘsರಾಕ ಉಜ್ಜೊ ಲಾವ್ಚೊ, ಮನ್ಶಾಂಕ ಪೆಸ್ಕಾತಿ ಘಾಲ್ನು ಜಿವ್ವಿಮಾರ್ಚೆ, ಬಾಯ್ಲಮನ್ಶಾಂಲೀ ಕ್ರೂರ ರೀತೀರಿ ಭ್ರಷ್ಟ ಕೊರ್ಚೆಂ, ಚೆರ್ಡುವಾಂಕ ಗುಲಾಮಕೋರ್ನು ಘೆವ್ಚೆಂ ಇತ್ಯಾದಿ ಹೀನ ಅಮಾನುಷ ಕೃತ್ಯಂ ಕೋರೂಂಕ ವಚ್ಚಂನಾಂತಿ.

ಖಂಚೇಯ ಹಿಂದು ಸಭೇಂತು ಹಿಂದು ಭಾಷಣ ಕಾರಾನಿ ಕೆದ್ನಾಯಿ ಜನಾಂಕ ಹಿಂಸಾತ್ಮಕ ವಾಟ ಧೋರ್ಕಾ ಮ್ಹೋಣು ಸಾಂಗsನಿ. ಲಾಠೀ, ಪೆಸ್ಕಾತಿ. ಕೊಯ್ತಿ ಇತ್ಯಾದಿ ಹಾತ್ತಾಂತು ಘೇವ್ನು ವೊಚ್ಚೂನು ವಿಂಗಡ ಧರ್ಮಾಂಚಾಕ ಮಾರ್ನು ಧಾಂವ್ಡಾಯ್ಯಾತಿ ಮ್ಹೋಣು ಉಪದೇಶು ಜಾವ್ನೊ ಸೂಚನೆ ಜಾವ್ನೋ ದಿಲ್ಲೇಲಿ ನಾ.

ಅಸ್ಸಲೆ ವಾಯಿಟ ಕಾಮ ಆಮ್ಗೆಲೆ ದೇವಾಕ ಪಸಂದ ನಾ ಮ್ಹೋಣು ಮ್ಹಳ್ಳಾಂ. 'ಕೇಸರೀ ಆತಂಕವಾದು' (ಸಾಫ್ರನ್ ಟೆರ್ರರಿಸಂ) ಏಕಯಿ ಹಿಂದೂ ಆತಂಕವಾದು ಮ್ಹಳ್ಳೇಲೆ ಅಪಭ್ರಂಶ ಉತ್ತರ. ಆತಂಕೀ ಲೋಕು ಹಿಂದೂ ಧರ್ಮಾಂಕ ಮೆಳ್ಳೇಲೆ ಜಾಲ್ಲ್ಯಾರಿ ತಾನ್ನಿ ಅಸ್ಲೀ ಹಿಂದು ನ್ಹಂಯ್ತಿ.

ವಿಶ್ವಹಿಂದೂ ಪರಿಷತ್ ಜಾವ್ನೊ ಆರ್. ಎಸ್. ಎಸ್. ಜಾವ್ನೊ ತಾಂಗೇಲೆ ಸದಸ್ಯಾಂಕ ಹಿಂಸೇಚಿ ವಾಟ ಧರಾಚಿ ಮ್ಹೋಣು ಸಾಂಗೀಲೆ ನಾ. ದೇಶದ್ರೋಹಿ ಹಿಂಸಾತ್ಮಕ ಹರಕತ್ತ ಆನಿ ಗೆರ್ರಿಲ್ಲಾ ಯುದ್ಧ ಕರ್ಯಾತಿ ಮ್ಹೋಣು ಖಂಚೇಯಿ ಶುದ್ಧ ಹಿಂದೂ ಸಂಘಟನೇನ ತಾಂಗೆಲೆ ಪಂಗಡಾಂಚಾಕ ತಾಕೀತ ಕೆಲ್ಲೆಲೆ ನಾ.

ಖಂಚೇಂಯಿ ಹಿಂದು ಪಂಗಡಾಂಚಾಲಿ ಚೌಕಾಶೀ ಆನಿ ವಿಚಾರಣ ಸರಕಾರ ಕಿತ್ಲೇಂಯಿ ಕೋರೋ ತಾಂಕಾ ದೇಶದ್ರೋಹಿ ನಮೂನ್ಯಾಚೆ ದುಷ್ಟಕೃತ್ಯ ಕೆಲ್ಲೇಲೆ ದಿಸ್ಸೊಅಶ್ಶೀನಾ.

ಕೆಲವು ರಾಜಕೀಯ ಪಾರ್ಟಿಚೆ ಹಿಂದೂಂಕ ಘಟ್ಟಿಘಟ್ಟೀಚಿ ದೋಷಿ ಮ್ಹೋಣು ದಾಕ್ಕೋನು ಹಿಂದೂಂಕ ವಾಯಿಟ ದೃಷ್ಟೀರಿ ಪಳೈತಾತಿ. ವಿಂಗಡ ಧರ್ಮಾಂಚಾಲೊ ವೋಟು ತಾಂಕಾ ಮೇಳೋಚೆಕತಿರ ಹಿಂದೂ ವಿರೋಧಿ ಮತಾಂಚಾಂಕ ಸಹಾನುಭೀತಿ ವ್ಯಕ್ತಕರ್ತಾತಿ.

ಹಿಂದುಧರ್ಮ ರಕ್ಷಣೇಂಚಿ ಪದ್ಧತಿ

ಏಕ ಸೆಕ್ಯುಲರ್ ಸರಕಾರಾನ ಹಿಂದೂಂಕ ಕಸ್ಸಲೆಂ ದೀವ್ಕಾ? ಹಿಂದೂಂಕ ಸಕ್ಕಡ ಪ್ರಜೇಲೆ ವರೀಂಚಿ ಪೊಳೋನು ಘೆವ್ಕಾ. ಹಿಂದು ಲೋಕಾಂಕ ಶಿಕ್ಷಣ, ನೌಕರೀ, ಸುರಕ್ಷಾ, ಜೀವನಾಂತು ಅಭಿವೃದ್ಧಿ ಕೊರೂಂಕ ಪ್ರತಿಏಕು ಸವಲತ್ತು ಆನಿ ಸೌಭಾಗ್ಯ, ಇತ್ಯಾದಿ ದೀವ್ಕಾ. ಧಾರ್ಮಿಕ ಅಲ್ಪಸಂಖ್ಯಕಾಂಕ ಧರ್ಮಾಂಚೆ ಆಧಾರಾರಿ ಹಿಂದೂಂಕ ದೀನಾನಾತ್ತಿಲೆ ಖಂಚೀಯಿ ಫಃಲ ಸೆಕ್ಯಲರ್ ಕಾರಣ ನಾತ್ತಿಲೆಂ ದಿವ್ಕಾಕ ನಜ್ಜ.

ಪ್ರತಿಏಕ ಹಿಂದೂನ ಜಾತಿಪಾತಿ ಲೆಕ್ಕಾಕ ಘೆನಾನಾತ್ತಿಲೆಂ ಭಾರತಾಚೆ ಇಷ್ಟಾರ್ಥ ರಾಕ್ಕೂಂಕ ಭಾಯ್ರಸರ್ಲೇಲಿ ರಾಜಕೀಯ ಪಾರ್ಟೀಕ ಆನಿ ತಸ್ಸಃಲೆ ಉಮೇದುವಾರಾಂಕ ಚುನಾವಣೇಂತು ತಾಗ್ಗೆಲೊ ವೋಟು ದೀವ್ಕಾ.

ಹಿಂದೂ ಜನಾನಿ ಆಪ್ಪಣ ಹಿಂದೂ ಮ್ಹೊಣು ಸಾಂಗೂಂಕ ದಾಕ್ಷೀಣ ಕೊರೂಂಕ ನಜ್ಜ. 'ತುಗ್ಗೇಲೊ ಧರ್ಮು ಕಸ್ಸಲೋ?' ಮ್ಹೊಣು ನಿಮ್ಗಿಲ್ಯಾರಿ, 'ಹಾಂವ ಶೆಟ್ಟಿ, ಇತ್ಯಾದಿ' ಮ್ಹೊಣು ನಜ್ಜ. 'ಹಾಂವ ಹಿಂದು,' ಮ್ಹೊಣ್ಕಾ. ಹಾಂವ ಬ್ರಾಹ್ಮಣು, ಹಾಂವ ವೊಕ್ಕಲಿಗು, ಹಾಂವ ಲಿಂಗಾಯತು, ಹಾಂವ ಕುರುಬು, ಹಾಂವ ಮಾದಿಗು, ಇತ್ಯಾದಿ ಮ್ಹೊಣು ನಜ್ಜ. ಹಾಂವ ಹಿಂದು ಮ್ಹೊಣ್ಕಾ.

ರಾಷ್ಟ್ರೀಯ ಸ್ವಯಂಸೇವಕ ಸಂಘ

ಕ್ರಿ. ಶ. 1925 ಇಸ್ವೇಂತು ಸೆಪ್ಟೆಂಬರ್ 27 ತಾರೀಕೇಕ ವಿಜಯದಶಮೀಂಚೆತೇಸು ಕೇಶವ ಹೆಡ್ಗೇವಾರಾನ ರಾಷ್ಟ್ರೀಯ ಸ್ವಯಂಸೇವಕ ಸಂಘ ಮ್ಹೊಣು ಏಕ ಹಿಂದೂಲೇಚಿಕತಿರ ಪಂಗಡು ನಾಗಪುರಾಂತು ಸ್ಥಾಪನೆ ಕೆಲ್ಲೊ. ಹಾಂತು ವಿಶೇಷ ಜಾವ್ನು ಹಿಂದೂ ಚೆರ್ಡುವಾಂಕ ಸೆಕ್ಯುಲರ್ ಧರ್ಮು ಕಶ್ಶಿ ಆಸ್ಸೂಕಾ ಮ್ಹೊಣು ಶಿಕೋಚೆಕತಿರ ಮೈದಾನ ಪ್ರದೇಶಾಂತು ಒಟ್ಟು ಮೇಳ್ನು ಪ್ರಾರ್ಥನೆ, ವ್ಯಾಯಾಮ, ಖೇಳು ಆನಿ ಭಾರತೀಯ ವೀರ ಲೋಕಾಲಿ ಕಾಣಿ ಸಾಂಗ್ಗೆ ಇತ್ಯಾದಿ ಕರ್ರೈತಾತಿ. ಜೀವನಾಂತು ಶಿಸ್ತು ಹಾಡೋಚಾಕ ಶಿಕೈತಾತಿ. ಶಾಖೇಚೆ ವೇಳಾರಿ ಏಕ ಭಗವಾಧ್ವಜ ಉಬ್ಬೈತಾತಿ. ಭಗವಾಧ್ವಜ ಮರಾಠಾ ರಾಯು ಛತ್ರಪತಿ ಶಿವಾಜಿ ಮಹಾರಾಜಾನ ತಾಗ್ಗೇಲೆ ರಾಜ್ಯಾಂತು ಉಬ್ಬೈಲೆಲೆ ದೇಶಭಕ್ತಿ ಹಾಡೋಚೆ ಏಕ ಧ್ವಃಜ ಜಾವ್ನು ಆಸ್ಸ.

ಅಧ್ಯಾಯು 10

ಭಾರತಾಚೆ ನಽವೆ ಸರಕಾರ

ಪ್ರಜಾಪ್ರಭುತ್ವ ಮ್ಹಳ್ಯಾರಿ ಜನಾಂಲೆ ರಾಜ್ಯ. ಪ್ರಜೇಲೆ ರಾಜ್ಯ. ಸಾಮುದಾಯಿಕ ರಾಜ್ಯ. ರಾಜ್ಯ ಮ್ಹಳ್ಯಾರಿ ಏಕಿ ವ್ಯವಸ್ಥಾ. ಭಾರತ ಏಕ ರಾಜ್ಯ. ಸಕ್ಕಡ ರಾಜ್ಯಾಂಕ ಏಕಿ ಸೀಮೆ ಆಸ್ಸ. ಭಾರತಾಕಯೀ ಏಕಿ ಸೀಮೆ ಆಸ್ಸ. ಹೇ ಸೀಮೇಂಚೆ ಭಿತ್ತರಾಶ್ಶೀಲಿ ಭೂಮೀಕ ಭಾರತ ಮ್ಹಣ್ತಾತಿ. 2015 ಇಸ್ವೇಂತು ಭಾರತಾಂತು 120 ಕೋಟೀಕಯಿ ಚಽಡ ಜನಸಂಖ್ಯೆ ಆಸ್ಸ.

ದೇಶಾಂತುಲೆ ನಾಗರಿಕಾಲೆ ಏಕ ಘರಾಂತು ಚಾರಿ ಜಽಣ ಆಸ್ಸಽತಿ ಮ್ಹೊಣು ಲೆಕ್ಖ್ಯಾರಿ ಸಗ್ಳೇ ಭಾರತಾಂತು 30 ಕೋಟಿ ಘಽರಂ ಆಸ್ಸಽತಿ. ಭಾರತಾಂತು 30 ಪ್ರಾಂತಂ ಆನಿ 5 ಕೇಂದ್ರಾಡಳಿತ ಪ್ರದೇಶಂ ಆಸ್ಸಽತಿ. ಜಮ್ಮೂ ಆನಿ ಕಾಶ್ಮೀರ ಭಾರತಾಚೆ ಭೂಂಯ್ಚೆ ಶಿಖರಾರಿ ಆಸ್ಸ. ತಾಜ್ಜೆ ಸಕಲ ಹಿಮಾಚಲ ಪ್ರದೇಶ, ಪಂಜಾಬ, ಹರಿಯಾಣಾ, ಉತ್ತರಾಖಂಡ, ಉತ್ತರ ಪ್ರದೇಶ ಆಸ್ಸಽತಿ. ಚಂದೀಗಢ ಏಕ ಕೇಂದ್ರಾಡಳಿತ ನಗರಽ ಹರಿಯಾಣಾ ಆನಿ ಪಂಜಾಬ ದೊನ್ನೀಂಕಯಿ ರಾಜಧಾನಿ ಜಾವ್ನು ಆಸ್ಸ. ದಿಲ್ಲೀ ಭಾರತಾಚಿ ರಾಜಧಾನಿ ಜಾವ್ನು ಆಸ್ಸ ಆನಿ ಕೇಂದ್ರಾಡಳಿತ ಪ್ರದೇಶಯಿ ಜಾವ್ನು ಆಸ್ಸ.

ರಾಜಸ್ಥಾನ, ಬಿಹಾರ, ಜಾರಖಂಡ ಆನಿ ವೆಸ್ಟ ಬೆಂಗಾಲ ಪೂರ್ವಾಕತಾಕ್ಕೂನು ಪಶ್ಚಿಮಾಚೆವರೇಕ ಚಾರಿ ರಾಜ್ಯಂ ಆಸ್ಸಽತಿ. ಸಿಕ್ಕಿಂ ರಾಜ್ಯ ವೆಸ್ಟ ಬೆಂಗಾಲಾಚೆ ಶಿಖರಾರಿ ಆಸ್ಸ. ಈಶಾನ್ಯ ದಿಕ್ಕಾಂತು ಅಸ್ಸಮ, ಮೇಘಾಲಯ, ಮಿಜೊರಾಂ, ತ್ರಿಪುರಾ, ಮಣಿಪುರ, ನಾಗಾಲ್ಯಾಂಡ ಆನಿ ಅರುಣಾಚಲ ಪ್ರದೇಶ ಆಸ್ಸಽತಿ. ರಾಜಸ್ಥಾನಾಂಚೆ ಸಕಲ ಪೂರ್ವಾಂತು ಗುಜರಾಥ, ಗುಜರಾಥಾಚೆ ಸಕಲ ಮಹಾರಾಷ್ಟ್ರಾ, ಮಧ್ಯೇಂತು ಮಧ್ಯಪ್ರದೇಶ, ಛತ್ತೀಸಗಢ, ಒಡಿಶಾ, ಜಾಲ್ಲೆ ಮಾಗ್ಗೀರಿ ಭಾರತಾಚೆ ದ್ವೀಪಕಲ್ಪಾಂತು ಗೋವಾ, ಕರ್ನಾಟಕ, ತೆಲಂಗಾನಾ, ಆಂಧ್ರಪ್ರದೇಶ, ಕೇರಳಾ ಆನಿ ತಮಿಳುನಾಡು ಆಸ್ಸಽತಿ.

ಕೇಂದ್ರಾಡಳಿತ ಪ್ರದೇಶ ಚಂದೀಗಢ, ದಿಲ್ಲೀ, ಜಾಲ್ಲೆಮಾಗ್ಗೀರಿ ತಮಿಳನಾಡಾಚೆ ಸಮುದ್ರತಟಾರಿ ಪುದುಚೆರ್ರೀ ಆಸ್ಸ. ಬಂಗಾಲ ಖಾಡಿ ಸಮುದ್ರಾಚೆ ಸಕಲ ಹಿಂದೂಮಹಾಸಾಗರಾಂತು ಅಂಡಮಾನ ಆನಿ ನಿಕೋಬಾರ ದ್ವೀಪ ಸಮೂಹ ಆಸ್ಸ. ಕೇರಳಾಚೆ ಸಮುದ್ರಾಂತು ಲಕ್ಷದ್ವೀಪ ಸಮೂಹ ಆಸ್ಸ. ದಿಲ್ಲೀಕ ರಾಷ್ಟ್ರೀಯ ರಾಜಧಾನಿ ಮ್ಹೊಣು ಕೇಂದ್ರ ಆಡಳಿತ ಪ್ರದೇಶ ಕೆಲ್ಲಾಂ.

ಭಾರತಾಂತು ಆತ್ತ ಅನೇಕ ರಾಜ್ಯಂ ಆಸ್ಸಽತಿ. ಪ್ರತಿಏಕ ರಾಜ್ಯಾಂತು ಭಾರತೀಯ ನಾಗರಿಕ ಘರದಾರ ಕೋರ್ನು ವಾಸುಕೋರ್ನು ಜೀವನ

ಕೋರ್ನು ಆಸ್ಸಽತಿ. ಹೇ ರಾಜ್ಯಾಂತು ಅನೇಕ ಸಾನಸಾನ ಹಳ್ಳಿ, ತಾಲೂಕ, ಜಿಲ್ಲೆ ಆನಿ ಪಟ್ಟಣಂ, ನಗರಂ ಆಸ್ಸಽತಿ.

ಪ್ರತಿ ಏಕ ಹಳ್ಳೇಂತು ಆಶ್ಶೀಲೆ ಜನಾಂಕ ತಾಂಗೆಲೆ ಲಾಗ್ಗೀಚೆ ಹಳ್ಳೀಂಚೆ ಒಟ್ಟು ಏಕ ಪಂಚಾಯತ ಮ್ಹೋಣು ಕೆಲ್ಲಾ. ಪಂಚಾಯತಾಂತು ಹಳ್ಳೇಚೆ ಎಕ್ಕೆಕ್ಲೋ ದಾರ್ಲ್ಲೊ ಏಕಯಿ ಬಾಯ್ಲಮನೀಷಿ ಪಂಚ ಜಾವ್ನು ಆಯ್ಕೆ ಜಾವ್ನು ಪಂಚಾಯತಾಚೆ ಸದಸ್ಯ ಜಾತ್ತಾತಿ. ಚಾರಿ-ಪಾಂಚ ಪಂಚಾಯತ ಮೇಳ್ನು ತಾಲೂಕ ಪಂಚಾಯತ ಜಾತ್ತಾ. ತಾಲೂಕಾಚೆ ಪಂಚಾಯತ ಮೇಳ್ನು ಜಿಲ್ಲಾ ಪಂಚಾಯತ ಜಾತ್ತಾತಿ. ಏಕ ರಾಜ್ಯಾಂತು ಅನೇಕ ಜಿಲ್ಲೆ ಆಸ್ಸಽತಿ.

ಪ್ರತಿ ಏಕ ಕಡೇನ ಪ್ರಜೇನ ಚುನಾವಣೆ ಕೋರ್ನು ಸದಸ್ಯ ವೆಂಚೂನು ಯೆತ್ತಾತಿ. ರಾಜ್ಯಾಂತು ವಿಧಾನ ಮಂಡಳ ಮ್ಹೋಣು ಆಸ್ಸ. ಹಾಕ್ಕಾ ಸದಸ್ಯ ಜಾತ್ತಲ್ಯಾಂಕ ಪ್ರಜೇನ ಚುನಾವ ಕೋರ್ನು ವೆಂಚೂಕಾ. ಚುನಾವಣೇಂತು ಖಂಚೆ ಪಾರ್ಟೀಕ ಬಹುಮತ ಮೆಳ್ತಕೀ ತೇ ಪಾರ್ಟೀಚೆ ಸದಸ್ಯಾನಿ ತೇ ರಾಜ್ಯಾಚೆ ಸರಕಾರ ಕೋರ್ಕಾ. ಸದಸ್ಯಾನಿ ಏಕ ಮುಖ್ಯಸ್ಥಾಕ ವೆಂಚೂಕಾ. ತಾಣೆ ಏಕ ಮಂತ್ರಿಮಂಡಳ ಕೋರ್ಕಾ. ಮುಖ್ಯಸ್ಥು ಮುಖ್ಯಮಂತ್ರಿ ಜಾತ್ತಾ.

ಭಾರತಾಂತು ಆಸ್ಸೂಚೆ ನಮೂನ್ಯಾಚೆ ಪ್ರಜಾಪ್ರಭುತ್ವಾಂತು ಸಕ್ಕಡಾಂಕಯಿವೈರಿ ಏಕು ಅಧ್ಯಕ್ಷು ಆಸ್ಸ. ಹಾಕ್ಕಾ ರಾಷ್ಟ್ರಪತಿ ಮ್ಹಣ್ತಾತಿ. ಪ್ರತಿಏಕ ರಾಜ್ಯಾಕ ಏಕು ರಾಜ್ಯಪಾಲು ಸಕ್ಕಡಾಂಕಯಿವೈರಿ ಅಸ್ಸೂಚೊ ಪ್ರಭಾರಿ.

ಭಾರತಾಚೆ ರಾಜಭಾರ ಚಲಾಯಿಸುಚಾಕ ಜಾವ್ಕಾ ಜಾಲ್ಲೇಲೆ ಸರಕಾರ ಜನಾನಿ ಚುನಾವಣೆ ಕೋರ್ನುಂಚಿ ರಚನೆ ಜಾತ್ತಾ. ಸಗ್ಳೇ ಭಾರತಾಂತು ಧಾ-ವೀಸ ವಿಧಾನಸಭೇಚೆ ಕ್ಷೇತ್ರ ಒಟ್ಟು ಕೋರ್ನು ಏಕ ಸಂಸದೀಯ ಕ್ಷೇತ್ರ ಕರ್ತಾತಿ.

ಏಕ ರಾಜ್ಯಾಂತು ರಾಜ್ಯಾಚೆ ವಿಸ್ತಾರಾರಿ ಆನಿ ಜನಸಂಖ್ಯೇರಿ ಹೊಂದೂನು ಧಾ-ವೀಸ ಸಂಸದೀಯ ಕ್ಷೇತ್ರ ಆಸ್ತಾತಿ. ಕರ್ನಾಟಕಾಂತು 28 ಸಂಸದೀಯ ಕ್ಷೇತ್ರಂ ಆಸ್ಸಽತಿ. ಸಗ್ಳೇ ಭಾರತಾಂತು 543 ಸಂಸದೀಯ ಕ್ಷೇತ್ರಂ ಆಸ್ಸಽತಿ.

ಸಂಸದೀಯ ಕ್ಷೇತ್ರಾಚೆ ಜನಾನಿ ತಾಂಗೆಲೊ ಸಾಂಸದ ಮ್ಹೋಣು ಏಕ ಉಮೇದುವಾರಾಕ ಚುನಾವ್ ಕೋರ್ಕಾ. ಅತ್ಯಧಿಕ ಮಽತು ಮೆಳ್ಳೇಲೆ ಉಮೇದುವಾರು ವಿಜಯಿಜಾತ್ತಾ. ಸಾಂಸದಾನಿ ತಾಂಗೇಲಿ ಪಾರ್ಟೀಕ ಸರಕಾರ ರಚನೆ ಕೊರೂಂಕ ಪ್ರೋತ್ಸಾಹ ದೀವ್ಕಾ.

ಅತ್ಯಧಿಕ ಸಾಂಸದ ಕೋಣಾಲೆ ಪಾಠೀಬಲಾಕ ರಾಬ್ತಾತಿಕೀ ತಾಕ್ಕಾ ರಾಷ್ಟ್ರಪತಿ ಮಂತ್ರಿಮಂಡಳ ರಚಯಿಸುಚಾಕ ಆಪ್ಪೈತಾ. ಚುನಾವಣೇಚೆ ಫುಡೇಚಿ ಪ್ರತಿ ಏಕು ಉಮೇದುವಾರು ಆಪ್ಪಣ ಅಮ್ಕೆ ಪಾರ್ಟೀಚೊ ಉಮೇದುವಾರು ಮ್ಹೋಣು ಘೋಷಣೆ ಕೋರ್ಯೇತ. ಏಕಯ ಆಪ್ಪಽಣ ನಿರ್ದಳೀಯ ಉಮೇದುವಾರು ಮ್ಹೋಣುಯೀ ಘೋಷಣೆ ಕೋರ್ಯೇತ.

ಖಂಚೇಯಿ ಏಕ ಪಾರ್ಟೀಚೆ ಸಾಂಸದಾಲೆ ಸಂಖ್ಯೆ 273 ಅಥವಾ ತಾಜ್ಜಾಕಯಿ ಚಽಡ ಜಾಲ್ಲ್ಯಾರಿ ತೇ ಪಾರ್ಟೀಕ ಬಹುಮತ ಮೆಳ್ಳೇಂ ಮ್ಹೋಣು

ಅರ್ಥು. ಖಂಚೇಯಿ ಪಾರ್ಟೀಕ ಬಹುಮತು ಮೇಳ್ನಿ ಜಾಲ್ಯಾರಿ ಏಕ ಸಾಮಾನ್ಯ ಕಾರ್ಯಕ್ರಮು ನಿಶ್ಚಯ ಕೋರ್ನು ಅನೇಕ ಪಾರ್ಟೀನೀ ಒಟ್ಟು ಮೇಳ್ನು ಸಂಮಿಶ್ರ ಸರಕಾರ ಘಟನ ಕೋರ್ಯೇತ. 2014 ಇಸ್ವೇಂತು ಜಾಲ್ಲೇಲೆ ಸಂಸದೀಯ ಚುನಾವಣೇಂತು ಭಾರತೀಯ ಜನತಾ ಪಾರ್ಟೀಕ ಬಹುಮತ ಮೆಳ್ಳೆಂ.

ಜಾಲ್ಯಾರಿ ಆನಿ ಕೆಲವು ಪಾರ್ಟೀನಿ ಭಾರತೀಯ ಜನತಾ ಪಾರ್ಟೀಚೆ ಒಟ್ಟು ಮೇಳ್ನು ಏಕ ಸಂಮಿಶ್ರ ಸರಕಾರ ಘಟನ ಕೆಲ್ಲಾಂ. ರಾಷ್ಟ್ರೀಯ ಪ್ರಜಾಪ್ರಭುತ್ವ ಸಂಘ (ನ್ಯಾಶನಲ್ ಡೆಮೊಕ್ರಾಟಿಕ್ ಅಲಾಯೆನ್ಸ್ ಅಥವಾ ಎನ್. ಡೀ. ಏ.) ಮ್ಹೊಣು ಏಕ ಸಾಮಾನ್ಯ ಕಾರ್ಯಕ್ರಮು ಸಿದ್ಧಕೋರ್ನು ಸರಕಾರ ರಚನೆ ಕೆಲ್ಲಾಂ.

ಸಾಂಸದ ತಾಂಗೆಲೆಪೈಕಿ ಏಕ್ಲ್ಯಾಕ ತಾಂಗೆಲೆ ಪಾರ್ಟೀಚೊ ಅಥವಾ ಸಂಘಾಚೊ ಮುಖ್ಯಸ್ಥು ಮ್ಹೊಣು ವೆಂಚೀತಾತಿ. ಸಾಂಸದಾಲೆ ಪಾರ್ಟೀಚೊ ಮುಖ್ಯಸ್ಥಾಕ ರಾಷ್ಟ್ರಪತಿ ಕೇಂದ್ರ ಸರಕಾರ ರಚನೆ ಕೋರೂಂಕ ಆಹ್ವಾನ ದಿತ್ತಾ. ಪ್ರಧಾನ ಮಂತ್ರಿ ತಾಗ್ಗೇಲೆಂ ಏಕ ಮಂತ್ರಿಮಂಡಳ ರಚನೆ ಕರ್ತಾ. ಅಶ್ಶಿ ದೇಶಾಚೆ ಜನಾನಿ ಆಪ್ಣ್ಯಾಲೆ ಸರಕಾರ ದೇಶಾಂತು ಸ್ಥಾಪನೆ ಕೊರ್ಚೆಂ. ಹಾಕ್ಕಾಚಿ ಪ್ರಜಾಪ್ರಭುತ್ವ ಮ್ಹೊಣು ನಾಂವ.

ಭಾರತಾಚೆ ಸಂವಿಧಾನ

ಕ್ರಿ. ಶ. 1946 ಇಸ್ವೇಂತು ಇಂಗ್ಲೇಂಡಾಚೆ ಸರಕಾರಾನ ಕ್ಯಾಬಿನೆಟ್ ಮಿಶನ್ ರೂಪರೇಶಾ (ಪ್ಲಾನ್) ಪ್ರಕಟ ಕೆಲ್ಲೆಂ. ಇಂಡಿಯಾಕ ಸ್ವಾತಂತ್ರ್ಯ ದಿತ್ತsನಾ ಅಖಂಡ ಭಾರತಾಕsಚಿ ದೀವ್ಕಾ ಮ್ಹೊಣು ಇಂಗ್ಲೇಂಡಾಚೊ ಉದ್ದೇಶು ಆಶ್ಶೀಲೊ ಮ್ಹೊಣು ಕ್ಯಾಬಿನೆಟ್ ಮಿಶನ್ನಾನ ಸಾಂಗೀಲೆಂ.

ಕ್ಯಾಬಿನೆಟ್ ಕಮಿಟೀಚೆ ರೂಪರೇಶೇಚೆ ಪ್ರಕಾರ ಇಂಡಿಯಾಂತು ಸಕ್ಕಡ ರಾಜ್ಯಾಚೆ ಪ್ರತಿನಿಧಿ ಸದಸ್ಯ ಜಾವ್ನು ಆಶ್ಶೀಲೆ ಏಕ ಸಂವಿಧಾನ ಪರಿಷತ್ತು ಘಟನ ಕೆಲ್ಲೊ. ಜಾಲ್ಯಾರಿ ಮುಸ್ಲಿಂ ಲೀಗಾನ ತಾಂಗೇಲೆ ಸದಸ್ಯಾಂಕ ಪರಿಷತ್ತಾಂತು ಮೇಳೂಂಕ ಸೋಣಿ.

ಕ್ರಿ. ಶ. 1947 ಇಸ್ವೇಂತು ಜುಲೈ ಏಕ್ಕಾಚೆ (1) ತಾರೀಕೆಕ ಇಂಗ್ಲೇಂಡ್ ಪಾರ್ಲಿಮೆಂಟಾನ 'ಇಂಡಿಯನ್ ಇಂಡಿಪೆಂಡೆನ್ಸ್ ಆಕ್ಟ್' ಜಾರಿ ಕೆಲ್ಲೆಂ. ತೇಚಿ ವರ್ಸ ಆಗೋಸ್ಟ 14 ತಾರೀಕೆಕ ಬ್ರಿಟಿಷ್ ಇಂಡಿಯಾ ಕಾಮನ್ವೆಲ್ತ್ ಸಂಘಟನೇಚೆ ದೋನಿ ಡೊಮಿನಿಯನ್ ದೇಶಂ ಜಾಲ್ಲೀಂತಿ.

ಕಾಮನ್ವೆಲ್ತ್ ಮ್ಹಳ್ಯಾರಿ ಇಂಗ್ಲೇಂಡಾಚೆಂ ಕುಟುಂಬ. ಇಂಗ್ಲೇಂಡಾಚೆಒಟ್ಟು ನಿಕಟ ಸಂಬಂಧು ಆಸ್ಸೂನುಯೀ ಸ್ವತಂತ್ರ ಜಾವ್ನು ಆಶ್ಶೀಲೆ ರಾಷ್ಟ್ರಾಂಕ ಕಾಮನ್ವೆಲ್ತಾಚೆ ಡೊಮಿನಿಯನ್ ರಾಷ್ಟ್ರ ಮ್ಹೊಣು ನಾಂವ. ಕೆನಡಾ ಆನಿ ಆಸ್ಟ್ರೇಲಿಯಾ ಕಾಮನ್ವೆಲ್ತಾಂತು ಡೊಮಿನಿಯನ್ ಜಾವ್ನು ಸ್ವಂತಂತ್ರ ಜಾಲ್ಲೇಲೀಂತಿ.

ಭಾರತ ಆನಿ ಪಾಕಿಸ್ತಾನ ಕಾಮನ್ವೆಲ್ತಾಚೆ 'ಡೊಮಿನಿಯನ್' ಜಾಲ್ಲೀಂತಿ. ಬ್ರಿಟಿಷ್ ರಾಣಿಯೇನ ಹೇ ನವೇ ಡೊಮಿನಿಯನ್ನಾಂಕ ಏಕು ಗವರ್ನರ್ ಜೆನೆರಲ್ಲಾಕ ನಿಯುಕ್ತ ಕೆಲ್ಲೊ.

ಇಂಗ್ಲೆಂಡಾಚೊ ಮೌಂಟಬ್ಯಾಟನ್ ಮ್ಹಳ್ಳೊಲೊ ಸ್ವತಂತ್ರ ಭಾರತಾಚೆ ಡೊಮಿನಿಯನ್ನಾಂಚೊ ಪ್ರಥಮ ಗವರ್ನರ್ ಜೆನೆರಲ್ ಜಾಲ್ಲೊ.

ಭಾರತಾಚೆ ಸಂವಿಧಾನ ತಯ್ಯಾರಿ ಕೊರೂಂಕ ಕಾಂಗ್ರೇಸ್ ಪಾರ್ಟೀನ ಏಕ ಸಮಿತಿ (ಕಮ್ಮಿಟಿ) ಘಟನ ಕೆಲ್ಲೇಲಿ. ತಾಜ್ಜೊ ಅಧ್ಯಕ್ಷು ಜವಾಹರ ಲಾಲ್ ನೆಹರೂ ಜಾಲ್ಲೊಲೊ. ಅಸಫ ಅಲಿ, ಹುಮಾಯೂನ ಕಬೀರ, ಕೇ. ಟೀ. ಶಾ, ಡಿ. ಆರ್. ಗಾಡ್ಗಿಲ್, ಗೋಪಾಲಸ್ವಾಮಿ ಅಯ್ಯಂಗಾರ ಇತ್ಯಾದಿ ಸದಸ್ಯ ಜಾಲ್ಲೇಲೀಂತಿ. ಸಂವಿಧಾನ ತಯ್ಯಾರಿ ಕೆಲ್ಲೊಲೊ ಬೆನೆಗಲ್ ನರಸಿಂಗ ರಾವು (ಬೀ. ಎನ್. ರಾವು). ಹೋ ಏಕು ಸಾರಸ್ವತ ಬ್ರಾಹ್ಮಣು ವಕೀಲು ಜಾವ್ನ ಆಶ್ಶೀಲೊ. ತಾಗ್ಗೇಲಿ ಮಾತೃಭಾಷಾ ಕೊಂಕಣಿ ಜಾವ್ನು ಆಶ್ಶೀಲಿ.

ಸರ್ದಾರ ವಲ್ಲಭಭಾಯಿ ಪಟೇಲಾನ ಪ್ರಿನ್ಸ್ಲೀಸ್ಟೇಟ್ಸಾಚೆ ಪ್ರತಿನಿಧೀಂಕ ಸಮಿತೀಂತು ಭಾಗು ಘೆವ್ಚಾಕ ಅನುಕೂಲ ಕೋರ್ನು ದಿಲ್ಲೆಂ. ಪ್ರಿನ್ಸ್ಲೀಸ್ಟೇಟ್ಸಾಚೆ ರಾಯ್ಯಾಂಕ ಸ್ವಾತಂತ್ರ್ಯ ಮೆಳ್ಯಾರಿ ಕಸ್ಸಲೆಂ ಕೋರ್ಕಾ ಮ್ಹೊಣು ಪಟೇಲಾನ ಸೂಚನ ದಿಲ್ಲಿ. ಸಮಿತೀಂತು ವಿಂಗಡ ಸದಸ್ಯ ಆಶ್ಶೀಲೆ ಜಾಲ್ಯಾರಿಯೀ ಆಮ್ಗೆಲೆ ಸಂವಿಧಾನ ಜವಾಹರಲಾಲ್ ನೆಹರೂಲೆಂ ವಿಚಾರಾಂಚೆ ಆಧಾರಾರಿ ತಯ್ಯಾರಿ ಕೆಲ್ಲೇಲೆ ಮ್ಹೊಣ್ಯೇತ. 1949 ಇಸ್ವೇಂತು ಆಮ್ಗೆಲೆಂ ಸಂವಿಧಾನ ತಯ್ಯಾರ ಕೆಲ್ಲೇಲೆ ಮುಖಂಡಾಚೆಪೈಕಿ ಕೋಣꣳಯೀ ಕ್ರಿ. ಶ. 2015 ಇಸ್ವೇಂತು ಜೀವಂತ ನಾಂತಿ.

ಸಂವಿಧಾನಾಚೆ ಮೂಲಭೂತ ಸಿದ್ಧಾಂತ

ಸ್ವಸ್ತಿ – ಆಮ್ಮೀ ಮ್ಹಳ್ಯಾರಿ ಭಾರತಾಚೆ ಜꣳಣ, ಯಥಾವಿಧಿ ಸಂಕಲ್ಪ ಕೋರ್ನು ಆಮ್ಗೆಲೆ ಹೇಂ ಇಂಡಿಯಾ ಯಾನೆ ಭಾರತ ದೇಶಾಕ ಏಕ ಸಾರ್ವಭೌಮ ಸಮಾಜವಾದೀ ಸೆಕ್ಯುಲರ್ ಲೋಕಸತ್ತಾಚೆ ಪ್ರಜಾಪ್ರಭುತ್ವ ಕೋರ್ನು ಪ್ರತಿ ನಾಗರಿಕಾಕ,

ಸಾಮಾಜಿಕ, ಆರ್ಥಿಕ ಆನಿ ರಾಜಕೀಯ, ನ್ಯಾಯ,

ಚಿಂತನೇಚಿ, ವ್ಯಕ್ತತ್ವಾಚಿ, ನಮ್ಮಣೇಚಿ, ಶ್ರದ್ಧೇಚಿ ಅನಿ ದೇವಾಲಿ ಪೂಜೇಚಿ, ಮುಕ್ತತಾ,

ಸ್ಥಿತೀಚಿ, ಅವಕಾಶಾಚಿ, ಸಮಾನತಾ,

ಆನಿ ಆಮ್ಗೆಲೆ ಮಧ್ಯೆ ಭಾಂದವ್ಯ ಆನಿ ಪ್ರತಿ ವ್ಯಕ್ತೀಲೆಂ ವ್ಹೊಢಪಣ ವಾಢ್ಢೋಚಾಕ, ಆನಿ ದೇಶಾಚಿ ಐಕ್ಯತಾ ಆನಿ ಸುಭದ್ರತಾ ರಾಕ್ಕೂಂಕ,

ಹೇಂ ಸಂವಿದಾನ ಕ್ರಿ. ಶ. 1949 ಇಸ್ವೇಂತು ನವೆಂಬರ 26 ತಾರೀಕೇಕ, ಮ್ಹಳ್ಯಾರಿ ಆಜಿ, ಸ್ವೀಕಾರ ಕೋರ್ನು, ಕಾರ್ಯಗತ ಕೋರ್ನು ಆಮ್ಗೆಲೆ ಹಾತ್ತಾಂತು ಘೆತ್ತಾತಿ.

ರಾಜ್ಯಾಧಿಕಾರಾಚಿ ಶಕ್ತಿ ತೀನಿ ಕಡೇನ ವಂಟೂನು ದಿಲ್ಲಾ ಆನಿ ಹೇ ತೀನಿ ವಿಭಾಗಾನಿ ಅಂತರವಿಭಾಗ ಹಸ್ತಕ್ಷೇಪ ಕೊರೂಂಕ ನಜ್ಜ ಮ್ಹೊಣು

ವ್ಯವಸ್ಥೆ ಸಂವಿಧಾನಾಂತು ಕೆಲ್ಲಾಂ. ಹೀ ತೀನಿ ಶಕ್ತಿ ಮ್ಹಳ್ಯಾರಿ, 1. ವಿಧಾನ ಮಂಡಳ (ಲೆಜಿಸ್ಲೇಚರ್ ಮ್ಹಳ್ಯಾರಿ ಕೇಂದ್ರೀಯ ಸಂಸದ, ಆನಿ ರಾಜ್ಯ ವಿಧಾನಸಭಾ, ಇತ್ಯಾದಿ), 2. ರಾಜಕಾರಿಣೀ (ಎಕ್ಸೆಕ್ಯೂಟೀವ್ ಮ್ಹಳ್ಯಾರಿ ರಾಷ್ಟ್ರಪತಿ, ಗವರ್ನರು, ಪ್ರಧಾನಮಂತ್ರಿ, ಮಂತ್ರಿಮಂಡಳ, ಸರಕಾರೀ ಅಧಿಕಾರಿ, ಇತ್ಯಾದಿ) ಆನಿ 3. ನ್ಯಾಯ ಮಂಡಳ (ಅತ್ಯುಚ್ಚ ನ್ಯಾಯಾಲಯ, ಉಚ್ಚನ್ಯಾಯಾಲಯ, ಇತರ ನ್ಯಾಯಾಲಯ, ತಾಂಗೆಲೆ ನ್ಯಾಯಾಧೀಶ, ಇತ್ಯಾದಿ). ಹೇಂ ತೀನಿ ರಾಜ್ಯವಿಭಾಗಾಂಚೆ ಮಧ್ಯೆ ವಿಯೋಗು ಅಸ್ಸೂಕಾ ಮ್ಹೊಣು ಕಲ್ಪನಾ ಕೋರ್ನು ಸಂವಿಧಾನಾಂತು ಬರ್ರೈಲಾಂ.

ತಶ್ಶಿಜಾವ್ನು ನ್ಯಾಯಾಧೀಶಾಂಕ ಸರಕಾರಾಚೆ ಅಧಿಕಾರಿ, ಸಾಂಸದ, ಮಂತ್ರೀ, ಅಥವಾ ವಿಂಗಡ ಕೋಣsಯಿ ಆದೇಶು, ನಿರ್ದೇಶು, ಸೂಚನಾ, ಬುದ್ಧಿವಾದು, ಗುಪ್ತಸಂವಾದು ಇತ್ಯಾದಿ) ದಿವ್ಚಾಕ ಜಾಯ್ನಾ. ನ್ಯಾಯಮಂಡಳ ಸಂಪೂರ್ಣ ಸ್ವತಂತ್ರ ಮ್ಹಳ್ಳೊಲೊ ವಿಷಯು ಸಂವಿಧಾನಾಚೆ ಮೂಲಭೂತ ಸಿದ್ಧಾಂತಾತು ಆಸ್ಸಕೆಲ್ಲೆಂ ಮ್ಹೊಣು ಸಂವಿಧಾನಾಂತು ಬರ್ರೈಲಾಂ.

ಭಾರತೀಯಾಲಿ ಸಂಸ್ಕೃತಿ ಆನಿ ಧರ್ಮಸಹಿಷ್ಣುತಾ ಆಮ್ಗೇಲೆ ಐಕ್ಯತೇಂತು ಅನೇಕತಾ ದಾಕ್ಕೈತಾ ಆನಿ ಆಮ್ಗೆಲೊ ಹೋ ಗುsಣು ಭಾರತಾಚೆ ಸೆಕ್ಯುಲರಿಸಮ್ಮಾಚೊ ಅಡಿಪಾಯ ಜಾವ್ನು ಆಸ್ಸ ಮ್ಹೊಣು ಸಂವಿಧಾನಾಂತು ಬರ್ರೈಲಾ.

ನ್ಯಾಯು ಅತಿ ಮುಖ್ಯ ವಿಷಯು

ಸಂವಿಧಾನಾನ ಪ್ರತಿಏಕ ನಾಗರಿಕಾಕ ನ್ಯಾಯು ದಿವೈತಾ ಮ್ಹಳ್ಳಾಂ. ಹಾಂತು ಸಾಮಾಜಿಕ ನ್ಯಾಯು ಮ್ಹಳ್ಯಾರಿ ಆರ್ಥಿಕ ಸಮತೋಲನ ಕೋರ್ಚೆ. ವಿಶೇಷತರ ಕಾರ್ಮಿಕ ಲೋಕಾಂಕ ತಾಂಗೆಲೆ ಜೀವನ ಮರ್ಯಾದೇನ ಕಾಡ್ಚೆ ತಶ್ಶಿ ವ್ಯವಸ್ಥೆ ಕೋರ್ಕಾ ಮ್ಹೊಣು ದಿಲ್ಲಾಂ.

ಹೋ ಸಮಾಜವಾದೀಲೊ (ಜವಾಹರಲಾಲ ನೆಹರೂ) ಏಕು ಪ್ರಸ್ತಾವು ಸಂವಿಧಾನಾಂತು ಆಯ್ಲಾ. ಕಾರ್ಮಿಕ ಲೋಕಾಂಕ ಮಾಂತ್ರ ಮರ್ಯಾದೇನ ಜೀವನ ಕಾಡ್ಚೆ ತಶ್ಶಿ ವ್ಯವಸ್ಥೆ ಕೋರ್ಕಾವೇ? ವಿಂಗಡ ದುರ್ಬಳೆ ಆನಿ ಮಧ್ಯಮ ವರ್ಗಾಚೆ ಲೋಕಾಂಲೆಂ ಜೀವನ, ಮರ್ಯಾದೇನ ವೊಚ್ಚಾಕ ನಜ್ಜವೇ? ಮ್ಹೊಣು ಪ್ರಶ್ನೆ ಯೆತ್ತಾ.

ಸಂವಿಧಾನಾಂತು ಸಮಾಜಾಚೆ ದುರ್ಬಳೆ ಲೋಕಾಂಕ ತಾಂಕಾ ಜಾಯಿಜಾಲ್ಲೇಲೆ ಸುವಿಧಾ ದೀವ್ಕಾ ಮ್ಹೊಣು ಸಾಂಗ್ಲಾ. ಪ್ರಜಾಪ್ರಭುತ್ವಾಚೊ ಸಮಾಜವಾದು ದುರ್ಬಳಪಣ, ಅಜ್ಞಾನ, ರೋಗರುಜಿನ ಆನಿ ಅವಕಾಶಾಚಿ ಅಸಮಾನತೆ ದೂರಕೊರೂಂಕ ಪ್ರಯತ್ನ ಕರ್ತಾ. ಸಂವಿಧಾನಾಚೆ ನಿಜಸಿದ್ಧಾಂತಾಚೆ ಆಧಾರಾರಿ ಸಮಾಜವಾದು ಲಾಗು ಕೋರ್ಕಾ ಮ್ಹೊಣು ಅರ್ಥು.

ನ್ಯಾಯು ಏಕ ಹಳ್ಳೇಂತು ಹಳ್ಳೇಚೆ ಜನಾನೀಂಚಿ ಒಟ್ಟು ಮೇಳ್ನು ದೀವ್ಕಾ. ಏಕ ಪಟ್ಟಣಾಂತು ಅಥವಾ ಶಹರಾಂತು ಪೋಲೀಸಾಂಚಾನಿ ನ್ಯಾಯು ದೀವೋಕಾ. ಜಾಂಗ ಪೋಲೀಸ್ ಆಸ್ಸ ಜಾಲ್ಯಾರಿ ಜನಾಂಕ ನ್ಯಾಯು

ಮೆಳ್ತಾ. ಲಂಚಖೋರ ಕ್ರೂರ, ಭ್ರಷ್ಟ ಪೋಲೀಸ್ ಜಾಲ್ಲ್ಯಾರಿ ಜನಾಂಕ ಅನ್ಯಾಯು ಜಾತ್ತಾ.

ಅನರ್ಹ ಪೋಲೀಸಾಂಚೆ ಆಸ್ಸಽ ಜಾಲ್ಲ್ಯಾರಿ ತೇ ಗಾವಾಂತು ಚೋರ ಆನಿ ದರೋಡೆ ಖೋರ, ಕೊಲೆಗಾರ, ಇತ್ಯಾದಿ ದುಷ್ಟ ಲೋಕು ಜನಾಂಕ ಕಷ್ಟ ದಿತ್ತಾತಿ. ತಾಂಕಾ ಪೋಲೀಸಾಂಚಾಲೆ ಭಂಯ್ಯ ಆಸ್ಸಽನಾ. ಪೋಲೀಸಾಂಚೇಚಿ ಚೋರ, ದರೋಡೆ ಖೋರ ಆನಿ ಕೊಲೆಗಾರ ಜಾವ್ನೆ ಆಸ್ಸಽ.

ಡಾ. ಭೀಮರಾವ್ ಅಂಬೇಡ್ಕರಾನ ಸಾಂಗೀಲೆ, 'ಸಂವಿಧಾನ ಚಾಂಗ ಜಾಲ್ಲ್ಯಾರಿ ತೇಂ ಚಲಯಿಸಿತಲೆ ವಾಯಿಟ ಜಾಲ್ಲ್ಯಾರಿ ಜನಾಂಕ ಚಾಂಗ ಸಂವಿಧಾನಾಚೊ ಪ್ರಯೋಜನ ಮೇಳ್ನಾ,' ಮ್ಹೊಣು. ಸರಕಾರಾಚೆ ಮಂತ್ರಿ ಆನಿ ಅಧಿಕಾರಿ ಭ್ರಷ್ಟ ಜಾಲ್ಲ್ಯಾರಿ ಪವಿತ್ರ ಸಂವಿಧಾನಾಂಕ ದೊವ್ರೋನ್ರ್ಯ ಫೇವ್ನ ಕಸ್ಸಽಲೆಂಯಿ ಪರಿಣಾಮ ಜಾಯ್ನಾ.

ಸಂವಿಧಾನ ರಾಕ್ನೂಂಕ ಜಾಯ್ನಾ ಜಾಲ್ಲೇಲೆ ತೆದ್ನಾ ಜನಾನಿ ಗಾಂವು ಸೋಣು ವೊಚ್ಚೆ ಚಾಂಗ. ನ್ಹಂಯಿ ಜಾಲ್ಲ್ಯಾರಿ ಜನಾನಿ ಪೆಸ್ಕಾತಿ, ಕೊಯ್ತಿ, ಬೊಡ್ಡೊ, ಮಚ್ಚೆ, ಘಾತ್ತೋರು ಇತ್ಯಾದಿ ಉಪಯೋಗು ಕೋರ್ಕಾ ಜಾತ್ತಾ. ಭಾರತಾಂತು ಅನೇಕ ಕಡೇನ ಪೋಲೀಸಾಂಚೆ ಚೋರಾಲೆ ಒಟ್ಟು ಮೇಳ್ನು ಜನಾಂಕ ಅನ್ಯಾಯು ಕರ್ತಾತಿ. ತಶ್ಶಿ ಆಸ್ತಽನಾ ಸಂವಿಧಾನ ಕಿತ್ಲೆಂ ಚಾಂಗ ಜಾಲ್ಲ್ಯಾರಿ ಇತ್ತೆಂ ಉಪಯೋಗು?

ಭಾರತೀಯ ಸಂವಿಧಾನಾಂಚಿ ವಿಶೇಷತಾ

ಸಂವಿಧಾನ ಭಾರತೀಯಾಂಕ ಅನ್ಯಾಯು ಜಾಯ್ನಾ ತಶ್ಶಿ ರಾಕ್ಚೆ ಏಕ ಅಸ್ತ್ರ ಜಾವ್ನ ಆಸ್ಸ. ಜಾಲ್ಲ್ಯಾರಿ ತಾಕ್ಕಾ ನ್ಯಾಯ ಮೇಳ್ನಾನಾತ್ತೀಲೆತವಳಿ ತಾಣೆ ನ್ಯಾಯಾಲಯಾಕ ಆಗ್ರಹ ಕೋರ್ಕಾ ಜಾತ್ತಾ. ಸಂವಿಧಾನಾಚಿ ಪ್ರತಿ ಏದ್ರಾಕ ದೊವ್ರೋನ್ರ್ಯ ತಾಕ್ಕಾ ಪೂಜಕೋನ್ರ್ಯ ಮಾಗ್ಲ್ಯಾರಿ ತಾಕ್ಕಾ ನ್ಯಾಯು ಮೇಳ್ನಾ.

ಸಾಮಾನ್ಯಜಾವ್ನ ಸಂವಿಧಾನಾಂತು ಪ್ರಜೇಕ ದಿಲ್ಲೋಲೊ ಸಕ್ಕಡ ಹಕ್ಕು ಪೋಲೀಸಾಂಚಾಕ ಗೊತ್ತು ಆಸ್ನೂಕಾ. ನ್ಯಾಯ ಕೋರ್ಕಾಜಾಲ್ಲೇಲೆ ಸರಕಾರೀ ಅಧಿಕಾರೀನಽಂಚಿ ಜನಾಂಕ ಅನ್ಯಾಯು ಕೆಲ್ಲ್ಯಾರಿ ಸಾಮಾನ್ಯ ಪ್ರಜೇಂಕ ಪ್ರತಿಪಟಿ ನ್ಯಾಯಾಲಯಾಕ ವೊಚ್ಚಾಕ ಜಾತ್ತಽವೇ?

ಸಂವಿಧಾನ ಭಾರತಾಚೆ ವೇದಪುರಾಣ, ಭಗವದ್ಗೀತಾ, ಮಹಾಭಾರತ, ರಾಮಾಯಣ ಇತ್ಯಾದಿ ಆಶ್ಶೀಲ್ಯಾಮ್ಹಣ್ಕೆ ಪರಮಗ್ರಂಥ ಜಾಲ್ಲಾಂ. ಸಂವಿಧಾನಾಂತು ಸಂಶೋಧನ ಕೋರ್ಕಾ ಜಾಲ್ಲ್ಯಾರಿ ಲೋಕಸಭೇಂತು ಆನಿ ರಾಜ್ಯಸಭೇಂತು ಶೇಕಡಾ 75 ಸದಸ್ಯಾನಿ 'ಹೂಂ' ಮ್ಹೊಣ್ಕಾ.

ಲೋಕಸಭೇಚೆ ಸಾಂಸದ ಏಕ ಪಾರ್ಟೀಚೆ ಆನಿ ರಾಜ್ಯಸಭೇಚೆ ಸಾಂಸದ ಆನಿ ಏಕ ಪಾರ್ಟೀಚೆ ಜಾವ್ನ ಆಶ್ಶೀಲೆವೇಳಾರಿ ಸಂಶೋಧನೇಂಚೆ ವಿಧೇಯಕ ಅತ್ಯಧಿಕ ಸಾಂಸದಾಂಕ ಕಬೂಲಾಶ್ಶೀಲೆಂ ಜಾವ್ನ ಆಸ್ಸಜಾಲ್ಲ್ಯಾರಿ ಮಾಂತ್ರ ಸಂವಿಧಾನಾಕ ಬದಲ್ನೂಯೇತ.

ತಾತ್ಪರ್ಯ ಕಸ್ಸಲೆ ಮ್ಹಳ್ಯಾರಿ ಪ್ರಜೇಲೆ ಪ್ರತಿನಿಧಿಂಕಯಿ ಹೋಡ ನ್ಹಂಯಿ ಸಂವಿಧಾನ. ಭಾರತ ಜನ್ಮಾಂಕ ಯೇತದೋನ್ಮುರ್ ಶೆಂಬರೀಕಯಿ ಚಽಡ ವೇಳಾ ಆಮ್ಗೆಲೆ ಸಂವಿಧಾನಾಂತು ಸಂಶೋಧನೆ ಕೆಲ್ಲಾಂ.

ಸಂಶೋಧನೆ ಮ್ಹಳ್ಯಾರಿ ಬದಲಾವಣಿ ಕೊರ್ಚೆ. ಆಶ್ಶೀಲೆ ಕಲಂ ಕಾಡ್ಚೆ ಏಕಯಿ ನಾತ್ತಿಲೆ ಕೂಡಿಸೂಚೆ. ಖಂಚೇಯಿ ಸಂಶೋದನೆ ರಾಜ್ಯಾಂಕ ಸಂಬಂಧುಪಾವೀಲೆ ಜಾಲ್ಲ್ಯಾರಿ 30 ರಾಜ್ಯಾಂಚೆ ಪೈಕಿ 16 ರಾಜ್ಯಾಚೆ ವಿಧಾನಸಭೇಂತು ತೇಂ ಸಂಶೋಧನೆ ಶೇಕಡಾ 75 ಸದಸ್ಯಾನಿ ಕಬೂಲ ಕೋರ್ಕಾ.

ಭಾರತಾಂತು ಕೇಂದ್ರ ಸರಕಾರ ಆನಿ ರಾಜ್ಯಸರಕಾರಂ ಒಟ್ಟು ಮೇಳ್ನು ರಾಜಭಾರ ಕರ್ತಾತಿ. ರಾಜಭಾರಾಚೆ ದೋನಿ ಪಟ್ಟಿ ಆಸ್ಸಽತಿ. ಏಕ ಪಟ್ಟಿ ಕೇಂದ್ರ ಸರಕಾರಾಚಿ ಕಾರಭಾರಾಚಿ ಆನಿ ಏಕಿ ಸಕ್ಕಡ ರಾಜ್ಯಾಂಚೆ ಕಾರಭಾರಾಚಿ ಪಟ್ಟಿ. ದೊಗ್ಗಾಲೆಯಿಂ ಕೆಲವು ರಾಜಭಾರ ಏಕ್ಕಽಚಿ ಪಟ್ಟಿಯೇಂತು ಘಾಲ್ನು ತೇ ಪಟ್ಟಿಯೇಕ ಸಹಯೋಗ (ಕನ್ಕರೆಂಟ್) ಪಟ್ಟಿ ಮ್ಹೊಣು ನಾಂವ ದಿಲ್ಲಾಂ.

ರಾಜ್ಯಾಂಕ ವಿಂಗಽಡ ಸಂವಿಧಾನ ದೊವ್ರೊಚೊ ಅಧಿಕಾರು ನಾ. ಭಾರತಾಂತು ರಾಜ್ಯಾಂಕ ವಿಂಗಽಡ ಸ್ವಾತಂತ್ರ್ಯ ನಾ. ಭಾರತಾಂತು ಖಂಚೇಯಿ ಕಡೆನ ಜನ್ಮಲೊಲೊ ನಾಗರಿಕು ಸಗ್ಳೇ ಭಾರತಾಚೊ ನಾಗರೀಕು ಜಾತ್ತಾ. ನಾಗರಿಕತಾ ಕೇಂದ್ರಸರಕಾರಾಚಿ ಆಪ್ಣ್ಯಾಲಿ ಅನುಭೂತಿ ಜಾವ್ನು ಆಸ್ಸ.

ರಾಜ್ಯಾಂಕ ಜಾವ್ನೊ ನ್ಯಾಯಾಲಯಾಂಕ ಜಾವ್ನೊ ನಾಗರಿಕತೇಚೊ ನಿರ್ಧಾರು ಕೊರ್ಚೊ ಹಕ್ಕು ನಾ. ನಾಗರಿಕತ್ತೇಚೊ ಖಂಚೋಯಿ ಮತಭೇದು ಆಸ್ಸಜಾಲ್ಲ್ಯಾರಿ ತೇಂ ನ್ಯಾಯಾಲಯಾಂತು ಖಟಲೊ ಘಾಲೂಂಕ ಜಾಯ್ನಾ.

ತೋ ಖಟಲೊ ಕೇಂದ್ರ ಸರಕಾರಾಚೆ ನಾಗರಿಕ ಕಾನೂನಾಚೆ (ಸಿಟಿಝನ್ಶಿಪ್ ಆಕ್ಟ್ 1955) ಪ್ರಕಾರ ಇತ್ಯರ್ಥ ಜಾವ್ಕಾ. ಏಕು ಭಾರತಾಚೊ ನಾಗರೀಕು ತೋ ಖಂಚೇಯಿ ರಾಜ್ಯಾಕ ವೊಚ್ಚೊ ತಾಗ್ಗೇಲೆಂ ವಸತಿಸ್ಥಾನ ಭಾರತಾಂತು ಖಂಚೇಯಿ ವಿಂಗಡ ರಾಜ್ಯಾಂತು ಆಸ್ಸ್ಯಾರಿಯಿ ತಾಕ್ಕಾ ಬುನಿಯಾದೀ ನಾಗರಿಕ ಹಕ್ಕು ಪೂರ್ಣ ಪ್ರಾಪ್ತಜಾತ್ತಾ.

ಭಾರತೀಯಾಂಕ ಮುಳಸಾಚೆ ಹಕ್ಕಂ (ಫಂಡಮೆಂಟಲ್ ರೈಟ್ಸ್)

ಮುಳಸಾಚೆ ಹಕ್ಕಂ ಸಾಮಾನ್ಯ ನಾಗರಿಕಾಕ ಸಂವಿಧಾನಾಂತು ಆಸ್ಸಂತಿ. ತಾಕ್ಕಾ ತಾಗ್ಗೇಲಿ ಸ್ಥಿತೀಚಿ, ಅವಕಾಶಾಚಿ, ಸಮಾನತಾ, ಸ್ವತಂತ್ರತಾ, ಚಿಂತನೇಚಿ, ವ್ಯಕ್ತತ್ವಾಚಿ, ನಮ್ಗಣೇಚಿ, ಶ್ರದ್ಧೇಚಿ ಅನಿ ದೇವಾಲಿ ಪೂಜೇಚಿ, ಮುಕ್ತತಾ, ತಾಗ್ಗೇಲಿ ಸ್ವಂತ ಸಂಸ್ಕೃತಿ ಆನಿ ಧರ್ಮು ಪಾಲನೆಕೊರ್ಚಿ ಮುಕ್ತತಾ, ತಾಗ್ಗೇಲೊ ಉದ್ಧಾರು ಆನಿ ಶಿಕ್ಷಣ ಪಾವ್ಚೊ ಅಧಿಕಾರು ಇತ್ಯಾದಿ ತಾಕ್ಕಾ ಮೇಳ್ಕಾ. ಮೇಳ್ನಿಜಾಲ್ಲ್ಯಾರಿ ತಾಣೆ ನಿಮ್ಗೂನು ಘೇವ್ಯೇತ.

ರಾಷ್ಟ್ರಪತೀಕ ಆನಿ ರಾಜ್ಯಾಚೆ ರಾಜ್ಯಪಾಲಾಂಕ ಆನಿ ಸಾಂಸದಾಂಕ ಕೆಲವುರೀತಿಂರಿ ವಿಶೇಷ ಸವಲತ್ತು ಮೆಳ್ತಾತಿ ಮ್ಹಳ್ಯಾರಿ ಕೆಲವು ವಿಷಯಾಂತು ಸಮಾನತಾ ತಾಂಕಾ ಲಾಗೂ ಜಾಯ್ನಾ. ಧರ್ಮು, ವಂಶು, ಜಾತಿ, ಲಿಂಗ ಅನಿ

ಜನ್ಮಸ್ಥಾನಾಂಚೇರಿ ಖಂಚೇಯಿ ನಾಗರಿಕಾಕ ಭೇಧಭಾವು ದಾಕ್ಕೋಚಾಕ ನಜ್ಜ. ಸರಕಾರೀ ಉದ್ಯೋಗಾಂತು ಪ್ರತಿಏಕ ನಾಗರಿಕಾಕ ಸಮಾನ ಸುಸಂಧಿ ಮೆಳೋಕಾ. ಭಾರತಾಂತು ಕೋಣಯಿ ಅಸ್ಪ್ರಶ್ಯ ವ್ಯಕ್ತಿ ನಾ.

ಅಸ್ಪ್ರಶ್ಯತೇಕ ವಿಶೇಷ ಅರ್ಥು ಆಸ್ಸ. ಕೋಣಾಂಕಯೀ ಆಪ್ಪಣಾ ಜಾಲ್ಲ್ಯಾರಿ ತೇಂ ಅಸ್ಪ್ರಶ್ಯತೆ ಜಾಯ್ನಾ. ಜಾತೀಚೆ ಆಧಾರಾರಿ ಖಂಚೇಯಿ ವ್ಯಕ್ತೀಕ ಅಸ್ಪ್ರಶ್ಯ ವ್ಯಕ್ತಿ ಮ್ಹೋಣೂಂಕ ನಜ್ಜ. ಸಂವಿಧಾನಾಂತು ಏಕು ವಿಶೇಷ ಹಕ್ಕು ಆಮ್ಗೆಲೆ ಭಾಷಣಾಂಚೆವ್ಯೆರಿ ಮೆಳ್ತಾ. ಆಮ್ಗೆಲೊ ವಿಚಾರು ಆಮ್ಮಿ ಸಾಂಗೂಯೇತ. ಆಮ್ಮಿ ಒಟ್ಟು ಮೇಳ್ನು ಶಾಂತರೀತಿೀರಿ ಆಮ್ಗೆಲೆ ಸಂಘಟನ, ಪರಿವಾರ, ಪಂಗಡ, ಇತ್ಯಾದಿ ಬಾಂದೂಯೇತ. ವಿಚಾರವಿಮರ್ಶೆ ಕೋಯೇತ.

ಶಾಂತರೀತೀರಿ ಸರಕಾರೀ ಅಥವಾ ಖಾಸಗೀ ಅನ್ಯಾಯಾಚೆ ವಿರುದ್ಧ ಆಂದೋಲನ ಕೋಯೇತ ಮ್ಹೋಣು ಸಂವಿಧಾನಾಂತು ಆಮ್ಕಾ ಮೂಳಸಾಚೊ ಹಕ್ಕು ದಿಲ್ಲಾ. ನಾಗರಿಕಾನಿ ಸಗ್ಳೇ ಭಾರತಾಂತು ಖಂಯಿ ಜಾಲ್ಲ್ಯಾರಿಯೀ ಘಽರ ಕೋರ್ನು ರಾಬ್ಬೂಯೇತ ಆನಿ ಖಂಚೀಯಿ ವೃತ್ತಿ, ನೌಕರೀ, ಏಕಯಿ ವ್ಯಾಪಾರು ಕಾನೂನಾಂಚೆ ಅಂತರ್ಗತ ಜಾಲ್ಲೇಲೆಂ ಕೋಯೇತ.

ಅಸ್ಸಲೆ ಅನೇಕ ಮುಳಸಾಚೆ ಹಕ್ಕಂ ಸಂವಿಧಾನಾನ ಭಾರತೀಯ ನಾಗರೀಕಾಂಕ ದಿಲ್ಲಾಂತಿ. ಹೀ ಮಾಹಿತಿ ಆಮ್ಮಿ ಅರ್ಥುಕೋರ್ನು ಘೇವ್ಕಾ.

ಸಂವಿಧಾನಾಂತು ಸೆಕ್ಯುಲರಿಸಂ

ಆಮ್ಗೆಲೆ ಸಂವಿಧಾನಾನ ಭಾರತಾಕ ಏಕ ಸೆಕ್ಯುಲರ್ ರಾಷ್ಟ್ರ ಮ್ಹೋಣು ಘೋಷಿತ ಕೆಲ್ಲಾಂ. ರಾಷ್ಟ್ರಾಚೊ ಖಂಚೋಯಿ ಧರ್ಮು (ರಿಲಿಜನ್) ಮ್ಹೋಣು ವಿಂಗಽಡ ಸಾಂಗಽನಿ. ಜಾಲ್ಲ್ಯಾರಿ ನಾಗರಿಕಾನಿ ಆಪ್ಣ್ಯಾಲೊ ಧರ್ಮು ಪಾಲನೆ ಪೋಷಣ ಆನಿ ಪ್ರಚಾರ ಕೋಯೇತ. ಅಶ್ಶಿ ಕೆಲ್ಲ್ಯಾರಿ ಅಪರಾಧು ಜಾಯ್ನಾ.

ಕೋಣಾಂಕ ಸ್ವಂತ ಧರ್ಮು ನಾಂಕೀ ತಾಕ್ಕಾ ಮತಭೇಧು ದಾಕ್ಕೋಚಾಕ ನಜ್ಜ. ಧರ್ಮಾಂಚೆ ಬದಲಾಕ ಕೋಣಯಿ ಆಪ್ಣ್ಯಾಲಿ ವಿಂಗಡ ಶ್ರದ್ಧಾ ವ್ಯಕ್ತ ಕೋಯೇತ. ಧರ್ಮಾಂಚೆ ವಿಷಯಾಂತು ವಿಚಾರು ವ್ಯಕ್ತ ಕರ್ತಽನಾ ವಿಂಗಡ ಧರ್ಮಾಂಚಾಕ ಖೇದ ಜಾವ್ಚಾಕ ನಜ್ಜ.

ಆಪ್ಣ್ಯಾಲೊ ಧರ್ಮು ಜಾಲ್ಲ್ಯಾರಿಯೀ ನಿಂದನೆ ಕೆಲ್ಲ್ಯಾರಿ ಇತರ ಲೋಕಾಂಕ ಖೇದ ಜಾವ್ಚೆತಶ್ಶಿ ವಿಚಾರು ಏಕಯಿ ನಿಂದನೆ ಕೋರೂಂಕ ನಜ್ಜ. ಖಂಡನೇಂತು ಏಕ ಮರ್ಯಾದಿ ಆಸ್ಸೂಕಾ. ವಾಯಿಟ ಉತ್ರಂ ಉಲ್ಲೋಚಾಕ ನಜ್ಜ. ಬೇಜಾರು ಜಾವ್ಚೆತಶ್ಶಿ ಭಾಷಣ ದಿವ್ಚಾಕ ನಜ್ಜ. ಆಪ್ಣ್ಯಾಲೆ ಘರಾಚೆ ಭಿತ್ತರಿ ಏಕಾಂತಾಂತು ಕಿತ್ಲೇಂಯಿ ಭಾಷಣ ಕಶ್ಶಿಜಾಯಿತಶ್ಶಿಂ ಕೋಯೇತ. ಜಾಲ್ಲ್ಯಾರಿ ಭಾಯ್ರ ಸರ್ವಾಂಲೆ ಎದ್ರಾಕ ಮುಕ್ತಜಾವ್ನು ಆಪ್ಣ್ಯಾಲೆ ಜಾವ್ಗೊ ದುಸ್ರೊ ಧರ್ಮು ಜಾವ್ಗೊ ಖಂಡನೆ ಆನಿ ನಿಂದನೆ ಕೋರೂಂಕ ನಜ್ಜ. ಹೇ ಅಪರಾಧಾಕ ನ್ಯಾಯಿಕ ಶಿಕ್ಷಾ ಜಾತ್ತಾ.

ಭಾರತಾಚೊ ಪೂರ್ವ ರಾಷ್ಟ್ರಪತಿ ದಿವಂಗತ ಸರ್ವಪಲ್ಲಿ ರಾಧಾಕೃಷ್ಣನ್ನಾನ ತಾಗ್ಗೇಲೆ ಪುಸ್ತಕ 'ರಿಕವರಿ ಆಫ್ ಫೇತ್' ಹಾಂತು ಭಾರತಾಚೆ ಸೆಕ್ಯುಲರಿಸಂ ಬಗ್ಗೆ ಅಶ್ಶಿ ಬರ್ರೈಲಾ, 'ಭಾರತಾಚೆ ಸೆಕ್ಯುಲರಿಸಂ ಖಂಚೇಯಿ ಏಕ ಧರ್ಮಾಂಕ ಚಾಂಗ ಏಕಯಿ ವಾಯಿಟ ಮ್ಹೋಣು ಸಾಂಗಽನಾ. ಕೋಣಯಿ ಧರ್ಮಾಂಕ ಪಾಲನೆ ಕೊರೂಂಕ ನಜ್ಜ ಮ್ಹಣಾ. ಧರ್ಮು ನಾತ್ತೀಲೊ ಮನೀಷು ಚಾಂಗು ಮ್ಹಣಾ ಏಕಯಿ ಆಶ್ಶೀಲೊ ಮನೀಷು ವಾಯಿಟು ಮ್ಹಣಾ. ಆಮ್ಮಿ ಸೆಕ್ಯುಲರಿಸಮ್ಮಾಂಕ ಏಕು ಧರ್ಮು ಮ್ಹೋಣು ಸಾಂಗಽನಿ. ಆಮ್ಮಿ ಆಮ್ಗೆಲೆ ರಾಷ್ಟ್ರಽಚಿ ಏಕು ದೇವು ಮ್ಹೋಣು ಸಾಂಗನಾ. ದೇವಾಕಯಿ ರಾಷ್ಟ್ರ ಹೋಡ ನ್ಹಂಯಿ. ರಾಷ್ಟ್ರಾಕಯಿ ದೇವು ಸಾನ ನ್ಹಂಯಿ. ಸಾನಹೋಡ್ಡಾಚೆ ಪ್ರಶ್ನೆ ರಾಷ್ಟ್ರಾಚೆ ಆನಿ ದೇವಾಲೆ ಮಧ್ಯೆ ಯೇನಾ. ಆಮ್ಗೇಲೆ ದೇಶಾಂತು ಕಿತ್ಲೇಯಿ ಧರ್ಮ ಆನಿ ಮಽತ, ನಂಬಿಗಾ, ಇತ್ಯಾದಿ ಆಸ್ಸೋೀ ತಾಂಕಾ ಖಂಚೇಯಿ ವಿಶೇಷ ಸ್ಥಾನಮಾನ ಮೇಳ್ಳಾ. ಆಮ್ಮಿ ಖಂಚೇಯಿ ಏಕ ಮತಾಕ ಅಥವಾ ಧರ್ಮಾಂಕ ಹೋಡು ಸಾನ ಮ್ಹೋಣು ವ್ಯತ್ಯಾಸು ಕರ್ನಾಂತಿ. ಭಾರತಾಚೆ ಸಂವಿಧಾನ ಧರ್ಮಾಂಚೆ ಬಗ್ಗೆ ಪಕ್ಷಪಾತು ಜಾವ್ನೊ, ಸಮರ್ಥೀಚೊ ಭೇಧಭಾವು ಜಾವ್ನೊ, ಸಹಿಸೂಂಚಾಂತು ವ್ಯತ್ಯಾಸು ಜಾವ್ನೊ ಕಽರ್ನಾ,' ಮ್ಹೋಣು.

ಭಾರತಾಚೆ ಸೆಕ್ಯುಲರಿಸಮ್ಮಾಂಚೆ ರೂಪ ಸಗ್ಳೇ ಜಗತ್ತ್ಯಾಂತು ಖಂಯ್ಯೀ ವಿಂಗಡ ದೇಶಾಂತು ನಾತ್ತೀಲೆ ರೂಪ. ಭಾರತಾಚೆ ಸಂವಿಧಾನ ಆನಿ ತಾಂತೂಲೊ ಸೆಕ್ಯುಲರಿಸಮ್ಮಾಂಚೊ ಧ್ಯೇಯು ಪ್ರತಿಏಕ ದೇಶಾನ ಪಾಲನೆ ಕೆಲ್ಲ್ಯಾರಿ ಜಗತ್ತ್ಯಾಂತು ಯುದ್ಧ ಆನಿ ಅಶಾಂತಿ ಜಾಯ್ನಾ.

ಸೆಕ್ಯುಲರಿಸಮ್ಮಾಂಚಿ ಉಪಲಬ್ಧಿ

ಸೆಕ್ಯುಲರಿಸಂ ಆಚರಣ ಕರ್ತಽನಾ ಭಾರತಾಚೆ ನಾಗರಿಕಾಂಕ ಅನೇಕ ವಿಷಯಾಂತು ಲಾಭ ಜಾಲ್ಲಾ. ಧರ್ಮಾಚಿ ಸಮಾನತೇಚೆ ಒಟ್ಟು ಬಾಕಿ ವಿಷಯಾಂತು ಸಮಾನತಾ ಯೆತ್ತಾ. ಜಾತಿಭೇಧ, ಮತಭೇಧ ಲಿಂಗಭೇಧ, ಜನ್ಮಸ್ಥಳ ಬೇಧ ಇತ್ಯಾದಿ ಭೇಧಾನಿ ನಾಗರಿಕಾಲೆ ಸುಖಸಂತೋಷಾಂತು ಕೋಣಽಯಿ ದಖಲ ದಿವ್ಚಾಕ ಜಾಯ್ನಾ. ಕೋಣಾಕಯೀ ಭಾಷಣ ಕೊರೂಂಕ ಆನಿ ವೈಯಕ್ತಿಕ ವಿಚಾರು ವ್ಯಕ್ತ ಕೊರೂಂಕ ಸ್ವಾತಂತ್ರ್ಯ ಆಶ್ಶೀಲೆ ನಿಮ್ತಿ ಧರ್ಮಾಂಚೆ ಬಗ್ಗೆ ಮಾಂತ್ರ ನ್ಹಂಯಿ ವಿಂಗಡ ವಿಷಯಾಲೆ ಬಗ್ಗೆ ಭಾಷಣ ಕೊರೂಂಕ ವಿಚಾರು ವ್ಯಕ್ತ ಕೊರೂಂಕ ಸಂವಿಧಾನಾನ ಸ್ವಾತಂತ್ರ್ಯ ದಿಲ್ಲಾಂ.

ಆಮ್ಗೆಲೊ ಧರ್ಮು ಆಮ್ಮಿ ಭಂಯನಾತ್ತೀಲೆಂ ಆಚರಣೆ ಕೋರ್ಯೇತ ಮ್ಹಳ್ಯಾರಿ ವಿಂಗಡ ಕಾನೂನು ಮೋಡನಾನಾತ್ತೀಲೆ ಕೋರ್ಯೇತ. ಧರ್ಮುಪಾಲನೆ ಕರ್ತಾಮ್ಹೋಣು ಖಂಚೇಯಿ ಕಾನೂನು ಮೋಡ್ಚೆಕಾಮ ಕೊರೂಂಕ ನಜ್ಜ. ಉದಾಹರಣೇಂಕ ಧರ್ಮಾಚೆ ನಾಂವಾರಿ ದೇವಾಕ ಮನೀಷು ಬಽಲಿ ದಿತ್ತಾಂ ಮ್ಹೋಣು ಜಿವ್ವಿ ಮಾರ್ಲ್ಯಾರಿ ತೇಂ ಜಾಯ್ನಾ. ಖೂನಿ ಕೊರ್ಚೆಂ ಏಕ ಹೋಡ ಪಾತಕ.

ಪ್ರತಿ ಏಕ ರಾಜ್ಯಾಚೆ ಸರಕಾರಾನ ಸಾಮಾಜಿಕ ನ್ಯಾಯ ಸಕ್ಕಡಾಂಕಯಿ ಏಕರೀತೀರಿ ಪ್ರದಾನ ಕೋರ್ಕಾ. ಸಂವಿಧಾನಾಂಚಿ ಉಪಲಬ್ಧಿ ಲೇಕಮೀತಿನಾತ್ತಿಲಿತ್ತಿಲ್ಲಿ ಆಸ್ಸ. ಭಾರತಾಚೆ ಸಂವಿಧಾನ ಏಕ ವಿಶೇಷಜ್ಞಾನ, 'ಸೆಕ್ಯುಲರಿಸಂ ಮ್ಹಳ್ಳೇಲೆ ಶಬ್ಧಾಕ ಅರ್ಥು ಯೇವ್ಕಾಜಾಲ್ಯಾರಿ ಸೆಕ್ಯುಲರ್ ರಿಪಬ್ಲಿಕ್ ಮ್ಹೋಣ್ಕಾ' ಮ್ಹೊಣು ಬರ್ರೈಲಾ. ಜಾಲ್ಯಾರಿ ಸೆಕ್ಯುಲರ್ ರಿಪಬ್ಲಿಕ್ ಮ್ಹಳ್ಯಾರಿ ನಾಸ್ತಿಕ ರಿಪಬ್ಲಿಕ್ ಮ್ಹೊಣು ಅರ್ಥು ಜಾಯ್ನಾ.

ಗೋವಧೆ ಸಂವಿಧಾನಾಂತು ನಿಷೇಧ ಜಾಲ್ಲಾಂ

ಸಂವಿಧಾನಾಂಚೆ ಕಲಂ 48 ಹಾಜ್ಜೆ ಪ್ರಕಾರ, ರಾಷ್ಟ್ರಾನ ಶೇತಕರೀಕ ಆನಿ ಪ್ರಾಣಿ ಸಂರಕ್ಷಣಾಕ ಆಧುನಿಕ ಆನಿ ವಿಜ್ಞಾನಾಚೆ ವಿಧಾನಾರಿ ಪ್ರಬಂಧ ಕೋರ್ನು ಗೊರ್ವಾಂಲೀ ಜಾತಕುಳಿ ರಾಕ್ಕೂಂಕಾ ಆನಿ ವಂಶ ಸುಧಾರಣೆ ಕೋರ್ಕಾ. ಹಾಜ್ಜೆಕತಿರ ಗಾಂಯೀಂಕ ಆನಿ ವಾಸ್ರಾಂಕ ಆನಿ ಇತರ ದೂಧದಿತ್ತsಲೆ ಗೊರ್ವಾಂಕ ಕಾತ್ತೋರ್ಚೆ ನಿಶಿದ್ಧ ಕೋರ್ಕಾ ಮ್ಹೊಣು ಆಸ್ಸ.

ದಲಿತಾಂಕ ಜಾಗೊಧೊರ್ಚೊ ಕಾಯ್ದೊ

ಭಾರತಾಚೆ ಸಂವಿಧಾನಾಂತು ಪ್ರತಿ ಏಕ ನಾಗರಿಕಾಕ ಸಮಾನತೆ ದಿತ್ತಾತಿ ಮ್ಹೊಣು ಸಾಂಗ್ಲಾ ಜಾಲ್ಯಾರಿ ಏಕಿ ಅಸಮಾನತೆ ಮಾಂತ್ರ ಆಮ್ಗೆಲೆ ದೋಳ್ಯಾಕ ಮಾರ್ತಾ. ತೀ ಅಸಮಾನತೆ ದಲಿತಾಂಕ ಜಾಗೊಧೋರ್ಚೊ ಕಾಯ್ದೊ. ಹೇ ಕಾಯ್ದೆ ಪ್ರಕಾರ ಪರಿಶಿಷ್ಟ ಜಾತಿ (ಎಸ್. ಸೀ.) ಆನಿ ಪರಿಶಿಷ್ಟ ಪಂಗಡ (ಎಸ್. ಟೀ.) ಹಾಂತು ಜನ್ಮಾಂಕ ಆಯ್ಯೀಲ್ಯಾಂಕ ಕಾಲೇಜಾಂತು ಆನಿ ಸರಕಾರೀ ನೌಕರೀಂತು ಜಾಗೊಧೋರ್ಕಾ ಮ್ಹೊಣು ಸಾಂಗ್ಲಾ.

ಮಾಗ್ಗೀರಿ 1990 ಇಸ್ವೇಂತು ಅಪರ ಮಾಕ್ಷಿಪಳ್ಳೇಲೆ ವರ್ಗಂ (ಅದರ್ ಬ್ಯಾಕ್ವರ್ಡ ಕ್ಲಾಸ್ಸೆಸ್, ಓ. ಬೀ. ಸೀ.) ಮ್ಹೊಣು ಆನಿ ಏಕ ಪಂಗಡಾಕ ಸಂವಿಧಾನಾಂತು ಗುರ್ತು ಕೆಲ್ಲೊ. ಹಾಂಕಾಂಯೀ ಜಾಗೊಧೊರ್ಚೊ ಕಾಯ್ದೊ ಲಾಗು ಜಾತ್ತಾ. ಅಶ್ಶೀ ಆಮ್ಗೆಲೆ ಸಂವಿಧಾನ ದೇವು ನ್ಹಂಯಿ ಜಾಲ್ಯಾರಿ ಇತ್ತೆಂ? ಪರಿಶಿಷ್ಟ ಜಾತಿ ಆನಿ ವರ್ಗ ಆನಿ ಓ. ಬೀ. ಸೀ. ಜನಾಂಕ ಮಾಂವು ಜಾಲ್ಲಾಂ. ಸಮಾನತೆ ದಿತ್ತಾತಿ ಮ್ಹೊಣು ಸಾಂಗೂನು ಹೀ ಏಕ ಅಸಮಾನತೆ ಕಾಯಂ ಕೆಲ್ಯಾ. ಜಾಲ್ಯಾರಿ ಅಸ್ಸಲೆಂ ಜಾಗೊಧೊರ್ಚೊ ಕಾಯ್ದೆಂ ಆಮ್ಗೆಲೆ ದೇಶಾಂತು ಅಗತ್ಯ ಆಸ್ಸs. ಹಾಜ್ಜೆ ನಿಮ್ಮಿ ಮಾಕ್ಷಿಪಳ್ಳೇಲೆ ಜನಾಂಕ ಮ್ಹಳ್ಯಾರಿ ದಲಿತಾಂಕ ವೈರಿ ಪೊಡ್ಚಾಕ ಏಕು ಅವಕಾಶು ಮೆಳ್ತಾ.

ಕ್ರಿ. ಶ. 1931 ಇಸ್ವೇಂತು ಕೇಂದ್ರೀಯ (ಇಂಪೀರಿಯಲ್) ಶಾಸನ ಸಭೇಕ ಆನಿ ಪ್ರಾಂತೀಯ ಶಾಸನ ಸಭೇಕ ಚುನಾವಣೆ ಕೋರ್ಕಾ ಜಾಲ್ಯಾರಿ ತೆದ್ದೋಳು ತಾಂಯ ಆಶ್ಶೀಲೆ ಮತದಾರಾಲಿ ಪಟ್ಟಿ ಪುನಃಪರಿಶೀಲನ ಕೋರ್ಕಾ ಪಳ್ಳೆಂ. ತೇದ್ನಾ ಇಂಗ್ಲೀಷ್ ಸರಕಾರಾನ 'ದಲಿತ ವರ್ಗ' (ಡಿಪ್ರೆಸ್ಡ ಕ್ಲಾಸ್ಸಸ್) ಮ್ಹೊಣು ಏಕ ನವೇಂಚಿ ಮತದಾರಾಲೆಂ ವರ್ಗ ಕೋರ್ನು ತಾಂಗೆಲೊ ಪ್ರತಿನಿಧಿ ವಿಂಗsಡ ಜಾವ್ಕಾ ಮ್ಹೊಣು ಕಾಯ್ದೊ ಜಾರಿ ಕೆಲ್ಲೊ.

ಮಹಾತ್ಮಾ ಗಾಂಧೀನ ಹೋ ಕಾಯ್ದೊ ಇಂಡಿಯಾಚೆ ಜನಾಂಲೆ ಮಧ್ಯೆ ಭೇಧು ವೊಪ್ಣೆಕತಿರ ಕರ್ತಾತಿ. ಹೋ ಕಾಯ್ದೊ ವೋಪಾಸ ಘೇವ್ಕಾ ಮ್ಹೊಣು ಉಪವಾಸ ಸತ್ಯಾಗ್ರಹ ಕೆಲ್ಲೆಂ. ಉಪವಾಸು ತಿನ್ನೀಚೆ ದಿಸಾಕ ಯೆತ್ತsನಾ ಗಾಂಧೀ ಮಾಮು ಭಾರೀ ಕ್ಷೀಣ ಜಾಲ್ಲೊ.

ತೆದ್ನಾ ದಲಿತಾಲೆ ಮುಖಂಡಾನಿ ಒಟ್ಟು ಮೇಳ್ನು ದಿಲ್ಲೀಂತು ಬ್ರಿಟಿಷ್ ಸರಕಾರಾಚೆ ವೈಸ್ರಾಯ್ಯಾಕ ಏಕ ಪತ್ರ ಬೊರೋನು, 'ಆಮ್ಕಾ ತೋ ಕಾಯ್ದೊ ನಾಕ್ಕಾ,' ಮ್ಹೊಣು ಸಾಂಗ್ಲೆ. ತೆದ್ನಾ ಗಾಂಧೀ ಮಾಮ್ಮಾನ ಉಪವಾಸು ರಾಬ್ಬೈಲೊ.

ದಲಿತ ವರ್ಗಾಕ ಬ್ರಿಟಿಷ್ ಸರಕಾರಾನ ಮತದಾರಾಲಿ ಪಟ್ಟಿ ವಿಂಗಡಿ ಕರ್ತಾ ಮ್ಹಳ್ಳೇಲೆ ಮಾಂತ್ರ. ತಾನ್ನಿ ದಲಿತಾಂಕ ಜಾಗೊಧೋರ್ನು ಶಿಕ್ಷಣಾಂತು ಆನಿ ಸರಕಾರೀ ನೌಕರೀಂತು ಆದ್ಯತೆ ದಿತ್ತಾ ಮ್ಹಳ್ಳೇಲೆ ನಾ. ತಶ್ಶಿ ಜಾವ್ನು ಇಂಡಿಯಾಂತು ಸ್ವತಂತ್ರ ಸರಕಾರ ಯೆವ್ವೊತಾಂಯಿ ಜಾಗೊಧೊರ್ಚೊ ಕಾಯ್ದೊ ಜಾರಿ ಜಾಯ್ನಿ. ಸಂವಿಧಾನ ತಯ್ಯಾರಿ ಕೊರ್ಚೆ ಸಮಿತೀಚೊ ಅಧ್ಯಕ್ಷು ಭೀಮರಾವ್ ಅಂಬೇಡ್ಕರ್ ಮಾಮು ಜಾವ್ನು ಆಶ್ಶೀಲೊ. ತಾಕ್ಕಾ ದಲಿತಾಂಕ ಉದ್ಧಾರ ಕೋರ್ಕಾ ಜಾಲ್ಯ್ಯಾರಿ ತಾಂಕಾ ಜಾಗೊಧರ್ಲೆಶಿವಾಯಿ ಜಾಯ್ನಾ ಮ್ಹೊಣು ದಿಶ್ಶೀಲೆಂ.

ತಾಣಿ ಸಂವಿಧಾನಾಂತು ಏಕ ಕಲಂ ಘಾಲ್ನು ಪರಿಶಿಷ್ಟ ಜಾತಿ ಆನಿ ಪಂಗಡಾಂಕ ಜಾಗೊಧೊರ್ಚೆಂ ಪದ್ಧತಿ ಆಸ್ಸಕೆಲ್ಲಿ. ಹೀ ಪದ್ಧತಿ ಧಾ ವರ್ಸ ಮಾಂತ್ರ ಚಾಲು ಆಸ್ಲ್ಯಾರಿ ಪೂರೊ ಮ್ಹೊಣು ಧಾ ವರ್ಸ ನಂತರ ಪರಸ್ಥಿತಿ ಪೋಳೋನು ಹೋ ಕಾಯ್ದೊ ಕಾಣುಡ್ಡೋಕಾ ಮ್ಹಳ್ಳೆಂ.

ದಲಿತಾಂಲೆ ಸಾಮರ್ಥ್ಯ ಚುನಾವಣೇಂತು ದಿಸ್ತಾ.

ಪರಿಶಿಷ್ಟ ಜಾತಿ ಆನಿ ಪಂಗಡಾಚಾಲೆಂ ಜನಸಂಖ್ಯೆ ಸಲ್ಪಕಡೇನ ಶೇಕಡಾ 50 ತಾಂಯಿ ಆಸ್ಸ. ಅರುಣಾಚಲ ಪ್ರದೇಶಾಂತು ಸಕ್ಕಡ ಜsಣ ಪರಿಶಿಷ್ಟ ಪಂಗಡಾಚೆ ಜಾವ್ನು ಆಸ್ಸsತಿ. ಸ್ವತಂತ್ರ ಭಾರತಾಂತು ದಲಿತಾಲೊ ವೋಟು ಖಂಚೆ ಪಾರ್ಟೀಕ ಮೆಳ್ತಕೀ ತೀ ಪಾರ್ಟಿ ಸರಕಾರ ಕರ್ತಾ ಮ್ಹೊಣ್ಯೇತ.

ಕಾನೂನು ಆನಿ ಕಾಯ್ದೆ ಕರ್ತನಾ ಆನಿ ಸಂವಿಧಾನಾಂತು ಸಂಶೋಧನೆ ಕರ್ತsನಾ ದಲಿತಾನಿ ಒಪ್ಪಿಗೆ ದೀನಾ ಜಾಲ್ಯ್ಯಾರಿ ಚsಲ್ನಾ. ತೇ ನಂತಾ ಖಂಚೇಯಿ ರಾಜಕೀಯ ಪಾರ್ಟೀನ ದಲಿತಾಂಲೆ ಇಚ್ಛೇಚೆ ಪ್ರಕಾರ ಚsಲ್ನಾ ಜಾಲ್ಯ್ಯಾರಿ ತಾಂಕಾ ಮುಕಾರ್ಚೆ ಚುನಾವಣೇಂತು ಸೋಲು ಜಾವ್ಚೆಂ ಖಂಡಿತ.

ಜಾಗೊಧೊರ್ಚೊ ಕಾಯ್ದೊ ಜಾರಿ ಕೆಲ್ಲೆಲೆ ಧಾ ವರ್ಸ ನಂತರ ರಾಬ್ಬೋಚಾಕ ದಲಿತ ಸಾಂಸದ ಒಪ್ಪsನೀಂತಿ. ಆನ್ನಿ ಮುಕಾರಿ ಧಾ ವರ್ಸಾಚೊ ಗಡುವು ನಾಕ್ಕಾ ಮ್ಹೊಣು ಏಕ ವಿಧೇಯಕ ಸಂಸದಾಂತು ಜಾರಿಕೋರ್ನು ಜಾಗೊಧೊರ್ಚೊ ಕಾಯ್ದೋ ಕಾಯಂ ಕೆಲ್ಲಾ. ದಲಿತ ಲೋಕಾಂಕ ಹೋ ಕಾಯ್ದೊ ಆವಶ್ಯಕ ನಾ ಮ್ಹೊಣು ಚಾಪ್ಚಿ ಸಾಧ್ಯತೆ ದಿಸ್ಸsನಾ.

ಭ್ರಾಹ್ಮಣ ಆನಿ ಇತರ ವೈಲೆ ಜಾತೀಂಚಾಲೆಂ ಭಾಗ್ಯ

ಭಾರತಾಕ ಸ್ವಾತಂತ್ರ್ಯ ಮೇಳ್ಳ್ನು 2015 ಇಸ್ವೇಂತು 68 ವರ್ಸ ಜಾಲ್ಲೀಂತಿ. 1962 ಇಸ್ವೇಚೆ ವೇಳಾರಿ ಕಾಲೇಜಾಕ ಪ್ರವೇಶ ಜಾವ್ಕಾ ಜಾಲ್ಲೇಲೆ ಬ್ರಾಹ್ಮಣ ಆನಿ ಇತರ ಉಚ್ಚ ಜಾತೀಚೆ ಯುವಕಾಂಕ ಜಾಗೊಧೊರ್ಚೆ ಕಾಯ್ದೇಚೊ ಅನುಭವು ಜಾಲ್ಲಾ. ಸರಕಾರೀ ನೌಕರೀ ಆತ್ತ ಬ್ರಾಹ್ಮಣಾದಿ ಜಾತಿಚಾಂಕ ಮೇಳ್ನಾ ಮ್ಹೊಣು ತಾನ್ನಿ ಅರ್ಜೀಚಿ ಘಾಲ್ನಾಂತಿ. ಸರಕಾರೇತರ ನೌಕರೀಂತು ಮಾಂತ್ರ ಬ್ರಾಹ್ಮಣಾದಿ ಜಾತಿಚಾಂಕ ಆತ್ತ ಕಾಮ ಮೆಳ್ಚೊ ಅವಕಾಶು ಆಸ್ಸ. ಬ್ರಾಹ್ಮಣಾದೀನಿ ವ್ಯಾಪಾರು ಕೋರ್ಯೆತ. ಖಾಸಗೀ ಉದ್ಯೋಗು ಕೋರ್ಯೆತ.

ಖಾಸಗೀ ಕಾಲೇಜಾಂತು ಬ್ರಾಹ್ಮಣೇತರಾಂಕ ನೌಕರೀ ಮೆಳ್ತಾ. ಬ್ರಾಹ್ಮಣಾದಿ ಜಾತಿಚಾಂಕ ಜೀವನಾಂಶಾಕ ವಿಂಗಡ ಅನೇಕ ಅವಕಾಶು ಆಸ್ಸಽತಿ. ಜಾಗೊದೊರ್ಚೆ ಕಾನೂನಾನಿ ಘೋಡೇಂಚಿ ಆಪತ್ತೀ ಜಾಲ್ಲ್ಯಾ. ಬ್ರಾಹ್ಮಣ ಲೋಕಾನಿ ಜಾಗೊಧೊರ್ಚೆ ಪದ್ಧತೀಕ ವಿರೋಧ ಕರ್ನಿ. 'ತುಮ್ಕಾ ಜಾಗೊಧೋರ್ಕಾವೆ?' ಮ್ಹೊಣು ಬ್ರಾಹ್ಮಣಾಂಕ ನಿಮ್ಗಿಲ್ಯಾರಿ, 'ನಾಕ್ಕಾ' ಮ್ಹಣ್ತಲೇಚಿ ಚಽಡ ಮೆಳ್ತಲೇತಿ.

ಗೌಡ ಸಾರಸ್ವತ ಬ್ರಾಹ್ಮಣ (ಗೌಸಾಬ್ರಾ) ಜಾತೀಚಾಂತು ಘೂಢೆ ಧೋರ್ನು ಅನೇಕ ದುರ್ಬಳೆ ಲೋಕು ಆಸ್ಸಽತಿ. ಜಾಲ್ಲ್ಯಾರಿ ಆಮ್ಕಾ 'ಮಾಕ್ಷಿ ಪಳ್ಳೇಲೆ ಜಽಣ' (ಬ್ಯಾಕ್ವಡ್ ಕ್ಲಾಸ್ಸಸ್) ಮ್ಹೊಣು ಲೆಕ್ಕಾಕ ಘೇವ್ಕಾ ಮ್ಹೊಣು ಆಮ್ಮಿ ಸಾಂಗಽನಾಂತಿ. ಆಮ್ಮಿ ಗೌಸಾಬ್ರಾ ಜಽಣ ಮಾಕ್ಷಿ ಪಳ್ಳೆಲೆ ಲೋಕು ನ್ಹಂಯಿ. ಆಮ್ಕಾ ಮಾಕ್ಷಿ ಪಳ್ಳೇಲೆ ಜಽಣ ಮ್ಹೊಣು ಜಾಗೊಧೊರ್ಚೊ ಸವಲತ್ತು ನಾಕ್ಕಾ. ಗೌಸಾಬ್ರಾ ಜಽಣ 'ಮುಖೇಲ ಜಽಣ' ಜಾವ್ನು ಆಸ್ಸಽತಿ.

ದುಡ್ಡು ಆಶ್ಶೀಲೆ, ಭೂಂಯಿ ಆನಿ ಘಽರ ಬಂಗ್ಲೊ ಇತ್ಯಾದಿ ಆಶ್ಶೀಲೆ ಶ್ರೀಮಂತ ಪರಿಶಿಷ್ಟ ಜಾತೀಚೆ ಲೋಕು ಜಾಗೊಧೋರ್ನು ಘೆತ್ತಾತಿ. ಖಂಚೇಯಿ ಸೆಕ್ಯುಲರ್ ಪಾರ್ಟೀನ ಸಂವಿಧಾನಾಂಚೆ ಪ್ರಮಾಣ ಮುಸ್ಲಿಮ್ಮಾಂಕ ಜಾವ್ವೋ ಆನಿಏಕ ಜನಾಂಕ ಜಾವ್ವೋ ಪಕ್ಷಪಾತು ಕೋರ್ನು ಹಿಂದೂಂಕಯಿ ಚಽಡ ಸರಕಾರೀ ಸವಲತ್ತು ದಿಲ್ಲ್ಯಾರಿ ತೀ ಪಾರ್ಟಿ ಸೆಕ್ಯುಲರ್ ಮ್ಹೊಣು ಸಾಂಗೂನು ಘೇವ್ಚಾಕ ಜಾಯ್ನಾ. ಸುಪ್ರೀಂ ಕೋರ್ಟಾನ ಮುಸ್ಲಿಮ್ಮಾಂಕ ಜಾಗೊಧೊರ್ಚೊ ಖಂಚೋಯಿ ಕಾನೂನ ಲಾವ್ಚಾಕ ಜಾಯ್ನಾ ಮ್ಹೊಣು ತೀರ್ಪು ದಿಲ್ಲಾ. ಕಾಂಗ್ರೆಸ್ಸಾಲೆ ಧಾ ವರ್ಸಾಚೆ ಸರಕಾರ ಮುಗ್ದೂನು 2014 ಇಸ್ವೇಂತು ಭಾರತೀಯ ಜನತಾ ಪಾರ್ಟೀಚೆ (ಭಾಜಪಾ) ಸರಕಾರ ಕೇಂದ್ರಾಂತು ಅಧಿಕಾರಾಂತು ಆಯ್ಲಾ. ಭಾಜಪಾ ಸರಕಾರಾಚೊ ಧ್ಯೇಯು 'ಸಬಕಾ ಸಾಥ ಸಬಕಾ ವಿಕಾಸ' ಮ್ಹಳ್ಳೊಲೊ ಸೆಕ್ಯುಲರ್ ಜಾವ್ನು ಆಸ್ಸ.

ಅಧ್ಯಾಯು 11

ಸಮಾರೋಪ

ಭಾರತಾಂತು ಸೆಕ್ಯುಲರಿಸಂ ಏಕ ಚರ್ಚೇಚೊ ವಿಷಯು ಜಾಲ್ಲಾ. ಕಾಂಗ್ರೆಸ್ ಪಾರ್ಟೀನ ಸೆಕ್ಯುಲರಿಸಂ ಮ್ಹಳ್ಯಾರಿ ಮುಸ್ಲಿಮ್ಮಾಂಕ ಸರಕಾರಾಚೆತರ್ಫೇನ ಧರ್ಮಾಂಕ ದಿವ್ಚೊ ಸವಲತ್ತು ಅತ್ಯಧಿಕ ಜಾವ್ಕಾ ಮ್ಹೊಣು ಅರ್ಥು ಕೆಲ್ಲಾ. ಕಾಗ್ರೆಸ್ ಸರಕಾರ ಆಶ್ಶೀಲೆ ರಾಜ್ಯಾಂತು ತಾಂಕಾ ದಲಿತಾಂಕ ದಿಲ್ಲೇಲೆವರೀಚಿ ಜಾಗೊಧೊರ್ಚೊ ಸವಲತ್ತು ದಿಲ್ಲಾ. ಅಧಿಕತರ ಮುಸ್ಲಿಂ ಲೋಕು ಕಾಗ್ರೆಸ್ಸಾಕ ವೋಟು ದಿತ್ತಾತಿ. ಕಮ್ಯುನಿಸ್ಟ ಪಾರ್ಟೀಕ ದಿತ್ತಾತಿ. ಉತ್ತರ ಪ್ರದೇಶಾಂತು ಲಾಲೂಪ್ರಸಾದ ಯಾದವಾಲೆ ಪಾರ್ಟೀಕ, ನಿತೀಷ್ ಕುಮಾರಾಲೆ ಪಾರ್ಟೀಕ ಏಕಯಿ ಮುಲಾಯಂ ಸಿಂಗಾಲೆ ಪಾರ್ಟೀಕ ಮುಸ್ಲಿಂ ಲೋಕು ವೋಟು ದಿತ್ತಾ. ದಲಿತಾಲೊ ವೋಟೂಯಿ ಲಾಲೂಪ್ರಸಾದ ಯಾದವಾಲೆ ಪಾರ್ಟೀಕ, ನಿತೀಷ್ ಕುಮಾರಾಲೆ ಪಾರ್ಟೀಕ ಏಕಯಿ ಮುಲಾಯಂ ಸಿಂಗಾಲೆ ಪಾರ್ಟೀಕ ಆನಿ ಕಾಗ್ರೆಸ್ಸಾಕ ದಿತ್ತಾತಿ. ಇತ್ಯಾಕ ಮ್ಹಳ್ಯಾರಿ ಹೀ ಸಕ್ಕಡ ಪಾರ್ಟೀಂ ಸೆಕ್ಯುಲರ್ ಪಾರ್ಟೀಂ ಮ್ಹೊಣು ಸಾಂಗ್ತಾತಿ. ಮುಸ್ಲಿಂ ಲೋಕಾಂಕ ಆಪ್ಣ್ಯಾಲಿ ಭರಮ ಆಸ್ಸ. ತಾನ್ನಿ ಆಪ್ಪ಼ಣ ಮಾಕ್ಷಿ ಪಳ್ಳೇಲೆ ಲೋಕು ಮ್ಹೊಣು ಸಾಂಗೂನುಘೇನಾಂತಿ. ಉತ್ತರ ಪ್ರದೇಶಾಂತು ಆನಿ ಸಲ್ಪ ಇತರ ಪ್ರದೇಶಾಂತು ಸಕ್ಕಡ ಮುಸ್ಲಿಮ್ಮಾನಿ ಎಕ್ಕೀ ಪಾರ್ಟೀಕ ವೋಟು ದಿಲ್ಲ್ಯಾರಿ ತೀ ಪಾರ್ಟಿ ತೇ ರಾಜ್ಯಾಂತು ಅಧಿಕಾರಾಂತು ಯೆತ್ತಾ

ಆಜಿ (2015 ಇಸ್ವಿ) ದಲಿತಾಲೆಪ್ಶೈಕಿ ಒಗ್ಗಟ್ಟು ನಾ. ಆಜಿ (2015 ಇಸ್ವಿ) ದೋನ್ನಿ 50–60 ವರ್ಸ ನಂತರ ಬ್ರಾಹ್ಮಣಾಲೊ ವೇಳು ಆನಿ ಕಾಳು ಮುಗ್ದ಼ತಾ. ಮಾಗ್ಗೀರಿ ಆಮ್ಮಿ ಬ್ರಾಹ್ಮಣ ಖಂಚೇಯಿ ರೀತೀರಿ ವಿಂಗಡ್ಯಾಲಾಂಕಯಿ ಉಂಚಿ ಜಾಯ್ನಾಂತಿ. ತಾಂಗೆಲೆ ಸ್ಥರಾರಿ ಯೆತ್ತಾತಿ.

ತೇ ವೇಳಾರಿ ದಲಿತಾಂಕ ಸ್ಪರ್ದೇಕ ಬ್ರಾಹ್ಮಣಾದಿ ಜಾತೀಚೆ ಮೇಳ್ಳಾಂತಿ. ಜಾತಿಭೇಧ ಕೊರೂಂಕ ನಜ್ಜ ಮ್ಹಣ್ತಲೆ ಜ಼ಣ, ಜಾಗೊಧೊರ್ಚೆ ಕಾನೂನಾಚೊ ಮುಖ್ಯ ನಿಯಮು ಗೊತ್ತುನಾತ್ತಿಲೆ ಜ಼ಣ.

ಆಪ್ಣ್ಯಾಂಕ ಜಾಗೊಧೊರ್ಚೆ ಕಾನೂನಾಚೆ ಮುಳಾಸ ಕಾಲೇಜಾಂತು ಪ್ರವೇಶ ದೀವ್ಕಾ ಮ್ಹೊಣು ಅರ್ಜಿ ಘಾಲ್ತಲ್ಯಾನಿ ತಾಂಗೇಲಿ ಜಾತಿ ದಲಿತ ಜಾತಿ ಮ್ಹೊಣು ಪ್ರಮಾಣಪತ್ರ ದಾಕ್ಕೋಕಾ.

ಪ್ರಮಾಣ ಪತ್ರ ದಿವ್ಚೊ ಸರಕಾರೀ ಅಧಿಕಾರಿ ತಾಂಗೆಲೆ ಆವ್ಸು ಆನಿ ಬಾಪ್ಪೂಸು ಕೋಣ ಆನಿ ತಾಂಗೇಲಿ ಜಾತಿ ಕಸ್ಸ಼ಲಿ ಮ್ಹೊಣು ಪಳೈತಾ. ಜಾತಿ ಭೇಧು ನಿರ್ನಾಮ ಜಾವ್ಕಾ ಜಾಲ್ಲ್ಯಾರಿ ಜಾಗೊಧೊರ್ಚೊ ಕಾನೂನು ನಿರ್ನಾಮ ಜಾವ್ಕಾ.

ಜಾತಿಭೇಧು ಕೊರೂಂಕ ನಜ್ಜ ವ್ಹಯಿ. ಜಾಲ್ಲ್ಯಾರಿ ಜಾತಿ ನಾಶ ಕೊರೂಂಕ ನಜ್ಜ ಮ್ಹೊಣು ಜಾಲ್ಲ್ಯಾರಿ ಜಾತಿಭೇಧು ಕಶ್ಶಿ ನಾಶ ಜಾತ್ತಾ?

ಏಕ ದಲಿತಾನ ಆಪ್ಣ್ಯಾಲೊ ಮಽತು ಬದಲ್ಲೂನು ಕಾನೂನಾಂಚೆ ಮುಳಾಸ ಭೌಧ ಮತಾಂತು ಮೆಳ್ಳ್ಯಾರಿ ತೇ ದಲಿತಾಕ ಮಾಗ್ಗೀರಿ ಜಾಗಧೊರ್ಚೊ ಕಾನೂನಾಚೆ ಮುಳಾಸ ಅರ್ಜಿ ಘಾಲೂಂಕ ಜಾಯ್ನಾ.

ಹಿಂದು ಧರ್ಮಾಂತು ಮಾಂತ್ರ ದಲಿತ ಆಸ್ಸಽತಿ. ದಲಿತಾನಿ ಹಿಂದು ಧರ್ಮು ಸೋಣು ತಾಂಗೆಲಿ ಜಾತಿ ಕೋವ್ನೂನು ಘೆತ್ಲ್ಯಾರಿ ತಾಂಕಾ ಮಾಗ್ಗೀರಿ ಜಾಗೊಧೊರ್ಚೊ ಸವಲತ್ತು ಮೇಳ್ನಾ. ಅನೇಕ ಮಾಕ್ಷಿ ಪಳ್ಳೇಲೆ ಜಾತೀಚಾನಿ ಪ್ರಾರಂಭಾಂತು ಆಪ್ಣ್ಯಾಂಕ ಜಾಗೊಧೊರ್ಚೊ ನಾಕ್ಕಾ ಮ್ಹೊಣು ಸಾಂಗ್ಲೆಂ. ಖಂಚೇಯಿ ಮನುಷ್ಯಾಕ ತೋ ಮಾಕ್ಷಿ ಪಳ್ಳೊಲೊ ಮ್ಹಳ್ಯಾರಿ ಅಳ್ಕೀಕ ನ್ಹಂಯಿವೇ? ಮ್ಹೊಣು ತಾನ್ನಿ ಆಮ್ಮಿ ಮಾಕ್ಷಿ ಪಳ್ಳೇಲೆ ಜಽಣ ನ್ಹಂಯಿ ಮ್ಹಣಾಲೀಂತಿ. ವರ್ಸ ಗೆಲ್ಲೇಲೆ ತಶ್ಶೀಂಚಿ ಮಾಕ್ಷಿ ಪಳ್ಳೇಲೆ ಜಾತೀಚಾಂಕ ಏಕ ನಮೂನ್ಯಾಚಿ ಮರ್ಯಾದಿ ಮೇಳೂಂಕ ಸೂರು ಜಾಲ್ಲಿ. ಆತ್ತ ದಲಿತ ಜಾವ್ನು ಆಶ್ಶೀಲೆ ಜನಾಲೆ ಪೈಕಿ ಮಾಕ್ಷಿ ಪಳ್ಳೇಲೆ ಕೋಣಽಯಿ ನಾ ಮ್ಹೊಣು ಜಾಲ್ಲೇಲೆ ತವಳಿ ತಾನ್ನಿ ಜಾಗೊಧೊರ್ಚೊ ಕಾನೂನು ಕಾಣು ಘಾಲ್ತಾತಿ. ಹೇಂ 50-60 ವರ್ಸ ನಂತರ ಜಾವ್ಚಾಕ ಪೂರೊ. ಗೌಸಾಬ್ರಾ ಜನಾಲಿ ಮುಕಾರ್ಚಿ 60 ವರ್ಸ ನಂತರ್ಚೆ ಪೀಳಿಗೇಕ ಜಾಗೊಧೊರ್ಚೊ ಕಾಯ್ದೇಚೊ ಅನುಭವು ನಾ ಜಾತ್ತಽಲೊ.

'ಮಾಕ್ಕಾ ಜಾಗೊಧರ್ಲೆಲೆಂ ಸೀಟ ಮೇಳ್ಳೆಂ' ಮ್ಹೊಣು ಸಾಂಗ್ಚೆ ಏಕ ಗೌರವಾಚೊ ವಿಷಯು ಜಾಲ್ಲಾವೇ? ಆತ್ತ ನಿಜ್ಜಾವ್ನು ಮಾಕ್ಷಿ ಪಽಣಾನಾತ್ತೀಲಿ ಜಾತೀಚೆಸಮೇತ ಆಮ್ಕಾ ಮಾಕ್ಷಿ ಪಳ್ಳೇಲೆ ಜಾತೀಂತು ಸೆರ್ವಾಯಾತಿ ಮ್ಹೊಣು ಸರಕಾರಾಕ ಆಗ್ರಹ ಕರ್ತಾತಿ. ಹೇ ಪುಸ್ತಕಾಂತು ಹಾಂವೆ ಸೆಕ್ಯುಲರಿಸಮ್ಮಾಂಚೆ ವಿಷಯಾಂತು ಸಾಮಾನ್ಯ ಚಿಂತನೇಂಚೆ ಸ್ವರೂಪ ದಿಲ್ಲಾಂ. ಕನ್ನಡಾಂತು ಕೊಂಕಣಿ ವಾಜ್ಜೀತಲ್ಯಾಂಕ ಹೇಂ ಪುಸ್ತಕ ವಾಜ್ಜೂನು ಕಸ್ಸಲೇಂಯಿ ಪ್ರಶ್ನೆ ಆಸ್ಸ ಜಾಲ್ಲ್ಯಾರಿ ಮಾಕ್ಕಾ ಈಮೈಲ್ ಕೋಯೆರ್ತ.

ಶ್ರೀ ಶ್ರೀ ಶ್ರೀ

ಇಂಡೆಕ್ಸ (ಅ ದೋರ್ನು ಜ್ಞ ವರೇಕ ಥೊಡೆ ಶಬ್ಧಾಂಚಿ ಅನುಕ್ರಮಣಿಕಾ)

ಹೆಂ ಬೊರೋಚಾಕ ಹಾಂವೆ ಆದಾರ್ಲೇಲೆ ಪುಸ್ತಕಂ

1. ವೆಂಕಟ್ರಾಯ ವಿನಾಯಕ ಕುಡ್ವಾ History of the Dakshinatya Saraswats 1999 ಆವೃತ್ತಿ

2. L. ಪ್ರಸಾದ Simple History of Ancient India 1987 ಆವೃತ್ತಿ

3. P.M. ಬಕ್ಷಿ Constitution of India VII ಆವೃತ್ತಿ

4. K.L. ಖುರಾನಾ World History [1453-1789 A. D) 2006-07 ಆವೃತ್ತಿ

5. K.L. ಖುರಾನಾ World History [1789- 1871 A. D) 2006-07 ಆವೃತ್ತಿ

6. K.L. ಖುರಾನಾ World History [1871- 1966 A. D) 2006-07 ಆವೃತ್ತಿ

7. Bipan Chandra and Others India's Struggle for Independence Penguin E-book 1989

8. Karnataka State Gazetteer 1984 Ed ಸೂರ್ಯನಾಥ ಕಾಮತ್

9. ಕುಂಬ್ಳೆ ನರಸಿಂಹ ನಾಯಕ Cultural Relativity Vol 1-IV 1982 ಆವೃತ್ತಿ

10. ಪ್ರಕಾಶ ಜಿ. ಥಾಲಿ English Konkani Dictionary Rajhauns 2008

11. ಸುರೇಶ ಜೆ ಬೋರಕರ ಆನಿ ಅನ್ಯ Konkani Dictionary Rajhauns 2015

ಡಾ. ಮೋಹನ ಗೋಪಾಲ ಶೆಣೈ ಏಕು ರೆಟಾಯರ್ಡ ಪೆಥೋಲೊಜಿಸ್ಟು. ತಾಣೆ ಮಂಗಳೂರಾಚೆ ಗಣಪತಿ ಹೈ ಸ್ಕೂಲಾಂತು ಮೆಟ್ರಿಕ್ ಕೋರ್ನು, ಮುಂಬೈಚೆ ಮಾಟುಂಗಾಚೆ ರಾಮನಾರಾಯಣ ರೂಯ್ಯಾ ಕಾಲೇಜಾಂತು ಇಂಟರ್ ಸಾಯನ್ಸ್ ಕೆಲ್ಲೆಲೆಂ. ಮಾಗ್ಗೀರಿ ತಾಣೆ ಮುಂಬೈಚೆ ಬೈಕಲ್ಲಾಂತುಲೆ ಗ್ರಾಂಟ್ ಮೆಡಿಕಲ್ ಕಾಲೇಜಾಂತು ಎಂ. ಬಿ. ಬಿ. ಎಸ್. ಕೆಲ್ಲೆಂ. ತೋ ಮಾಗ್ಗೀರಿ ಅಮೇರಿಕಾಕ ಗೆಲ್ಲೊ. ಥಂಯಿ ತಾಣೆ ಪೆಥೋಲೊಜೀ ಬೋರ್ಡ ಪಾಸ್ ಕೆಲ್ಲೆಂ. ತೀನಿ ವರ್ಸ ಪ್ರಾಕ್ಟೀಸ್ ಕೋರ್ನು ತೋ ವೋಪಾಸ ಇಂಡಿಯಾಕ ಆಯ್ಲೊ. ತಾಣಿ ಬೆಂಗ್ಳೂರಾಂತು ಘsರ ಕೆಲ್ಲೆಂ. ತಾಗ್ಗೇಲಿ ಬಾಯ್ಲ ಗುರುಪುರಚಿ. ತಿಗ್ಗೆಲೆ ನಾಂವ ಲಲಿತಾ (ಕುಳಾರಚೆ ನಾಂವ ಲೀಲಾ). ತಾಂಗೇಲಿಂ ದೊಗ್ಗ ಜಣ ಚೆರ್ಡುವಂ ಅಮೇರಿಕಾಂತು ರಾಬ್ಬೂನು ಆಸ್ಸತಿ. ಆತ್ತ ಡಾ. ಶೆಣೈ ರಿಟಾಯರ್ಡ. ತಾಣಿ ಬರಯಿಲೆ ಪುಸ್ತಕಾಚೆ ಪಟ್ಟಿ ಸಕಲ ದಿಲ್ಲ್ಯಾ.

Let's Get On With Our Lives (English Novel)
Find Yourself Young Man (English Novel)
Innu Nanage Beda (Kannada Short Story))
Hindu Gentleman and Lady
Karnaataka Rajyotsava and Other Essays
Minimum Hinduism Practice
Adyar Gopal World
Radhali Padyavali (Konkani)
Navadharma (Kannada)
The Sense of Vacancy (English Novel)
What is Wrong, Doctor? (English Novel)
Bond of Land (Science Fantasy)

ಹೇ ಪುಸ್ತಕಂ ಅಮಝೋನ್ ಸ್ಟೋರಾಂತು ಮೆಳ್ತಾತಿ amazon.com

www.ingramcontent.com/pod-product-compliance
Lightning Source LLC
Chambersburg PA
CBHW070644290526
45790CB00001B/182
9781511744515